# Enciclopédia Luso-Brasileira de Cuidados Paliativos

# Enciclopédia Luso-Brasileira de Cuidados Paliativos

Coordenadores

Rui Nunes
Francisca Rego
Guilhermina Rego

ENCICLOPÉDIA LUSO-BRASILEIRA
DE CUIDADOS PALIATIVOS
COORDENADORES
Rui Nunes
Francisca Rego
Guilhermina Rego
EDITOR
EDIÇÕES ALMEDINA, S.A.
Rua Fernandes Tomás, n$^{os}$ 76-80
3000-167 Coimbra
Tel.: 239 851 904 • Fax: 239 851 901
www.almedina.net • editora@almedina.net
DESIGN DE CAPA
FBA.
PRÉ-IMPRESSÃO
EDIÇÕES ALMEDINA, S.A.
IMPRESSÃO E ACABAMENTO
ACD Print, S.A.
Junho, 2018
DEPÓSITO LEGAL
441591/18

Os dados e as opiniões inseridos na presente publicação são da exclusiva responsabilidade do(s) seu(s) autor(es).
Toda a reprodução desta obra, por fotocópia ou outro qualquer processo, sem prévia autorização escrita do Editor, é ilícita e passível de procedimento judicial contra o infrator.

 GRUPOALMEDINA

---

BIBLIOTECA NACIONAL DE PORTUGAL – CATALOGAÇÃO NA PUBLICAÇÃO
ENCICLOPÉDIA LUSO-BRASILEIRA DE CUIDADOS PALIATIVOS
Coord. Rui Nunes, Francisca Rego, Guilhermina Rego
ISBN 978-972-40-7484-9
I – NUNES, Rui, 1961-
II – REGO, Francisca
III – REGO, Guilhermina
CDU 616

AGRADECIMENTO

Os autores agradecem a Inês Castelhano e Evelyn Oliveira a cuidadosa revisão ortográfica do texto

# PREFÁCIO

MARIA AMÉLIA FERREIRA
Diretora da Faculdade de Medicina da Universidade do Porto

É com o maior gosto e sentido institucional de quem se dedica à Educação Médica, com preocupações da sua integração transversal na formação integral dos profissionais de saúde, e como Diretora da Faculdade de Medicina da Universidade do Porto (FMUP), que prefacio a obra que operacionalizará um instrumento importante de apoio/consulta no âmbito de um tema da maior relevância atual: os Cuidados Paliativos.

Este trabalho resulta da colectânea das contribuições de muitos colegas que se envolveram nesta temática, no âmbito do 2º e 3º Ciclos em Cuidados Paliativos da FMUP. A equipa docente entendeu elaborar um livro de apoio aos estudantes, um manual pedagogicamente orientado para esta temática mas que, por outro lado, pudesse ser também consultada por todos os interessados na matéria. Entre os autores figuram os estudantes que concluíram este ano o Curso não Conferente de Grau em Cuidados Paliativos e a obra é coordenada por elementos do corpo académico e uma estudante de doutoramento da FMUP: Rui Nunes, Francisca Rego e Guilhermina Rego. Sendo o primeiro e a última docentes "senior" é relevante a integração de alguém – Francisca Rego – que é destinatária desta mesma formação. Contudo, tão-somente demonstra que a FMUP tem os seus processos educacionais centrados nos estudantes, ao seu serviço, e com a sua integração efetiva no processo de ensino-aprendizagem. Também é esta a visão que está subjacente a esta obra.

Numa área da maior relevância nacional e internacional, os cuidados paliativos são um dos grandes desafios do Século XXI nas Ciências da Saúde. No seu atual posicionamento representam uma "diferente perspetiva de encarar a morte mas, também, de encarar a vida". São integradores de uma transversalidade de áreas de conhecimento que dependem de uma abordagem inter- e multiprofissional, inter- e multidisciplinar. Num âmbito pedagógico também ele transversal à pré-graduação, pós-graduação, formação especializada e formação contínua.

Os cuidados paliativos são um campo dinâmico e de reconhecida natureza interdisciplinar que inclui a medicina, enfermagem, serviço social, psicologia, nutrição e outras áreas. A integração do ensino dos cuidados paliativos na educação é hoje identificada como uma prioridade internacional.

E é assim que é apresentada esta Enciclopédia Luso-Brasileira.

Como o nome indica, esta Enciclopédia apresenta, de A-Z, os tópicos mais relevantes para uma compreensão abrangente da área dos Cuidados Paliativos. Não se trata de um livro de ciência, mas de um importante instrumento de trabalho multi- e interdisciplinar, que abre esta área a quem dela recorra para apoio à intervenção, ou tão-somente à cultura científica.

Desde a "Alimentação e Hidratação Artificiais", ao "Burnout e os Profissionais de Saúde", à "Comunicação do Diagnóstico em Oncologia", ao "Consentimento Informado", aos "Cuidadores Informais", aos "Cuidados Paliativos Pediátricos" e tantos outros até às "Urgências em Cuidados Paliativos", são abordados pelos intervenientes, com uma dimensão científica que se expande para além dos cuidados oncológicos caraterizando-se numa abrangência multidisciplinar das diferentes especialidades e áreas de atuação social.

Enquanto Diretora de uma Faculdade de Medicina e tendo dedicado os últimos anos da minha vida académica à Educação Médica e, em particular, à promoção da educação integral dos estudantes de Medicina, à introdução das Humanidades e da Narrativa na formação dos médicos, à definição e instituição de competências transversais e transformadoras, identifico esta obra como um instrumento sistematizado de trabalho na abordagem das situações em discussão formativa. Acresce o valor que lhe referencio para a Cooperação no Desenvolvimento na área da formação nas Ciências da Saúde da Comunidade Médica de Língua Portuguesa. Constitui-se um excelente manual para o desenvolvimento e instituição pedagógica dos cuidados Paliativos na Lusofonia. Cumpre-se, assim, uma estratégia de cooperação entre povos que partilham não só a língua mas o objetivo de "Formar Médicos e Transformar Pessoas".

*Abril de 2018*

# PREFÁCIO

CARLOS VITAL TAVARES CORRÊA LIMA
Presidente do Conselho Federal de Medicina (CFM)
Presidente da Comunidade Médica dos Países de Língua Portuguesa (CMLP)

A criação da primeira enciclopédia moderna é atribuida a Jean le Rond d'Alembert (físico e matemático) e Denis Diderot (filósofo e escritor), que, no fim do século 18, organizaram a Encyclopèdie, um extenso trabalho com 28 volumes, 71.818 verbetes e 2.885 ilustrações.

Ilustres ensaístas e pensadores – dentre os quais Montesquieu, Voltaire, Rousseau, Buffon, Quesnay, Grimm, d'Holbach e muitos outros – ajudaram a consolidar o conceito da publicação que faz um inventário do conhecimento humano, incorporando conteúdo dos seguintes tópicos: filosofia, ciências, matemática, história, religião e artes.

Surgida em um período de grande efervescência intelectual e política, a Encyclopèdie abriu novos caminhos para a sociedade moderna, ao desafiar dogmas e incentivar o pensamento livre. A publicação, que chegou a ser chamada de "o livro dos livros", permitiu que, pela primeira vez, o conhecimento estivesse ao alcance da população, servindo de modelo para outros trabalhos do mesmo tipo.

Assim, essa obra – Enciclopédia Luso-Brasileira de Cuidados Paliativos –, coordenada pelos professores Rui Nunes, Francisca Rego e Guilhermina Rego, aborda 72 tópicos da maior relevância ao debate bioético, principalmente, no contexto de terminalidade da vida.

Portanto, além do seu valor acadêmico, constitui uma orientação para aqueles que se dedicam à bioética nos países lusófonos, no sentido de solidariedade e compaixão, imprescindíveis ao desenvolvimento sustentável, na perspectiva de futuro em um mundo melhor.

## NOTA INTRODUTÓRIA

RUI NUNES, FRANCISCA REGO, GUILHERMINA REGO

Nas sociedades contemporâneas os cuidados paliativos representam uma diferente perspectiva de encarar a morte mas, também, de encarar a vida. De encarar a morte dado o excessivo pendor tecnológico da medicina moderna que se traduziu, um pouco por todo o mundo, numa desumanização crescente da prática clínica e num distanciamento progressivo dos profissionais de saúde em relação aos doentes e seus familiares. Os cuidados paliativos, enquanto cuidados ativos e globais, exigem que a dimensão afetiva da relação clínica seja exponenciada de modo a promover o acompanhamento do doente, mais do que tentar futilmente ultrapassar a morte.

No entanto, os cuidados paliativos são também um modo diferente de encarar a vida. A vida autorrealizada, a vida com qualidade, a vida que antecipa a morte, a vida durante o longo período de tempo que antecede a morte. Daí a importância de se considerar a natureza multi e transdisciplinar dos cuidados paliativos e as consequentes implicações na formação profissional. Formação que dedica já hoje enorme atenção a esta área, considerando-se mesmo fundamental o seu ensino na medicina, na enfermagem, na psicologia e nas outras profissões da saúde.

Porém, os cuidados paliativos têm também uma dimensão científica apreciável com incursões na terapêutica médica, no controle da dor e de outros sintomas, na terapia da dignidade, no acompanhamento espiritual, ou mesmo nas especificidades da criança e de outras populações especialmente vulneráveis. Mais ainda, os cuidados paliativos expandiram-se para além dos cuidados oncológicos *stricto sensu*, sendo hoje fundamentais no tratamento de doentes cardíacos, neurológicos, renais, ou em outros pacientes na terminalidade da vida.

A Enciclopédia Luso-Brasileira de Cuidados Paliativos, editada pela Faculdade de Medicina da Universidade do Porto, congrega a visão de largas dezenas de autores, de diferentes áreas do conhecimento, mas com um denominador comum: a crença de que há uma nova ética subjacente a este tipo de cuidados e que, assim, a medicina e as outras profissões da saúde se reencontram com elas próprias e com os valores intemporais que sempre perfilharam.

E a abertura ao espaço da lusofonia – onde especialistas portugueses, brasileiros ou moçambicanos aprofundam o seu saber – é uma importante mais-valia deste projeto, que não se esgota nele próprio, mas que terá seguramente continuidade no futuro.

# Acompanhamento Espiritual e Religioso

JOSÉ NUNO SILVA

## 1. Introdução

Os cuidados paliativos praticam uma aproximação ao paciente terminal – a este âmbito se restringe a abordagem desta reflexão – que procura ir ao encontro da sua identidade, tendo em conta todas e cada uma das dimensões da sua integridade pessoal, que constitui, para o próprio, experiência de si como mistério, como dramaticamente percebe ao viver o seu tempo de morrer. Este período da vida apresenta-se como uma etapa de grande profundidade espiritual e/ou religiosa.

É necessário garantir o direito dos doentes a encontrarem resposta às suas necessidades neste âmbito, proporcionando a possibilidade de acompanhamento espiritual e religioso a todos, no respeito incondicional pelas convicções e crenças de cada um. A equipe de cuidados paliativos deve incluir um agente pastoral, capelão ou assistente espiritual e/ou religioso, devidamente especializado. Este, em articulação com os outros membros da equipe, deve promover e realizar esse acompanhamento, como uma dimensão do cuidar que é da responsabilidade de todos.

## 2. Enquadramento Histórico e Desenvolvimento Antropológico

Os cuidados paliativos – a mais humana das artes médicas porque não recusa a naturalidade da morte – emergem, para além de outros fatores, também como reação ao exponencial desenvolvimento das tecnologias aplicadas no universo da medicina, na sociedade ocidental. Pensar o acompanhamento espiritual/religioso em cuidados paliativos exige tomar consciência de alguns dinamismos em curso na cultura contemporânea e da sua incidência social, nomeadamente as que afetam os cuidados de saúde. Com efeito, estes dinamismos interferem ativamente com a percepção simbólica da morte e, consequentemente, do tempo de morrer. Ora é da percepção simbólica da morte e das suas representações mentais e sociais que depende o desenho de um efetivo acompanhamento espiritual/religioso àqueles que atravessam a etapa final da vida.

O acelerado progresso da tecnociência, com o impacto que conheceu na sua concretização clínica, alterou a capacidade e o modo de o homem se relacionar com o cosmos natural, que se vê substituído por um cosmos alternativo, justamente chamado *tecnocosmos* (Gilbert Hottois, *Le Signe et la Technique*, 1984), no qual os sujeitos humanos perdem a relação com a (sua) naturalidade – até aí mediada tecnicamente, agora progressivamente inalcançável, pela emergência da civilização técnica (Hans Jonas, *The Imperative of Responsibility: In Search of Ethics for the Technological Age*, 1979).

Da naturalidade humana faz parte morrer. Porém, a tecnologização da vida humana, que vai se tornar progressivamente tecnologização da própria condição humana – divisa-se já a era do *homo-tecno* – encontra uma das suas mais radicais expressões na medicalização da vida humana, detectada já na década de 70 do século xx, com grandes consequências, quer na percepção que o ser humano tem de si próprio, quer na prevalência e organização dos sistemas sociossanitários; a transformação da dor, da doença e da morte em problema técnico, especificamente médico, esvazia estas experiências do seu caráter de desafio pessoal, expropriando o potencial da pessoa singular para gerir a sua condição humana de um modo autónomo (Ivan Illich, *Medical Nemesis – The expropriation of health*, 1975). Este processo reveste-se de consequências determinantes na vivência da fragilidade humana, dimensão fundamental a considerar para o acompanhamento espiritual/religioso em cuidados paliativos, uma vez que a experiência da própria fragilidade é passo fundamental no acesso do indivíduo à consciência de si como mistério.

Culturalmente, a morte como categoria, percepção e representação cedo se vê transformada em tabu (Geoffrey Gorer, *The Pornography of Death*, 1955); socialmente, de modo cada vez mais evidente, são votados à marginalização e ao isolamento os que estão a morrer (Norbert Elias, *The loneliness of the dying*, 1985). São inúmeros os autores do âmbito de vários saberes das ciências humanas que, ao longo das últimas décadas, se debruçam sobre este processo de *deslugarização* (Silva, 2012) da morte e do morrer. Este dinamismo resulta, mais ou menos conscientemente, no paradoxal efeito iatrogênico do progresso da medicina, que projeta a morte, o processo de morrer e os doentes terminais para um estatuto de indigência.

Carente de antropologia médica, facilmente a medicina é instituída e/ou se autoinstitui como ideologia médica, na qual a morte não cabe porque denuncia a sua presunção de omnipotência. Ao sistema médico é cometido o estatuto de um *sistema pericial*, separado dos circuitos do fluxo social da normalidade, marginal ainda que comunicante, para o qual são exportadas experiências existenciais cruciais que, pelo seu caráter dramático, perturbam a frágil segurança ontológica e psicológica característica do homem moderno (Anthony Giddens, Modernity and self-identity – Self and society in late modern age, 1991).

Basta recuar à década de 50 do século xx para deparar com o sonho da a-mortalidade, baseada na esperança de que o progresso das ciências, concretamente a medicina, havia de fazer recuar a morte e torná-la menos cruel, a utopia de uma vida longa concluída sem dor e voluntariamente (Edgar Morin, L'Homme et la mort, 1951), ilusão que se desenvolveu nas décadas seguintes (Frédéric Lenoir e Jean-Philippe Tonnac, La mort et l'immortalité: Encyclopédie des savoirs et des croyances, 2004). São identificados os traços da sociedade pós-mortal (Céline Lafontaine, La société Postmortelle. La mort, l'individu et le lien social à l'ère des technosciences, 2008), deriva quimérica e redutora do desejo de imortalidade (Luciano Manicardi, Memoria del limite – La condizione umana nella società posmortale, 2011).

## 3. Definição e Clarificação Conceptual

O exercício de realismo antropológico realizado permite perceber até que ponto o acompanhamento espiritual e religioso das pessoas em fim de vida é uma dimensão da prestação de cuidados particularmente delicada. De fato, se a interrogação sobre o sentido da vida é o núcleo dinâmico da espiritualidade, defina-se ou não religiosamente; se é verdade, também, que não há dimensão alguma da condição humana que coloque tanto em crise o sentido da vida como a morte; então é forçoso assumir que o empreendimento de desenhar percursos de acompanhamento espiritual/religioso a quem vive o seu tempo de morrer exige perceber a profunda mutação, ruptura mesmo, que se operou e continua a operar no modo de a sociedade e os indivíduos perceberem e se relacionarem com a morte, o morrer e os que morrem.

Ao falar de acompanhamento espiritual/religioso em cuidados paliativos, é necessário considerar que se está diante da pessoa humana em sofrimento colocada perante a suprema interrogação existencial. A enfatização desta dimensão da *total pain* é feita pela própria Cicely Saunders, que a apresenta como "necessidade": *"Physical, emotional and social pain and the spiritual need for security, meaning and self-worth"* (Saunders, 2006). Peter Strang dá nota de um outro modo de dizer esta realidade: *"existential suffering"* (Strang, 2004). A pessoa em processo de morte não apenas é habitada pela interrogação sobre o sentido da vida; mais do que isso, ela habita essa interrogação, mora dentro dela. O ser humano, pode ser dito assim, é o animal que interroga e o ato de interrogar torna-se experiência total, quando se vê suspenso sobre uma realidade para além da qual nada vê, nada sabe. Pode a fé, qualquer que seja, oferecer-lhe uma resposta, mas esta só é validada, no seu potencial significador, quando a pessoa se encontra realmente presente à boca da morte, último ou penúltimo passo da existência do sujeito, consoante o que cada um assume sobre o além-morte. Aqui se percebe maximamente como mistério. Mesmo quem acredita nalguma forma de vida para além da morte, diz a experiência e a ciência, pode, quando perto de morrer, sentir radicalmente a dúvida e experimentar posto em causa tudo o que deu sentido à sua vida. Vê-se mistério, a pessoa que vive o morrer, mistério diante do mistério. Aliás, mistério será, porventura, o modo mais aproximado de dizer pessoa: mistério biográfico sempre surpreendente, além do objetivável fenômeno biofisiológico. É em relação com a afirmação da pessoa que aprofunda a consciência de si mesma como mistério no seu tempo de morrer que assume particular significado o quase-aforismo de Robert Twycross: *"You can't die cured but you can die healed. The essence of palliative care is healing"* (Twycross, 2005).

É necessário clarificar os termos e distinguir o que se diz quando se fala de acompanhamento espiritual e de acompanhamento religioso. São realidades diferentes, mas realizadas num mesmo processo que, sendo processo de acompanhamento espiritual, se torna acompanhamento religioso quando o paciente é religioso. Nem todas as pessoas são religiosas, no entanto, todas são sujeitos espirituais, porque a espiritualidade é o modo próprio, específico, de o humano habitar e configurar o mundo, como seu protagonista histórico.

O modo de existir próprio da pessoa humana é espiritual e tudo o que é humano é espiritual. Um esclarecimento, ditado pela antropologia dos cuidados paliativos, se torna oportuno: o próprio fato de existir corporalmente não é antagônico, nem sequer contradiz, não pode mesmo ser desligado do modo próprio da pessoa existir como sujeito espiritual. Contudo, esta afirmação não significa que a pessoa seja sujeito espiritual de um corpo, mas sim que é sujeito corpóreo-espiritual de uma existência humana, sujeito de uma vida humana, tecida de relações e situada espacial e temporalmente. Antropologicamente, é um equívoco o reducionismo espiritualista, tal como o é o materialista; ambos matam o cuidar paliativo. O primeiro, porém, constitui um risco constante ao definir os princípios ou desenhar um modelo de acompanhamento espiritual e religioso. Não há antinomia, ou sequer dicotomia, entre existência espiritual e existência corpórea à luz da antropologia dos cuidados paliativos. Nascidos da percepção da experiência da *dor total*, a sua antropologia, consequentemente – ainda que use por vezes terminologia dualista, como se o ser humano fosse, simplisticamente dito, um corpo habitado por um espírito –, é a consagração desta perspectiva una e integrada da pessoa humana historicamente situada e em processo de realização existencial personalizada. Os cuidados paliativos, mais que quaisquer outros, permitem perceber que cuidar é ato espiritual, uma das expressões supremas do espírito humano, encontro espiritual entre duas pessoas na transparência do corpo, que, aberto cada vez mais ao mistério da vida porque a aproximar-se da morte, é lugar de descoberta de uma e outra, a vida e a morte, como viagem marítima, e os interlocutores que se encontram no cuidar, todos embarcados num único e mesmo barco.

Ao dizer espiritualidade diz-se a identidade íntima pessoal e diz-se o exercício biográfico dessa identidade; a espiritualidade é a identidade íntima da pessoa em concretização histórica. É o seu mistério, o lado interior e profundo da sua identidade pessoal a desvelar-se a seus próprios olhos e a revelar-se aos olhos dos outros como biografia. Se íntima e profundamente a pessoa vive em relação com um Outro absoluto e transcendente, então a sua espiritualidade é religião.

Esclarecendo: a espiritualidade implica a resposta íntima que a pessoa dá à interrogação sobre o sentido da sua vida e a hierarquia de valores éticos pela qual orienta as suas opções relacionais e decisões morais; a espiritualidade abarca também as crenças de natureza filosófica e religiosa. É concebível a espiritualidade sem a abertura a esse Outro absoluto e transcendente, que é o elemento específico que define a experiência religiosa. Contudo, quando a pessoa vive a partir dessa relação, esta tende a ser totalizante, isto é, a definir integralmente a sua identidade pessoal e a determinar completamente o seu modo de estar no mundo. De elemento, apenas possível e nem sequer necessário, da espiritualidade, a crença religiosa torna-se, então, o núcleo definidor e dinamizador das diversas dimensões da identidade espiritual da pessoa, do seu mistério. É significativo, neste momento, retomar a distinção referida de Twycross, entre curar e sanar, agora com palavras de Ira Byock: "*Healing is about restoring right relationships with self, others, the environment and God. It is important to remember that the aim of healing is not to be cured or to survive, but to become whole*" (Byock, 2004). Diante de si como mistério, face ao seu mistério escancarado diante da morte, não é de cura ou sobrevivência que se trata, mas de sanação, modo de cuidar em que ecoa salvar, salvação.

O homem religioso é o que encontra no seu Deus o sentido da própria vida e a fonte dos valores morais a que obedece, integrado numa comunidade organizada e hierarquizada. Esta relação pessoal com Deus vincula o crente a uma doutrina e a uma moral partilhadas pela comunidade, que se reconhece numa linguagem e em símbolos, ritos, hábitos, regras e disciplinas, simultaneamente impressivos e expressivos de identidade espiritual. O grau de adesão a um Deus e de pertença à comunidade de crentes nesse Deus pode ser maior ou menor, revestir-se de maior ou menor profundidade e radicalidade, mais ou menos vinculante e, consequentemente, mais ou menos enformante da espiritualidade da pessoa.

No limite, poderá encontrar-se alguém que, dizendo-se crente num Deus e assumindo pertença à comunidade religiosa respectiva, define a sua espiritualidade completamente sem Deus; pode até recusar pontos fundamentais da crença nesse Deus. Em Portugal, tenha-se em conta a extensão do fenómeno sociológico dos católicos não praticantes. É significativa, e reveste-se de importância para o acompanhamento espiritual e religioso em cuidados paliativos, a discrepância revelada pelo fato de 54,6% dos Portugueses declararem não acreditar em qualquer forma de vida para além da morte, segundo um estudo de opinião realizado em setembro de 2016 pela Intercampus e não publicado cientificamente. Este aspecto concreto manifesta até que ponto o desfasamento entre religião e espiritualidade pode ir, tendo em conta que o cristianismo professa a fé na ressurreição e na vida eterna. Muitos só se confrontam radicalmente com esta questão quando sentem a morte chegar – e este é um dos grandes desafios no acompanhamento espiritual/religioso em cuidados paliativos.

Este exemplo é sintomático de um novo dado relativo à pertença a uma comunidade, que é própria da fé religiosa. Na *modernidade líquida* (Zygmunt Bauman, 2000) do princípio do terceiro milénio, caracterizada pela crise dos referenciais sólidos da modernidade, entre os quais as religiões e as comunidades/igrejas tradicionais/oficiais, a autorreferencialidade torna-se norma na elaboração do processo identitário dos indivíduos, acentuando-se o fenômeno dos percursos espirituais autorreferenciais, constructos ecléticos sem qualquer tipo de pertença sólida: cada um elabora o seu próprio itinerário, religioso ou não, composto por elementos provenientes de várias espiritualidades, religiosas ou não, sem vinculação formal a qualquer comunidade. Deve salvaguardar-se que, ainda que não se reconheça em nenhuma tradição religiosa, a espiritualidade da pessoa que se abre a um qualquer Ser transcendente é religiosa, ainda que não institucional.

Portugal, como qualquer país com uma entidade religiosa histórica e sociologicamente dominante, apresenta um desafio que requer atenção intencional: o respeito pelos membros das minorias religiosas e pelos não religiosos. Também nesta questão do acompanhamento espiritual/religioso, a qualidade de uma democracia se mede tanto no respeito pela maioria como na inclusão das minorias.

Neste quadro tão complexo, o acompanhamento espiritual e religioso em cuidados paliativos torna-se uma dimensão do trabalho da equipe multidisciplinar particularmente exigente e que implica a participação de todos os membros. Todos são chamados a olhar, respeitar e cuidar do outro como pessoa que, por o ser, é um mistério irredutível a qualquer objetivação ou simplificação. E esta é a raiz de todas as necessidades espirituais, que a todos os cuidadores-interlocutores diz respeito. A existência na equipe de um elemento especializado neste acompanhamento, na abordagem integral e integrada prosseguida pelos cuidados paliativos, não só não exclui os outros profissionais da preocupação com este aspecto da identidade do doente, como, pelo contrário, visa incluí-los e potenciar o seu papel no respeito por esta dimensão-vértice da identidade do paciente. A obra referida de Alberto Mendes oferece uma concretização deste paradigma e uma atualizada bibliografia. O capelão ou assistente espiritual/religioso, definido como agente pastoral, tendo o acompanhamento espiritual/religioso como seu específico, não o tem como seu exclusivo.

## 4. Conclusão

Todo o processo de acompanhamento espiritual e religioso tem como sujeitos, por um lado, o agente pastoral com a equipe multidisciplinar que integra, por outro lado, o doente e os seus familiares e demais próximos significativos.

O estabelecimento da relação terapêutica no âmbito espiritual e religioso deverá ter como motor e principal ator o agente pastoral, a quem compete tomar a iniciativa ou corresponder à iniciativa do doente. Cabe-lhe, antes de mais, a detecção da existência de sofrimento espiritual, que pode, no entanto, ser percebido antes da sua intervenção, por qualquer outro profissional da equipe, ou um visitante voluntário. Ao agente pastoral cabe, sim, de modo sistemático e socorrendo-se dos recursos e instrumentos existentes, fazer o diagnóstico do sofrimento espiritual do doente e identificar as necessidades espirituais que este apresenta, verbalizando-as ou não. Dados estes passos, pode então o agente pastoral definir a intervenção terapêutica a realizar ao longo do processo de acompanhamento espiritual/religioso, que lhe compete realizar, o que só poderá fazer integrando os demais membros da equipe. Com estes deve interagir, também, disponibilizando-se para cada um, na medida em que cada um o queira ou necessite, no processo de integração pessoal das exigências e do sofrimento que pode advir do exercício da profissão.

O critério do processo de acompanhamento tem sempre como referencial a pessoa a ser acompanhada. Ela marca o ritmo e define o rumo. A multiplicação, que se vem verificando, de métodos e instrumentos de detecção, diagnóstico e intervenção neste âmbito dos cuidados paliativos, com os seus quadros, tabelas, escalas e protocolos é um contributo precioso para a investigação e a prática do acompanhamento espiritual/religioso, que reforça a convicção de que este é a expressão e o garante maior da personalização de que se reclamam os cuidados paliativos. A centralidade da pessoa e a incondicionalidade no respeito pela sua biografia e pelos seus valores são os pontos críticos na avaliação da qualidade dos cuidados prestados. Só a partir desta atitude, tão básica quanto essencial, concretizada em relação empática, o acompanhamento espiritual/religioso pode acontecer como oferta da experiência de viver o fim do tempo de vida como tempo em que a vida se cumpre na morte. A vida, ao viver-se a acabar, revela radicalmente a pessoa a si mesma como mistério. Em face do mistério de si própria, a pessoa pede acompanhamento para atravessar a interrogação: "é como um 'santuário'?", (Mendes, 2016). É aí que acontece maximamente o acompanhamento espiritual e, para muitos, religioso.

## 5. Palavras-Chave

Acompanhamento espiritual/religioso, antropologia, capelão/assistente espiritual/religioso, mistério, pessoa, sofrimento.

## 6. Referências

Byock I: The four things that matter most. New York: Free Press, 2004.
European Network of Health Care Chaplaincy, Declaração da Rede Europeia de Capelanias Hospitalares sobre Cuidados Paliativos, aprovada na 9<sup>th</sup> Consultation, Lisboa: 2006. www.eurochaplains.org.
Manicardi L: Memória do limite, A condição humana na sociedade pós-mortal, Prior Velho: Paulinas, 2017.
Mendes A: Cuidados paliativos – Diagnóstico e intervenção espiritual, Lisboa: Multinova, 2016.
Peruggia G: L'abbraccio del mantello – Vita d'équipe e spiritualità nelle cure palliative, Saronno: Monti, 2002.
Saunders C: Selected Writings 1958-2004, Oxford: Oxford University Press, 2006
Strang P (et al.): Existential Pain – An Entity, a Provocation or a Challenge?, in Journal of Pain and Symptom Management 27, 2004.
Silva JN: A morte e o morrer entre o deslugar e o lugar – Precedência da antropologia para uma ética da hospitalidade e cuidados paliativos. Porto: Afrontamento, 2012.
Sulmasy D: Spiritual issues of the dying care patients, in JAMA 296, 2006.
Twycross R: Death without suffering, in EJPC 12 (5); 2005.

# Alimentação e Hidratação Artificiais

CRISTINA PRUDÊNCIO

## 1. Introdução

Atualmente existe grande controvérsia quanto aos benefícios da alimentação e hidratação artificiais em cuidados paliativos, sendo que se observa alguma distância entre as *guidelines* e recomendações e a prática clínica que nem sempre correspondem aos desejos do doente. De modo a diminuir esta distância é necessária uma abordagem interdisciplinar que incorpore os conceitos dos cuidados paliativos nas práticas de suporte nutricional, o que implica a avaliação e diagnóstico do estado nutricional, , cálculo dos requisitos energéticos e o ajuste para os regimes oral, enteral ou parenteral (Schwartz *et al.*, 2016).

No final da vida, o progressivo declínio funcional associado a várias patologias e muitos sintomas como anorexia-caquexia, disfagia e *delirium* podem comprometer a ingesta oral, levando a um agravamento da condição do doente e diminuindo a sua qualidade de vida. Apesar disto, vários autores consideram que, mesmo nestes casos, a nutrição artificial poderá não ser benéfica por ser invasiva e sem evidência de suporte, enquanto a hidratação artificial deverá ser considerada caso a caso (Hui *et al.*, 2015).

Neste sentido, o presente trabalho visa contribuir para a discussão desta questão.

## 2. Enquadramento Histórico e Desenvolvimento

Os doentes em cuidados paliativos, quer devido à sua patologia ou comorbilidades, quer devido a longos períodos de internamento, apresentam frequentemente uma redução da massa muscular, associada a reduzida atividade, o que implica redução de necessidades energéticas, mas simultaneamente um aumento da necessidade de alguns nutrientes como vitaminas ou outros de acordo com a sua patologia específica.

No fim da vida, a caquexia refratária com resposta inflamatória, hipermetabolismo e um estado geral catabólico levam a uma perda persistente de peso e declínio funcional (Hui *et al.*, 2015).

Neste contexto, alimentação e hidratação artificial assumem especial relevância, sendo que a nutrição artificial está indicada quando um doente não se alimenta o suficiente para cobrir as suas necessidades energéticas ou de nutrientes essenciais.

Por um lado, a necessidade de hidratação artificial deve-se às inúmeras patologias e problemas que provocam alterações endócrinas e renais, associadas também à polimedicação, que reduzem a sensação de sede, podendo agravar a desidratação.

A hidratação artificial pode ser dada de forma enteral, subcutânea, intravenosa ou retal (*idem*). A decisão de a introduzir é alvo de debate, os seus defensores advogam que se trata de um direito humano básico. Os seus oponentes afirmam que poderá aumentar o risco de complicações (por exemplo: edema, ascite, efusão pleural) (*idem*).

Por outro, alguns dos problemas associados à alimentação em cuidados paliativos como a anorexia, náuseas e vômitos, obstipação e diarreia, mas também disfagia, xerostomia, mucosite, alterações do paladar e do olfato e enfartamento pós-prandial, justificam a introdução de alimentação artificial.

Adicionalmente, a sarcopenia constitui um indicador de pior prognóstico, complicações e comorbidades e aumento da mortalidade, com um aumento de tempo de internamento e maiores custos de hospitalização, o que vem reforçar a necessidade de avaliação do risco nutricional.

Os instrumentos usados para o efeito são, por exemplo, o Mini Nutritional Assessment (MNA), o Malnutrition Universal Screening Tool (MUST) ou o Índice de Risco Nutricional (Índice de Buzby ou IRN).

No entanto, atualmente não há uma definição consensual de estado nutricional, sendo que a sua avaliação assenta em critérios clínicos (história clínica, exame antropométrico, exame clínico), bioquímica (doseamento de proteínas, minerais, vitaminas e oligoelementos) e biofísicos (Pignatelli, 2008).

Os dados recolhidos permitem estratificação de risco e a elaboração de um plano nutricional a implementar que contemple conteúdo proteico, calorias, micronutrientes, vias de administração e metas de tratamento e monitorização (ASPEN, 2002).

Assim, um dos principais objetivos da alimentação e hidratação artificial é avaliar a necessidade de tratar ou prevenir a desnutrição e a desidratação, implementando estratégias dirigidas a cada doente, de modo a melhorar o seu estado funcional e qualidade de vida.

Usualmente a alimentação artificial divide-se em nutrição entérica (NE) ou nutrição parentérica (NP). Existem várias características importantes nesta abordagem, nas quais se destacam a melhoria da cicatrização, da função imunológica, diminuição da resposta catabólica à agressão e melhoria da morbilidade, para além de contribuírem em casos específicos para melhorar ou diminuir o problema de base, como adiante se descreve.

O meteórico aumento da NE e da NP foi sobretudo consequência do desenvolvimento da NP total e de dietas quimicamente definidas no final dos anos 60 e início de 70 e do reconhecimento da extensão das consequências da má nutrição associada à doença, tendo vindo a haver uma crescente evolução nos últimos 35 anos (Bistrian, 2009). O dogma prevalente em 1960, *"Feeding entirely by vein is impossible; even if it were possible, it would be impractical; and even if it were practical, it would be unaffordable"*, foi ultrapassado (Dudrick, 2009).

A NE e a NP têm indicações específicas e contraindicações. Os sintomas dos doentes, a sua expectativa de vida estimada e sobretudo a sua vontade e preferências devem ser incorporadas no plano de suporte nutricional antes de decidir que tipo de regime será adotado (Cotogni, 2016).

As *guidelines* da European Society for Clinical Nutrition and Metabolism (ESPEN) sugerem que a NP só deve ser considerada quando a expectativa de vida é pelo menos de dois a três meses, ou quando a NE é insuficiente espera-se que a NP melhore ou estabilize o estado funcional e a qualidade de vida (Hui *et al.*, 2015).

## 3. Definição e Clarificação Conceptual

Segundo a American Society for Parenteral and Enteral Nutrition (ASPEN), a NE é definida como a nutrição através do trato gastrintestinal via entubação, cateter ou estoma que providencia nutrientes distalmente da cavidade oral, enquanto a NP é definida como a administração intravenosa de nutrientes, que pode ser central (em grandes veias, usualmente a veia cava) ou periférica (2015).

A primeira abordagem a considerar deverá ser a suplementação oral. Se inadequada ingesta e na presença de função normal gastrintestinal, a NE deve ser considerada. Se esta não for possível, então a NP deverá ser considerada (Caccialanza *et al.*, 2016).

A NE não deve ser usada rotineiramente durante o tratamento oncológico de todos os pacientes, mas só daqueles desnutridos ou que não podem alimentar-se oralmente, sendo a intenção de introduzir ≥60% das calorias estimadas como necessárias por mais de sete dias (Caccialanza 2016).

A NE (líquidas, hospitalares ou comerciais) poderá ser efetuada através de sondas trans-nasais (nasogástricas/nasojejunais) ou por via percutânea (percutânea endoscópica/inserção radiológica/gastrostomia ou jejunostomia cirúrgica) (Caccialanza *et al.*, 2016).

Os suplementos orais podem ser completos (hipercalóricos ou hiperproteicos ou ambos) ou modulares, concentrados em proteínas, glícidos ou lípidos. Podem ser pré-digeridos e elementares, sendo parcial ou totalmente hidrolisados ou ainda incluir substratos imuno-moduladores.

Na NP o acesso venoso periférico ou central depende do estado da rede venosa, da natureza dos solutos e da duração previsível. Pode ser administrada de forma contínua ou cíclica, podendo ainda ser considerada parcial, se fornece apenas uma parte dos nutrientes, ou total, se o aporte contém as quantidades adequadas de todos os nutrientes essenciais. A necessidade da sua utilização depende de dois fatores: a gravidade da agressão e o grau de desnutrição (Pignatelli, 2008).

A NP é menos fisiológica que a NE, estando apenas indicada nas situações de obstrução/mau funcionamento do tubo digestivo. Assim, é usada, por exemplo, na obstrução intestinal ou na síndrome de intestino curto, sendo utilizada sempre que a nutrição entérica não é suficiente, não é indicada ou não é possível (Pignatelli, 2008).

Existem comprovados riscos associados à alimentação artificial, sendo que na entérica, de entre os mais comuns, é de referir a existência de resíduo gástrico elevado, a colonização bacteriana do estômago, o risco aumentado de pneumonia por aspiração ou complicações relacionadas com a sonda, ou ainda complicações bioquímicas.

No caso da parentérica, associa-se um maior risco de complicações. De entre estas destacam-se as mecânicas, trombose venosa, infecciosas, hidroeletrolíticas e metabólicas (sobretudo risco de hiperglicemia).

No contexto da alimentação artificial, a avaliação de necessidades energéticas é crucial. Desta forma, é imprescindível avaliar a quantidade de energia em função do estado metabólico, a relação energia-azoto/nitrogénio, a quantidade de hidratos de carbono e lípidos.

Em NP é habitual não considerar a energia proveniente das proteínas na dose diária energética, pois considera-se que pelo fato de se administrar os compostos azotados, o custo da síntese proteica anula a energia que eles acarretam (Pignatelli, 2008). O cálculo das necessidades energéticas em repouso (NER) do doente é usualmente feito em função da fórmula de Harris-Benedict:

$$\text{Mulher: NER} = 665{,}10 + (9{,}65 \times P) + (1{,}85 \times A) - (4{,}68 \times I)$$
$$\text{Homem: NER} = 66{,}47 + (13{,}75 \times P) + (5{,}00 \times A) - (6{,}76 \times I)$$
[P – peso ideal; A – altura (cm); I – idade (anos)]

O peso ideal é calculado a partir de um IMC teórico de 20 em caso de desnutrição e de 25 no caso de obesidade. A este valor é acrescentado o fator de correção.

| Nível de agressão | Fator de correção |
|---|---|
| Pós-operatório | NER x 1 a 1,1 |
| Fraturas múltiplas | NER x 1,1 a 1,3 |
| Infecção grave | NER x 1,3 a 1,6 |
| Queimaduras | NER x 1,5 a 2 |

Para avaliar o dispêndio de energia (DE) a fórmula de cálculo mais usada é a que se apresenta de seguida.

$$DE = MB \times Fa \times Ft \times Fc$$

Sendo
Fa = Fator de Atividade (acamado 1,1; acamado mas móvel 1,2; móvel 1,3)
Ft = Fator Térmico (38ºC 1,1; 39ºC 1,2; 40ºC 1,3; 41ºC 1,4)
Fc = Fator Clínico

| | |
|---|---|
| Sem complicações | 1,0 |
| Pós-Operatório | 1,1 |
| Fratura | 1,2 |
| Sépsis | 1,3 |
| Peritonite | 1,4 |
| Politraumatismos | 1,5 |

| | |
|---|---|
| Politraumatismos + Sépsis | 1,6 |
| Queimaduras 30-50% | 1,7 |
| Queimaduras 50-70% | 1,8 |
| Queimaduras 70-90% | 2,0 |

A maioria dos doentes em cuidados paliativos possui patologias oncológicas, neurológicas, neurodegenerativas, demências ou infecciosas. Todas estas patologias implicam requisitos específicos no que diz respeito à nutrição, o que é ainda mais importante no caso da alimentação e hidratação artificiais.

No caso dos doentes oncológicos, há aspectos que se relacionam, por um lado, com a doença e, por outro, com o tratamento. Efetivamente, as abordagens cirúrgicas, a radioterapia, a quimioterapia e a imunoterapia podem ter implicações na alimentação. As mais comuns são aversões alimentares, alterações sensoriais do paladar/olfato, mucosite e também alterações psicológicas (por exemplo, rejeição da alimentação). Adicionalmente, também alterações na saúde oral e disfagia são comuns e agravam o problema da alimentação. Mesmo perdas mínimas de peso durante quimioterapia ou radioterapia são associadas a significativa redução da sobrevivência (Caccialanza *et al.*, 2016).

A nutrição parentérica no doente oncológico em cuidados paliativos assume importância comprovada em alguns tipos de câncer, diminuindo complicações associadas ao pós-operatório. Por outro lado, é recomendado o uso de glutamina em doentes em quimioterapia ou radioterapia, para diminuir a gravidade/ou duração da mucosite.

Existem particularidades relacionadas com a alimentação nos doentes em cuidados paliativos com doenças neurológicas.

No caso da Doença de Alzheimer, existem evidências que apoiam uma tendência para perda de peso, associada a hipermetabolismo, o que implica prevenção de um estado de desnutrição. Atendendo ao decréscimo da função cognitiva, por vezes justifica-se a introdução de suplementos com micronutrientes.

Por outro lado, na Doença de Parkinson, a associação ao *deficit* de dopamina (derivado do aminoácido tirosina) pode implicar flutuações dependentes da disponibilidade de aminoácidos, designadamente das suas concentrações plasmáticas. Além disso, o seu tratamento baseia-se sobretudo na L-dopa (precursor da dopamina), cujo transporte ativo através da barreira gastrintestinal e hematoencefálica pode sofrer interferência dos aminoácidos da dieta, o que exige manipulação dietética de forma a evitá-lo.

A etiologia da Esclerose Múltipla associada ao processo de desmielinização apresenta relação com a dieta, sobretudo com o nível de ácidos gordos poli-insaturados ômega 3, devido à sua importância para a síntese da mielina.

Adicionalmente, os doentes em fim de vida possuem muitas vezes comorbilidades associadas, por exemplo, a insuficiência renal, necessitando de cuidados especiais ao nível da alimentação artificial. Na NP do insuficiente renal, é necessário limitar o catabolismo proteico e a perda de massa magra. Também é crucial prevenir a sobreidratação e ainda minimizar a acumulação de compostos azotados no sangue. O aporte de micronutrientes, sobretudo de vitaminas e oligoelementos, deve ser acautelado, principalmente no caso da diálise.

Finalmente, sabendo que em geriatria a desnutrição calórico-proteica é a patologia mais frequente e é multifatorial, a NP está indicada nas situações de albuminemia <30g/l, na ausência de hipercatabolismo, ou <35g/l, na presença do mesmo. Deve ser sempre preferida a via entérica, sendo a via parentérica utilizada apenas como último recurso e, se possível, o menor tempo possível por via periférica (Pignatelli, 2008).

## 4. Conclusão

Relativamente ao papel da hidratação artificial, alguns autores consideram que é benéfica e deve ser introduzida sempre que necessária, mas não é consensual.

O caso da nutrição artificial também é controverso. Enquanto alguns autores defendem a sua introdução mediante critérios estabelecidos, outros advogam que são intervenções invasivas que podem causar sérios riscos e complicações.

Apesar desta discussão, parece haver evidências que defendem o suporte nutricional em cuidados paliativos, incluindo a nutrição artificial, orientado especificamente para cada doente no contexto de determinadas patologias como, por exemplo, nos doentes oncológicos, na Doença de Alzheimer, Esclerose Múltipla ou Doença de Parkinson.

## 5. Palavras-Chave

Alimentação artificial, entérica e parentérica, cuidados paliativos.

## 6. Referências

Aspen Board of Directors and the Clinical Guidelines Task Force: Guidelines for the use of parenteral and enteral nutrition in adult and pediatric patients. J Parenter Enteral Nutr 26 (1); 2002: 1SA-138SA.

American Society for Parenteral and Enteral Nutrition (A.S.P.E.N.) Definition of Terms, Style, and Conventions Used in A.S.P.E.N. Board of Directors–Approved Documents, 2015.

Bistrian B: Brief History of Parenteral and Enteral Nutrition in the Hospital in the USA *in* The Economic, Medical/Scientific and Regulatory Aspects of Clinical Nutrition Practice: What Impacts What? Elia M, Bistrian B (eds). Nestlé Nutr Inst Workshop Ser Clin Perform Program 12, 2009: 127–136, Nestec Ltd., Vevey/S. Karger AG, Basel.

Caccialanza R, Pedrazzoli P, Cereda E, Gavazzi C, Pinto C, Paccagnella A, Beretta GD, Nardi M, Laviano A, Zagonel V: Nutritional Support in Cancer Patients: A Position Paper from the Italian Society of Medical Oncology (AIOM) and the Italian Society of Artificial Nutrition and Metabolism (SINPE). Journal of Cancer 7 (2); 2016: 131-135.

Correia F, Pinhão S: Patologia e Dietoterapia II. FCNAUP, 2015.

Cotogni P: Enteral versus parenteral nutrition in cancer patients: evidences and controversies. Ann Palliat Med. 5 (1); 2016: 42-9.

Hui D, Dev R and Bruera E: The Last Days of Life: Symptom Burden and Impact on Nutrition and Hydration in Cancer Patients. Curr Opin Support Palliat Care 9 (4); 2015: 346-354.

Dudrick SJ: History of parenteral nutrition. J Am Coll Nutr. 28 (3); 2009: 243-51.

Pignatelli N: Nutrição parentérica: Indicações, Modalidades e suas Complicações. Hospital Fernando Pessoa, 2008.

Schwartz DB, Olfson K, Barrocas A: Incorporating Palliative Care Concepts Into Nutrition Practice: Across the Age Spectrum. Nutrition in Clinical Practice 31 (3); 2016: 305-315.

# Autocuidado dos Profissionais de Saúde

IVONE DUARTE

## 1. Introdução

Os profissionais de saúde em geral confrontam-se com desafios crescentes e adversidades diárias, sendo necessário conhecer e desenvolver competências para enfrentar estas situações. Os profissionais dos cuidados paliativos, em particular, estão expostos ao sofrimento, à dor, à morte, ao luto, à tomada de importantes decisões éticas e ao contato constante com o sofrimento do doente e da família. A exposição prolongada a estes fatores stressantes pode conduzir a um estado de exaustão. Este estado disfuncional impede estes profissionais de desempenhar eficazmente a sua atividade e, a menos que recebam ajuda, não só o seu desempenho profissional estará em risco como também aspectos da vida pessoal, familiar e das próprias instituições.

Segundo a Agência Europeia para a Saúde e Segurança no Trabalho, os profissionais da área da saúde são, a par dos profissionais da área da educação, aqueles que mais se expõem a fatores de *stress* derivados da sua atividade (European Agency for Safety and Health at Work, 2009). A exposição a estes fatores stressantes cria o ambiente propício para o desenvolvimento da síndrome de *burnout* e explica o elevado risco nestes profissionais (Sá, 2002).

O *burnout* é considerado um problema de grande relevância entre os profissionais de saúde, não só devido à sua prevalência, mas também devido aos seus efeitos. Num estudo realizado em Portugal a profissionais de saúde, constatou-se que cerca de 48% dos profissionais inquiridos apresentavam *burnout* elevado (Marôco, Leite, Bastos, Vazão & Campos, 2016). O tempo de exercício na profissão e as condições de trabalho foram preditores significativos de *burnout* tanto em médicos quanto em enfermeiros, ou seja, evidenciou-se uma associação entre a ocorrência de *burnout* e as más condições de trabalho, assim como menor duração do tempo de serviço (Marôco *et al.*, 2016).

Esta síndrome pode levar ao surgimento de problemas de insatisfação e de realização pessoal e laboral, ao desinteresse e à desmotivação, à exaustão emocional e física, a maior probabilidade de erro médico, maiores taxas de absentismo, menor compromisso com a função e com o empregador, diminuição da satisfação no trabalho, maior ocorrência de baixas médicas, maior sofrimento pessoal e aumento dos conflitos interpessoais envolvendo chefias, colegas e família, abuso de álcool e outros psicotrópicos que, no seu conjunto, podem colocar em causa o funcionamento da própria instituição, a prestação dos cuidados de saúde e a qualidade do profissional.

Deste modo, é necessário que os profissionais de saúde tenham consciência de tal realidade para desenvolverem e adotarem técnicas de prevenção de *burnout* (Breiddal, 2012).

## 2. Enquadramento Histórico e Desenvolvimento

O desenvolvimento económico e a ebulição tecnológica obrigam a constantes transformações, adaptações e atualizações na sociedade. Na área da saúde o aumento da esperança média de vida, resultante dos avanços médico-científicos, fez-se acompanhar pelo aumento do tempo de vida, pela maior prevalência de doenças crónicas e debilitantes e pelo acrescentar de anos à vida muitas vezes pobre em qualidade e dignidade. A esperança de vida à nascença em 2015 foi estimada em 80 anos para o total da população, sendo de 77 anos para os homens e de 83 anos para as mulheres. Estes valores representam um ganho de 1,19 para os homens e de 1,04 anos para as mulheres, comparativamente com os valores estimados para 2008-2010 (Instituto Nacional de Estatística, 2016). Deste panorama emergem questões éticas e legais que obrigam a sociedade a questionar-se sobre a necessidade de mudança no paradigma dos cuidados.

Apesar dos avanços tecnológicos e terapêuticos e da possibilidade de curar e controlar certas doenças, este aumento nem sempre se traduz em qualidade durante os últimos anos de vida. Verificamos um aumento da cronicidade das doenças, das comorbilidades associadas e um prolongação do tempo de vida que acarreta, para muitos, uma etapa final penosa e sofrida.

Este contexto tem obrigado as sociedades e organizações a redefinir prioridades em saúde e a adequar os paradigmas dos cuidados.

No paradigma atual são os profissionais dos cuidados paliativos que mais procuram assegurar a minimização do sofrimento, o conforto e a qualidade de vida às pessoas com doença prolongada, incurável e progressiva, desde o diagnóstico até ao momento da morte. A atividade e a satisfação dos profissionais dos cuidados paliativos assentam em pressupostos de compaixão e preocupação empática que, sendo essenciais na relação de ajuda com os doentes, podem ao mesmo tempo facilitar a sua exposição a determinados fatores stressantes, que, como referido anteriormente, podem levar ao aparecimento da síndrome de *burnout*.

O conceito de *burnout* foi mencionado pela primeira vez na década de 70 por Herbert Freudenberg como uma série de sintomas físicos e psicossociais não especificados, produzidos por um requisito de energia excessiva no trabalho, emergindo geralmente em profissões envolvendo relacionamentos de ajuda (Freudenberg, 1974). Maslach, Jackson e Leiter (1997) expandiram o conceito de *burnout*, para estes autores este conceito diz respeito a uma crise nas relações com o trabalho e não necessariamente uma crise com pessoas do trabalho. De acordo com esses autores, o *burnout* é "uma síndrome de exaustão emocional, despersonalização, e realização pessoal, que pode ocorrer entre indivíduos que trabalham com outras pessoas" (Maslach, Jackson e Leiter, 1997).

A exaustão emocional representa a dimensão básica do *stress* no *burnout*, sendo o ponto-chave desta síndrome, e refere-se à sensação de esgotamento de energia, sentimentos de sobrecarga emocional e de esgotamento de recursos emocionais, o que leva a um distanciamento emocional do seu trabalho.

A despersonalização representa a dimensão interpessoal da síndrome de *burnout*, expressa-se por uma atitude negativa, impessoal e distante em relação aos outros, nomeadamente colegas e pacientes, o que reflete a falta de realização pessoal, sentimentos de competência e sucesso profissional, manifestado por falta de motivação e diminuição de produtividade no trabalho.

Por último, a redução da realização pessoal representa a dimensão autoavaliativa da síndrome de *burnout*, é uma atitude negativa para consigo mesmo, corresponde à percepção da impossibilidade de realização pessoal no trabalho, o que provoca uma diminuição das expectativas pessoais, sentimentos de fracasso e baixa autoestima.

## 3. Definição e Clarificação Conceptual

Vários são os estudos que se têm desenvolvido para uma melhor compreensão sobre a síndrome de *burnout*, em particular nos profissionais de saúde que trabalham em cuidados paliativos. Um estudo de revisão sistemática realizado por Vitor Parola e colaboradores revela que a síndrome de *burnout* está presente entre enfermeiros, médicos e assistentes sociais no contexto de cuidados domiciliários. Os resultados revelam uma prevalência de *burnout* entre profissionais de saúde de 17,3%. Os enfermeiros apresentam níveis mais elevados de exaustão emocional e despersonalização e os médicos têm níveis mais baixos de realização pessoal. A prevalência de *burnout* é maior entre os assistentes sociais e nos cuidados domiciliários (Parola, Coelho, Cardoso, Sandgren, Apóstolo, 2017).

Um outro estudo desenvolvido com profissionais dos cuidados paliativos pediátricos concluiu que as principais fontes de *stress* estão muitas vezes relacionadas com conflitos dentro do grupo de funcionários, problemas de comunicação e conflito de papéis. Os relacionamentos pobres com a família da criança, bem como a incapacidade de aliviar os sintomas angustiantes que a criança está a sofrer também foram identificados como fontes comuns de *stress*. O trabalho de equipe, a boa comunicação e um bom ambiente de trabalho são fatores apontados como protetores e que contribuem para capacitar o pessoal a lidar com o *stress* no trabalho. O *stress* pode ser reduzido proporcionando aos funcionários o treino e a educação adequados e incentivando-os a assumir alguma responsabilidade pela prevenção e o alívio do *stress* (Barnes, 2001).

Cuidar de pacientes em estado terminal e das suas famílias é uma experiência gratificante, enriquecedora e significativa. Contudo, também pode ser extremamente stressante. Manter o equilíbrio entre a saída e a entrada de energia na vida laboral e pessoal de um profissional de saúde é um processo contínuo. Para evitar o esgotamento destes profissionais, torna-se um imperativo ético desenvolver um plano de autocuidado individualizado no contexto do trabalho, para equilibrar as suas próprias necessidades com as necessidades dos pacientes.

O autocuidado tem sido considerado como a manutenção pessoal da saúde através de atividades que melhoram ou recuperam a saúde e o bem-estar do indivíduo. Num estudo feito por Jason Mills e colaboradores (2017), realizado em médicos e enfermeiros australianos, verificou-se que a taxa de reconhecimento da importância do autocuidado é bastante elevada

(86%). Contudo, apenas 45% tinha alguma prática de autocuidado durante a semana, sendo que a mais referida foi o cuidado físico. Apenas 39% dos enfermeiros e médicos referem ter obtido alguma formação nesta área e cerca de 94% dos profissionais referem não usar um plano de autocuidado. Em suma, reconhecem a importância do autocuidado, mas referem que é necessário mais educação e treino para aumentar a sua compreensão e consistência usando estratégias efetivas de autocuidado.

Vários autores têm escrito sobre o *stress* e sobre os fatores de proteção no trabalho. Muitas destas ideias foram incorporadas em planos individuais de autocuidado. Sally Jones (2005) apresenta quatro dimensões que constituem estes planos: dimensão física, emocional/cognitiva, relacional e espiritual. Segundo a autora, estas dimensões deverão estar conectadas entre si e ao longo do tempo deverão ser adaptadas a cada profissional de acordo com o seu autoconhecimento e autoconsciência.

No que se refere ao autocuidado físico, o trabalhador deve estar atento aos sinais dados pelo seu corpo, tais como tensão no pescoço e nos ombros, seguida de dores de cabeça e dificuldades de sono, sintomas gastrintestinais e exacerbação de outras condições médicas já existentes. Menos comuns e mais gerais são a fadiga, dores nas costas, aumento ou perda de apetite e aperto nas mandíbulas. Várias técnicas são aqui incluídas, nomeadamente o relaxamento muscular progressivo ou simplesmente alongamentos ao longo do dia de zonas mais tensas, respiração diafragmática, massagem, meditação, ioga e uma boa higiene do sono. Um descanso adequado também é uma área reconhecida como vital. Dificuldades de sono são discutidas em detalhe, procurando soluções individualizadas. Outra área abordada com o trabalhador é o seu acompanhamento médico (Jones, 2005).

A exposição regular ao sofrimento, a emoções fortes, complementada pela sensação de fracasso e frustração, por sentimentos de impotência em sequência da progressão da doença e da inevitabilidade da morte, exigem do profissional uma atenção particular no reconhecimento de como as suas experiências e emoções influenciam a relação com os seus pares, com o doente e sua família. Este autocuidado emocional/cognitivo passa, desta forma, pela autoconsciência de vários indicadores emocionais, como o aumento de choro, irritabilidade, ansiedade, exacerbação de comportamentos aditivos e menor autoconfiança ou autoestima. É, desta forma, de extrema importância o auto reconhecimento dos seus valores, das suas crenças, das estratégias que utiliza para lidar com eventos stressores, sendo capaz, por exemplo de identificar e expressar essas emoções e esses sentimentos junto da equipa com quem desenvolve a sua atividade profissional. Incluem-se aqui estratégias como o escrever, criar, ouvir música, assistir a um filme, apoio psicológico ou a prática de meditação. Particularizando esta última estratégia, nos últimos anos têm surgido internacionalmente, programas de *mindfulness* com vista a desenvolver junto dos profissionais competências de autorregulação, de gestão do *stress*, de redução da ansiedade e da depressão (Boellinghaus, Jones, Hutton, 2012), de desenvolvimentos de competências interpessoais (Jones, 2005). Sally Jones (2005) recomenda um ritual diário simples e breve para libertar as emoções que os profissionais de saúde muitas vezes transportam para casa, particularmente a forte emoção do sofrimento. O ritual inclui reconhecer o detrimento de transportar as emoções dos outros, rever as situações do dia e deixá-las ir. Isto pode ser feito enquanto se corre, ouve música, antes de dormir, enquanto se troca de roupa depois do trabalho, enquanto se medita ou reza. Para a autora os pensamentos afetam as nossas emoções e, nesse sentido, o autocuidado deve incluir um diálogo interno saudável.

Já no que se refere à dimensão relacional, o plano requer estabelecer limites saudáveis nas relações pessoais e profissionais. Nesta área, os sinais geralmente incluem irritabilidade com os outros, distanciamento em relacionamentos próximos, envolvimento excessivo ou excesso de dependência em relacionamentos íntimos. Encontrar pessoas capazes de ouvir e apoiar é fundamental. É também importante trabalhar e desenvolver a assertividade do trabalhador através de *role play*, por exemplo (Jones, 2005). Para que este possa resolver com maior eficácia os conflitos que possam surgir, a implementação de determinadas medidas laborais poderá também ser agente facilitador, como a criação de fóruns de discussão dos problemas institucionais e promoção de um estilo de liderança eficaz, proporcionando um *feedback* positivo e construtivo que auxilie o trabalhador na gestão das suas emoções, mantendo confiança e autoestima, normalizando experiências e desenvolvendo novos recursos e métodos de exposição. Além disso, incentiva a partilha de sentimentos, medos e frustrações.

Por último, no que se refere à dimensão espiritual, deverá construir-se um autoconhecimento com atividades que promovam um crescimento espiritual. A maioria dos trabalhadores tem um sistema de crença espiritual, que pode não estar ligada a uma religião, mas que consiste em alguma crença em algo além de si mesmo, de alguma forma algo que traz sentido ao mundo e à própria vida. Sinais nesta área muitas vezes incluem sensação cínica, perder o contato com o significado da vida e uma diminuição da prática espiritual, seja em frequência ou significado. Possíveis formas para se conectar espiritualmente podem incluir: entrar em contato com a natureza, orar, meditar, cantar, dançar, contatar com crianças ou realizar trabalho criativo (Jones, 2005).

As dimensões descritas consistem em ações dirigidas a cada profissional de saúde ou ao ambiente e os cuidados percebidos como prioritários, com o objetivo de regular o funcionamento do profissional de saúde de acordo com os seus interesses na vida, de forma a atender às suas próprias necessidades, desejos, sentimentos e bem-estar.

## 4. Conclusão

Os profissionais dos cuidados paliativos estão expostos, na sua prática diária, a elementos stressantes resultantes da sua atividade e que podem emergir quer da relação com os doentes e suas famílias quer da relação com aspectos estruturais da sua atividade.

A abordagem multidimensional do processo de *burnout* implica que as intervenções destinadas a reduzir o *burnout* sejam planeadas e concebidas de acordo com o componente de *burnout* ao qual se dirigem. Ou seja, mais do que praticar uma abordagem geral, pode ser mais efetivo considerar o modo de diminuir a probabilidade de ocorrência da exaustão emocional, de prevenir a tendência à despersonalização ou de aumentar o sentimento de desempenho do indivíduo.

É ainda prioritário incrementar o desenvolvimento de estudos adicionais que encontram as melhores estratégias e teorias sobre como fornecer cuidados de forma eficiente, evitando o aparecimento de *burnout*. É necessário compreender melhor a síndrome de *burnout* nos profissionais que trabalham em cuidados paliativos com o objetivo de identificar tanto os fatores de risco como os fatores de proteção.

Finalmente, estudos sobre intervenções que se concentram em reduzir a pressão sentida pelos profissionais da saúde em termos físicos, psicológicos, sociais e espirituais uma vez que estes aspectos terão um impacto direto sobre os níveis de exaustão emocional, de despersonalização e de realização pessoal. A avaliação simultânea das necessidades dos profissionais de saúde e a sua capacidade de prestar os melhores cuidados é igualmente relevante.

## 5. Palavras-Chave

Autocuidado, *burnout*, cuidados paliativos, profissionais de saúde.

## 6. Referências

BARNES K: Staff stress in the children's hospice: causes, effects and coping strategies. International Journal Palliative Nursing 7 (5); 2001: 248-54.

FREUDENBERGER HJ: Staff Burn-Out. Journal of Social Issues 30 (1); 1974: 159-165.

ILLNESS, CRISIS, LOSS: Self-Care in Palliative Care: A way of being. 20 (1); 2012: 5-17 Susan Breiddal. Registered Clinical Counselor, BSW, MTP.

MARÔCO J, MARÔCO A, LEITE E, BASTOS C, VAZÃO MJ, CAMPOS J: *Burnout* em Profissionais da Saúde portugueses: Uma análise a nível nacional in Acta Médica Portuguesa 29 (1); 2016: 24-30.

MASLACH C, LEITER M: The truth about *Burnout*: how organization cause, personal stress and what to do about it. San Francisco-US: Jossey-Bass, 1997.

MILLS J, WAND T, FRASER JA: Self-Care in Palliative Care Nursing and Medical Professionals: A Cross-Sectional Survey Journal of Palliative Medicine 20 (6); 2017: 625-630.

PAROLA V, COELHO A, CARDOSO D, SANDGREN A, APÓSTOLO J: Prevalence of *burnout* in health professionals working in palliative care: a systematic review. JBI Database of Systematic Reviews and Implementation Reports; 2017: 1905-1933.

SÁ L: Burnout e controle sobre o trabalho em enfermagem oncológica. Dissertação de Mestrado em Psiquiatria e Saúde Mental. Porto: Faculdade de Medicina da Universidade do Porto, 2002.

TÁBUAS DE MORTALIDADE 2013-2015 – Instituto Nacional de Estatística (setembro, 2016) disponível em: https://www.dgs.pt/em-destaque/esperanca-de-vida-mais-elevada-a-nascenca-na- regiao-centro-.aspx. Consultado a 12 de setembro de 2017.

# Autonomia e Dignidade Humana

RUI NUNES

## 1. Introdução

A sociedade plural mergulha as suas raízes numa visão humanista das relações interpessoais. Esta sociedade encontra na diversidade de opinião e na pluralidade ideológica, cultural e religiosa o seu eixo vertebral e o fundamento das instituições que lhe servem de suporte. O marco axiológico fundamental, o ponto de referência, é, então, a inexistência de uma visão única do bem comum e, mesmo, do bem individual (Nunes, 2010). Para evitar um choque intra e inter-civilizacional determinado pelo convívio decorrente da globalização cultural, importa definir um mínimo ético universal, que garanta, na ausência da imposição coerciva de qualquer ortodoxia de pensamento, a convivência pacífica entre os cidadãos. Não se trata de uma forma mitigada de relativismo ético, mas tão-somente de aceitar a diversidade de pensamento como paradigma da nova ética social. Em uma sociedade pacífica, plural nas ideias e democrática no processo de decisão, o consenso é fundamental para a proteção dos direitos das minorias.

Tristram Engelhardt Jr., um autor de inspiração libertária, aceita como válida a tese de que o pluralismo pós-moderno que caracteriza o discurso da atualidade deve ter em consideração a divergência de opinião e a circunstância de que qualquer ordenação dos bens primários parte de determinados pressupostos ético/filosóficos, ou de uma noção previamente definida do bem comum. Pelo que, o acordo mútuo – ou seja, o consentimento das pessoas para empreendimentos comuns – é o único instrumento viável para uma cooperação social saudável entre os cidadãos. Neste contexto de intersubjetividade, e ainda que exista desacordo sobre os fundamentos das decisões, é suficiente a aceitação de regras comuns de atuação de modo a que se cumpram os pressupostos de justiça processual. O acordo mútuo sobre os procedimentos a adotar pelos cidadãos pode mesmo transformar-se num potente cimento à escala global, ao permitir a convivência pacífica entre povos com distintas tradições culturais.

## 2. Enquadramento Histórico e Desenvolvimento

Poderá perguntar-se se *é* desejável a existência de um consenso transcultural. Eventualmente, este não será exequível, dado que cada cultura não é composta apenas por um universo de contribuições individuais, mas está também submetida a um vasto conjunto de influências que seguiram um rumo diferente ao longo dos séculos. Ao ser humano, por sua vez, é permitida uma grande variedade de opções, uma grande maleabilidade opinativa, dependente não só do ambiente cultural, mas, também, de influências psicológicas individuais. Esta liberdade na esfera da decisão pessoal é a base da autodeterminação de que todo o ser humano pode e deve usufruir. Contudo, as decisões individuais não são resultantes de introspecções ascéticas, mas sim a consequência de interações psicossociológicas, formando-se correntes de opinião (sobre estas e sobre as demais questões) que dão alguma coerência e um certo grau de intersubjetividade à autodeterminação individual. Torna-se necessário determinar um padrão mínimo, isto é, um nível crítico que desperte a consciência dos cidadãos, no sentido de reprovar energicamente aqueles atos considerados, por todas as correntes do pensamento, como moralmente inaceitáveis. Exemplificando, o direito à liberdade individual parece ser um desses valores que a todos os seres humanos compete respeitar e fazer respeitar.

Outra dúvida prende-se com o método utilizado para alcançar o referido consenso. Parece ultrapassada a hipótese de imposição coerciva de determinada norma ética/social. Aceita-se como razoável a necessidade de uma análise livre e consciente do imperativo moral que venha a ser aceite de forma convicta e refletida. Ao legislador compete a tarefa de balizar o comportamento humano, permitindo uma ampla capacidade de manobra, tendo em conta as diferentes perspectivas culturais. Contudo, a norma jurídica não deve nunca ser de tal modo permissiva que permita a ultrapassagem dos limites aceites e definidos pelas correntes mais representativas do pensamento humano. Então poderá afirmar-se que a dignidade humana se impõe ao próprio indivíduo, ao próprio agente moral (Nunes, 2013). A necessidade deste consenso é real a nível transcultural, mas não só. Dentro de cada cultura, deve estender-se transversalmente a todos os segmentos da população, não se limitando aos estratos mais desenvolvidos. Tentando transmitir esta mensagem a todos os elementos da sociedade – os mais e os menos bem informados –, o antigo preceito do Decálogo de desejar para os outros aquilo que se deseja para si próprio pode ser, em meu parecer, uma plataforma compreensível de sustentação deste objetivo. Este imperativo ético fundamental, observado noutra perspectiva, pode ser enunciado da seguinte forma: "atua em todas as circunstâncias de forma a cultivar a autonomia da outra pessoa, que a tua, por sua vez, se desenvolverá naturalmente".

Porém, importa que, a nível da organização política da sociedade, os direitos das minorias (daqueles que discordam e não consentem) não sejam sutilmente violados. Assim, no plano jurídico, a proteção constitucional deverá no mínimo garantir um conjunto de direitos formais (idealmente materiais), que processualmente permitam esta aspiração comum. A expectativa da existência na Europa de uma Constituição que garanta os direitos fundamentais de todos os cidadãos da família europeia é o reflexo evidente da necessidade de harmonizar distintas culturas e modelos de desenvolvimento social de modo a que o seu futuro se atravesse sem sobressaltos.

Isto é, trata-se do pressuposto de que em uma sociedade secular pós-cristã o respeito pela pessoa humana e pela sua dignidade é o único meio de se resolverem disputas morais aparentemente irreconciliáveis. Inexoravelmente a humanidade deverá dispor de uma matriz ideológica, com um rosto constitucional, dotado de eficácia jurídica e de legitimidade intercultural. Legitimidade que decorre do acordo mútuo das partes envolvidas. Mais ainda, importa que o modelo de organização social tenha em atenção – à luz dos princípios da autonomia e da responsabilidade – que o elemento nuclear da sociedade é o cidadão, e que este vai progressivamente delegando no Estado as tarefas que individualmente não consegue cumprir. Assim, a complexa relação entre a legislação e os deveres pessoais deve ter em atenção também, e sobretudo, uma reinterpretação ascendente do princípio da subsidiariedade. Afirmando a convicção de que o ser humano, consciente, autônomo e livre, tem direitos e deveres ponderados no quadro de instituições justas e com legitimidade democraticamente determinada. Um desses direitos é precisamente a liberdade de autodeterminação que se consubstancia na doutrina do consentimento informado, livre e esclarecido.

Numa cultura global, atravessada em tempo real pelos limites da tecnociência, desde logo nos domínios da biomedicina e das tecnologias da informação, só o respeito profundo por este quadro valorativo poderá ajudar a construir a sociedade do futuro. E, quando Jean-Yves Naudet (1992) questiona "liberdade para fazer o quê?", a resposta pode muito bem ser que a existência de visões irreconciliáveis sobre o bem individual e o bem comum entre os diversos membros da sociedade implica que se gere o consenso possível que permita a convivência pacífica e o pluralismo social pós-moderno.

## 3. Definição e Clarificação Conceptual

A existência de pluralismo cultural originou a necessidade de se encontrar uma plataforma comum para a resolução de determinados conflitos em temas socialmente fraturantes. Muitos destes dilemas emergem da prática da medicina sobretudo em situações limite, como no caso do aborto, da eutanásia, da clonagem ou de algumas técnicas de procriação assistida. A ética profissional – de médicos, enfermeiros, psicólogos, entre outros – sentiu a necessidade de se compaginar com a evolução da sociedade e um meio de alcançar este consenso foi justamente a elaboração de um conjunto de grandes princípios orientadores, de aplicação sistemática, na prática clínica e na investigação em seres humanos. Estes princípios de ética biomédica estariam a meia distância entre a teoria ética fundamental (corpo integrado de regras e de princípios) e regras de conduta, que, por definição, são restringidas a determinados contextos e de alcance forçosamente mais limitado. Esta tarefa está longe de ser simples, dado que, quando em presença de dilemas éticos complexos, de difícil resolução, vários princípios entram em conflito, prevalecendo aquele que seja moralmente afim do agente com capacidade de decisão.

Esta enunciação de princípios de aplicação prática, baseados na bagagem humanista da cultura ocidental, preocupa-se mais em originar ações facilmente perceptíveis como justas, bem como na definição das obrigações morais a elas associadas e quase nunca dos valores que possam fundamentar ou justificar essas obrigações morais. Trata-se, talvez, de uma abordagem pragmática, dado que se torna mais simples alcançar um consenso sobre princípios gerais a adotar do que sobre os valores que possam fundamentar esses princípios. Este pragmatismo traduz, também, o fato de se tratar de uma ética laica, desligada de uma tradição cultural que tem profundas raízes sociais. A sociedade pós-moderna não adota uma postura ética uniforme, optando pela pluralidade de crenças e de opiniões. Os valores e as virtudes subjacentes a esta heterogeneidade moral estão sujeitos a uma tensão transformadora constante por parte da cultura atualmente dominante. Esta cultura orienta-se por um imperativo científico-tecnológico que penetra decisivamente no seio das culturas tradicionais.

Porém, em decisões críticas, a maioria das pessoas tem uma tendência natural para não se orientar especificamente por nenhum destes princípios, como reflexo de uma postura moral sujeita a alguma flutuação, por vezes, mesmo, a certo grau de inconsistência. O fator decisivo na resolução de um dilema ético concreto, qualquer que seja a sua natureza, é o grau de virtude da consciência individual de cada agente moral. A aplicação prática dos princípios éticos subjacentes está dependente, em larga medida, da presença ou não das referidas virtudes. Esta volatilidade dos valores éticos e sociais traduziu-se numa profunda violação de alguns direitos fundamentais, colocando a dúvida da própria essência da dignidade humana. De igual modo, o surgimento de novas tecnologias e a percepção da insuficiência dos referenciais éticos tradicionais contribuíram decisivamente para a emergência de uma nova ética social. Em sentido lato, está igualmente em causa a deontologia profissional que, na sua componente normativa, se configura como um conjunto de deveres inerentes ao exercício profissional. A questão central é, então, como deve responder hoje a medicina a novos desafios, nomeadamente os que se colocam no fim da vida humana.

Neste contexto de aparente relativismo ético um dos principais dilemas das sociedades de cultura ocidental é a fundamentação dos valores que devem nortear os direitos individuais. Ou seja, num modelo de organização social no qual são aceites distintas mundividências – nos planos político, ideológico, religioso e, mesmo, cultural – pode perguntar-se qual o denominador comum a todos os seres humanos numa cultura global na qual a informação é partilhada universalmente, sem barreiras nem restrições. A resposta a esta questão assume particular relevância quando está em causa a complexa relação do cidadão com a sociedade, em todo o seu percurso desde a infância até à terceira idade. Isto é, obtido um consenso sobre quais os valores mais representativos da nossa sociedade, importa definir uma estratégia clara sobre o modo como devem ser transmitidos às gerações vindouras.

Sendo as sociedades modernas ocidentais uma encruzilhada de culturas, religiões e crenças díspares e não relacionadas, torna-se difícil definir quais os valores predominantes em uma determinada sociedade. Tristram

Engelhardt Jr. (1996) reconhece esta dificuldade, ao tentar demonstrar a existência de uma ética secularizada totalmente descomprometida relativamente à tradição judaico-cristã prevalecente no passado ou a qualquer outro tipo de ortodoxia culturalmente imposta. Ao permitir-se um amplo campo de manobra à autodeterminação e à autorrealização individuais, acaba por se consentir todas ou quase todas as manifestações da vontade pessoal, ainda que contrárias à intuição moral generalizada. De fato, a inexistência de argumentos racionais que comprovem que determinada ação é incorreta origina, inevitavelmente, uma diminuição da força moral que obrigue a uma determinada proibição.

Qual será, então, a fundamentação da ética e dos valores numa sociedade plural e secularizada? Perspetivando a ética como uma das categorias do pensamento humano, tal como a lógica ou a estética, categoria que norteia o desejo e o comportamento subsequentes, segundo determinados valores positivos, podemos encontrar uma alternativa atraente de encarar o problema. Naturalmente estes valores estão relacionados, de alguma forma, com a edificação da personalidade através, entre outras, da educação ministrada desde o dealbar do nosso psiquismo individual. Trata-se, efetivamente, de um conjunto de regras que se impõem à vida individual. Esta dimensão categorial da ética não a impede de uma efetiva interpenetração com as restantes ciências normativas do pensamento humano.

Valores, nesta perspectiva universalizante, podem querer significar apenas critérios operacionais de amplo espectro de atuação como, por exemplo, a dignidade humana. Como princípio fundante da ética social, a dignidade humana deve ser distinguida de lei, ou leis, da natureza, dado que estas não têm relação direta com a ética, embora, por vezes, a possam influenciar. As leis da natureza, nas várias componentes, são meramente descritivas e fundamentam-se em determinadas observações científicas a nível biológico, químico ou físico. O fundamento dos valores num modelo de convivência social, plural nas ideias e secular nas práticas, pode então residir no conceito de dignidade humana. Mais ainda, a dignidade da pessoa, na sua diversidade, e nos direitos que dela emanam, é o alicerce do próprio Estado de Direito (Feinberg, 1980). Trata-se, porventura, do único valor absoluto, e inalienável, numa sociedade secular e pluralista. Uma sociedade em que as pessoas se encontram com distintas mundividências, como verdadeiros "estranhos morais".

Após ter sido claramente definida uma concepção biológica e antropológica de pessoa humana, a dignidade confere-lhe o direito de ser sempre considerado como sujeito, em si mesmo, com uma finalidade própria, dotado de liberdade no plano ético, não podendo nunca ser considerado como um objeto do desejo ou da manipulação de terceiros. Esta liberdade ética fundamental implica que a ciência concorra sempre para melhorar as condições de existência da humanidade respeitando a identidade do sujeito e a da espécie a que pertence. Esta linha de pensamento está na base da edificação daquilo que hoje conhecemos e valorizamos por direitos humanos fundamentais. Estes mais não são do que o reconhecimento expresso de um marco axiológico fundamental que é o valor intrínseco, inquestionável, da pessoa humana.

Uma ética fundada na dignidade humana pressupõe, necessariamente, que novos conhecimentos na área das ciências biológicas possam questionar axiomas considerados imutáveis, de modo a proporcionar – através de uma análise introspectiva permanente – uma mudança gradual da visão antropológica de ser humano. Pretender que a dignidade humana, e os direitos humanos a ela associados, sejam considerados irrevogáveis, é não apenas um erro conceptual como também uma tarefa difícil de alcançar. *A fortiori* toda a visão da dignidade humana deve ser periodicamente revista, não no sentido de uma total substituição, mas no sentido de uma reavaliação conceptual. Esta caducidade dos critérios operacionais associa-se, também, à característica intercultural da humanidade. Quando se interpõem diversas contribuições culturais, a noção de ser humano e de direitos humanos fundamentais pode variar substancialmente. Logo, torna-se decisivo usar uma considerável capacidade de adaptação de modo a que a dignidade humana se possa difundir plenamente a todos os membros da humanidade. A dignidade humana, mesmo nos seus princípios básicos, aufere de uma grande maleabilidade, dado que aquilo que define a bondade de determinado ato é frequentemente descoberto através da experiência e da razão. À luz desta posição doutrinária deve reafirmar-se a convicção de que a dignidade humana se impõe ao próprio indivíduo, nomeadamente através da indisponibilidade de alguns bens essenciais, tal como o corpo humano e partes dele.

Não se pretende com isto afirmar que todos os seres humanos são iguais na rigorosa acepção do termo. De fato, somos todos diferentes a nível biológico e intelectual. Mais ainda, uma verdadeira igualdade social será porventura inalcançável. O conceito de igualdade refere-se à inserção num grupo que confere direitos iguais a todos os seus membros – pelo menos no que diz respeito a determinados direitos fundamentais. Esta concepção não implica uma lógica de estandardização comportamental. A uniformidade contrapõe-se à própria essência da natureza humana, dado que a criatividade intelectual é um fator que milita a favor da existência da própria comunidade moral. Deste fato decorre que sempre existirão diferenças entre as pessoas, independentemente da semelhança do seu estatuto moral. Os direitos à vida, à alimentação, à família, aos cuidados básicos de saúde, não implicam que as pessoas sejam todas iguais nem que ambicionem realizar os mesmos projetos de vida. Implicam, sim, que, quaisquer que sejam as suas aptidões intelectuais (e daí a sua capacidade de florescer no seio da sociedade), lhes seja garantido um nível mínimo de condições sociais conforme à dignidade da pessoa humana. Este princípio de igual dignidade dos seres humanos é, também, a base de uma verdadeira justiça social na distribuição de recursos materiais destinados à saúde (Nunes, 2004).

Se, *a priori*, todos os seres humanos, pelo simples fato de pertencerem à comunidade moral humana, são detentores de direitos, *a fortiori* o reconhecimento da dignidade humana ao próprio indivíduo implica a assunção da responsabilidade como dever geral da própria condição humana. A dignidade humana reflete a sua legitimidade formal no vasto elenco de direitos humanos fundamentais. Assim, pode considerar-se que, a nível operacional, a dignidade humana se consubstancia por um conjunto de princípios subjacentes aos documentos de validade internacional no âmbito dos direitos fundamentais, como seja a Declaração Universal dos Direitos Humanos. Trata-se, no essencial, de dignidade da pessoa inserida na comunidade moral humana. Porém, numa visão mais abrangente, pode estar em causa uma tripla dimensão deste conceito:

1. A dignidade da pessoa enquanto agente individual;
2. A dignidade da comunidade humana na sua globalidade e intemporalidade (o que pode implicar uma especial atenção aos direitos das gerações futuras protagonizados, por exemplo, pela proclamação do Genoma Humano enquanto patrimônio comum da humanidade);
3. A dignidade das minorias enquanto realidades culturais autônomas mas cujos direitos devem também ser salvaguardados face à maioria da sociedade.

Direitos, tal como o direito à vida, à autodeterminação, à integridade física e moral, ou ao reconhecimento da personalidade são inerentes a todos os membros da família humana. Ou, por outro lado, aqueles direitos que permitem o cabal desenvolvimento da personalidade, como a liberdade de pensamento, de expressão ou de associação e que afirmam a natureza singular da espécie humana nos planos cognitivo, emocional, e da decisão moral. Esta tripla dimensão – a razão, a emoção e a moralidade – é tanto a característica distintiva da pessoa como a expressão da sua natureza. Além disso, o livre desenvolvimento e expressão da personalidade humana encontram na diversidade da autodeterminação a sua riqueza fundamental. Esta perspectiva parte do pressuposto de que a dignidade é um atributo específico dos seres humanos. A dignidade humana, ao decorrer da natureza ontológica dos seres humanos, mergulha as suas raízes nas capacidades distintivas da nossa espécie tal como a consciência reflexiva, o pensamento abstrato, a linguagem simbólica ou mesmo o comportamento moral.

Dignidade que, na óptica de James Rachels (1999), se apoia no fato de que os seres humanos têm desejos e objetivos, moldados pelas características da sua consciência reflexiva, pelo que têm um valor intrínseco, não instrumental nem instrumentalizável. De fato, na visão kantiana, "Seres racionais estão pois todos submetidos a esta lei que manda que cada um deles jamais se trate a si mesmo ou aos outros simplesmente como meios, mas sempre simultaneamente como fins em si... Mas um ser racional pertence ao reino dos fins como seu membro quando é nele em verdade legislador universal, estando porém também submetido a estas leis". Mais ainda, refere Immanuel Kant (1995), "No reino dos fins tudo tem ou um preço ou uma dignidade. Quando uma coisa tem um preço, pode-se pôr em vez dela qualquer outra como equivalente; mas quando uma coisa está acima de todo o preço, e portanto não permite equivalente, então ela tem dignidade". Nesta óptica, o agir especificamente humano é consciente, derivando de uma extensa rede de motivações. Naturalmente está em causa a satisfação de necessidades e desejos, bem como o cumprimento de objetivos. Assim, qualquer ser humano reconhece e atribui valor a determinados "objetos" ou "coisas" porque visam a satisfação dessas necessidades e incorporam-se na realidade complexa que é a motivação humana. Nesta perspectiva, as "coisas" servem fins humanos e o seu valor é de fato instrumentalizável.

O porquê de o ser humano ser um ser racional capaz de tomar decisões livres e refletidas tem um valor inquestionável e sobretudo inalienável. Na perspectiva kantiana, se não existissem seres racionais, o plano da decisão moral também não existiria.

## 4. Conclusão

A dignidade humana é tanto o fundamento da sociedade plural e secular como a sede dos valores sociais que todos partilhamos (Reich, 1999).

A principal emanação do conceito de dignidade humana é o princípio lapidar do respeito pelo outro, designadamente na sua autonomia individual. Portanto, e mais uma vez, configura-se um princípio no plano ético, e com um rosto jurídico, que é o direito à liberdade de autodeterminação de todos os seres humanos. Emerge, assim, na sociedade plural e secular, o conceito de que cada pessoa tem o direito e o dever de se autorrealizar – não obstante a existência de situações de especial fragilidade física e psicológica.

Em síntese, a dignidade humana – de todas as pessoas humanas – deve ser considerada o fundamento da ética numa sociedade plural e secular, conceito do qual decorrem os valores estruturantes da nossa sociedade, designadamente a autonomia individual, a solidariedade interpessoal e a igualdade de oportunidades no acesso aos bens sociais.

## 5. Palavras-Chave

Autonomia, dignidade, pessoa.

## 6. Referências

ENGELHARDT HT: The foundations of bioethics, Oxford University Press, New York, 1996, 2nd Edition.

FEINBERG J: The child's right to an open future, in Whose Child? Children's Rights, Parental Authority and State Power (William Aiken and Hugh LaFollette, Editors), Littlefield, Adams & Co., Totowa, NJ, 1980.

KANT I: Fundamentação da metafísica dos costumes, Textos Filosóficos, Edições 70, Lisboa, 1995.

NAUDET JY: La liberté pour quoi faire? Collection Mame-Repères, Paris, 1992.

NUNES R: Os valores e a sociedade plural, in Dependências Individuais e Valores Sociais. Coletânea Bioética Hoje 7, Gráfica de Coimbra, Coimbra, 2004.

NUNES R: Bioética, Coletânea Bioética Hoje 18, Gráfica de Coimbra, Coimbra, 2010.

NUNES R: Gene-Ética, Almedina, Coimbra, 2013.

RACHELS J: The elements of moral philosophy. McGraw-Hill College, Boston, 1999, 3rd Edition.

REICH WT (editor): Encyclopedia of bioethics, Simon & Schuster and Prentice Hall International, London, 1999.

# *Burnout* e os Profissionais de Saúde

SARA PINTO

## 1. Introdução

Embora o *burnout* seja um estado comum a diversos contextos de trabalho, nomeadamente nas profissões com caráter assistencial, assume particular importância no âmbito dos cuidados paliativos, não só pela condição clínica do doente mas, também, pelo confronto contínuo com múltiplos eventos estressantes, como as ordens de ressuscitação, os pedidos de eutanásia ou a suspensão de determinadas medidas terapêuticas.

As consequências são múltiplas e afetam não só o próprio profissional de saúde como, também, o doente e a instituição. Face ao exposto, é necessário um maior enfoque e compreensão em torno deste fenômeno que, não sendo novo, se torna cada vez mais emergente.

## 2. Enquadramento Histórico e Desenvolvimento

Os primeiros trabalhos relativos ao estudo do *burnout* são atribuídos ao psiquiatra Herbert Freudenberger que, numa alusão metafórica ao esgotamento dos profissionais que trabalhavam com pessoas dependentes de substâncias químicas, utilizou, pela primeira vez, a expressão *burnout* (Marôco *et al.*, 2016). Paralelamente aos estudos de Freudenberger desenvolveram-se os de Christina Maslach, psicóloga social conhecida pelo desenvolvimento do *Maslach Burnout Inventory*, ainda hoje largamente utilizado na medição do conceito (Maslach, Shaufeli, 1993).

Embora o *burnout* houvesse já surgido na literatura, o seu estudo ganhou particular relevância a partir dos anos 70, devido a fatores de ordem social, econômica e histórica. Entre as principais razões apontam-se o desenvolvimento científico-tecnológico e a consequente mecanização e pressão associadas à produtividade e crescimento econômico, particularmente no período pós-guerra.

Em virtude dos problemas observados na prática, nos mais diversos contextos, as revistas científicas deram, progressivamente, origem a uma sucessão de artigos, nos quais se apresentavam e discutiam sintomas manifestados pelos trabalhadores que sofriam de exaustão. Neste contexto, em 1982 é publicada uma revisão de literatura na qual se sistematizam os resultados de 48 artigos publicados entre 1974 e 1981. Entre os resultados encontrados emergiu a grande dispersão de conhecimento e a necessidade de um quadro teórico de referência. Assim, em meados dos anos 80, dá-se início a uma segunda fase, mais orientada para a construção de um conhecimento sistematizado, empírico, com vista a uma melhor definição, operacionalização e medição do conceito. É nesta época que surgem os primeiros modelos teóricos, bem como os primeiros instrumentos para avaliação do conceito (Maslach, Shaufeli, 1993).

Apesar de os primeiros trabalhos terem surgido nos Estados Unidos da América, o estudo do *burnout* rapidamente se alargou a outros países. Assim, e particularmente a partir da década de 80, verifica-se uma rápida disseminação do tema, primeiramente aos países anglo-saxônicos (como o Canadá e o Reino Unido) e, mais tarde, a diversos países da Europa, como a França, Itália, Espanha, Alemanha, Suécia e Polônia. Atualmente, o tema estende-se praticamente a todos os continentes, nomeadamente a países como a Índia ou a China, muito em parte devido à rápida ascensão da sua economia (Maslach, Shaufeli, 1993).

Muito embora os primeiros estudos se tenham focado nas profissões do tipo assistencialista – nomeadamente nos enfermeiros, médicos, psicólogos ou assistentes sociais –, o tema estende-se hoje a um espectro alargado de profissões, comumente reconhecidas como estressantes. Entre estas, a literatura foca, por exemplo, os polícias, os bombeiros, os professores mas, também, os estudantes (Marôco *et al.*, 2016).

Por razões de diversas ordens, os profissionais de saúde têm vindo a ser reconhecidos como um grupo particularmente vulnerável. Entre as mais frequentes, a literatura aponta o contato com a doença, o sofrimento e a vulnerabilidade humanas e, ainda, o trabalho por turnos (Marôco *et al.*, 2016).

Não obstante, os profissionais de saúde que trabalham em cuidados paliativos parecem ter um risco acrescido, na medida em que na sua prática diária lidam não só com a morte e o sofrimento humano mas, também, com múltiplos eventos estressantes, como sejam as ordens de não ressuscitação, os pedidos de eutanásia e/ou suicídio assistido, as questões associadas à hidratação e alimentação ou a suspensão de determinadas medidas terapêuticas como, por exemplo, a diálise (Pereira *et al.*, 2014).

## 3. Definição e Clarificação Conceptual

A primeira definição, proposta por Freudenberger, apresenta o conceito como um estado de exaustão física e emocional decorrente da vida profissional (Marôco *et al.*, 2016). Entre os diversos referenciais teóricos, o mais utilizado é, contudo, o de Maslach e Jackson, no qual os autores propõem a conceptualização do *burnout* como uma síndrome de origem tridimensional, observada em profissões que implicam uma interação com outras pessoas e que se caracteriza pela exaustão emocional, despersonalização e realização profissional reduzida (Pereira *et al.*, 2014; Marôco *et al.*, 2016).

De um modo geral, a exaustão emocional caracteriza-se pela sensação de exaustão física, cansaço, falta de energia ou pela incapacidade em dar mais de si. A despersonalização, também designada por desumanização, caracteriza-se pela adoção ou desenvolvimento de relações frias, distantes, frequentemente acompanhadas por atitudes inapropriadas, irritabilidade e, em casos mais severos, perda da realidade. Por sua vez, a redução da realização profissional caracteriza-se por um menor envolvimento no trabalho, sentimentos de incompetência, diminuição na produtividade e incapacidade para responder a questões relacionadas com o contexto de trabalho (Pereira *et al.*, 2014).

Face ao exposto, são múltiplas as consequências do *burnout*, não só para a saúde física e mental do trabalhador, mas também para o próprio doente e, até, para as instituições de saúde. Com efeito, a exaustão física e emocional predispõe a relações mais frias e distantes, a um desinteresse e menor empenho no trabalho e, consequentemente, a uma menor produtividade, profissionalismo e, porventura, maior absentismo (West *et al.*, 2016). Não obstante, a literatura aponta para um certo "contágio" no contexto de trabalho. Por outras palavras, o contato continuado com uma pessoa que sofre de *burnout* – que com frequência se queixa e lamenta, ou responde de forma hostil e desinteressada – predispõe os colegas a uma maior exaustão física e emocional (van Mol *et al.*, 2015).

Apesar da falta de clareza, não só no senso comum como, por vezes, na própria literatura científica, o conceito de *burnout* apresenta características específicas, distinguindo-se dos conceitos de estresse, *distress moral* ou *fadiga por compaixão* (Pereira, Fonseca, Carvalho, 2011).

O conceito de estresse – que deriva do latim *stringo*, que significa estreitar, comprimir, apertar – é anterior ao de *burnout*, tendo sido introduzido na literatura médica em 1936, por Hans Selye (Gonçalves, 2013). Embora o seu significado tenha variado ao longo da história, o estresse consiste numa resposta do organismo a um evento perturbador do equilíbrio interno, caracterizando-se por um espectro alargado de sentimentos e reações negativas (Pereira, Fonseca, Carvalho, 2011).

Por sua vez, o *distress moral* é habitualmente experimentado por profissionais que, na sua prática, enfrentam tensões decorrentes de dilemas de ordem ética ou moral. A literatura descreve-o como mais comum entre profissionais que trabalham em ambientes críticos, como unidades de cuidados intensivos ou paliativos (Pereira, Fonseca, Carvalho, 2011).

Por fim, o conceito de *fadiga por compaixão*, frequentemente usado no âmbito dos cuidados paliativos, refere-se a um tipo particular de estresse no qual a pessoa apresenta um declínio no sentido de compaixão, em virtude da repetida e sistemática compaixão para com aqueles que lidam com o sofrimento de forma continuada e, porventura, sem cura (Pereira, Fonseca, Carvalho, 2011; Sinclair *et al.*, 2016). Embora intimamente associada ao *burnout*, a fadiga por compaixão – também conhecida por *helper syndrome* – tem como principal fator preditivo o enfoque que é colocado ao nível relacional. Por sua vez, o *burnout* constitui um conceito mais abrangente, que pode afetar um largo espectro de profissionais. Apesar destas considerações, os conceitos estão intimamente associados, havendo autores que defendem a ideia do *burnout* como um estado final de exaustão (van Mol *et al.*, 2015).

### 3.1. Fatores de risco e proteção

Vários fatores têm sido associados ao *burnout*. Entre os principais preditores, a Sociedade Portuguesa de Medicina do Trabalho (Gonçalves, 2013) aponta os seguintes:

– O ambiente físico do contexto de trabalho (como a temperatura ou o ruído, por exemplo) e o conforto que é percepcionado pelo trabalhador;
– O conteúdo da tarefa a desenvolver, nomeadamente a identificação com a mesma e o *feedback* que é obtido;
– Os conflitos associados ao desempenho e ambiguidade de determinados papéis;
– As relações interpessoais que se desenvolvem no contexto do trabalho.

A progressão na carreira, frequentemente reconhecida como um fator positivo, pode igualmente contribuir para situações de *burnout*, particularmente quando o trabalhador não reconhece a valorização do seu trabalho ou quando percepciona a ocorrência de injustiças. Para além destes preditores, a investigação tem-se debruçado na influência de variáveis sociodemográficas, bem como de fatores relacionados com a personalidade da pessoa e com as estratégias de *coping* (Gonçalves, 2013). Apesar de não existir propriamente um consenso, parece haver uma maior tendência para o aumento do *burnout* entre os trabalhadores mais jovens e entre aqueles que trabalham há menos tempo num dado contexto. Mais do que a idade, estes dados parecem estar associados à experiência profissional e às estratégias de *coping* que a pessoa vai desenvolvendo ao longo do tempo.

Relativamente à variável sexo, a literatura é pouco conclusiva, havendo resultados muito díspares. Por outro lado, os estudos parecem indicar que os indivíduos com maior suporte social, sejam estes casados ou não, têm menor predisposição para sofrer de *burnout* (*idem*).

Relativamente ao tipo de personalidade, e muito embora a literatura seja vasta, a Sociedade Portuguesa de Medicina do Trabalho (Gonçalves, 2013) ressalva que os indivíduos com uma personalidade do tipo A, nos quais a competitividade é um traço dominante, têm maior predisposição para vir a sofrer de *burnout*. Já os indivíduos com estratégias de *coping* predominantemente ativas parecem estar menos predispostos a o mesmo, comparativamente com aqueles que adotam estratégias passivas, mais centradas na evitação e nas emoções.

No que diz respeito ao *burnout* em profissionais que trabalham em cuidados paliativos, a literatura aponta preditores de diversas ordens. Tal como referido anteriormente, a exposição contínua ao sofrimento humano e à morte predispõem, por si só, a um maior risco de *burnout*. Não obstante, os problemas associados à comunicação, nomeadamente à transmissão de más notícias, surgem como um preditor major neste contexto. Embora as competências de comunicação do profissional possam contribuir para uma maior ou menor propensão, existem fatores externos que predispõem a um maior risco. Entre estes está, por exemplo, a pressão a que estes profissionais são sujeitos, não só pela escassez de recursos mas, também, pela própria condição clínica do doente que, com frequência, tem uma sobrevida curta (Pereira, Fonseca, Carvalho, 2011).

Contrariamente ao que é descrito noutros contextos de trabalho, em que a experiência profissional parece atuar como uma variável protetora, o tempo de trabalho em cuidados paliativos tem vindo a emergir como um fator de risco. Com efeito, alguns estudos têm vindo a documentar maiores níveis de *burnout*, designadamente de exaustão emocional e despersonalização, entre os profissionais que permanecem no mesmo contexto por cinco ou mais anos (*idem*).

Embora a literatura seja ainda pouco profícua neste âmbito, a falta de formação e treino específico em cuidados paliativos, bem como a escassez de recursos face às necessidades da população parecem, também, contribuir para um maior risco (Pereira, Fonseca, Carvalho, 2011; Hartz *et al.*, 2016).

Para além destes, a literatura destaca, ainda, fatores relacionados com o próprio contexto laboral, nomeadamente o enfoque no trabalho em equipe e a interação com múltiplos profissionais de saúde, aos quais se aliam as próprias necessidades do profissional, como sejam as atividades de investigação ou a necessidade de tempo para se ajustar aos diferentes papéis que lhe são exigidos (Hartz *et al.*, 2016). Estes fatores são particularmente relevantes para o contexto português, na medida em que muitas equipes de cuidados paliativos desenvolvem o seu trabalho num regime de consultoria, o que pode predispor a uma maior tensão entre as equipes de saúde.

Não obstante estas considerações, existem também fatores associados a um menor risco de *burnout*. Para além da formação, treino e desenvolvimento de competências comunicacionais, a evidência científica destaca a importância de se passar tempo com a família e amigos, de investir no próprio desenvolvimento pessoal e na promoção de estratégias de *coping* para lidar com a morte. Curiosamente, cuidar dos que sofrem e que se encontram no limiar da vida assume uma posição paradoxal. Se, por um lado, parece predispor a uma maior vulnerabilidade, por outro pode induzir um maior sentido de cumprimento do dever, de gratificação pessoal e de realização profissional (Pereira, Fonseca, Carvalho, 2011; van Mol *et al.*, 2015; Hartz *et al.*, 2016).

Embora a literatura seja ainda pouco clara quanto à eficácia das intervenções, é relativamente consensual a necessidade de estratégias centradas no indivíduo e, simultaneamente, de medidas organizacionais, que garantam não só a prevenção do *burnout* como, também, a assistência àqueles que sofrem ou apresentam um maior risco para o mesmo (van Mol *et al.*, 2015; Hartz *et al.*, 2016; West *et al.*, 2016). Entre as intervenções apontadas destaca-se, por exemplo, a gestão do estresse mediante intervenções como o *mindfulness*, *counselling* ou a discussão em pequenos grupos. Estes resultados, ainda que carecendo de maior suporte empírico, parecem contribuir de forma efetiva para a redução do *burnout* (van Mol *et al.*, 2015; West *et al.*, 2016).

## 4. Conclusão

O *burnout* constitui um tema emergente, particularmente para os profissionais cuja atividade laboral está centrada numa prática assistencial. Cuidar do outro representa uma atividade exigente, que requer não só competências pessoais como, também, profissionais.

Os cuidados paliativos apresentam especificidades que predispõem os seus profissionais a uma maior vulnerabilidade e risco. A literatura é pouco conclusiva quanto às estratégias mais eficazes para prevenir o fenômeno, mas existem já diversos estudos que apontam múltiplos preditores. Entre estes destacam-se a exposição continuada ao sofrimento humano e à morte ou o confronto com decisões estressantes e, porventura, causadoras de *distress moral*, como são os pedidos de eutanásia ou a obstinação terapêutica.

Por outro lado, a formação e treino específico neste âmbito, bem como o desenvolvimento de estratégias organizacionais centradas não só na estrutura como, também, no próprio indivíduo, podem ter um papel importante na prevenção do *burnout*.

## 5. Palavras-Chave

*Burnout*, despersonalização, estresse, exaustão, fadiga por compaixão.

## 6. Referências

Gonçalves S: Stress e bem-estar no trabalho, Sociedade Portuguesa de Medicina do Trabalho, 2013 [Online]. Acesso em dezembro de 2016, de: http://www.spmtrabalho.com/downloads/ca07.pdf.

Hartz S, Rhondali W, Ledoux M, Ruer M, Berthiller J, Schott AM, Monsarrat L, Filbet M: *Burnout* among physicians in palliative care: Impact of clinical settings, Palliative and Supportive Care 14 (4); 2016: 402-410. doi: 10.1017/S1478951515000991.

Marôco J, Marôco AL, Leite E, Bastos C, Vazão MJ, Campos J: *Burnout* em profissionais da saúde portugueses – Uma análise a nível nacional, Acta Médica Portuguesa 29 (1); 2016: 24-30. doi: 10.20344/amp.6460.

Maslach C, Shaufeli W: Historical and conceptual development of *burnout in* Schaufeli B, Maslach C, Marek T: Professional *burnout* – Recent developments in theory and research; 1993 [Online]. Acesso em dezembro de 2016, de: http://www.wilmarschaufeli.nl/publications/Schaufeli/043.pdf.

Pereira SM, Fonseca AM, Carvalho AS: *Burnout* in palliative care: A systematic review, Nursing Ethics 18 (3); 2011: 317-326. doi: 10.1177/0969733011398092.

Pereira SM, Teixeira CM, Ribeiro O, Hernández-Marrero P, Fonseca AM, Carvalho AS: *Burnout* in physicians and nurses: A multicentre quantitative study in palliative care units in Portugal, Revista de Enfermagem Referência IV(3); 2014: 55-64. doi:http://dx.doi.org/10.12707/RIII13178.

Sinclair S, Raffin-Bouchal S, Venturato L, Mijovic-Kondejewski J, Smith-MacDonald L: Compassion fatigue: A meta-narrative review of the healthcare literature, International Journal of Nursing Studies; 2017. doi: http://dx.doi.org/10.1016/j.ijnurstu.2017.01.003 (in press).

van Mol MM, Kompanje EJ, Benoit DD, Bakker J, Nijkamp MD: The prevalence of compassion fatigue and *burnout* among healthcare professionals in intensive care units – A systematic review, PLoS One 10(8); 2015: e0136955. doi: 10.1371/journal.pone.0136955.

West CP, Dyrbye LN, Erwin, PJ, Shanafelt TD: Interventions to prevent and reduce physician *burnout*: A systematic review and meta-analysis, The Lancet 388(10057); 2016: 2272-2281. doi:10.1016/S0140-6736(16)31279-X.

# Caquexia, Anorexia e Fadiga

JOSÉ ANTONIO CORDERO

## 1. Introdução

Na fase final da vida, entendida como aquela em que o processo de morte se desencadeia de forma irreversível e o prognóstico de vida pode ser definido em dias a semanas, os cuidados paliativos se tornam imprescindíveis e complexos o suficiente para exigir uma atenção específica e contínua ao doente e à sua família, prevenindo uma morte caótica e com grande sofrimento. A prevenção continua sendo uma demanda importante neste período. Ações coordenadas e bem desenvolvidas de cuidados paliativos ao longo de todo o processo, do adoecer ao morrer, são capazes de reduzir drasticamente a necessidade de intervenções, como uma sedação terminal ou sedação paliativa.

O paciente, no contexto de uma doença crônica terminal, tende a estar debilitado, tanto psicologicamente quanto fisicamente e, neste último quesito, destacam-se a caquexia, a anorexia e a fadiga como sinais clínicos de um estado nutricional precário destas pessoas.

## 2. Enquadramento Histórico e Desenvolvimento

De acordo com a Organização Mundial da Saúde (OMS) para Cuidados Paliativos, os pacientes portadores de doenças graves, progressivas e incuráveis, que ameacem a continuidade da vida, deveriam receber a abordagem dos cuidados paliativos desde o seu diagnóstico.

Para ajudar a documentar o declínio clínico do paciente, foi criada a escala de *performance status* de Karnofsky, que avalia sua capacidade de realizar determinadas atividades básicas. A maioria dos pacientes com escala Karnofsky inferior a 70% tem indicação precoce de assistência de cuidados paliativos. Já uma *performance* de 50% nessa escala indica terminalidade, reafirmando que esses são pacientes elegíveis para cuidados paliativos, a menos que exista um ganho visivelmente benéfico em sustentar terapia para a doença de base, que esteja simultaneamente disponível e que possa ser tolerada.

Para contornar a dificuldade de avaliação prognóstica, foram estabelecidos alguns critérios clínicos para cada doença ou para cada condição clínica, que auxiliam na decisão de encaminhar o paciente aos Cuidados Paliativos. Alguns desses critérios dizem respeito a condições mórbidas específicas, como insuficiência cardíaca congestiva (ICC), doença pulmonar obstrutiva crônica (DPOC), câncer, esclerose lateral amiotrófica (ELA), demência e outras doenças degenerativas progressivas. Indicadores não-específicos, como perda ponderal progressiva, declínio de proteínas plasmáticas e perda funcional, também são utilizados.

Essas três últimas constatações estão intimamente relacionadas com o tema deste capítulo. A caquexia, anorexia e fadiga estão muito presentes em pacientes terminais e são grandes causadoras de perda da qualidade de vida. Estes temas serão mais bem explicados adiante.

### 3. Definição e Clarificação Conceptual

#### 3.1. Caquexia

Etimologicamente, caquexia significa "mau estado", do grego *kakós* (mau) e *hexis* (estado). A caquexia pode ser definida como a perda involuntária de mais de 10% do peso antes da doença num período de seis meses, associada à perda de proteína muscular e visceral e de tecido gorduroso.

A origem da caquexia é mais estudada em pacientes com câncer. Em um estudo observacional, verificou-se a presença de citocinas e polipeptídios liberados por células imunológicas, bem como moléculas associadas aos danos causados por um estado de catabolismo intenso, que caracterizam a doença cancerígena. Essa resposta inflamatória presente na caquexia do câncer também se faz presente em pacientes com infecções ou doença crônica.

Citocinas pró-inflamatórias como a interleucina-6, interleucina-1, fator de necrose tumoral alfa e outros estão envolvidos com a anorexia, lipólise e quebra de proteínas musculares. Entretanto, a etiologia da caquexia parece ser mais complexa e multifatorial que apenas a presença do processo inflamatório. Além da ativação de citocinas, um número de estudos focando as alterações metabólicas e corporais observadas da caquexia no câncer sugerem um importante papel para as potenciais substâncias indutoras da caquexia, as quais parecem estar relacionadas com genes da musculatura esquelética.

A caquexia cardíaca é mediada por alterações nas catecolaminas, cortisona, peptídeo natriurético e as citocinas pró-inflamatórias. A disfunção endócrina presente leva à ativação do mecanismo renina-angiotensina-aldosterona, aumento dos níveis de grelina e da resistência à insulina. A insuficiência cardíaca resulta em má perfusão intestinal ou edema, podendo contribuir para a deficiência nutricional e mal absorção de gordura.

Na doença renal crônica, a anorexia e a má nutrição podem contribuir para perda ponderal, mas não são responsáveis pela patogênese da caquexia. Fatores como a resposta inflamatória, alterações hormonais, incluindo a deficiência de vitamina D, aumento da energia despendida, resistência à insulina, acidose metabólica e outros mecanismos contribuem para a caquexia.

### 3.2. Anorexia

Define-se anorexia como a perda de apetite ou a redução de ingestão diária de alimentos. A adequada ingesta calórica depende de muitos fatores, como a palatabilidade do alimento, que é controlada pelos nervos cranianos (olfatório, glossofaríngeo e facial), e a sensação de saciedade, mediada pela inervação autonômica do trato gastrintestinal proximal com participação do nervo vago. A ingesta nutricional é controlada pelo cérebro, primeiramente pelo núcleo hipotalâmico. Vários neurotransmissores estão envolvidos (serotonina, dopamina, histamina), hormônios como a leptina, fatores de liberação de corticotropina, neuropeptídio Y, hormônio estimulador de alfa melanócito e outros.

A perda do apetite é frequentemente observada por pacientes com doenças avançadas. De fato, a doença crônica afeta vários sistemas fisiológicos levando à anorexia e perda de peso. O sintoma de anorexia presente na infecção, no trauma ou câncer pode representar uma importante resposta adaptativa que permite o organismo mobilizar energia reservada a fim de sustentar o aumento do metabolismo requerido para promover uma resposta imune e reparar os danos, ou diminuir a destruição provocada pela aceleração do metabolismo. Também pode ser consequência de fadiga ou náusea crônicas, alteração no paladar, depressão, dor, xerostomia, desordens do trato gastrintestinal e constipação intestinal.

É importante considerar o uso de medicamentos (anfetaminas, antibióticos, anti-histamínicos, digoxina) e aversão a comidas como causas da anorexia. A idade também pode contribuir, já que, com o avançar da idade, a ingestão diária de calorias reduz gradualmente, devido ao menor gasto de energia e redução de atividade física.

### 3.3. Fadiga

A fadiga apresenta diferentes definições, dependendo do contexto em que aparece. De uma forma geral é definida como a sensação subjetiva de cansaço, fraqueza ou perda de energia. Seu conceito pode ser aprimorado com a adição das seguintes referência: verbalização de cansaço; diminuição da capacidade de realizar tarefas habituais; e falta de alívio para essas manifestações com a aplicação de estratégias usuais de recuperação de energia.

As manifestações podem incluir diminuição do autocuidado, capacidade física, memória e concentração, falta de interesse e motivação nas atividades, fraqueza, irritabilidade, frustração, tristeza e angústia espiritual. Estas manifestações caracterizam a multidimensionalidade do sintoma, ou seja, o impacto em diversos âmbitos da vida do paciente.

Comumente as dimensões da fadiga são classificadas em física, cognitiva e afetiva. A dimensão física é expressa por uma sensação de diminuição de energia, necessidade de descanso, interferindo na realização das atividades diárias. É relacionada à resposta muscular e, nesta perspectiva, representa a incapacidade de manter o rendimento físico, ocasionando sensação de fraqueza, mesmo em situação de repouso muscular. A dimensão cognitiva é expressa como diminuição da atenção, concentração e memória, prejudicando a realização de atividades como leitura e direção de automóvel. E a dimensão afetiva é expressa como diminuição da motivação ou interesse, limitando especialmente a realização de atividades que proporcionam prazer.

Apesar de inúmeras investigações, ainda não é conhecido o processo fisiopatológico da fadiga. Em indivíduos saudáveis é basicamente reconhecido como um desequilíbrio entre acúmulo de produtos catabólicos (como o lactato e as neurotoxinas) e depleção de glicogênio, frutos de esforço excessivo.

Na tentativa de compreender a fadiga em diferentes patologias, diversas teorias são criadas e testadas. Para uns, a fadiga é considerada o resultado de uma limitação na capacidade de adaptação frente a um estresse, para outros, em uma doença, a fadiga se desenvolve em decorrência da dissociação entre estímulo interno e nível de percepção do esforço adequado. Mesmo em níveis adequados de motivação, controle motor e estímulos sensoriais – variáveis que afetam a percepção do nível de esforço aplicado para a regulação de uma ação –, a fadiga surge devido à temperatura desagradável, desequilíbrio hormonal, etc.

### 3.4. Síndrome da Caquexia/Anorexia

A Síndrome da Caquexia/Anorexia (SCA) é assim denominada porque constitui em uma associação de sinais e sintomas, principalmente, perda de peso, anorexia, fadiga e febre. Os principais estudos da SCA foram realizados em pacientes com câncer. Porém, ela ocorre em várias doenças avançadas como AIDS, insuficiência cardíaca congestiva (ICC) grau IV e doença pulmonar obstrutiva crônica (DPOC), entre outras.

Pelas diferenças fisiopatológicas e etiológicas, a SCA é comumente dividida em primária e secundária. A primária ocorre como causa da própria doença de base e desencadeia uma resposta inflamatória no organismo. A secundária é geralmente consequência de alterações de olfato e gustação, estomatite, disfagia, náusea/vômito, constipação/obstrução intestinal, depressão, dispneia, má absorção, infecção, entre outras que podem gerar anorexia. A impossibilidade de ingesta ou absorção de alimento e consequente SCA são potencialmente reversíveis.

Há significativas diferenças fisiopatológicas entre ambas. Na SCA primária ocorre um aumento no consumo energético na síntese de proteínas de fase aguda, no *turnover* de glicose, nos níveis de cortisol e diminuição de corpos cetônicos – ao contrário do que acontece na secundária. Tanto na SCA primária quanto na secundária há proteólise, lipólise e diminuição de lipogênese.

Nas doenças avançadas é comum a associação entre as duas, já que, nesses males, há geralmente grande produção de citocinas, gerando resposta inflamatória. Em quadros avançados também há a associação de depressão, delírio, obstrução intestinal, infecção, estomatite, entre outros, que colaboram intensamente para a piora da SCA.

É necessário saber que geralmente a abordagem nutricional é fútil nos casos de SCA em fases muito avançadas de doença. Porém, se empregada em fases precoces da mesma ou quando há associação de causas secundárias de SCA, potencialmente reversíveis, pode prolongar a vida com melhora da sua qualidade. A abordagem deve ser individualizada e multidimensional, levando em conta sempre a necessidade de correção de causas secundárias.

Os estudos sobre a eficácia dos tratamentos na SCA são geralmente conflitantes e inconclusivos. Antes de iniciar o tratamento é necessário clarificar os objetivos do mesmo e conscientizar o paciente e a família dos resultados geralmente frustrantes em doença avançada. Observa-se, frequentemente, grande ansiedade dos familiares quando os pacientes, em fase avançada de doença, apresentam anorexia e perda de peso importantes; normalmente insistem na ingesta alimentar forçada, podendo gerar desconforto físico e psíquico ao paciente. A equipe de saúde tem papel fundamental na conscientização da provável irreversibilidade da síndrome e da provável futilidade da terapia nutricional nesta fase de doença.

Devemos lembrar de corrigir as causas secundárias, potencialmente reversíveis e frequentemente associadas à SCA primária (cujos principais tipos de tratamento envolvem aconselhamento nutricional, terapia nutricional e terapia medicamentosa). As decisões sobre tratar ou não e sobre o tipo de tratamento se baseiam no prognóstico do paciente, sofrimentos gerados pela SCA, expectativas do paciente e da família e sofrimentos gerados pelo tratamento.

## 4. Conclusão

Os complexos problemas que emergem com os cuidados no fim da vida nos levam a aprofundar o nosso conhecimento sobre os problemas que podem aparecer neste estágio, lembrando sempre que o que está em jogo não é somente a cura de uma doença. Neste contexto, ignorar a presença dos sintomas de caquexia, anorexia e fadiga é extremamente desumano; portanto, devemos dar prioridade à proteção do paciente para que a ele seja proporcionado um processo de morrer digno.

## 5. Palavras-Chave

Anorexia, caquexia, cuidados paliativos, fadiga.

## 6. Referências

Academia Nacional de Cuidados Paliativos: Manual de cuidados paliativos. Rio de Janeiro: Diagraphic, 2009.

Associação Brasileira de Cuidados Paliativos: Consenso Brasileiro de Fadiga, Revista Brasileira de Cuidados Paliativos 3; 2010.

Conselho Regional de Medicina do Estado de São Paulo: Cuidado Paliativo, 2008.

# Complicações Endócrinas e Metabólicas

CRISTINA PRUDÊNCIO

## 1. Introdução

As publicações que versam a temática dos cuidados paliativos têm aumentado extraordinariamente nos últimos anos, sendo que uma pesquisa em janeiro de 2017 na PubMed com *"palliative care"* apresenta 61 611 publicações, com 4252 em 2016, o que quase triplicou em relação ao ano de 2000, com 1597, traduzindo precisamente esta dinâmica crescente.

Ao contrário, quando se acrescenta nesta pesquisa *"endocrine and metabolic pathologies in palliative care"*, surgem apenas quatro trabalhos, pelo que não existem referências que permitam uma abordagem genérica ao tema.

Desta forma, optamos por abordar as principais patologias com complicações endócrinas e metabólicas que se associam a cuidados paliativos. No caso das patologias endócrinas com complicações surge destacada a Diabetes Mellitus (DM) terminal. Quanto a complicações metabólicas, as doenças cardiovasculares aparecem como grande grupo de patologias e em particular as complicações que surgem na sequência de acidentes vasculares cerebrais (AVC).

Na DM tipo 2, as complicações habituais são a neuropatia, nefropatia, retinopatia, sendo que as alterações macro e microvasculares levam frequentemente a amputações, cegueira, doença renal terminal e declínio funcional generalizado.

As doenças cardiovasculares são a primeira causa de mortalidade e morbilidade em Portugal, sendo que dentro deste grupo a expressão mais relevante é atribuída às doenças cerebrovasculares e, de entre estas, claramente ao AVC (DGS, 2015).

Em ambos os casos a literatura existente é escassa no que diz respeito a cuidados paliativos no contexto destas patologias.

## 2. Enquadramento Histórico e Desenvolvimento

O planejamento de cuidados de fim de vida assume cada vez mais um significado global. Embora as diretrizes gerais de cuidados paliativos se apliquem ao diabetes, há algumas questões específicas que precisam de ser consideradas. Os cuidados paliativos visam promover o conforto e a qualidade de vida e reduzir desnecessários cuidados sobre os indivíduos e suas famílias (Dunning *et al*., 2016).

As *guidelines* existentes para a diabetes em pacientes com doença terminal foram baseados em diretrizes estabelecidas para a gestão da diabetes na população em geral. No paciente em fim da vida, o benefício do controle glicémico rígido torna-se questionável, devido ao risco potencial de causar morbidade por hipoglicemia sintomática. Até o momento não há literatura baseada em evidência médica que abranja a gestão de diabetes na doença avançada e uma série de perguntas permanecem sem resposta (Monroy, 2014).

A DM é um distúrbio metabólico grave causado por uma falta absoluta de insulina (tipo 1) ou relativa (tipo 2), que pode levar a alterações no metabolismo de hidratos de carbono, proteínas e gorduras. Além disso, uma doença grave, como acontece em fim de vida, pode causar hiperglicemia em pacientes sem um diagnóstico prévio de diabetes ou pode piorar o controle da glicemia em pacientes criticamente doentes que têm DM pré-existente.

Sabe-se que vários mediadores inflamatórios, citoquinas e hormonas estão alterados, o que leva à resistência à insulina periférica juntamente com aumento da proteólise e da gluconeogênese e hiperglicemia, que adicionalmente pode afetar negativamente a função imunitária e o equilíbrio dos fluidos (ASPEN, 2002).

Os cuidados paliativos englobam os cuidados de fim de vida, visando melhorar a qualidade de vida, otimizar a função e gerir os sintomas, o que também abrange os diabéticos com complicações terminais. Muitos destes diabéticos possuem pé diabético ou são amputados e também possuem outras comorbidades e complicações como doenças cardiovasculares e renais, que afetam as opções de tratamento, estado funcional e qualidade de vida (Dunning, 2016).

COMPLICAÇÕES ENDÓCRINAS E METABÓLICAS

A caquexia cardíaca é uma síndrome de desnutrição grave que ocorre em doentes com patologia cardiovascular com insuficiência cardíaca congestiva classe III ou IV (ICC) da New York Heart Association. Envolve o esgotamento da massa magra do corpo (incluindo órgãos vitais, como o coração), levando a declínios no desempenho funcional e função imunológica.

A presença de caquexia está associada à diminuição da sobrevida e a anorexia é um achado comum e pode estar relacionada com a terapia medicamentosa, edema intestinal, levando a hipomotilidade gastrintestinal e náuseas. O edema intestinal também pode resultar em má absorção de nutrientes no intestino. A dispneia pode levar a aumentos no gasto energético de repouso nesta população. O aumento do gasto energético também pode estar relacionado com a ativação compensatória do sistema nervoso simpático (ASPEN, 2002).

## 3. Definição e Clarificação Conceptual

A classificação da diabetes estabelece a existência de quatro tipos clínicos, etiologicamente distintos: a) Diabetes tipo 1; b) Diabetes tipo 2; c) Diabetes gestacional; d) Outros tipos específicos de diabetes (DGS, 2011).

A diabetes tipo 1 resulta da destruição das células ß dos ilhéus de Langerhans do pâncreas, é dependente de insulinoterapia e corresponde a 5-10% de todos os casos de diabetes sendo, em regra, mais comum na infância e adolescência.

A diabetes tipo 2 é a forma mais frequente de diabetes, resultando da existência de insulinopenia relativa, com maior ou menor grau de insulinorresistência. Corresponde a cerca de 90% de todos os casos de diabetes e, muitas vezes, está associada a complicações graves.

Segundo o Relatório Anual do Observatório Nacional da Diabetes "Diabetes: Fatos e números 2013", a diabetes foi diagnosticada em 8,3% da população mundial (382 milhões de pessoas) e em Portugal apresenta uma prevalência total de 12,9%, sendo que apenas 7,3% foi diagnosticada.

O diagnóstico de diabetes é feito com base nos seguintes parâmetros e valores para plasma venoso na população em geral (DGS, 2011):

a) Glicemia de jejum ≥ 126 mg/dl (ou ≥ 7,0 mmol/l) ou
b) Sintomas clássicos + glicemia ocasional ≥ 200 mg/dl (ou ≥ 11,1 mmol/l) ou

c) Glicemia ≥ 200 mg/dl (ou ≥ 11,1 mmol/l) às 2 horas, na prova de tolerância à glicose oral (PTGO) com 75g de glicose ou
d) Hemoglobina glicada A1c (HbA1c) ≥ 6,5%.

Na prática clínica, os objetivos do tratamento são reduzir as complicações micro e macrovasculares e reduzir os sintomas osmóticos, evitando os efeitos secundários, em particular a hipoglicemia, sendo uma das metas manter a HbA1c abaixo de 7%. No entanto, estes dados provêm de estudos da população em geral e não podem ser diretamente transferidos para pacientes em fim de vida (Monroy, 2014).

Em medicina paliativa não há queda significativa das complicações relacionadas com a diabetes no primeiro ano de tratamento conservador ou intensivo. É essencial um ponto de vista crítico na gestão de pacientes e não seguir cegamente orientações gerais de boas práticas. Uma vez que, muitas vezes, a expectativa de vida é da ordem de poucas semanas ou meses, sendo que o tratamento de um doente para o qual o necessário efeito terapêutico é muito maior do que a esperança de vida, então esse tratamento deixa de ser relevante. Isto aplica-se ainda mais quando o tratamento em questão causa desconforto ao paciente. Desta forma, o rigoroso controle glicémico em pacientes com doença avançada não é recomendado, pois pode estar associado a um aumento da morbidade, muitas vezes manifestando-se com sintomas típicos de hipoglicemia como sudorese, ansiedade, tremores, fraqueza, palpitações e, em casos extremos, convulsões (Monroy, 2014).

Para a abordagem da doença avançada, tendo diabetes como comorbidade, a evidência ainda é escassa, mas há sugestões de abordagem na literatura com o objetivo de melhorar o conforto do paciente individualizado de forma adequada às suas necessidades, sendo que Angelo *et al.* (2011) sugerem categorizar os pacientes em três grupos:

a) Doença avançada, mas relativamente estável. O prognóstico para estes pacientes pode ser de meses a mais de um ano. Estes pacientes têm a capacidade de corrigir a ingestão de calorias e modificar o regime de medicamentos de acordo com o declínio do estado funcional. Devem continuar com controle de medicação, acautelando o risco de hipoglicemia prolongada, sendo muito importante alertar para os sinais de aviso para monitorizar a evolução da doença e estado funcional.
b) A morte iminente ou falha orgânica. Estes pacientes têm uma previsão geralmente limitada a semanas e capacidade de ingestão calórica

limitada. Se a função renal piorar, o ajuste da dose de insulina na presença de insuficiência hepática pode ser necessário.
c) No processo de morte. Este grupo tem falência de múltiplos órgãos, respiração agônica e, geralmente, perde a capacidade de ingestão oral. Neste ponto, o cuidado deve se concentrar no conforto do paciente e normalmente é indicada a retirada de hipoglicemiantes orais e insulina.

Muitos pacientes que não têm um diagnóstico de diabetes podem vir a desenvolver após a administração de esteroides; estima-se o uso de glicocorticoide em 30% dos pacientes em cuidados paliativos, sendo frequentemente usados para metástases tumorais.

Também há a considerar neste doentes os efeitos de outros medicamentos na diabetes. Um exemplo são os diuréticos que podem alterar o controle em diabéticos, causando hiperglicemia. No caso de espironolactona, em que o risco é hipercalemia, em diabéticos mais propensos a esta droga pode causar acidose tubular de tipo IV ou hipoaldosteronismo por hiporeninemia (Monroy, 2014).

Na diabetes descompensada a resposta metabólica é similar ao estresse catabólico e ambos são comuns nos doentes com diabetes terminal. O resultado da descompensação metabólica é amplificado quando esta situação ocorre num doente diabético; a resposta ao estresse catabólico é tanto mais severa quanto maior for a deficiência em insulina e o grau de resistência à insulina.

Quando em fase terminal os doentes têm de ser alimentados por nutrição parentérica, esta situação é ainda mais crítica no caso de diabéticos mal controlados. Estes correm maiores riscos de azotemia por diminuição da captação de aminoácidos, de cetogênese por utilização lipídica comprometida e de hiperglicemia. Neste último caso, associa-se a homeostasia da glicose comprometida, muitas vezes com glicosúria e/ou a perda calórica e perda de peso e/ou diurese osmótica que induz desidratação, hipotensão, hiperosmolaridade, perda de eletrólitos.

Nestes casos, existem regras gerais que devem se observar, designadamente o controle dos níveis glicêmicos antes do início da nutrição parentérica, monitorização glicêmica de 6 em 6 horas ou de 8 em 8 horas, administração muito lenta e administração correta e cuidada da insulina.

Assim, na nutrição parentérica do diabético, é crucial que os valores de glicemia se mantenham dentro do normal, sendo que para prevenir/

/controlar hiperglicemia recomenda-se um aporte energético que se ajuste às necessidades do doente. Desta forma, preconizam-se dietas ricas em hidratos de carbono na DM tipo 1 (HC 55%; lípidos 30%) ou ricas em lípidos na DM tipo 2 (HC 45%: Lípidos 40%).

Por outro lado, de acordo com o já referido, a doença cerebro-vascular constitui a primeira causa de morte em Portugal e também a primeira causa de invalidez permanente entre os adultos.

O acidente vascular cerebral (AVC) pode ser definido como uma síndrome neurológica de instalação rápida, com sinais e sintomas focais ou gerais devidos a perda de função cerebral de causa vascular e que dura mais de 24 horas. Um acidente isquêmico transitório (AIT) é uma síndrome neurológica de instalação rápida, com sinais e sintomas focais ou gerais devidos a perda de função cerebral de causa vascular, mas que reverte completamente em menos de 24 horas (DGS, 2015).

A maior parte das condições predisponentes ao AVC podem ser influenciadas pela alimentação, como é o caso da hipertensão, obesidade, hiperhomocisteínemia ou da diabetes.

Há muitas causas que levam ao AVC, mas a maioria das isquemias cerebrais são causadas pelo aterotromboembolismo, dependente da placa de ateroma formada na parede do vaso.

Finalmente, um dos problemas que surge frequentemente associado, em cuidados paliativos, a doentes acamados por longos períodos são as ulceras de pressão. Estas são ainda mais críticas em doentes com patologias endócrinas e metabólicas que atrasam a cicatrização e potenciam a infecção dos tecidos. Nestes casos, a sua prevenção e tratamento são ainda mais relevantes quando associados a doentes diabéticos ou com patologia cardiovascular, como nos pós-AVC (Dorner, 2009).

## 4. Conclusão

Os cuidados paliativos concentram-se na comunicação, tomada de decisão compartilhada sobre opções de tratamento, planejamento avançado de cuidados e atenção ao sofrimento físico, emocional, espiritual e psicológico com a inclusão da família do paciente e do sistema de cuidados (Braun *et al.*, 2016).

A diabetes em fase terminal é um problema complexo por si só, sendo que em medicina paliativa se encontra muitas vezes também como comorbidade. A literatura médica fornece algumas diretrizes de gestão, mas existe limitação na gestão de complicações nesses pacientes. O entendimento da fisiopatologia do diabetes e o conhecimento de medicamentos apropriados para a sua gestão é crucial na doença avançada e individualização do plano de cuidados de cada paciente (Monroy, 2014).

Estas considerações estendem-se aos doentes com patologia cardiovascular terminal ou a outros com outras patologias endócrinas e metabólicas.

## 5. Palavras-Chave

Cuidados paliativos, doenças endócrinas e metabólicas.

## 6. Referências

Angelo M, Ruchalski C, Sproge BJ: Approach to Diabetes Mellitus in Hospice and Palliative Medicine. J Palliat Med 14 (1); 2011: 83-7.

Aspen Board of Directors and the Clinical Guidelines Task Force: Guidelines for the use of parenteral and enteral nutrition in adult and pediatric patients. J Parenter Enteral Nutr. 26 (1, Suppl.); 2002: 1SA-138SA.

Braun LT, Grady KL, Kutner JS, Adler E, Berlinger N, Boss R, Butler J, Enguidanos S, Friebert S, Gardner TJ, Higgins P, Holloway R, Konig M, Meier D, Morrissey MB, Quest TE, Wiegand DL, Coombs-Lee B, Fitchett G, Gupta C, Roach WH Jr: American Heart Association Advocacy Coordinating Committee. Palliative Care and Cardiovascular Disease and Stroke: A Policy Statement From the American Heart Association/American Stroke Association. Circulation 134 (11); 2016: 198-225.

Correia F, Pinhão S: Patologia e Dietoterapia II. FCNAUP, 2015.

DGS. Direção-Geral da Saúde: Diagnóstico e Classificação da Diabetes Mellitus. Norma da DGS 002/2011.

DGS. Direção-Geral da Saúde: Doenças Cérebro-Cardiovasculares em números. Portugal, 2015, ISSN: 2183-0681.

Dorner D, Posthauer ME and Thomas D: National Pressure Ulcer Advisory Panel: The Role of Nutrition in Pressure Ulcer Prevention and Treatment: National Pressure Ulcer Advisory Panel White Paper. NPUAP Nutrition White Paper, 2009.

Dunning T: Integrating palliative care with usual care of diabetic foot wounds. Diabetes Metab Res Rev 32 (1); 2016: 303-10.

Dunning T, Duggan N, Savage S: Caring for People with Diabetes at the End of Life. Curr Diab Re 16 (11); 2016: 103.

Monroy C: Manejo de la diabetes en medicina paliativa, ¿seguimos las mejores prácticas? Departamento de Medicina del Dolor y Paliativa, Instituto Nacional de Ciencias Médicas y Nutrición "Salvador Zubirán", 2014.

# Comunicação

EDUARDO CARQUEJA

## 1. Introdução

O psiquismo humano, quando confrontado com uma doença grave, assenta em três pilares: o vazio, a angústia e o tempo. Por sua vez, a solidão que o doente sente expressa-se, frequentemente, sob a forma de tristeza. É importante desenvolver com o doente todos os meios de comunicação, tendo como objetivo quebrar as barreiras de solidão e isolamento que o rodeiam. Independentemente da gravidade do seu estado, o doente manifesta continuamente desejos de comunicar, porque a comunicação associa-se, inconscientemente, a sentimentos de esperança, confiança e proteção. Uma comunicação adequada que se estabeleça com o doente é, provavelmente, a forma mais eficaz que lhe permite lidar com o estresse inerente à hospitalização, à progressão da doença, à não-eficácia dos tratamentos e aos pensamentos acerca da morte.

Os profissionais de saúde são ética e legalmente obrigados a proporcionar aos seus doentes o máximo de informações que estes desejam saber sobre a sua doença e o seu tratamento.

A maioria dos doentes pretende informações sobre o prognóstico e tratamento relativamente detalhadas, mas prefere negociar a quantidade, o formato e o momento para lhe serem transmitidas. Geralmente os doentes desejam participar na tomada de decisões sobre os seus cuidados.

As conversas sobre questões de fim de vida são difíceis para os médicos e outros profissionais de saúde. No entanto, iniciar discussões/partilhas o mais precocemente sobre o fim de vida de forma sistemática permite aos doentes fazerem as suas escolhas de forma informada, conseguir uma melhor paliação dos sintomas e ter mais oportunidade de trabalhar questões relativas ao fim da vida.

## 2. Enquadramento Histórico e Desenvolvimento

### 2.1. Princípios gerais

Qualquer encontro clínico pressupõe comunicação. Sendo uma redundância, pois é impossível não comunicar, é de ter em conta que, por outro lado, comunicar é participar ou transmitir a outra pessoa algo de que se tem, nomeadamente informação, sentimentos, pensamentos ou ideias. O que não se tem não se pode transmitir! A comunicação em cuidados paliativos deve ser entendida como um meio e não como um fim em si mesmo. Ela assume um papel preponderante não só com o doente, mas também com a família e equipe assistencial. A Sociedade Espanhola de Cuidados Paliativos (SECPAL, 1993) refere "o apoio emocional e a comunicação com o doente, família e equipe terapêutica, estabelecendo uma relação franca e honesta" como sendo um dos instrumentos básicos dos cuidados paliativos, ao mesmo nível que o controle de sintomas ou o trabalho em equipe. É importante ter presente que a comunicação tem por objetivos informar, orientar e apoiar, devendo assentar em atitudes genuínas de empatia, autenticidade, congruência, compaixão e aceitação incondicional do *outro*.

Como referido anteriormente, a comunicação é um meio e não um fim. Daí que possa ser usada de forma não-maleficente ou beneficente. Contudo, pode ser usada de forma maleficente e não beneficente, ainda que o profissional não tenha consciência do seu agir. É necessário assumir as diferenças entre as boas intenções, as boas atitudes, as boas habilidades e os bons comportamentos (Arranz *et al.*, 2003).

O enquadramento clínico da comunicação deve ser desenvolvido segundo padrões de boa prática clínica admitidos pela investigação ou por consenso empírico. Atualmente existem excelentes estudos no âmbito da psicologia da saúde que demonstram, por exemplo, que expressar, partilhar e lidar com as emoções associadas ao câncer avançado num contexto de apoio reduz a ansiedade e a dor (Spiegel, 2001).

## 3. Definição e Clarificação Conceptual

### 3.1. Barreiras à comunicação

Como anteriormente referido, não é possível não comunicar e todo o ser humano o faz. Contudo, comunicar com doentes em fim de vida exige habilidades de comunicação específicas para lidar com situações tão críticas como o sofrimento ou ameaça de morte. O fato de se ter passado por uma faculdade de medicina, psicologia ou enfermagem, por exemplo, não garante a capacidade e a competência comunicacional para se lidar com situações tão complexas. Quando os profissionais de saúde não têm formação adequada podem surgir barreiras à comunicação, nomeadamente:

a) Recurso a perguntas fechadas
b) Fazer múltiplas perguntas
c) Dizer ao paciente que não há motivo para se preocupar
d) Dar ordens
e) Fazer ameaças
f) Ser moralista/fazer juízos de valor/dar repreensões
g) Fazer críticas
h) Falar apressadamente

Muitas destas atitudes comunicacionais são decorrentes de "boas intenções" dos profissionais, mas de "más práticas" agravadas pelo suporte da experiência que valida o seu agir (incorreto); "quem me vai agora dizer como comunicar com o doente em fim de vida se já o faço há mais de 15 anos?". Também é certo que pode levar 15 anos a fazer o mesmo, mas fazendo-o mal! Daí que a formação especializada em comunicação com doentes e família em cuidados paliativos seja um dever não só profissional, mas sobretudo ético.

### 3.2. Comportamentos de distanciamento

Quando os profissionais de saúde evitam envolver-se com os doentes a nível psicossocial e emocional surge o que se denomina por comportamentos de distanciamento.
Os médicos e os outros profissionais de saúde não estão geralmente conscientes quando se distanciam e utilizam *mensagens não verbais* (estarem

sempre atarefados, expressão facial e tom de voz inadequados, etc.) ou criam *categorias ou rótulos* aos doentes, "(ela) é um câncer da mama", "ele(a) é um(a) paciente difícil". Muitas vezes recorrem somente a perguntas fechadas, tendem a concentrar-se nas tarefas físicas ou fazem uma tranquilização prematura ou falsa sobre questões abordadas pelos doentes ou família.

### 3.3. Transmissão de más notícias

Má notícia pode ser definida como "qualquer informação que afeta seriamente e de forma adversa a visão de um indivíduo sobre seu futuro" (Buckman, 1992).

Estas situações de más notícias podem decorrer do aparecimento de recidiva da doença, surgimento de metástases ou outras situações que, de forma indelével, confrontam o doente e família com a irreversibilidade da cura.

Transmitir más notícias é também uma tarefa complexa de comunicação. Além da componente verbal de dar de fato uma má notícia, ela também requer outras habilidades. Estas incluem responder às reações emocionais dos doentes, o envolvimento na tomada de decisão, tratar com o estresse criado pelas expectativas de cura do doente, o envolvimento de múltiplos membros da família e o dilema de como dar esperança quando a situação é sombria (Baile *et al.*, 2000). Daí que estas situações, por sua vez, também causem estresse no profissional de saúde ao dar a má notícia, nomeadamente:

1) Medo de ser considerado culpado
2) Medo da falha terapêutica
3) Sensação de impotência/fracasso
4) Medo pessoal da doença e da morte

Baile e os seus colaboradores (2000) perceberam que a tarefa de transmitir más notícias poderia ser melhorada pela compreensão do processo envolvido e a sua abordagem como um processo passo a passo, aplicando-se princípios bem estabelecidos de comunicação e aconselhamento.

Para eles, o processo de transmissão de más notícias poderia ser visto como uma tentativa de alcance de quatro objetivos essenciais. O primeiro é recolher informação do doente. Isto permite ao médico determinar o conhecimento do doente e suas expectativas e preparar para ouvir a má notícia. O segundo objetivo é prover informação inteligível, de acordo com as necessidades e desejos do doente. O terceiro objetivo é apoiar o doente utilizando habilidades para reduzir o impacto emocional e a sensação de isolamento experimentados pelo receptor da má notícia. O último objetivo é o de desenvolver uma estratégia sob a forma de um plano de tratamento com a contribuição e colaboração do paciente. Nesse sentido criaram o Protocolo SPIKES (2000), que de seguida se reproduz:

1. (S – *Setting Up the Interview*). *Setting* adequado; quem deve estar presente; atitudes cordiais;
2. (P – *Perception*). Descobrir o quanto o doente sabe da sua doença;
3. (I – *Invitation*). Descobrir o quanto o doente quer saber;
4. (K – *Knowledge*). Dividir, compartilhar a informação;
5. (E – *Emotions*). Responder aos sentimentos/emoções do doente;
6. (S – *Strategy and Summary*). Planejar e combinar o acompanhamento.

1. *Setting: preparação*
   A. *Setting* adequado; quem deve estar presente (decisão do doente); atitudes cordiais; privacidade/confidencialidade; quem vai informar o doente; tempo de que dispomos para estar com o doente.
   B. Postura/linguagem corporal.
   C. Como vamos informar (iniciar com perguntas abertas).

2. *Perception: descobrir o quanto o doente sabe da sua doença*
   A. Perguntar é a melhor forma de saber algo:
      "O que sabe da sua doença?"
      "Quem lhe falou sobre ela?"
   B. As respostas dos doentes vão dar informação sobre:
      i. Grau de compreensão do doente da sua situação;
      ii. O estilo de comunicação/como se expressa;
      iii. O conteúdo emocional das mensagens do doente.

3. *Invitation: descobrir o quanto o doente quer saber*
   A. Perguntar ao doente:
      i. *"Se se comprovasse que a sua doença é grave, gostaria de ser informado?"*
      ii. *"Gostaria que falássemos sobre todos os detalhes do seu diagnóstico?"*
      iii. *"Gostaria que lhe falássemos da sua doença com pormenor ou mais no geral?"*

B. Por vezes o doente está muito assustado e prefere que o tranquilizem.
C. Devemos respeitar a negação do doente ou o fato de não querer saber detalhes do seu prognóstico.
D. O fato de defendermos a premissa de que o ideal é uma informação sincera, não devemos convertê-la numa verdade absoluta.
E. Deve-se estar sempre atento e utilizar os cinco sentidos para não interpretar erradamente os sinais que o doente nos dá.
F. Os profissionais de saúde não são as únicas fontes de informação.
G. Existem por vezes alterações de comportamento em amigos ou familiares que provocam no doente sinais de que algo não está bem.
H. Ter em conta as alterações físicas e estado geral do doente.

4. *Knowledge: dividir, compartilhar a informação*
    A. Estar atento aos sentimentos do doente.
    B. Alertar que vamos comunicar informação difícil:
        i. *"Os resultados não estão como gostaríamos"*;
        ii. *"Há aspectos menos bons no que estou a ver"*.
    C. Em seguida deve ser dada informação ao doente.
    D. Deve-se dar a informação de uma forma simples e honesta e em pequenas porções.
    E. Adequar a linguagem ao doente que temos à frente.
    F. Clarificar a informação com frequência.
    G. Promover o diálogo evitando o monólogo.
    H. Estar atento aos sentimentos do doente.
    I. Apesar de se estar a transmitir más notícias, deve-se sempre manter a esperança, não da cura, mas a esperança de que tudo se fará para não sofrer e de que estará sempre acompanhado.
    J. Ajustar a agenda com o doente – mostrar disponibilidade.

5. *Emotions: responder aos sentimentos/emoções do doente*
    A. Em primeiro lugar convém identificar os sentimentos/emoções do doente;
    B. Duas questões pertinentes:
        i. *"Como se sente?"*
        ii. *"De que é que tem mais medo?"*
    C. É importante saber escutar e dar tempo para o doente reagir.

D. Permitir a ventilação emocional e normalizar as emoções.
E. Também é fundamental identificar recursos:
   i. *"Quem pensa que mais o poderia ajudar neste momento?"*
   ii. *"Quem o ajudou noutros momentos difíceis?"*
   iii. *"Em que podemos ajudá-lo?"*

6. Strategy and Summary: planejar e combinar o acompanhamento
   A. As necessidades do doente e os seus problemas.
   B. Os seus recursos e estratégias para fazer frente à situação.
   C. O apoio sociofamiliar.
   D. Deve ser apresentado ao doente um plano terapêutico com diferentes alternativas.
   E. Incentivar o doente a assumir um papel ativo em todo o processo.
   F. Marcar o próximo encontro e dar um contato ao doente (mostrar disponibilidade/acessibilidade).

### 3.4. Conspiração do silêncio

A informação não adequada e a comunicação deficitária fazem com que o sofrimento pessoal também se instale ao nível do agregado familiar e se produzam alterações da sua dinâmica ao nível dos papéis e responsabilidades.

A conspiração do silêncio pode ser entendida como uma dinâmica comunicacional inadequada em que existem ilhas de comunicação e uma pseudoproteção dos "mais fortes" para com os "mais fracos". Surge quando todos sabem que o outro sabe, mas ninguém se encontra em condições de conversar abertamente com o principal envolvido – o doente. O isolamento ocorre muitas das vezes como resultado desta (des)comunicação.

A conspiração do silêncio surge também quando se oculta uma informação a uma pessoa que a quer saber. Pode ser protagonizada por familiares, doentes e profissionais de saúde. Visa manter uma comunicação normalizada, face a informações que são por si só angustiantes e que geram uma grande sobrecarga emocional aos intervenientes. Geralmente é um ato de amor mal organizado, da parte de quem oculta a informação, com o objetivo de proteger-se e proteger o outro, evitando que entre em contato com tais informações. Tende a gerar no doente desconfiança e isolamento.

Devem os profissionais de saúde ter uma abordagem adequada que evite esta conspiração, utilizando estratégicas que a seguir se elencam:

A. Validar, entender os medos e os comportamentos de evitamento da família.
B. Mostrar empatia pela família: pelos seus medos, preocupações e mostrando compreensão do objetivo e necessidade de manter comportamentos de evitamento com a finalidade de proteger o doente.
C. Identificar os medos e receios e torná-los explícitos e conscientes. Explorar as razões da conspiração do silêncio, facilitando a expressão de emoções partindo da técnica de escuta ativa.
D. Tranquilizar, evitando argumentações impositivas, diretas ou culpabilizantes.
E. Antecipar as consequências do "secretismo", avaliando o custo ou consequências emocionais para o doente.
F. Comparar o custo emocional para o doente com o ganho para a família: fazer perceber que o ganho da família consegue-se a um elevado custo para o doente e pode levar ao esgotamento ou sobrecarga emocional de todos.
G. Confrontar opiniões, sempre com base na empatia, sem que esta confrontação possa ser percebida como uma agressão.
H. Propor e estabelecer acordos.
I. Informar a partir do que o doente sabe e quer saber.
J. Oferecer-se como mediador, apoiando a família e possibilitando orientação numa conversa que receiam ter, antecipar com a família as reações possíveis do doente e formas de lidar com estas.

## 4. Conclusão

A comunicação em cuidados paliativos sendo entendida como um meio e não como um fim em si mesmo, e sendo um dos pilares da intervenção com doentes em fim de vida, pode, de igual forma que uma medicação, ser usada para curar ou para matar. Significa isto que pode ser usada como um instrumento potencialmente beneficente ou maleficente. A relação também tem estas potencialidades (Arranz, Barbero, Barreto, Bayés, 2003). Esta comunicação, para que seja uma verdadeira relação terapêutica, deve assentar pelo menos em atitudes genuínas de congruência e aceitação incondicional. Sem este tipo de atitudes e, sobretudo, com as contrárias, as melhores competências de comunicação podem-se converter em ferramentas manipuladoras ou numa relação instrumental. Assim, todos os profissionais que intervêm como doentes em situação de fim de vida, e com os seus familiares, têm a obrigação ética de se formarem e utilizarem estratégicas de comunicação adequadas que permitam não só mais bem-estar, mas algo mais básico e fundamental, como é a redução ou eliminação do mal-estar inerente a esta condição de derradeiramente doente.

## 5. Palavras-Chave

Comportamentos de distanciamento, comunicação, conspiração do silêncio, cuidados paliativos, más notícias.

## 6. Referências

ARRANZ P, BARBERO J, BARRETO P, BAYÉS R: Intervención emocional en cuidados paliativos. Modelo y protocolos. Barcelona: Editorial Ariel, SA; 2003.

BAILE W, BUCKMAN R, LENZI R, GLOBER G, BEALE E, KUDELKA A: Spikes-A Six--Step Protocol for Delivering Bad News: Application to the Patient with Cancer. The Oncologist 5; 2000: 302-311.

BUCKMAN R: Breaking Bad News: A Guide for Health Care Professionals. Baltimore: Johns Hopkins University Press, 1992: 15.

SANZ J, GÓMEZ BATISTE X, GÓMEZ SANCHO M, NÚÑEZ OLARTE JM: Cuidados paliativos. Recomendaciones de la Sociedad Española de Cuidados Paliativos (SECPAL). Madrid: Ministerio de Sanidad y Consumo; 1993.

SPIEGEL D: Mind matters: group therapy and survival in breast cancer. New England Journal Medicine 345 (24); 2001: 1767-1768.

# Comunicação do Diagnóstico em Oncologia

FERNANDO CUNHA OSÓRIO

## 1. Introdução

Na segunda metade do século xx ocorreu simultaneamente uma radical mudança da sociedade civil, cada vez mais livre, aberta e plural, e um notável avanço do conhecimento científico, nomeadamente biotecnológico, que na Medicina condicionou as suas normas deontológicas, bem reguladas e intemporais desde a Antiguidade grega, e tem obrigado a uma constante necessidade de prever o seu impacto ético, nomeadamente neste ponto específico da comunicação médico-doente.

Neste período temporal ocorreu também uma transformação na relação médico-doente, passando este último de passivo, submisso, dependente, a um envolvimento ativo no processo de diagnóstico e terapêutico. Por outro lado, no final do século xx e início deste xxi houve ainda uma significativa mudança no paradigma da doença oncológica, com o advento de novas tecnologias diagnósticas, de eficazes tratamentos dirigidos e individualizados, conducentes a uma franca melhoria do prognóstico, podendo esta ser encarada como uma "doença crônica", perdendo algum simbolismo negativo e o estigma da mortalidade a curto prazo.

A relação médico-doente, infalivelmente desigual, conflitua sempre no interesse de cada um, o médico focado no diagnóstico, na doença, na proposta terapêutica, enquanto o doente está única e simplesmente preocupado com "o que lhe vai acontecer", ou seja, o prognóstico.

Sabendo que comunicar não é simplesmente informar, o médico tem o dever ético de respeitar a individualidade, a autonomia e a dignidade do seu doente, como pessoa, no seu direito inalienável à informação e à verdade, o que implica ter competências clínicas de comunicação interpessoal e, sem violar o princípio da beneficência, saber assumir um acordo de consentimento mútuo, base da sociedade moderna.

## 2. Enquadramento Histórico e Desenvolvimento

Na relação médico-doente, ao longo da história, foi havendo um paralelismo na forma como o médico encara o seu doente, com a complexa evolução do conceito de pessoa: do *ser único* de S. Tomás de Aquino, o *ser racional* de Descartes, com o seu dualismo cartesiano corpo/alma, o *ser autoconsciente* de Locke ao *ser com livre vontade* de Kant, com capacidade de decisão, autonomia e dignidade como valores intrínsecos e absolutos.

Histórica e culturalmente, quer nos países anglo-saxônicos quer, sobretudo, nos países latinos, a relação médico-doente sempre foi entendida como uma relação desigual, de dependência, de poder de um (médico, ativo) sobre o outro (doente, passivo). O médico paternalista, omnipotente, um ser superior, com poder curativo, com ascendente técnico-científico e, muitas vezes, sociocultural, que não tinha necessidade nem tempo para dar satisfações ou explicar.

Esta atitude ajudou a perpetuar mitos sobre a comunicação de más notícias: "saber a verdade pode prejudicar, destruir a esperança, criar ansiedade ou depressão". Não contar a verdade ao doente para o proteger conduziu à "conspiração do silêncio" ou, ainda pior, à "mentira piedosa" (Geovanini, 2013), o que muitas vezes refletia um não querer ou saber assumir a responsabilidade médica de comunicar, que engloba saber escutar, saber orientar e saber o que dizer, como e quando, doseando progressivamente a informação que o doente pode, deve e quer saber.

Nas últimas três/quatro décadas do século xx ocorreu progressivamente uma transformação conceptual na comunicação em Oncologia que faz com que, à luz dos dias de hoje, nos pareça inimaginável a prática médica de outrora: o doente como alguém a proteger, sem vontade nem preparação para saber a "verdade". Dois estudos históricos, realizados em Coimbra (Santos, 1994), evidenciam-nos que, em 1981, 70% dos médicos não revelavam a verdade ao doente oncológico (à semelhança dos 90% num estudo americano de 1961), enquanto noutro de 1993 ainda se mantém uma percentagem muito significativa de 59%, já em claro contraponto com outro estudo americano de 1979, no qual já 97% dos médicos preferiam informar o diagnóstico de câncer ao doente. Das múltiplas razões justificativas para não revelar o diagnóstico, a maioria visava a proteção do paciente (por exemplo, o receio do impacto psicológico em 31,3%), mas a terceira razão mais frequente, em 11,3%, era a dificuldade do próprio médico em o fazer.

Foi o espoletar da Bioética devido aos avanços progressivos da sociedade civil, nas décadas de 80-90 do século xx, com os princípios do direito à informação, da autonomia do doente e do consentimento informado, que impuseram ao médico, inicialmente de modo mais evidente nos países anglo-saxônicos, a obrigação ética de comunicar ao doente a verdade sobre a sua doença (Baile, 2000).

Por outro lado, atualmente, o enorme progresso técnico-científico na prevenção, no diagnóstico mais precoce e num melhor e mais personalizado tratamento em Oncologia, com reflexo direto no prognóstico, tem vindo a desdramatizar o estigma e o temor criado à volta da palavra "câncer", o que muito facilita a relação médico-doente, nomeadamente no essencial suporte psicológico à esperança no sucesso terapêutico.

A moderna medicina hospitalar altamente tecnológica e sofisticada, e na Oncologia cada vez mais baseada em decisões terapêuticas tomadas em reuniões de grupo por equipes médicas multidisciplinares, embora focada no doente, frequentemente cria-lhe um anonimato institucional e uma dificuldade na identificação do "seu médico", com quem possa estabelecer um diálogo esclarecedor, não só sobre um procedimento técnico específico, mas sobre todo o processo da sua doença. Há necessidade de preservar uma relação médico-doente personalizada e de promover uma comunicação médico--doente bidirecional, franca, confiável, honesta e baseada na verdade.

Lidar com a morte, o normal processo de morrer, as suas repercussões e inevitabilidade, não é tradicionalmente ensinado nas escolas médicas, fato que mais tarde limita a comunicação com o doente oncológico sobre a realidade concreta da sua doença e, em situações de doença avançada, os limites da terapêutica e muitas vezes a impossibilidade de cura. Quantas vezes é mais fácil propor obstinadamente mais um tratamento do que oferecer disponibilidade, reconhecimento, conforto e orientação (Gawande, 2014; Marsh, 2016)?

## 3. Definição e Clarificação Conceptual

### 3.1. Competências clínicas de comunicação

A comunicação clínica é a base da relação médico-doente, relação única de ajuda altruísta, humanista, autêntica e bem-intencionada do médico com saber e conhecimento científico ao doente frágil e necessitado de apoio e orientação terapêutica (Mota-Cardoso, 2012).

Comunicar não é um simples processo de transmitir informação, é um comportamento dinâmico, é interagir numa relação bidirecional, que implica partilha de informação e de tempo, interação física e emocional e comprometimento afetivo. Há que saber ouvir e compreender o doente, mostrando interesse, disponibilidade e respeito. Aqui as consequências da impreparação ou imaturidade podem ser psicologicamente devastadoras para o doente. Não chega um dom natural, uma vocação ou o simples bom senso, há que aprender, treinar, aperfeiçoar e validar competências clínicas de comunicação (Mota-Cardoso, 2012).

Podemos definir "má notícia" como a informação que afeta adversamente a visão individual do futuro. Ou seja, dependendo do contexto clínico e da perspectiva de quem a recebe, toda e qualquer informação médica é potencialmente uma má notícia, pelo natural desconhecimento quanto ao seu significado e repercussão.

Comunicar más notícias é um dos atos clínicos mais difíceis e paradoxalmente muito secundarizado na formação médica. Não há uma metodologia única, há vários modelos possíveis e bastante evidência científica da vantagem em ser feita de um modo treinado e estruturado.

Há que saber preparar antecipadamente a consulta médica. Há que antecipar como e o que se vai informar. Tem de ser uma comunicação pessoal e presencial, nunca só telefonicamente ou por escrito, nomeadamente por via informática. Tem de haver uma postura educada, cortês, cívica e uma linguagem comum e compreensível. Tem de haver tempo e disponibilidade do médico, sem inoportunas interrupções nem focalização no computador, modernamente uma omnipresente intromissão na relação médico-doente. O período temporal da consulta deve ser adequado e suficientemente flexível para o doente percepcionar a total disponibilidade do médico para consigo. Tem de haver um espaço físico agradável, confortável e com privacidade.

Depois segue-se uma série de etapas bem padronizadas na construção da consulta médica: iniciar o diálogo, procurando o que o doente já sabe e quer saber, através de perguntas abertas e exploratórias; compreender a perspectiva do doente, estando atento ao seu comportamento emocional, à sua linguagem verbal e não verbal; saber dosear e temporizar a informação, usando os silêncios, para dar tempo ao doente de a assimilar; comunicar e partilhar a verdade, de forma clara e concisa; responder pragmaticamente às questões e dúvidas do doente, garantindo a sua compreensão; evitar respostas vagas ou minimizar a gravidade clínica; partilhar compreensão e orientação, e, finalmente, motivar a esperança e encorajar o doente a formalizar o consentimento informado e a assumir a adesão à proposta terapêutica (Mota-Cardoso, 2012).

### 3.2. Competências clínicas de comunicação em Oncologia

A prática contemporânea da Oncologia recomenda o envolvimento ativo do doente (e da família) no processo probabilístico de decisão diagnóstica e terapêutica. É essencial na relação médico-doente-família e na comunicação de informação acerca da doença oncológica e das opções terapêuticas a verdade, a confiança, a esperança, o suporte e a orientação. Daí ser importantíssimo validar a qualidade da relação médico-doente (Baile, 2015).

Há evidência científica ilustrativa de melhores resultados em Oncologia, quantificados na qualidade de vida, no suporte emocional, na satisfação e confiança com os cuidados médicos, na adesão à terapêutica e, mesmo, num melhor prognóstico, quando se estabelece uma comunicação eficaz, empática e verdadeira com o doente (Fujimori, 2014; Baile, 2015). Também há bastante evidência de que as competências clínicas de comunicação podem e devem ser aprendidas, treinadas e aperfeiçoadas (Baile, 2000; Mota-Cardoso, 2012; Bousquet, 2015).

As competências clínicas de comunicação em Oncologia são essenciais em momentos críticos, de grande tensão emocional, não só aquando da comunicação inicial do diagnóstico de câncer como em momentos ulteriores perante a detecção de progressão da doença, uma recorrência locorregional ou uma disseminação sistémica, a constatação da falência de um tratamento, a irreversibilidade de um efeito lateral, a transição para os cuidados paliativos ou, no extremo, perante a iminência da morte (Baile, 2015).

A comunicação de más notícias em Oncologia é um processo complexo. É compreensivelmente perturbadora para o doente, mas também é emocionalmente desgastante e indutora de "*burnout*" para o profissional, a "fadiga por compaixão" ao lidar de perto com o sofrimento do outro. Requer não só informar e esclarecer o doente, mas também estar atento e conseguir responder às suas reações emocionais, muitas delas não verbais, saber envolvê-lo no processo de decisão e simultaneamente manter-lhe a esperança (Baile, 2000).

O protocolo SPIKES, proposto por Baile e Buckman em 2000, consiste numa abordagem sequencial e temporizada para a transmissão de más notícias. Desenvolvido com base na experiência empírica e em boas práticas clínicas, tornou-se num útil e popular instrumento de treino de competências de comunicação em múltiplos programas de formação em Oncologia (Baile, 2000; Lino, 2015; CA, 2010). Tem quatro objetivos principais: 1) obter informação sobre o que o doente sabe, quais as suas expectativas, crenças e valores; 2) transmitir informação inteligível de acordo com a vontade do doente; 3) dar suporte emocional ao doente e 4) envolver o doente na estratégia terapêutica. O acrônimo reflete uma estratégia com seis passos sequenciais:

"*S-Setting*", *preparar o contexto* – ponderar e antecipar o que vai ser comunicado; ambiente acolhedor com privacidade; médico e doente sentados frente a frente; disponibilidade de tempo, sem interrupções; envolver a família, se for desejo do doente;

"*P-Perception*", *descobrir o que o doente já sabe* – questões abertas; perguntar antes de informar; perceber o que o doente sabe sobre a sua doença, as suas expectativas e esperanças, os seus medos e preocupações; corrigir mitos, falsas--ideias e más interpretações; avaliar possível negação da doença;

"*I-Invitation*", *descobrir o que o doente quer saber* – questões abertas; perguntar antes de informar; conhecer a vontade e a capacidade do doente em ser informado do diagnóstico e do prognóstico;

"*K-Knowledge*", *partilhar informação* – avisar cautelosamente que vai transmitir uma "má notícia"; usar linguagem simples e compreensível; evitar terminologia médica muito técnica; dar a informação pouco a pouco, segmentada, testando a compreensão do doente; pode ser necessário mais do que um momento temporal, num processo sequencial; nunca tirar a esperança, mesmo em situações de mau prognóstico;

"*E-Emotions*", *responder às reações do doente* – é uma das tarefas mais difíceis, dar tempo e saber responder à reação emocional do doente, que pode variar do silêncio, medo ao choque, choro, negação ou raiva; observar e saber identificar as manifestações verbais e não verbais de qualquer emoção; oferecer suporte psicológico, disponibilidade e compreensão empática; dar tempo à expressão das emoções e só depois continuar a consulta; evitar o isolamento e a negação do doente;

"*S-Strategy*", *planejar a estratégia* – questionar disponibilidade e envolver o doente na partilha de responsabilidade no processo de decisão terapêutica; averiguar a compreensão e a adesão do doente; discutir realisticamente as opções terapêuticas e o prognóstico, sem preconceitos, evitando expectativas irrealistas.

Este protocolo, criticado por não envolver toda a complexidade da relação médico-doente nem ter sido nunca validado num ensaio clínico, é um exemplo, à semelhança de outros existentes, de como a aprendizagem e o treino das denominadas "competências não-técnicas", como as competências clínicas de comunicação, são essenciais à construção de uma eficaz, dinâmica e empática relação médico-doente em Oncologia, pois estas constituem a base, por um lado, da capacidade e autoconfiança do médico na transmissão de más notícias e, por outro, do suporte psicológico ao doente fragilizado por as receber.

### 3.3. Verdade e consentimento informado

Eticamente o doente deve ser informado verbalmente e por escrito sobre a sua doença, sobre os procedimentos técnicos diagnósticos ou terapêuticos necessários, bem como sobre o profissional com quem vai ter uma relação profissional personalizada, não devendo esta ser uma "prestação de serviços" duma equipe hospitalar multidisciplinar anónima e impessoal.

A verdade possível e expectável deverá ser assumida frontalmente pelo médico, não podendo haver qualquer omissão do diagnóstico, dos riscos ou do prognóstico, sob pena de incumprimento de direitos éticos básicos do doente. A capacidade de compreensão e de concordância deste tem de ser averiguada, dando-lhe tempo para uma reflexão ponderada, que nem sempre é compatível com a atual prática hospitalar, demasiado regulada em termos temporais e quantitativos.

Só o paciente bem informado e devidamente esclarecido ganha confiança na equipe médica, suporte psicológico e uma atitude positiva na adesão à terapêutica proposta. Só a verdade respeita os princípios éticos da confiança, da autonomia e do direito à informação essenciais à formalização do consentimento informado, livre e esclarecido em Oncologia.

## 4. Conclusão

A comunicação clínica é a base da relação médico-doente. Não pode apenas ser um dom, uma vocação, antes um investimento constante na aprendizagem, treino e melhoria de competências clínicas de comunicação.

Verdade, confiança, prudência, personalização, disponibilidade, tempo e empatia são os alicerces que sustentam a comunicação clínica, um direito do doente e um imperativo ético para o médico.

O moderno conceito de medicina personalizada em Oncologia deve se estender à comunicação clínica numa constante necessidade de adaptação individual ao doente e à sua situação clínica. Comunicar "más notícias" em Oncologia constitui um momento difícil, num equilíbrio delicado de dizer a verdade sem tirar a esperança, numa relação médico-doente dinâmica, bidirecional, definidora do fazer bem em Medicina e determinante para a participação ativa e a adesão informada e esclarecida do doente à proposta terapêutica.

## 5. Palavras-Chave

Competências clínicas de comunicação, comunicação de más notícias, consentimento informado, oncologia, relação médico-doente, verdade.

## 6. Referências

Baile WF *et al.*: SPIKES – a six-step protocol for delivering bad news: application to the patient with cancer, Oncologist 5; 2000: 302-11.

Baile WF: Giving bad news, Oncologist 20 (8); 2015: 852-3.

Bousquet G *et al.*: Breaking bad news in oncology: a metasynthesis, J Clin Oncol 33 (22); 2015: 2437-43.

Fujimori M *et al.*: Effect of communication skills training program for oncologists based on patient preferences for communication when receiving bad news: a randomized controlled trial, J Clin Oncol 32 (20); 2014: 2166-72.

Gawande A: Ser Mortal, Lua de Papel, Lisboa, 2015.

Geovanini F, Braz M: Conflitos éticos na comunicação de más notícias em oncologia, Rev Bioét 21 (3); 2013: 455-62.

Lino CA *et al.*: Uso do protocolo Spikes no ensino de habilidades em transmissão de más notícias, Rev Bras Educação Médica 35 (1); 2011: 52-7.

Marsh H: Não faças mal, Lua de Papel, Lisboa, 2016.

Mota-Cardoso R *et al.*: Competências clínicas de comunicação, Unidade de Psicologia Médica, Departamento de Neurociências Clínicas e Saúde Mental, Faculdade de Medicina da Universidade do Porto, Porto, 2012.

Santos Z *et al.*: Comunicação médico doente em oncologia, Acta Med Port 7; 1994: 361-5.

# Conforto

SARA PINTO
Em colaboração com Sílvia Caldeira, José Carlos Amado Martins

## 1. Introdução

O conforto representa um conceito importante no seio das sociedades modernas. O progresso científico-tecnológico determinou, por um lado, importantes alterações no curso das doenças mas, por outro, são cada vez mais remanescentes as preocupações associadas à qualidade de vida e ao conforto. De uma forma geral vive-se mais tempo, mas nem sempre melhor.

A doença constitui uma importante ameaça à integridade humana sendo, com frequência, causa de múltiplos desconfortos, não só a nível físico como também psicológico, espiritual e social, incluindo os aspectos económicos. Garantir o conforto é um objetivo central da prática de cuidados, em geral, e dos cuidados paliativos em particular, cuja essência preconiza o alívio do sofrimento e a promoção da qualidade de vida, do doente e família, nas diversas dimensões da vida humana.

A evidência científica na área das ciências da saúde permite-nos constatar que a enfermagem é a disciplina com maior ênfase no seu estudo, muito embora nos últimos anos tenham surgido estudos noutras áreas do conhecimento como sejam a medicina, a psicologia, a ergonomia ou a arquitetura (Pinto, Caldeira & Martins, 2016). Apesar da transversalidade do conceito, a maioria destes trabalhos continua a focar maioritariamente a dimensão física, o que parece ser redutor, não só face às necessidades da pessoa doente, particularmente a que sofre de uma doença grave, mas também à luz dos diversos estudos de clarificação e operacionalização conceptual que sublinham outras dimensões além da física.

Esta perspectiva é particularmente enfatizada por Kolcaba (2003), uma teórica de enfermagem norte-americana que, na sua *Teoria do Conforto*, contribuiu para a operacionalização do conceito como o estado de satisfação das necessidades de alívio, tranquilidade e transcendência nos contextos físico, psicológico, social e espiritual. Não obstante, o conforto continua a ser descrito como complexo, difícil de definir, de implementar e de avaliar. A sua complexidade deve-se, por um lado, à natureza abstrata, dinâmica e individual – estando sujeito à variabilidade intra e inter-sujeitos ao longo do tempo – mas, também, ao fato de ser um conceito lato, relacionado e integrador de outros conceitos igualmente complexos como são o de bem--estar, holismo, qualidade de vida, espiritualidade, felicidade ou esperança (Apóstolo *et al.*, 2012; Pinto *et al.*, 2017).

## 2. Enquadramento Histórico e Desenvolvimento

A palavra conforto deriva do verbo latino "*confortare*", que significa nova força, novo vigor, fortificar (Dicionário de Língua Portuguesa, 2013). Apesar da importância do conceito para as sociedades modernas, nem sempre foi encarado como um atributo major dos cuidados de saúde. De acordo com uma revisão de literatura relativa à evolução do conceito, destacam-se três grandes marcos temporais, compreendidos entre 1900 e 1980. Assim, entre 1900 e 1929, os cuidados de conforto estavam predominantemente associados à prática dos cuidados de enfermagem que, à época, eram essencialmente prestados no domicílio. Confortar era um imperativo das enfermeiras, centrando-se esta prática em atividades de cariz essencialmente físico, como banhos terapêuticos para o controle da dor, posicionamento com almofadas ou inalações com vinagre e sal para alívio da náusea. Esta concepção foi progressivamente mudando, muito em parte devido à depressão econômica e ao advento da primeira guerra mundial. O período seguinte, compreendido entre 1930 e 1959, foi marcado pela transição dos cuidados de enfermagem do domicílio para o hospital. A escassez de profissionais deu origem a uma nova prática de enfermagem, agora predominantemente sob a vanguarda das ordens médicas e mais centrada nas intervenções de caráter técnico. Consequentemente, o conforto passou a ser encarado como um cuidado menor, delegado nas auxiliares de enfermagem. Por fim, no período compreendido entre 1960 e 1980, assiste-se a uma consolidação deste ambiente. Com efeito, o desenvolvimento científico-tecnológico determinou uma prática de cuidados cada vez mais centrada na tecnologia, no uso de monitores e técnicas progressivamente mais sofisticadas. O conforto, outrora imperativo dos cuidados de enfermagem, é agora delegado na família e, porventura, nas enfermeiras, se a sua disponibilidade assim o permitisse (Mussi, 2005). Curiosamente, ainda hoje, os cuidados de conforto parecem assumir uma posição paradoxal dentro dos cuidados de saúde. Se, por um lado, é comumente aceite esta necessidade básica de conforto, sobretudo em situações de crise, como é o caso da doença, por outro, continua a ser encarado como um cuidado "menor", comparativamente às atividades de cariz técnico, principalmente em ambientes de saúde mais tecnológicos.

Não obstante estas considerações, o conforto está hoje longe do mero aconchego de almofadas e cobertores. O estudo sistematizado do conceito remonta aos anos 80 do século xx, sendo os primeiros trabalhos essencialmente de natureza reflexiva ou teórica (Pinto, Caldeira & Martins, 2016). Entre os diversos estudos realizados, e que contribuíram para o desenvolvimento e concepção atual do conceito, assinalam-se os de Ida Jean Orlando (que destacou a importância do conforto na resposta às necessidades humanas), Hildegard Peplau (que o afirmou como uma necessidade básica associada à alimentação, repouso, sono e comunicação), irmã Callista Roy (cujo estudo se centrou no conforto psicológico), e Madeleine Leninger e Jean Watson (que nas suas teorias afirmaram o conforto como parte do cuidar) (Apóstolo, 2009; Pinto, Caldeira & Martins, 2016).

Entre as diferentes teorias que estudaram o conforto há, no entanto, duas cujos trabalhos se destacam pela sistematização e projeção das suas ideias: Janice Morse e Katharine Kolcaba. A primeira, responsável pela visibilidade do conceito no âmbito da enfermagem e a segunda pela sua conceptualização e operacionalização, bem como pela conhecida *Teoria do Conforto* (2003).

Apesar de todos os esforços implementados e do desenvolvimento de teorias, o conforto continua a ser uma matéria complexa, difícil de operacionalizar, definir e avaliar (Pinto, Caldeira & Martins, 2016). Com efeito, as dificuldades na avaliação do conforto como um *outcome* resultante das intervenções implementadas pelos profissionais de saúde constituem um dos maiores *handicaps* ao desenvolvimento e implementação do conceito na prática de cuidados.

## 3. Definição e Clarificação Conceptual

O conforto aparece na literatura sob a forma de substantivo (conforto), de verbo (confortar), de adjetivo (confortável) e, ainda, como um estado, processo ou resultado. De uma forma geral, podemos referir que o conforto, enquanto substantivo, representa um estado ou resultado. A sua forma verbal (confortar) remete-nos para a ação, para o processo, e tem por intuito a obtenção de um efeito: sentir-se confortável (Pinto et al., 2017). Segundo Kolcaba (2003), o conforto pode ser definido como uma experiência holística vivida pela pessoa que recebeu medidas ou intervenções de conforto. Nesta visão, é-nos apresentado como um estado resultante da satisfação de necessidades em três níveis distintos, aos quais a autora denomina "tipos de conforto". O primeiro, habitualmente designado por alívio, diz respeito à satisfação das necessidades mais básicas, pois sem alívio a pessoa não consegue ter um desempenho normal. Uma vez assegurada a funcionalidade, é necessário garantir a satisfação das necessidades que permitam obter calma e tranquilidade para um desempenho não só funcional como, também, eficiente. Kolcaba designa este tipo de conforto como tranquilidade. No terceiro e último nível, o da transcendência, procura-se a satisfação de necessidades que permitam à pessoa planejar, controlar o destino e, simultaneamente, resolver os seus problemas. Ainda na perspectiva desta autora, o conforto ou, por oposição, o desconforto, pode ocorrer em quatro contextos distintos, a saber: o físico, o psicoespiritual, o social e o ambiental, para os quais os profissionais de saúde devem estar atentos.

Nesta sequência, podemos compreender que, por exemplo, o alívio da dor representa apenas a satisfação de um dos muitos desconfortos que a pessoa pode experimentar, motivo pelo qual poderia ser redutor afirmar que o alívio da dor conduz a um estado de conforto pleno. Mas, paradoxalmente, o controle da dor pode ser suficiente para que a pessoa retome um estado de conforto.

A literatura evidencia a sua apresentação sob uma multiplicidade de termos, muitas vezes entendidos como sinônimos. Entre esses encontram-se os conceitos de *alívio da dor, medidas de conforto, intervenções de conforto, ações de conforto, medidas paliativas, medidas de suporte, medidas conservadoras, comodidade* e *bem-estar*. No que diz respeito ao contexto, evidenciam-se estudos não só no âmbito dos cuidados paliativos como também do cuidado ao idoso, psiquiatria, oncologia, cardiologia, cuidados intensivos e obstetrícia. Estes estudos trazem um contributo muito válido à compreensão do conforto enquanto estado, processo e resultado nas transições em saúde, destacando-o como um conceito transversal a todas as fases do ciclo de vida (Pinto *et al.*, 2017).

Entre os atributos do conceito, que constituem os aspectos que definem a sua unicidade, destacam-se a sua natureza holística, complexa, individual e dinâmica. A literatura caracteriza-o como uma experiência agradável, como algo positivo ou bom, profundamente associado à satisfação de necessidades. Outros atributos estão associados ao sentido de segurança e, ainda, ao sentir-se suportado e cuidado (Pinto *et al.*, 2017). Nesta linha de pensamento, o conforto do doente parece estar sujeito à confluência de determinadas variáveis, como sejam o tipo de doença e oportunidades de tratamento, experiências prévias do doente e sua capacidade de lidar com a situação ou suporte familiar. Ainda, as competências pessoais e técnico-científicas dos profissionais de saúde, a relação que se estabelece com o doente, bem como o modelo de organização de cuidados e as próprias características físicas e ambientais da instituição parecem ter um papel preponderante no conforto holístico da pessoa (Pinto *et al.*, 2017).

Confortar é, portanto, uma atividade que traz múltiplos benefícios para o doente e família mas, também, para todos aqueles que confortam. Entre as consequências ou resultados apontados na literatura destacam-se o alívio de desconfortos, uma maior satisfação com os cuidados prestados, diminuição dos sentimentos de ansiedade, culpa e medo, aumento do autocontrolo, sentido de segurança e paz interior e, ainda, melhor tolerância para suportar determinados procedimentos ou equipamentos.

Os estudos com profissionais de saúde, particularmente em cuidados paliativos, evidenciam que confortar traz um sentimento de paz e força interior, de dever cumprido, que induz uma melhor tolerância face ao sofrimento humano e à morte (Pinto *et al.*, 2017).

No que diz respeito ao âmbito concreto dos cuidados paliativos, e apesar da heterogeneidade de doentes neste contexto, não só em termos de idade como, também, de patologias e de acesso a cuidados paliativos especializados, a literatura evidencia diversas necessidades. Segundo um estudo publicado na revista *JAMA* (Steinhauser *et al.*, 2000), são vários os fatores considerados importantes por doentes, familiares e profissionais de saúde no fim da vida. Entre os fatores apontados pelos três grupos destacam-se a necessidade de estar limpo, ser escutado e manter a dignidade pessoal. Ao nível físico, destaca-se a importância do controle de sintomas, com particular destaque para a dor, dispneia e ansiedade. Não obstante, o estudo destaca ainda a importância de ter as finanças em ordem, de se poder despedir e de ter um profissional de saúde – médico ou enfermeiro – no qual se possa confiar (Steinhauser *et al.*, 2000). Ao nível espiritual, destacam-se diversas necessidades como a de (re)encontrar o sentido da vida, libertar-se da culpa e perdoar-se e de manter uma esperança autêntica, sem falsas expectativas (Ventura *et al.*, 2014; Egan *et al.*, 2016).

Nesta linha de pensamento, confortar tem vindo a ser encarado como uma intervenção complexa, profundamente orientada para a satisfação de necessidades. Esta complexidade abrange um leque alargado de necessidades, nas diversas dimensões da vida humana que, com frequência, requerem uma abordagem interdisciplinar e integral.

## 4. Conclusão

O conforto é uma necessidade básica fundamental, procurada pela pessoa ao longo do seu ciclo de vida, em diversos contextos. Os cuidados de saúde, nomeadamente em contexto de cuidados paliativos, revestem-se de particular importância neste âmbito, na medida em que, sob as mais diversas formas, procuram dar respostas às necessidades de conforto da pessoa, seja mediante o alívio ou, idealmente, prevenção do sofrimento. Apesar disso, a complexidade do conceito e das condições que, frequentemente, circunscrevem a pessoa em fim de vida e sua família levantam diversas dificuldades no desenvolvimento de intervenções que, sendo complexas, sejam simultaneamente individuais e ao encontro das necessidades de cada pessoa. Assim, e em matéria de conforto, a literatura evidencia a necessidade de uma resposta individual, frequentemente interdisciplinar e, sempre que possível, dirigida ao fator causal.

Confortar é, cada vez mais, encarado como uma intervenção complexa, que conflui da intervenção de diversos intervenientes, não só profissionais de saúde como também do próprio doente, família e, até, da sociedade em que este se insere. Confortar é, ainda, uma atividade que se reveste de diversos benefícios, não só para o doente como para aquele que cuida e conforta. Ainda que o conforto pleno possa parecer um *outcome* de difícil obtenção, particularmente nas circunstâncias que envolvem a complexidade do fim de vida ou, numa perspectiva mais alargada, da vivência de uma doença grave, progressiva e com prognóstico limitado, importa ter presente uma abordagem multidimensional. Com efeito, a evidência científica alerta para a necessidade de satisfação de múltiplos desconfortos, não só no domínio físico como, também, psicológico, social e espiritual, atendendo ainda, e sempre que possível, aos fatores de ordem económica e ambiental, com frequência também eles causadores de múltiplos desconfortos.

## 5. Palavras-Chave

Abordagem interdisciplinar, conforto, intervenção complexa, satisfação de necessidades.


## 6. Referências

Apóstolo J, Antunes M, Mendes A, Castro I: Conforto/Desconforto em Doentes Internados em Clínica Psiquiátrica, Revista Portuguesa de Enfermagem de Saúde Mental (7); 2012: 33-38. doi: 10.19131/rpesm.0077.

Apóstolo J: O conforto nas teorias de enfermagem – análise do conceito e significados teóricos, Referencia II (9); 2009: 61-67.

Dicionário de Língua Portuguesa, Porto Editora, Lisboa, 2013.

Egan R, MacLeod R, Jaye C, McGee R, Baxter J, Herbison P, Wood S: Spiritual beliefs, practices, and needs at the end of life: Results from a New Zealand national hospice study, Palliative and Supportive Care 30; 2016: 1-8. doi: 10.1017/S147895151600064X.

Kolcaba K: Comfort Theory and Practice: A vision for holistic health care and research, Springer Publishing Company, New York, 2003.

Mussi F: Conforto e lógica hospitalar – Análise a partir da evolução histórica do conceito conforto na enfermagem, Acta Paulista de Enfermagem 18 (1); 2005: 72-81. doi:https://dx.doi.org/10.1590/S0103-21002005000100010.

Pinto S, Caldeira S, Martins J: A Systematic Literature Review towards the Characterization of Comfort, Holistic Nursing Practice 30(1); 2016: 14-24. doi: 10.1097/HNP.0000000000000126.

Pinto S, Caldeira S, Martins JC, Rodgers B. Evolutionary analysis of the concept of Comfort. Holistic Nursing Practice, 2017 (in press).

Steinhauser KE, Christakis NA, Clipp EC, McNeilly M, McIntyre L, Tulsky JA: Factors considered important at the end of life by patients, family, physicians, and other care providers, JAMA 284(19); 2000: 2476-2482. doi: 10.1001/jama.284.19.2476.

Ventura A, Burney S, Brooker J, Fltecher J, Ricciardelli L: Home-based palliative care: A systematic literature review of the self-reported unmet needs of patients and carers, Palliative Medicine 28 (5); 2014: 391-402. doi: 10.1177/0269216313511141.

# Consentimento Informado

RUI NUNES

## 1. Introdução

Ao longo dos últimos anos assistiu-se a uma profunda alteração na relação entre a medicina e a sociedade. Vários fatores contribuíram para este desiderato, nomeadamente a utilização excessiva de tecnologia sofisticada, ou seja, aquilo que se designa por obstinação terapêutica ou distanásia. Deve salientar-se que, apesar de a medicina ser uma profissão regulada por padrões éticos estritos, a deontologia profissional e a ética médica não conseguiram alterar esta tendência de utilização abusiva das novas tecnologias biomédicas. Por outro lado, a postura paternalista tradicional da medicina é dificilmente aceitável numa democracia plural, sendo a decisão clínica progressivamente partilhada com o doente e a sua família. Ou seja, e noutra perspectiva, está em causa o exercício do direito à liberdade ética, sendo este considerado o valor fundamental das sociedades contemporâneas. Este é, porventura, um dos dilemas, e dos dramas, das sociedades pluralistas: a colisão de valores que refletem distintas mundivisões sobre a autonomia da pessoa. Em matéria de cuidados de saúde, a questão central é saber se o doente deve ou não poder ser livre para se autodeterminar e fazer escolhas livres, informadas e esclarecidas, nomeadamente quando se trata de doentes terminais.

## 2. Enquadramento Histórico e Desenvolvimento

Uma análise apurada da evolução de códigos e juramentos médicos revela que, após a aceitação universal dos direitos humanos fundamentais, algo havia que mudar nas normas éticas da profissão médica. Não porque estivessem erradas, ou até desatualizadas, mas porque os cidadãos passaram progressivamente a ocupar um lugar de destaque nas sociedades plurais e secularizadas. O Relatório Belmont é um bom exemplo disso. O Relatório Belmont foi um dos primeiros instrumentos éticos, de relevância internacional, a fazer um apelo ao princípio do respeito pela autonomia individual no âmbito da experimentação em seres humanos. Tratou-se de um importante documento que influenciou decisivamente as normas éticas nos ensaios clínicos e noutros tipos de investigação (National Commission for the Protection of Human Subjects of Biomedical and Behavioural Research, 1978).

A ética em cuidados de saúde não podia, assim, relegar para segundo plano o direito de cada cidadão à sua autodeterminação. O Código de Nuremberga, em particular, refere-se a esta problemática a propósito do imperativo ético da obtenção de consentimento informado. Não houve, assim, que criar uma nova ética profissional, mas que reformulá-la à luz de novos paradigmas sociais. Um desses paradigmas é o princípio do respeito pela autonomia individual. Os princípios de ética biomédica – autonomia, beneficência, não-maleficência e justiça – refletem a secularização característica das sociedades ocidentais, que conferem, ao que parece, uma prevalência da autodeterminação individual sobre outros valores humanos fundamentais, como a responsabilidade social, ou a solidariedade humana. Esta solidariedade humana, alicerçada, também, no princípio da subsidiariedade, identifica deveres interpessoais que estão bem patentes, por exemplo, na experimentação em seres humanos ou na dádiva de órgãos para transplantação.

Foi esta, talvez, uma das grandes transformações culturais do final do século XX: a evolução para uma ética centrada na dignidade da pessoa e no seu direito à liberdade de autodeterminação. A doutrina dos direitos humanos, em todas as sociedades de tradição judaico-cristã, evoluiu ao ponto de conferir uma autonomia quase ilimitada ao ser humano individual. Esta noção está expressa com clareza na Declaração Universal dos Direitos Humanos, declaração que deve ser o substrato fundamental de toda a reflexão ética em torno das ciências da vida. De fato, é universalmente aceite (pelo menos nas sociedades influenciadas pela cultura ocidental) que alguns direitos básicos são inerentes a todos os membros da nossa espécie, independentemente da raça, sexo, convicção política ou religiosa.

Neste contexto de aparente relativismo ético, um dos principais dilemas das sociedades de cultura ocidental é a fundamentação dos valores que devem nortear os direitos individuais. Ou seja, num modelo de organização social no qual são aceites distintas mundividências – nos planos político, ideológico, religioso e, mesmo, cultural –, pode perguntar-se qual o denominador comum a todos os seres humanos numa cultura global na qual a informação é partilhada universalmente, sem barreiras nem restrições. Sendo as sociedades modernas ocidentais uma encruzilhada de culturas, religiões e crenças díspares e não relacionadas, torna-se difícil definir quais os valores predominantes numa determinada sociedade. Tristram Engelhardt Jr. (1996) reconhece esta dificuldade ao tentar demonstrar a existência de uma ética secularizada totalmente descomprometida relativamente à tradição judaico-cristã prevalecente no passado ou a qualquer outro tipo de ortodoxia culturalmente imposta. Ao permitir-se um amplo campo de manobra à autodeterminação e à autorrealização individuais, acaba por se consentir todas ou quase todas as manifestações da vontade pessoal, ainda que contrárias à intuição moral generalizada. De fato, a inexistência de argumentos racionais que comprovem que determinada ação é incorreta origina, inevitavelmente, uma diminuição da força moral que obrigue a uma determinada proibição.

## 3. Definição e Clarificação Conceptual

O conceito de autonomia refere-se à perspectiva de que cada ser humano deve ser verdadeiramente livre, dispondo das condições mínimas para se autorrealizar. No entanto, no nosso universo cultural, autonomia pode não se limitar ao doente – sobretudo tratando-se de crianças, adolescentes ou outras pessoas com competência diminuída –, mas estender-se a outros elementos da família – Autonomia Familiar. Em consequência, no plano da relação clínica com o doente, todas as intervenções carecem de consentimento informado, livre e esclarecido, sendo esta condição considerada um imperativo de ética profissional. Todavia, deve-se ter em atenção que a consagração de direitos implica a existência de deveres correlativos. Porém, se, nos termos da lei e da ética profissional, qualquer cidadão tem o direito a ser informado e esclarecido sobre a doença, pode, igualmente, configurar-se um direito a não ser informado sobre a sua saúde. Isto é, o exercício da autonomia pode contemplar derrogações à doutrina do consentimento expresso, se for essa a vontade real do paciente (Barbas, 2007).

O direito à autodeterminação enquadra-se num contexto em que os médicos e os doentes se encontram frequentemente como "estranhos morais", coexistindo frequentemente distintas visões do bem comum. Recorde-se que, na sociedade plural, os cidadãos são mais críticos e exigentes, não aceitando a imposição coerciva de nenhuma ortodoxia de pensamento. Os próprios conceitos de ética e de moral, bem como a sua fundamentação, não estão isentos de controvérsia. Talvez por isso seja premente a obtenção de um consenso sobre princípios éticos universais. A elaboração pelo Conselho da Europa da Convenção sobre Direitos Humanos e Biomedicina (Conselho da Europa, 1997) e pela UNESCO da Declaração Universal de Bioética e Direitos Humanos (2005), entre outros, consubstanciou a doutrina do consentimento esclarecido, abrindo a porta à possibilidade de efetuar um testamento vital.

O conceito de autonomia refere-se à perspectiva de que cada ser humano deve dispor das condições mínimas para se autorrealizar. No plano da relação clínica com o doente, todas as intervenções carecem de consentimento informado, livre e esclarecido. Assim, o médico e os outros profissionais de saúde têm o dever de informar em linguagem acessível os fatos que são relevantes para o doente decidir em plena consciência. Obviamente, exige-se a prudência necessária para informar e, sobretudo, esclarecer o paciente de modo a que a informação transmitida seja apreendida com calma e serenidade. Quanto maior o risco da intervenção, maior a importância da obtenção de um consentimento válido e atual.

Seguidamente podem apreciar-se sinteticamente os elementos estruturais do consentimento informado:

1. Competência
2. Comunicação
3. Compreensão
4. Voluntariedade
5. Consentimento

Estes elementos são os blocos de construção para que o consentimento seja considerado válido. O agente presta um consentimento informado se for competente para agir, receber a informação completa, compreender essa mesma informação, decidir voluntariamente, e, finalmente, se consentir a intervenção. O conceito de "competência" refere-se à capacidade para decidir autonomamente. Isto é competência decisional. Pressupõe que o doente não apenas compreende a informação transmitida, mas é também capaz de efetuar um juízo independente de acordo com o seu sistema de valores. A competência na esfera da decisão deve ser considerada, como veremos, mais como um pressuposto do que, verdadeiramente, como um elemento do consentimento. Estes elementos poderão, ainda segundo os autores, ser subdivididos em três componentes fundamentais (Beauchamp, 2012):

1. Pré-condições:
   a) Competência (para compreender e agir);
   b) Voluntariedade (em decidir);
2. Elementos da informação:
   a) Comunicação da informação;
   b) Recomendação de um plano;
   c) Compreensão;
3. Elementos do consentimento
   a) Decisão (em favor de um plano);
   b) Autorização do plano escolhido.

Esta classificação, porém, necessita de um breve comentário. Em primeiro lugar, quando existe dissentimento, o item 3 deve referir-se a "elementos de recusa". É o caso do Testamento Vital, em que frequentemente o que está em causa é a recusa informada de um tratamento desproporcionado. Também, e por exemplo quando está em causa investigação em seres humanos, a obtenção de consentimento não implica necessariamente uma recomendação (item 2-b). Se esta for efetuada, deverá ser num âmbito diferente da realizada na prática clínica. Finalmente, o consentimento não tem necessariamente de ser atual, ou seja, produzir efeitos imediatamente a seguir ao momento da sua prestação. Em Portugal, no sistema público de saúde os doentes inscritos para cirurgia nas listas de espera oficiais prestam consentimento muitos meses antes de a cirurgia ser efetivamente realizada. Ainda que o consentimento devesse ser reforçado imediatamente antes da cirurgia, tal não é frequentemente o caso, pelo que o consentimento obtido produz efeitos de um modo diferido no tempo e não no momento atual da sua obtenção.

Mais ainda, apenas em circunstâncias excepcionais pode o profissional de saúde invocar o "privilégio terapêutico" para se eximir à responsabilidade de informar e esclarecer. Estas circunstâncias referem-se à existência de elevada probabilidade de dano físico ou mental, e não o mero transtorno emocional dependente da transmissão da verdade factual. Liberdade na esfera da decisão implica que o paciente seja verdadeiramente autônomo para decidir.

Ou seja, pressupondo que está no pleno uso das suas capacidades mentais (competência no plano ético), liberdade implica que:

1. Não exista nenhum tipo de coação ou manipulação externa, designadamente nenhuma ameaça ou suspeita de ameaça de nenhum profissional de saúde;
2. Estejam excluídas todas as condições que possam afetar a vontade do paciente na esfera volitiva, por exemplo, o efeito de medicamentos, de drogas ou de álcool, perturbações afetivas tratáveis (como a depressão) ou mesmo dor e sofrimento intensos.

Na realidade, os cidadãos devem poder efetuar escolhas livres em matéria de cuidados de saúde. Existem, então, algumas variantes do consentimento que podem ser invocadas em contextos distintos (Nunes, 2014):

1. Consentimento Expresso: quando o consentimento informado é prestado ativamente (não tacitamente), na forma oral, no quadro de uma aliança terapêutica entre o profissional de saúde e o paciente. Pode-se referir a uma intervenção em concreto (cirurgia, por exemplo) ou a todo o processo terapêutico (no âmbito da medicina geral e familiar, a título de exemplo). Em todo o caso, o consentimento é livremente revogável a qualquer momento. Quando possível, o consentimento deve ser atual, ou seja, deve ser prestado para um ato médico que irá ocorrer no imediato;
2. Consentimento Implícito: quando a intervenção médica está implícita no relacionamento entre o médico e o doente, partilhando ambos um objetivo comum. Para o consentimento ser considerado implícito, o risco (de morte ou de violação da integridade física ou psicológica) deve ser desprezível. De fato, alguns atos clínicos dispensam o consentimento expresso, pois o doente subentende que estes podem vir a ocorrer. Alguns passos no decurso da avaliação clínica (elaboração da história clínica ou a auscultação pulmonar, por exemplo) enquadram-se neste conceito de consentimento implícito;
3. Consentimento Presumido: presume-se o consentimento quando não estão reunidas as condições mínimas para a obtenção de consentimento expresso e não existem dados objetivos e seguros que permitam inferir que o doente se oporia a uma determinada intervenção. Por exemplo, em situações de emergência médica ou no decurso de

uma intervenção cirúrgica com inconsciência do doente. Esta é também considerada a doutrina subjacente à legitimidade da colheita de órgãos para transplantação *post mortem*, dado que existe a possibilidade de qualquer pessoa se inscrever no Registro Nacional de Não Dadores (RENNDA) e assim manifestar a sua oposição a esta colheita;

4. CONSENTIMENTO TESTEMUNHADO: trata-se de um acréscimo de rigor na materialização da prova de que o consentimento foi efetivamente prestado. Este tipo de consentimento é usual em ambiente hospitalar, sobretudo quando o doente e o profissional de saúde não têm uma relação próxima e duradoura. A testemunha pode ser um familiar, um amigo ou outro profissional de saúde.

5. CONSENTIMENTO FAMILIAR: nalguns casos – por exemplo, recém-nascidos, crianças, doentes mentais ou doentes em estado vegetativo persistente –, o doente é incapaz de prestar consentimento expresso. Nestas circunstâncias, e nos limites do melhor interesse do paciente, reconhece-se geralmente o direito da família (e ao legítimo representante em geral) a tomar decisões médicas que sejam benéficas para o paciente. Porém, quando existe conflito entre a vontade dos pais e o melhor interesse da criança, pode mesmo configurar-se um "Direito a um Futuro Aberto" (Nunes, 2006). Ou seja, o direito ao exercício futuro da autonomia, que se inscreve numa categoria geral de direitos da criança (ou de outra pessoa com competência diminuída), que devem ser protegidos no presente para poderem ser exercidos mais tarde na sua vida (conceito de *rights-in-trust*).

6. CONSENTIMENTO GENÉRICO: a título de exceção, pode ser invocada esta modalidade de consentimento, quando a quantidade de informação a prestar ao doente ou à sua família é de tal modo avassaladora que não é exequível um genuíno consentimento informado. Este consentimento tem sido utilizado no contexto da execução de testes genéticos para inúmeras doenças e suscetibilidades (*multiplex genetic testing*) e não apenas para uma doença em particular. Nesta perspectiva, caberia ao clínico informar genericamente o doente prospectivo e a sua família sobre quais as implicações pessoais e familiares de um resultado positivo.

7. CONSENTIMENTO ESCRITO: num ambiente de litígio judicial crescente, e de aumento sustentado de processos de responsabilidade civil e criminal por danos, procura-se por vezes obter evidência material de que o consentimento expresso foi efetivamente prestado. No entanto,

não deve ser perspectivado como um substituto do consentimento expresso na forma oral, mas sim como uma forma complementar de consentimento que pretende materializar a prova desse consentimento. Nalguns casos, a legislação portuguesa em vigor prevê a sua obrigatoriedade:
a) Interrupção voluntária da gravidez;
b) Técnicas invasivas em grávidas (amniocentese, biópsia das vilosidades coriônicas, cordocentese, etc.);
c) Esterilização voluntária (laqueação tubar e vasectomia);
d) Procriação medicamente assistida;
e) Colocação de dispositivos anticonceptivos (dispositivo intrauterino);
f) Administração de gamaglobulina anti-D;
g) Eletroconvulsivoterapia e intervenção psicocirúrgica;
h) Colheita e transplantes de órgãos e tecidos de origem humana;
i) Testes genéticos;
j) Dádiva, colheita, análise, processamento, preservação, armazenamento, distribuição e aplicação de tecidos e células de origem humana;
k) Transplantações entre vivos;
l) Doação de sangue;
m) Videovigilância de doentes;
n) Bancos de ADN e de outros produtos biológicos;
o) Investigação sobre o genoma;
p) Investigação em pessoas;
q) Realização de atos cirúrgicos e/ou anestésicos, salvo aqueles que sejam caracterizados pelas *leges artis* como atos *minor*;
r) Realização de atos (diagnósticos ou terapêuticos) invasivos major;
s) Gravações de pessoas em fotografia ou suporte áudio ou audiovisual;
t) Uso *off-label* de medicamentos;
u) Colheita, estudo analítico, processamento e criopreservação de sangue e tecido do cordão umbilical e placenta.

## 4. Conclusão

Num contexto plural e inclusivo, a nova ética em cuidados de saúde deve ter em consideração a aplicação da doutrina do consentimento informado, livre e esclarecido, expressão máxima do respeito pela liberdade de autodeterminação individual. O paternalismo médico assente em considerações de beneficência abre espaço a uma nova realidade na relação médico-doente, implicando no exercício da medicina responsabilidades particulares, nomeadamente em situações limite, tal como a doença terminal ou o Estado Vegetativo Persistente. O Testamento Vital é a expressão mais vincada da vontade previamente manifestada por parte do doente. Trata-se de uma reinvenção da doutrina do consentimento esclarecido segundo a qual o consentimento não produz efeitos no imediato mas antes no futuro, mais ou menos próximo, isto é, de um modo prospectivo.

Porém, ainda que à luz dos valores éticos emanados das correntes mais representativas do pensamento um cidadão seja portador de direitos, não pode esquecer-se que a vida de cada pessoa sempre se desenrola em relação com outros membros da comunidade. Pelo que, valores de natureza social, fundados no princípio da solidariedade, devem ser cuidadosamente ponderados e articulados com o direito ao livre arbítrio de cada um de nós.

## 5. Palavras-Chave

Autonomia, consentimento informado, ética médica, informação.

## 6. Referências

BARBAS S: Direito do genoma humano, Almedina Coimbra, 2007.
BEAUCHAMP T, CHILDRESS: Principles of biomedical ethics, 7th edition. New York, Oxford University Press, 2012.
CONSELHO DA EUROPA: Convenção sobre Direitos Humanos e Biomedicina, adotada a 4 de abril de 1997 e ratificada pela Resolução da Assembleia da República nº 1/2001, de 3 de janeiro.
ENGELHARDT HT: The foundations of bioethics, Oxford University Press, New York, 1996, Second Edition.
NATIONAL COMMISSION FOR THE PROTECTION OF HUMAN SUBJECTS OF BIOMEDICAL AND BEHAVIOURAL RESEARCH, THE BELMONT REPORT: Ethical Principles and Guidelines for the Protection of Human Subjects of Research, Washington DC, US Government Printing Office, 1978.

Nunes R: O direito a um futuro aberto, in Desafios à Sexualidade Humana. Colectânea Bioética Hoje nº 10, Gráfica de Coimbra, Coimbra, 2006.

Nunes R, Rego G: Questões ético-jurídicas da consulta médica por via telefónica – Parecer do Conselho Médico-Legal, Revista do Centro de Estudos Judiciários 11; 2009: 235-241, 2009.

Nunes R: Consentimento informado, Arquivos da *Academia Nacional de Medicina de Portugal* (2014), disponível em www.*academianacionalmedicina.pt*

UNESCO: Declaração Universal de Bioética e Direitos Humanos, Paris, 2005.

# Contexto e Princípios

MARGARIDA ALVARENGA

## 1. Introdução

A pessoa com doença avançada é um ser humano complexo em que o corpo e a espiritualidade se unem numa vivência inevitavelmente ligada à percepção consciente de um fim de vida anunciado. Na medicina atual, os cuidados destinados a tornar o sofrimento mais suportável, assegurando ao mesmo tempo um adequado acompanhamento mais humano, têm assumido uma importância relevante. Cuidar quando a cura já não é possível é ir além do tratar. Cuidar é uma atitude que representa preocupação com o outro e responsabilização e envolvimento, e o cuidado faz parte da natureza e da constituição do ser humano.

O reconhecimento da inevitabilidade da morte deve ser, para todos os que cuidam, a tomada de consciência de que tratar nestas circunstâncias é cuidar, é proporcionar bem-estar físico, psicológico e emocional àquele que vive a proximidade da morte. O direito a ser tratado como pessoa até à morte é um dos direitos inscritos na Carta dos Direitos do Doente em Fim de Vida, que nos alerta para o fato de que a incapacidade de travar a morte não pode, de forma alguma, pôr em causa cuidados de saúde que visem minimizar o sofrimento e que lhe permitirão morrer com dignidade.

É primordial que o profissional de saúde – médico, enfermeiro, psicólogo, assistente social, entre outros – assuma e tenha consciência do que é qualidade de vida para o doente de quem cuida. Só desta forma é possível orientar os cuidados a prestar de acordo com as suas expectativas e desejos, tendo sempre em atenção que estes muitas vezes têm de ser redefinidos, mais de que uma vez, de acordo com a esperança de vida. Os valores e desejos de quem cuida não deverão, por isso, ser projetados na/para a pessoa que é cuidada.

## 2. Enquadramento Histórico e Desenvolvimento

As doenças crônicas são uma realidade decorrente dos avanços da Medicina ao longo do século passado. A morte passa a acontecer mais tarde, em termos de idade do ser humano e é muitas vezes provocada por uma doença crônica com um processo evolutivo prolongado.

Ao longo dos tempos a morte e as circunstâncias que a rodeiam foram assumindo características e rituais diferentes. O ser humano que está a morrer passa por uma época em que participa ativamente no seu estado de agonia, aceitando a morte com naturalidade e resignação (início do século XVIII), rodeado de amigos, familiares e muitas vezes do médico para um processo passivo (século XIX), em que perde o direito de ter conhecimento do seu real estado de saúde e simultaneamente à sua autonomia e em que apenas a família é conhecedora da gravidade do estado de saúde da pessoa e da proximidade da sua morte. Neste contexto, a morte é encarada como frustradora insuportável e um limite definitivo para a concretização de objetivos. Como consequência, a morte deixa de ser tratada e falada com naturalidade e, como resultado desta forma de a encarar, "parece já não existir e as pessoas não morrem, desaparecem" (Pacheco, 1992).

Segundo Ariès (1977), o homem é um ser incomparável na natureza por ter conhecimento da sua existência e ao mesmo tempo absoluta certeza da sua morte. A verdade é que a morte não deixará nunca de ser a etapa final e única da vida de cada um. No entanto, num contexto da sociedade que tudo orienta para a vida, produção e consumo, esta fase da vida continua a ser "tabu".

Em 1967, Cicely Saunders fundou em St. Cristopher's Hospice um movimento – *hospice movement* – que focalizava os cuidados nas pessoas com doença prolongada, com problemas múltiplos a nível físico, psicológico, social e cultural. Os profissionais que trabalhavam em *hospices* transmitiram a importância dos cuidados a prestar aos doentes em agonia de uma forma holística, com foco na qualidade e dignidade. Aliado a esta visão holística do indivíduo, o valor "major" do alívio da dor e do sofrimento e o conforto têm a mesma importância que o diagnóstico e a cura.

A pessoa portadora de doença avançada e progressiva, devido à sua especificidade – diagnóstico confirmado, sem resposta a qualquer tratamento específico, com presença de sintomas múltiplos, intensos e multifatoriais, que provocam um grande impacto na vida do doente e sua família e um prognóstico de vida curto –, deve ser acompanhada por uma equipe formada e treinada em cuidados paliativos.

Neste contexto, não podemos deixar de pensar na manutenção da dignidade do ser humano, contemplada há mais de 60 anos na Declaração Universal dos Direitos do Homem (dezembro de 1948) e que é independente da raça, origem, idade, estatuto social e credo.

Quarenta anos mais tarde, em 1987, os Princípios Europeus de Ética Médica abordam aspectos relacionados com os doentes, contemplando também o doente em fase terminal, referindo que "a medicina implica, em todas as circunstâncias, o respeito constante pela vida, pela autonomia moral e pela livre escolha do doente. Contudo, o médico pode, em caso de doença incurável e terminal, limitar-se a aliviar os sofrimentos físicos e morais do doente, dando-lhe os tratamentos apropriados e mantendo, quanto possível, a qualidade de vida que se termina. É imperativo assistir ao moribundo até ao fim e atuar de modo a permitir-lhe conservar a sua dignidade." (Princípios Europeus de Ética Médica: 205-213).

Mais recentemente, a OMS aprova a Carta dos Direitos das Pessoas Doentes, a qual define como um direito do doente em fase terminal "receber cuidados paliativos humanizados e a morrer com dignidade."

## 3. Definição e Clarificação Conceptual

Em 1990, a Organização Mundial de Saúde (OMS) define Cuidados Paliativos (CP) como "cuidados ativos totais, prestados aos doentes que não respondem aos tratamentos curativos" e completa a definição referindo que estes "afirmam a vida e encaram a morte como um processo normal, sem a antecipar ou atrasar, oferecem um sistema de suporte para ajudar o doente a viver tão ativamente quanto possível até à morte". Simultaneamente considerou o tratamento da dor e outros sintomas uma prioridade na luta contra as doenças oncológicas e com uma importância similar aos cuidados de saúde primários, ao diagnóstico precoce e aos cuidados curativos (Gonçalves, 2002).

Em 2002, numa redefinição de CP refere que estes visam melhorar a qualidade de vida dos doentes e inclui a família como receptora, também ela de cuidados, uma vez que ambos enfrentam graves problemas fruto de uma doença grave que resulta num encurtamento do tempo de vida. Melhorar a qualidade de vida significa, de acordo com a OMS, prevenir e aliviar os sintomas físicos, psicossociais e espirituais através da sua detecção precoce e recorrendo a tratamento específico e rigoroso, sem recurso a medidas agressivas cujo objetivo não seja exatamente a melhoria da qualidade de vida. Mais tarde (2004), com base no documento produzido pelo National Consensus Project Americano e na definição mais recente da OMS, entende-se que os doentes portadores de doenças graves e debilitantes, mas curáveis, também devem ser alvo de CP no sentido de dar resposta ao elevado sofrimento causado pela doença.

Oito anos mais tarde, a European Association for Palliative Care (EAPC) define CP como "cuidados ativos e totais ao doente cuja doença não responde à terapêutica curativa, sendo primordial o controle da dor e de outros sintomas, problemas sociais, psicológicos e espirituais; são cuidados interdisciplinares que envolvem o doente, a família e a comunidade nos objetivos; devem ser prestados onde quer que o doente deseje ser cuidado, seja em casa ou no hospital, afirmam a vida e assumem a morte como um processo natural, e como tal, não antecipam nem adiam intencionalmente a morte assim como procuram preservar a melhor qualidade de vida possível ate à morte" (Radbrunch *et al.*, 2009).

A morte ou a sua proximidade é muitas vezes temida porque tem associada a ideia de sofrimento. Ouvimos com frequência, em diálogos informais, pessoas a dizer que não se importam de morrer, mas que têm medo do que podem sofrer até chegar esse momento.

Em CP o sofrimento do doente é, como refere Cicely Saunders, "uma globalidade vivida e ressentida objetivamente. Tem raízes nos sofrimentos anteriores da pessoa, na sua educação, na sua forma de pensar, nos seus valores, na sua crença religiosa, na sua atitude perante a morte" (Salazar, 2003). O sofrimento dos doentes em fase final de vida vai muito além do físico, é um sofrimento global, intenso, vivido pelo doente e sua família durante todo o processo de morrer. É único, individual e subjetivo porque é influenciado por valores, vivências e crenças. É um sofrimento específico que ocorre quando a integridade da pessoa é ameaçada.

A morte não pode ser negligenciada – é um processo natural. Reconhecer a iminência da morte deve resultar na consciencialização de que o objetivo dos cuidados passa a ser o máximo bem-estar físico, psicológico e emocional durante a vida que resta à pessoa doente, que sofre e que continua a necessitar de cuidados que a valorizem enquanto ser humano, detentor de uma dignidade constitutiva e inviolável que não se altera com o processo de doença. De acordo com a OMS, a prática dos Cuidados Paliativos (DGS, 2005):

- Afirma a vida e aceita a morte como um processo natural, o que coloca de lado a eutanásia e a obstinação terapêutica;
- Encara a doença como causa do sofrimento a minorar, recorrendo a medidas que não provoquem deliberadamente desconforto necessário ao doente;
- Considera que o doente é um ser único e individual até ao fim da sua vida, com próprios valores e prioridades, necessitando de uma abordagem global e holística;
- Considera que o sofrimento e o medo são realidades humanas que podem ser assistidas médica e humanamente;
- Considera que a fase final da vida pode encerrar momentos de reconciliação e de crescimento pessoal;
- É baseada no acompanhamento, na humanidade, na compaixão, na disponibilidade e no rigor científico;
- Só é prestada quando o doente e família (unidade receptora de cuidados) o aceitam e prolongam-se pelo período de luto;
- É baseada na diferenciação e na interdisciplinaridade.

É nas doenças oncológicas, pelo impacto que provocam na vida do indivíduo e pela sua cronicidade, que os CP têm origem e maior relevância, sem que esta afirmação renegue a importância dos mesmos nas doenças neurológicas degenerativas, nas doenças que provocam insuficiência de órgão, na AIDS e nas demências.

Os CP enquadram-se num momento específico da vida do indivíduo, em que a doença já não responde a tratamento curativo e a sua expectativa de vida é relativamente curta, acrescentando algo muito importante, que é o fato de estes cuidados se centrarem no doente e não na doença.

Segundo a OMS, 10 a 20% dos indivíduos portadores de doença oncológica já tratada surgem mais tarde com doença em estado avançado e sem perspectivas de cura. A esperança de vida e o fato de se morrer maioritariamente por doença crônica e prolongada remetem-nos para a importância de termos, no sistema de cuidados de saúde, cuidados prestados por uma equipe preparada e formada para dar uma resposta eficaz ao sofrimento do doente e seus familiares no sentido de lhe proporcionar qualidade de vida.

O sofrimento destes doentes é global – físico, psicológico, social e espiritual – e provocado pelo aparecimento de sintomas diversos (dentro dos quais a dor assume particular importância, por estar presente em cerca de três quartos dos doentes que têm doença avançada), que impedem o doente de manter a sua capacidade física para ser autônomo no: controle dos seus sintomas, na capacidade para manter relações sociais com qualidade e quantidade, e por um estado psicológico estável.

Os CP, com base nos conhecimentos científicos e técnicos atualizados que permitem resolver os problemas, são cuidados destinados a pessoas que estão vivas e que sofrem e não exclusivamente a doentes incuráveis.

A percepção e a realidade atual da necessidade dos CP é que estes só são necessários apenas nos últimos meses ou semanas de vida, quando já "não há mais nada a fazer" pois só nesta altura é que os tratamentos potencialmente curativos não são benéficos. Mas a verdade é que os CP, ao terem como objetivos ajudar "os doentes a atingirem o máximo potencial, físico, psicológico, social e espiritual", independentemente do grau de incapacidade, podem ser úteis pelos seus conhecimentos em fases mais precoces da doença, muitas vezes caracterizadas por intenso sofrimento e obstinação terapêutica. A cessação do tratamento curativo é vista frequentemente como um momento distinto e específico no percurso da doença, mas existe atualmente uma corrente que defende que a abordagem do doente com base na filosofia paliativa deve ser adotada não na fase final da doença, mas sim à medida que esta progride.

Os CP aliam a compaixão à ciência para que, juntas, sejam as forças orientadoras dos cuidados prestados ao doente, e são um movimento que se opõe à dor, à desumanização dos hospitais, à obstinação terapêutica, ao abandono dos doentes incuráveis, à hegemonia do poder médico e à negação da morte na sociedade moderna.

O indivíduo portador de doença prolongada, progressiva e incurável, continua a ser único, com uma identidade própria e irrepetível, e os profissionais que dele cuidam têm de ter disponibilidade para saber ser e estar perante o doente e sua família, saber comunicar com os restantes profissionais da equipe, sem descurar que as medidas de conforto eficazes são pedra basilar destes cuidados, que exigem conhecimentos atualizados na área do saber-fazer.

Trabalhar em CP representa um desafio diário para a equipe de saúde. A mudança de objetivos – o conforto em vez da cura, a luta diária para proporcionar a concretização de objetivos modestos, que, na maior parte das vezes, significam para o doente ter qualidade de vida, a visão do indivíduo com um todo, em que qualquer alteração numa das partes afeta esse todo e a capacidade de comunicar com o doente com sinceridade, verdade e sem juízos de valor – constitui um desafio.

A filosofia dos CP implica que os cuidados sejam prestados ao doente e sua família/cuidadores primários. A família é dadora e receptora de cuidados e por essa razão necessita de apoio constante, força para prosseguir e compreensão pela situação que está a viver. A família faz parte da equipe e participa, ou deve ser incentivada, a participar na prestação de cuidados e a estar presente junto do seu familiar que está internado. A família, acompanhando o doente, pode contribuir para que este viva com maior intensidade e máximo bem-estar a vida que lhe resta. Ela tem uma necessidade acrescida de ser ouvida e informada da situação clínica do doente, do plano de cuidados e do que se prevê que possa acontecer. O trabalho em equipe permite-nos resolver os problemas do doente e da família, principalmente se tivermos consciência de que para além dos problemas clínicos surgem com frequência problemas sociais, econômicos e psicológicos que precisam de ser resolvidos, para garantir a tranquilidade do doente.

As competências necessárias em CP são o tratamento sintomático, o apoio à família e a comunicação com o doente. Parece-nos importante referir e realçar que estes cuidados são prestados aos doentes em vida, vida esta que queremos que seja tranquila, sem sofrimento e na companhia da família. Para que o doente tenha qualidade de vida e para que esta seja vivida com dignidade, é necessário controlar os sintomas, sendo um bom controle de sintomas o que permite ao doente ter tempo para dormir e descansar, melhorar a sua capacidade e vontade de comunicar e ser capaz de ser autônomo na realização das atividades de vida básicas.

O ser humano vive rodeado de família e amigos que assumem um papel fundamental na sua vida. O apoio à família é uma necessidade básica para que esta readquira capacidades e disponibilidade para apoiar o doente. Este apoio tem necessariamente de ser sedimentado numa comunicação verbal e não verbal, autêntica, sincera e verdadeira, qualidades essenciais para uma relação de confiança com a equipe de cuidados.

## 4. Conclusão

A morte surge como oposição à vida e origina sofrimento à pessoa, sua família e seus amigos. Esta última etapa da vida pode, de acordo com Kubler-

-Ross, ser simultaneamente a última etapa do crescimento, se formos capazes de dar atenção, ter respeito e dialogar com quem a vive. Para que tal seja uma realidade, há uma necessidade urgente de os profissionais de saúde não percepcionarem a impossibilidade de cura como um fracasso ou impotência, porque origina comportamentos desajustados perante o doente e sua família.

Nas doenças oncológicas e não oncológicas, os cuidados paliativos têm uma relevância considerável. Não são cuidados destinados exclusivamente a pessoas portadoras de uma doença incurável e que por isso vão morrer.

Quando a evolução da doença não permite a cura e quando se pensa e muitas vezes se diz que já "se fez tudo...", entende-se que os conhecimentos científicos e técnicos da medicina fracassaram e se tornaram impotentes. Esta atitude levanta questões que nos parecem pertinentes: onde ficam os cuidados de conforto, os conhecimentos científicos e técnicos que nos permitem controlar os sintomas que a doença provoca, no sentido de proporcionar uma melhoria da qualidade de vida do doente, independentemente do número de dias que esta ainda comporta? Onde fica a capacidade de articular as competências do saber-fazer, saber-ser e saber-estar? Onde fica o respeito pelo valor incondicional da dignidade da pessoa, pela sua unicidade insubstituível?

Os profissionais de saúde que personificam a filosofia dos CP têm responsabilidade acrescida na melhoria da qualidade de vida de cada doente, conscientes de que para que isso seja real é necessário haver disponibilidade, capacidade de escuta e, principalmente, consciencialização de que são muitas vezes o suporte emocional mais significativo quer para o doente quer para a sua família.

## 5. Palavras-Chave

Controle de sintomas, cuidados paliativos, dignidade, doença crônica, qualidade de vida.

## 6. Referências

DIREÇÃO-GERAL DA SAÚDE, Divisão de Doenças Genéticas, Crônicas e Geriátricas, Programa Nacional de Cuidados Paliativos, Lisboa, 2005.

GONÇALVES JF: Controle de sintomas no câncer avançado, Fundação Calouste Gulbenkian, Lisboa; 2002: 5.

NETO I, *et al.*: A Dignidade e o Sentido da Vida – Uma reflexão sobre a nossa existência. Pergaminho: 1, cap. 2; 2004: 23.

PACHECO F: A morte a que chegamos- algumas reflexões Éticas. Divulgação- Revista de enfermagem oncológica. Ano VI, nº 23; julho de 1992: 24-28.

PRINCÍPIOS EUROPEUS DE ÉTICA MÉDICA, transcritos na obra de J.R. da Costa Pinto – Questões Atuais de Ética Médica: 205-213.

RADBRUCH L, PAYNE S, BERCOVITCH M, CARACENI A, VLIEGER T DE, FIRTH P, *et al.*: White paper on standards and norms for hospice and palliative care in Europe : part 1. Eur J Palliat care [Internet]. 16(6); 2009: 278-89. Available from: http://eprints.lancs.ac.uk/32714/

SALAZAR H: A natureza do sofrimento em cuidados paliativos. Dor e Cuidados Paliativos, Permanyer Portugal, Lisboa; 2003: 9.

# Controle de Sintomas

ISABEL NETO

## 1. Introdução

Os cuidados paliativos, de acordo com as definições de referência da OMS (2002) e da CAPC (Center for Advance Palliative Care, 2014), correspondem a cuidados de saúde ativos que visam reduzir o sofrimento das pessoas com doenças graves – que ameaçam a vida – incuráveis e progressivas, através de uma abordagem global do mesmo nas suas múltiplas vertentes, efetuada por uma equipe multidisciplinar. Incluem obrigatoriamente o tratamento dos sintomas físicos, estendem-se ao apoio à família e ao período do luto. Convirá lembrar que a intervenção dos cuidados paliativos se faz com base num conjunto de necessidades determinadas pelo sofrimento na doença avançada e não com base num prognóstico ou num diagnóstico. Este tipo de cuidados de saúde é dirigido a um grupo numeroso de doentes com patologia oncológica e não oncológica, e vai muito para além do doente em fim de vida (últimos 12 meses de vida), do doente terminal (por definição, o doente com três a seis meses de vida) ou do doente agônico ou moribundo (doente com horas ou dias de vida). Se a intervenção dos cuidados paliativos for tardia, deixaremos de fora muitos milhares de doentes e famílias que poderiam ser ajudados em devido tempo.

O controle sintomático é um dos pilares da intervenção dos cuidados paliativos. Estes não se esgotam de forma alguma nisso; o mesmo é dizer: fazer cuidados paliativos não pode deixar de integrar o controle impecável dos sintomas, mas inclui obrigatoriamente a correta abordagem das outras dimensões que causam sofrimento no paciente e sua família. A investigação evidencia que os doentes valorizam de forma inequívoca esta dimensão das intervenções clínicas.

## 2. Enquadramento Histórico e Desenvolvimento

Do que hoje se conhece através de investigação consistente, a carga sintomática varia nos doentes oncológicos e não oncológicos, mas há alguns sintomas em comum. Se no câncer a dor pode ser o mais prevalente, já na DPOC e na insuficiência cardíaca a falta de ar é o mais frequente. Importa ressaltar que, globalmente, a dor não é, de todo, o sintoma mais prevalente na população de doentes em fim de vida – ainda que possa ser o mais estudado –, e esse lugar é detido pela astenia/fadiga. Dor e fadiga assumem-se como altamente prevalentes e presentes em praticamente todas as patologias avançadas estudadas. Outros sintomas como a dispneia, as náuseas e vômitos, a anorexia, o *delirium*, a insônia, a obstipação ou a diarreia, são relevantes para este grupo de doentes e necessitam de tratamento adequado.

De qualquer forma, a valorização e hierarquização dos sintomas é sempre individual, muda de doente para doente, mesmo dentro do mesmo grupo de patologia base. Cada doente poderá apresentar uma média de cerca de cinco sintomas e isso exige responder à complexidade e muito rigor na intervenção a tomar.

## 3. Definição e Clarificação Conceptual

Convirá ter presente que um inadequado controle sintomático, para além de agravar claramente o sofrimento, pode ter um efeito adverso na progressão da doença. Ainda hoje se tem uma certa perspectiva de que o controle sintomático é uma área menor na intervenção clínica, relegada para segundo plano, nomeadamente porque aquilo que erradamente se sobrevaloriza é apenas a obtenção da cura. Continuamos hoje a ter doentes que curamos e outros que não curamos, e este segundo grupo não pode ser desprezado, até porque o fim da Medicina é acompanhar os doentes, quer eles se curem ou não. Da aplicação dos princípios éticos fundamentais da Medicina e ciências da saúde – *"primum non nocere"* – e da necessidade de gerar benefício nas pessoas com doença irreversível, decorre a necessidade de redefinir objetivos de cuidados e de se adequar o esforço terapêutico em função dos mesmos. O que não deve acontecer é prolongar a vida à custa de mais sofrimento ou desconforto. Assim sendo, e não sendo a população dos doentes com necessidade de cuidados paliativos homogênea e nela se distinguindo várias tipologias, o certo é que estamos obrigados a não praticar obstinação terapêutica. Quer dizer, os médicos estão obrigados, em relação a esta população de pessoas em fim de vida, a fazer tudo o que é devido, mas não tudo o que podem: não devem enveredar pela futilidade terapêutica ou diagnóstica, que são consideradas má prática.

É neste enquadramento ético-clínico que se deve avançar para o tratamento dos sintomas, tendo subjacente o correto modelo de decisão, ponderando sempre as intervenções em função dos objetivos de cuidados, dos valores do doente e dos benefícios gerados. Não serão os tratamentos que serão, em si mesmos, agressivos ou desproporcionados; sê-lo-ão, sim, mas no contexto de cada doente, da fase da trajetória da doença e do que representam ou não de benefício para um doente. De sublinhar que nenhum médico está obrigado a sugerir a um doente uma medida que entende que não lhe trará benefício.

Tratar adequadamente os sintomas inclui a consideração de diferentes aspectos e alguns princípios gerais, que passaremos a elencar.

O correto tratamento de um sintoma desde logo tem por base a sua correta avaliação e valorização pela equipe interdisciplinar, numa abordagem centrada no paciente. A avaliação do sintoma faz-se com base numa eventual *checklist* em que se caracterizam, entre outros fatores, a intensidade, a localização, os fatores de agravamento, a medicação em curso e o impacto nas atividades de vida diária.

A valorização baseia-se, sempre que possível, numa autoavaliação feita pelo doente, através do recurso a escalas construídas para esse efeito. Uma das mais antigas é a M. D. Anderson Symptom Inventory (MDASI). Aquela que é hoje consensualmente mais utilizada é a Edmonton Symptom Assessment System (ESAS), (figura 1), revista em 2010, tendo a sua versão mais recente na ESAS-r, que contém variante para ambulatório e internamento. A sua aplicação pode fazer-se com diferente periodicidade (diária, de dois em dois ou de três em três dias), mas pressupõe a realização de um registro regular, com vista a aferir quer da carga sintomática quer do impacto e eficácia das medidas terapêuticas aplicadas na qualidade de vida e conforto do paciente.

No diário clínico – médico e de enfermagem – deve constar o registro da presença ou ausência dos sintomas, evidenciando-se se o doente está ou não confortável. Esse objetivo pode ser avaliado pela magnitude do controle sintomático, pelo bem-estar psicológico e pela qualidade do sono, as chamadas constantes de conforto.

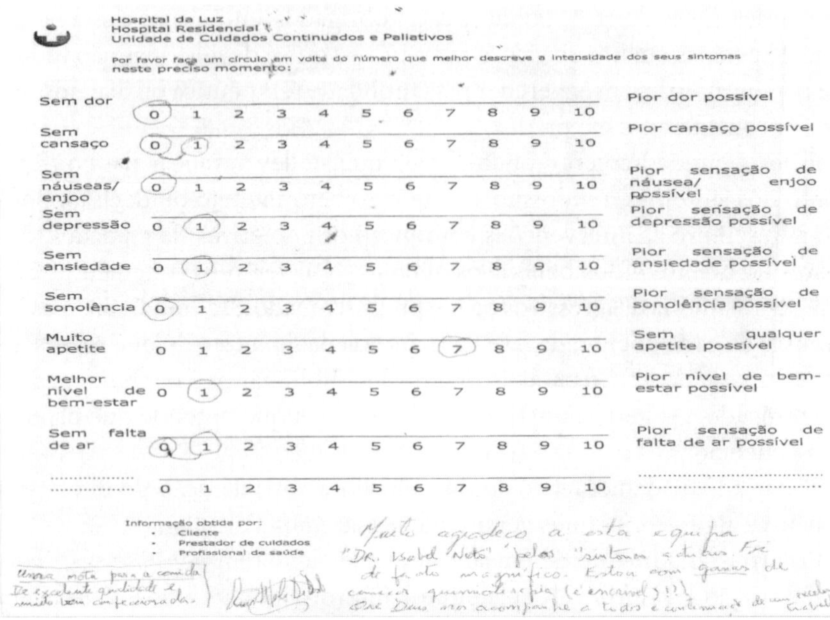
Hospital da Luz
Hospital Residencial
Unidade de Cuidados Continuados e Paliativos

Por favor faça um círculo em volta do número que melhor descreve a intensidade dos seus sintomas neste preciso momento:

| | | | | | | | | | | | | |
|---|---|---|---|---|---|---|---|---|---|---|---|---|
| Sem dor | 0 | 1 | 2 | 3 | 4 | 5 | 6 | 7 | 8 | 9 | 10 | Pior dor possível |
| Sem cansaço | 0 | 1 | 2 | 3 | 4 | 5 | 6 | 7 | 8 | 9 | 10 | Pior cansaço possível |
| Sem náuseas/ enjoo | 0 | 1 | 2 | 3 | 4 | 5 | 6 | 7 | 8 | 9 | 10 | Pior sensação de náusea/ enjoo possível |
| Sem depressão | 0 | 1 | 2 | 3 | 4 | 5 | 6 | 7 | 8 | 9 | 10 | Pior sensação de depressão possível |
| Sem ansiedade | 0 | 1 | 2 | 3 | 4 | 5 | 6 | 7 | 8 | 9 | 10 | Pior sensação de ansiedade possível |
| Sem sonolência | 0 | 1 | 2 | 3 | 4 | 5 | 6 | 7 | 8 | 9 | 10 | Pior sensação de sonolência possível |
| Muito apetite | 0 | 1 | 2 | 3 | 4 | 5 | 6 | 7 | 8 | 9 | 10 | Sem qualquer apetite possível |
| Melhor nível de bem-estar | 0 | 1 | 2 | 3 | 4 | 5 | 6 | 7 | 8 | 9 | 10 | Pior nível de bem-estar possível |
| Sem falta de ar | 0 | 1 | 2 | 3 | 4 | 5 | 6 | 7 | 8 | 9 | 10 | Pior sensação de falta de ar possível |
| .................... | 0 | 1 | 2 | 3 | 4 | 5 | 6 | 7 | 8 | 9 | 10 | .................... |

Informação obtida por:
- Cliente
- Prestador de cuidados
- Profissional de saúde

Uma nota para a comida. De excelente qualidade e muito bem confeccionada.

Muito agradeço a esta equipa "Dr. Isabel Neto" pelos "sintomas" e tudo. Foi de facto magnífico. Estou com ganas de começar quimioterapia (é encarnada)!!! Que Deus nos acompanhe a todos e continuação de um excelente trabalho.

Figura 1 – Exemplo do preenchimento de uma ESAS em internamento

É muito importante reter que a valorização de sintomas feita por familiares pode distorcer a realidade, já que estes projetam, de alguma forma, o seu próprio sofrimento e incrementam o peso que os sintomas têm para o doente.

Esta valorização dos sintomas deve conduzir inevitavelmente à aplicação de medidas terapêuticas, utilizando uma estratégia terapêutica mista, em que se incluem medidas farmacológicas e não farmacológicas. No âmbito das medidas farmacológicas vale a pena sublinhar que elas não se esgotam, de forma alguma, na utilização de opioides, muito menos no recurso à morfina. Os diferentes fármacos dirigem-se aos principais sintomas que os doentes, oncológicos e não oncológicos, apresentam em fim de vida. Nesta medida, convém reter aquilo que a evidência nos apresenta: a carga sintomática dos diferentes grupos de doentes paliativos é elevada, com uma média de *x* sintomas, em que se destacam a astenia, a caquexia, a dor e a dispneia, o *delirium* e a agitação psicomotora. Daqui resulta que os grupos terapêuticos mais frequentemente utilizados vão desde os opioides aos neurolépticos e benzodiazepinas, aos antieméticos e aos corticoides. Os profissionais de cuidados paliativos devem deter conhecimentos precisos sobre os múltiplos fármacos a que recorrem e ter a possibilidade de se aconselhar com um farmacêutico qualificado que possa colaborar na supervisão de eventuais interações medicamentosas e na otimização dos regimes terapêuticos.

Uma vez avaliado um doente e a respectiva carga sintomática, é urgente que se defina um plano de cuidados, em que o plano terapêutico é parte imprescindível. O que se pretende é que o controle sintomático efetivo possa acontecer rapidamente (nas primeiras 48-72h), sob pena de o doente se manter desconfortável, não confiar na equipe que o cuida e de se hipotecar a relação terapêutica. O doente deve, sempre que isso seja viável, ser envolvido no processo de tomada de decisões, num modelo de relação assente na aliança terapêutica, em que o médico e a restante equipe ajudam o doente a ajudar-se. Há sempre que considerar os valores do doente, assumir os vários cenários clínicos e as consequências das opções em causa, não esquecendo que ao doente em situação avançada e irreversível podem ter de se suspender ou não iniciar certas medidas e ele poderá mesmo recusar algumas, quando devidamente esclarecido das suas consequências.

Exige-se uma reavaliação regular dos sintomas e do seu tratamento, e um regime terapêutico bem concebido implica medicação que é deixada de forma pautada – a horas certas – dirigida aos principais sintomas. Uma atitude preventiva no tratamento dos sintomas antecipa os possíveis sintomas e objetiva-se na indicação de medicação em SOS para cada um deles e a indicação do número de vezes que poderão ser utilizados. Será em função do maior ou menor recurso aos SOS e ao aparecimento de novos sintomas que se procederá a uma revisão diária do regime terapêutico, revisão essa que pode ter de ser mais apertada – da manhã para a tarde, por exemplo – nomeadamente num doente instável e em internamento.

A reavaliação regular do regime terapêutico implica também desprescrever determinados fármacos que, em função do prognóstico estimado e do objetivo de conforto, deixaram de se revelar úteis para o doente, como por exemplo o caso das estatinas nos doentes terminais.

Para se enveredar por um regime farmacológico haverá que selecionar a via de administração mais adequada para o tratamento. A via prioritária é a via oral, que assegura a eficácia terapêutica de um regime com tomas regulares, é a menos invasiva e garante maior autonomia para o doente. No entanto, no caso de o doente não ter via oral disponível, a via alternativa para doentes frágeis e em fim de vida será desejavelmente a via subcutânea ou, em alternativa a esta, no caso de o doente ter má absorção, a via intravenosa. A aplicação da via transdérmica faz-se em doentes com doses estabilizadas e não como medida de primeira linha e em doentes instáveis.

O que se pretende é assegurar eficácia terapêutica sendo o menos invasivo e com o maior conforto possível. A via subcutânea está cada vez mais difundida, garante eficácia terapêutica e, ainda que não seja de utilização universal, está acessível para inúmeros fármacos e também soros. A administração dos fármacos pode fazer-se por *bolus* ou, eventualmente, numa opção não de primeira linha e para uma minoria de doentes, em perfusão contínua. A regra básica é que se proceda a uma desejável titulação de fármacos e só no caso de as medidas de primeira linha e administração em *bolus* não se revelarem eficazes, é que se passa a uma administração contínua. Uma perfusão contínua garante, à partida, maior estabilidade nas doses em circulação, mas nunca será uma intervenção de primeira linha; carece de monitorização apertada dos sinais de toxicidade e revisões diárias por parte de uma equipe devidamente preparada.

Existem inúmeros fármacos passíveis de serem miscíveis e de poderem estar numa mesma perfusão contínua, subcutânea ou intravenosa. Há fármacos que não são miscíveis e que exigem uma perfusão isolada, como é o caso da furosemida. O *Palliative Care Formulary* é uma ferramenta essencial para garantir uma completa informação sobre a utilização dos medicamentos em cuidados paliativos e sobre a segurança na administração dos fármacos, complementada pelo sítio igualmente de referência: *palliativedrugs.com*.

## 4. Conclusão

Na intervenção global no sofrimento das pessoas com doença avançada e incurável feita em Cuidados Paliativos o controle sintomático detém um papel imprescindível e central. Essa intervenção deve integrar-se num plano mais alargado que se destina às diferentes dimensões afetadas da pessoa doente. Deve fazer-se a correta valorização dos sintomas e estabelecer os objetivos de cuidados adequados, com particular ênfase para a obtenção do conforto. A intervenção a delinear deve ser feita por uma equipe especializada, deve conter medidas farmacológicas e não farmacológicas e ser regularmente monitorizada com instrumentos devidamente validados e adaptados a esse fim.

Em resumo, os princípios do controle sintomático são:

- Avaliar corretamente os sintomas
- Monitorizar regularmente os sintomas

- Delinear um plano terapêutico misto (medidas farmacológicas e não farmacológicas)
- Incentivar uma atitude preventiva, cumprindo medicação regular e em SOS
- Adequar a via de administração
- Estabelecer planos de cuidados com o doente e a família
- Estar atento aos detalhes do plano de tratamento

## 5. Palavras-Chave

Controle sintomático, cuidados paliativos, objetivos de cuidados.

## 6. Referências

ALVES M, ABRIL R, NETO IG: Controle sintomático nos doentes em fim de vida. Acta Med Port 30(1); 2017: 61-68.

GILL TM, GAHBAUER EA, HAN L, ALLORE HG: Trajectories of disability in the last year of life. N Engl J Med 362 (11); 2010: 73-80.

KELLEY AS, SEAN MORRISON R: Palliative Care for the Seriously Ill; NEngl J Med 373 (8); 2015.

MOENS K, HIGGINSON IJ, HARDING R: Are There Differences in the Prevalence of Palliative Care-Related Problems in People Living With Advanced Cancer and Eight Non-Cancer Conditions? A Systematic Review; JPain Symptom Managem 48; 2014: 660-677.

NETO IG: Utilização da via sub-cutânea na prática clínica; Rev Soc Med Interna 15; 2008: 277-83.

SOLANO JP, GOMES B, HIGGINSON IJ: A Comparison of Symptom Prevalence in Far Advanced Cancer, AIDS, Heart Disease, Chronic Obstructive Pulmonary Disease and Renal Disease JPain Symptom Managem 31; 2006: 58-69.

THOMAS RL, et al: Goals of care: a clinical framework for limitation of medical treatment; Med J Aust 201 (8); 2014: 452-55.

TWYCROSS R, WILCOCK A, HOWARD P, Editors: Palliative Care Formulary 5; palliative drugs.com, 2016.

WATANABE SM, NEKOLAICHUK CL, BEAUMONT C: The Edmonton Symptom Assessment System, a proposed tool for distress screening in cancer patients: development and refinement; Psychooncology 21(9); 2012: 977-85.

# Crioética

RUI NUNES

## 1. Introdução

A suspensão criogênica, ou criônica, permite em abstrato que uma pessoa seja criopreservada no final da sua vida para ressuscitação posterior. No estado atual da tecnologia trata-se apenas da preservação de cadáveres, ainda que por tempo indeterminado, mas estima-se que pessoas em estado terminal possam também ser alvo de criopreservação a temperaturas muito baixas. Esta hipótese parte do pressuposto de que as estruturas cerebrais responsáveis pela memória e pela personalidade podem persistir mesmo em estado de morte cerebral.

O objetivo central da suspensão criogênica é, então, o de permitir a inferência destas características pessoais num futuro mais ou menos distante. Porém, tratando-se já hoje de uma realidade, a criogenia evoca questões éticas prementes que importam analisar. Desde logo, e também, pelas inultrapassáveis consequências jurídicas para o próprio, para a família e para a sociedade.

## 2. Enquadramento Histórico e Desenvolvimento

Nos países em que se encontra implementada, como por exemplo nos Estados Unidos da América, a criopreservação aplica-se quando a pessoa é declarada legalmente morta, nomeadamente quando se encontra em estado de morte cerebral (morte do tronco cerebral). Após a declaração do óbito inicia-se um complexo procedimento médico-cirúrgico, colocando-se o cadáver em gelo e injetando anticoagulantes. Este é ligado a uma máquina de perfusão que substitui o sangue por uma solução química que impede a formação de cristais de gelo. O processo de perfusão injeta gradualmente uma solução crioprotetora, sendo a temperatura corporal controlada digitalmente e indexada à concentração de crioprotetor. A monitorização do índice refratário da solução crioprotetora verifica se a concentração é suficiente para a "vitrificação" (arrefecimento profundo/solidificação sem congelamento). Posteriormente o cadáver é colocado em um contentor de alumínio imerso em nitrogênio líquido a -196° C. Esta "perfusão criogênica" termina com o corpo posicionado em posição invertida para garantir uma maior segurança da cabeça e estruturas cerebrais.

Nos Estados Unidos da América, país onde a técnica está mais desenvolvida, a suspensão criogênica só é permitida cumpridos estes requisitos. Caso contrário a sua utilização é considerada uma forma de assistência ao suicídio. Porém, a previsível evolução da tecnologia irá permitir a criogenia de pessoas em estado de vida, porventura em cuidados paliativos, pelo que surgirá seguramente uma intensa pressão social para permitir a sua utilização nestas circunstâncias (Hughes, 2000). Também em Portugal e no Brasil já se iniciou a oferta destes serviços, ainda que o armazenamento físico possa ocorrer no estrangeiro (Joana Capucho, no *Diário de Notícias* (01/09/2014) "Portugueses querem congelar o corpo para ressuscitar"). Assim, importa proceder a uma profunda reflexão ética e jurídica para que seja possível implementar políticas públicas adequadas à utilização desta nova tecnologia que pretende atingir não a "imortalidade" mas um prolongamento artificial da vida – extensão vital (Morris, 1996). Isto partindo do pressuposto que a ciência evolui de modo a reverter o estado de morte em que a pessoa se encontra quando foi criopreservada.

A utilização da criônica deve merecer uma avaliação crítica no quadro dos valores mais representativos da nossa sociedade. Especificamente importa perceber de que modo é que a suspensão criogênica colide com a visão mais consensual de vida e de vida humana. É precisamente sobre esta temática que se debruça esta reflexão em que os conceitos de vida, vida humana, ser humano e pessoa são abordados na interface com uma dimensão mais global do fenômeno vital (Nunes, 2013). Neste contexto irão elencar-se algumas questões éticas, com profundas repercussões jurídico-sociais no âmbito da suspensão criogênica e que devem ser contextualizadas no quadro dos conceitos de dignidade humana e identidade pessoal.

A dignidade da pessoa humana é o referencial ético nuclear da sociedade democrática e plural. Só a pessoa é sujeito portador de dignidade. Porém, na medicina, é usual uma abordagem mais alargada deste conceito, entendendo-se que está sob a esfera protetora da dignidade humana o corpo humano, partes dele (diferentes órgãos), o genoma (que é mesmo considerado patrimônio comum da humanidade) ou mesmo o cadáver humano. O cadáver, não sendo pessoa, deve ser respeitado em homenagem à pessoa que foi. Em geral permite-se que a pessoa durante a sua vida disponha sobre o que irá acontecer ao seu corpo depois da morte, por exemplo, a utilização do cadáver para fins de investigação ou de ensino médico. O mesmo argumento poderá ser utilizado a propósito da criônica. Mas, curiosamente, os médicos que se dedicam a esta prática não consideram tratar-se de um cadáver, mas sim de um doente e de um tratamento – "terapêutica criogênica".

## 3. Definição e Clarificação Conceptual

### 3.1. Dignidade humana e identidade pessoal

A questão central é se a dignidade humana e mesmo a identidade pessoal são afetadas pela criogenia; isto é, mesmo obtido o consentimento da pessoa, importa determinar se a suspensão criogênica afeta ou não a percepção geral de dignidade e de identidade (Nunes, 2015). Não existem estudos de medicina baseada na evidência que determinem se é possível manter as características essenciais da personalidade – no plano cognitivo, emocional ou mesmo moral – após reversão da suspensão criogênica. Pelo que pode questionar-se se a identidade pessoal, sendo o produto entre a identidade genética e a identidade cognitiva, ficaria ou não afetada pela suspensão vital por tempo indeterminado, ou seja, se se trata da mesma pessoa ou de pessoa diferente após a ressuscitação.

Assim, os próprios conceitos de vida e de morte são postos em causa. Vida e vida humana são conceitos de difícil definição. Porém, a opinião mais consensual é a de que "vida humana" corresponde à vida de uma pessoa humana e de que a morte corresponde ao fim da vida pela paragem irreversível de funcionamento do tronco cerebral. O que implica que se a pessoa está em estado de morte cerebral (morte do tronco cerebral) e existe a possibilidade, ainda que remota, de vir a ser ressuscitada após a suspensão criogênica, são os próprios conceitos de vida e de morte que poderão ter de ser reequacionados. Mais ainda, ao sugerir-se que a criônica permitirá recuperar os elementos essenciais da personalidade e da memória, não se pode esquecer a dimensão afetiva da personalidade, ou seja, aquilo a que se convencionou chamar de "inteligência emocional". Note-se que a reversão pós-suspensão origina a possibilidade de um prolongamento da vida – o que não equivale necessariamente à imortalidade –, com implicações devastadoras para o reconhecimento ulterior da sua personalidade jurídica. Em síntese, mesmo após a pessoa ter sido declarada médica e legalmente morta, em estado de suspensão existiram dúvidas sobre se a pessoa estaria viva ou morta, ainda que atualmente a criônica seja considerada uma forma de experimentação em cadáveres.

Existem dúvidas também sobre o modo como a autonomia pessoal é respeitada. O conceito de autonomia associa-se ao ideal de que cada ser humano deve ser verdadeiramente livre, dispondo das condições mínimas para se autorrealizar. Esta autonomia pode não se limitar ao caso *index*, mas estender-se a outros elementos da família – autonomia familiar. No que respeita à suspensão criogênica, o consentimento deve ser rigorosamente informado e a pessoa que efetuar esta escolha deve ficar plenamente esclarecida dos limites e alcance desta tecnologia. Pelo que se deduz que só é equacionável a criogenia quando a decisão é tomada em vida por uma pessoa adulta, capaz e competente, sem qualquer tipo de distúrbio mental que afete o seu julgamento, sendo muito mais discutível a sua implementação em crianças quando estas não se encontrem em condições de prestar um consentimento válido e eficaz. Também seria questionável a elaboração de um testamento vital no qual estivesse previsto a suspensão criogênica, dado que a vontade previamente manifestada, e expressa numa diretiva antecipada de vontade, aplica-se geralmente durante a fase terminal da vida e não após a morte da pessoa. Mais ainda, implicaria necessariamente uma intervenção de terceiros e não apenas a suspensão ou abstenção de tratamentos. Importa, assim, clarificar se é possível obter um consentimento verdadeiramente informado e esclarecido para a suspensão criogênica, livre de qualquer influência manipulativa ou mesmo de publicidade enganosa.

Note-se que a mera hipótese da suspensão criogênica pode alterar a vida de uma pessoa, podendo mesmo induzir a uma eutanásia prematura (Shaw, 2009). A eutanásia (ativa voluntária) não está legalizada em Portugal, no Brasil nem na maioria dos países civilizados – nem a eutanásia nem outras formas de morte medicamente assistida, tal como o suicídio assistido. Porém, está legalizada em países europeus como a Holanda e a Bélgica (mesmo em crianças). Dada a especial vulnerabilidade dos doentes terminais, trata-se de uma possibilidade real a sugestão deste tipo de prática, ou por outro lado, uma maior complacência face à utilização de meios que antecipam o momento da morte. Daí que as *guidelines* sobre suspensão ou abstenção de tratamento em doentes terminais devem ser claras e inequívocas no sentido de garantir que todas as intervenções decorrem de acordo com as *leges artis*, respeitando a vontade livre do paciente. Mas pode questionar-se se a simples hipótese de suspensão criogênica não poderia originar um condicionamento da vontade de tal magnitude que originasse a prática da eutanásia prematura ou de outras formas de assistência médica ao suicídio.

### 3.2. Dimensão Familiar e Social da Criônica

A manutenção em estado de criopreservação por tempo indeterminado origina necessariamente uma dissociação entre o projeto existencial da pessoa, a sua família e restante sociedade. De fato, o ser humano não existe sozinho, mas desenvolve a sua personalidade em alteridade com o outro e em relação com os demais membros da sociedade (sejam mais ou menos próximos). Trata-se de uma dedução lógica que a suspensão criogênica durante anos ou décadas causará uma enorme fratura relacional, dado que, na hipótese de a pessoa ser ressuscitada, as relações afetivas ficariam particularmente perturbadas, originando, provavelmente, por parte da pessoa criopreservada sentimentos de solidão, isolamento e alheamento familiar e cultural. E, por parte da família e sociedade, a estranha sensação de receber alguém com uma determinada história e identidade, mas completamente desenraizada do mundo atual. Torna-se essencial esclarecer os potenciais interessados sobre o modo como se anteveem as relações interpessoais e intrafamiliares neste contexto, isto é, será que a utilização da suspensão criogênica e a ressuscitação, anos ou décadas mais tarde, não poderia originar uma dissociação geracional irreversível, com um alheamento substancial por parte da família e outros membros do círculo de relações?

Mais, deve enquadrar-se com toda a clareza a responsabilidade da família (ou da sociedade) no exercício do direito de sucessão e mesmo sobre a cadeia de custódia. Trata-se de uma questão ética e jurídica da maior relevância determinar, entre outros aspectos, qual a situação patrimonial da pessoa criopreservada em termos de direito de sucessão. De fato, também a este nível é essencial uma clara definição do conceito de morte, no plano médico e legal, para que possam ser acionados os mecanismos existentes referentes aos direitos de herança. Mais ainda: não é claro a quem compete a tutela do cadáver mantido em suspensão criogênica durante anos ou décadas. Assumindo que se trata de um contrato com valor jurídico, a empresa contraente não será nunca "proprietária" do cadáver criosuspenso mas, sim, sua gestora no quadro de um negócio jurídico bem definido. Em todo o caso, fica por determinar como se processa a cadeia de custódia do cadáver assim que seja putativamente ressuscitado, quem se responsabiliza por ele a todos os títulos, nomeadamente face à provisão de cuidados de saúde que serão obviamente necessários. E, mais ainda, como é que a legislação de cada país irá resolver esta disputa entre os direitos da pessoa criopreservada e os direitos dos familiares diretos abrangidos pelo direito de sucessão em relação ao patrimônio familiar. Direitos de sucessão que podem ser afetados pelos custos de acesso a esta tecnologia, e da respectiva manutenção, que ficando, *a priori*, a cargo da responsabilidade de cada pessoa que expresse este desejo, pode colidir com os interesses dos seus familiares.

Também, ao tratar-se de uma tecnologia que rondará mais de 150 000,00 € por pessoa, facilmente se deduz que se irá originar uma iniquidade no acesso, dado que a maioria das pessoas não dispõe de recursos para fazer face a este encargo. Apesar disso, não parece existir uma objeção ética suficientemente válida para impedir a sua prática na perspectiva da justiça distributiva. Porém, uma análise rigorosa implica que se considerem todos os custos do procedimento; os custos iniciais de preparação e armazenamento, os custos subsequentes de ressuscitação, os gastos com os tratamentos necessários para restabelecer a saúde para níveis adequados de desempenho físico, psicológico e social, e mesmo os custos de natureza ambiental (se o procedimento for generalizado no futuro a largas camadas populacionais). Se é verdade que todos os cidadãos têm o direito à proteção da saúde e o dever de a defender e promover, dado o custo da criônica importa estabelecer critérios claros, transparentes e democráticos de priorização na saúde, e como será possível garantir a justiça e a equidade no acesso à suspensão criogênica e aos benefícios decorrentes desta tecnologia (Nunes, 2014).

## 4. Conclusão

A democracia e a sociedade plural dependem da liberdade intelectual em articulação com o comportamento responsável de pessoas e instituições.

Desde que respeite os direitos humanos e a proteção do ambiente, a suspensão criogênica de pessoas – vivas ou legalmente mortas – deve ser considerada uma prerrogativa individual e no plano social e das políticas públicas deve promover-se o espírito criativo dos cientistas e investigadores. Para se conseguir uma regulação adequada da investigação em criônica, deve aplicar-se o princípio da "regulação parcimoniosa", ou seja, a necessidade de controle apropriado para que, por um lado, não existam constrangimentos desnecessários à investigação científica e, por outro, sejam prevenidos abusos e desvios com a aplicação das novas tecnologias.

Como norma geral, devem prevalecer sempre os interesses da pessoa sobre os interesses da ciência. Na criônica deve ser realçado o primado do ser humano, e da sua dignidade, como fundamento ético, dado que é fácil explorar a especial vulnerabilidade da pessoa em fase terminal e induzi-la a participar em procedimentos que são ainda, em larga medida, experimentais. Pelo que pode interrogar-se de que modo é que se garante e materializa o valor intrínseco não-instrumental da pessoa humana no âmbito da criônica. E como é que se pode assegurar que as empresas comerciais envolvidas nesta prática adotam uma atitude ética e socialmente responsável (*responsible stewardship*)?

No quadro dos princípios da liberdade intelectual e de investigação é recomendável que se continue a aprofundar o estudo e avaliação das questões éticas suscitadas pela suspensão criogênica, nomeadamente face aos avanços tecnológicos sistematicamente verificados. Sendo a garantia de qualidade um pré-requisito técnico, esta tecnologia deve apenas ter lugar em laboratórios que pautem a sua atividade por princípios técnicos e éticos bem estabelecidos, designadamente através da certificação ou da acreditação pelas autoridades competentes nesta matéria.

As entidades médicas (Ordem dos Médicos, Conselho Federal de Medicina) devem estabelecer as normas técnicas e regras deontológicas bem definidas para o exercício profissional neste domínio. E as autoridades de saúde devem determinar claramente em que condições é que esta prática pode ou não ser implementada face aos constrangimentos que necessariamente existem na sua aplicação. É ainda altamente recomendável que, para além de disposições internacionais na matéria, cada país proceda à discussão pública e à aprovação de legislação específica que enquadre a sua utilização.

## 5. Palavras-Chave

Criogenia, criónica, direitos de sucessão, morte cerebral, ressuscitação, suspensão vital.


## 6. Referências

Hughes J: The future of death: Cryonics and the telos of liberal individualism, The Fourth Alcor Conference on Life Extension Technologies, June 17-18, 2000, Asilomar, California.

Morris D: The human animal. London: BBC Books, 1994.

Nunes R: Gene-Ética, Almedina, Coimbra, 2013.

Nunes R, Rego G: Priority setting in health care: A complementary approach, Health Care Analysis 22; 2014: 292-303.

Nunes R: Crioética: Parecer sobre a suspensão criogénica de pessoas humanas, Revista do Centro de Estudos Judiciários 1 (1); 2015: 293-299.

Shaw D: Cryoethics: Seeking life after death, Bioethics 23 (9); 2009: 515-521.

# Cuidadores Informais

AMÉLIA FERREIRA
Em colaboração com Alexandra Pereira, José Carlos Amado Martins

## 1. Introdução

Atualmente, a população apresenta novas e complexas necessidades de saúde, fruto do desenvolvimento científico e tecnológico das últimas décadas. Em muitas situações, o processo de cuidar estende-se por largos períodos, devido a situações relacionadas com elevados índices de dependência e incapacidade, associado a descontrole sintomático variado.

Os cuidados paliativos surgem como resposta maioritária para estas situações, baseados numa forte componente interdisciplinar que dá prioridade ao cuidado ao doente e família, utilizando competências de comunicação bem desenvolvidas. Neste sentido, o cuidador informal surge como figura de primeira linha, sendo uma figura de primordial importância no contexto dos cuidados paliativos. Este capítulo tem como objetivo refletir sobre a importância do cuidador informal em cuidados paliativos.

## 2. Enquadramento Histórico e Desenvolvimento

Com as mudanças demográficas das últimas décadas, surgiram novos desafios na área da saúde. A conjugação de fatores como o aumento da esperança média de vida e o aumento da prevalência de doenças crônicas originou um problema social e de saúde de grande relevância, uma vez que estes fenômenos culminam muitas vezes em situações de dependência e incapacidade, gerando necessidades específicas nos setores social e da saúde, para as quais os Governos parecem ainda não ter capacidade de resposta (Marques *et al.*, 2012). Nas últimas décadas, a morte passou a ser um desfecho tardio de um processo de evolução de uma doença crônica associada a períodos longos de dependência, incapacidades físicas e mentais e descontrole sintomático de etiologia variada.

Estas alterações não afetam apenas o indivíduo, mas tudo o que o rodeia, nomeadamente os restantes elementos da família em todas as suas dimensões. A dinâmica familiar sofre alterações quando a família é confrontada com o diagnóstico de uma doença crônica avançada, provocando mudanças na sua organização, podendo originar situações de crise.

Nestes momentos, a família tenta reagir, efetuando reajustes no seu funcionamento que permitam gerir a situação da melhor forma. Aspectos práticos relacionados com a percepção da gravidade e prognóstico da doença, a existência de recursos financeiros e materiais e o acesso a suporte externo de forma continuada podem influenciar a adaptação da família a esta situação de crise.

Atualmente, esta questão assume elevada importância, uma vez que as altas hospitalares são cada vez mais precoces devido a restrições orçamentais, preferindo-se que o utente permaneça mais tempo no contexto comunitário. Para além disso, cuidados que antes apenas eram prestados em contexto hospitalar são possíveis de se realizar em casa.

Assim, a família centra, simultaneamente, as suas energias no doente e na gestão e controle dos seus sintomas, e na reorganização de papéis e tarefas, para dar resposta às necessidades presentes no seio familiar.

Neste contexto, o cuidador surge como uma figura central que dá resposta às necessidades individuais da pessoa doente, permitindo que este receba os cuidados que lhe são necessários, integrado no seu ambiente familiar. O valor que o cuidador assume no âmbito das políticas de saúde é quase inestimável. Por exemplo, no Reino Unido, estima-se que os cuidados prestados pelos cuidadores informais assumam um valor bastante superior ao que é investido pelo Governo Britânico na saúde ou na segurança social (Jarvis, 2010).

Em Portugal, no contexto comunitário, os cuidados paliativos sofreram uma difusão lenta e pouco equitativa, com a existência de cerca de 20 equipes a nível nacional. No entanto, esta parece ser uma aposta segura no plano estratégico para o desenvolvimento dos cuidados paliativos para o biênio 2017-2018, defendendo a criação de pelo menos uma equipe por cada agrupamento de centros de saúde (Comissão Nacional de Cuidados Paliativos, 2016).

Desta forma, o cuidador é o elo principal entre o doente e a equipe de cuidados paliativos, no apoio à pessoa dependente, nomeadamente em contexto comunitário, desempenhando assim um papel fundamental de responsabilidade contínua.

## 3. Definição e Clarificação Conceptual

Os cuidados paliativos emergem como uma resposta adequada às necessidades referidas, promovendo o conforto e a qualidade de vida, proporcionando uma morte digna ao doente e apoiando a família de forma contínua até ao processo de luto. O termo paliativo deriva do latim *pallium*, que significa manto ou capa. A Organização Mundial de Saúde define cuidados paliativos como uma abordagem com o objetivo de melhorar a qualidade de vida dos doentes que enfrentam problemas decorrentes de uma doença incurável com prognóstico limitado e/ou doença grave (que ameaça a vida) e suas famílias, através da prevenção e alívio do sofrimento, com recurso à identificação precoce, avaliação adequada e tratamento rigoroso dos sintomas físicos, psicossociais e espirituais (World Health Organization, 2002).

Os cuidados paliativos baseiam-se num fluxo de interação e comunicação entre uma tríade cuidadora: doente, família e profissionais de saúde. Sendo a família parte da referida tríade, importa identificar as pessoas mais significativas para a pessoa doente e que exercem determinados papéis e funções na dinâmica familiar, como é o caso do cuidador informal.

Os termos cuidador informal, familiar cuidador, cuidador e prestador de cuidados são comumente utilizados na literatura científica para definir um mesmo conceito e uma mesma população. Embora o uso do termo "cuidador informal" seja, por vezes, criticado na literatura, argumentando-se que cliva o desequilíbrio de estatuto e poder entre profissionais de saúde e o cuidador informal (Clements, 2004), durante este capítulo optou-se por utilizar essa nomenclatura, dado que é mais usual nos países latinos, como é o caso de Portugal.

Assumindo isto, neste contexto, o cuidador informal é a pessoa com ou sem vínculo familiar, que presta cuidados de uma forma regular e continuada à pessoa dependente, tendo em conta as suas incapacidades e necessidades de saúde. As tarefas dos cuidadores podem ser variadas, incluindo a vigilância, a gestão do regime terapêutico, a execução de técnicas e satisfação de autocuidados, 24 horas por dia.

Em muitos casos, os cuidadores informais assumem responsabilidades que vão além dos seus limites físicos, sociais, financeiros e emocionais (Ferreira *et al.*, 2016a).

As questões relacionadas com a importância do cuidador informal já são antigas e amplamente estudadas a nível nacional e internacional. Em Portugal, um estudo recente das teses e dissertações realizadas no contexto de cuidados paliativos apresenta os cuidadores informais como a área de estudo mais investigada (Ferreira *et al.*, 2016b), destacando-se estudos relacionados com os efeitos nocivos associados ao processo de cuidar. Neste quesito, a evidência científica é inequívoca: os cuidadores informais têm uma redução na participação no mercado de trabalho, pior condição econômica, menos índices de saúde física e psicológica, risco de exclusão social e consequências emocionais invisíveis ao ato de cuidar. Estes aspectos contribuem para o risco de sobrecarga, levando a um maior uso dos serviços de saúde (Andrade, 2009).

Assim, os cuidadores informais em contexto de cuidados paliativos devem ser apoiados, valorizados e reconhecidos pelo trabalho que efetuam, numa tentativa de diminuir a sensação de sobrecarga que, por vezes, os assolam. É frequente que os cuidadores informais se deparem com situações com as quais não estão habituados a lidar, exigindo um esforço suplementar para responder às situações inesperadas que podem surgir ao longo do processo de doença (Guarda *et al.*, 2010).

Em Portugal, evidência recente demonstra que ser cuidador informal da pessoa com doença avançada em contexto comunitário é revestido de grande complexidade, sendo afetado por aspectos relacionados com a comunicação e a demonstração de respeito pela dignidade humana. Durante o desenvolvimento do papel, o cuidador informal encontra fatores dificultadores e facilitadores do cuidar, recorrendo a variados mecanismos de *coping*, tendo sentimentos quer positivos quer negativos (Ferreira *et al.*, 2016a).

Nesse estudo, destacam-se como fatores desfavoráveis: as dificuldades físicas, emocionais e econômicas; as dificuldades relacionadas com a acessibilidade a recursos de saúde; a falta de reconhecimento; a restrição social; o desconhecimento sobre a evolução da doença e a falta de apoio/ajuda familiar. Destacam-se como fatores facilitadores: o assumir voluntariamente o papel; as experiências anteriores; o reconhecimento do papel; a fé/crença; o apoio/ajuda da família; a acessibilidade a cuidados de saúde adequados (Ferreira *et al.*, 2016a).

Os mecanismos de *coping* mais referidos foram: a espiritualidade, o recorrer a ajuda familiar, a interação social, a negação, os recursos comunitários e a necessidade de informação. Os sentimentos negativos mais referidos foram a perda, a impotência, o sofrimento, o medo e a tristeza, e os positivos foram a satisfação e a esperança (Ferreira *et al.*, 2016a).

Os profissionais de saúde devem, por isso, encarar o cuidador informal com um elo determinante da relação cuidadora em cuidados paliativos. Deverá ser deixada de lado uma visão mais instrumentalista que por vezes predomina, para ser substituída por uma visão humanizada e holística, que posicione o cuidador informal não só como um parceiro de cuidados, mas como um receptor primordial desses mesmos cuidados.

Uma boa comunicação entre a equipe e o cuidador informal ajuda a reduzir a ansiedade, ouvindo-o e ajudando-o a identificar os cuidados antecipatórios necessários que poderão ajudá-lo a adaptar-se o melhor possível a essa situação.

A comunicação que é estabelecida entre a pessoa dependente, o cuidador, família e os profissionais de saúde é, de fato, um elemento fundamental para proporcionar ao doente e família o máximo de conforto e qualidade de vida possível.

Tendo isto em conta, a European Association for Palliative Care reconheceu como uma competência central interdisciplinar o responder às necessidades dos cuidadores informais associadas aos objetivos de curto, médio e longo prazo definidos para o doente. Desta forma, definem que o cuidado ao doente deve incorporar os cuidadores informais, tendo em conta o sistema de saúde e o ambiente em que se encontram inseridos e as relações que são estabelecidas com os profissionais de saúde. É, por isso, essencial que o cuidador informal seja apoiado pela equipe, sendo realçado e reforçado sempre que possível. A equipe deverá estar atenta aos desafios e potenciais conflitos associados ao cuidar, sabendo reconhecê-los, intervindo de forma adequada (Gamondi *et al.*, 2013).

## 4. Conclusão

As crescentes necessidades em cuidados paliativos da população, associadas a uma mudança nas políticas de saúde, colocam o cuidador informal como uma figura central em cuidados paliativos.

A prestação de cuidados ao doente em cuidados paliativos coloca inúmeros desafios ao cuidador informal, deparando-se frequentemente com dificuldades associadas às suas próprias características e às da pessoa de quem cuida. É descrito na literatura que o desempenho do papel de cuidador informal pode ter associado aspectos negativos que repercutem na qualidade de vida do cuidador informal, do doente e da família.

Por tudo isto, é fundamental que cada profissional da equipe de Cuidados Paliativos, tendo em conta as suas especificidades e áreas de conhecimento, encare o cuidador como parceiro na prestação de cuidados e como unidade de cuidados. Será necessário fazer uso de uma boa comunicação para escutar o cuidador informal e apoiá-lo durante um período que é tradicionalmente difícil, demonstrando disponibilidade e compreensão durante todo o processo.

## 5. Palavras-Chave

Comunidade, cuidador informal, cuidados paliativos, profissionais de saúde.

## 6. Referências

ANDRADE C: Transição para prestador de cuidados: sensibilidade aos cuidados de enfermagem. Pensar Enfermagem 13 (1); 2009: 61-71.

CLEMENTS L: Carers – the sympathy and services stereotype. British Journal of Learning 32 (1); 2004: 6-8.

COMISSÃO NACIONAL DE CUIDADOS PALIATIVOS: Plano estratégico para o Desenvolvimento dos Cuidados Paliativos B*iénio 2017-2018,* Ministério da Saúde, Lisboa, 2016.

FERREIRA A, PEREIRA A, MARTINS J: Cuidar da pessoa com doença avançada na comunidade: Um estudo fenomenológico. Revista Referência Série IV (8); 2016: 45-53.

FERREIRA A, PEREIRA A, MARTINS J, BARBIERI-FIGUEIREDO M: Cuidados Paliativos e Enfermagem nas dissertações e teses em Portugal: um estudo bibliométrico. Revista da Escola de Enfermagem da USP 50(2); 2016: 317-323.

GAMONDI C, LARKIN P, PAYNE S: Core competencies in palliative care: an EAPC white paper on palliative care education – part 2. European Journal of Palliative Care 20(3); 2013: 140-5.

GUARDA H, GALVÃO C, GONÇALVES M: Apoio à Família. Em: A. Barbosa & I. Neto, edits. Manual de Cuidados Paliativos. FMUL, Lisboa; 2010: 749-60.

JARVIS A: Working with carers in the next decade: the challenges. British Journal of Community Nursing 15(3); 2010: 125-8.

MARQUES M, TEIXEIRA H, SOUZA D: Cuidadores informais de Portugal: vivências do cuidar de idosos. Trab. Educ. Saúde 10(1); 2012: 147-59.

WORLD HEALTH ORGANIZATION, WHO: National Cancer Control Programmes: policies and managerial guidelines, Genebra, 2002.

# Cuidados Paliativos Domiciliários

ELAINE AIRES

## 1. Introdução

O aumento da população mundial associado à evolução da medicina no que diz respeito a diagnóstico e tratamento de doenças resulta numa maior prevalência de doenças crônicas progressivas, dentre as quais se destacam as neoplasias, doenças neuro-degenerativas, diabetes, doenças cardiovasculares e distúrbios mentais. Estes fatores, associados ao resultante envelhecimento populacional – e seu maior risco de desenvolvimento de deficiências – são responsáveis pelo cenário mundial atual de 200 milhões de pessoais com dificuldades funcionais consideráveis (OMS, 2011a) e com necessidade de cuidados constantes.

O número limitado de leitos hospitalares ocasionado pela crescente demanda abriu precedentes para a busca de novas formas assistenciais para a atenção especializada, como alternativa à tradicional hospitalização – a níveis ambulatorial, domiciliário e à distância (González Ramallo et al., 2002).

A assistência domiciliar se caracteriza por qualquer forma de cuidado a pessoa doente pela sua família, amigos ou comunidade, com apoio e orientação dos serviços de saúde treinados; esta abordagem ultrapassa o auxílio às dificuldades funcionais, ao promover também apoio psicossocial e espiritual.

Um dos valores fundamentais dos cuidados paliativos é a possibilidade de escolha do local para receber cuidados e para a morte (OMS, 2011b). Neste contexto, cuidados paliativos domiciliários permitem que o ambiente familiar, quando possível e desejado, promova importantes efeitos na melhoria da qualidade de vida e no cumprimento dos princípios dos cuidados paliativos; também apresentam como grandes vantagens a manutenção da privacidade e a confidencialidade, além de aumentar a conscientização da comunidade em relação aos cuidados paliativos (OMS, 2016).

## 2. Enquadramento Histórico e Desenvolvimento

Os cuidados paliativos domiciliários estão em expansão, ao visarem um tipo de atenção mais humanitária e menos técnica em relação à adotada por serviços hospitalares. Tem-se o registro que os cuidados em domicílio se iniciaram nos Estados Unidos da América no ano de 1947, com o objetivo de descongestionar o hospital, encontrar um ambiente psicologicamente mais favorável ao doente e reduzir as dificuldades encontradas pelas classes mais desfavorecidas da sociedade pela ausência de seguro médico (González Ramallo *et al.*, 2002). Na Europa, este tipo de cuidado se iniciou em França, no ano de 1951, conhecido como "hospitalização domiciliar"; desde então, surgiram milhares de agências certificadas para os cuidados em domicílio (González Ramallo *et al.*, 2002), e iniciativas promissoras têm sido desenvolvidas para apoiar as pessoas que morrem em casa e as suas famílias (OMS, 2011b).

Ao longo da abordagem dos cuidados de fim de vida é importante que os serviços disponíveis para este fim sejam, dentro do possível, de acordo com as necessidades e preferências dos indivíduos. O ambiente físico de diferentes contextos, como hospitais e lares de cuidados, pode ter um impacto direto na experiência de cuidados para as pessoas no fim da vida e nas memórias dos seus familiares/cuidadores, portanto, cenários em que a dignidade e o respeito sejam facilitados devem ser proporcionados. Através da comunicação e com base na melhor informação disponível sobre a situação, os responsáveis pelos cuidados devem estar conscientes destas informações e, se possível, o doente deve considerar os cuidados que deseja receber (Departament of Health, 2008).

O lar é apontado pela maioria dos estudos como o local de preferência por utentes candidatos aos cuidados paliativos; entretanto, na Europa, a maioria das mortes ainda ocorre a nível hospitalar (OMS, 2011b). Na prática, diversos fatores têm impacto sobre as necessidades e preferências ao cuidado e, consequentemente, sobre o local da morte. Entre eles estão a trajetória da doença e a existência de comorbidades; fatores sociodemográficos; suporte social e familiar; fatores psicológicos, espirituais/religiosos e culturais; a experiência de cuidados de saúde até ao momento, particularmente em relação à morte de outros (Departament of Health, 2008).

Duas importantes questões se destacam para a prática de cuidados domiciliários: 1. O desejo expresso pela pessoa doente e seus familiares (que acessível através de uma comunicação adequada entre estes e os profissionais de saúde responsáveis). Este desejo expresso pode mudar a qualquer momento; 2. A existência de serviços de apoios domiciliários bem estruturados com uma equipe que esteja a acompanhar e orientar o desenvolvimento do cuidado. Uma integração e coordenação eficazes das instituições e serviços que promovem os cuidados paliativos melhorarão a qualidade no acesso e continuidade destes (EAPC, 2010).

### 2.1. Integração de Cuidados

As diversas formas para se estabelecer um serviço de cuidados paliativos variam de acordo com o contexto social e de saúde de cada país. Os utentes e seus familiares/cuidadores, mesmo que já se encontrem em cuidados domiciliários, podem necessitar de ter acesso a uma combinação complexa de serviços diferentes, desde serviços médicos e de enfermagem primários, serviços de urgência para atendimento a casos agudizados, serviços de transporte e atendimento especializado em cuidados paliativos. Em um sistema que funcione bem, há a necessidade de interação e integração entre estes diferentes níveis de cuidado, de forma que combinem com a necessidade individual do utente a cada momento, e para que estes e seus familiares possam transitar e ter acesso a serviços de alta qualidade (Departament of Health, 2008; OMS, 2016).

### 2.2. Vantagens

No ambiente domiciliar é possível a realização de cuidados necessários no cumprimento dos objetivos dos cuidados paliativos, de forma proporcional à sua complexidade, mas com menor exposição a procedimentos fúteis muito acessíveis no hospital. A manutenção da autonomia é favorecida, por permitir que a pessoa doente possa realizar algumas atividades domésticas e manter o seu papel. Além disso, permite preservar a privacidade, por menor exposição a desconhecidos, atividades médicas e ao sofrimento de outros doentes (Wenk, 2006).

Existem evidências significativas que os cuidados paliativos domiciliários reduzem o fardo dos sintomas, sobretudo para doentes oncológicos, e sem causar maior sofrimento à família. Muitos doentes se sentem mais confortáveis em sua casa do que em um ambiente de saúde. Os cuidados paliativos domiciliários aumentam a chance de morrer em casa, o que possibilita o cumprimento do desejo expresso por grande parte da população (OMS, 2011b; Gomes *et al.*, 2013).

O ambiente domiciliar favorece a aceitação da perda, por antecipação da morte e reduzir os estigmas desta (Wenk, 2006). Além disto, os membros da família são integrados no processo, o que, por sua vez, significa que o paciente tem fácil acesso aos cuidados (OMS, 2016).

### 2.3. Custos

Apesar de aparentemente vantajoso do ponto de vista financeiro pela diminuição do número de intervenções hospitalares, ainda não está claro se os cuidados paliativos domiciliários reduzem os gastos em saúde. Sob as perspectivas de planejamento de serviços, os cuidados domiciliários podem economizar custos, como aponta grande parte dos estudos, porém são resultados ainda sem força suficiente para detectar significância estatística (Gomes *et al.*, 2013).

De uma forma geral, considera-se que, com a realização de cuidados paliativos domiciliários, pode-se cortar gastos que são gerados em outros locais do sistema de saúde, em particular os hospitais.

### 2.4. Desafios

A implementação em larga escala de serviços de cuidados paliativos domiciliários de qualidade só é possível com a existência de políticas que favoreçam o apoio doméstico ao utente e seus cuidadores (OMS, 2011b).

Idealmente deveria existir uma equipe de cuidados paliativos domiciliários, acessível a todo momento, para cada 100 000 habitantes (EAPC, 2010), mas isto ainda não é uma realidade, pois há dificuldades para a implementação de serviços de qualidade. Em muitos países, a falta de financiamento para infraestruturas ao cuidado sobrecarrega as famílias, de forma que cuidadores informais não estão bem orientados para o controle adequado de sintomas e das necessidades dos doentes. Estes fatores, associados a relutância dos médicos de família em fazer visitas domiciliares, formam grandes desafios para a prática dos cuidados paliativos domiciliários (OMS, 2011b).

As principais dificuldades em relação à prestação de cuidados de fim de vida de alta qualidade na comunidade incluem (Departament of Health, 2008):

- A pobre identificação, avaliação e coordenação de cuidados de fim de vida por alguns profissionais;
- Falta de disponibilidade de serviços de cuidados de forma contínua;
- Acesso deficiente à pronta provisão de equipamento e modificações na casa dos utentes;
- Dificuldade em aceder aos medicamentos fora das horas de trabalho de rotina;
- Falta de formação e desenvolvimento profissional contínuo;
- Má coordenação entre prestadores de serviços de atenção primária e secundária;
- Informações inadequadas aos cuidadores sobre o que esperar e o que fazer.

## 3. Definição e Clarificação Conceptual

De acordo com a Organização Mundial de Saúde (2016: 18), "os cuidados paliativos domiciliários proporcionam cuidados a pessoas com problemas de saúde crônicos, como câncer, doenças cardíacas, renais e respiratórias avançadas, HIV/AIDS e doenças neurológicas crônicas, na casa em que o doente vive. É mais bem realizada por uma equipe multidisciplinar treinada em cuidados paliativos, incluindo médicos, enfermeiros, agentes comunitários de saúde e voluntários".

Uma equipe de cuidados paliativos domiciliários deve ser multidisciplinar e capaz de oferecer apoio ao utente e seus familiares, sobretudo no controle de sintomas, apoio social, psicológico e espiritual. Também é apta ao conselho a médicos de família e enfermeiros que acompanham o caso, pois a colaboração entre profissionais é essencial para uma boa assistência domiciliária (EAPC, 2010). A equipe responsável também fornece aconselhamento e apoio aos membros da família para ajudá-los como cuidadores, e é capaz de facilitar o encaminhamento para serviços adicionais (OMS, 2016).

Ainda segundo a OMS (2016), são requisitos essenciais para um serviço de cuidados paliativos domiciliários:

1. Um cuidador familiar deve fornecer os cuidados ao utente ao longo do maior tempo possível.
2. Ambientes domésticos devem ser seguros para a equipe visitar, e é necessário um lugar seguro e acessível para a equipe armazenar medicamentos e equipamentos, bem como para haver discussões sobre doentes e planejamento de visitas.
3. Um meio de transporte é necessário para permitir a visita domiciliária pela equipe, e os membros também precisam de telemóveis para que possam ficar em contato com utentes e famílias durante todo o dia. Estes devem poder contatar a equipe de cuidados domiciliários fora das visitas.
4. Uma equipe multidisciplinar de enfermeiros, médicos, psicólogos//conselheiros, assistentes sociais e voluntários. Uma enfermeira de tempo integral e um médico a tempo parcial são os requisitos mínimos para uma equipe de cuidados domiciliários, embora isso dependa das normas reguladoras e do sistema de saúde no país.
5. Treinamento da equipe e dos familiares/cuidadores.
6. Os formulários padrão devem ser usados para documentar registros de pacientes e, idealmente, o utente/família deve assinar um formulário de consentimento. Um registro de saúde deve ser mantido para cada paciente. Os registros de utilização de todos os medicamentos (e especialmente morfina) devem ser mantidos em conformidade com as leis e regulamentos locais.
7. Medicamentos básicos para controle e manejo de sintomas, antibióticos e antifúngicos, suplementos nutricionais. Equipamento médico básico para procedimentos diagnósticos e terapêuticos, higiene, curativos, coleta de material biológico e administração de medicamentos.

Serviços de cuidados paliativos domiciliários incluem equipes de cuidados domiciliários ligadas a serviços hospitalares, *hospices*, centros de cuidados comunitários e equipes de apoio à comunidade (Gomes *et al.* 2013).

O modelo de "hospitalização domiciliar" implica um tipo de cuidado que, por oferecer um serviço médico e de enfermagem intensivo, se assemelha mais ao tratamento a nível hospitalar do que aos cuidados domiciliários habituais, e está a ganhar espaço nos cuidados paliativos, como alternativa ao tratamento intra-hospitalar (EAPC, 2010). Apresenta maior dificuldade na sua implementação, pois além do desejo do doente e cuidadores, implica no cumprimento de critérios médicos, sociais e geográficos (González Ramallo et al., 2002).

Os serviços de "*hospice* em casa" trazem as habilidades e cuidados práticos associados ao movimento *hospice* no ambiente doméstico, ao promover condições para alta hospitalar ou gerir situações que, em outras circuntâncias, necessitariam de cuidados hospitalares (National Association for Hospice at Home, 2016).

Outros modelos também têm sido desenvolvidos para fornecer aos indivíduos o apoio adicional em casa. Estes incluem "serviços de resposta rápida", que permitem que os utentes sejam avaliados fora de horas em suas próprias casas, de forma a evitar que eles sejam levados a um serviço de acidentes e emergência (Departament of Health, 2008).

## 4. Conclusão

A importância de proporcionar cuidados paliativos que garantam as necessidades e apoio aos portadores de doenças avançadas e seus cuidadores, que desejam permanecer no lar, é particularmente atual e promissora. O fortalecimento e a prática dos cuidados paliativos domiciliários através da implementação de políticas de saúde, educação profissional e informação à população podem gerar grandes melhorias na qualidade de vida e de morte dos doentes. Estudos que considerem ainda mais as vantagens e limitações destes cuidados são essenciais para o aprimoramento da abordagem em cuidados paliativos domiciliários.

O tipo de serviço ideal para cada utente em cuidados paliativos e em cuidados de fim de vida deve ser baseado nas suas necessidades e possibilidades. A decisão de receber cuidados paliativos em casa deve considerar suas preferências, bem como opinião dos familiares e cuidadores, que são detectáveis através da comunicação. O acesso à saúde, a conexão entre os serviços que prestam cuidados paliativos, além da ponderação dos possíveis riscos e benefícios, são fatores essenciais associados a esta prática.

## 5. Palavras-Chave

Cuidado domiciliário, cuidados paliativos, cuidados paliativos domiciliários, medicina domiciliária, visita domiciliária.

## 6. Referências

Associação Europeia de Cuidados Paliativos (EAPC): White Paper on standards and norms for hospice and palliative care in Europe: part 1. In: Recommendations from the European Association for Palliative Care. European Journal of Palliative Care 16 (6); 2009.

Associação Europeia de Cuidados Paliativos (EAPC): White Paper on standards and norms for hospice and palliative care in Europe: part 2. In: Recommendations from the European Association for Palliative Care. European Journal of Palliative Care 17(1); 2010.

Departament of Health (DH): End of Life Care Strategy – promoting high quality care for all adults at the end of life. London: Departament of Health; 2008. Acesso em dezembro de 2016, de https://www.gov.uk/government/uploads/system/uploads/attachment_data/file/136431/End_of_life_strategy.pdf.

Gomes B, Calanzani N, Curiale V, McCrone P, Higginson IJ: Effectiveness and cost-effectiveness of home palliative care services for adults with advanced illness and their caregivers. Cochrane Database of Systematic Reviews 2013, Issue 6. Art. No.: CD007760. DOI: 10.1002/14651858.CD007760.pub2.

González Ramallo VJ et al.: Hospitalización A Domicilio. Med Clin (Barc) 118 (17); 2002: 659-64.

National Association for Hospice at Home: What is Hospice at Home? Acesso em dezembro 2016, de http://www.nahh.org.uk/.

Organização Mundial de Saúde: Summary – World Report on Disability. Genebra: WHO, 2011 a. Acesso em dezembro de 2016, de http://apps.who.int/iris/bitstream/10665/70670/1/WHO_NMH_VIP_11.01_eng.pdf.

Organização Mundial de saúde: Palliative Care For Older People: Better Practices. Genebra: WHO Regional Office for Europe; 2011 b. Acesso em dezembro de 2016, de http://www.euro.who.int/__data/assets/pdf_file/0017/143153/e95052.pdf.

Organização Mundial de Saúde: Planning and implementing palliative care services: a guide for programme managers. Genebra: WHO; 2016. Acesso em dezembro de 2016, de http://apps.who.int/iris/bitstream/10665/250584/1/9789241565417-eng.pdf?ua=1.

Wenk R: Palliative Home Care. In: Bruera E, Higginson IJ, Ripamonti C, von Gunten C. Textbook of Palliative Medicine. Londres: Edward Arnold (Publishers) Ltd; 2006: 277-284.

# Cuidados Paliativos na Adolescência

CARLA SERRÃO

## 1. Introdução

Nas últimas décadas, a expansão tecnológica e avanços médicos trouxeram inegáveis progressos em todas as especialidades da saúde. Este novo contexto permitiu a redução da taxa da mortalidade infantil e, complementarmente, possibilitou um aumento das taxas de sobrevida de crianças/adolescentes com doenças graves, potencialmente letais e limitadoras da vida (Bergstraesser, 2012). Apesar de todo este avanço, alguns casos não respondem aos tratamentos atualmente disponíveis, necessitando de cuidados paliativos complexos, que têm como objetivo primordial proporcionar o controle mais adequado dos sintomas e melhorar a qualidade de vida da criança, do adolescente e da sua família.

Os Cuidados Paliativos Pediátricos, embora derivem da Medicina Paliativa dirigida a adultos, exigem especiais abordagens que visam prestar um cuidado ativo e total à criança/adolescente, no contexto do seu corpo, mente e espírito, bem como oferecer suporte a toda a sua família (WHO, 1998). É um processo que se inicia "quando a doença é diagnosticada e continua independentemente de a criança/adolescente receber ou não tratamento dirigido à doença. Para tal, devem 'ser avaliados e aliviados os sinais de sofrimento físico, psicológico e social' e desenvolvidos a partir de uma 'abordagem multidisciplinar que inclui a família e usa os recursos disponíveis na comunidade'." (WHO, 1998: 8).

As discussões científicas e os impulsos legais e normativos que, em termos mundiais e nacionais, têm surgido sobre este processo, têm sido substanciais no reforço ao valor fundamental da dignidade da pessoa humana. Ora, deste pilar decorre todo um conjunto de princípios bioéticos que importa refletir, criticar e questionar. É precisamente sobre esta temática que se debruça esta reflexão.

## 2. Enquadramento Histórico e Desenvolvimento

Durante décadas, e a nível mundial, os cuidados paliativos constituíram uma resposta dirigida em exclusivo a pessoas adultas em situação de doença incurável e incapacitante.

Em Portugal, os cuidados paliativos mereceram atenção peculiar no Programa Nacional de Saúde em 2004, passando a contemplar uma nova área – Cuidados Paliativos, com a emergência do Programa Nacional de Cuidados Paliativos. Em 2006, com a criação da Rede Nacional de Cuidados Continuados Integrados (RNCCI), (Decreto-Lei nº 101/2006, de 6 de junho), são expressas orientações específicas no que diz respeito a cuidados a adultos, ficando, todavia, por definir as particularidades dos Cuidados Paliativos Pediátricos.

Os Cuidados Paliativos Pediátricos (CPP), ainda que sejam uma extensão da filosofia de cuidados paliativos de adultos, têm especificidades, sobretudo pela heterogeneidade de diagnósticos, pela disponibilidade limitada de fármacos específicos para crianças/adolescentes, pelas trajetórias longas e prognósticos incertos, pelas diferentes fases desenvolvimentais em termos de maturidade biológica, cognitiva e emocional, pelo sofrimento familiar que produz, pelos dilemas éticos, morais e jurídicos que coloca e pelo elevado impacto psicossocial (Fundazione Maruzza Lefebvre D'Ovidio Olnlus, 2009; McCulloch, Comac, Craig, 2008).

Embora em crescente expansão, apenas uma "minoria das crianças [adolescentes] portadoras de doenças incuráveis beneficia de cuidados especializados nesta área. Muitas delas morrerão em condições inadequadas: desprovidas de alívio sintomático, por norma em ambiente hospitalar" (Fundazione Maruzza Lefebvre D'Ovidio Olnlus, 2009: 10).

Em 2014, Portugal foi considerado pela OMS o país menos desenvolvido da Europa Ocidental em matéria de prestação de CPP, em particular no que dizia respeito a crianças/adolescentes que apresentavam doenças crônicas complexas, limitantes da qualidade de vida e da esperança de vida. Em igual período, o Grupo de Trabalho do Gabinete do Secretário de Estado Adjunto do Ministro da Saúde (Despacho nº 8286-A, de 25 de junho de 2014 e

Despacho nº 8956, de 11 de julho de 2014) corroborou este fato, notificando que o atual formato de "prestação de cuidados pela RNCCI não se presta à inclusão de crianças [e adolescentes], pois não têm uma resposta adequada às suas necessidades, tanto em serviços e formação dos profissionais como em rapidez de resposta" (Lacerda, 2014: 79).

É em sequência deste e de outros movimentos que em 2015 são definidas as condições de instalação e funcionamento das unidades de internamento de cuidados integrados pediátricos e as unidades pediátricas de ambulatório (Portaria nº 343/2015, de 12 de outubro). Fica, desta forma, explícita a necessidade premente de organizar os serviços de CPP, para garantir a prestação de cuidados adequados.

### 3. Definição e Clarificação Conceptual

As categorias de doenças que requerem CPP são múltiplas. Contudo, os critérios de inclusão para CPP são, de acordo com os "Standards of practice for pediatric palliative care and hospice" (2009: 5-6): "doenças que colocam a vida em risco, para as quais existem tratamentos curativos mas que podem não resultar" (Grupo I); "doenças em que a morte prematura é inevitável, mas em que podem existir longos períodos de tratamento intensivo" (Grupo II); "doenças progressivas sem opções terapêuticas curativas, sendo o tratamento exclusivamente paliativo e podendo estender-se ao longo de vários anos" (Grupo III) e "doenças irreversíveis não progressivas, que causam incapacidades graves, levando a maior morbilidade e probabilidade de morte prematura" (Grupo IV).

Estes cuidados dirigem-se a crianças entre os 0 e os 19 anos. Contudo, nesta reflexão centrar-nos-emos especificamente na adolescência.

A adolescência situa-se entre os 10 e os 19 anos e constitui a etapa de transição entre a infância e a adultez (WHO, 1986). É um período de rápidas mudanças fisiológicas, emocionais e psicológicas. É uma fase de busca e construção da identidade, de desenvolvimento da autoimagem, de afastamento progressivo das figuras parentais, de necessidade de construção de novas e significativas relações com os pares, de amadurecimento físico e cognitivo com o desenvolvimento da habilidade de pensar de forma hipotético-dedutiva, em que as aspirações e planos de futuro tomam grandes proporções (*e.g.* Larouche, Chin-Peuckert, 2006; Thomas, 2006).

Lidar com todas estas transformações é exigente, mais ainda quando o adolescente se depara com a notícia de uma doença crônica complexa, limitante ou ameaçadora da vida, do seu tratamento, dos efeitos colaterais e das restrições e limitações que essa patologia pode causar. Sem dúvida, é um momento de particular vulnerabilidade, no qual o adolescente deve ser apoiado no encontro da homeostasia entre a dependência e o desejo de autonomia, pese embora as diligências na tomada de decisões sobre os cuidados.

Perante um evento não normativo e inesperado, como é o surgimento de uma doença potencialmente fatal e limitadora da vida de um filho, todo o sistema familiar terá de se reorganizar para que possa lidar com os cuidados e o tratamento que a doença requer (Carvalho, 2008). Tais transformações podem desencadear coesão interna no sistema, ou, ao invés, atitudes de evitamento face à doença por parte de alguns membros do grupo familiar (Silva, 2001).

Independentemente desse processo ser mais ou menos facilitado pela forma como cada membro lida com esse evento, a doença exige uma reestruturação cotidiana familiar e social em sequência de hospitalizações, de tratamentos, dos efeitos colaterais (*e. g.* perda de peso, fadiga, náuseas). As ausências à escola (Thomas, 2006), as restrições às suas atividades regulares, pais extremamente cautelosos e protetores (Hokkanen Eriksson, Ahonen, Santera, 2004), a dependência relativamente à família, são apenas alguns fatores que podem desencadear perda de sentido de autonomia e a ambivalência de sentimentos (Carter, Levetown, 2004).

Falar de cuidados paliativos e, em específico, de CPP, exige uma reflexão em torno do referencial ético nuclear da sociedade democrática e plural que é a dignidade humana. É deste pilar que decorrem outros princípios, nomeadamente do respeito pela autonomia, do princípio da beneficência e da não-maleficência.

### 3.1. Princípio da autonomia

A autonomia pode ser analisada à luz do exercício do consentimento informado, livre e esclarecido. Contudo, e logo à partida, são levantados dois critérios que podem impedir o seu pleno exercício. Por um lado, a norma legal de maioridade civil que advoga a incapacidade a menores de 18 anos. Nesta lógica, adolescentes com idade inferior a 18 anos não são considerados legalmente competentes para tomar decisões médicas, por eles próprios, incluindo as decisões correspondentes ao fim da vida. Por outro lado, pode advogar-se a existência de maturidades cognitivas diferenciadas apesar de idades cronológicas iguais. Para esta leitura e prática concorrem, como é óbvio, as percepções e representações socioculturais do grau de capacidade do adolescente em decidir sobre si próprio, associadas também a valores que podem constituir-se como elementos impeditivos para o seu exercício.

De fato, e tendo em conta que os representantes legais dos adolescentes são os pais/tutores legais, os direitos dos adolescentes, assim como os seus interesses e a sua participação na decisão, podem ser escamoteados. Pode, nesta sequência, haver um conflito entre a ética, a atitude do profissional e a legislação.

Ora, perante este quadro, com paradoxos múltiplos, emergem várias questões: é ou não levada em consideração a autonomia do adolescente? Qual a visão dos profissionais e das famílias/tutores legais relativamente à capacidade deste sujeito em entender as informações e sobre a sua capacidade de julgamento relativamente ao que seria melhor para si? Neste processo é realizado apenas o assentimento? É tida em conta, além da idade, a maturidade e a capacidade de compreender desse sujeito em particular, ou impera somente o argumento etário? E se os tutores legais/pais não derem autorização à equipe para falar com o adolescente sobre a sua doença, riscos e benefícios de um determinado tratamento, o que impera: os direitos dos adultos ou os direitos dos menores?

Além disso, neste processo é tida em conta a capacidade de discernimento dos tutores, pais e mães? Nesta situação, segue-se meramente um protocolo ou um processo?

Embora se possa argumentar que o adolescente é menor, o reconhecimento jurídico, internacional e nacional, da criança/adolescente como sujeito autônomo de Direitos Humanos (Lei nº 142, de 8 de setembro de 2015: 7212), exige prosseguir o "superior interesse" da criança/adolescente, e daqui decorre a concretização de outros direitos, nomeadamente: do direito à individualidade, intimidade e privacidade; do direito à palavra e à participação.

Muitos profissionais e famílias que lidam com adolescentes em situação de doença crônica e paliativa "reconhecem que por toda a situação que passam no decurso do processo de doença, [os adolescentes] adquirem experiência e demonstram uma perspicácia notável sobre a sua situação" (Carter, Levetown, 2004: 355). Foi este argumento que levou a Academia Americana de Pediatras a sugerir que um "adolescente com 14 anos, a menos que demonstre o contrário, pode ter a capacidade funcional para fazer a ligação sobre as diferentes informações que lhe são dadas, podendo decidir por ele próprio, incluindo tomar decisões para descontinuar terapia que prolongue a vida" (Carter, Levetown, 2004: 355). Nesta ordem de ideias, defende-se que deve ser dado ao adolescente tanta informação quanto aquela que o mesmo desejar, apresentada para que ele entenda e para que possa tomar decisões. Se o adolescente apresentar incapacidade para tomar decisões, precisa, no entanto, de saber que a sua família o fará.

Nesta sequência, parece constituir um argumento válido relativizar a dimensão etária para julgar o direito à autonomia, uma vez que para um adolescente com doença incurável ou em fim de vida, o processo de autonomia não se perspectiva a médio ou a longo prazo. Para este sujeito, a autonomia desenvolve-se no imediato, no momento presente, no cotidiano (Nitschke, Meyer, Huszti, 2001).

Em suma, a provisão do cuidado paliativo pediátrico exige uma colaboração dialógica e estreita entre todos os sistemas aos quais o adolescente pertence, respeitando, sempre que possível, a voluntariedade do mesmo (American Academy of Pediatrics, 2000). Todas estas condições constituem-se como pré-requisitos para a concretização do respeito pela autonomia do adolescente.

### 3.2. Princípio da beneficência e da não-maleficência

O princípio da beneficência relaciona-se com o dever de fazer o bem. Porém, a aplicação prática deste princípio é muito complexa e a tomada de decisões baseada estritamente na beneficência pode desencadear processos paternalistas que, necessariamente, determinam o limite à escolha autónoma (*e.g.* American Academy of Pediatrics, 2000).

Ponderar entre o risco e o benefício não é tarefa simples, depende dos valores e dos interesses das pessoas implicadas, da reflexão sobre as consequências individuais, familiares e sociais. A incurabilidade da doença e as prescrições que visam combater a morte, mesmo que seja reconhecida a irreversibilidade da situação clínica, põem em causa os princípios éticos de beneficência e de não-maleficência (Beauchamp, Childress, 2012). A sua aplicação corresponde à obstinação terapêutica, sendo criticável, na medida em que o plano terapêutico deve ser conduzido em função de obtenção de ganhos e não de perdas.

A obstinação terapêutica e a distanásia, como uma tendência excessiva de tratamento, têm implicações graves na qualidade de vida dos sujeitos e das suas famílias. Estudos de diagnóstico excessivos e invasivos, terapêuticas de alta tecnologia ou hospitalizações constantes poderão espelhar as dificuldades dos profissionais em aceitar, por um lado, as limitações da intervenção, e por outro, a morte. Por isso, urge orientar o cuidado centrado na pessoa e não na doença dessa pessoa (Nunes, 2008).

A não discussão com os adolescentes sobre os fenômenos inerentes ao adoecer e à doença, como indícios de proteção ao sofrimento, podem desencadear percepções e ideias erradas sobre a doença. O próprio sofrimento causado por procedimentos invasivos dolorosos, cujas finalidades não são apresentadas ao adolescente, pode implicar mais dúvidas e também mais sofrimento (Yeh, 2002).

Neste processo de cuidado, o ato comunicativo é central no respeito pela dignidade humana. Uma comunicação empática, mostrando disponibilidade para "responder a todas as questões de forma honesta, sincera", encorajando a expressão de emoções, medos e esperanças, pautada pela negociação e oportunidades de escolha (Carter, Levetown, 2004: 79), dão ao adolescente, embora de forma circunscrita, algum sentimento de poder.

Em nome da beneficência e fora de possibilidades terapêuticas, os profissionais podem ainda propor tratamentos experimentais. Contudo, estes "novos medicamentos comportam riscos muito graves, podem aumentar o sofrimento revestindo-se de, não raras vezes, uma autêntica distanásia" (Teixeira, Braz, 2009: 56). Ora, perante este cenário e perante a recusa do adolescente em participar neste tratamento, prevalece a conduta paternalista? São os outros que decidem sobre a sua vida, sobre o seu corpo? Havendo a habilidade para reconhecer os objetivos dos cuidados, os benefícios e as consequências terapêuticas, deve ou não o adolescente ter o poder de renunciar tratamentos que prolonguem a vida? Se este poder não for estabelecido, o princípio da autonomia é ou não garantido?

## 4. Conclusão

Em Portugal, a provisão de CPP constitui um campo ainda em construção, pese embora o conjunto de orientações conceptuais, metodológicas e instrumentais já produzidas que permitem consolidar práticas.

O compromisso de humanizar os cuidados requer reflexão sobre as premissas que orientam as práticas dos profissionais, cuja preocupação primordial deverá ser a preservação da dignidade da pessoa, com respeito pelas suas necessidades, desejos valores éticos e princípios morais, o alívio da dor total e do sofrimento, através dos recursos tecnológicos e psicológicos disponíveis. Uma resposta adequada centrada na pessoa e na família exige a consciencialização de que no cuidado paliativo "a tecnologia é o tempo e o espaço; e as ferramentas mais importantes de trabalho são a palavra e a escuta" (Barbosa, Neto, 2010: 462).

O processo cuidativo, ao envolver múltiplas questões éticas, socioculturais e subjetivas, é complexo e desafiante para as equipes. Outras orientações, nomeadamente as que são emanadas na Carta dos Direitos da Criança em Fim de Vida (Fondazione Maruzza LeFebvre D'Ovidio Onlus, 2014), podem constituir-se como espaços de reflexão sobre as práticas.

Por fim, é de salientar que a literatura sobre o fenómeno do adoecer e os CPP é ainda residual, evidenciando a necessidade premente de investigação (*e. g.* Mendes, Silva, Santos, 2012), nomeadamente no que diz respeito às necessidades paliativas pediátricas (Lacerda, 2014).

## 5. Palavras-Chave

Adolescente, autonomia, cuidados paliativos pediátricos, dignidade humana.

## 6. Referências

AMERICAN ACADEMY OF PEDIATRICS: Palliative care for Children. Pediatrics 106 (2); 2000: 351-357. ISSN: 0031-4005. Online ISSN: 1098-4275.

BARBOSA A, NETO I: Manual de Cuidados Paliativos. 2, Lisboa: Faculdade de Medicina da Universidade de Lisboa, 2010.

BEAUCHAMP TL, CHILDRESS JF: Principles of Biomedical Ethics. 7, New York: Oxford University Press, 2012.

BRAZ M, TEIXEIRA JB: O projeto ético-político do Serviço Social. Serviço social: Direitos sociais e competências profissionais. Brasília: CFESS/ABEPSS, 2009.

Carter BS, Levetown M: Palliative care for infants, children and adolescents – A practical handbook. Jonhs Hopkins University Press, 2004.

Carvalho CSU: A necessária atenção à família do paciente oncológico. Revista Brasileira de Cancerologia 54 (1); 2008: 97-102.
Despachos nº 8286-A, Diário da República, 2ª série – Nº 120 – 25 de junho de 2014. Gabinete do Secretário de Estado Adjunto do Ministro da Saúde, 2014.
Despacho nº 8956, Diário da República, 2ª série – Nº 132 – 11 de julho de 2014. Gabinete do Secretário de Estado Adjunto do Ministro da Saúde, 2014.
Fondazione Maruzza LeFebvre D'Ovidio Onlus: The trieste charter – charter of the rights of the dying child, Roma: Aleteia Communicatio, 2014.
Hokkanen H, Eriksson E, Ahonen O, Santera S: Adolescents with cancer: Experience of life and how it could me made easier. Cancer Nurs 27 (4); 2004: 325-335.
Lacerda AF (coord.): Cuidados paliativos pediátricos. Relatório do Grupo de Trabalho do Gabinete do Secretário de Estado Adjunto, 2014.
Larouche SS, Chin-Peuckert L: Changes in body image experienced by adolescents with cancer. J Pediatr Oncol Nurs 23 (4); 2006: 200-209.
Lei nº 142, de 8 de setembro, Segunda alteração à Lei de Proteção de Crianças e Jovens em Perigo, aprovada pela Lei nº 147/99, de 1 de setembro. Diário da República, 1ª série – Nº 175 – 8 de setembro de 2015.
Mendes J, Silva LJ, Santos M J: Cuidados paliativos neonatais e pediátricos para Portugal – Um desafio para o século XXI. Acta Pediátrica Portuguesa 43 (5); 2012: 218-222.
McCulloch R, Comac M, Craig F: Paediatric palliative care: Coming of age in oncology? Eur J Cancer 44 (8); 2008: 1139-1145.
Morais G, et al.: Comunicação como instrumento básico no cuidar humanizado em enfermagem ao paciente hospitalizado. Acta Paulista de Enfermagem 22; 2009: 323-327.
Nitschke R, Meyer WH, Husztti H C: When the tumor is not the target, tell the children. J Clin Oncol 19; 2001: 595-596.
Piedade, M: Humanização: Uma reflexão na perspetiva dos cuidados paliativos. Revista Enformação 11; 2009: 8-13.
Portaria nº 343/2015, de 12 de outubro. Diário da República, 1ª série – Nº 199 – 12 de outubro de 2015.
Standards of practice for pediatric palliative care and hospice. National Hospice Palliative Care Organization, 2009. Disponível em: http://www.nhpco.org/sites/default/files/public/quality/Ped_Pall_Care%20_Standard.pdf.pdf
Silva CN: Como o câncer (des)estrutura a família. São Paulo: Annablume, 2001.
Thomas DM: Adolescents a young adult cancer: A revolution in evolution? Int Med J 36; 2006: 302-307.

WORLD HEALTH ORGANIZATION: Cancer and pain relief and palliative care in children. Genève: WHO, 1998. Disponível em: http://www.who.int/cancer/palliative/definition/en/.

WORLD HEALTH ORGANIZATION: Young people's health – A Chalence for society. Report of a WHO Study Group on young people and health for all. Genève: WHO, 1986.

YEH CH: Life experience of taiwanese adolescentes with cancer. Scan J. Caring Sci 16; 2002: 232-239.

# Cuidados Paliativos na Comunidade

CLEDY ELIANA DOS SANTOS
Em colaboração com José Manuel Peixoto Caldas, Newton Barros

## 1. Introdução

Ao longo dos anos os cuidados paliativos (CP) vêm continuamente passando por transformações na forma de atendimento. Uma das mudanças importantes é a transição do cuidado entre os diferentes níveis de atenção, principalmente do cenário hospitalar para a comunidade (atenção primária e cuidados domiciliários), em diferentes estágios da doença.

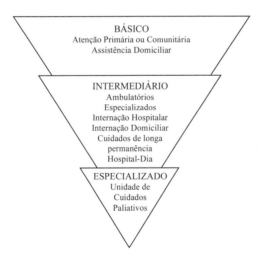

Atualmente, os modelos de prestação de serviços de cuidados paliativos estão relacionados com o nível de atenção em saúde: 1) básico: unidades de atenção primária, assistência domiciliar; 2) intermediário: ambulatório e clínicas especializadas, cuidados de longa permanência (*hospices*/centros sociossanitários) hospital-dia; internação domiciliar; 3) especializado: hospitalar (unidades de internação em cuidados paliativos).

## 2. Enquadramento Histórico e Desenvolvimento

A prestação de cuidados paliativos é reconhecida como sendo de responsabilidade de todo o sistema de saúde e não apenas dos serviços especializados de cuidados paliativos.

As pessoas que enfrentam doenças progressivas que limitam a vida, com ou sem comorbidades associadas, requerem diferentes níveis de assistência clínica, emocional, social e espiritual ao longo da trajetória de sua doença.

Além dos cuidados e tratamentos específicos relacionados com a doença de base, é provável que tenham necessidades que são muitas vezes referidas como cuidados paliativos de fim de vida, especialmente quando se aproximam do último ano de suas vidas.

Para assegurar que os pacientes tenham garantidos os cuidados nos diferentes níveis de atenção em saúde necessários para resolver suas condições ou circunstâncias, as relações entre pacientes, familiares, cuidadores e profissionais de saúde devem ser claramente descritas, considerando os diferentes aspectos de prestação de cuidados paliativos.

O papel do profissional que atende na rede primária de saúde é fundamental para a prestação de cuidados integrais das pessoas com doenças que limitam a vida ou apresentam sintomas instáveis episódicos, ou por períodos prolongados, como consequência de sua doença.

## 3. Definição e Clarificação Conceptual

### 3.1. Configurações da comunidade

O ambiente familiar é definido por muitas pessoas como o local de preferência para receber os cuidados de enfermos graves sem possibilidade de tratamento curativo e, também, passar os últimos dias de vida. As configurações comunitárias incluem a casa do paciente ou um ambiente de vida na comunidade, como unidades de atenção primária, centro de cuidados ou apoio. Entretanto, a dispensação de assistência comunitária precisa também de considerar questões diversas de nível social e econômico como acessibilidade, deslocamento, cuidadores, bem como a provisão de recursos para a promoção dos cuidados.

Existem três condições importantes para a realização adequada de cuidados paliativos na comunidade: 1) organização de cuidados na comunidade e/ou no nível de atenção primária em saúde que responda pela prestação de cuidados paliativos; 2) competência profissional adequada e 3) confiança dos pacientes e familiares no tipo de cuidado dispensado.

Para promover a dispensação de cuidados paliativos de qualidade, o sistema de saúde deve investir na formação e qualificação dos profissionais por meio da sensibilização e treinamento de equipes multidisciplinares, além de estabelecer estreita colaboração com os cuidadores, as famílias, os serviços sociais e unidades especializadas de saúde (Brasil, 2006; Santos e Mattos, 2008, 2011; Santos, Teixeira, Matos, 2012).

## 4. Conclusão

A equipe de atenção primária tem papel fundamental nos cuidados paliativos da comunidade, considerando que é neste nível de assistência que frequentemente acontece o primeiro ponto de entrada na rede de saúde e de ligação com outros serviços especializados.

Por outro lado, as equipes de cuidados paliativos precisam de reconhecer que seu principal papel é de nível especializado e que a maioria das prestações em CP "básicos" deve ser atribuída a outras estruturas, sejam elas familiares, amigos ou outros profissionais de saúde. Por isso é muito importante o estabelecimento de uma parceria com a equipe de atenção primária, que se encontra em uma posição privilegiada para realizar a abordagem, pelo menos inicial, das situações de final de vida e para dar continuidade aos cuidados das pessoas em momentos sucessivos de seu ciclo de vida (Vilosio, 2016).

Para integrar a abordagem de cuidados paliativos na gestão de doenças crônicas dentro do sistema de cuidados de saúde, é necessário reconhecer três principais situações:

- Os avanços no tratamento das doenças crônicas estão mudando trajetórias da doença, permitindo um tempo maior de vida, embora muitas vezes com dor, perda de função ou outros sintomas;

- A crescente percepção de que os cuidados paliativos são uma abordagem integral centrada na pessoa, mostrando que tem algo de valor para oferecer a todas as pessoas com doença grave;
- A forte evidência que cuidados paliativos de alta qualidade podem melhorar a saúde e a qualidade de vida e reduzir a utilização de serviços de saúde mais dispendiosos.

Segundo a Canadian Hospice Palliative Care Association (2012), esta modalidade de assistência deve ser oferecida pelos diferentes níveis de atenção em saúde (atenção primária, cuidados crônicos e cuidados prolongados) o mais cedo possível no decurso de uma doença (ou seja, logo após o diagnóstico) e em toda a trajetória de doença da pessoa.

## 5. Palavras-chave

Atenção primária em saúde, cuidados paliativos, equipes de cuidados, níveis de cuidados, transição de cuidados.

Quadro 1 – Níveis de cuidados paliativos

| Níveis de Cuidados Paliativos | | | |
|---|---|---|---|
| | Nível Básico | Nível Intermediário | Nível Especializado |
| Princípios de cuidados paliativos | Devem ser praticados por todos os profissionais de saúde em todos os níveis de atenção | | |
| Ações de saúde | Promoção e a proteção da saúde, a prevenção de agravos, o diagnóstico, o tratamento, a reabilitação e a manutenção da saúde | Atender aos principais problemas e agravos de saúde da população, cuja complexidade da assistência na prática clínica demande a disponibilidade de profissionais especializados e a utilização de recursos tecnológicos | Situações de elevada complexidade e de difícil resolução |

# CUIDADOS PALIATIVOS NA COMUNIDADE

| Níveis de Cuidados Paliativos | | | |
|---|---|---|---|
| | Nível Básico | Nível Intermediário | Nível Especializado |
| Conhecimento | Treinamento básico para abordagem de cuidados paliativos | Treinamento adicional – Qualificação | Treinamento avançado Especialização |
| | | Experiência em cuidados paliativos | Prática diária de assistência em cuidados paliativos |
| Local de atendimento | Ambulatório de atenção primária em saúde | Ambulatório geral | Ambulatório especializado de cuidados paliativos |
| | Unidades básicas de saúde | Hospitalar | Unidade hospitalar de cuidados paliativos |
| | Assistência domiciliar | Internação domiciliar | Internação domiciliar |
| | Comunidade | Instituições de cuidados prolongados (*hospice*/ centro sociossanitário) | Monitoramento pós-alta hospitalar |
| Recursos | Mais cuidados em geral Recurso tecnológico básico | Recursos tecnológicos, para o apoio diagnóstico e tratamento de sintomas. | Alta complexidade |
| Assistência | Referência e contrarreferência de apoio diagnóstico, terapêutico, ambulatorial e hospitalar com serviços do nível intermediário ou especializado | Co-gestão com unidade especializada | Equipe exclusiva de cuidados paliativos |
| Abrangência *vs.* Atendimento de necessidades | 60 a 70% dos indivíduos com doença progressiva e avançada | 25 a 30% dos casos | 5 a 10% dos casos refratários |

## 6. Referências

Brasil. Ministério da Saúde: Programa Nacional de DST e Aids: rotinas de assistência domiciliar terapêutica (ADT) em HIV/Aids, MS, Brasília, 2006.

Canadian Hospice Palliative Care Association: The palliative approach: improving care for canadians with life-limiting illnesses. Ontario: Saint Vincent

Hospital; 2012. Disponível em: http://www.hpcintegration.ca/media/38753/TWF-palliative-approach-report-English-final2.pdf

SANTOS CE, MATTOS LFC: Cuidados paliativos em atenção primária à saúde, Promef, 3; 2008: 131-156.

Santos CE, Mattos LFC: Os cuidados paliativos e a medicina de família e comunidade. In: Santos FS (Org.). Cuidados paliativos: diretrizes, humanização e alívio de sintomas, Atheneu, São Paulo 1; 2011: 17-24.

Santos CE, Teixeira FM, Mattos LFC: Cuidados paliativos na atenção primária à saúde. In: Gustavo Gusso JMCL (Org.). Tratado de medicina de família e comunidade, Artmed, Porto Alegre 1; 2012: 810-816.

Vilosio JO: Los cuidados paliativos en atención primaria: un comentario sobre el manual del Instituto Nacional del Cáncer, Evid Act Pract Ambul, 19 (2); 2016: 62-63.

# Cuidados Paliativos na Terceira Idade

ELISABETE SILVA

## 1. Introdução

O processo de envelhecimento acarreta uma série de efeitos e consequências adversas, os quais são particularmente evidentes na terceira idade. Com efeito, a esta faixa etária associa-se também a uma maior prevalência de doenças crónicas graves, sendo que um grande número de pessoas com 65 anos ou mais vive com e morre destas doenças, que são geralmente precedidas por longos períodos de declínio físico e *deficit* funcional. Assim, é evidente a necessidade de cuidados especializados para dar resposta a estes problemas que poderão acompanhar o processo de envelhecimento, de que poderão ser exemplo os cuidados paliativos. Estes focam-se na prestação de cuidados que procuram tratar os diferentes sintomas, incluindo o alívio da dor, que decorrem de doenças crónicas e limitadoras da vida, tendo em conta as necessidades relacionadas com o envelhecimento (Open Society Foundations, 2016).

## 2. Enquadramento Histórico e Desenvolvimento

O envelhecimento tem sido definido como um processo multidimensional que envolve mudanças ao nível físico, psicológico e social com consequências variadas e diferentes de indivíduo para indivíduo. Assume-se, assim, como um processo diferencial, na medida em que não envelhecemos todos da mesma forma, variando a velocidade e a sua gravidade de pessoa para pessoa (Sequeira, 2010).

A compreensão deste fenómeno natural, progressivo e irreversível tem vindo a ser alvo de crescente atenção como forma de se otimizar o cuidado à população idosa, sendo que, tal como indicado anteriormente, é na terceira idade que mais se sentem os efeitos e consequências do envelhecimento. Assim, importa perceber o que é normal neste processo e o que é patológico. Antes, esta distinção era quase inexistente, havendo vários indivíduos com patologias graves que não eram diagnosticadas por se confundirem os sintomas da doença com sintomas do processo de envelhecimento normal. Atualmente, as melhorias no sistema de saúde permitem que a população idosa receba maior atenção, percebendo-se cada vez mais as alterações que ocorrem com o envelhecimento.

No que se refere ao processo de envelhecimento normal, este diz respeito às alterações próprias da idade, atingindo todos os indivíduos inevitavelmente. São exemplos de alterações próprias do processo de envelhecimento normal, as rugas na pele, diminuição da força e da massa óssea. O indivíduo é atingido de forma gradual e progressiva, dependendo de vários fatores. O envelhecimento normal do organismo não requer intervenção terapêutica, mas sim a proatividade do indivíduo sobre a sua saúde. Já o envelhecimento patológico requer intervenção terapêutica, na medida em que se refere às doenças que poderão ocorrer com o avançar da idade, mas que não ocorrem em todos os indivíduos. A respeito deste envelhecimento patológico, estima-se que cerca de 75% dos idosos tenham pelo menos uma doença crônica, e que 50% tenham pelo menos duas (Calkins *et al.*, 1999). As doenças crônicas são, de fato, mais comuns na população idosa, trazendo grande dependência a esta população e a necessidade de cuidados específicos. Surgem, assim, os cuidados paliativos como cuidados especializados para dar resposta a estas diferentes necessidades decorrentes de doenças crônicas graves e ameaçadoras da vida, e que são particularmente relevantes na terceira idade.

Os cuidados paliativos foram inicialmente definidos pela Organização Mundial de Saúde, em 1990, como "todo o cuidado ativo e total para pacientes cuja doença não responde ao tratamento de cura". Implícita nesta definição está, portanto, uma abordagem deste tipo de cuidados como sendo holísticos e centrados no paciente, atendendo não só aos aspectos físicos, mas também aos psicológicos, sociais e espirituais que decorrem de doenças crônicas e, particularmente, quando a cura deixa de ser possível (Al-Mahrezi, Al-Mandhari, 2016). Estima-se que em todo o mundo 35 milhões de pessoas requerem cuidados paliativos, prevendo-se que este número aumente ainda mais devido ao envelhecimento da população, ao aumento do número de casos de câncer e às alterações no estilo de vida (Bhatnagar, Gupta, 2016). É notória a crescente visibilidade destes cuidados, percebendo-se a sua intervenção cada vez mais ampla e tomando-se consciência da sua importância.

Embora não haja uma doença para a qual se destinem particularmente os cuidados paliativos, numa fase inicial da intervenção destes cuidados, os mesmos eram dirigidos apenas a pessoas com câncer em estádio avançado. No entanto, por questões de equidade de acesso a estes cuidados específicos, o seu âmbito de intervenção tem vindo a ser alargado, não se destinando atualmente só aos doentes com câncer, mas também a outras patologias, como sejam as insuficiências avançadas de órgãos, AIDS, doenças neurológicas degenerativas, demências, entre outras (APCP, 2006). O Plano Nacional de Cuidados Paliativos (DGS, 2004) refere, a este propósito, que estes cuidados se destinam a pessoas que: a) não têm perspectiva de tratamento curativo; b) têm rápida progressão da doença e expectativa de vida limitada; c) têm intenso sofrimento e d) têm problemas e necessidades de difícil resolução, que exigem apoio específico, organizado e interdisciplinar.

A intervenção dos cuidados paliativos tem vindo, também, a ser reconhecida como devendo focar-se nas necessidades do doente associadas ao sofrimento, não olhando apenas ao diagnóstico e prognóstico, havendo evidências de que estes cuidados respondem de forma mais adequada do que qualquer outra área do saber médico (Neto, 2014). Assiste-se, portanto, a uma mudança de concepção no entendimento dos cuidados paliativos, de um modelo centrado no prognóstico, para um modelo centrado nas necessidades, sendo que as concepções atuais enfatizam que este tipo específico de cuidados deve intervir de forma estruturada e rigorosa em qualquer fase da doença (APCP, 2006), atendendo às necessidades desafiadoras de pacientes e familiares, seja qual for o diagnóstico do paciente (Gamondi et al., 2013). Preconiza-se também que a sua abordagem assente num modelo partilhado e de gestão da doença crônica, contrariamente ao modelo dicotômico e separado, a que se assistiu anteriormente (APCP 2006). Isto significa que não se devem oferecer só cuidados dirigidos à doença ou só cuidados paliativos, mas sim que estes dois tipos de cuidados sejam oferecidos em simultâneo (Neto, 2014). Por conseguinte, um número cada vez maior de pessoas são assistidas pelos cuidados paliativos (National Consensus Project for Quality Palliative Care, 2009), independentemente da idade, do tipo e estádio da doença (American Society of Clinical Oncology, 2017).

Particularmente na terceira idade esta assistência é benéfica pois, para além de ser a fase na qual as pessoas apresentam um maior grau de vulnerabilidade e maior suscetibilidade a doenças é, também, um período da vida em que o risco de morte é mais iminente, e muitas vezes inesperada, quer pela presença de determinada doença quer pelo próprio declínio associado à idade. Nas situações em que coexiste uma doença crônica grave e ameaçadora da vida, e particularmente em fases mais avançadas, a pessoa idosa poderá estar muito mais debilitada. Com efeito, cuidar e dar apoio, e mais especificamente prestar cuidados paliativos, poderá evitar sintomas incontroláveis e ajudar no alívio de outra sintomatologia exacerbada pelo próprio processo de envelhecimento, contribuindo, dessa forma, para melhorar a qualidade de vida do idoso. Contudo, não só pela presença de doenças debilitantes a pessoa idosa requer a intervenção de cuidados paliativos. A terceira idade tem associado um maior risco de desenvolvimento de uma doença crônica e ameaçadora da vida, pelo que os cuidados paliativos, na perspectiva de cuidados destinados a aliviar o sofrimento, poderão ser benéficos também para os idosos sem uma condição de saúde diagnosticada, sobretudo pela preocupação com a possibilidade da ocorrência de uma doença incapacitante e com grande impacto na qualidade de vida. Afasta-se, assim, a ideia de que os cuidados paliativos são cuidados para as pessoas que estão a morrer, sendo que a sua prestação pode, até mesmo, ser iniciada antes do diagnóstico (Sociedade Brasileira de Geriatria e Gerontologia, 2015).

## 3. Definição e Clarificação Conceptual

É evidente na literatura a crescente abrangência dos cuidados paliativos, assim como o aumento de dificuldades e necessidades manifestadas em virtude do processo de envelhecimento, quer normal quer patológico. Ressalva-se, assim, os benefícios da prestação de cuidados paliativos na terceira idade. Estes, destinados a esta fase específica da vida, têm vindo a ser referidos como uma prioridade urgente na saúde pública. Neste contexto, e atendendo à especial pertinência de cuidados especializados dirigidos a idosos, surge o conceito de "cuidados paliativos geriátricos", definidos pela European Union Geriatric Medicine Society como a prestação e gestão de cuidados médicos às pessoas idosas que sofrem de problemas associados a doença progressiva e avançada, com prognóstico limitado, tendo como objetivo a promoção da qualidade de vida. Esta definição, embora tenha em consideração os conceitos e princípios dos cuidados paliativos no geral, apresenta algumas especificidades, na medida em que requer um conhecimento geriátrico de forma a perceber as características específicas desta população, das suas condições de saúde e dos sintomas. Enfatiza, ainda, a importância da autonomia das pessoas na tomada de decisões e apela a habilidades de comunicação ao discutir e dar informações aos pacientes mais velhos e às suas famílias (Pautex *et al.*, 2010). De salientar, também, que os cuidados paliativos geriátricos devem envolver as necessidades quer do paciente quer da família, integrando apoio físico, psicossocial e espiritual (OSF, 2016).

Apesar de ser indicada a importância dos cuidados paliativos na terceira idade, nem sempre estes chegam às pessoas mais velhas (Hall *et al.*, 2011), o que resulta num acréscimo do sofrimento por falta de acesso aos mesmos (Lloyd *et al.*, 2016). A este respeito, tem vindo a ser indicado que as pessoas mais velhas têm necessidades diferentes e mais complexas em comparação com os jovens, embora sejam estes últimos que acabam por ter maior acesso a este tipo de cuidados. Importa, por isso, ter em consideração a maior prevalência de problemas nos idosos e geralmente com efeito cumulativo, aumentando o risco de dependência da pessoa e, consequentemente, a necessidade de cuidados. Adicionalmente, deve também considerar-se o impacto psicológico associado às várias dificuldades e declínio que ocorrem no idoso, assim como a agudização dos sintomas pela coexistência frequente de condições crônicas de saúde, o que poderá contribuir para um agravamento da dependência e fragilidade física e psicológica (Pereira, 2014).

Mesmo entre a população idosa assiste-se a diferenças no acesso aos cuidados paliativos. Lloyd e colaboradores (2016) indicam que as pessoas com mais de 85 anos têm uma probabilidade menor de receber cuidados paliativos do que as pessoas com menos de 85 anos. De acordo com este autor, as pessoas mais velhas são entendidas como tendo menos necessidades de cuidados paliativos, em virtude de a morte ser mais esperada do que numa pessoa mais nova. Contudo, várias evidências sugerem que este grupo de pacientes apresenta, na verdade, necessidades não satisfeitas.

Entre as doenças crônicas que afetam a terceira idade e com risco aumentado de surgir com o envelhecimento encontram-se a demência, a osteoporose, o câncer e as doenças cardiovasculares. Estas, em conjunto com o próprio processo de envelhecimento normal, representam a principal causa de incapacidade e de mortalidade. Dependendo da condição de saúde, são vivenciados diferentes sintomas físicos e psicossociais perturbadores, que são cada vez mais alvo de atenção por parte dos profissionais de saúde, por terem um impacto significativo nas pessoas mais velhas e reduzirem significativamente a sua qualidade de vida. Avaliar e controlar estes sintomas é um dos principais objetivos dos cuidados paliativos geriátricos, de forma a proporcionar um acompanhamento adequado ao idoso.

De acordo com Pereira (2014), fazer a avaliação dos sintomas que acometem as pessoas idosas é um desafio, principalmente pelas representações sociais e culturais desta população e mitos que lhe estão associados. A dor, por exemplo, é um dos sintomas difícil de avaliar na terceira idade pois, com o avançar dos anos, a sua percepção diminui. Por sua vez, se a pessoa idosa não se queixa ou se ainda se mostra capaz de realizar algum tipo de atividade, esse fato é, geralmente, interpretado como significando ausência de dor, o que nem sempre corresponde à realidade. Também a presença de problemas cognitivos nesta população pode dificultar a expressão e relato dos sintomas experienciados, o que traz desafios acrescidos à sua avaliação. Deste modo, a utilização de diferentes instrumentos e protocolos que possibilitem uma avaliação adequada, fiável e válida dos diferentes sintomas exibidos pelo idoso revela-se fundamental. Também o controle da sintomatologia manifestada na terceira idade, que inclui dor, anorexia, humor débil, confusão, obstipação, insônia e incontinência como as dificuldades mais prevalentes, é outro dos desafios com que se deparam os profissionais de saúde. Tal fato deve-se, sobretudo, à polimedicação presente, habitualmente, nesta faixa etária, o que dificulta uma prescrição adequada de fármacos (Pereira, 2014).

Um estudo realizado por Wijk e Grimby (2008) identificou as necessidades do paciente idoso paliativo. Estas incluíam necessidades a nível físico, psicológico e social. Relativamente às necessidades físicas, a dor foi a dificuldade mais referenciada, tendo ainda sido identificadas náuseas, fraqueza severa e falta de ar. Quanto às necessidades psicológicas, foram principalmente identificadas a ansiedade e incerteza. Por último, as necessidades sociais estavam associadas às visitas de familiares e amigos próximos.

Para além da importância da identificação de necessidades e problemas, assim como do controle dos diferentes sintomas nesta faixa etária tão particular, é também importante atender aos desejos manifestados a respeito do contexto de cuidados. Na sua maioria, o local desejado pelas pessoas idosas para receberem cuidados e morrer é o domicílio. De fato, manter o idoso no domicílio pode preservar a sua autonomia e ajudar a recuperar a independência funcional. A Associação Portuguesa de Cuidados Paliativos (2017) refere mesmo que, sempre que a família e o paciente assim o desejem, devem os cuidados paliativos ser prestados no domicílio, embora seja fundamental uma rede eficaz de suporte familiar, comunitário e de cuidados. Com efeito, é de ressalvar que, para além da vontade da pessoa, deve-se também ter em consideração as condições do domicílio e do suporte existente, no sentido de perceber se é possível ou não atender ao desejo do doente. Contudo, e segundo Hall e colaboradores (2011), esta preferência permanece ainda, em grande parte, não satisfeita, acabando as pessoas por receber cuidados em contexto hospitalar. Os hospitais são, de fato, o local mais frequente onde são prestados os cuidados paliativos e, na sua maioria, o próprio local de morte das pessoas mais velhas. Afirmam também (2011) que, perante as necessidades manifestadas pelos idosos, é importante assegurar que os mesmos recebam bons cuidados paliativos, podendo as equipes hospitalares desempenhar um papel fundamental e eficaz no controle e na melhoria de sintomas e de outros problemas.

Os lares apresentam-se também como instituições importante no apoio ao idoso e nos cuidados que lhe são prestados. Grande parte dos idosos opta pela ida para um lar quando existe já alguma doença crônica causadora de grande dependência, tal como acidente vascular cerebral, Doença de Parkinson, demência, doença pulmonar obstrutiva crônica e insuficiência cardíaca. Estas, pelas consequências que acarretam ao longo da sua evolução, resultam num elevado grau de dependência manifestado pela pessoa idosa, sendo evidente a necessidade de uma adequada articulação entre estas instituições e os serviços de prestação de cuidados paliativos.

Qualquer que seja o contexto onde são prestados, a atuação dos cuidados paliativos tem vindo a ser reconhecida como fundamental para a pessoa idosa. Salienta-se, a este respeito, a importância de uma abordagem conjunta, entre a geriatria e os cuidados paliativos, que integre uma equipe de profissionais com várias competências e saberes, tendo sempre como objetivo o cuidado à pessoa e não esquecendo a integração da família em todo o processo de cuidar (SBGG, 2015).

## 4. Conclusão

A necessidade de cuidados paliativos em pessoas idosas é cada vez mais reconhecida em todo o mundo e também como consequência do envelhecimento da população. O aumento do número de idosos é notório, o que tem contribuído para um número crescente de pessoas com problemas múltiplos, sintomas perturbadores e maiores níveis de dependência, uma vez que a terceira idade tem associada uma maior prevalência de doenças crônicas debilitantes. Consequentemente, várias são as implicações para a família, comunidade, sistema de saúde e para a vida do próprio idoso, o que requer uma resposta adequada e especializada a esta população. Os cuidados paliativos têm vindo a ser referidos como benéficos nesta fase da vida, com foco na gestão de sintomas e contribuindo para a melhoria do bem-estar da pessoa idosa e da sua qualidade de vida.

De salvaguardar que é ainda escassa a resposta destes cuidados nesta população, principalmente em virtude de existir por vezes a ideia de que, pelo fato de se ser idoso, a morte é algo esperado e está iminente. Contudo, as evidências sugerem a existência de vários sintomas debilitantes decorrentes das doenças crônicas que afetam os mais velhos, podendo os cuidados paliativos apresentar-se como uma resposta adequada e eficaz no alívio do sofrimento. Conforme afirma Hall e colaboradores (2011), o desenvolvimento de serviços de cuidados paliativos que satisfaçam as necessidades das pessoas na terceira idade revela-se, assim, uma urgência, podendo contribuir para a promoção do conforto em diversas áreas da vida e para a melhoria do bem-estar e qualidade de vida.

## 5. Palavras-Chave

Cuidados paliativos geriátricos, doença crônica, envelhecimento normal e patológico, terceira idade.

## 6. Referências

AL-MAHREZI A, AL-MANDHARI Z: Palliative Care: Time for Action, Oman Medical Journal 31 (3); 2016: 161-163.

AMERICAN SOCIETY OF CLINICAL ONCOLOGY: Navigating cancer care, 2017. Retirado de http://www.cancer.net/navigating-cancer-care/how-cancer-treated/palliative-care.

ASSOCIAÇÃO PORTUGUESA DE CUIDADOS PALIATIVOS: Cuidados Paliativos, 2017. Retirado de http://www.apcp.com.pt/faq.html?close_cookie_policy.

ASSOCIAÇÃO PORTUGUESA DE CUIDADOS PALIATIVOS: Organização de serviços em cuidados paliativos. Recomendações da APCP, 2006. Retirado de: http://www.apcp.com.pt/uploads/Recomendacoes_Organizacao_de_Servicos.pdf.

BHATNAGAR S, GUPTA M: Integrated pain and palliative care, Annals of Palliative Medicine 5 (3); 2016: 196-208.

CALKINS E, BOULT C, WAGNER EH, *et al.*: New ways to care for older people. Building systems based on evidence, Springer, New York, 1999.

DIREÇÃO GERAL DA SAÚDE: Programa Nacional de Cuidados Paliativos, 2004. Retirado de http://www.apcp.com.pt/bibliografia/programa-nacional-de-cuidados--paliativos.html.

GAMONDI C, LARKIN P, PAYNE S: Core competencies in palliative care: an EAPC White Paper on palliative care education – part 1, European Journal of Palliative Care 20 (2); 2013: 86-91.

HALL S, PETKOVA H, TSOUROS AD *et al.*: Palliative Care for Older People: Better Practices, World Health Organization, Copenhague, 2011.

LLOYD A, KENDALL M, CARDUFF E *et al.*: Why do older people get less palliative care than younger people?, European Journal of Palliative Care 23 (3); 2016: 132-137.

NATIONAL CONSENSUS PROJECT FOR QUALITY PALLIATIVE CARE: Clinical Practice Guidelines for Quality Palliative Care, 2009. Retirado de http://www.nationalconsensusproject.org/guideline.pdf.

NETO IG: A propósito da criação da Competência de Medicina Paliativa, Cuidados Paliativos 1 (1); 2014: 13-16.

OPEN SOCIETY FOUNDATIONS: Public Health Fact Sheet. Palliative Care and Human Rights for Older Persons, 2016. Retirado de: https://www.opensocietyfoundations.org/sites/default/files/palliative-care-and-human-rights-for-older-persons-20161209.pdf.

PAUTEX S, CURIALE V, PFISTERER M *et al.*: A common definition of geriatric palliative medicine, Journal of the American Geriatrics Society 58 (4); 2010: 790-809.

PEREIRA SM: Cuidados paliativos para pessoas idosas, In AM Fonseca (Coord.), Envelhecimento, Saúde e Doença – Novos Desafios para a Prestação de Cuidados a Idosos (p. 291-311), Coisas de Ler, Vialonga, 2014.

SEQUEIRA C: Cuidar de idosos com dependência física e mental. Lidel, Lisboa, 2010.

SOCIEDADE BRASILEIRA DE GERIATRIA E GERONTOLOGIA: vamos falar de Cuidados Paliativos, 2015. Retirado de http://sbgg.org.br/wp-content/uploads/2014/11/vamos-falar-de-cuidados-paliativos-vers--o-online.pdf.

WIJK H, GRIMBY A: Needs of Elderly Patients in Palliative Care, American Journal of Hospice & Palliative Care 25 (2); 2008: 106-111.

# Cuidados Paliativos Pediátricos

MANUELA CERQUEIRA

## 1. Introdução

Na atualidade, existe uma enorme quantidade de patologias crônicas que afetam as crianças, muitas delas sem perspectiva de cura e/ou com caráter crônico e evolutivo, para as quais Portugal ainda não responde, de forma organizada e adequada, devido à fraca existência de cuidados paliativos especializados dirigidos a esta faixa etária.

O confronto com a incurabilidade, com doenças altamente avançadas que impedem o restabelecimento da saúde, passando a morte e a proximidade desta a ser a protagonista, transpõe as fronteiras da idade.

Nas crianças e jovens a morte é um acontecimento considerado antinatural e, como tal, distanciada do mundo infantil. Mas o processo de morrer é uma etapa da vida muito delicada, que envolve sofrimento, que exige à família (re)organização das suas dinâmicas, das suas rotinas e diversas adaptações. Salienta Browning (2011) que a morte de uma criança é, talvez, a maior calamidade que uma família tem de suportar. Assim, apoiar a criança em fim de vida e família requer cuidados de saúde especializados centrados neles, como uma unidade de cuidados. A Academia Americana de Pediatras para os Cuidados Paliativos Pediátricos (2000) refere que é fundamental o respeito pela dignidade da criança e família; ter acesso a cuidados paliativos com competência; existir suporte para os cuidadores; suporte profissional e social, bem como uma maior aposta na investigação e educação para a prestação de cuidados paliativos pediátricos.

A criança que se encontra a experienciar uma doença incurável continua a ter sentimentos, emoções, expectativas e vontades, ou seja, continua viva.

É fundamental preencher a vida da criança e da família de dignidade no processo de morrer, através de uma abordagem multidisciplinar com formação específica na área dos cuidados paliativos, orientando as intervenções para as necessidades multidimensionais da criança e família, inclusive a prestação de apoio no período do luto.

A perspectiva multidisciplinar nos cuidados paliativos pediátricos é fundamental para potenciar o bem-estar da criança e da sua família. Para isso, os objetivos delineados devem visar uma atenção individualizada e integral a cada criança, a gestão da dor e de outros sintomas, o apoio psicossocial e espiritual à criança ou jovem e à sua família durante o período da doença e o acompanhamento dos familiares durante o processo de luto.

## 2. Enquadramento Histórico e Desenvolvimento

A origem dos cuidados paliativos leva-nos até ao início da humanidade, uma vez que o sofrimento e a doença sempre foram parte da vida humana. A procura do alívio do sofrimento físico e espiritual surgiu nas civilizações mais antigas, como a hindu, chinesa e egípcia cerca de 2500 a. C., existindo um elo de ligação entre religião e saúde.

A partir da instalação do cristianismo, no século IV, Fabíola, uma matrona romana, dedicou-se a cuidar de pessoas carentes, disponibilizando a sua casa para o efeito, realizando visitas a doentes e a prisioneiros, dando origem ao movimento "*hospice*" com o significado de hospitalidade. A Igreja Católica teve um papel interventivo fundamental na orientação destes *hospices*.

No século XI, os cruzados consideraram-se como pioneiros na construção de casas para cuidar de doentes considerados incuráveis, formando a Ordem dos Cavaleiros Hospitaleiros.

Durante o século XVII foram surgindo várias instituições de caridade, por toda a Europa, que visavam dar abrigo a pobres, órfãos e doentes.

Só no século XIX é que essas mesmas organizações começaram a ter estrutura hospitalar com internamento de doentes oncológicos e doentes com tuberculose, onde se praticavam cuidados leigos baseados essencialmente no alívio da dor e de apoio espiritual. Ainda, no decorrer deste século, surgem novos locais de prestação de cuidados, com Jeanne Garnier e Mary Aikenhead, mantendo-se o apoio da Igreja.

Em Dublin, Irlanda, e em Londres, Inglaterra, em 1905 foi fundado o St Joseph's Hospice. Importa referir que os *hospices*, primeiramente, eram lugares de descanso para os peregrinos e, posteriormente, foram dando lugar a lares para assistência a moribundos, que precisavam de paz e dos últimos cuidados.

O acontecimento mais marcante, e que foi o impulsionador para o nascimento do movimento dos cuidados paliativos, decorre em 1948, a partir de um encontro entre Cicely Saunders e um judeu que estaria a morrer devido a um câncer, motivando-a e impulsionando-a para cuidar de forma adequada na gestão da dor e outros sintomas (Capelas *et al.*, 2014).

Na década de 60 surgiu o movimento moderno dos cuidados paliativos, culminando em 1967, em Londres, com a criação do primeiro *Hospice* – St. Christopher's Hospice –, liderado por Cicely Saunders, destinado ao acolhimento de doentes terminais. Embora a prestação de cuidados paliativos mantivesse a tradição de compaixão pelo sofrimento dos doentes em fim de vida, Cicely Saunders introduziu-lhe uma filosofia realista de aliviar os sintomas e, deste modo, o sofrimento, permitindo uma melhor adaptação à fase terminal do doente e família e, consequentemente, uma morte mais digna. Introduz, também, o conceito de "dor total".

Na década de 70 surgem as primeiras unidades de cuidados paliativos, nomeadamente no Japão, EUA, Noruega, Canadá, Suécia e Polônia, e constitui-se a primeira equipe intra-hospitalar e domiciliária no Reino Unido.

Em 1979, surge a National Hospice Organization nos Estados Unidos, que apresenta a primeira definição de cuidados paliativos, sendo estes introduzidos a partir do momento em que a doença é diagnosticada como incurável, e que visam a qualidade de vida ao doente com câncer em fase terminal.

Em 1986, em França, a "Circular Laroque" oficializa os cuidados paliativos. No entanto, é em 1988, com a criação da Associação Europeia dos Cuidados Paliativos (EAPC), que se assinala o alargamento dos cuidados paliativos à Europa.

Em 1990 a OMS concebe a primeira definição de cuidados paliativos, a qual foi atualizada em 2002 como uma "abordagem que promove a qualidade de vida do paciente e seus familiares diante de doenças que ameaçam a continuidade da vida, através de prevenção e alívio do sofrimento. Requer a identificação precoce, avaliação e tratamento da dor e outros problemas de natureza física, psicossocial e espiritual", chamando a atenção para a necessidade de se implementarem programas de cuidados paliativos.

Em 2014 a resolução WHA67.19 da 67ª Assembleia Mundial da Saúde sobre os cuidados paliativos reconhece a sua insuficiência, assim como a presença de enorme sofrimento de milhões de pessoas e suas famílias que poderia ser evitado ou minimizado.

No que se refere a Portugal, as primeiras iniciativas no âmbito dos cuidados paliativos surgem no século XX na década de 90. Surge em 1992 o primeiro serviço de tratamento da dor crônica no Fundão – Centro Hospitalar Cova da Beira, sendo na atualidade uma unidade de Medicina Paliativa. Dois anos após, surge a primeira unidade de cuidados paliativos no IPO e funda--se a Associação Nacional de Cuidados Paliativos (ANCP). Esta designação é alterada para Associação Portuguesa em Cuidados Paliativos (APCP) em 2007.

Em 2004, o Ministério da Saúde emite o Plano Nacional de Cuidados Paliativos, que os considera constituintes fundamentais dos cuidados de saúde gerais. Apela ao desenvolvimento dos cuidados paliativos a vários níveis, prevendo a criação de unidades de cuidados paliativos e a sua prestação por equipes multidisciplinares e interdisciplinares.

A 6 de junho de 2006 cria-se a Rede Nacional de Cuidados Continuados Integrados (RNCCI) através do Decreto-Lei nº 101/2006.

Em 2012 a Lei nº 52/2012, de 5 de setembro – Lei de Bases dos Cuidados Paliativos, consagra o direito e regula o acesso dos cidadãos aos cuidados paliativos, assim como a criação da Rede Nacional de Cuidados Paliativos (RNCP) a funcionar sob a tutela do Ministério da Saúde.

Em 2015, o Decreto-Lei nº 136/2015 de 28 de julho separa a UCP da RNCP.

No âmbito do nº 2 do Despacho 8286-A/2014, publicado no Diário da República, 2ª série, Nº 120, de 25 de junho de 2014, é nomeado um grupo de trabalho para os Cuidados Paliativos Pediátricos cuja missão consiste em propor soluções e formas de intervenções paliativas para a pediatria nos cuidados de saúde primários, bem como propor uma distribuição das tipologias de intervenções paliativas dirigidas a crianças no território nacional continental e incluir ações a desenvolver dirigidas às famílias e no apoio ao luto, entre outros.

A Portaria nº 343/2015, de 12 de outubro, enuncia as condições de instalação e funcionamento a que devem obedecer as unidades de internamento de cuidados integrados pediátricos de nível 1 e as unidades pediátricas de ambulatório, bem como as Equipas de Gestão de Altas (EGA) e as Equipes Cuidados Continuados Integrados (ECCI) destinadas a cuidados pediátricos da RNCCI.

O Despacho nº 7824/2016, de 15 de junho, nomeia a Comissão Nacional dos Cuidados Paliativos à qual compete a elaboração do plano estratégico para o desenvolvimento dos cuidados paliativos (biênio 2017-2018).

Salienta-se que, conforme afirma o Relatório do Grupo de Trabalho do Gabinete do Secretário de Estado Adjunto do Ministro da Saúde, Portugal é apresentado como o único país da Europa Ocidental sem atividade reportada em termos de cuidados paliativos pediátricos.

No Atlas de Provisão de CP em Fim de Vida da OMS podemos constatar que dois terços dos países não dispõem de CPP, possuindo a Europa o mais alto nível de provisão (39,5% dos países nos níveis generalista e especialista). Contudo, são várias as doenças que podem acometer crianças e jovens. Entre estas encontram-se doenças sem perspectiva de cura como doenças oncológicas e cardíacas graves, doenças nas quais a morte prematura é esperada, como a fibrose cística, infecção por HIV, perturbações gástricas graves ou malformações, doenças progressivas cuja intervenção é quase exclusivamente paliativa e que se pode prolongar por anos, como doenças neurodegenerativas, metabólicas ou anomalias cromossômicas e, por fim, doenças neurológicas não-progressivas altamente suscetíveis a complicações e que levam à morte prematura, como a prematuridade extrema, sequelas neurológicas importantes ou decorrentes de doenças infecciosas e lesões cerebrais hipoxias (Barbosa, Neto, 2010). Assim, os cuidados paliativos pediátricos seriam aqueles que defenderiam a melhor qualidade de vida da criança.

## 3. Definição e Clarificação Conceptual

Os Cuidados Paliativos Pediátricos são definidos pela OMS como aqueles que defendem a melhoria da qualidade de vida da criança e família como uma unidade de cuidados, independentemente da patologia, a partir do alívio da dor e outros sintomas físicos, bem como o apoio às necessidades multidimensionais e expectativas, que se estendem ao apoio no luto.

Os cuidados paliativos pediátricos, à semelhança do que ocorre nos cuidados paliativos dirigidos à população adulta, independentemente da patologia, são oferecidos com base nas necessidades de cada criança e suas famílias, pelo que deverão ser integrados nas fases mais precoces da doença. Salienta Himelstein et al. (2004: 206) que os cuidados paliativos pediátricos não são para a morte, mas sim para a vida. Estes consistem em ajudar as crianças e famílias a viver em pleno quando enfrentam problemas médicos complexos.

A Association for Children's Palliative Care, que recentemente se juntou com a Children's Hospices UK, constituindo a maior organização do Reino Unido na área dos cuidados paliativos pediátricos, denominada Together for Short Lives, definiu cuidados paliativos pediátricos como:

"Cuidados paliativos para crianças e jovens são uma abordagem ativa e total aos seus cuidados, desde o diagnóstico ou reconhecimento da situação, durante toda a sua vida e para além da sua morte. Abrangem elementos físicos, emocionais, sociais e espirituais, focando-se na melhoria da qualidade de vida da criança/jovem e suporte à sua família. Incluem o controle de sintomas, a provisão de períodos de descanso dos cuidadores e o acompanhamento na fase terminal e luto." (2009: 4).

A sociedade portuguesa de pediatria destaca uma série de princípios básicos para o cuidado paliativo infantil, focando-se nas recomendações europeias e americanas. Assim, de uma forma resumida, os cuidados paliativos pediátricos devem: centrar-se na criança e família como uma unidade de cuidados, proteger a criança e família de sofrimento desnecessário, adotar um modelo de assistência integrada, respeitar crenças e valores, promover a autonomia, facilitar a comunicação e criar um ambiente de confiança, apoiar e acompanhar o processo de luto, durante e após a morte.

### 3.1. A Multidisciplinaridade dos Cuidados Paliativos Pediátricos

Ajudar a criança em fase terminal e família requer uma abordagem multidisciplinar com profissionais de saúde detentores de formação específica na área dos cuidados paliativos pediátricos, devido à sua especificidade. A criança está viva e, como tal, necessita de cuidados integrais, e só numa perspectiva multidisciplinar e com formação específica conseguiremos responder às necessidades efetivas de cada criança/família, defendendo, assim, a preservação da sua dignidade. Salienta o Department of Health and Children (2009: 11) que, para cuidar da criança em fim de vida, a equipe multidisciplinar deverá possuir as seguintes competências: compreensão das necessidades da criança e família; capacidade de ouvir e respeitar o conhecimento dos pais, mecanismos e escolhas; saber lidar com a especificidade da doença; saber comunicar com crianças e adolescentes; conseguir providenciar apoio e suporte para toda a família; saber potenciar ao máximo o desenvolvimento e qualidade de vida da criança; capacidade de trabalhar com famílias de diferentes etnias ou estratos sociais e prever os possíveis problemas futuros.

A garantia de cuidados paliativos pediátricos de perspectiva multidisciplinar exige intervenções que fomentem a interação/comunicação de forma a apreender o mundo particular de cada criança e família. Para isso, o trabalho em equipe deve ser uma realidade, para que a finitude seja olhada sob diferentes ópticas, a fim de se alcançar um cuidado multidimensional. Só com um estabelecimento de metas e objetivos comuns podemos promover e dignificar o processo de morrer.

Na fase final de vida, quer a criança quer a família experimentam uma diversidade de medos, como: sofrer, morrer em solidão, separação, morte, entre outros, que necessitam de ser expressados para que o seu sofrimento seja minimizado. Assim, para entender e acompanhar este sofrimento é fundamental que a equipe de saúde possibilite uma comunicação efetiva, constituindo esta o núcleo da interação.

Continuar a ser quem é e ajudá-la a sentir-se quem é constitui-se como um dever ético e prático para a equipe de saúde, na qual a informação adquire um papel de relevo. Salienta Nunes (2013) que os profissionais de saúde devem ajudar o doente a decidir com plena consciência e para isso a informação tem de ser descodificada por quem a recebe.

A morte deve ser inserida na vida através de uma comunicação verdadeira, franca e facilitadora da expressão de sentimentos e emoções, de forma a construir-se uma boa morte. Mas, para isso, é necessário que a equipe multidisciplinar alcance uma maturidade que lhe permita lidar com estes contextos e, assim, dignificar o fim de vida.

## 4. Conclusão

A concepção de uma perspectiva multidisciplinar nos cuidados paliativos pediátricos é imprescindível para que o cuidado humano se efetive. As necessidades que envolvem criança e família são diversas e atingem as várias dimensões, exigindo cuidados que respondam a esta multidimensionalidade. Os diferentes profissionais que integram esta equipe multidisciplinar devem possuir formação em cuidados paliativos pediátricos, de forma a dar reposta adequada ao processo de fim de vida. É ainda fundamental que a equipe multidisciplinar veja a família e a criança como uma unidade de cuidados, que não separe o órgão do corpo, o corpo do espírito e o espírito do coração, isto é, aprende-se o conjunto: a criança doente, o seu olhar, o seu silêncio, as suas queixas, a sua agressividade, os seus medos não expressos.

## 5. Palavras-Chave

Cuidados paliativos pediátricos, multidisciplinaridade, trabalho em equipe.

## 6. Referências

AMERICAN ACADEMY OF PEDIATRICS COMMITTEE ON BIOETHICS AND COMMITTEE ON HOSPITAL CARE: Paliative Care for Children. Pediatrics 106 (2); 2000: 351-357.

BARBOSA A, NETO IG: Manual de Cuidados Paliativos. 2ª Ed. Lisboa: Núcleo de Cuidados Paliativos, Centro de Bioética da Faculdade de Medicina da Universidade de Lisboa, 2010. 814p. ISBN: 978-972-9349-22-5.

BROWNING D: To Show Our Humanness Relational and Communicative Competence in Pediatric Palliative Care. Bioethics Forum 18 (3/4): 23-28. Acesso em fevereiro de 2017, de: http://www.ipepweb.org/documents/humanness_proofs.pdf.

CAPELAS M, et al: Desenvolvimento histórico dos cuidados paliativos: visão nacional e internacional. In Revista Cuidados Paliativos – Associação Portuguesa de Cuidados Paliativos 101; nº 2 outubro 2014: 6-12. Acesso em fevereiro de 2017, de: WWW:<URL: http://www.apcp.com.pt/uploads/revistacp.vol01.nº02.pdf.

CONNOR SR, BERMEDO M, eds. Globa: Atlas of Palliative Care at the End of Life. Worldwide Palliative Care Alliance (WPCA) & World Health Organization (WHO), 2014.

DEPARTMENT OF HEALTH AND CHILDREN. PALLIATIVE CARE FOR CHILDREN WITH LIFE LIMITING CONDITIONS IN IRELAND SECTION ONE: Defining and describing palliative care for children A National Policy, Irlanda, 2009.

FORJÃES DE LACERDA A, et al: Cuidados Paliativos pediátricos: Relatório do Grupo de Trabalho do Gabinete do Secretário de Estado Adjunto do Ministro da Saúde (despachos 8286-A/2014 e 8956/2014).

HIMELSTEIN BP, HILDEN JM, BOLDT AM, WEISSMAN D: Pediatric palliative care. N Engl J Med 350; 2004: 1752-1762.

NUNES R: Gene-Ética, Almedina, Coimbra, 2013.

ORGANIZAÇÃO MUNDIAL DE SAÚDE. Disponível em: http://www.who.int/cancer/palliative/definition/en/.

# Delirium

MIGUEL JULIÃO

## 1. Introdução

O *delirium* é a complicação neuropsiquiátrica mais frequente em contexto de cuidados paliativos.

A existência de *delirium* é uma fonte de sofrimento para os doentes, suas famílias e cuidadores, sendo uma tarefa médica complexa entre os profissionais de saúde no que diz respeito à sua identificação e tratamento.

A correta avaliação, diagnóstico e terapêutica farmacológica e não farmacológica são essenciais para melhorar a qualidade de vida e minimizar a morbilidade em cuidados paliativos (Alici, Breitbart, 2009).

## 2. Enquadramento Histórico e Desenvolvimento

A palavra *delirium* deriva etimologicamente do latim *"de"* que significa *em baixo ou fora de* e *"lira"* que significa *sulco ou trilho de arado nos campos* (Smith et al., 1995). Portanto *delirare* significa sair do caminho, perder o caminho certo ou direito, ser louco ou demente (Morandi et al., 2008).

A primeira descrição mais fidedigna de *delirium* surgiu com Hipócrates e foi designada como *phrenitis*, um período de confusão e inquietação que se associava a doença física (febre, pneumonia ou traumatismo, entre outras alterações físicas), estabelecendo-se, na época, uma importante relação entre alterações mentais ou psíquicas e a doença do corpo (Morandi et al., 2008).

O termo *delirium* associado à medicina foi usado pela primeira por Celsus, designando um distúrbio mental com várias etiologias (frequentemente associado a febre), englobando o *phrenitis* e o *lethargus* – estado de confusão associada a doença física com sonolência e inércia (Morandi *et al.*, 2008). Ainda hoje conhecemos e classificamos três tipos de *delirium*: o hipoativo, o hiperativo e o misto.

Nos nossos dias, o desenvolvimento da investigação em *delirium* em diferentes grupos de doentes, em conjunto com a tentativa internacional de consenso relativo à sua correta terminologia, permitiu um avanço no conhecimento sobre esta perturbação psiquiátrica comum.

### 3. Definição e Clarificação Conceptual

#### 3.1. Definição

Em Medicina, o termo *delirium* encontra-se ainda envolto em controvérsia e erradas definições, apesar dos esforços internacionais desenvolvidos no sentido de desenvolver um consenso uniformizador e regulador.

Importa assim fazer a clara distinção entre *delirium* e delírio.

O primeiro refere-se à disfunção cerebral orgânica e global caracterizada por alterações da consciência e cognitivas ao nível da atenção, pensamento, memória, percepção, discurso, emoções, comportamento psicomotor e do ciclo sono-vigília.

Já o termo delírio define-se como a alteração do conteúdo do pensamento, com crenças falsas, que resultam de uma apreciação errada da realidade, que não cedem à lógica nem à evidência do real.

#### 3.2. Epidemiologia e Fisiopatologia

O *delirium* é particularmente comum em cuidados paliativos prestados a pessoas com câncer em estádios avançados e a sua prevalência pode atingir os 90% nas últimas horas, dias e semanas da vida (Lawlor, Bush, 2015). Apesar da elevada prevalência desta perturbação psiquiátrica, o nível de reconhecimento, registro e tratamento é notavelmente pobre (*idem*) e diversas razões são apontadas para que tal se verifique, entre elas: a sobreposição sintomática com a depressão e a demência; a variabilidade de apresentação sintomática; a presença de casos de *delirium* hipoativo com pobre expressão sintomática identificável; existência de questões profissionais e de política institucional (ausência de tempo e privacidade para a correta avaliação), o desconhecimento sobre as ferramentas de *screening* e diagnóstico a utilizar.

A fisiopatologia do *delirum* é complexa e, frequentemente, multifatorial. Diversos modelos têm sido propostos para a explicar, mas é o modelo conceptual de Inouye e Charpentier (1996) que colhe maior aceitação geral na comunidade médica e científica. Segundo este modelo, a ocorrência de *delirium* deve-se à interação entre os fatores predisponentes de cada pessoa – risco basal – (Tabela 1) e os fatores precipitantes (Tabela 2).

**Tabela 1.** *Fatores predisponentes à ocorrência de* delirium.

- Demência
- Doença de Parkinson
- Declínio cognitivo
- Idade avançada
- Depressão
- História anterior de consumo alcoólico
- História anterior de doença cerebrovascular
- Neoplasia cerebral primária ou metastática
- Síndrome paraneoplásica
- *Performance status* reduzido
- Falência multiorgânica
- Progressão/gravidade de doença
- Diminuição da acuidade visual e auditiva
- Apneia obstrutiva do sono
- Polifarmácia

**Tabela 2.** *Fatores precipitantes à ocorrência de* delirium.

- Neoplasia cerebral primária ou metastática
- Encefalite paraneoplásica
- Período pós-ictal
- Epilepsia
- Edema cerebral pós-radioterapia craniana
- Acidente vascular cerebral
- Medicação com opioides
- Medicação com benzodiazepinas
- Medicação com antidepressivos, sobretudo ISRS
- Medicação com antihistamínicos
- Medicação com anticolinérgicos
- Medicação com corticoides
- Medicação com quinolonas
- Quimioterapia citotóxica
- Abstinência alcoólica, opioide e banzodiazepínica
- Infecção, sépsis
- Falência orgânica (cardíaca, renal, hepática, respiratória)
- Alterações hidroeletrolíticas
- Desidratação
- Anemia
- Dor não controlada
- Retenção urinária
- Alterações do espaço físico

ISRS, inibidores seletivos da recaptação da serotonina.

### 3.3. Screening e diagnóstico

São diversos os instrumentos disponíveis para o *screening* e o diagnóstico de *delirium*, mas a sua aplicação em estudos em cuidados paliativos ainda se mostra escassa.

A escala mais utilizada para o *screening* de *delirium* é o CAM – Confusion Assessment Method. Está validada para uso em contexto de cuidados paliativos e encontra-se traduzida e validada para a língua portuguesa (Sampaio *et al.*, 2013), revelando boas propriedades psicométricas, sendo facilmente utilizável e, de acordo com a evidência atual, trata-se do instrumento de eleição para a avaliação de *delirium* em contexto de doença avançada (Wong *et al.*, 2010).

O diagnóstico de *delirium* é clínico. O DSM-5, *Diagnostic and Statistical Manual, 5th edition*, mantém-se como *gold standard* para o seu diagnóstico, em conjunto com o ICD-10, *International Classification of Diseases, 10th edition*. Ambos os instrumentos necessitam de elevado treino na sua aplicação e a sua utilização em contexto de cuidados paliativos é escassa.

### 3.4. Tratamento

O tratamento do *delirium* deve basear-se em três pilares principais: a identificação e erradicação da causa, a intervenção farmacológica e a de suporte (ou não farmacológica). Contudo, em muitas situações, a emergência de *delirium* é multifatorial e torna-se clinicamente improvável a identificação de uma causa *major* no sentido de a poder tratar e, assim, reverter com celeridade e eficácia o quadro observado. Por esta razão, o tratamento do *delirium* é frequentemente farmacológico, devendo, contudo, ser acompanhado das medidas não farmacológicas, já que estas podem apresentar uma sinergia importante no seu controle e na ajuda aos familiares e/ou cuidadores.

#### 3.4.1. Tratamento não farmacológico

A intervenção de suporte não farmacológica deve ser dirigida ao doente mas também aos seus familiares e/ou cuidadores. Torna-se essencial garantir que as pessoas que acompanham os doentes saibam como reagir a situações de aparecimento agudo de *delirium*, necessitando, para isso, de ser ensinadas a manter uma atitude calma, flexível, assertiva, de não argumentação, mantida e opositora às alucinações auditivas e visuais quando estas ocorrem.

A eficácia das estratégias não farmacológicas na prevenção e tratamento do *delirium* tem sido demonstrada em idosos. Já em contexto de cuidados paliativos, a eficácia de tais estratégias mantém-se ainda por demonstrar (Lawlor, Bush, 2015). Contudo, recomenda-se, de forma generalizada, um conjunto de medidas holísticas de suporte para o controle não farmacológico do *delirium*, entre as quais: presença de pessoas conhecidas e familiares, os esforços de reorientação espacio-temporal (relógio e calendário visíveis), a normalização do padrão de sono e rotinas diárias (acordar, deitar, refeições, higiene diária, por exemplo), a promoção de uma mobilidade segura e de exercício físico, manutenção de um ambiente iluminado e calmo, decorado com objetos que sejam familiares (fotografias de familiares, por exemplo).

### 3.4.2. Tratamento farmacológico

Os fármacos antipsicóticos mantêm-se como o grupo farmacológico de eleição no tratamento do *delirium*.

Apesar da limitada evidência, o haloperidol (por via oral, intramuscular, endovenosa e subcutânea) é o *gold standard* para o tratamento agudo do *delirium*, particularmente o hiperativo. Nos casos de *delirium* hipoativo, a utilização de medidas farmacológicas é mais controversa. Contudo, pode ser administrado haloperidol para a melhoria da capacidade cognitiva e se a existência de sintomatologia for incomodativa para o doente e sua família. O haloperidol causa ligeira sedação e, de entre os seus efeitos adversos mais frequentes, contam-se os extrapiramidais.

Outro neuroléptico típico também utilizado no controle do *delirium* é a levomepromazina (por via oral, endovenosa e subcutânea). Este fármaco pode estar indicado em situações de agitação psicomotora grave ou na ausência de resposta ao tratamento com haloperidol, já que o seu perfil é mais sedativo.

Neurolépticos modernos como a risperidona, a olanzapina e a quetiapina – apesar de potencialmente mais sedativos do que o haloperidol – começam a tomar lugar como opções atuais para o controle do *delirium*, sobretudo na prevenção do seu aparecimento. Estes fármacos estão associados a menos efeitos extrapiramidais, contudo, são ainda necessários mais ensaios clínicos para avaliar a sua eficácia e tolerabilidade em doentes seguidos em cuidados paliativos.

A utilização de benzodiazepinas tal como o midazolam pode estar indicada para a instituição de sedação paliativa perante o *delirium* hiperativo refratário. A utilização de benzodiazepinas no tratamento agudo e preventivo do *delirium* pode associar-se a efeitos paradoxais, potenciando, por exemplo, a agitação.

Outros fármacos têm sido estudados preliminarmente para a prevenção do aparecimento de *delirium*, tais como ondansetron, melatonina, modafinil, gabapentina, ácido valproico, psicoestimulantes e rivastigmina. A sua utilização não está ainda recomendada devido à escassez de evidência científica demonstrada à data.

Nos idosos, recomenda-se que a terapêutica farmacológica seja reservada aos doentes com agitação psicomotora grave e sintomas psicóticos graves, devendo ser instituídas dosagens baixas no início do tratamento.

## 4. Conclusão

O *delirium* constitui uma das alterações psiquiátricas mais comuns em doentes seguidos em cuidados paliativos e a sua prevalência é elevada e tende a aumentar com o agravamento da doença, sobretudo oncológica.

A interferência da constelação sintomatológica do *delirium* na qualidade de vida e no conforto dos doentes, suas famílias e cuidadores é significativa.

Existem hoje – com maior ou menor evidência científica – intervenções farmacológicas e não farmacológicas eficazes no controle agudo e de prevenção do *delirium*.

Deve ser realizado um esforço na identificação e diagnóstico do *delirium*. Para tal, estão ao dispor instrumentos validados, simples e aceitáveis para a utilização na prática clínica diária.

## 5. Palavras-Chave

Cuidados paliativos, *delirium*, diagnóstico, tratamento.

## 6. Referências

Alici Y, Breitbart WS: Delirium in Palliative Care. Primary Psychiatry 16 (5); 2009: 42-48.

Inouye SK, Charpentier PA: Precipitating factors for delirium in hospitalized elderly persons. Predictive model and interrelationship with baseline vulnerability 275(11); 1996: 852-857.

Lawlor PG, Bush SH: Delirium in patients with cancer: assessment, impact, mechanisms and management. Nat Rev Clin Oncol 12(2); 2015: 77-92.

Morandi A, et al: Understanding international differences in terminology for delirium and other types of acute brain dysfunction in critically ill patients. Intensive Care Med 34 (10); 2008: 1907-15.

Sampaio FMC, Sequeira CAC: Tradução e validação do Confusion Assessment Method para a população portuguesa. Rev. Enf. Ref. [online] 3 (9); 2013: 125-134.

Smith MJ, Breitbart WS, Platt M: A Critique of Instruments and Methods to Detect, Diagnose, and Rate Delirium. Journal of Pain and Symptom Management 10 (1); 1995: 35-77.

Wong CL, Holroyd-Leduc J, Simel DL, Straus SE. Does this patient have delirium?: value of bedside instruments, JAMA 304(7); 2010: 779-86.

# Demência

CLÁUDIA BURLÁ

## 1. Introdução

A realidade demográfica e epidemiológica atual apresenta o seguinte cenário: uma população que envelhece por sobreviver às doenças infantis que antes ceifavam a vida de crianças numa proporção gigantesca e o advento de uma biotecnologia avançada com a existência de novos recursos terapêuticos. Doenças que até há poucas décadas eram fatais quando agudas tornam-se hoje crônicas.

Desse modo, as doenças cronicodegenerativas, particularizando-se as demências, tomaram um espaço enorme no cotidiano da assistência à saúde, tanto no atendimento ambulatorial como no hospitalar, e mesmo no domiciliar.

O fenômeno do envelhecimento mundial é acompanhado pelo aumento da expectativa de vida, especialmente nas pessoas de idade mais avançada, fazendo aumentar o número de idosos com doenças cronicodegenerativas, dentre as quais se destacam as demências, sendo a Doença de Alzheimer (DA) a forma mais prevalente.

Pessoas com demência demandam tratamentos e cuidados especializados e se apresentam como um desafio à prática clínica pela multidimensionalidade de questões implicadas. Ressalta-se a perda da capacidade cognitiva, com consequente dano irreversível à sua autonomia.

Neste texto particulariza-se a DA por sua alta prevalência, cerca de 70% dentro do grupo geral das demências. Identificada desde o início como incurável (WHO, 2012), antevê-se para a doença um desenvolvimento lentamente progressivo por muitos anos. O curso natural é previsível, opondo-se à imprevisibilidade do ritmo da sua evolução e consequente involução das condições da pessoa adoecida. Esta característica faz com que a DA se constitua um modelo ideal para a aplicação de cuidados paliativos desde o momento do diagnóstico.

## 2. Enquadramento Histórico e Desenvolvimento

No período dos últimos 30 anos, as pesquisas envolvendo a DA – causas, sintomas, fatores de risco e tratamento – receberam maior atenção, muito embora esta doença tenha sido identificada há mais de 100 anos, mais precisamente em 1907, por Alois Alzheimer. A partir daí, apesar de as pesquisas terem trazido importantes revelações, ainda há muito a ser descoberto sobre a etiologia, a genética, a fisiopatologia, o diagnóstico preciso e os recursos terapêuticos (Alzheimer's Association, 2014).

O fato de não terem ocorrido avanços significativos nas investigações até à década de 80 não arrefeceu o ânimo dos pesquisadores (Machado, 2016).

A preocupação com o aumento exponencial do diagnóstico da DA impactou as instituições mundiais, que passaram a elaborar e recomendar políticas e diretrizes para a abordagem da pessoa com demência, incluindo formas possíveis de prevenção e diagnóstico precoce.

O programa atual de ação em saúde mental da Organização Mundial da Saúde inclui as demências como um grupo de doenças que merecem atenção prioritária. Já na reunião da Assembleia Geral das Nações Unidas, em 2011, sobre prevenção e controle de doenças não transmissíveis, foi elaborada uma declaração política que diz: "o ônus global e a ameaça das doenças não transmissíveis constituem um dos maiores desafios do desenvolvimento no século XXI", apontando que "doenças mentais e neurológicas, incluindo a Doença de Alzheimer, são uma importante causa de morbidade e contribuem para o ônus global das doenças não transmissíveis" (WHO, 2010).

No ano de 2012 a Organização Mundial da Saúde (OMS) publicou o documento "Dementia: a public health priority", em que demonstrou a gravidade desse problema que afeta a qualidade de vida dos indivíduos longevos em todo o mundo. Projeções de incidência e prevalência indicam o crescimento continuado do número de portadores de demência, especialmente entre os muito velhos (WHO, 2012).

De acordo com o relatório "World Alzheimer Report", de 2016, estima-se que 47 milhões de pessoas em todo o mundo atualmente tenham demência, número que chegará a 131 milhões em 2050 (Alzheimer's Disease International, 2016). O total de casos novos de demência a cada ano no mundo é de quase 9,9 milhões, o que significa um diagnóstico a cada três segundos (Alzheimer's Association, 2015).

Há um impacto tanto no contexto familiar, cujos membros acompanham o declínio do seu ente querido por um longo período de tempo, quanto para o sistema de saúde, que está aparelhado para lidar com doenças agudas passíveis de resolução em curto espaço de tempo, mas que, pela novidade do fenômeno do envelhecimento, ainda não está preparado para os desafios que a DA impõe. É uma doença apontada como uma epidemia do século XXI (Machado, 2016).

A Doença de Alzheimer, por suas características de duração de longo termo, incurabilidade, curso evolutivo e involutivo, constitui-se como uma doença terminal progressiva (WHO, 2011). Exige a presença de outras pessoas para os cuidados permanentes de atendimento às necessidades básicas da vida diária como alimentação, higiene, gerenciamento do cotidiano, assistência à saúde; envolve alto custo tanto no nível familiar como no institucional e social; demanda recursos legais para atender as questões ligadas à perda da autonomia da pessoa doente; carece de políticas públicas que assegurem uma assistência apropriada à pessoa afetada e seus familiares//cuidadores. Esta constelação de aspectos peculiares, aliada à alta prevalência da DA na população idosa, a inscrevem como uma questão urgente de saúde pública, como aponta o documento da OMS de 2012.

As ponderações acima ditam também o interesse pela abordagem paliativa para a DA, interesse que é motivado por preocupações de que as pessoas que morrem com demência em fase avançada com frequência não são percebidas como portadoras de uma doença terminal e, por isso, comparativamente a outras pessoas, têm menor probabilidade de serem controladas de maneira paliativa.

## 3. Definição e Clarificação Conceptual

### 3.1. Doença de Alzheimer

A Doença de Alzheimer (DA) é uma doença cerebral degenerativa e a causa mais comum de demência. Caracteriza-se por um declínio da memória, linguagem, capacidade de resolução de problemas e outras aptidões cognitivas que afetam a capacidade de a pessoa executar as atividades da vida diária. Esse declínio ocorre porque os neurônios envolvidos na função cognitiva foram danificados ou destruídos (Alzheimer's Association, 2016).

Os principais achados neuropatológicos encontrados na DA são a intensa perda neuronal e degeneração sináptica, com acúmulo e deposição no córtex cerebral de duas lesões principais: placas senis e os emaranhados neurofibrilares (Machado, 2016).

Na DA, os danos e a destruição dos neurônios eventualmente afetam outras partes do cérebro, incluindo aqueles que capacitam a pessoa a realizar funções orgânicas básicas, como caminhar ou deglutir. Pessoas nas fases finais da doença ficam restritas ao leito e exigem cuidados em tempo integral.

Pela sua progressão natural, a DA faz com que as pessoas acometidas venham a perder a capacidade cognitiva necessária para gerir a sua vida. Ainda que em fases iniciais consigam manter uma vida de relação e as alterações cognitivas não comprometam as suas atividades de vida diária, chega um momento em que o comprometimento cognitivo torna a pessoa incapaz de tomar decisões.

A DA é diagnosticada quando se percebem sintomas cognitivos ou comportamentais que interferem nas habilidades referentes ao trabalho ou execução das atividades básicas da vida diária e que necessariamente refletem um declínio em relação a níveis prévios de funcionamento e desempenho. Os comprometimentos cognitivos ou comportamentais afetam a memória, as funções executivas, habilidades viso-espaciais, linguagem, personalidade e comportamento.

Há um lapso temporal prolongado entre o início das alterações cerebrais pela DA e o surgimento dos sintomas. Esse período de tempo entre as alterações cerebrais iniciais e os sintomas da fase avançada é considerado um *continuum* da doença. Na fase inicial, a pessoa ainda é capaz de funcionar normalmente apesar de, presentes, as alterações cerebrais ainda serem incipientes. À medida que a doença avança o cérebro não mais consegue compensar os danos neuronais ocorridos e a pessoa passa a apresentar um declínio, ainda sutil, da função cognitiva. Mais adiante, o dano e a morte dos neurônios são tão significativos que torna patente o declínio cognitivo. Pessoas com idade de 65 anos e mais sobrevivem, em média, de quatro a oito anos após o diagnóstico da DA, mas há quem chegue a viver até 20 anos com a doença. Isso mostra a natureza lenta e insidiosa da progressão desta enfermidade. Em média, uma pessoa com DA passa mais anos (40% do número total de anos com a doença) na fase mais grave do que em qualquer outra fase da doença (Burlá, 2015).

Não existem, atualmente, tratamentos modificadores da DA, que é uma doença limitadora da vida, e as mortes com demência são cada vez mais comuns.

### 3.2. Cuidados Paliativos

A progressão inexorável do aniquilamento da função cognitiva ditado pela Doença de Alzheimer (DA) exige rigor profissional na observação e no acompanhamento desde os primeiros sintomas da doença. A pessoa com DA chegará à condição de total dependência do outro, demandando cuidado e proteção. Os recursos biomédicos isoladamente, por mais bem aplicados que sejam, jamais conseguirão alcançar o atendimento ao respeito à biografia, à vontade e à autonomia dessa pessoa.

O documento da Associação Europeia de Cuidados Paliativos para a aplicação de cuidados paliativos às pessoas com demência estabelece que (van der Steen, 2014):

- A demência pode realisticamente ser considerada uma doença terminal. Pode também ser caracterizada como doença crônica ou, em conjunto com outros aspectos específicos, ser considerada um problema geriátrico. Entretanto, reconhecer a sua natureza terminal é a base para se antecipar a problemas futuros e um estímulo à prestação de cuidados paliativos adequados.
- O aumento da qualidade de vida, a manutenção das funções e a maximização do conforto, que são também objetivos dos cuidados paliativos, podem ser adequados para a demência ao longo de toda a trajetória da doença, com ênfase em objetivos específicos que mudam ao longo do tempo.

A Organização Mundial da Saúde afirmou que "todas as pessoas com doença progressiva têm direito aos cuidados paliativos" (WHO, 2011).

A comunicação com as pessoas com demência avançada é difícil, o que apresenta desafios específicos para avaliação e tratamento de sintomas, assim como para saber as suas vontades em relação aos cuidados ao fim da vida.

Nesta fase final, costuma haver uma inadequação nos cuidados das pessoas com DA, com muita intervenção e poucos benefícios: alimentação por sondas, exames laboratoriais descabidos, uso de contenção mecânica e medicação intravenosa. Ou, ainda, poucas intervenções: negligência no controle da dor; nos aspectos emocional e social; ausência de assistência espiritual e de apoio a cuidadores familiares (Small, 2007).

Há evidências de que pessoas com DA têm maior probabilidade de experimentar dor nos últimos seis meses de vida comparativamente a pacientes de câncer (Alzheimer's Association, 2016).

Problemas de deglutição são comuns na DA avançada. O uso de sondas de alimentação, ainda que disseminado, é controverso. Uma revisão sistemática da Cochrane sugere que a alimentação de pessoas com DA por meio de sonda não confere qualquer benefício nutricional, na redução de úlceras de pressão ou no tempo de sobrevida (Sampson, 2009).

Está claro pelas diretrizes existentes que cuidados ao fim da vida de boa qualidade estão ligados, em boa parte, à atenção à carga de sintomas. Proporcionar conforto pode exigir intervenções médicas e farmacológicas intensas, bem como intervenções não farmacológicas, ao mesmo tempo em que se evitam condutas e investigações fúteis e complexas.

A dignidade, a qualidade de vida e o bem-estar espiritual serão alcançados, tendo-se atenção à qualidade geral dos cuidados centrados na pessoa e seus familiares.

## 4. Conclusão

O cenário demográfico e epidemiológico atual revela o célere e contínuo envelhecimento populacional com as consequências dramáticas das doenças cronicodegenerativas que recaem sobre as áreas social e da saúde. No espectro destas enfermidades, existem aquelas que comprometem a capacidade de autodeterminação e a autonomia. Um exemplo típico são as síndromes demenciais, destacando-se a Doença de Alzheimer (DA), que apresenta uma elevada prevalência entre os idosos.

Por provocar a perda irreversível das funções mentais superiores e levar, inexoravelmente, à perda da capacidade de autodeterminação e autonomia, a DA impõe a necessidade permanente de outrem para cuidar dos interesses da pessoa doente e protegê-la. Impõe, também, a aplicação de cuidados peculiares que atendam à especificidade deste processo de doença.

Dessa forma, os cuidados paliativos apresentam-se como um campo fértil para a aplicação de uma intervenção que assegure a proteção e a dignidade da pessoa com Doença de Alzheimer.

O triunfo do envelhecimento populacional há de se debater com as incapacidades progressivas da DA, onde se revela a necessidade de gestões e práticas diferenciadas carentes dos referenciais dos cuidados paliativos. Este desafio nos impele a reflexões profundas sobre a atualidade da exigência de cuidado que sobrevém ao aumento inexorável desta doença em todos os lares.

Bons cuidados paliativos até o fim da vida representam uma questão de saúde pública. Com a expectativa de aumento da prevalência da Doença de Alzheimer ao longo das próximas décadas, os profissionais de saúde devem se preparar constantemente para lidar com os aspectos particulares da sua evolução, proporcionando às pessoas doentes um fechamento digno para suas histórias de vida.

## 5. Palavras-Chave

Cuidados paliativos, cuidados ao fim da vida, demência, Doença de Alzheimer, envelhecimento.

## 6. Referências

Alzheimer's Association. Alzheimer's Disease Facts and Figures, Alzheimer's & Dementia 10 (2); 2014.

Alzheimer's Association. Alzheimer's Disease Facts and Figures. Alzheimer's & Dementia 11 (3); 2015.

Alzheimer's Association. Alzheimer's Disease Facts and Figures. Alzheimer's & Dementia 12 (4); 2016.

Burlá C: A aplicação das diretivas antecipadas de vontade na pessoa com demência. [tese de doutoramento]. Programa doutoral em Bioética, Faculdade de Medicina da Universidade do Porto/Portugal, 2015.

Machado JC: Doença de Alzheimer. In: Freitas EV, Py L. (org.) Tratado de geriatria e gerontologia. 4ª edição. Rio de Janeiro: Guanabara-Koogan; 2016: 240-268.

Sampson EL, Candy B, Jones L: Enteral tube feeding for older people with advanced dementia. CochraneDatabaseSystRev 2009, CD007209.

SMALL N: Living well until you die: quality of care and quality of life in palliative and dementia care. Annals of the New York Academy of Sciences 1114; 2007: 194-203.

VAN DER STEEN JT, RADBRUCH L, HERTOGH CM, et al: White paper defining optimal palliative care in older people with dementia: a Delphi study and recommendations from the European Association for Palliative Care. Palliat Med 28; 2014: 197-209.

WHO, WORLD HEALTH ORGANIZATION: Global status report on noncommunicable diseases, 2010.

WHO, WORLD HEALTH ORGANIZATION: Better palliative care for older people. Genebra, 2011.

WHO, WORLD HEALTH ORGANIZATION: DEMENTIA: a public health priority. Genebra, 2012.

WORLD ALZHEIMER REPORT 2016: Improving healthcare for people with dementia. Coverage, Quality and costs now and in the future, 2016.

# Desenvolvimento de Competências em Saúde

ALEXANDRA PEREIRA
Em colaboração com Amélia Ferreira, José Carlos Amado Martins

## 1. Introdução

No contexto dos cuidados paliativos, os doentes e as suas famílias apresentam necessidades variadas e cada vez mais complexas. Por este motivo, os cuidados paliativos têm um cariz predominantemente colaborativo, assente numa abordagem interdisciplinar bem estabelecida para satisfazer essas mesmas necessidades. Sabe-se, no entanto, que trabalhar numa equipe interdisciplinar é, por vezes, difícil e desafiante. A definição de competências centrais pode ter um impacto positivo no desenvolvimento e implementação dos cuidados paliativos.

O presente capítulo pretende contribuir para uma reflexão sustentada sobre a importância das competências centrais em cuidados paliativos, tendo em conta o seu cariz colaborativo, mas também perspectivando o desenvolvimento de conhecimento específico das diferentes disciplinas que contribuem para a interdisciplinaridade destes cuidados.

## 2. Enquadramento Histórico e Desenvolvimento

Nas últimas décadas, o desenvolvimento científico e tecnológico proporcionaram uma melhoria considerável nas condições de vida. Por consequência, os cuidados de saúde, cada vez mais desenvolvidos, oferecidos à população permitiram que se vivesse mais durante mais tempo. Doenças que outrora matavam, passaram a ser curáveis ou controláveis, permitindo que a esperança média de vida aumentasse consideravelmente.

Estes aspectos, em conjugação com mudanças relevantes nos estilos de vida, levaram a um aumento da incidência e prevalência das doenças crônicas que acarretam frequentemente sintomas difíceis de controlar e que têm elevado impacto na qualidade de vida da pessoa e da sua família.

Os cuidados paliativos surgiram na década de 60 em Londres, num movimento iniciado por Cicely Saunders, numa tentativa de oferecer uma resposta ativa a estas situações de saúde complexas. Os cuidados paliativos são definidos pela Organização Mundial de Saúde como uma abordagem que visa melhorar a qualidade de vida dos doentes que enfrentam problemas decorrentes de uma doença incurável com prognóstico limitado, e/ou doença grave (que ameaça a vida), e suas famílias, através da prevenção e alívio do sofrimento, com recurso à identificação precoce, avaliação adequada e tratamento rigoroso dos problemas não só físicos, como a dor, mas também dos psicossociais e espirituais (World Health Organization, 2002).

A difusão dos cuidados paliativos decorreu de forma diferente em diversos países, levando a variados níveis de implementação e desenvolvimento, consoante a influência das políticas de saúde de cada país. A European Association for Palliative Care refere a existência de pelo menos dois níveis de diferenciação de prestação de cuidados paliativos: abordagem paliativa e cuidados paliativos especializados. A abordagem paliativa deve ser utilizada em contextos em que apenas ocasionalmente se tratam doentes paliativos. Os cuidados paliativos especializados implicam uma equipe interdisciplinar bem treinada que permita otimizar a qualidade de vida de um doente paliativo através do seu conhecimento e experiência (Radbruch *et al.*, 2009). Em alguns países, estes níveis de diferenciação foram subdivididos para se aplicarem às realidades e contextos locais. Em Portugal, o recente plano estratégico para o desenvolvimento dos cuidados paliativos considera apenas os dois níveis de diferenciação de cuidados já apresentados.

A formação e a investigação têm assumido um papel muito relevante na difusão de cuidados paliativos em Portugal. Embora a inclusão dos cuidados paliativos nos *curricula* das licenciaturas da área da saúde não esteja ainda consolidada, ao nível pós-graduado a produção científica tem sido considerável, havendo, até 2014, 10 teses de doutoramento e 239 dissertações de mestrado (Ferreira *et al.*, 2016). Relativamente a este aspecto, a European Association for Palliative Care defende a existência de três níveis de diferenciação ao nível da formação, tendo como princípio central que todos os profissionais de saúde devem ter formação básica sobre a filosofia e os princípios dos cuidados paliativos, passando para níveis de formação avançada quando exigido (Radbruch *et al.*, 2009). Estes são os níveis de diferenciação propostos:

- Abordagem paliativa – Nível de formação para profissionais que possam integrar métodos e procedimentos de cuidados paliativos em contextos generalistas. De certa forma, o objetivo será proporcionar ações e/ou cuidados paliativos a todos os doentes que dela beneficiem (por exemplo: utentes internados em medicina interna, lares, entre outros);
- Cuidados paliativos generalistas – Nível de formação para os profissionais que prestam cuidados frequentes a doentes paliativos, mas cujo foco da sua prática clínica seja outro (por exemplo: utentes acompanhados pelas equipes de saúde familiar, pela oncologia, entre outros);
- Cuidados paliativos especializados – Nível de formação para os profissionais que trabalham exclusivamente em cuidados paliativos e cuja principal atividade está relacionada com a gestão de problemas complexos, requerendo competências especializadas.

Em Portugal, os níveis de formação definidos pela Associação Portuguesa de Cuidados Paliativos, sustentada pela Comissão Nacional para os Cuidados Paliativos, vão ao encontro dos níveis definidos internacionalmente, correspondendo a um nível de formação básica (nível A), intermédia (nível B) e avançada (nível C) (Comissão Nacional de Cuidados Paliativos, 2016).

Assim, tendo em conta as iniquidades de desenvolvimento dos cuidados paliativos em diferentes países, e estando ciente de que a definição de determinados parâmetros é essencial para prestar cuidados de qualidade, a European Association for Palliative Care elencou nove constituintes centrais dos cuidados paliativos que enquadram a aplicação dos seus princípios e que refletem os valores que sustentam a boa prática, sendo estes: a autonomia, a dignidade, a relação entre doente e profissional de saúde, a qualidade de vida, a posição perante a vida e a morte, a comunicação, a educação da população, a abordagem multiprofissional e o luto (Radbruch *et al.*, 2009). O entendimento destes constituintes é essencial para o desenvolvimento das competências centrais que se irá abordar de seguida.

## 3. Definição e Clarificação Conceptual

Na sua gênese, os cuidados paliativos requerem um enquadramento interdisciplinar. Embora um profissional de saúde de determinada área possa, individualmente, incluir na sua prática clínica princípios de uma abordagem paliativa, a prestação de cuidados paliativos é imbuída de uma complexidade que apenas pode ser realizável através da comunicação e colaboração entre diferentes disciplinas para que se possa proporcionar apoio contínuo e cuidados físicos, psicológicos, sociais e espirituais (Gamondi *et al.*, 2013).

Apesar de a interdisciplinaridade ser um aspecto central em cuidados paliativos, é comum haver uma certa confusão na utilização deste conceito, sendo usado, erradamente, como equivalente do conceito de multidisciplinaridade.

A abordagem multidisciplinar utiliza conhecimento de diferentes disciplinas, mas estas mantêm-se dentro das suas próprias fronteiras; ou seja, não existe uma verdadeira integração e colaboração entre disciplinas, aceitando estas uma mera coexistência. A abordagem interdisciplinar analisa, sintetiza e harmoniza sinapses entre diferentes disciplinas, contribuindo para um todo coordenado e coerente. Interdisciplinaridade é sinônimo da integração de conhecimentos e métodos no interesse da resolução de determinado problema ou situação complexa (Choi, Pak, 2006).

Quando se utiliza uma abordagem interdisciplinar, outro aspecto comumente discutido é o receio de que as diferentes disciplinas se diluam num conhecimento geral e pouco específico e que, por esse motivo, deixem de ter um corpo de conhecimento próprio. No entanto, como já foi referido, a interdisciplinaridade requer a integração de conhecimento específico de diferentes disciplinas, pelo que, para que haja um todo forte, terá de haver a integração de partes fortes. Assume-se, no entanto, que a integração interdisciplinar transcende aquilo que confina as disciplinas, ou seja, o todo é mais do que a soma das partes. Usando uma analogia esportiva, uma equipe de futebol é tão mais forte quanto melhores e mais competentes forem os jogadores que a constituem em diferentes posições. Seria possível pensar que por jogar em equipe, um guarda-redes ou um avançado podem deixar de fazer treino específico nas suas posições?

A interdisciplinaridade necessita das disciplinas específicas e, mais do que isso, requer uma fundação disciplinar consistente para que o conhecimento e os métodos específicos de cada disciplinam sejam integrados nesta abordagem. A interdisciplinaridade não é "antidisciplinar" ou "adisciplinar". No entanto, obriga a ir para além dos limites epistemológicos de cada uma das disciplinas (Clark, Wallace, 2015).

Desta forma, os constituintes dos cuidados paliativos descritos anteriormente descrevem habilidades e atitudes que devem ser consideradas de uma forma interdisciplinar na prestação de cuidados. Cada profissional de saúde deverá aplicar a compreensão de cada um dos constituintes tendo em conta a sua disciplina específica, de forma a proporcionar uma prestação de cuidados adequada ao doente e família.

Neste contexto, surgiu a necessidade de definir um conjunto de competências centrais em cuidados paliativos que fossem transversais às diferentes disciplinas, contextos e níveis de diferenciação de prestação deste tipo de cuidados. O conceito de competência é complexo e, por vezes, visto puramente como a aquisição de habilidade para cumprir determinada tarefa. Apesar disto, o desenvolvimento de uma competência é um processo dinâmico que permite crescimento pessoal e profissional, podendo esta ser medida, avaliada e melhorada de forma contínua. Desta forma, Parry (1996) define competência como um conjunto de conhecimentos, habilidades e atitudes relacionadas entre si que afetam uma parte considerável do desempenho de uma tarefa (trabalho ou responsabilidade), podendo ser medida através de *standards* reconhecidos e ser melhorada através de treino e desenvolvimento.

A European Association for Palliative Care define 10 competências centrais em cuidados paliativos (Gamondi *et al.*, 2013b):

- Aplicar os constituintes centrais dos cuidados paliativos independentemente do contexto em que o doente e a família se encontram, uma vez que os cuidados paliativos devem ser disponibilizados no local de escolha do doente e da família, adaptando o ambiente às suas necessidades;
- Promover o conforto físico ao longo do processo de doença com o objetivo de aliviar o sofrimento, recorrendo a medidas farmacológicas e não farmacológicas, uma vez que o conforto físico assume-se como uma componente fundamental da qualidade de vida do doente e da família. O plano de cuidados deverá ser elaborado à medida de cada doente, incluindo cuidados antecipatórios, avaliação e tratamento dos sintomas físicos ao longo de todo o processo de doença;
- Satisfazer as necessidades psicológicas dos doentes, uma vez que todos os profissionais as devem compreender e devem saber proporcionar uma intervenção adequada tendo em conta a sua disciplina; para tal é necessário desenvolver uma boa comunicação;
- Satisfazer as necessidades sociais dos doentes, uma vez que o impacto da doença na vida social do doente e da família pode ser devastador, sendo necessário oferecer recursos adicionais para manter uma boa qualidade de vida;

- Satisfazer as necessidades espirituais dos doentes, uma vez que é comum nesta situação surgirem questões existenciais profundas. Saber abordar questões espirituais num ambiente protegido pode ajudar o doente e a família em algumas situações;
- Dar resposta às necessidades dos cuidadores familiares relacionadas com os objetivos a curto, médio e longo prazo do doente, uma vez que os cuidadores familiares assumem uma enorme importância neste contexto. É fundamental apoiar o papel que estes familiares desempenham, estendendo esse apoio até ao processo de luto;
- Dar resposta aos desafios clínicos e tomadas de decisão éticas em cuidados paliativos. Embora a competência ética seja adquirida durante a formação de determinada disciplina, é importante saber aplicar essa competência ao contexto dos cuidados paliativos;
- Praticar uma coordenação integrada e trabalho de equipe interdisciplinar em todos os contextos em que os cuidados paliativos são prestados, uma vez que a articulação de cuidados e uma boa comunicação entre diferentes contextos é fundamental para a continuidade dos cuidados prestados ao doente e à família;
- Desenvolver competências interpessoais e de comunicação apropriadas a cuidados paliativos;
- Promover a autoconsciência e o desenvolvimento profissional contínuo, sendo essencial a sua integração na prática clínica, tendo em conta as exigências de cada uma das disciplinas.

## 4. Conclusão

As necessidades crescentes em cuidados paliativos a nível global originaram diferentes níveis de implementação e desenvolvimento deste tipo de cuidados em vários países. Criaram-se, por isso, vários níveis de diferenciação dos serviços de cuidados paliativos em múltiplos contextos práticos, como também ao nível da formação.

A formação em cuidados paliativos assume um papel fundamental na difusão dos mesmos entre as diferentes disciplinas. Embora a abordagem interdisciplinar seja um requisito obrigatório na prestação de cuidados paliativos, é fundamental que, para além do treino em equipe, cada profissional desenvolva formação e treino específico da sua disciplina no contexto destes cuidados.

A definição de competências centrais em cuidados paliativos é essencial para que se perceba as competências que todos os profissionais, independentemente da sua disciplina, necessitam de desenvolver para que se possa melhorar inequivocamente a prestação de cuidados paliativos ao doente e família, pretendendo assim minorar o seu sofrimento e melhorar a sua qualidade de vida, desde o momento do diagnóstico até ao processo de luto.

## 5. Palavras-Chave

Competência, cuidados paliativos, interdisciplinaridade.

## 6. Referências

CHOI B, PAK A: Multidisciplinarity, interdisciplinarity and transdisciplinarity in health research, services, education and policy: 1. Definitions, objectives and evidence of effectiveness. Clin Invest Med 29 (6); 2006: 351-64.

CLARK S, WALLACE R: Integration and interdisciplinarity: concepts, frameworks, and education. Policy sciences 48(2); 2015: 233-55.

COMISSÃO NACIONAL DE CUIDADOS PALIATIVOS, 2016. Plano Estratégico para o Desenvolvimento dos Cuidados Paliativos Biénio 2017-2018, Lisboa: Ministério da Saúde.

FERREIRA A, PEREIRA A, MARTINS J, BARBIERI-FIGUEIREDO M: Palliative care and nursing in dissertations and theses in Portugal: a bibliometric study. Revista da Escola de Enfermagem da USP 50(2); 2016: 317-23.

GAMONDI C, LARKIN P, PAYNE S: Core competencies in palliative care: an EAPC white paper on palliative care education – part 1. European Journal of Palliative Care 20(2); 2013: 86-91.

GAMONDI C, LARKIN P, PAYNE S: Core competencies in palliative care: an EAPC white paper on palliative care education – part 2. European Journal of Palliative Care 20(3); 2013b: 140-5.

PARRY S: The quest for competences: competency studies can help you make HR decision, but the results are only as good as the study. Training 33; 1996: 48-56.

RADBRUCH L et al: White Paper on standards and norms for hospice and palliative care in Europe: part 1. European Journal of Palliative Care 16(6); 2009: 278-89.

WORLD HEALTH ORGANIZATION: NATIONAL CANCER CONTROL PROGRAMMES: policies and managerial guidelines, Genebra: WHO, 2002.

# Dispneia

PAULA SILVA

## 1. Introdução

A American Thoracic Society define dispneia como uma experiência subjetiva de desconforto respiratório que consiste em sensações qualitativamente distintas que variam em intensidade. Ou seja, a sua intensidade é definida pelo doente e independe dos sinais físicos que este apresente (Booth, 2006).

Quando se fala de doença oncológica, de uma maneira geral, teme-se sobretudo a dor com ela relacionada mas, na verdade, a dor oncológica pode ser controlada em 80-90% dos casos usando a escada analgésica recomendada pela OMS (Radwany, 2012).

Já a dispneia é um sintoma verdadeiramente devastador, sendo o seu controle progressivamente mais difícil com o avançar da doença. A prevalência e severidade aumentam com a aproximação da morte, chegando a 70% nas últimas seis semanas de vida (Dale, 2011).

## 2. Enquadramento Histórico e Desenvolvimento

Por se tratar de um sintoma complexo, envolvendo fatores físicos, psicológicos, ambientais e funcionais e em analogia com o conceito de dor total, aplica-se o conceito de dispneia total.

A sua fisiopatologia é complexa e não totalmente conhecida, sendo que as causas podem ser múltiplas e coexistirem no mesmo doente.

O diagnóstico etiológico é fundamental, uma vez que permite estruturar um tratamento dirigido à causa sempre que possível – o que significa que não se deve assumir arbitrariamente a dispneia como causada diretamente pelo câncer.

O tratamento sintomático deve ser reservado apenas para quando a dispneia é considerada refratária ou quando o estado do doente já não permite qualquer tratamento específico.

A complexidade do sintoma, o sofrimento a ele associado e a dificuldade no seu controle exige a intervenção precoce de cuidados paliativos.

De uma forma geral, considera-se que, perante uma doença potencialmente ameaçadora da vida, o acompanhamento por cuidados paliativos deve ser instituído desde o diagnóstico, tornando-se progressivamente mais importante à medida que as opções curativas se esgotam (Currow, 2013).

A comprovar esta necessidade foi publicado um estudo que analisou o efeito da referenciação precoce para cuidados paliativos de doentes com carcinoma do pulmão de não-pequenas-células metastizado, comparando dois grupos aleatoriamente randomizados – um grupo com referenciação para cuidados paliativos à data do diagnóstico da metastização e outro grupo que seguia os cuidados habituais em consultas de oncologia médica durante esta fase da doença, tendo-se verificado que o grupo de doentes referenciados precocemente para cuidados paliativos tinha uma melhor qualidade de vida, uma menor percentagem de depressão e ainda uma maior sobrevivência (aproximadamente dois meses) do que o grupo de doentes com o seguimento tradicionalmente preconizado (Temel, 2010).

## 3. Definição e Clarificação Conceptual

### 3.1. Avaliação e tratamento farmacológico e não farmacológico em doentes com câncer avançado em cuidados paliativos

A dispneia é um sintoma comum em cuidados paliativos com uma prevalência entre 40 e 80% referida em algumas séries. Sendo definida como uma percepção desconfortável da respiração, receio de não conseguir respirar ou sensação de avidez por ar, torna-se angustiante não só para o doente, mas também para a família e mesmo para os profissionais de saúde.

Como já mencionado, a sua patofisiologia é complexa e não totalmente explicada, não tendo de estar necessariamente associada a hipoxemia ou a insuficiência respiratória.

A respiração normal é mantida pela atividade regular e rítmica do centro respiratório no tronco cerebral. Este é estimulado por receptores mecânicos localizados nas vias aéreas, parênquima pulmonar, músculos intercostais e diafragma, pela hipoxia e por níveis elevados de $CO_2$ detectados pelos quimiorreceptores localizados nos seios carotídeos.

Para a sensação de falta de ar podem contribuir diferentes mecanismos como o aumento do esforço respiratório de causa mecânica por restrição, compressão e obstrução, o aumento de esforço dos músculos respiratórios relacionado com fraqueza muscular de diferentes causas ou pelo aumento da demanda ventilatória relacionada com hipoxia, hipercapnia, anemia ou acidose metabólica.

Na doença maligna do pulmão a falta de ar está mais relacionada com a distorção e a estimulação dos receptores mecânicos, sendo que os gases do sangue podem estar normais.

A fadiga, a anemia, a fraqueza muscular, a caquexia são fatores que podem contribuir de forma significativa para o aparecimento ou agravamento da dispneia em doentes com câncer.

A dispneia no doente oncológico pode ter origem diversa, sendo frequente coexistir mais do que uma causa no mesmo doente: pode estar relacionada com a presença de um tumor primário ou secundário que exerça compressão intrínseca ou extrínseca sobre o trato respiratório; pode apresentar-se na sequência de possíveis complicações como o derrame pleural, a ascite de grande volume ou a linfangite carcinomatosa; pode ser consequente à realização de tratamentos dirigidos à neoplasia como no caso de ablações cirúrgicas ou fibrose pós-quimioterapia ou radioterapia; pode estar relacionada com o estado de debilidade do doente, sobretudo na fase avançada de doença; ou ainda não ter relação direta com a doença oncológica em doentes com patologias prévias que cursam com dispneia como por exemplo a insuficiência cardíaca, a DPOC, as doenças neuromusculares, etc.

Por toda a complexidade da dispneia nas suas diferentes dimensões torna-se essencial uma avaliação individual e personalizada, tendo em conta a intensidade, as características, a evolução temporal, os fatores desencadeantes e os atenuantes, o estado emocional e a resposta a tratamentos previamente realizados.

Para a avaliação da intensidade existem mais de 30 escalas, mas nenhuma deve ser usada isoladamente, sendo o mais importante assumir que a intensidade da dispneia é a que o doente diz que tem.

A avaliação clínica do doente deve permitir diagnosticar uma causa reversível. Os exames complementares de diagnóstico podem ter indicação, mas apenas se pelo seu resultado existir a possibilidade de modificar o quadro clínico, atuando sobre a causa da dispneia. Deve-se, no entanto, procurar adequar a intervenção ao estado do doente, não induzindo mais sofrimento do que a própria doença. Ou seja, as intervenções devem ser consideradas em termos do potencial benefício *versus* os riscos, qualidade de vida, desejos e expectativas do doente.

Assim, não esquecendo as particularidades acima referidas e apenas numa perspectiva global, pode-se afirmar que perante um quadro de dispneia relacionado com insuficiência cardíaca, asma, DPOC ou pneumonia, o tratamento deve ser realizado como habitual nestas situações. Já a dispneia relacionada com o câncer do pulmão por si só pode ser aliviada com quimioterapia, radioterapia ou ambas as terapêuticas. Também se deve considerar a possibilidade de atuar sobre fatores que possam estar na origem ou agravarem a dispneia, como por exemplo a ascite sob tensão ou a anemia.

Pela sua gravidade, frequência ou dificuldade diagnóstica destacam-se algumas situações:

A síndrome da veia cava superior, pela sua gravidade e por se tratar frequentemente de uma emergência, merece destaque – trata-se de uma situação em que ocorre a obstrução da veia cava superior, extrínseca (na maior parte das vezes) ou intrínseca, estando por vezes associada a trombose. Em 75% dos casos está associado ao câncer do pulmão e em 15% a linfomas e a outros tumores sólidos. Trata-se, como já referido, de uma emergência médica caso se instale de forma aguda ou se existirem sinais de obstrução das vias aéreas ou de hipertensão intracraniana. O tratamento passa pela realização de radioterapia, corticoterapia, elevação do tronco e hipocoagulação quando associada a trombose.

Também pela gravidade e pela urgência destaca-se a obstrução das vias aéreas. Esta ocorre mais frequentemente nos tumores de cabeça e pescoço e do pulmão. Pode ser por compressão extrínseca ou obstrução endoluminal tumoral, por secreções ou por hemoptises.

Quando a causa está relacionada diretamente com o tumor o tratamento pode passar pela realização isolada ou em associação de traqueostomia, radioterapia, colocação de *stent* e corticoterapia.

Pela elevada frequência destacam-se a embolia pulmonar e o derrame pleural.

A embolia pulmonar constitui um dos diagnósticos mais difíceis de realizar, sendo identificado em apenas um terço dos casos.

Os sintomas mais frequentes são a dispneia e dor torácica, mas pode estar associada a síncope, taquicardia supraventricular, agravamento da insuficiência cardíaca ou respiratória pré-existente, hiperventilação e ansiedade.

O diagnóstico reveste-se de grande importância já que, se convenientemente tratado, raramente é causa de morte. Os principais fatores de risco são a doença oncológica e a imobilidade, sendo que em cuidados paliativos é frequente coexistirem as duas causas. A maioria dos êmbolos tem origem nos membros inferiores.

Dos exames complementares destaca-se a TAC Helicoidal, cuja sensibilidade vai de 57 a 100% e a especificidade de 78 a 100%, mas é a angiografia pulmonar que constitui o *Gold Standard*.

O tratamento passa essencialmente pela oxigenoterapia e pela hipocoagulação.

O derrame pleural constitui uma causa importante de dispneia, principalmente quando se desenvolve rapidamente. Quando unilateral, está em regra mais relacionado com a doença maligna, embolismo pulmonar, pneumonia. Se bilateral associa-se mais frequentemente a insuficiência cárdica ou linfangite carcinomatosa. A maioria dos derrames pleurais malignos são exsudados (proteínas do líquido pleural/proteínas séricas> 0,5; DHL do líquido pleural/ DHL sérico> 0,6; DHL do líquido pleural> 2/3 o limite superior do normal da DHL sérico). Perante um derrame pleural maligno deve ser ponderada a possibilidade de tratamento antineoplásico. Se o doente se encontra sintomático e o derrame é de médio/grande volume deve ser realizada toracocentese terapêutica. Se o derrame for recidivante e a sua drenagem sucessiva levar a alívio sintomático deve ser considerada a hipótese de realização de pleurodese química ou de *shunt* pleuroperitoneal.

Por último, e pela dificuldade de diagnóstico, destaca-se a linfangite carcinomatosa, que é mais frequente nos cancros do pulmão, mama, pâncreas, estômago e próstata. O diagnóstico é muitas vezes difícil, uma vez que os achados clínicos e imagiológicos são desproporcionais à dispneia – o doente pode referir dispneia intensa, tosse irritativa acentuada, mas o exame físico é negativo e o estudo imagiológico não mostra alterações significativas. No entanto, este diagnóstico é importante já que a instituição de corticoterapia permite um significativo alívio sintomático, embora apenas temporário.

À medida que a doença maligna avança e o envolvimento pulmonar progride, as causas de dispneia têm menos possibilidade de serem suscetíveis de reversão e tendem a ser múltiplas. Por outro lado, a detioração do estado do doente muitas vezes não permite tratamentos invasivos. Assim, o tratamento passa a incidir exclusivamente sobre o alívio da dispneia (Gonçalves, Monteiro, 2000).

Dentro dos fármacos mais usados para alívio da dispneia destaca-se a morfina, que atua reduzindo o débito respiratório inapropriado ou excessivo, reduz substancialmente a resposta ventilatória à hipoxia e hipercapnia e melhora a função cardíaca.

A respiração mais lenta pode ser mais eficiente, reduzindo a sensação de falta de ar e a ansiedade.

Apesar dos preconceitos e medos instalados ao longo de décadas em relação à morfina, na verdade, para além dos benefícios referidos sabe-se que ela não causa retenção de $CO_2$ ou depressão respiratória significativa se adequadamente usada.

Numa fase inicial de instalação da dispneia pode não ser necessário o seu uso regular, mas apenas nos momentos de crise.

A dose inicial recomendada nos doentes *naïfs* é de 5 mg por via oral ou 2,5 mg por via subcutânea administrada e 4 em 4 horas, permitindo-se a mesma dose de resgate que pode ser repetida de hora em hora até controle do sintoma.

Em caso de a dose não ser eficaz ou em doentes que já fazem opioides por outro motivo preconiza-se um aumento de 25% a cada 24 ou 48 horas.

Ainda em relação aos opioides têm sido usadas formas de ação prolongada, mas parecem não ser tão eficazes para o controle da dispneia.

Alguns estudos parecem promissores em relação ao fentanilo sublingual.

As benzodiazepinas constituem também um fármaco útil no controle da dispneia e frequentemente em associação aos opioides. A sua ação está relacionada principalmente com a diminuição da ansiedade e com o relaxamento dos músculos respiratórios. As benzodiazepinas de longa duração podem ser particularmente úteis na ansiedade ou à noite quando a falta de ar e o pânico causam distúrbio do sono. Diazepam 2-5 mg duas vezes por dia. As benzodiazepinas de ação curta podem ser úteis em situação de crise, mas o risco de agitação reativa é maior – o lorazepam (0,5-2 mg) é de início rápido, semivida curta e pode ser administrado por via sublingual e pelo próprio doente. O midazolam é largamente utilizado para este fim, usando-se a via subcutânea para a sua administração. A dose inicial recomendada pode ir de 1 a 2,5 mg, administrados de 4 em 4 horas.

Por último uma palavra em relação ao oxigênio. A sua administração pode ser útil na falta de ar com hipoxia de repouso ou de esforço, pode ajudar em doentes normoxemicos pelo efeito do movimento do ar e por efeito placebo, mas é difícil predizer que doentes beneficiam de oxigenoterapia apesar do nível de $O_2$ reduzido e mesmo sem hipoxia.

Apesar de muitas vezes se desvalorizarem os seus efeitos negativos, deve-se ter em conta que a sua utilização pode levar ao aparecimento de dependência psicológica, constituir uma barreira à comunicação, ser fator de limitação à mobilidade e induzir secura das vias aéreas superiores.

Assim, o que é sugerido é ponderar todos os aspectos antes de iniciar oxigenoterapia. Se o doente tem saturação de oxigênio inferior a 90% iniciar esta terapêutica e se a saturação de oxigênio aumentou e o doente mantém dispneia é de considerar a sua descontinuação. Se o doente tem saturação superior a 90%, considerar outros meios que se provaram tão eficazes como o oxigênio nessas situações, como seja o uso de um leque, de uma ventoinha ou simplesmente uma janela aberta.

## 4. Conclusão

A dispneia é um sintoma de patofisiologia complexa, com múltiplas causas, que agrava numa elevada percentagem de doentes na fase final da vida e que ainda é de difícil de controle com os meios disponíveis. Torna-se, pois, urgente maior investigação nesta área específica dos cuidados paliativos.

## 5. Palavras-Chave

Cuidados paliativos, dispneia, sintomas respiratórios, terapêutica da dispneia.

## 6. Referências

Antoniu S, Mihaltan F: Outcome measures for palliative oxygen therapy: relevance and practical utility. Expert review of pharmacoeconomics & outcomes research, 14 (3); 2014: 417-423.

Booth, S: Improving research methodology in breathlessness: a meeting convened by the MRC Clinical Trials Unit and the Cicely Saunders Foundation. Palliative medicine 20 (3); 2006: 219-220.

CHERNY NI, CHRISTAKIS NA: Oxford textbook of palliative medicine. Oxford University Press, 2011.

CURROW DC, *et al.*: Breathlessness–current and emerging mechanisms, measurement and management: A discussion from an European Association of Palliative Care workshop. Palliative medicine 27(10); 2013: 932-938.

DALE O, MOKSNES K, KAASA S: European Palliative Care Research Collaborative pain guidelines: opioid switching to improve analgesia or reduce side effects. A systematic review. Palliative medicine 25 (5); 2011: 494-503.

GONÇALVES F: Controle de sintomas no câncer avançado, 2011.

GONÇALVES F, MONTEIRO C: Sintomas respiratórios no câncer avançado. Medicina Interna 7 (4); 2000: 225.

RADWANY SM, *et al.*: Palliative and end-of-life care for patients with ovarian cancer. Clinical obstetrics and gynecology 55 (1); 2012: 173-184 0009-9201.

SHREVES A, POUR T: Emergency management of dyspnea in dying patients. Emerg Med Pract, 15(5); 2013: 1-19.

TEMEL JS, *et al.*: Early palliative care for patients with metastatic non–small-cell lung cancer. New England Journal of Medicine, 363(8); 2010: 733-742.

# Distanásia

PAULO MAIA

## 1. Introdução

O início ou a manutenção de tratamentos com o intuito de prolongar a vida são justificados quando existe benefício para o doente que é claramente superior aos potenciais riscos ou desconfortos que tais tratamentos possam condicionar, e no pressuposto o doente (ou quem o representa) os aceita. Nas situações de proximidade da morte ou naquelas em que o benefício do tratamento é duvidoso, pode acarretar sofrimento indesejável ou perda inaceitável de qualidade de vida, ou, ainda, quando a intenção de tratar está centrada nos profissionais de saúde (interesse econômico, medo de litigação, incerteza excessiva ou mesmo ignorância quanto ao prognóstico), nas instituições (interesse econômico, medo de litigação, incerteza sobre condições contratuais), nos familiares (sublimação de medos relacionados com a morte, interesses econômicos relativos a heranças ou seguros de vida...), podemos estar perante distanásia, isto é, o prolongamento do processo de morrer, inútil e potencialmente acompanhado de sofrimento, com o objetivo de adiar o momento da morte e consequentemente a ação, intervenção ou procedimento que não atingirá o objetivo para o qual foi instituído, e que, portanto, não beneficia a pessoa doente.

A distanásia está associada à sofisticação da morte e à demonstração das possibilidades da moderna medicina (que consegue transformar em doenças crônicas situações clínicas incompatíveis com a vida sem a sua artificialização, como, por exemplo, manter sob ventilação artificial, hemodiálise crônica ou alimentação por sonda uma pessoa que está em coma profundo). Existem outras abordagens tendentes a permitir a evolução natural do processo de morrer, assegurando as medidas de conforto, mas rejeitando a ressuscitação cardiopulmonar e eventualmente outras medidas terapêuticas. Com exemplo, hospitais e outras instituições que cuidam de doentes terminais nos Estados Unidos da América adotaram procedimentos para garantir a morte natural *"Allow Natural Death* (AND)", conforme proposto pelo reverendo Meyer, integrado numa abordagem em três escalões: no primeiro, não há limitação terapêutica *(Full Support)*, sendo garantida uma morte natural nos dois outros escalões. Assim, no segundo, há alguma forma de limitação terapêutica (RCP, intubação traqueal, ventilação mecânica, nutrição artificial, etc, isoladas ou em conjunto – *Intermediate Support*/AND) e no terceiro são disponibilizados apenas cuidados de conforto *(Comfort Support*/AND). Conceptualmente AND é uma forma mais humanista de aceitar a morte, sem recurso a tratamentos desproporcionados e capazes de induzir sofrimento, ineficazes e eventualmente contrários à vontade do doente.

Nestas circunstâncias, em que a morte é consequência da doença e não de intervenção humana, em que não foram iniciados ou foram suspensos procedimentos ou tratamentos destinados apenas a prolongar a vida de forma artificial, protegendo a dignidade do doente e permitindo que a morte ocorra de forma natural, mas confortável, falamos de ortotanásia, por oposição à distanásia ou à eutanásia.

Apesar de distanásia e eutanásia serem diferentes em muitos aspectos, desde logo na intenção das intervenções e na valorização da qualidade e da quantidade de tempo de vida, têm em comum a tentativa de manipulação do momento da morte natural.

## 2. Enquadramento Histórico e Desenvolvimento

Antes da disseminação do uso de antibióticos a meio do século xx, a maioria das pessoas morria em casa, sendo o intervalo de tempo entre o início da doença e a morte dependente essencialmente da gravidade da doença naquele doente. Os antibióticos permitiram alterar o curso de muitas infecções, reduzindo drasticamente a mortalidade que lhes era associada em todos os grupos etários, tornando a cura o objetivo dos cuidados de saúde, até então centrados no conforto. Até esta alteração, a morte era aceite sem grande discussão ou reflexão: as possibilidades de mudança do local (para o hospital) e de manipulação do momento (com a possibilidade de substituição das funções vitais por equipamentos ou fármacos), a inversão da escala de valores (privilegiando a qualidade de vida em detrimento da quantidade de vida) e a diminuição da convicção da natureza divina da vida tornaram a morte e as circunstâncias que a rodeiam um assunto central da nossa sociedade.

A Medicina mudava e a ética que a acompanhava alterava-se também: a tradição hipocrática, baseada em dois pilares principais – fazer o bem e não fazer mal –, evoluía para os princípios da beneficência e da não-maleficência, o que na prática se traduzia por tentar em todas as circunstâncias um difícil equilíbrio entre maximizar o benefício e minimizar o malefício. O avanço da tecnologia e da investigação científica evidenciaram dilemas a que, quer o indivíduo quer a sociedade, não estavam preparados para responder. A beneficência, tal como os médicos a interpretavam e aplicavam, estava cada vez mais distante do doente com capacidade para deliberar e legitimamente escolher de acordo com as suas opiniões e preferências: a sociedade exigia o respeito pela autonomia do doente ou de quem o representasse e os tribunais reconhecerem esse direito ainda na década de 70 do século xx. Seguindo a mesma linha de evolução, surge um novo princípio bioético – da justiça distributiva, reclamando uma distribuição mais equitativa e justa dos novos recursos, sem olhar a raça, idade, gênero, religião, *status* social ou econômico. A sociedade confiava que os avanços na tecnologia e na ciência permitiriam melhorar e prolongar a vida, mas aceitava também como efeitos laterais a institucionalização da morte e o aumento de recursos de saúde para os cuidados de fim de vida. O uso da tecnologia sem humanismo associada à falta de participação do doente nas decisões terapêuticas quando o prognóstico é desfavorável (quer quanto a qualidade quer quanto a quantidade de vida) conduzirá à distanásia e, portanto, à indignidade no final da vida.

## 3. Definição e Clarificação Conceptual

### 3.1. A qualidade de vida e o valor da vida

A discussão do sentido da vida que vale a pena ser vivida, bem como do valor da vida e da qualidade de vida é frequentemente enquadrada no âmbito da filosofia. No entanto nas situações em que o benefício das intervenções é pequeno ou incerto e em que não há consenso sobre o custo-benefício das mesmas, essa discussão é abordada de modo mais ou menos formal pelos interessados (doente, seus familiares, profissionais de saúde). Ainda que aparentemente não estejam necessariamente relacionados, é difícil abordar um sem os outros e a discussão pode prolongar-se indefinidamente. Se analisarmos o valor da vida como um fim em si mesmo, então este poderá ser considerado "infinito" e a vida valerá a pena ser vivida sejam quais forem as circunstâncias (neste caso qualquer uma e todas as intervenções que possam prolongar a vida são desde logo justificadas, portanto dificilmente o conceito de distanásia é aceitável); por outro lado, se a vida for considerada um meio para uma existência com qualidade, quando tal for impossível (meio disponível, objetivo inatingível), então as intervenções que possam prolongar a vida só serão justificadas se a pessoa puder manter a qualidade de vida que ela considera aceitável. Sendo no entanto a valorização sempre comparativa, compreende-se a variabilidade individual no que a estes conceitos diz respeito, bem como a dificuldade em obter consensos relativamente a questões que colocam em confronto não só estes conceitos como o próprio conceito de autonomia – para os que, como Kant, considerem que a expressão da autonomia implica que a decisão seja racional, contrastando com os que, como J. S. Mill, consideram que é suficiente que expresse a preferência, podendo ser "errada". Se a estas dificuldades acrescentarmos a vulnerabilidade e a falta de capacidade para tomar decisões dos doentes psiquiátricos ou em cuidados paliativos, compreendemos quão difícil pode ser tomar decisões neste contexto. A avaliação (através de um questionário) das preferências de médicos e enfermeiros que trabalham em unidades de cuidados intensivos (UCI), doentes que sobreviveram à UCI e familiares de doentes internados em UCI, relativamente à possibilidade de prolongar a vida tanto quanto possível, usando todos os meios disponíveis e em quaisquer circunstâncias, permitiu verificar que quase um quinto dos respondedores desejavam essa possibilidade: no entanto, apenas 6% dos médicos, 9% dos enfermeiros comparados com 40% dos doentes e 32% dos familiares. Pode então concluir-se que a qualidade de vida é mais importante para os médicos e enfermeiros do que para os doentes e seus familiares, sendo que estes últimos estão mais frequentemente disponíveis para receber tratamento numa UCI do que os profissionais. Podemos então inferir que, perante a possibilidade de tratamentos com baixa probabilidade de sucesso (avaliado quer pela quantidade de tempo de vida ganho quer pela qualidade de vida durante esse mesmo tempo), a preferência do doente (aceitação e/ou desejo de a eles se submeter) fará a distinção entre o desejo de preservar a vida como bem supremo e distanásia. Assim se pode compreender que situações clínicas semelhantes possam ter abordagens completamente diferentes pelos mesmos profissionais, sem que tal represente má prática clínica ou deontológica.

### 3.2. Autonomia e o papel da relação médico-doente na decisão de prolongar tratamentos no doente terminal

A qualidade da relação entre profissionais de saúde e doentes é a base do sucesso na prática de cuidados de saúde. Esta relação, baseada na confiança, depende muito das expectativas e desejos do doente, o que por sua vez está relacionado com os seus valores pessoais e com as suas prioridades. Num contexto de tomada de decisões importantes e muitas vezes irreversíveis, num ambiente de forte tensão emocional e física, as atitudes, valores e comportamentos dos profissionais têm impacto na relação entre ambos e também nos que os rodeiam, no momento atual e no futuro. A compreensão do que é "o melhor interesse do doente" – o bem total derivado da combinação das suas preferências e dos seus valores, plano de vida, circunstâncias sociais, associado às limitações impostas pela doença ao seu estado físico e mental – implica a interação entre o conhecimento do bem médico (avaliado pelo médico) e dos valores e objetivos pessoais do doente (avaliados por este). Então, apenas quando o doente não pode tomar decisões baseadas nos seus valores e preferências (por exemplo, por incapacidade de comunicação, demência, etc.), deve prevalecer o bem médico na determinação da escolha do cuidado.

A este modelo de cuidado centrado no doente devemos acrescentar uma perspetiva do outro elemento na relação: o profissional de saúde. Este, para além de ter como objetivos o respeito pelo doente numa perspetiva holística, tem ainda de respeitar as normas impostas pelo seu grupo profissional e pela sociedade, nos limites do que é aceitável para a sua consciência. Partindo do princípio de que o profissional tem os conhecimentos e habilidades adequados ao exercício profissional de excelência, acompanhados pelas atitudes desejáveis e num contexto de empatia com o outro, é importante considerar o seu papel e estatuto (no final, o que é ser médico, ser enfermeiro, ser psicólogo?). Por um lado temos a autonomia do doente, associada a um conjunto de direitos reconhecidos legalmente; por outro lado temos grupos profissionais com deveres e direitos também reconhecidos legalmente. Nesta perspetiva as dificuldades não se relacionam com a competência dos profissionais mas sobre se a vida pode ou deve ser mantida e até quando, e ainda qual o papel do doente na decisão final. Desde a admissão dos doentes no hospital, os médicos ficam obrigados a preservar a sua vida; se o plano terapêutico falhar o doente autônomo deve participar na decisão sobre o que fazer a seguir, estabelecendo os limites das intervenções em função dos seus valores, expectativas, sofrimento tolerável em relação com os benefícios esperados. No entanto, muitas situações não são claras: nos casos em que o medo de litigação seja elevado, os profissionais podem optar por preservar a vida (no pressuposto de que quem vai para um hospital para se tratar quer essencialmente recuperar e viver) a todo o custo pensando, assim, evitar acusações graves. Uma situação potencialmente mais grave e conflituosa pode resultar quando o doente está incompetente para tomar a decisão e a equipe médica pretende manter ou suspender tratamentos que considera fúteis: idealmente deveria aguardar-se que o doente pudesse manifestar a sua preferência. Não sendo viável tal estratégia, se houver concordância entre equipe médica e representantes do doente quanto ao melhor interesse do doente, poderá qualquer uma das situações ser ponderada. No entanto, nos casos de discordância, os médicos poderão não continuar cuidados que considerem fúteis e contrários ao melhor interesse do doente por considerarem tratar-se de distanásia, ou continuar esses mesmos cuidados, impondo sofrimento que os representantes do doente consideram intolerável; seja qual for o caso, ao proceder desse modo os médicos aceitam as implicações legais que daí possam advir. Os profissionais de saúde devem lembrar-se que a sua responsabilidade profissional existe sempre, qualquer que seja a decisão: devem, portanto, procurar que a sua conduta seja adequada, quer do ponto de vista médico quer ético. Cuidados reforçados (principalmente na documentação e registro no processo clínico) deverão ser assumidos sempre que uma decisão não consensual é tomada, principalmente se tal for irreversível.

## 4. Conclusão

A medicina mudou muito nos últimos anos e a bioética acompanhou-a nesse processo; a morte mudou de local e de momento, o paternalismo deu lugar à autonomia e desse modo alterou-se também a relação médico-doente. A distanásia surge como um efeito lateral desse desequilíbrio de evolução. A relatividade (valor da vida, qualidade de vida, direitos e deveres dos doentes e dos profissionais) e a incerteza no que concerne ao prognóstico e à melhor decisão em circunstância acompanharão sempre os doentes em fim de vida: compete aos profissionais de saúde devolver a dignidade à morte, mantendo o uso das novas tecnologias dentro dos limites da ciência e dos princípios éticos.

## 5. Palavras-Chave

AND (*Allow Natural Death*), autonomia do doente, distanásia, eutanásia, ortotanásia, relação médico-doente.

## 6. Referências

CURTIS JR, RUBENFELD GD: Managing death in the Intensive Care Unit: the transition from cure to comfort. Oxford University Press, 2001.

DANBURY C, NEWDICK C, LAWSON A, WALDMANN C: Law and Ethics in Intensive Care. Oxford University Press, 2010.

MEYER C: Allow natural death – an alternative to DNR? Acesso em julho de 2017, de: http://www.hospicepatients.org/and.html.

RANDALL F, DOWNIE RS: Palliative Care Ethics – a companion for all specialties. Oxford University Press, 1999.

SPRUNG CL, CARMEL S, SJOKVIST P, BARAS M, COHEN SL, MAIA P, *et al.*: Attitudes of European physicians, nurses, patients, and families regarding end-of-life decisions: the ETHICATT study. Intensive Care Med 33(1); 2007: 104-10.

# Doença Cardiovascular

SOFIA RAQUEL NUNES

## 1. Introdução

Doentes com doença crônica avançada, como a doença cardiovascular em todas as suas perspectivas, padecem de uma considerável quantidade de sintomatologia e diminuição da qualidade de vida.

Dentro das doenças cardiovasculares, a insuficiência cardíaca é uma das principais causas de mortalidade e morbilidade, possuindo limitadas opções curativas, o que se traduz invariavelmente numa dependência a nível dos autocuidados destas pessoas.

Assim, a maioria das pessoas com doença cardiovascular avançada depende maioritariamente dos seus cuidadores, pelo que, não tendo capacidade de exercer os seus autocuidados, têm necessidade de auxílio, principalmente no que se refere a gestão de medicação, adesão terapêutica e gestão de sintomas.

A evidência científica tem destacado frequentemente a melhoria de resultados, assim como a prestação de cuidados mais eficientes a este tipo de doentes, quando sujeitos a cuidados paliativos, aumentando a qualidade de vida dos doentes, bem como a dos seus cuidadores.

Considerando as condições sociodemográficas da população e as taxas referentes à existência de doenças cardiovasculares crônicas em estádio avançado (em que, por exemplo, a insuficiência cardíaca abarca cerca de 15 milhões de pessoas em toda a Europa), existe uma tendência gradual em consumos e recursos na ordem dos 32 bilhões de dólares (em 2013), com previsão de aumento até 70 biliões de dólares em 2030. Assim sendo, importa compreender os encargos na mortalidade e morbilidade destes doentes e das suas famílias, a afetação de recursos direta ou indiretamente associados e a implementação de uma política de saúde que promova o adequado cuidado com gestão de necessidades destes doentes.

## 2. Enquadramento Histórico e Desenvolvimento

A respeito do enquadramento dos cuidados paliativos em doenças crônicas, é de ressaltar que o câncer não é apenas a única "doença maligna". Alguns autores referem ainda que não veem muitas diferenças entre pessoas com doença cardiovascular avançada e os doentes com patologia oncológica, pois a natureza dos cuidados permanece no mesmo patamar, assim como a súmula dos mesmos, possuindo os seguintes objetivos: aliviar os sintomas, promover o conforto para aumento da qualidade de vida e promover a dignidade da pessoa em fim de vida.

Os mais recentes indicadores de evolução demográfica denotam progressivamente o envelhecimento da população, e a insuficiência cardíaca dentro do rol de doenças crônicas cardiovasculares afeta cerca de 1% da população geral e cerca de 20% de pessoas com mais de 80 anos, o que sugere uma projeção de aumento consecutivo até 2030 em 46% a mais do que as estimativas até 2012.

Os cuidados oferecidos à maioria destes doentes são limitados e as necessidades da pessoa acabam por se tornar subvalorizadas, pelo que os cuidados paliativos continuam a ser um desafio neste sentido. Tal como referido previamente, os custos associados aos cuidados de saúde nesta perspectiva tendem a aumentar e considerando a ênfase em torno dos cuidados centrados na pessoa doente, abrem-se novas possibilidades integrativas do cuidar e da inclusão dos cuidados paliativos na doença cardiovascular avançada. Aliás, as diretrizes da American College of Cardiology Foundation (ACCF)/American Heart Association (AHA) de 2013 ressaltam a importância e o apoio dos cuidados paliativos em doentes com insuficiência cardíaca terminal, assim como a Heart Failure Association da European Society of Cardiology destaca a necessidade de desenvolvimento desses cuidados e das equipes que os realizam.

Contudo, existem poucas pessoas a aceder ao tipo de cuidados preconizados e esta tendência apenas será invertida quando os profissionais se consciencializarem sobre a temática e as reais necessidades da pessoa doente.

## 3. Definição e Clarificação Conceptual

### 3.1. A trajetória da doença cardiovascular avançada e a necessidade de cuidados paliativos

Em pessoas vítimas de doença cardiovascular avançada em todas as suas vertentes, o percurso da doença pode variar, revelando um padrão muito específico. Contudo, de forma geral, compreende-se que a doença funciona como uma "montanha russa" com recaídas frequentes, e o declínio acontece ao longo de uma trajetória de crise. No entanto, torna-se essencial conhecer o paradigma da doença cardiovascular para futuro prognóstico e reencaminhamento para os cuidados paliativos em fase apropriada e não esperando o momento que antecede de imediato a morte da pessoa.

Os doentes habitualmente experienciam sintomas severos assim como incerteza no curso da doença e, frequentemente, estados de ansiedade e depressão. Dos sintomas físicos mais habituais resultam a fadiga, a dispneia e o edema. Contudo, estes doentes possuem sintomatologia abarcando todo o holismo, desde os referidos anteriormente, ou os sociais, como o isolamento, ou espirituais, como a falta de esperança, levando a um progressivo *deficit* de autocuidados.

Considerando a especificidade da doença e a gestão de sintomas que necessita de ser adequada, a partilha de informação de forma discreta mas objetiva e a tomada de decisão são elementos essenciais a uma abordagem correta e organizada culminando num imperativo ético de boas práticas e de proteção da pessoa doente e da sua dignidade. Quaisquer juízos paternalistas são dispensáveis, uma vez que o que mais importa é que a pessoa tenha a melhor qualidade vida no "im"provável tempo que possui. Essencialmente, é necessário que as equipes se reúnam e debatam as decisões clínicas em prol do doente e não em ganhos de dias de vida sem qualquer qualidade. É necessário que essas decisões sejam pensadas, refletidas e discutidas na melhor solução entre equipe, pessoa doente e família.

Naturalmente, o planejamento da evolução da doença permitiria evitar alguns dilemas da prática no que concerne à progressão da mesma. Por exemplo, as diretivas antecipadas de vontade permitem à pessoa doente registrar as suas preferências de cuidados em fim de vida, assim como nomear um substituto para tomar decisões em seu nome se perderem a capacidade para tal. Contudo, o uso potencial das mesmas ainda se encontra muito abaixo do que seria expectável. Para além disso, as diretivas antecipadas de vontade geralmente tratam de políticas como por exemplo a ressuscitação cardiopulmonar, a ventilação mecânica, a alimentação por sonda e hemodiálise, existindo uma tendência a não considerar aspectos importantes para doentes cardíacos, como a desativação de cardiodesfibrilador implantado (CDI) ou a retirada de dispositivos de assistência ventricular esquerda que se prendem com relevância para terapia da insuficiência cardíaca, entre outros.

Dada a complexidade da doença e do prognóstico, existem muitas pessoas doentes e famílias que gostariam de debater a situação e suas soluções enquanto outras preferem não considerar a temática. Como a doença pode ocorrer de forma muito própria e estando a morte súbita sempre implícita, para os profissionais de saúde torna-se difícil escolher a abordagem que parece mais correta. Muitos profissionais têm dúvidas, mas consideram que o diálogo é essencial ao estabelecimento de determinado nível de confiança. Contudo, o mesmo requer sensibilidade, pois pode levar, em casos extremos, a uma compreensão errada da abordagem, como, por exemplo, a projeção no futuro de melhoria do estado da pessoa ou a antecipação de más notícias.

A liberdade ética da pessoa e o exercício da autonomia são conceitos intrínsecos nesta discussão. O fato de se pretender uma humanização da doença e dos processos a ela adjacentes leva à assunção de que a pessoa deveria possuir apoio no sentido de se concretizar naquilo que mais valor tem para ela, determinando as suas escolhas e os seus desejos. Assim, a liberdade de escolha só será efetiva quando a pessoa estiver esclarecida e quando não existirem dúvidas e vieses que lhe possam perturbar o raciocínio e a visão sobre a sua situação e a sua envolvente.

### 3.2. A necessidade de equipes interdisciplinares

As equipes interdisciplinares parecem uma boa estratégia, assimilando o melhor de cada disciplina de saber, para um objetivo comum que é a melhoria da qualidade de vida de pessoas em fim de vida.

Tal como demonstrado anteriormente, as equipes prestadoras de cuidados de saúde tendem habitualmente a usar a fundamentação da especificidade clínica da doença cardiovascular como uma justificativa para as lacunas de inclusão nos cuidados paliativos, assim como no debate e discussão de problemas relacionados com as pessoas em fim de vida vítimas de doença cardiovascular avançada.

Naturalmente, a existência destas equipes deveria permitir a implementação e o desenvolvimento de uma estratégia, em que os cuidados deveriam ser específicos de cada doente e sua família, até porque, imensas vezes, a família resulta como seu prestador direto de cuidados, podendo os mesmos ser efetuados no domicílio. Desta feita, a equipe deverá funcionar em conjunto, em que cada elemento terá de ter o seu papel bem organizado e delimitado, no sentido de não haver confusão entre atividades. Existem opiniões variadas quanto à constituição e coordenação dessas equipes, pois alguns autores alegam que deveriam ser conduzidas por um especialista em cardiologia e outros por um especialista em cuidados paliativos. Sendo certo que cada unidade de saúde terá a sua própria dinâmica, não deverá existir um organograma rígido baseado em hierarquias mas sim uma organização paralela de coordenação entre profissionais que permita que o doente esteja no centro e que todos circulem à volta dele. Contudo, deverá existir uma coordenação da equipe de modo a evitar conflitos e possíveis "esquecimentos ou abandonos", no sentido de assegurar o melhor tipo de cuidados considerando aquela pessoa concreta.

Cada uma das especialidades (cardiologia ou cuidados paliativos) e/ou profissionais pode assumir uma coordenação na assistência em diferentes momentos no decurso da doença. Aliás, a responsabilidade ou contribuição de cada equipe tende a aumentar/diminuir à medida que a doença progride, podendo esse padrão diferir de doente para doente, tendo assim a equipe de se adaptar a cada necessidade da pessoa cuidada.

Desta forma, o objetivo será manter a pessoa doente e sua família no centro dos cuidados, de modo a permitir que toda a equipe funcione nos tempos corretos e de forma eficiente, com gestão de comunicação e efetividade de cuidados.

Existe muita literatura que comprova o impacto dos cuidados paliativos. Contudo, existe escassez de pesquisas sobre o impacto dos cuidados paliativos no controle percebido da doença, isto é, na percepção da influência da doença sobre os resultados, assim como na capacidade de gestão da mesma. No entanto, em alguns estudos efetuados parece existir uma relação positiva entre intervenções de cuidados paliativos e melhoria no controle e ativação percebidos, isto é, na gestão da própria doença, melhorando o desfecho clínico.

Portanto, uma intervenção precoce pode permitir a integração de cuidados desde o domicílio e desde a pré-hospitalização, diminuindo os subsequentes internamentos e melhorando a qualidade de vida com acompanhamento estruturado, permitindo, se o doente assim desejar, terminar os seus dias no seu domicílio junto da sua família.

Um estudo realizado em Inglaterra sugere, com base em entrevistas realizadas em 2005 e, posteriormente, em 2010, uma melhoria na parceria entre enfermeiros de insuficiência cardíaca e serviços de cuidados paliativos, onde esses profissionais desenvolvem um papel primordial em assegurar uma garantia de cuidados, e, por exemplo, o enfermeiro assume um papel de gestão e coordenação na prestação de cuidados, uma vez que possui competências para o efeito.

Existem também estudos que revelam que os profissionais de saúde dedicados a este tipo de doentes estão sensíveis para o assunto e disponíveis para este tipo de debate e discussão, mas necessitam de formação contínua. As barreiras de comunicação no prognóstico da doença e no fim de vida conduzem invariavelmente a uma trajetória da doença imprevisível, devendo a comunicação aberta ser um pré-requisito para permitir que as pessoas façam escolhas a respeito de como e onde terminar a sua vida.

A temática das equipes interdisciplinares levanta ainda preocupações paralelas e a sua necessidade é votada para combater também problemas éticos associados, como, por exemplo, questões de acesso a este tipo de cuidados, em que se debate ainda a garantia da autonomia e dignidade da pessoa.

As doenças cardiovasculares crônicas estão frequentemente associadas a um menor acesso de cuidados paliativos, assim como altas taxas de utilização de recursos em saúde pelos tratamentos agressivos. Desta forma, estas necessidades que devastam os recursos em saúde curativos e limitam fortemente as opções de tratamento precisam de ser desvirtualizadas e tornadas realidade num sistema de saúde forte, equitativo e promotor da dignidade da pessoa humana.

O conceito de dignidade, sem quaisquer restrições, deverá ser comum a todos os seres humanos, no qual estes terão sempre o direito de serem considerados sujeitos individuais, com uma finalidade que lhes é própria e não um fim ou um objeto de/ou para terceiros. Esta liberdade ética implícita no conceito de dignidade da pessoa humana e, naturalmente, da autonomia em si intrínseca, destaca-se nesta temática, pois pessoas com doença cardiovascular avançada deveriam perspectivar o seu percurso e delinear a sua trajetória de modo a identificar e promover sempre os seus desejos como indivíduo autônomo, responsável e livre.

No entanto, não existindo uma correta política de acompanhamento e existindo, *a priori*, lacunas no acesso a cuidados paliativos, inicia-se um percurso vicioso de quebra dos elos desta relação que deve ser genuína. Assim, existindo barreiras no acesso, quer pela falta de identificação dos doentes ou pela baixa capacidade dos serviços, a dignidade encontra-se sujeita a um círculo de questões como, por exemplo, a autodeterminação e todos os conceitos referidos anteriormente, dentro do campo da liberdade do doente e também do exercício das boas práticas.

De fato, a concretização dos cuidados pode levar a ineficiência do sistema de saúde no que diz respeito a este tipo de patologia, e garantir os direitos dos doentes no que concerne ao acesso a cuidados paliativos torna-se impreterível.

## 4. Conclusão

Principalmente nas últimas duas décadas, assiste-se a um evoluir da ciência no que concerne aos cuidados às pessoas com doenças cardiovasculares e observa-se um aumento da compreensão da doença avançada acerca da sua fisiopatologia, mas também do tratamento quer curativo quer paliativo.

De forma global, a formação e o treino em cuidados paliativos orientados para doença cardiovascular avançada são urgentes, promovendo nos profissionais uma melhoria a nível do conhecimento, da atitude e da necessidade de *coping* de modo a estarem suficientemente preparados para a prática clínica.

Existe tendencialmente uma desigualdade na promoção de cuidados no final da vida que se traduz, entre outros, por exemplo, no desigual alívio dos sintomas. A falta de comunicação sobre a morte iminente e a determinação do lugar preferido dos cuidados no final da vida são também aspectos apontados como défices nos cuidados a doentes com doença cardiovascular avançada, para além da falta de acompanhamento às suas famílias.

Existem barreiras entre a doença cardiovascular avançada e os cuidados paliativos, entre os quais a trajetória difícil e imprevisível da doença, resultando num prognóstico incerto, o conceito de morte iminente, que perturba os planos de cuidados, e a falta de informação entre equipes e doentes, culminando muitas vezes em decisões comprometidas, o que pode contrariar a liberdade da pessoa e a sua autonomia.

Existe consecutivamente a associação de doenças circulatórias com a menor probabilidade de reorientação do cuidado antes da morte. De fato, o primeiro passo para melhor adesão aos cuidados paliativos é a identificação dos doentes e desenvolvimento de uma estratégia comunicativa e integradora de cuidados. Desta forma, um início precoce dos cuidados paliativos contribui para melhor qualidade de vida, considerando toda a sintomatologia naturalmente intrínseca da doença.

## 5. Palavras-Chave

Acesso, comunicação, cuidados paliativos, dignidade humana, doenças cardiovasculares.

## 6. Referências

Beattie JM: Palliative care for heart failure: challenges and opportunities. Eur J Cardiovasc Nurs 13(2); 2014:102-4. doi: 10.1177/1474515114521697.

Buck HG, Mogle J, Riegel B, McMillan S, Bakitas M: Exploring the Relationship of Patient and Informal Caregiver Characteristics with Heart Failure Self-Care Using the Actor-Partner Interdependence Model: Implications for Outpatient Palliative Care. J Palliat Med 18 (12); 2015: 1026-32. doi: 10.1089/jpm.2015.0086.

Diop MS, Rudolph JL, Zimmerman KM, Richter MA, Skarf LM: Palliative Care Interventions for Patients with Heart Failure: A Systematic Review and Meta-Analysis. J Palliat Med 20(1); 2017: 84-92.

Evangelista LS, Liao S, Motie M, De Michelis N, Lombardo D: On-going palliative care enhances perceived control and patient activation and reduces symptom distress in patients with symptomatic heart failure: a pilot study. Eur J Cardiovasc Nurs 13(2); 2014: 116-23. doi: 10.1177/1474515114520766.

Fendler TJ, Swetz KM, Allen LA: Team-based Palliative and End-of-life Care for Heart Failure. Heart Fail Clin 11(3); 2015: 479-98. doi: 10.1016/j.hfc.2015.03.010.

Fitzsimons D, Strachan PH: Overcoming the challenges of conducting research with people who have advanced heart failure and palliative care needs. Eur J Cardiovasc Nurs 11 (2); 2012: 248-54. doi: 10.1016/j.ejcnurse.2010.12.002.

Habal MV, Micevski V, Greenwood S: How aware of advanced care directives are heart failure patients and are they using them? Can J Cardiol 27; 2011: 376-381.

Hjelmfors L, Strömberg A, Friedrichsen M, Mårtensson J, Jaarsma T: Communicating prognosis and end-of-life care to heart failure patients: a survey of heart failure nurses' perspectives. Eur J Cardiovasc Nurs 13 (2); 2014: 152-61. doi: 10.1177/1474515114521746.

Johnson MJ, Maccallum A, Butler J, Rogers A, Sam E, Fuller A, Beattie JM: Heart failure specialist nurses' use of palliative care services: a comparison of surveys across England in 2005 and 2010. Eur J Cardiovasc Nurs 11 (2); 2012: 190-6. doi: 10.1016/j.ejcnurse.2011.03.004.

Nunes R, Melo HP: Testamento Vital. Edições Almedina, Coimbra, 2011.

Nunes S, Rego G, Nunes R: The impact of economic recession on health-care and the contribution by nurses to promote individuals' dignity. Nurs Inq 22(4); 2015: 285-95. doi: 10.1111/nin.12100.

# Doenças Infecciosas

FERNANDO ROSAS VIEIRA

## 1. Introdução

Os cuidados médicos reconhecem vários níveis de assistência a referir: Internamento, Consulta Externa e Serviço de Urgência. A nível ambulatório, os "velhos Serviços Médico Sociais" do passado evoluíram para Centros de Saúde com médicos diferenciados para a prestação de cuidados, o que previamente se designava por "Clínica Geral". O Sistema Nacional de Saúde Português, que constituiu uma das conquistas da Revolução de Abril de 1974, progrediu nos últimos anos de forma a adaptar-se à evolução dos tempos. Se no início dos anos 70 a esperança média de vida era de cerca de 70 anos, hoje vivemos uma realidade bem diferente. Os resultados das políticas implementadas são claros nos vários índices à nossa disposição. A título de exemplo, a mortalidade neonatal e infantil reduziu-se para valores dificilmente expectáveis nos anos 70. Contudo, criaram-se constrangimentos que as novas gerações vão ter de resolver. Os cuidados de saúde hospitalar têm vindo a adaptar-se a esta nova realidade, privilegiando o ambulatório hospitalar, quer no respeita ao diagnóstico quer à terapêutica. Hoje temos mais vida, mas menos qualidade de vida e isto é mais notório nas idades avançadas. Por outro lado, o aumento da incidência das doenças neoplásicas, ainda que o seu prognóstico tenha melhorado muito nos últimos anos, implica que muitos doentes sem solução necessitem de apoio em fim de vida, dificilmente prestável no seio da família, mas também impossível de prestar em ambiente hospitalar não vocacionado para estas fases de doença. A doença VIH, que emergiu como pandemia no início dos anos 80, instalou um clima de estigmatização e medo, pela associação a comportamentos mal aceites pela sociedade. A rejeição por parte da sociedade e mais ainda por parte das famílias constituiu um problema acrescido. A história natural da doença, com longa evolução, com uma fase assintomática que poderá chegar aos 10 anos, seguida de uma fase de AIDS irremediavelmente fatal, em populações jovens e idade ativa, vieram agravar ainda mais estes problemas. Assim, a necessidade de um novo nível de apoio aos doentes tornou-se uma emergência. As doenças neoplásicas, as doenças infecciosas, as doenças degenerativas do sistema nervoso central e, de um modo geral, as doenças ligadas ao envelhecimento e a perspectiva de vida mais longa necessitam da adaptação dos atuais níveis colocados à disposição dos doentes.

## 2. Enquadramento Histórico e Desenvolvimento

"Os processos de envelhecimento iniciam-se desde a concepção, sendo então a velhice definida como um processo dinâmico e progressivo no qual ocorrem modificações, tanto morfológicas, funcionais e bioquímicas, como psicológicas, que determinam a progressiva perda das capacidades de adaptação do indivíduo ao meio ambiente, ocasionando maior vulnerabilidade e maior incidência de processos patológicos." (Vieira, 1996; Lopes, 2000)

[In *Pensar a Prática 7: 75-84, março de 2004*]

"A velhice não é definível por simples cronologia, e sim pelas condições físicas, funcionais, mentais e de saúde do indivíduo, sugerindo que o processo de envelhecimento é pessoal e diferenciado. Nessa perspectiva, a autora considera que o envelhecimento humano constitui um padrão de modificações e não um processo unilateral, mas sim, a soma de vários processos entre si, os quais envolvem aspectos biopsicossociais." (Okuma, 1998)

[In *Pensar a Prática 7: 75-84, março de 2004*]

Nos quadros abaixo revelam-se as alterações fisiológicas ao longo da vida dos vários órgãos e funções, inevitáveis ao longo da vida.

> **FUNÇÃO BIOLÓGICA MUDANÇAS**
> Capacidade de Trabalho% Dim* 25-30
> Débito Cardíaco Dim* 30
> Freq. Card. Máx. (bat./min.) Dim* 24
> **Pressão Sanguínea (mm/hg)**
> **PAS Aum** 10 – 40 PAD Aum** 05-10**

> **Ventilação**
> Capacidade Dim* 40-50
> Volume Residual Dim** 30-40

> **Metabolismo (%)**
> Musculatura
> Massa Muscular Dim* 25-30
> Força de Preensão Dim* 25-30

> Condução do Est. Neural Dim* 10-15
> **Flexibilidade**
> Mulheres Dim* 25-30
> Homens Dim* 15-20
> **Funções Renais**
> Diurese Dim* 25-30
> * Diminuição da função, ** Aumento da função – Fonte: Smit e Zook *apud*, De Marchi (1998)
> Fonte: Smit e Zook apud De Marchi (1998)
> [***In Pensar a Prática* 7: 75-84, Mar. – 2004**]

Os seres vivos nascem, crescem, vivem e morrem no contexto daquilo a que se chama vulgarmente envelhecimento. O conceito biológico de vida para o humano classicamente contempla a trajetória que vai desde o nascimento até à morte. Esta situação aplica-se a toda a vida animal e vegetal. Esta fase mais ou menos longa tem "altos e baixos", é mais longa ou menos longa.

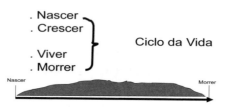

Atualmente vive-se mais tempo, mas a taxa de natalidade tem vindo a diminuir, tendo como consequência a alteração da pirâmide etária com a base a estreitar e o topo a alargar.

Podemos facilmente começar a perceber a importância destes fenómenos na interrelação entre cuidados paliativos e doenças infecciosas. Esta relação é biunívoca, como se pode perceber do algoritmo abaixo:

Determinadas situações mórbidas condicionam maior susceptibilidade às infecções, seja pelos défices imunitários que provocam seja pela dificuldade que certas patologias provocam na autodefesa dos doentes, como ocorre nos quadros demenciais.

Assim, a relação doenças infecciosas/cuidados paliativos pode ser encarada de duas perspectivas: como causa de internamento em cuidados paliativos ou consequência da permanência numa unidade deste tipo.

# DOENÇAS INFECCIOSAS

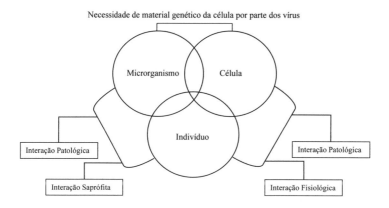

A vida unicelular reconhece vários agentes. As similitudes entre as células e os seres unicelulares são reais. Se nas células do organismo existem interações fisiológicas também existem interações patológicas, sendo o exemplo mais claro a ocorrência das neoplasias. Também as bactérias estabelecem interações patológicas provocando infecções, mas também podem interagir fisiologicamente, sendo o melhor exemplo o microbioma intestinal (com importantes funções metabólicas fundamentais para o equilíbrio do indivíduo, com funções insubstituíveis como seja o desdobramento da urease). Também se estabelecem interações entre células do organismo e os microrganismos (por exemplo, os vírus, que necessitam do material genético da célula para replicar).

Assim, em resumo, podemos afirmar: as doenças infecciosas podem ser motivo de necessidade de internamento em unidades de cuidados paliativos. O exemplo mais claro é a infecção VIH/AIDS. Por outro lado, a presença do doente em cuidados paliativos pode ser causa de aparecimento de infecções. Apesar de o doente em cuidados paliativos ser muitas vezes um doente terminal com um período curto de vida, não deixa de ser sujeito a cuidados médicos e de enfermagem, que por mais limitados que sejam, mas porque aplicados em pessoas profundamente debilitadas, não deixam de constituir unidades de prestação de cuidados. Assim, as infecções associadas aos cuidados de saúde têm de estar na nossa mente.

## 3. Definição e Clarificação Conceptual

Cuidado paliativo é a abordagem que promove qualidade de vida dos doentes e seus familiares perante doenças que ameaçam a continuidade da vida, através da prevenção e alívio do sofrimento. Requer a identificação precoce, avaliação e tratamento da dor e outros problemas de natureza física, psicossocial e espiritual (OMS, 2002). Pela definição da OMS, todos os doentes portadores de doenças graves, progressivas e incuráveis deveriam receber a abordagem de cuidados paliativos desde o seu diagnóstico (*Manual de Cuidados Paliativos*, ANCP, 2012).

### 3.1. Doenças mais frequentes em cuidados paliativos

As doenças mais frequentes que podem evoluir até à fase terminal e, por isso, exigem internamento em cuidados paliativos estão discriminadas neste quadro.

Câncer
Demência
Doenças degenerativas do SNC
AIDS
Cirrose hepática
Doença pulmonar obstrutiva crônica
Insuficiência cardíaca congestiva
Insuficiência renal crônica
Arteriosclerose (HTA, miocardiopatias, diabetes, senilidade)

À data do diagnóstico, as doenças podem assumir variados perfis, que vão desde a doença curável até à doença evolutiva, integrando as mesmas necessidades em termos terapêuticos. Os cuidados médicos têm de ser escalonados segundo a situação do doente, que engloba nomeadamente o seu prognóstico.

| | | |
|---|---|---|
| Sintomas | | |
| Diagnóstico | Doença Curável<br>Doença Crônica<br>Doença Evolutiva | |
| Tratamento | Curativo<br>Sintomático<br>Paliativo | Cuidados Médicos<br>Cuidados Enfermagem<br>Fisioterapia<br>Ouros |

A doença crônica evolui por "surtos de melhoria – agravamento" até à morte, e a fase terminal pode não ser atingida. Exemplos disto são as doenças cardiovasculares, em que o evento morte súbita é muito comum. A doença crónica evolutiva evolui também por surtos de melhoria – agravamento, atingindo, apesar de tudo, uma fase final de degradação objetiva e subjetiva do estádio clínico.

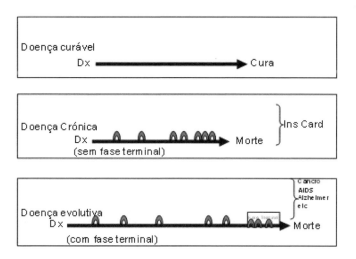

Assim, na evolução do indivíduo ocorrem fases de "saúde" e doença em que o envelhecimento assume um aspecto determinante. As doenças neoplásicas, as doenças degenerativas e infecciosas assumem um papel muito importante.

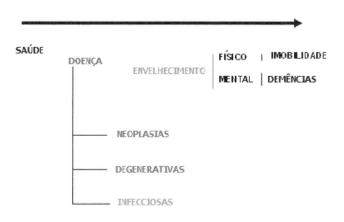

Há aspectos a ter em conta quando se atinge a fase de doença ou situação mórbida, que são: a própria situação mórbida, a situação social, a situação familiar e a fase da doença. Estes aspectos irão determinar a eventual alta para o domicílio, a necessidade de cuidados continuados ou de cuidados paliativos.

### 3.2. Infecções mais comuns

Os doentes sujeitos a cuidados paliativos estão sujeitos a infecções associadas aos cuidados de saúde (IACS), sendo as mais comuns: infecções de pele, infecções respiratórias, infecções urinárias e sépsis.

### 3.3. Infecções cutâneas

No que respeita às lesões cutâneas, as escaras constituem uma preocupação constante. A prevenção das mesmas representa a principal medida, baseando-se:

– Na avaliação do risco tendo em conta a imobilidade, incontinência, estado de nutrição e estado de consciência do doente.
– Na manutenção da integridade da pele, mantendo-a limpa e hidratada;
– Nas mudanças frequentes de posição e uso de colchões anti-escaras.

O efeito das massagens regulares sobre as proeminências ósseas é controverso e, segundo o consenso americano, poderão mesmo ter um efeito desfavorável; na correção das deficiências nutricionais, quando as escaras estão instaladas, o tratamento consiste: na remoção e limpeza dos tecidos necrosados, no tratamento da infecção quando esta existe e no ajuste da terapêutica analgésica. Se a dor é intensa só no momento dos curativos, a administração de morfina subcutânea antes dos cuidados está indicada, dado que se torna rapidamente eficaz. A manutenção das medidas de prevenção não pode ser esquecida.

As ulcerações com infecção secundária presentes nas recidivas ganglionares ou locais de certos tumores provocam um cheiro nauseabundo (bactérias anaeróbias), que incomoda o doente e os que o rodeiam.

O tratamento, que deve ser "agressivo" para tentar preservar a imagem corporal, consiste na aplicação local de antisépticos e administração de antibióticos de largo espectro, que podem ser associados ao metronidazol, permitindo, deste modo, eliminar o mau odor em poucos dias.

A referenciação hospitalar pode ser necessária para realização de radioterapia ou quimioterapia paliativas.

Os cuidados com a higiene em geral proporcionam momentos de contato físico que dão ao doente sensação de bem-estar, estima por si próprio e pelos outros, com alguma melhoria da qualidade de vida restante.

A fase terminal, quando devidamente definida, poderá ser dividida em três fases:

Fase 1 – Nesta fase o estado do doente não deixa dúvidas de que a morte ocorrerá dentro de poucos dias. O doente está profundamente fraco e essencialmente acamado, sonolento por períodos extensos, desorientado no tempo e com capacidade de atenção muito limitada. Há um crescente desinteresse em se alimentar e dificuldade em engolir a medicação. A via oral continua a ser a via de eleição desde que o doente engula, o que acontece com frequência. Se esta via já não está disponível, a via subcutânea passa a ser a via de administração de quase toda a medicação de suporte, podendo ainda utilizar-se a via retal e mais raramente a via endovenosa e a transdérmica (*patches* de fentanil).

Fase 2 – O tratamento é, em muitos aspectos, a continuação do que já vinha a ser feito. É conveniente simplificar a medicação mantendo unicamente os fármacos essenciais. Devido ao aparecimento de novos sintomas ou ao agravamento dos já existentes, esta fase exige, da parte do pessoal de saúde, reavaliações e ajustes terapêuticos frequentes e, portanto, maior disponibilidade. Poderá ser lícito, em determinados casos, dar descontinuidade aos tratamentos de enfermagem (escaras ou feridas), sobretudo nos que causam grande sofrimento para o doente.

Fase 3 – O conforto passa a ser o objetivo, assim como o controle da dor. Deve-se assegurar ao doente que nada será feito para prolongar o seu sofrimento, que a morte surgirá em paz e que não estará só nesse momento. Medidas como ressuscitação, respiração assistida, tubos nasogástricos ou soros EV, são inapropriadas para doentes que estão perto da morte e não têm possibilidade de recuperação.

### 3.4. Infecções Respiratórias

São comuns e o seu tratamento deve ser ponderado. Manter as vias aéreas permeáveis, tratar a febre e a dor é o mais importante. Não é recomendada terapêutica antibiótica de largo espectro. Neste tipo de doentes, mais do que infecções temos colonizações e, assim, o isolamento de barreiras, não podendo as medidas gerais de prevenção ser esquecidas.

### 3.5. Infecções Urinárias

O que dissemos anteriormente em relação às infecções respiratórias aplica-se às infecções urinárias.

### 3.6. Sépsis

As situações de sépsis são, como podemos compreender, comuns, e tal como nas situações anteriores, temos de ser ponderados e avaliar, em tempo real, a situação do doente.

## 4. Conclusão

Com o aumento da sobrevida das populações, a diminuição da natalidade nos países desenvolvidos, levando à inversão da pirâmide etária, e as questões socioeconômicas, vão ser criadas dificuldades no apoio aos doentes mais idosos. O aumento da incidência e prevalência das doenças neoplásicas, levando a situações de imunodeficiência, vão fazer com que estes doentes necessitem de cuidados de fim de vida. Doenças emergentes e reemergentes pelo estigma associado às mesmas (como a AIDS) implicam que estes doentes necessitem de estruturas de apoio eficazes. Não são apenas os doentes de câncer avançado que carecem destes cuidados: os *doentes de AIDS em estádio avançado, os doentes com as designadas insuficiências de órgão avançadas (cardíaca, respiratória, hepática, respiratória, renal), os doentes com doenças neurológicas degenerativas e graves, os doentes com demências em estádio muito avançado*. E não são apenas os idosos que carecem destes cuidados, o problema da doença terminal atravessa todas as faixas etárias, incluindo a infância. Estamos, por isso, a falar de um grupo vastíssimo de pessoas, dezenas de milhares, seguramente, e de *um problema que atinge praticamente todas as famílias portuguesas* (Associação Portuguesa de Cuidados Paliativos).

## 5. Palavras-chave

Demência, infecções associadas aos cuidados de saúde, paliativos, VIH.

## 6. Referências

CIBRÃO ARC: Geriatria e cuidados paliativos. Estudo Geral. Repositório da Universidade de Coimbra, Coimbra, 2014.

DEITRICK GE, TIMLIN A, P GARDNER: Palliative care and end-of-life care World Wide Web resources for geriatrics. Journal of Pain & Palliative Care Pharmacotherapy Volume 20, Issue 3, 2006.

FORMIGA F a, LÓPEZ-SOTO A b, NAVARRO M b, RIERA-MESTRE A a, BOSCH X b, PUJOL R: Hospital Deaths of People Aged 90 and Over: End-of-Life Palliative Care Management. Gerontology 54; 2008: 148-152.

MACHADO PM: Dispneia no Doente Paliativo: Incidência. Abordagens e sua efetividade. Dissertação de Mestrado em Cuidados Paliativos. Universidade Católica Portuguesa, Lisboa, 2012.

OLIVEIRA RP, RAMOS M: Terapêutica e Intervenção Farmacêutica em Cuidados Paliativos. Boletim do CIM, Centro Informação do Medicamento (Ordem dos Farmacêuticos), setembro/outubro, 2012. Pensar a Prática 7; 2004: 75-84.

PEREIRA SM: Cuidados Paliativos, confrontar a morte. Universidade Católica, Editora Lisboa, 2010.

PROMMER E, FICEK B: Management of Pain in the Elderly at the End of Life. Drugs & Aging 29 Issue 4; 2012: 285-305.

RAMOS ARAÚJO M: Manual de Cuidados Paliativos, ANCP, 2012.

# Doenças Neurológicas

CAROLINA GARRETT

## 1. Introdução

As doenças neurológicas são variadas na forma de manifestação, na evolução e na etiologia. Numerosos processos patológicos podem afetar o sistema nervoso; infecciosos/inflamatórios, imunológicos, metabólicos, vasculares, traumáticos, tumorais, degenerativos...
Muitas destas doenças não têm tratamento curativo, levam inexoravelmente à morte, muitas vezes ao longo de meses/anos, provocando incapacidade e sofrimento aos doentes, seus familiares e cuidadores (Boersma, 2014).

## 2. Enquadramento Histórico e Desenvolvimento

As doenças neurológicas provocam paralisias, dificuldades de comunicação, alterações afetivas, emocionais e cognitivas, conforme as áreas afetadas, músculo, nervos, plexos raízes, medula espinhal, tronco cerebral e cérebro. Conforme a natureza da lesão, funções importantes para a vida da pessoa podem ser comprometidas, desde a capacidade em se movimentar, de sentir, de falar e compreender, de se orientar, de ter uma conduta social adequada, de tomar decisões, de planejar, de executar tarefas, de ter sentimentos e emoções com um enorme impacto na vida do próprio, mas também dos familiares, amigos e cuidadores. O papel dos cuidados paliativos em neurologia é indiscutível e coloca-se particularmente nas doenças invariavelmente fatais e com uma evolução mais arrastada de meses a anos.

## 3. Definição e Clarificação Conceptual

### 3.1. Doenças Neurodegenerativas

A neurodegenerescência é a marca destas doenças, sendo que a particularidade de cada doença depende dos sistemas neuronais inicialmente atingidos. A causa de muitas destas doenças é desconhecida, algumas dependentes de mutações genéticas, outras esporádicas. Habitualmente existe alteração da síntese, da conformação ou degradação de proteínas que se vão acumulando, sendo esta a causa da degenerescência e morte dos neurônios. A perda progressiva de neurônios confere a estas doenças características clínicas comuns, tais como terem geralmente um período pré-sintomático longo, instalarem-se de uma forma insidiosa, terem uma evolução dos sintomas e sinais ao longo de meses/anos. Até à data, apesar dos enormes esforços de investigação realizados, não existem meios eficazes de fazer diagnósticos pré-sintomáticos nos casos esporádicos nem formas eficazes de travar estes processos. Por estas características, as doenças neurodegenerativas são um exemplo paradigmático de doenças nas quais a abordagem de cuidados paliativos é extremamente útil. Destas, as doenças de Alzheimer e de Parkinson destacam-se pela sua frequência e, embora menos frequente, a Esclerose Lateral Amiotrófica é o exemplo paradigmático da importância de uma abordagem paliativa.

#### 3.1.1. Doença de Alzheimer

A Doença de Alzheimer é, de longe, a doença neurodegenerativa mais frequente. A sua frequência aumenta exponencialmente com a idade, estimando-se que atinja 1% da população pelos 65 anos de idade, aumentando esta proporção para os 30% nas décadas dos 90. A sua prevalência global ronda os 4,6% nas populações acima dos 60 anos.

Precedida de um período pré-sintomático que poderá ser de décadas, existindo biomarcadores que podem ajudar a identificar os casos pré-sintomáticos, a imagem estrutural e funcional e o doseamento das proteínas τ e Aβ no líquido cefaloraquidiano. É uma doença que se caracteriza pela instalação progressiva de defeitos cognitivos, com especial relevo para a memória para fatos. Esta perda de memória deve-se à degenerescência neuronal relacionada com a deposição das proteínas Aβ e τ, que habitualmente atinge o córtex entorrinal e o hipocampo, mas que com a evolução atinge praticamente todo o córtex cerebral. A perda de funcionalidade e autonomia pelo agravamento dos defeitos cognitivos caracteriza a demência que vai agravando terminando um período, que pode ser longo, de anos, de demência severa em que o doente não comunica, vai progressivamente perdendo a sua capacidade motora com rigidez generalizada. A duração média da doença é de cerca de 10 anos, nos estádios avançados os doentes estão incapazes de falar, de usar a casa de banho, andar ou comer, com dificuldades de deglutição. Neste estádio da doença é impossível comunicar com o doente, sendo necessário um cuidado especial para perceber o que pode provocar incômodo e sofrimento ao próprio e acompanhar familiares e cuidadores de forma a ajudá-los a compreender a situação e a aliviar o seu sofrimento (Harris, 2006; Zarei, 2015).

### 3.1.2. Doença de Parkinson

A Doença de Parkinson é a doença neurodegenerativa mais frequente após a Doença de Alzheimer. A sua prevalência varia entre 41/100000 habitantes na sexta década da vida e 1903/100000 na população com idade > 80 anos de idade e uma incidência que varia de 5 a 346/100000, conforme a idade e região. Os sintomas parkinsônicos devem-se à degenerescência dos neurônios dopaminérgicos nigroestriados, mas a doença inicia-se anos antes, provavelmente nos plexos entéricos. A proteína α-sinucleína é o principal componente dos Corpos de Lewy, principal marcador neuropatológico desta doença. É uma doença caracterizada por lentificação e perda de amplitude do movimento, tremor de repouso, rigidez muscular e, mais tardiamente, por instabilidade postural, mas a preceder este quadro parkinsônico existem sintomas e sinais pré-motores que poderão eventualmente permitir um diagnóstico mais precoce. Evolui ao longo de anos com alterações motoras cada vez mais marcadas, muitas vezes associadas a alterações psicopatológicas e a perda cognitiva. Nas fases mais tardias, o doente fica totalmente dependente nas atividades básicas da vida diária, apesar de ainda responder à medicação antiparkinsônica, particularmente à levodopa. Esta fase tardia da doença pode ser longa, obrigando a um cuidado especial com o sofrimento do doente e seus familiares, que necessitam de ajuda e formação para lidarem com as necessidades físicas, emocionais e espirituais dos doentes e dos seus familiares e cuidadores (Lokk, 2012; Kluger, 2017).

### 3.1.3. Esclerose lateral amiotrófica (ELA)

É a doença neurodegenerativa paradigmática da necessidade de uma abordagem de cuidados paliativos. Provocada por degenerescência dos neurônios motores (central e periférico) leva a uma fraqueza muscular progressiva e generalizada com características próprias das lesões centrais e periféricas. Tem uma incidência de 2,08 casos/100 000 hab./ano e uma prevalência de 5,40 casos por 100 000 habitantes. A prevalência é idêntica em todo o mundo, o gênero masculino é mais afetado (2:1) e não tem predomínio rácico. É uma doença esporádica em cerca de 90% a 95% dos casos. A idade média de início ronda os 55 anos para formas esporádicas e 45 para as hereditárias (5% antes dos 30, 10% antes dos 40, aumento até 80).

A principal característica da doença é a fraqueza muscular, com atrofia e fasciculações associadas a sinais de lesão do neurônio motor central, tais como exagero dos reflexos osteotendinosos, na ausência de outras doenças que possam provocar estas alterações, excluídas nomeadamente por imagem.

O início é mais frequentemente no território medular, em 60 a 85% dos casos, mas a musculatura bolbar acaba por ser atingida, provocando dificuldades de deglutição e da articulação. Com a evolução, a musculatura axial é atingida, provocando dificuldades respiratórias.

O único tratamento modificador da doença é o riluzol, fármaco antiglutamatérgico que atrasa a evolução em poucos meses. O tratamento sintomático é muito importante, na medida em que poderá aliviar alguns dos sinais e sintomas da doença, devendo, por isso, estes doentes ser referenciados a centros especializados. Numerosos problemas se colocam ao longo da doença, sendo logo o primeiro a comunicação do diagnóstico, que deve ser feita quando a robustez do diagnóstico é suficiente, em ambiente calmo, isolado, com o tempo suficiente para que o doente possa assimilar bem a informação e fazer todas as perguntas que entenda.

A doença tem uma evolução progressiva com uma duração variável, mas em média de 3 a 5 anos. Na sua evolução numerosos problemas vão surgindo e torna-se necessária uma resposta capaz de os aliviar. Exemplos disto são as medidas que possam aliviar a fraqueza muscular, tais como: fisioterapia e ajudas técnicas para a fraqueza muscular; avaliação da disfagia com acompanhamento por dietista e terapeuta da fala que oriente o doente nas técnicas de deglutição e na consistência dos alimentos; no alívio da dor com fisioterapia e fármacos, tais como analgésicos, relaxantes musculares, tratamento de dor neuropática com gabapentina ou pregabalina, por exemplo; disartria com a ajuda de terapeutas da fala, que fornecem ajudas técnicas no sentido de melhorarem a comunicação e ensinarem os familiares e cuidadores as técnicas de comunicação; da sialorreia com a utilização de anticolinérgicos, toxina botulínica, irradiação das glândulas salivares, até utilização de técnicas de sucção. Manter a saliva fluida usando métodos naturais, tais como a papaia, boa hidratação, nebulização salina ou com N-cisteína, mantendo sempre uma boa higiene da cavidade bucal. Combater a obstipação com uma dieta apropriada rica em fluidos e fibras associada a formulações ricas em fibras e formulações que fluidifiquem as fezes. Avaliação regular da disfagia por terapeuta da fala com ensino de técnicas de deglutição e necessidade de inserção de gastrostomia percutânea. Avaliação da dispneia e da necessidade de suporte ventilatório não invasivo. A avaliação da labilidade emocional, da depressão e ansiedade, das alterações do sono são também indispensáveis com tratamento sintomático adequado e formação e informação dos familiares e cuidadores.

### 3.2. Esclerose Múltipla

A Esclerose Múltipla é uma doença crónica e inflamatória do sistema nervoso central que tem conhecido nos últimos tempos uma enorme evolução no seu tratamento. Apesar disto, continua a ser uma doença progressiva que provoca incapacidade física, com implicações psicológicas graves ao fim de anos, que acabam por levar à morte. É uma doença provocada por inflamação do SNC com destruição da mielina e posteriormente com destruição axonal, explicando-se, desta forma, o caráter de surto/remissão inicial, na maioria das situações, mas que com o tempo acaba por se tornar progressiva e sem remissões ou remissões parciais. O que inicia esta inflamação é ainda desconhecido, embora se saiba da existência de alterações imunológicas que possam surgir num ambiente genético próprio que facilita uma reação autoimune desencadeada por fatores ambientais, nos quais as infecções víricas continuam a ter um papel importante. Na sua forma mais comum de surto//remissão as manifestações clínicas traduzem-se em defeitos focais do sistema nervoso central, que se instalam em horas/dias e regridem em dias total ou parcialmente. O diagnóstico baseia-se na clínica, na imagem por ressonância magnética e no estudo do líquido cefaloraquidiano. A incapacidade vai-se instalando ao longo do tempo até atingir os estádios avançados da *Expanded Disability Status Scale*, em que o doente está confinado ao leito, incapaz de comunicar e de se alimentar, sendo essencial nesta fase uma abordagem paliativa, para alívio do sofrimento do doente e familiares/cuidadores (Golla *et al.*, 2014).

### 3.3. Acidente Vascular Cerebral

O acidente vascular cerebral é uma das principais causas de morte e incapacidade. O controle dos fatores de risco do AVC e o tratamento da fase aguda sofreram um enorme desenvolvimento nos últimos anos, mas mesmo assim, doentes afectados de AVC *"major"* têm risco de morte e de incapacidade graves, necessitando de uma abordagem complexa. Apesar dos imensos avanços das medidas de prevenção e do tratamento em fase aguda, existem casos em que as consequências são catastróficas com sequelas graves e complicações que colocam a vida em risco. Nestes doentes, a par da prevenção secundária e do tratamento de fase aguda, no caso de recorrência de outro AVC, uma abordagem paliativa seria benéfica no sentido de aliviar o sofrimento do doente e dos familiares/cuidadores (Eriksson 2016).

## 4. Conclusão

A doenças neurodegenerativas são, por definição, doenças sem causa conhecida, fatais e com evolução progressiva e longa. Estes são bons exemplos de doenças com evolução de anos com uma deterioração física e mental progressivas que levam a uma perda de capacidade funcional e autonomia, invariavelmente fatais e sem tratamento até à data. São bons exemplos de como os cuidados paliativos fazem parte do dia a dia dos médicos assistentes destes doentes (Zarei, 2015, Miller, 2006).

Numerosas doenças do sistema nervoso têm como característica principal serem doenças crônicas e progressivas que levam ao longo dos meses//anos a uma incapacidade funcional e perda de autonomia dos doentes por ela afectados com perda das capacidade motora, sensitiva, de comunicação ou mesmo da vigília. Apesar dos enormes avanços terapêuticos nos últimos anos continuam a serem doenças que provocam uma incapacidade funcional marcada e, quase sempre, inexoravelmente fatais obrigando a que os médicos neurologistas tenham uma abordagem paliativa desde a comunicação do diagnóstico até à morte (Liesbeth, 2016).

## 5. Palavras-Chave

Cuidados paliativos, doença terminal, neurologia.

## 6. Referências

BENZI MK, SIOBHAN F, TIMMONS S, KATZ M, NICHOLAS B, GALIFIANAKIS, SUBRAMANIAN I, CARTER J, JOHNSON MJ, RICHFIELD EW, BEKELMAN D, KUTNER JS, MIYASAKI J: Review article Palliative care and Parkinson's disease: Meeting summary and recommendations for clinical research. Parkinsonism and Related Disorders 37; 2017: 19-26.

BOERSMA I, MIYASAKI J, KUTNER J, KLUGER B: Palliative care and neurology: time for a paradigm shift. Neurology 83(6); 2014: 561-7. doi: 0.1212/WNL.000 0000000000674.

DYLAN H: Forget me not: palliative care for people with dementia. Postgrad Med J 83(980); 2007: 362–366. doi: 10.1136/pgmj.2006.052936 PMCID: PMC26 00060.

ERIKSSON H, MILBERG A, HJELM K, FRIEDRICHSEN M: End of Life Care for Patients Dying of Stroke: A Comparative Registry Study of Stroke and Cancer. PLoS ONE 11(2); 2016: e0147694. doi:10.1371/journal.pone.0147694.

MCKHANNA GM, KNOPMANC DS, CHERTKOWD H, HYMANF BT, JACK CR, et al.: The diagnosis of dementia due to Alzheimer's disease: Recommendations from the National Institute on Aging-Alzheimer's Association workgroups on diagnostic guidelines for Alzheimer's disease. Alzheimer's & Dementia 7; 2011: 263-269.

GOLLA H, GALUSHKO M, PFAFF H, VOLTZ R: Multiple sclerosis and palliative care – perceptions of severely affected multiple sclerosis patients and their health professionals: a qualitative study. BMC Palliative Care 2014, 13:11.

LOKK J, DELBARI A: Clinical aspects of palliative care in advanced Parkinson's disease BMC Palliative Care 201211:20, DOI: 10.1186/1472-684X-11-20.

LIESBETH M, VAN VLIET, WEI GAO, DIFRANCESCO D, CROSBY V, WILCOCK A, BYRNE A, AMMAR AL-CHALABI, K. RAY CHAUDHURI, EVANS C, SILBER E, YOUNG C, MALIK F, RACHEL QUIBELL, IRENE J. HIGGINSON: on behalf of OPTCARE Neur: How integrated are neurology and palliative care services? Results of a multi-centre mapping exercise. BMC Neurology 16; 2016: 63.

MILLER RG, JACKSON CE, KASARSKIS EJ, ENGLAND JD, FORSHEW D, JOHNSTON W, KALRA S, KATZ JS, MITSUMOTO H, ROSENFELD J, SHOESMITH C, STRONG, WOOLLEY et al.: Practice parameter update: The care of the patient with amyotrophic lateral sclerosis – Multidisciplinary care, symptom management, and cognitive/behavioral impairment (an evidence-based review). Report of the Quality Standards Subcommittee of the American Academy of Neurology. Neurology 73; 2009: 1227.

Zarei S, Carr K, Reiley L, Diaz K, Guerra O, Altamirano PF, Pagani W, Lodin D, Orozco G, Chinea A: A comprehensive review of amyotrophic lateral sclerosis. Surg Neurol Int 6; 2015: 171. Published online 2015 Nov 16. doi: 10.4103/2152-7806.169561, PMCID: PMC4653353.

# Doenças Renais

ANA BRANCO

## 1. Introdução

Os rins são constituídos por um milhão de nefrônios – unidade funcional –, sendo possível viver com apenas um deles, mas não sem nenhum. Foi em 1954 que Wholf fez o primeiro tratamento com sucesso de substituição da função renal, com uma técnica depurativa das substâncias tóxicas – a hemodiálise (HD). O enorme desenvolvimento verificado nesta e noutras modalidades de substituição renal, como a diálise peritoneal (DP) e o transplante renal, revolucionou o prognóstico e sobrevida de milhares de doentes com doença renal crônica (DRC). No entanto, o envelhecimento da população, o aumento das comorbilidades, o fato de serem técnicas muito intrusivas, com complicações e problemas específicos, faz com que nem todos os doentes sejam candidatos ou beneficiem destes tratamentos. Se na maioria dos doentes não existem dúvidas sobre a melhor alternativa terapêutica, cada vez mais existem aqueles em que se gera a controvérsia sobre a indicação ou não para início de diálise, bem como a manutenção ou suspensão da mesma, estando longe de ser um tema pacífico na comunidade nefrológica. A falta de formação dos nefrologistas em cuidados paliativos e de fim de vida favorece a opção mais interventiva para a qual foram treinados, evitando o desconforto causado pela sensação de não tratar. Por outro lado, muitos doentes em terapêutica de substituição renal (TSR) mantêm um prognóstico reservado e sintomas subvalorizados, numa abordagem focada no controle da doença e em objetivos analíticos ditados por *guidelines* internacionais. Também a morte por DRC terminal, tida habitualmente como indolor e com aumento progressivo da sonolência, pode ser muito sintomática, principalmente em doentes anúricos.

Assim, proporcionar cuidados paliativos a estes doentes, principalmente aos que não iniciam ou suspendem diálise, é fundamental para colmatar esta lacuna na Nefrologia.

## 2. Enquadramento Histórico e Desenvolvimento

Estima-se que a prevalência global da doença renal crônica seja de 10% na população geral, sobretudo acima dos 65 anos.

A percentagem de doentes em terapêutica de substituição renal (TSR) sofreu um aumento exponencial nas últimas décadas, sendo Portugal o quinto país mundial com maior prevalência por milhão de habitantes. Segundo os dados da Sociedade Portuguesa de Nefrologia (SPN), no início de 2016 existiam 18 928 doentes com função renal substituída, estando cerca de 12 000 em HD/DP, dos quais 20% com mais de 80 anos. Para este fato contribuem o aumento da sobrevida da população, maior capacidade de diagnóstico da DRC e de referenciação à Nefrologia, a expansão dos recursos e a redução de contraindicações, como por exemplo a idade. Ficaram conhecidas as juntas médicas em Inglaterra que, nos anos 70/80, tal qual um tribunal, decidiam a sentença de cada doente, iniciando diálise a apenas 25% dos doentes propostos, aplicando restrições como a distância ao centro de diálise. Embora atualmente os critérios sejam bastante mais abrangentes, as diferentes modalidades de TSR também têm limitações. Por exemplo, o transplante renal implica um razoável estado de saúde cardiovascular e raramente é oferecido acima dos 65 anos; a DP requer autonomia do próprio ou um ajudante para a execução da técnica e ausência de contraindicações cirúrgicas; a hemodiálise exige um acesso vascular (fístula arteriovenosa, prótese ou cateter venoso central), deslocação em ambulância a um centro de diálise três vezes por semana, quatro horas por sessão, apresentando complicações como: hipotensão sintomática, cãibras e cansaço extremo após a sessão. Por outro lado, as TSR nem sempre se associam a melhoria da qualidade de vida ou recuperação funcional. Um estudo com mais de 3500 idosos institucionalizados avaliou a progressão do estado funcional (baseado em itens de capacidade para atividades de vida diária) antes e após entrarem em programa regular de diálise. Três meses após o início de diálise 37% tinham agravado o grau de dependência prévio ao início de TSR (39% mantiveram e 24% faleceram). O início de diálise associou-se de forma independente a um declínio do estado funcional.

A sobrevida dos doentes com DRC em TSR é pior que a de muitas neoplasias com mais de 13% de mortalidade anual em Portugal. Doentes incidentes em diálise com mais de 75 anos têm 30% de mortalidade/1ano e menos de 20% de sobrevida/5 anos.

Numa meta-análise a doentes idosos com DRC terminal (a maioria incidente em diálise) identificou-se uma elevada prevalência de incapacidade cognitiva, funcional e *frailty* ou "índice de fragilidade" (descrito como um aumento da vulnerabilidade a ter efeitos adversos, perante situações de estresse como a doença ou internamentos). Estes fatores associaram-se, independentemente da idade, ao aumento de eventos adversos e mau prognóstico.

A DRC terminal (ou DRC5), sendo um estado pró-inflamatório e hipercatabólico, confere um aumento da idade biológica. Isto é evidenciado pela desproporção encontrada de prevalência de *frailty* entre idosos incidentes em diálise *versus* idosos da população geral (32-79% *versus* 7%).

Estes têm também mais comorbilidades que a população geral equivalente, como por exemplo a doença cardíaca isquêmica, doença vascular periférica e diabetes, com as respectivas complicações.

A DRC é conhecida como um inimigo silencioso por se tornar sintomática apenas em fase muito tardia, sendo por isso um problema difícil de aceitar e de reconhecer pelo próprio doente. No entanto, a DRC terminal associa-se a uma elevada carga sintomática, semelhante à dos doentes oncológicos, mesmo em TSR. Sabe-se que estes doentes têm menos acesso aos cuidados paliativos e que muitos teriam optado não ter iniciado TSR se conhecessem o seu percurso.

Parece claro que existe um grupo de doentes que não beneficiam de nenhuma destas modalidades ou que simplesmente recusam qualquer tipo de intervenção, deixando a doença fazer o seu percurso natural. Antigamente eram reencaminhados para o médico de família, sem qualquer estratégia.

Nos últimos 16 anos surge então o conceito de "Tratamento Conservador (TC) da DRC". Países como o Reino Unido, Canadá e Austrália são líderes nesta área, existindo já estratégias nacionais na abordagem destes doentes, como por exemplo a Liverpool Care Pathway. No Reino Unido 10 a 15% dos doentes idosos escolhem esta opção.

Em Portugal foi publicada pela primeira vez em setembro de 2011 a Norma da Direção-Geral de Saúde sobre o Tratamento Conservador na DRC 5, identificando-a como a quarta opção terapêutica na insuficiência renal.

## 3. Definição e Clarificação Conceptual

– O *Tratamento Conservador*: significa otimizar o tratamento médico numa abordagem global e pluridisciplinar do doente, privilegiando o controle sintomático e a qualidade de vida sem fazer tratamento de substituição renal.

– *São objetivos do TC*: atrasar a progressão da doença renal crônica; bom controle sintomático; a correção da anemia, do metabolismo fosfo-cálcio, de desequilíbrios hidroeletrolíticos e iônicos; corrigir a volemia; manter a qualidade de vida; avaliar o contexto social e psicológico do paciente e família//cuidador e preocupar-se com a qualidade da morte.

Estes objetivos podem ser concretizados em ambiente de consulta externa, internamento hospitalar, apoio domiciliário ou em unidades de cuidados continuados.

– *Modelos organizacionais:* dos diferentes modelos existentes, todos têm uma abordagem centrada no doente, tendo o nefrologista e/ou médico de cuidados paliativos como responsáveis. Privilegiam a interação com as unidades de saúde de proximidade, nomeadamente o médico e enfermeiro de família. Habitualmente têm o apoio dos técnicos do Serviço Social, nutricionista e psicólogo.

A boa comunicação é a pedra chave de qualquer modelo – melhora a adaptação à doença, aumenta a aderência à terapêutica e resulta numa maior satisfação dos doentes e cuidadores com os cuidados prestados.

– *Aspectos de Cuidados Paliativos na DRC:* É importante perceber quais os desejos e expectativas do doente; identificar o substituto legal em caso de incapacidade; discutir o início ou não de diálise, tomando decisões partilhadas que envolvem médico, doente e família; discutir a suspensão de diálise e local de morte; dar um prognóstico realista; reconhecer o fim de vida; ter um plano de cuidados terminais documentado (por exemplo, ordem de não ressuscitar).

Estudos mostram que três quartos dos doentes em diálise prefeririam morrer no domicílio, mas isso só acontece em 20% dos casos. Sabe-se que apenas uma minoria (28%) discute o fim de vida com o nefrologista no ano anterior à morte. Centros de diálise onde existe esta preocupação proporcionam melhor "qualidade de morte" e menos ansiedade aos cuidadores.

– *Identificar os doentes*: que mais se enquadram no TC pode ser o mais desafiante. Estão disponíveis algumas ferramentas que ajudam o clínico a tomar decisões, além do fundamental bom senso.

As escalas de avaliação funcional (por exemplo, Karnofsky); índices de comorbilidade (por exemplo, Charlson modificado); albumina sérica ≤ 2,5mg/dl; a resposta do médico à pergunta surpresa: "ficaria surpreendido se o seu doente morresse nos próximos 6 a 12 meses?"; índices de fragilidade (fator independente de mortalidade, por exemplo, FRAIL) são reconhecidos preditores de sobrevida. Existem também programas de cálculo informático que facilitam esta abordagem, como o Touchcalc.

Um bom modelo preditor do risco de mortalidade aos 6M em doentes idosos (> 75 anos) que escolhem iniciar diálise é o conseguido pelo estudo francês – REIN, que inclui nove variáveis: diabetes mellitus; arritmias cardíacas; neoplasia ativa, índice de massa corporal < 18,5 kg/m$^2$; insuficiência cardíaca classe III a IV; doença vascular periférica severa; demência; dependência; início não planejado de diálise. No grupo de alto risco a mortalidade é de 70% aos 6M.

Em situações de conflito é lícito fazer um "trial de diálise" durante algum tempo e avaliar o grau de resposta à mesma:

– O *controle dos sintomas*: é reconhecido pelos doentes como fundamental para a sua qualidade de vida. Nestes doentes deve ser feita a avaliação sistematizada em todas as consultas com uma escala de sintomas, permitindo avaliar o grau de controle ou otimizar estratégias. A "Patient Outcome Scale-Renal Symptom" (POS-renal) foi adaptada da oncologia, tendo sido acrescentados dois sintomas mais específicos da patologia renal: prurido e pernas inquietas. Permite a graduação dos sintomas, de ausente a severo, é simples, compreensível e rápida de completar.

A *dor* é um dos sintomas mais importantes e difíceis de controlar, pela limitação do armamentário terapêutico, já que a utilização dos anti-inflamatórios não esteroides (AINES) está contraindicada pelo agravamento da função renal.

Muitos fármacos, como por exemplo a morfina, são metabolizados pelo rim, o que conduz facilmente à acumulação de metabolitos em níveis tóxicos se as doses não forem ajustadas à função renal. Embora não exista consenso entre os diferentes protocolos, a hidromorfona ou Fentanil são opioides de eleição. O modo de prescrição "em escada" é comum a todos eles, iniciando-se pelos analgésicos menos potentes (como por exemplo o paracetamol ou relaxantes musculares) a horas fixas, até aos opioides por via oral (VO), transdérmicos ou subcutâneos. Na etiologia da dor estão as patologias comuns para o grupo etário (por exemplo, doenças osteoarticulares degenerativas), a artrite gotosa, facilitada pela hiperuricemia agravada pela perda da função renal, mas também uma alteração da sensibilidade proprioceptiva, causada pela própria uremia. Por exemplo, para o tratamento do prurido urêmico (UP), para além das medidas habituais, com quelantes do fósforo, anti-histamínicos e emolientes tópicos (por exemplo, cremes com capsaceina), recorremos a fármacos como a gabapentina, um antiepilético com ação analgésica na dor neuropática, por se suspeitar que as toxinas urêmicas causam uma hipersensibilidade central ao prurido num mecanismo semelhante ao da dor. O *prurido urémico* é uma queixa comum na DRC 5, mesmo em TSR, tendo sido reportado em 42% de doentes em hemodiálise. É muitas vezes descrito como intenso, com agravamento noturno, causando insônias, e associa-se a aumento de depressão e da mortalidade. É um dos sintomas mais desafiantes e difíceis de tratar.

A *dispneia* é uma das mais temíveis fontes de angústia. A sua etiologia é multifatorial: diminuição da diurese com consequente hipervolemia; a doença pulmonar obstrutiva crônica (DPOC) e a insuficiência cardíaca (comorbilidades frequentes). Enquanto o doente mantém diurese residual é mais exequível manter o balanço hídrico neutro, isto é, as entradas iguais às saídas, evitando assim a sobrecarga hídrica com subsequente agravamento da dispneia. O registro do peso diário (ou peso da fralda nos doentes acamados), a sede e a avaliação das mucosas e prega cutânea ajudam a avaliar o nível de hidratação. Medidas dietéticas como a ingestão de pequenas quantidades de líquido ao longo do dia, sopa mais espessa, uso de especiarias em substituição do sal e do açúcar, ajudam a reduzir as entradas. O uso de diuréticos, principalmente os da ansa –como a furosemida –, associados ou não a outros (por exemplo, metolazona), são a terapêutica de eleição no controle das saídas. Note-se que a eficácia destes fármacos diminui à medida que a função renal se agrava, sendo necessário um aumento significativo da dose para obter a mesma resposta. A via endovenosa (em hospital de dia) ou subcutânea (no domicílio) permitem otimizar a terapêutica. O tratamento das infecções respiratórias, broncospasmo e fluidificação de secreções são medidas que contribuem para a redução da dispneia. Os opioides são a terapêutica de eleição na fase terminal.

Outros sintomas como a anorexia, astenia, náuseas e vômitos surgem em fases avançadas da DRC como manifestações urêmicas. O quadro 1 mostra alguns dos sintomas e medidas terapêuticas na DRC 5.

– A chamada "diálise paliativa", que consiste em reduzir o tempo e/ou frequência da técnica dialítica, permitindo apenas o controle sintomático, também é uma medida defendida por muitos, mas alvo de polmica.

– Países asiáticos como o Japão têm desenvolvido trabalhos sobre o potencial terapêutico do intestino como órgão depurador/quelante de toxinas urémicas. Protocolos de "diálise intestinal" usando dieta com muito baixo teor proteico, laxantes, probióticos e carvão ativado têm-se associado a melhoria dos sintomas rêmicos e atraso na progressão da DRC.

– A suspensão de diálise é a segunda causa mais comum de morte nos doentes com DRC no Canadá e muito variável na Europa. Existem obstáculos e tabus, quer do lado do doente/família (por exemplo, falta de informação; considerar como suicídio ou desistência; ter perspectivas irrealistas da situação clínica) quer por parte dos médicos (por exemplo, medo de falhar no prognóstico, incapacidade de comunicar, não perceber os desejos do doente ou opiniões divergentes entre pares). A inexistência de apoio de cuidados paliativos nos centros de diálise e em muitos hospitais de referenciação dificulta a suspensão de diálise, desconhecendo-se o número em Portugal.

A sobrevida média é de oito dias (mínimo dois a 100 dias, dependendo da diurese residual) e a maioria morre no hospital. As comorbilidades que mais justificam a suspensão são: gastroparesia diabética; neuropatia; neoplasia; necessidade cirúrgica; deterioração neurológica; aumento da dor ou deterioração da qualidade de vida.

Mas como passam os doentes em tratamento conservador?

Existem poucos estudos comparativos entre tratamento conservador e substituição renal, sendo todos naturalmente observacionais.

Na avaliação da sobrevida os resultados são heterogêneos, dependendo do grau de função renal admitido como critério de inclusão. Globalmente a sobrevida é maior em diálise do que em TC (38M *versus* 6-14M), mas surpreendentemente quando corrigida para a idade (superior a 75 anos), índice de comorbilidade elevado e tempo de internamento/unidade de diálise, a vantagem é mínima, desaparecendo acima dos 80 anos.

– Numa revisão de vários estudos nos doentes tratados conservadoramente: o estado funcional mantém-se estável até ao último mês de vida, altura em que se deteriora; a qualidade de vida é mantida mais tempo (em parte por não ter a intrusão da diálise); a taxa de internamentos é menor; a probabilidade de falecer no domicílio é significativamente maior; os doentes em TC têm maior carga sintomática (média de sete a oito sintomas), mas ela também está presente em todas as modalidades.

## 4. Conclusão

O tratamento conservador é globalmente aceite como a quarta opção terapêutica da DRC terminal.

É uma opção legítima para doentes idosos, "frágeis" e com elevada comorbilidade, nos quais a diálise pode não conduzir a um aumento da qualidade de vida ou sequer da sobrevida.

É praticado com grande variabilidade clínica e diferentes critérios de inclusão, sendo necessário uniformizar conceitos para validar mais estudos.

Os doentes com DRC 5 são complexos e requerem uma abordagem multidisciplinar. Ter um plano estruturado, com consulta e protocolos, envolvendo cuidados paliativos, é a base para a sua concretização. Informar sobre prognósticos e ter perspectivas realistas é fundamental para decisões conscientes. Reconhecer o fim de vida permite planejar uma "boa morte".

Melhorar a formação dos nefrologistas em cuidados paliativos foi identificada como medida necessária.

A DRC terminal apresenta-se como uma oportunidade crescente para oferecer cuidados paliativos, numa doença não oncológica, mas com extensas necessidades de cuidados em fim de vida.

## 5. Palavras-Chave

Diálise, doença renal crônica, paliativos, sintomas, tratamento conservador.

## 6. Referências

Douglas C, Murtagh FE, Chambers EJ *et al.*: Symptom management for the adult patient dying with advanced chronic kidney disease: a review of the literature and development of evidence- based guidelines by a United Kingdom Expert Consensus Group. Palliat Med 23; 2009: 103.

Farrington K *et al.*: Clinical Practice Guideline on management of older patients with chronic kidney disease stage 3b or higher (eGFRr <45 mL/min). *Nephrology Dialysis Transplantation* 31 (2); 2016.

Hussain JA, Mooney A, Russon L: Comparison of survival analysis and palliative care involvement in patients over 70 years choosing conservative management or renal replacement therapy in advance chronic kidney disease. Palliat Med 27; 2013: 829.

KALLENBERG MH *et al.*: Functional and Cognitive Impairment, Frailty, and Adverse Health Outcomes in Older Patients reaching ESRD-A Systematic Review. CJASN 11; 2016.

KOPPE L, MAFRA D, FOUQUE D: Probiotics and chronic kidney disease. Kidney Int 88 (5); 2015.

O'CONNOR NR, KUMAR P: Conservative management of end-stage renal disease without dialisys: a systematic review. J Palliat Med 15; 2012: 228.

SCHMIT R, MOSS A: Dying on Dialysis: the case for a Dignified Withdrawal. CJASN 9; 2014: 174-180.

SONG MK, WARD SE, FINE JP, HANSON LC, LIN FC, HLADICK GA, HAMILTON JB, BRIDGMAN JC: Advance Care Planning and end-of-life decision making in dialysis: a randomized controlled trial targeting patients and their surrogates. Am J Kidney Dis 66 (5); 2015.

SWIDLER M: Chapter 37: Dialysis Decisions in the Elderly Patient With Advanced CKD and the Role of Nondialytic Therapy. American Society of Nephrology. Geriatric Nephrology Curriculum.

TAMURA MK *et al.*: Functional Status of Elderly Adults before and after Initiation of Dialysis. N Engl J Med 361; 2009: 1539-1547.

Quadro 1 – Tratamento de sintomas comuns na doença renal terminal

| Sintomas | Tratamento (exemplo de doses iniciais) |
|---|---|
| Agitação e delírio | Haloperidol, 1 mg/VO/EV/IM/cada 12/h |
| Anorexia | Prednisolona, 10 mg/dia<br>Megestrol, 400 mg/dia<br>Dronabinol, 2,5 mg/ antes das refeições |
| Astenia | Fluoxetina, 20 mg/dia<br>Sertralina, 50 mg/dia<br>Metilfenidato 5 mg/2x/dia |
| Nauseas e vômitos | Ondasetron, 4 mg/cada 8/h<br>Metoclopramida, 5 mg/2x/dia<br>Haloperidol, 0,5 mg/cada 8/h |
| Perturbação sono | Zolpidem 5 mg/ao deitar<br>Temazepam 15 mg/ao deitar |
| Pernas inquietas | Clonazepam 0,5 mg/dia<br>Gabapentina 100 mg/2x/dia |
| Dispneia | Furosemida 80 mg /VO/VE/SC 2x/dia<br>Fentanil 12,5 mg/EV/SC/cada 2/h ou SOS |

– Adaptado (4); O'Connor, American Family Physician 85, 2012.

\* Graus da Doença Renal Crônica (DRC), pela taxa de filtração glomerular (TFG)

| Grau de TFG | TFG (ml/min/m$^2$) | Interpretação |
|---|---|---|
| G1 | ≥90 | Normal ou elevado |
| G2 | 60-89 | DRC ligeira |
| G3a | 45-59 | DRC ligeira a moderada |
| G3b | 30-44 | DRC moderada a severa |
| G4 | 15-29 | DRC Severa |
| G5 | <15 | DRC terminal |

– Adaptado K/DOQI.

# Doenças Respiratórias

ANTÓNIO ROMÃO

## 1. Introdução

Os cuidados paliativos deverão iniciar-se o mais precocemente possível e não apenas na fase terminal ou final da doença. À medida que a doença progride, os cuidados deverão adequar-se às necessidades da pessoa doente e seus familiares, não esquecendo a fase do luto.

Em cuidados paliativos, um dos principais focos de atuação da equipe transdisciplinar de saúde é o controle da dor e o alívio dos sintomas.

Na doença respiratória a maioria dos sintomas provoca grande desconforto físico e psicológico, nomeadamente ansiedade e pânico, pelo que a atuação dos profissionais deverá orientar-se prioritariamente para o seu controle, visando o conforto e a qualidade de vida do doente.

Os sintomas respiratórios em cuidados paliativos têm consequências significativas no estado geral do doente. A melhor forma de encarar estes sintomas é tentar a resolução das suas causas. No entanto, estas são, em muitos casos, múltiplas e irreversíveis, pelo que nesta situação o tratamento sintomático é prioritário.

Tal como sucede com a dor oncológica, a paliação dos sintomas respiratórios é muitas vezes ignorada, o que tem como consequência para muitos doentes a presença de grande sofrimento.

Destacaríamos como objetivo central deste trabalho a sensibilização dos profissionais para a aquisição de capacidades que conduzam a respostas consentâneas com as necessidades dos doentes e seus familiares, no controle dos sintomas e nomeadamente nas doenças respiratórias, sempre numa perspectiva transdisciplinar e de complementaridade nos procedimentos.

## 2. Enquadramento Histórico e Desenvolvimento

Os cuidados em fim de vida permaneceram durante alguns séculos conotados com diversas ordens religiosas, que criavam locais para repouso, alimentação e assistência nas principais rotas dos peregrinos. Estes locais eram designados por *hospice*, termo derivado do latim *"hospitium"*, que significa hospitalidade e hospedagem.

Em 1874 surgiu a Maison Médicale Jeanne Garnier em Paris, destinada aos doentes com doença incurável. Também nesta época, Mary Aikenhead (irmã irlandesa da Caridade) fundou em Dublin uma instituição (Our Lady's Hospice) para cuidar de doentes incuráveis e em fase terminal. Posteriormente esta ordem religiosa viria a fundar uma instituição similar em Londres (St. Joseph's Hospice), ainda hoje existente.

Em 1967, Cicely Saunders, assistente social, médica e enfermeira, revolucionou o conceito de cuidados paliativos, ao criar no St. Cristopher's Hospice um ambiente propício à adaptação dos doentes e seus familiares à doença terminal, não descurando as dimensões psicológica, social e espiritual.

Esta nova concepção do cuidar veio demonstrar, exemplarmente, como a prestação de cuidados globais, personalizados e adequados às situações respectivas, pode conduzir à melhoria da qualidade de vida.

Em 2000, a Organização Mundial de Saúde (OMS) apresentou a doença respiratória crônica como a quarta causa de morte a nível mundial. Nas pessoas afetadas, assim como nos cuidados paliativos, os sintomas respiratórios mais citados foram dispneia, tosse e hemoptise. Para além de causarem grande mal-estar e sofrimento no doente e na família, são geradores de grande ansiedade e desespero.

A melhoria das competências das equipes cuidadoras torna-se um imperativo, tendo em vista respostas consentâneas com a complexidade destes sintomas.

### 2.1. Dispneia

A dispneia pode ser entendida como "uma sensação subjetiva de falta de ar", podendo tornar-se o problema mais opressivo e angustiante associado à pessoa em fim de vida com doença respiratória. O seu alívio pode contribuir para melhorar o estado físico e psicológico do doente.

Os estudos publicados revelam uma enorme variação na prevalência da dispneia em doentes em fim de vida, com uma margem de 29% a 74%. A sua frequência aumenta à medida que a morte se aproxima, tornando-se num dos sintomas mais difíceis de controlar.

As causas da dispneia podem ser diversas e subjacentes a situações do foro oncológico, cardíaco, iatrogênico, psicológico, debilidade geral, entre outras. É importante a determinação da reversibilidade das causas, através da história clínica, exame objetivo e exames auxiliares de diagnóstico.

Sempre que possível, o tratamento deve ser direcionado para a causa da dispneia. Poderá haver necessidade de equilibrar doentes com insuficiência cardíaca, asma, DPOC, pneumonia, anemia, entre outras.

Quando a causa da dispneia resulta de tumor, pode equacionar-se a possibilidade de radioterapia ou quimioterapia, numa perspectiva de paliação.

À medida que a doença maligna progride com envolvimento pulmonar, as causas da dispneia tornam-se dificilmente reversíveis e tendem a ser múltiplas. Por outro lado, o agravamento do estado do doente não aconselha tratamentos invasivos, pelo que o alívio da dispneia passa a ser prioritário.

Os opioides são utilizados frequentemente no controle da dispneia, com a morfina em lugar de destaque.

As benzodiazepinas também são eficazes na redução da dispneia, com lugar de destaque para o midazolam, lorazepam e diazepam.

A oxigenoterapia pode ter o seu lugar, numa perspectiva de melhoria da dispneia e não de uma eventual correção da hipoxemia.

Também a fisioterapia pode ser útil na eliminação da expectoração associada à dispneia. A aspiração de secreções deve usar-se o menor número de vezes possível, por ser invasiva e traumática.

Os enfermeiros têm um papel decisivo na recuperação destes doentes, nomeadamente no posicionamento o mais confortável possível, permitindo uma respiração eficaz e pouco exigente em gastos energéticos. A maioria dos doentes com dispneia beneficia com a posição vertical, com bom apoio.

Se possível, os doentes dispneicos devem ser instalados em espaços amplos e com muita claridade, com as camas colocadas o mais próximo possível das janelas, pois tal favorece a diminuição da sensação de falta de ar.

Para encerrar este capítulo, passaremos a citar as principais causas de dispneia:

– Síndrome da veia cava superior;
– Linfangite carcinomatosa;

- Derrame pleural;
- Envolvimento pericárdico;
- Pneumotoráx;
- Embolismo pulmonar;
- Obstrução das vias aéreas.

### 2.2. Tosse

A tosse pode ser definida como um mecanismo fisiológico e reflexo de limpeza das vias aéreas. Tornando-se persistente e sem controle, pode conduzir a um grande desconforto para o doente.

Alguns dos efeitos mais perturbadores da tosse são o agravamento da dispneia, das hemoptises ou da dor. Pode também perturbar o sono e conduzir à exaustão do doente.

A literatura consultada informa-nos de uma prevalência da tosse estimada em 29% a 83% dos doentes com patologia respiratória.

A tosse produtiva é muitas vezes um mecanismo de defesa, ao proporcionar a libertação das secreções. A sua inibição poderá tornar-se prejudicial para o doente.

No tratamento da tosse é importante tentar identificar a causa e removê-la, se tal for possível. Como exemplos podemos referir a pneumonia, recorrendo aos antibióticos para a controlar, a aspiração de conteúdo gástrico, com a utilização do omeprazol, e a insuficiência cardíaca, com o uso dos diuréticos. Os inibidores da enzima de conversão da angiotensina podem desencadear crises de tosse por aumento da sensibilidade dos receptores respectivos.

Na tosse irritativa ligeira um *linctus* simples constitui a terapêutica de primeira linha.

Os opioides mostram-se eficazes na supressão das crises de tosse improdutiva, com realce para a codeína. A morfina deverá ficar reservada para situações muito pontuais e difíceis de ultrapassar.

Na tosse produtiva, os expectorantes e mucolíticos têm eficácia muito duvidosa e as nebulizações com soro fisiológico ou com broncodilatadores adrenérgicos podem revelar-se úteis, diminuindo a viscosidade do muco e estimulando o movimento ciliar.

A aspiração de secreções deve ser evitada, atendendo ao seu efeito invasivo e traumático.

### 2.3. Hemoptise

Hemoptise pode ser definida como expectoração portadora de sangue com origem nos pulmões. Pode tratar-se apenas de expectoração raiada de sangue ou atingir hemoptises maciças. Estas podem atingir volumes de 220 a 600 ml em 24 horas e podem ser associadas a outros sintomas respiratórios, tais como dispneia, tosse e dor torácica.

As hemoptises, ainda que maciças, raramente são causa de morte. O principal risco não é a perda de sangue com choque hipovolêmico, mas a asfixia desencadeada, que pode ser fatal.

O sangue expectorado pode não ter origem nos pulmões, sendo importante excluir hemorragia do nariz, nasofaringe ou orofaringe, em particular em doentes com trombocitopenia ou outras alterações da coagulação. Quando o sangue apresenta tonalidade mais escura, é provável que tenha origem nos pulmões.

O tratamento das hemoptises pode passar pela administração de hemostáticos (ácido aminocaproico). A radioterapia poderá ter lugar em caso de insucesso dos hemostáticos decorridos alguns dias. Estima-se em 83% a 90% a taxa de respostas bem-sucedidas com a radioterapia no câncer pulmonar.

Em caso de hemoptises maciças deve administrar-se uma benzodiazepina (midazolam ou diazepam por via parentérica), com o objetivo de reduzir a consciência e o medo, sem deixar o doente inconsciente. Se o doente sobreviver deve iniciar-se uma perfusão contínua de midazolam, a fim de manter uma sedação suave.

## 3. Definição e Clarificação Conceptual

### 3.1. Cuidados Paliativos

A cura e a prevenção da doença têm sido encaradas pela cultura vigente como objetivos essenciais dos serviços de saúde, considerando a doença incurável e a morte um fracasso. A tentativa de adiar algo tão natural como a morte não é sinônimo de qualidade de vida, uma vez que para isso é indispensável manter a autonomia.

Na última década tem aumentado a ocorrência de doenças complexas e irreversíveis, independentemente da idade. Tal situação verifica-se em Portugal, com as doenças do aparelho circulatório (31,90%) e os tumores malignos do esófago, estômago e cólon, em conjunto com os da laringe, traqueia, brônquios e pulmões, a atingirem os 23,80% das causas de morte. Daqui se infere que a prestação de cuidados especializados e humanizados a envolver o doente e a sua família é uma prioridade, como forma de garantir a qualidade de vida na progressão da doença.

A Organização Mundial de Saúde (OMS) apresentou em 1990 a primeira definição global de cuidados paliativos, sendo aperfeiçoada para um âmbito mais abrangente em 2002. Houve o propósito de não focar apenas os doentes oncológicos com necessidade destes cuidados, mas sim alargá-los a todos os doentes com doença incurável e prognóstico reservado, envolvendo também a saúde e bem-estar da família e cuidadores.

Com esta evolução centrada nas especificidades da Medicina Paliativa, os cuidados paliativos afirmam-se como:

– Cuidados ativos, coordenados e globais, prestados por unidades e equipes específicas, em internamento ou no domicílio, a doentes em situação de sofrimento decorrentes de doença severa e/ou incurável em fase avançada e rapidamente progressiva, com o principal objetivo de promover o seu bem-estar e qualidade de vida.

Constata-se que a tipologia de doentes admitidos em unidades de cuidados paliativos são, na sua maioria, doentes do foro oncológico. Segundo dados de 2010 da Rede Nacional de Cuidados Continuados Integrados (RNCCI), foram admitidos nestas unidades uma maioria de doentes oncológicos (87%), seguidos de doentes com doenças neurodegenerativas (7%), cardiovasculares (3%) e do foro respiratório (2%).

Os cuidados paliativos devem ter início aquando do diagnóstico, ajustando-os à medida que a doença evolui e tendo como base as necessidades da pessoa doente e respectiva família.

### 3.2. Insuficiência Respiratória

A respiração é uma condição humana vital que acompanha o ser humano desde a primeira inspiração no nascimento à expiração do último sopro de vida. É um processo fisiológico natural e simultaneamente inconsciente, mas imprescindível à manutenção da vida. Eventuais alterações, como o aumento do esforço respiratório, despertam a frequência dos movimentos respiratórios e a fragilidade desta função orgânica vital.

Tal como a perda súbita de visão ou audição podem provocar situações de grande ansiedade, também a insuficiência respiratória pode conduzir a crises de pânico, por vezes denunciadoras da aproximação da morte.

A dispneia é referida, com frequência, como uma sensação que retrata o sofrimento, angústia e medo do doente, personalizado em frequentes expressões como falta de ar, sufoco, respiração pesada, fadiga em respirar e asfixia.

A dispneia deve ser distinguida da taquipneia (aumento dos ciclos respiratórios), uma vez que o controle sintomático é dirigido para o alívio do sintoma (dispneia) e não do sinal (taquipneia). É possível um doente ter frequências respiratórias baixas e em simultâneo sentir falta de ar, assim como estar taquipneico e não ter dispneia.

O sofrimento e angústia causados pela dispneia não são exclusivos do doente, refletindo-se na família e profissionais envolvidos. Torna-se, por isso, um fator de enorme desgaste físico e emocional, com impacto na qualidade de vida e na sociedade.

A etiologia da sensação subjetiva de falta de ar não se restringe apenas a um fator, podem existir outros subjacentes, envolvendo as várias dimensões, física, psíquica, espiritual ou social, sendo por isso multifatorial e multidimensional.

Podem existir fatores que predispõem o doente a maior risco de desenvolver dispneia. De entre os fatores de risco identificados por Dudgeon *et al.* no seu estudo em doentes com câncer, destacam-se a história de tabagismo, asma, DPOC e irradiação pulmonar. Descreve ainda uma forte relação entre a quantidade de fatores de risco e a prevalência da dispneia.

Na monitorização da insuficiência respiratória é importante uma avaliação frequente com escalas estandardizadas, de forma a atingir um controle eficaz, seguro e num tempo aceitável para o doente e família respectiva.

Atendendo à natureza subjetiva da dispneia, deve considerar-se na sua avaliação a pessoa como um todo, uma vez que as suas dimensões – psicológicas, sociais e espirituais – podem amplificar a intensidade da experiência da "falta de ar".

A abordagem clínica da dispneia é frequentemente incorreta, pelo que tende a ser uma manifestação clínica, por vezes subdiagnosticada e inadequadamente tratada.

O conhecimento das abordagens efetuadas no controle da dispneia torna-se importante para a melhoria da prática clínica, através de uma melhor monitorização e revisão das medidas previstas.

Para garantir e melhorar a eficácia dos cuidados prestados aos doentes e seus familiares, devem ser definidos critérios explícitos de qualidade e boas práticas. É assumido como indicador de qualidade que o alívio ou redução da dispneia seja alcançado em 90% dos casos até às 48 horas após a admissão.

## 4. Conclusão

Para concluir, ocorre-nos dimensionar as doenças respiratórias em cuidados paliativos, realçando os seguintes pontos:

- Enfoque na dispneia como manifestação central da insuficiência respiratória, geradora de angústia e pânico, muito difíceis de controlar;
- Papel determinante da equipe interdisciplinar de apoio, que se deve apresentar solidária, competente, efetiva e disponível;
- A pessoa doente e os familiares cuidadores como elementos integrantes da equipe, numa perspectiva de comunhão de propósitos e interação de procedimentos;
- Comunicação ajustada, com mensagens coerentes e não contraditórias dos profissionais integrantes da equipe, o que pressupõe formação e treino adequados;
- Respeito absoluto pela pessoa, nas suas dimensões física, psicológica, sócio-cultural e espiritual.

## 5. Palavras-Chave

Alívio, cuidados paliativos, dispneia, equipe, pessoa.

## 6. Referências

CARDENAS A, PEREZ MB: Control de sintomas respiratórios in ESPEJO, Maria Dolores -Cuidados Paliativos Madrid DAE; 2002: 79-83.

DIÁRIO DA REPÚBLICA. Decreto-Lei nº 101/2006. 1ª Série A. Secção 4. Artigo 19, 2006.

DUDGEON DJ, KRISTJANSOUH, SLOAN JA, LERTZMAN M, CLEMENT K: Dyspnea in Cancer Patients: Prevalence and Associated Factors. J Pain Sympton Maqnage 21(2); 2001: 95-102.

GONÇALVES FM, TEIXEIRA C: Sintomas Respiratórios no cancro avançado Medicina Interna 7 (4); 2000.

HEYSE M, ROSS L, LULEE UMA: How much of a problem is dyspnea in advanced cancer? Palliative Medicine 5; 1991: 20-26.

INSTITUTO NACIONAL DE ESTATÍSTICA. Censos 2011 – Resultados Provisórios. Instituto Nacional de Estatística, Lisboa, 2011.

Machado PM: Dispneia no doente paliativo: incidência, abordagens e a sua efetividade. Dissertação da Universidade Católica Portuguesa, Lisboa; 2012.

MENEZES RA: História dos Cuidados Paliativos "uma nova especialidade médica. Acesso em novembro de 2007 de http//:www anpup org.

PASMAN HR, DELIENO L, FRANCKE AL: Quality indicators for palliative care: a systematic review. J. Pain Sympton Manage 38(1); 2009: 145-156.

RIPAMONTI C, FUSCO: Respiratory problems in advanced cancer. Support Care Cancer 10(3); 2002: 204-16.

SEPÚLVEDA C, MARTIN A, YOSHIDA T, ULRICH A: Palliative Care: The World Health Organizations Global Perspective. J Pain Sympton Manage 24 (2); 2002: 91-6.

# Ensino em Cuidados Paliativos

RUI NUNES
Em colaboração com Guilhermina Rego

## 1. Introdução

O objetivo essencial do ensino e formação em cuidados paliativos é que o estudante adquira conhecimentos neste domínio e que fique dotado das aptidões e competências para um exercício mais digno e competente da profissão de paliativista (Billings, 2001). O estudante deve ainda ficar adequadamente informado sobre os preceitos básicos dos cuidados paliativos para que a sua prática se desenrole de acordo com os princípios que norteiam esta área profissional. Mais ainda, pretende-se que a formação específica contribua para uma melhor prestação global de serviços à comunidade, fomentando o acesso universal a cuidados paliativos de qualidade a todos os doentes que possam beneficiar com este tipo de intervenção.

## 2. Enquadramento Histórico e Desenvolvimento

Face à evolução verificada nas sociedades contemporâneas – principalmente a existência de diferentes percepções do fenômeno da morte e o reconhecimento da existência de limites à intervenção médica – surgiu uma nova abordagem da doença terminal, ou seja, emergiram os cuidados paliativos como um imperativo de qualquer sociedade moderna e solidária. A questão nuclear é a qualidade desses cuidados e o modo como estes são distribuídos entre os cidadãos. Os cuidados paliativos implicam a percepção por parte da sociedade de que o doente terminal tem características próprias, tendo necessidades também distintas de outro tipo de pacientes.

Os cuidados paliativos destinam-se a todo o tipo de doente com doenças crônicas, mesmo a crianças. Ou seja, a doentes portadores de afecções irreversíveis sem qualquer perspectiva de recuperação completa e com uma duração substancial. Pretende-se o conforto e o bem-estar do doente crônico (e, por maioria de razão, do doente terminal), recorrendo a uma equipe de saúde multidisciplinar especialmente sensibilizada para o efeito. O ensino e a formação profissionais são cruciais para alcançar este objetivo.

O que está em causa é, invariavelmente, a dependência de terceiros e uma limitação séria na vida cotidiana (sobretudo no desenrolar das relações sociais), sendo necessária a prestação de cuidados continuados formais, bem como de cuidados informais por parte de amigos e familiares. Mais do que tratar e curar, pretende-se cuidar do doente e integrá-lo na família e na sociedade. Uma abordagem multifacetada e multidisciplinar é, então, essencial. Através da criação de diferentes modalidades de prestação de cuidados paliativos, pretende-se providenciar os melhores cuidados possíveis a pessoas com perda de funcionalidade ou em situação de dependência, em qualquer idade e qualquer que seja a causa ou o grau da incapacidade.

Para uma adequada implementação de cuidados paliativos é fundamental afirmar a importância da educação (a nível pré e pós-graduado), bem como da formação profissional a nível diferenciado de acordo com um *curriculum* que tenha merecido consenso internacional (Stanford University, 2017).

## 3. Definição e Clarificação Conceptual

Especificar quais os objetivos do ensino e da aprendizagem dos cuidados paliativos é, talvez, a tarefa mais importante na organização do ensino e aprendizagem. A partir daí desenrolar-se-á, naturalmente, o conteúdo programático, os métodos e os materiais necessários ao prosseguimento desses objetivos. A meta a alcançar é ajudar o estudante a aprender a atingir esses objetivos. Assim, os objetivos pedagógicos devem incluir, do ponto de vista cognitivo, a tentativa de aumentar a sensibilidade do estudante para a importância dos cuidados paliativos em contexto de doença terminal, promover a reflexão crítica sobre valores, de natureza pessoal, profissional e da sociedade em geral, promovendo a autonomia do doente e família, identificar os princípios clínicos subjacentes à tomada de decisão, e permitir uma abordagem crítica e sistemática da decisão no contexto clínico.

No entanto, para além de objetivos de natureza cognitiva, está igualmente em causa a aquisição de objetivos de natureza comportamental, isto é, de uma interação específica em contexto assistencial. A título de exemplo, importa que o estudante saiba ultrapassar o hiato existente entre a teoria e a prática, ou que disponha de maleabilidade suficiente para aceitar a condição humana face à terminalidade da vida. Pode estar em causa aprender a ouvir com atenção, promovendo o respeito pela autonomia do doente. Existem algumas barreiras que devem ser ultrapassadas no processo de ensino e aprendizagem dos cuidados paliativos. Em primeiro lugar, a justificação da adoção de uma corrente doutrinal em detrimento de outra. Em segundo lugar, a problemática do distanciamento afetivo que a problemática da morte e do morrer por vezes evoca. De acordo com a European Association for Palliative Care (2017), existem competências básicas a adquirir com o ensino e formação em cuidados paliativos:

a) Aplicar os cuidados paliativos no contexto em que o doente e a família se encontram;
b) Melhorar o conforto físico ao longo de toda a trajetória da doença;
c) Satisfazer as necessidades psicológicas, sociais e espirituais do doente;
d) Responder às necessidades da família e outros cuidadores em relação a objetivos de curto, médio e longo prazo;
e) Responder aos desafios éticos e clínicos no processo de decisão;
f) Praticar cuidados compreensivos e interdisciplinares em todos os contextos de cuidados paliativos;
g) Desenvolver competências interpessoais e de comunicação adequadas aos cuidados paliativos;
h) Promover o desenvolvimento profissional contínuo.

Outro dos objetivos essenciais do ensino dos cuidados paliativos é o de ensinar o estudante a ser um parceiro ativo na aprendizagem, recorrendo a diversos modelos de raciocínio lógico que estimulem uma reflexão crítica sobre as questões fundamentais. Também a dimensão afetiva no relacionamento com os doentes, colegas e demais profissionais de saúde não deve ser descurada. Esta dimensão é, como seria de esperar, a vertente menos explorada no ensino dos cuidados paliativos, porque, sendo subjetiva por excelência, torna-se difícil de mensurar, ainda que seja possível avaliar a posição que cada estudante tomaria em determinadas circunstâncias através da discussão de casos-problema.

Noutra perspectiva, trata-se, talvez, de estimular determinadas virtudes que tradicionalmente pertencem à esfera das profissões da saúde. São disso um bom exemplo a compaixão, a paciência ou a disponibilidade. Esta abordagem pressupõe que alguns valores essenciais sejam compartilhados por todos os estudantes e que, para além disso, exista uma hierarquização consensual desses valores. Não restam hoje dúvidas, porém, de que o combate à desumanização passa por melhorar o relacionamento humano, ou, pelo menos, por combater a erosão constante do sistema de saúde sobre o estudante naquilo que ele tem de mais nobre, isto é, na sua postura positiva perante o sofrimento humano.

Para estimular uma parceria ativa – entre docentes e discentes – no ensino e na aprendizagem dos cuidados paliativos, deve reconhecer-se a existência de duas tipologias de estudante no que importa a estilos de aprendizagem. Esta diferenciação ocorre a diferentes níveis, consoante a dimensão pela qual é apreciada (Felder, 1993):

a) Tipo de percepção da informação: Percepção através dos sentidos (via auditiva, visual, física) *versus* percepção intuitiva (memória, ideias, intuições);
b) Modalidade de informação percebida: Visual (figuras, diagramas, gráficos, demonstrações) *versus* verbal (sons, fórmulas, palavras);
c) Organização da informação: Indução (princípios inferidos de fatos e observações) *versus* dedução (consequências e aplicações deduzidas dos princípios fornecidos);
d) Modo de processamento da informação: ativo (através de discussão) *versus* refletivo (através de análise introspectiva);
e) Modo seguido para a compreensão: sequencial (numa sequência lógica de pequenos passos) *versus* global (passos largos, holísticos).

Embora, como refere Sheila Tobias (1990), se trate verdadeiramente de um *continuum* e não de uma divisão clara entre ambos os grupos. Segundo Richard Felder (2009), esta dicotomia não é nem absoluta nem estática, podendo evoluir e alterar-se com o desenrolar do tempo. Porém, importa que professores e estudantes tenham em consideração a existência de diversas modalidades intrínsecas de aprendizagem que irão repercutir-se decisivamente na quantidade e na qualidade dos conhecimentos apreendidos. Mais ainda, quando já se demonstrou que, apesar da enorme quantidade de informação disponível, esta é assimilada em pequenas frações de segundo, no máximo minutos, estando igualmente comprovado que ao longo de uma preleção teórica pelo menos 90% da informação global é absorvida nos primeiros 6-7 minutos.

O aluno mais sensitivo absorve a informação através dos sentidos, o intuitivo através da imaginação. O primeiro tende a ser mais prático (fatos, observações), originando, provavelmente, um bom experimentalista. O segundo, mais imaginativo (conceitos, interpretações), originará um bom teórico. O estudante visual recorre a imagens (figuras, diagramas, gráficos, esquemas), o verbal recorre a fórmulas matemáticas e a palavras escritas ou faladas. O indutivo gosta de analisar casos específicos, o dedutivo deduz as consequências de princípios e normas gerais. O ativo gosta de "fazer algo" de experimentar, de testar, de trabalhar em grupo. O refletivo prefere trabalhar sozinho ou em pares.

O aluno sequencial resolve os problemas sem compreender a totalidade da matéria lecionada, sendo as suas soluções ordenadas e facilmente compreensíveis, mas tem uma tendência geral para não entender o quadro geral dos problemas. O aluno global raciocina numa lógica de "tudo ou nada", mas quando entende um problema rapidamente faz conexões com outras áreas do conhecimento.

Se a indução promove tanto uma aprendizagem mais profunda como uma retenção de informação mais duradoura, tornando o aluno mais confiante nas suas capacidades, parece ser aconselhável uma estratégia que proporcione tempo para refletir, como, a título de exemplo, escrever pequenos sumários ou formular questões sobre a matéria expendida. Deve procurar-se, então, um método de ensino e aprendizagem multivariado que vá ao encontro destas diferentes sensibilidades dos estudantes e que promova uma atitude positiva perante a morte e o sofrimento. Repare-se que as preleções tradicionais (aulas teóricas) cobrem pelo menos cinco destas categorias (intuição, dedução, verbalização, reflexão e sequenciação), pelo que o esforço deve ser dirigido para concretizar as outras seis:

a) Apresentar a teoria simultaneamente com os problemas práticos que esta pretende resolver;
b) Balancear informação concreta com informação conceptual;
c) Durante as aulas utilizar extensivamente esquemas, diagramas, gráficos computadorizados, em associação com material escrito;
d) Fornecer observações experimentais – casos-problema – antes de apresentar os princípios gerais;

e) Dar tempo, durante a aula, para que o aluno pense na matéria (modelo refletivo) e para que discuta e participe (modelo ativo);
f) Estimular a cooperação durante o trabalho de grupo.

A dimensão afetiva e comportamental do estudante de cuidados paliativos pode ser explorada, particularmente a nível das atitudes, tendo em atenção diferentes arquétipos de aprendizagem (van Aalst-Cohen, 2008). Estas técnicas permitem que o ensino e a aprendizagem sejam automotivados e dirigidos tanto para a resolução de problemas concretos como para a aquisição de competências. Mais ainda, estimula-se a interação, a responsabilidade e a colaboração com os colegas. Ao formar equipes, sobretudo em contexto multi e transdisciplinar, aprende-se melhor, porque no esforço de ensinar um colega desperta-se a atenção e desenvolve-se a interdependência. Estes grupos, de preferência heterogêneos e constituídos de forma aleatória, podem ser mantidos durante todo o período de ensino.

Qualquer que seja a estratégia seguida, esta deve ter em consideração o fato de que os profissionais de saúde têm uma responsabilidade social particular, pelo modo como a sua atividade enriquece o debate sobre os valores sociais e sobre as escolhas da sociedade (Stern, 2000). Deve fazer-se uma distinção clara entre o ensino de cuidados paliativos dirigido a estudantes pré-graduados e o ensino de cuidados paliativos àqueles que desejem adquirir conhecimentos mais sólidos nesta matéria, eventualmente com a finalidade de efetuar uma carreira acadêmica ou profissional (especialização). Enquanto o primeiro tipo deve ser considerado obrigatório, o segundo reveste-se de caráter facultativo, de acordo com o interesse demonstrado por cada um. Em todo o caso, o ensino de cuidados paliativos deve estar organizado nas seguintes modalidades de ensino:

a) Aulas teóricas: preleções de temas definidos;
b) Seminários: discussão preparada e orientada de temas específicos;
c) Trabalhos de grupo: análise e resolução de problemas com o estímulo e a coordenação dos docentes e com a participação ativa dos estudantes;
d) Apresentação pelos estudantes de casos-problema;
e) Formação em exercício em contexto assistencial.

Existe, assim, uma complementaridade entre estas diferentes variedades de ensino e de aprendizagem. O ensino dos temas teóricos parece favorecer uma aquisição mais completa dos conhecimentos, bem como a sua consolidação, permitindo a integração funcional com a realidade vivida ao longo da vida profissional de cada estudante. O ensino recorrendo a seminários e trabalhos de grupo concretiza a reflexão previamente efetuada, permitindo não só a apreciação como uma ampla discussão de casos-problema paradigmáticos. Para além de casos-problema sobre situações exóticas, raras e altamente controvertidas, são igualmente apresentados casos sobre situações frequentes do cotidiano. As abordagens educacionais centradas em casos-problema reais têm-se demonstrado como importantes instrumentos de aprendizagem de cuidados paliativos, nomeadamente quando o público-alvo é um grupo de profissionais com algum grau de diferenciação.

Ao longo do ensino devem ser fornecidos aos alunos elementos de estudo, nomeadamente os prospectos de ensino, os sumários das aulas, as referências bibliográficas pertinentes, assim como os textos de apoio considerados fundamentais. Como não parece existir uma barreira, uma distinção clara entre ensino e investigação deve pedir-se ao aluno que aprenda investigando. Recorrendo a vídeos, à projeção de diapositivos ou à discussão de casos-problema, o estudante tem a oportunidade de refletir sobre alguns aspectos concretos colocados pela prática clínica.

Avaliar a aquisição de competências e de conhecimentos é uma tarefa indispensável no ensino e na aprendizagem de qualquer área científica, e também no domínio dos cuidados paliativos. Mais ainda quando se trata de uma área fundamental porque estruturante do ensino das profissões da saúde. Porém, pouco se tem debatido sobre como avaliar quer a aprendizagem quer as competências desenvolvidas na área dos cuidados paliativos Existe algum consenso sobre a estratégia a adotar, no que respeita a uma medição objetiva da aquisição de conhecimentos na esfera cognitiva e comportamental. Está em causa, nomeadamente, o conhecimento dos princípios e dos conceitos subjacentes, bem como a habilidade de reconhecer e de lidar com problemas clínicos. Entre vários métodos possíveis de avaliação foram sugeridos:

a) Relatórios escritos sobre tópicos específicos ou casos-problema;
b) Testes escritos, na forma de pergunta curta, escolha múltipla ou verdadeiro e falso;
c) Questionários e exercícios autodirigidos;
d) Simulação de casos clínicos (*role-playing*);
e) Discussão em grupo;

f) Discussão ao vivo, isto é, no ambiente clínico concreto;
g) Exame oral, resposta a dilemas clínicos colocados pelos examinadores.
h) Gravações audiovisuais de entrevistas clínicas;
i) Análise e avaliação de processos clínicos;
j) Entrevistas clínicas reais e estruturadas no plano da avaliação concreta de situações;
k) Observação direta dos estudantes em contexto clínico.

Estas diferentes estratégias comprovam que dados cognitivos podem ser ensinados e apreendidos. Também o desenvolvimento de competências a nível do comportamento, na sua dimensão relacional, pode, ainda que com mais dificuldade, ser aferido através dos métodos referidos.

## 4. Conclusão

Os cuidados paliativos são reconhecidos pela Organização Mundial da Saúde, desde os anos 90, como parte da luta contra o câncer. Hoje, estendem-se ao tratamento de doentes terminais com AIDS, doenças cardiorrespiratórias, hepáticas, neurológicas, entre outras. A sociedade deve, então, promover a generalização dos cuidados paliativos a nível domiciliário, na atenção primária e em hospitais oncológicos e outros estabelecimentos de saúde. Além disso, a medicina de acompanhamento, componente essencial dos cuidados paliativos, deve estar alicerçada tanto em redes sociais de apoio – que potenciem os recursos individuais do doente dependente – como na família, elemento nuclear de uma sociedade solidária.

Neste quadro existe hoje um consenso de que os cuidados paliativos devem ser ensinados longitudinalmente ao longo de toda a formação profissional – formação ao longo da vida, contínua e em exercício – na medicina e nas outras ciências da saúde. Ou seja, deve existir formação específica na pré-graduação de médicos, enfermeiros, psicólogos e outros profissionais de saúde e deve existir, complementarmente, ensino a nível de mestrado e doutoramento como acontece, por exemplo, na Faculdade de Medicina da Universidade do Porto. Porém, o ensino académico deve ser necessariamente acompanhado com uma formação profissional adequada. Assim, também as associações profissionais devem vir a reconhecer a importância dos cuidados paliativos através da criação de especializações profissionais.

## 5. Palavras-Chave

Cuidados paliativos, educação, especialização, formação profissional.

## 6. Referências

BILLINGS JA, FERRIS FD, MACDONALD N, VON GUNTEN C: Hospice home care working group. The role of palliative care in the home in medical education: Report from a national consensus conference. Journal of Palliative Medicine 4(3); 2001: 361-71.

FELDER R: Reaching the second tier. Learning and teaching styles in college science education, Journal of College Science Teaching 23 (5); 1993: 286-290.

FELDER R, BRENT R: Active learning: An introduction. American Society for Quality Higher Education Brief 2 (4); 2009: 1-7.

STANFORD UNIVERSITY: End of Life Curriculum Project. End of life online curriculum. Acesso em agosto de 2017, de http://endoflife.stanford.edu.

STERN D: The development of professional character in medical students, Hastings Center Report July/August; 2000: 26-29.

THE EUROPEAN ASSOCIATION FOR PALLIATIVE CARE: Core competencies in palliative care: An EAPC White Paper on palliative care education. Prepared by Claudia Gamondi, Philip Larkin and Sheila Payne. Acesso em agosto de 2017, de http://www.eapcnet.eu/Themes/Education.aspx .

TOBIAS S: They're not dumb, they're different: Stalking the second tier, Research Corporation, Tucson, 1990.

VAN AALST-COHEN E, RIGGS R, BYOCK I. Palliative care in medical school curricula: A survey of United States medical schools. Journal of Palliative Medicine 11(9); 2008: 1200-1202.

# Equipes Interdisciplinares

JOSÉ CARLOS AMADO MARTINS

## 1. Introdução

As respostas em saúde aos cidadãos na área dos cuidados paliativos são, por natureza, interdisciplinares. Os diferentes documentos que vão surgindo na área apontam sempre para a importância de tal acontecer, mas sabemos que, por motivos vários, ainda há um percurso a fazer nesta matéria.

O presente capítulo pretende trazer os argumentos que sustentam a importância do trabalho em equipes interdisciplinares em cuidados paliativos e a sua objetivação em termos conceptuais, assim como apontar algumas estratégias para melhor o conseguir.

## 2. Enquadramento Histórico e Desenvolvimento

Nas últimas décadas assistimos a diversas transformações no mundo da saúde. Associado ao desenvolvimento científico em geral e da saúde em particular, consegue-se hoje prevenir e tratar diversas doenças, o que, conjugado com as melhores condições sociais e econômicas, conduziu a um aumento da esperança média de vida e a alterações na demografia mundial.

Vive-se hoje mais tempo e mais tempo com maior qualidade de vida. Mas há duas verdades que não podemos esquecer: a primeira é que a morte faz parte da vida e, por isso, todos temos um dia de morrer; a segunda é que, à medida que vivemos mais tempo, aumenta a probabilidade de sofrermos de doenças crônicas e degenerativas e existe maior suscetibilidade a doenças infecciosas.

Verifica-se então que o aumento da esperança média de vida e as alterações na demografia mundial contribuem não apenas para alterações no viver, mas também grandes alterações no processo de morrer.

Morremos cada vez menos de forma súbita ou devido a um problema específico e cada vez se alarga mais a janela temporal associada ao processo de morrer. E nesse processo, a morte surge com multicausalidade, frequentemente fruto de vários fatores, em que se conjugam o câncer, a diabetes, demências, insuficiência de órgãos e muitos outros.

A maioria dos adultos com necessidades de cuidados paliativos tem doenças crônicas, como patologias cardiovasculares (38,5%), câncer (34%), doenças respiratórias crônicas (10,3%), AIDS (5,7%) e diabetes (4,6%), às quais se juntam muitas outras, como a insuficiência renal crônica, a doença hepática crônica, a esclerose múltipla, a Doença de Parkinson, a artrite reumatoide, doenças neurológicas degenerativas, doenças congênitas e tuberculose multirresistente (World Health Organization, 2015).

É por isso que, às ciências da saúde, hoje, é exigido muito mais do que o diagnóstico e o tratamento. Se durante milênios a arte de curar era exclusiva do médico, hoje sabemos que o curar fica aquém do esperado e, para ir mais além (confortar, melhorar a qualidade de vida, minimizar o sofrimento...), são necessárias práticas colaborativas, envolvendo de forma sinérgica diferentes profissionais, de forma a garantir-se respostas de saúde aos cidadãos de elevada qualidade e sem lacunas.

Os cuidados paliativos surgem no contexto atual como uma resposta ativa aos problemas decorrentes de doença prolongada, incurável e progressiva, na tentativa de prevenir e minimizar o sofrimento associado a essa doença e proporcionar a máxima qualidade de vida aos pacientes e suas famílias (World Health Organization, 2015). Estes cuidados previnem e aliviam o sofrimento através da sua identificação precoce, correta avaliação e tratamento da dor e outros problemas, sejam eles físicos, psicossociais ou espirituais (*idem*). Devem ser personalizados, centrados em cada pessoa e nas suas necessidades e respeitando as suas preferências (*idem*).

De forma sistematizada, podemos afirmar que os cuidados paliativos:

– Promovem o alívio da dor e outros sintomas;
– Afirmam a vida e aceitam a morte como um processo natural;
– Não prolongam obstinadamente a vida nem antecipam a morte;
– Integram as dimensões psicológica e espiritual nos cuidados aos doentes;

- Ajudam o doente a viver o mais ativamente possível até à morte;
- Oferecem suporte à família durante a doença e luto;
- Utilizam o trabalho em equipe para melhor responder às necessidades dos doentes e família;
- Ao promover a qualidade de vida podem influenciar positivamente o curso da doença;
- São aplicáveis em conjunto com outras terapias que têm como objetivo prolongar a vida, como a quimioterapia ou a radioterapia;
- Utilizam a investigação para melhor compreender e gerir as diferentes situações clínicas.

Para retirarmos o máximo potencial dos cuidados paliativos, os doentes devem ser referenciados precocemente e não apenas quando perante os últimos dias de vida (Quill, Abernethy, 2013).

Atendendo ao foco acima apresentado, compreendemos a necessidade de uma equipe interdisciplinar, que desenvolva a atividade com vista ao controle de sintomas, à reabilitação, à continuidade dos cuidados, aos cuidados específicos na terminalidade da vida, a uma comunicação efetiva e a práticas educativas, tendo como alvo os doentes e a família, a acontecer desde o diagnóstico de algumas doenças ou situações até ao apoio no luto, sempre combinando ciência e humanismo (World Health Organization, 2015; Associação Portuguesa de Cuidados Paliativos, 2016). Não podemos esquecer que a melhor forma de os cuidados serem centralizados no paciente e família é fazer um exercício de inclusão dos mesmos na equipe (Mitchell *et al.*, 2012).

Um dos problemas que ainda hoje vivemos é o relacionado com a formação e treino dos profissionais de saúde. Apesar da inevitabilidade de ter de trabalhar juntos nos mesmos espaços, com frequentes atividades interdependentes, com necessidade de práticas colaborativas em verdadeira equipe, a maioria da formação graduada dos profissionais de saúde e muita formação pós-graduada é em contexto monodisciplinar, pouco ou nada compartilhada. Mesmo em contexto de ensino clínico, os momentos de partilha e colaboração entre estudantes de diferentes cursos das áreas da saúde são pouco frequentes ou mesmo ausentes. E, ainda frequente, a "disputa" fútil entre diferentes disciplinas, em torno de conteúdos funcionais, ascendentes hierárquicos e outros. Estes fatores conjugados trazem posteriormente dificuldades à organização do trabalho em equipes interdisciplinares.

## 3. Definição e Clarificação Conceptual

Interdisciplinar é uma palavra que, em língua portuguesa, direciona para uma atividade "que diz respeito, simultaneamente, a duas ou mais disciplinas ou áreas do conhecimento" (Dicionário de Língua Portuguesa, Porto Editora). A Lei de Bases dos Cuidados Paliativos (Lei 52/2012) define interdisciplinaridade como assunção de "objetivos comuns, orientadores das atuações, entre profissionais da equipe de prestação de cuidados" e distingue de multidisciplinaridade que é definida como "complementaridade de atuação entre diferentes especialidades profissionais". Ou seja, ao falar em equipes de cuidados interdisciplinares, assume-se que há conteúdos profissionais que podem ser comuns a diferentes disciplinas, mas sobretudo afirma-se que a atuação destas é mais do que meramente complementar, taylorista, com resultados que vão para além da soma das diferentes partes. No caso dos cuidados paliativos, a necessidade de equipes interdisciplinares está intimamente ligada à definição, missão e filosofia dos cuidados paliativos.

A Lei de Bases dos Cuidados Paliativos aponta que a prestação de cuidados nas unidades e equipes de cuidados paliativos é assegurada por equipes multidisciplinares com dotações adequadas à garantia de uma prestação de cuidados de qualidade (Base XXVIII) e que um dos princípios que regem os cuidados paliativos é a multidisciplinaridade e interdisciplinaridade na prestação dos cuidados (Base IV). A Portaria 340/2015 vem regulamentar algumas Bases da Lei 52/2012. Define que as equipes devem integrar profissionais de medicina, enfermagem, psicologia e serviço social, acrescentando que devem "integrar outros profissionais sempre que a complexidade dos cuidados prestados o justifique, nos termos a definir pela CNCP e ouvidas as respectivas Ordens e Associações Profissionais". Exemplos destes outros profissionais podem ser o nutricionista, o fisioterapeuta, o gerontologista, o terapeuta da fala, entre outros. Esta portaria volta a reforçar a importância do trabalho interdisciplinar e da formação especializada. No artigo 5º refere que a direção local de cada equipe de cuidados paliativos deve ser garantida por um profissional de saúde com formação e experiência reconhecidas em cuidados paliativos, ao qual compete, entre outros, "promover o trabalho interdisciplinar".

Várias são as atividades potenciadoras da interdisciplinaridade e que contribuem para cuidados paliativos de maior qualidade: as reuniões de equipe, as visitas multiprofissionais aos doentes; as conferências de família, as reuniões com acompanhantes, as reuniões em sala de espera, os grupos de apoio a familiares e outras. Estas atividades contribuem ainda para incremento de práticas colaborativas e maior satisfação profissional, ajudam a formar vínculos e constituem-se como momentos de contínua e profícua aprendizagem.

As equipes interprofissionais de elevado rendimento são geralmente aquelas que incluem membros que têm como principais características (Mitchell *et al.*, 2012):

- Honestidade, colocando elevado valor na comunicação entre os membros, com transparência nos objetivos, decisões, gestão do incerto e dos erros e confiança mútua;
- Disciplina no assumir dos respectivos papéis e responsabilidades e na partilha de informação;
- Criatividade no enfrentar novos problemas ou problemas emergentes, vendo sempre os erros e os resultados menos favoráveis como oportunidades de aprendizagem e melhoria;
- Humildade no reconhecimento das diferenças entre os diferentes membros e no assumir dos erros e fragilidades;
- Curiosidade, mobilizando e discutindo as experiências como estratégia para a melhoria contínua.

Os mesmos autores acrescentam ainda que as equipes devem ter como princípios: objetivos partilhados, papéis claros; confiança mútua, comunicação efetiva e processos e resultados mensuráveis.

O desenvolvimento destas características e princípios acima referidos deve resultar de esforço individual e coletivo, em que a formação graduada, pós-graduada e ao longo da vida devem estar incluídas.

Pype *et al.* (2012) apontam ainda a necessidade de cada elemento da equipe conhecer as *expertises*, papéis e responsabilidades de cada membro da equipe e deve existir formação e treino para o trabalho interdisciplinar na área dos cuidados paliativos. Esta formação e treino conjunto devem incluir capacidades técnicas específicas e, sobretudo, capacidades não técnicas, como a comunicação, a tomada de decisão, colaboração interprofissional, partilha de responsabilidades e estabelecimento de relações de elevada qualidade.

Através de revisão sistemática da literatura (Hammick *et al.*, 2007) foram identificados resultados positivos de programas de educação interprofissional naquilo a que os autores chamam de competências colaborativas, nas suas diferentes dimensões (atitudes, conhecimento e capacidades) e no trabalho colaborativo, tanto nas práticas propriamente ditas como no seu impacto sobre os pacientes. Outra revisão sistemática da literatura (Lapkin, Levett-Jones, Giligan, 2011) demonstrou que programas de educação interprofissional podem contribuir para atitudes e opiniões mais favoráveis relativamente a práticas colaborativas e trabalho interprofissional, assim como melhores resultados na tomada de decisão clínica, referindo no entanto estes autores que mais investigação é necessária nesta área.

Felizmente temos hoje formação pós-graduada na área dos cuidados paliativos de carácer pluridisciplinar, como são exemplo os cursos de mestrado e doutoramento em Cuidados Paliativos da Faculdade de Medicina da Universidade do Porto. A possibilidade de fomentar e gerir discussão e reflexão pluridisciplinar em torno de uma determinada temática num contexto de formação formal é de uma riqueza extrema. Aproxima os profissionais de diferentes disciplinas, proporciona conhecimento mútuo e ajuda a estabelecer pontos de ligação entre os diferentes saberes.

A simulação é uma estratégia educativa com elevado potencial para o desenvolvimento de competências com vista ao trabalho interdisciplinar, com potencial para desenvolver aspectos técnicos e não técnicos, enfatizando-se a comunicação, o trabalho em equipe, o pensamento estruturado, a tomada de decisão, a relação e outros (Martins *et al.*, 2012). Alguns estudos pensados especificamente para o contexto dos cuidados paliativos têm demonstrado isso mesmo (Chown *et al.*, 2015; Saylor *et al.*, 2016).

## 4. Conclusão

Em cuidados paliativos, trabalhar em equipes interdisciplinares é um imperativo, mas são vários os constrangimentos na formação atual ao desenvolvimento das competências necessárias para tal.

Desenvolver essas competências é uma responsabilidade individual e coletiva, reservando-se particular importância para a formação pós-graduada e ao longo da vida.

A simulação, enquanto estratégia de formação ativa, pode dar um contributo importante para o desenvolvimento de competências para o trabalho interdisciplinar.

## 5. Palavras-Chave

Cuidados paliativos, formação, interdisciplinaridade, profissionais de saúde, trabalho em equipe.

## 6. Referências

Associação portuguesa de cuidados paliativos. Cuidados paliativos. Equipes de cuidados paliativos. Porto: APCP, 2016. Acesso em dezembro de 2016, de: http://www.apcp.com.pt/cuidados-paliativos/equipes-de-cuidadospaliativos.html

Chown G et al: Interprofessional education: using live simulation to enhance collaboration and communication. Health and Interprofessional Practice 2(3); 2015: 1089.

Hammick M, Freeth D, Koppel I, Reeves S, Barr H: A best evidence systematic review of interprofessional education: BEME Guide no. 9. Medical Teacher. 29; 2015: 735-751.

Lapkin S, Levett-Jones T, Giligan C: A systematic review of the effectiveness of interprofessionaal education in Health professional programs. Nurse Education Today 33; 2011: 90-102.

Lei 52/2012 – Lei de Bases dos Cuidados Paliativos. Diário da República, 1ª Série. Nº 172, 5 de setembro de 2012.

Martins J et al: The simulated clinical experience in Nursing Education: a historical review. Acta Paulista de Enfermagem 25(4); 2012: 619-625.

Mitchell P et al.: Core principles & values of effective team-based health care. Institute of Medicine. Washington, DC, 2012. Acesso em dezembro de 2016, de: http://micmrc.org/system/files/Core_Principles_%26_Values_of_Effective_Team-Based_Health_Care.pdf

Portaria 340/2015 – Diário da República, 1ª Série. Nº 197, 8 de outubro de 2015.

Pype P et al.: Healthcare professionals' perceptions toward interprofissional collaboration in palliative home care: a view from Belgium, Journal of Interprofessional Care 27; 2012: 313-319.

Quill T, Abernethy A: Generalist plus specialist palliative care – creating a more sustainable model. New England Journal of Medicine 368(13); 2013: 1173-1175.

Saylor J et al.: Interprofessional education using a palliative care simulation. Nurse educator 41(3); 2016: 125-129.

World Health Organization: Palliative Care. (internet): 2015. Acesso em dezembro de 2016, de: http://www.who.int/mediacentre/factsheets/fs402/en/

# Espiritualidade

FRANCISCA REGO

## 1. Introdução

Com a transição para cuidados paliativos na fase final de vida, o confronto iminente com a morte pode induzir uma pessoa a necessitar de uma maior reflexão espiritual. De fato, o acompanhamento espiritual é particularmente importante para muitos pacientes terminais existindo, no entanto, barreiras potenciais à sua concretização, incluindo falta de tempo, fatores pessoais, culturais e necessidades educacionais entre profissionais (Edwards *et al.*, 2010).

A espiritualidade é um conceito multidimensional, integrado no corpo e na mente. As crenças espirituais nem sempre refletem uma religião organizada, mas sim uma filosofia pessoal de vida. Ou seja, todas as pessoas são seres espirituais e têm necessidades espirituais que devem ser abordadas nos seus cuidados de saúde (Richardson, 2014).

A dimensão espiritual dos pacientes é conhecida por ter impacto na tomada de decisões no fim da vida. Também, altos níveis de bem-estar espiritual têm sido associados a melhorias na qualidade de vida, na aceitação da doença e do diagnóstico, na capacidade de lidar com os sintomas, na proteção contra a depressão, desesperança e desejos de antecipação da morte. Desta forma, torna-se essencial o apoio espiritual dos pacientes em cuidados paliativos, assim respeitando a dignidade, a autonomia e o processo de morte de cada indivíduo (Beste *et al.*, 2014).

## 2. Enquadramento Histórico e Desenvolvimento

De forma a melhorar os cuidados e o tratamento de pacientes com doença progressiva e terminal de acordo com as suas necessidades específicas, Cicely Saunders (1978) introduziu o conceito de "dor total", que abrange o sofrimento físico, social, emocional e espiritual. Em 2002, a Organização Mundial de Saúde reestruturou a definição de cuidados paliativos enquanto cuidados que visam melhorar a qualidade de vida dos doentes e suas famílias, que enfrentam problemas decorrentes de uma doença incurável e/ou grave e com prognóstico limitado, através da prevenção e alívio do sofrimento e dor, não só físicos mas também psicológicos, sociais e espirituais.

Assim, tornou-se essencial a expansão do modelo biopsicossocial, de modo a incluir as preocupações espirituais dos pacientes, com vista a consciencializar os profissionais de saúde sobre as necessidades envolventes e a cuidar do paciente "como um todo". Neste sentido, o modelo biopsicossocial-espiritual foi apresentado como uma resposta à totalidade relacional dos pacientes com as suas dimensões físicas, psicológicas, sociais e espirituais. Desta forma, um cuidado apropriado a uma pessoa em cuidados paliativos requer atenção especial a todas as suas relações intra e interpessoais (Sulmasy, 2002).

## 3. Definição e Clarificação Conceptual

### 3.1. Espiritualidade e Religião

Geralmente o debate em torno da espiritualidade envolve uma reflexão sobre questões existenciais ou religiosas. Porém, não existe uma clara distinção entre espiritualidade e religião dada a natureza multifacetada dos conceitos, as várias teorias e definições e as diferentes perspectivas sobre esta temática (Zinnbauer *et al.*, 1999).

A espiritualidade pode ser definida como um percurso de autodescoberta que possibilita a uma pessoa experienciar o significado transcendente da vida, expresso como uma busca pelo sagrado (Deus, natureza, família, etc.), o que permite ao indivíduo dar sentido, significado e propósito à sua existência (Richardson, 2014). É uma dimensão pessoal, mas também relacionada com os outros e com o mundo, movida pela busca do significado da vida (Puchalski *et al.*, 2014).

A religião é considerada uma expressão/prática externa de uma determinada dimensão espiritual, ou seja, um sistema organizado de crenças, valores, códigos de conduta e rituais. É considerada uma comunidade de fé que pode auxiliar na busca do sagrado e promover a moralidade e tem influência no bem-estar da pessoa por meio do apoio social e comportamentos de saúde aprimorados, aumentando, assim, estados psicológicos positivos – por exemplo, a fé, a esperança ou a paz interior – (Koenig *et al.*, 2001).

Estes conceitos não devem ser vistos como incompatíveis, pois ambos incluem a busca do sagrado. No entanto, a religião inclui a busca de identidade social/saúde e de rituais válidos para essa comunidade de fé, para auxiliar numa busca pelo sagrado. A espiritualidade, por sua vez, é considerada um conceito mais abrangente, uma vez que pode existir sem a necessidade de adesão a uma religião, pois é considerada parte da existência total do indivíduo e desempenha um papel importante na vida de cada um, relacionando-se com o que significa ser um ser humano e proporcionando propósito e significado à vida (Zinnbauer *et al.*, 1999).

### 3.2. Espiritualidade em Cuidados Paliativos

Em geral a espiritualidade tem sido descrita como única – possui diferentes significados para diferentes pessoas e muda consoante as fases da vida, estando incorporada na vida cotidiana e na vida interior. É utilizada nas interações diárias e como suporte sistemático, associando-se a taxas mais elevadas de apoio social, diminuição do sofrimento e dos níveis de depressão (Edwards *et al.*, 2010).

A presença de sofrimento espiritual em cuidados paliativos é comum. Define-se como a rutura das crenças do sistema de valores, podendo ocorrer quando o indivíduo é incapaz de encontrar fontes de significado, amor e conforto, ou quando existe um conflito entre as crenças do sujeito e os seus acontecimentos de vida (Richardson, 2014). Como fatores de risco são indicados: experiência de perdas múltiplas, dependência, falta de apoio, sintomas intensos, ruminação excessiva e não-aceitação. Por seu turno, um bom suporte, sintomas controlados, resiliência, otimismo, dar/construir significado e a aceitação podem ser considerados fatores de proteção (Beng *et al.*, 2012).

Em cuidados paliativos, a sensação de não integridade e de não "ser eu", a existência de preocupações sobre a família ou de desesperança e de "sentir que a vida já não tem sentido ou propósito" contribuem para a sensação de angústia espiritual. A integridade espiritual, por outro lado, tem sido expressa pelos pacientes como a capacidade de usar a doença como uma oportunidade de crescimento e aceitação pessoal, e também de ajudar os outros (Buxton, 2007).

Relativamente ao *coping* religioso/espiritual, este encontra-se associado a resultados positivos na saúde mental e física. No entanto, se o indivíduo adotar um estilo de *coping* religioso/espiritual negativo – ao considerar a doença um castigo divino, podendo indicar uma crise existencial, ou tentar confiar unicamente num poder superior sem qualquer forma de resolução de problemas – existe uma maior probabilidade de obter piores resultados de saúde a longo prazo. Um *coping* religioso/espiritual positivo encontra-se associado a uma confiança construtiva na fé, que promove a adaptação à saúde e o ajuste psicológico aos fatores de *stress*, prevendo um suporte espiritual positivo (Wachholtz, Pearce, 2009).

A espiritualidade é considerada uma dimensão independente, mas ao mesmo tempo presente em todas as outras dimensões que integram o indivíduo. Vários estudos encontraram uma relação entre o bem-estar espiritual e a dimensão física e a emocional (Rego *et al.*, 2018). A dimensão física, por exemplo a dor, a astenia, o sofrimento físico ou a perda de autonomia, tem influência no sofrimento através da presença de indicadores de angústia emocional. Neste sentido, a dimensão psicológica, por exemplo ansiedade, depressão, anedonia e labilidade emocional, prevê o nível de ajuste aos problemas através do tipo de estratégias de *coping* escolhidas e do impacto na dimensão espiritual. Assim, a influência da dimensão espiritual, por exemplo desesperança, desejo de morte e perda de significado na vida, sobre o sofrimento é mediada pelo tipo de *coping* e pela magnitude dos problemas de ajustamento (Krikorian *et al.*, 2014).

Uma das influências sobre o sofrimento espiritual dos pacientes é a falta de compreensão dessas questões pelos profissionais de saúde. É sugerido que melhorias no bem-estar espiritual possam surgir nos cuidados de rotina, prestados um pouco por toda a equipe, de forma a melhorar a sensação de paz dos pacientes (Rabow, Knish, 2015). Desta forma, os profissionais de cuidados paliativos devem estar atentos aos sintomas de angústia espiritual e intervir em conformidade, pois a assistência terapêutica da dimensão espiritual é de grande importância, principalmente na busca do sentido e da esperança, dado que as experiências espirituais dos pacientes indicam uma nova integridade e consciência mental e emocional (Delgado-Guay *et al.*, 2011).

Idealmente deve ser estabelecido um rastreio espiritual dentro de uma avaliação psicossocial que inclua todos os domínios de cuidados paliativos, antecedentes culturais dos pacientes, triagem de problemas psiquiátricos e de apoios e necessidades sociais, visto que o uso de uma ferramenta de triagem tão abrangente tem identificado grandes taxas de necessidades de pacientes não resolvidas, resultando em referências multidisciplinares frequentes e, assim, na melhoria da qualidade de vida (Vallurupalli *et al.*, 2012).

## 4. Conclusão

A espiritualidade é uma das dimensões fundamentais da qualidade da vida, do cuidado e da cultura. Como tal, o bem-estar espiritual é uma componente essencial nos cuidados paliativos e de fim de vida. Existe, no entanto, a necessidade de definir espiritualidade e todos os conceitos envolventes, pois a espiritualidade é um sistema de crenças mais amplo e distinto do de religião (Rego, Nunes, 2016a).

O bem-estar espiritual é descrito como uma componente importante da qualidade de vida e do bem-estar físico e psicológico em pacientes em cuidados paliativos. Portanto, deve ser adequadamente abordado neste contexto, visando uma avaliação espiritual regular como parte da abordagem interdisciplinar, contribuindo para a otimização do controle de sintomas (Delgado--Guay *et al.*, 2011; Rabow, Knish, 2015).

O sofrimento espiritual é uma dimensão bastante presente em cuidados paliativos e, assim, a atenção a dimensões específicas, como a introdução precoce de medidas paliativas, um apoio familiar eficaz, a implementação de estratégias eficazes de *coping*, a promoção de relações íntimas, a sensação de paz e de sentido na vida podem aumentar o bem-estar espiritual. Sendo que a espiritualidade e a religiosidade têm sido indicadas como uma fonte de força e conforto para os pacientes, em especial a dimensão existencial ou "sentido do significado e propósito", associada a menor angústia em pacientes em cuidados paliativos (Chochinov *et al.*, 2009).

Desta forma, a avaliação espiritual de rotina é relevante para identificar as necessidades do paciente, particularmente quando subsistem sintomas refratários (Delgado-Guay *et al.*, 2011), dado que um sistema de cuidados despersonalizado e não humanizado pode gerar angústia em lidar com a doença e todas suas as dimensões envolventes.

Neste sentido, o aconselhamento espiritual é um domínio essencial dos cuidados paliativos que permite uma visão geral das principais questões existenciais neste contexto, devendo possibilitar-se a integração da avaliação espiritual e o tratamento da angústia espiritual no cenário clínico de cuidados paliativos, fornecendo um cuidado adequado ao paciente e permitindo que cada indivíduo reaja às suas crenças de maneira única e individualizada (Puchalski *et al.*, 2014; Rego, Nunes, 2016b).

## 5. Palavras-Chave

Bem-estar espiritual, cuidados paliativos, espiritualidade, modelo biopsicossocial-espiritual, religiosidade, sofrimento espiritual.

## 6. Referências

BENG TS, GUAN NC, SEANG LK, *et al.*: The Experiences of Suffering of Palliative Care Patients in Malaysia: A Thematic Analysis. Am J Hosp Palliat Care 31 (1); 2012: 45-56. DOI: 10.1177/1049909112458721.

BEST M, BUTOW P, OLVER I: The doctor's role in helping dying patients with cancer achieve peace: a qualitative study. Palliat Med 28 (9); 2014: 1139-45. DOI: 10.1177/0269216314536455.

BUXTON F: Spiritual distress and integrity in palliative and non-palliative patients. Br J Nurs 16 (15); 2007.

CHOCHINOV HM, HASSARD T, MCCLEMENT S, *et al.*: The Landscape of Distress in the Terminally Ill. J Pain Symptom Manage 38 (5); 2009.

DELGADO-GUAY MO, HUI D, PARSONS HA: Spirituality, Religiosity, and Spiritual Pain in Advanced Cancer Patients. J Pain Symptom Manage 41 (6); 2011: 986-994.

EDWARDS A, PANG N, SHIU V, *et al.*: The understanding of spirituality and the potential role of spiritual care in end-of-life and palliative care: A meta-study of qualitative research. Palliative Medicine 24 (9); 2010: 753-770.

KRIKORIAN A, LIMONERO JT, ROMAN JP. *et al.*: Predictors of Suffering in Advanced Cancer. Am J Hosp Palliat Care 31 (5); 2014: 534-542. DOI: 10.1177/1049909113494092.

KOENIG H, MCCULLOUGH M, LARSON D: Handbook of religion and health. New York: Oxford University Press, 2001.

PUCHALSKI CM, VITILLO R. HULL SK., RELLER N: Improving the Spiritual Dimension of Whole Person Care: Reaching National and International Consensus. Journal of Palliative Medicine 17(6); 2014: 642-656. DOI: 10.1089/jpm.2014.9427

RABOW MW, KNISH SJ: Spiritual well-being among outpatients with cancer receiving concurrent oncologic and palliative care. Support Care Cancer 23; 2015: 919-923. DOI 10.1007/s00520-014-2428-4.

REGO F, PEREIRA C, REGO G, NUNES R: The Psychological and Spiritual Dimensions of Palliative Care: A Descriptive Systematic Review. Neuropsychiatry 8 (2); 2018: 484–494.

REGO F, NUNES R: The interface between psychology and spirituality in palliative care. Journal of Health Psychology, 2016: 1-9. DOI: 10.1177/1359105316664138.

REGO F, NUNES R: The Spiritual Advocate in Palliative Care. Journal of Palliative Care & Medicine 6 (5); 2016. DOI: 10.4172/2165-7386.1000283

RICHARDSON P: Spirituality, religion and palliative care. Annals of Palliative Medicine 3 (3); 2014: 150-159.

SAUNDERS CM: The Management of Terminal Malignant Disease 1, London: Edward Arnold, 1978.

SULMASY DP: A biopsychosocial-spiritual model for the care of patients at the end of life. The Gerontologist 42; 2002: 24-33.

VALLURUPALLI M, LAUDERDALE K, BALBONI MJ, et al.: The Role of Spirituality and Religious Coping in the Quality of Life of Patients with Advanced Cancer Receiving Palliative Radiation Therapy. J Support Oncol 10 (2); 2012: 8187. DOI:10.1016/j.suponc.2011.09.003.

WACHHOLTZ AB, PEARCE MJ: Does spirituality as a coping mechanism help or hinder coping with chronic pain. Current Pain and Headache Reports 13; 2009: 127-132.

WORLD HEALTH ORGANIZATION: Definition of palliative care, 2002. Acesso em junho 2017, de http://www.who.int/cancer/palliative/definition/en/.

ZINNBAUER BJ, PARGAMENT KI and SCOTT AB: The emerging meanings of religiousness and spirituality: Problems and prospects. Journal of Personality 67 (6); 1999: 889-919.

# Ética e Sedação Paliativa

RUI NUNES
Em colaboração com Guilhermina Rego

## 1. Introdução

Face à evolução verificada nas sociedades contemporâneas – nomeadamente a existência de diferentes percepções do fenômeno da morte e o reconhecimento da existência de limites à intervenção médica – surgiu uma nova abordagem da doença terminal, ou seja, emergiram os cuidados paliativos como um imperativo das políticas sociais. Uma questão nuclear é a qualidade desses cuidados e o modo como são distribuídos entre os cidadãos. Os cuidados paliativos não se dedicam apenas a pessoas idosas mas, em sentido lato, a todos os doentes crônicos, mesmo em crianças, ou seja, a doentes portadores de afecções irreversíveis sem qualquer perspectiva de recuperação completa e com uma duração substancial. Pretende-se gerar conforto e bem-estar ao doente crônico (e, por maioria de razão, ao doente terminal), recorrendo a uma equipe de saúde multidisciplinar especialmente sensibilizada para o efeito. As instituições de solidariedade social têm, certamente, um importante papel a desempenhar, como veículo apropriado de acolhimento das pessoas mais vulneráveis.

O que está em causa é, invariavelmente, a dependência de terceiros e uma limitação séria na vida cotidiana (sobretudo no desenrolar das relações sociais), sendo necessária a prestação de cuidados continuados formais bem como de cuidados informais por parte de amigos e familiares. Mais do que tratar e curar, pretende-se cuidar do doente e integrá-lo na família e na sociedade. Uma abordagem multifacetada e multidisciplinar torna-se então essencial. Através da criação de uma panóplia de modalidades de prestação de cuidados paliativos, pretende-se providenciar os melhores cuidados possíveis a pessoas com perda de funcionalidade ou em situação de dependência, em qualquer idade e qualquer que seja a causa da incapacidade, incluindo doentes terminais. Para este efeito devem ser criadas diferentes tipologias de unidades básicas de prestação de cuidados, de acordo com cada tipo de situação específica.

É neste contexto integrado que devem ser efetivamente implementados os cuidados paliativos. Este tipo de cuidados define-se como "cuidados ativos, globais que se prestam aos doentes cuja afecção não responde ao tratamento curativo". Pretende-se que o doente e a sua família obtenham a melhor qualidade de vida possível. O apoio profissional é determinante, devendo contar com médicos, enfermeiros, psicólogos, técnicos de saúde, técnicos do serviço social especificamente qualificados para o efeito (Nunes, 2016).

## 2. Enquadramento Histórico e Desenvolvimento

Na realidade, os cuidados paliativos são reconhecidos pela Organização Mundial da Saúde, desde os anos 90, como parte da luta contra o cancro. Hoje, estendem-se ao tratamento de doentes terminais com AIDS, doenças cardiorrespiratórias, hepáticas, neurológicas, entre outras. Reconhecendo a importância deste tipo de cuidados, foi aprovado, por despacho do Ministro da Saúde, de 15 de junho de 2004, o Programa Nacional de Cuidados Paliativos, e mais recentemente foi também aprovada a Lei nº 52/2012, de 5 de setembro, Lei de Bases dos Cuidados Paliativos. Estes diplomas propõem um conjunto de princípios estruturais que devem ser implementados, nomeadamente: consagrar e defender o direito dos doentes na fase final da vida a uma gama completa de cuidados paliativos, proteger o direito dos doentes incuráveis e na fase final da vida à sua própria escolha, e manter a interdição absoluta de, intencionalmente, se pôr fim à vida dos doentes incuráveis e na fase final da vida.

Tratando-se de doentes que, cumulativamente, não têm perspectiva de tratamento curativo, têm rápida progressão da doença e com expectativa de vida limitada, têm intenso sofrimento e têm problemas e necessidades de difícil resolução que exigem apoio específico, organizado e interdisciplinar (estima-se que, em Portugal, por ano, cada mil doentes por milhão de habitantes careçam de cuidados paliativos diferenciados), as componentes essenciais desta intervenção são o alívio de sintomas, o apoio psicológico, espiritual e emocional, o apoio à família, o apoio durante o luto e a interdisciplinaridade (Rego, 2016). A prestação destes cuidados pode ser no âmbito da rede hospitalar, da rede de centros de saúde ou da rede de cuidados continuados. Porém, pode haver vantagem, no futuro, na criação de uma rede nacional específica, ainda que em plena articulação com as redes atrás mencionadas.

O Estado deve então promover a generalização dos cuidados paliativos a nível domiciliário, nos centros de saúde, e cuidados em hospitais oncológicos e outros estabelecimentos de saúde. A medicina de acompanhamento, componente essencial dos cuidados continuados e paliativos, deve estar alicerçada tanto em redes sociais de apoio – que estimulem os recursos individuais do doente dependente – como na própria família. A este propósito, Robert Zalenski (2006), recorrendo à psicologia humanista de Abraham Maslow, sugere que o potencial humano pode ser claramente galvanizado em cuidados paliativos se reinterpretarmos a pirâmide de necessidades no contexto da doença terminal. Este autor sugere a seguinte abordagem para avaliar as necessidades do doente em cuidados paliativos, deduzindo-se, naturalmente, as intervenções necessárias para providenciar a segurança e conforto necessários ao doente terminal:

1. Necessidades fisiológicas: controlar sintomas tal como dor ou dispneia;
2. Necessidades de segurança: ultrapassar o medo de morrer ou de abandono;
3. Necessidades sociais: providenciar amor e aceitação face à doença terminal;
4. Necessidades de estima: promover o respeito e a apreciação;
5. Necessidades de autorrealização: promover a autoatualização e a transcendência.

Concretizando esta abordagem importa referir que a humanização da saúde é uma tarefa que respeita a todos os setores da sociedade, tendo os profissionais de saúde a responsabilidade de exercer a sua profissão na convicção de que lidam com pessoas humanas particularmente vulneráveis. Neste contexto, também o direito ao acompanhamento espiritual e à assistência religiosa, por opção concreta do doente, afigura-se como fundamental.

## 3. Definição e Clarificação Conceptual

O reconhecimento da finitude da vida humana é uma atitude eticamente louvável, devendo médicos e enfermeiros respeitar geralmente a vontade expressa do doente competente, desde que esteja em causa a suspensão de tratamento desproporcionado em um doente terminal (British Medical Association, 2007). Um aspecto que tem merecido menos atenção nas sociedades contemporâneas, nomeadamente nos países lusófonos, é a dimensão ética da sedação paliativa. Note-se que a sedação é uma intervenção médica utilizada para providenciar alívio numa multiplicidade de circunstâncias clínicas. Pode ser usada conjuntamente em tratamentos curativos ou de suporte vital em doentes não terminais – tal como os grandes queimados –, pode ser ou não contínua e pode variar em intensidade, desde sedação ligeira até à inconsciência total. A presente reflexão vai debruçar-se apenas sobre a sedação em doentes terminais, entendida tradicionalmente como o uso de fármacos (opiáceos, benzodiazepinas, etc.) para aliviar sintomas refratários causadores de sofrimento intolerável que não foram passíveis de alívio por outros meios em um período de tempo aceitável (Chiu, 2001).

Ou seja, esta reflexão pretende abordar a sedação paliativa contínua até à inconsciência, independentemente de se considerar que, numa perspectiva ético/legal, existem outras aplicações relevantes da sedação que devem merecer uma abordagem diferenciada. De fato, ainda que exista hoje evidência empírica sobre as circunstâncias que rodeiam a morte, nomeadamente em ambiente hospitalar (incluindo unidades especializadas de cuidados paliativos), de acordo com diversos estudos multicêntricos permanecem dúvidas sobre algumas decisões médicas em fim de vida, tal como a sedação em doentes terminais (Claessens, 2008). Do ponto de vista ético, deve salientar-se que este tipo de prática pretende geralmente o alívio da dor e do sofrimento, não sendo a morte intencionalmente desejada. E, quando esta ocorre, trata-se de um efeito subsidiário em relação ao objetivo principal que é o alívio da dor e do sofrimento através da sedação. Deve, porém, promover-se uma avaliação crítica sobre as condições em que a sedação pode ser implementada e definir linhas diretrizes claras e inequívocas na matéria, e, deste modo, dar expressão ao profundo respeito que deve existir pela liberdade de autodeterminação da pessoa humana, e envidar todos os esforços para aliviar a dor e o sofrimento do doente, num espírito de compaixão, respeito e tolerância.

A sedação paliativa contínua até à inconsciência é, aliás, habitual na generalidade dos países desenvolvidos, sendo usualmente considerada uma prática consentânea com a integridade exigida à profissão médica prevenindo, assim, o potencial abuso na sua utilização (*slippery-slope*) (Harris, 1991). Não devem restar dúvidas de que com a administração de medicamentos com uma finalidade paliativa – nomeadamente a sedação – a morte superveniente é uma consequência eventualmente esperada, mas não desejada (não intencional). Na perspectiva ética, existe um consenso alargado de que quando a intenção é aliviar o sofrimento ou providenciar a analgesia necessária, a ação em si mesma é adequada aos valores sociais predominantes. Pode mesmo tratar-se da aplicação do princípio ético do duplo efeito (Hoose, 1987). De fato, a sedação paliativa contínua até à inconsciência cumpre, em princípio, com estes pressupostos: a ação em si mesma é boa (aliviar o sofrimento), o mal não é pretendido (não se deseja a morte do doente, ainda que desejar a morte seja um "mal" apenas para aqueles que considerarem a eutanásia ilegítima do ponto de vista ético), a boa consequência não é obtida através da má (o alívio do sofrimento não implica a morte do doente) e existe proporcionalidade entre o bem atingido e o mal efetuado (ao abrigo da doutrina da dignidade humana, não prolongar vida para além do razoável e providenciar cuidados de conforto e qualidade de vida ao doente são considerados argumentos proporcionais em relação à manutenção da vida a todo o custo).

Ao abrigo desta arquitetura de princípios sugere-se um conjunto de reflexões sobre sedação paliativa de acordo com a evidência técnica existente na matéria. De fato, ao longo dos últimos anos assistiu-se a uma utilização excessiva de tecnologia sofisticada, o que contribuiu decisivamente para uma desumanização progressiva da prestação de cuidados de saúde. Um exemplo desta desumanização é a utilização desproporcionada de meios de tratamento (distanásia) em doentes terminais. Para evitar/minorar a distanásia e promover a autonomia do doente foi legalizado o testamento vital e a nomeação de um procurador de cuidados de saúde. Mas não restam dúvidas de que a situação ideal seria uma prática profissional digna, adequada e diligente, ou seja, aquilo que se designa por ortotanásia. Mais ainda, sempre que possível, se deve obter o consentimento livre e esclarecido para uma intervenção médica, pressupondo que o doente está no pleno uso das suas capacidades mentais (competência no plano ético).

Está em causa o *empowerment* do doente, reforçando o exercício do seu legítimo direito à autodeterminação em matéria de cuidados de saúde, nomeadamente no âmbito do *advance care planning*, dado que a morte, por diversos motivos, é frequentemente ignorada pela maioria das pessoas e por muitos profissionais de saúde. Para efeito de obtenção de consentimento válido, devem ser excluídas todas as condições que possam afetar a vontade do paciente na esfera volitiva, por exemplo, o efeito de medicamentos, de drogas ou de álcool, perturbações afetivas tratáveis (como a depressão) ou mesmo a dor e sofrimento intensos. Nestas circunstâncias, e nos limites do melhor interesse do paciente, reconhece-se geralmente o direito à família (ou ao procurador de cuidados de saúde) de tomar decisões médicas que sejam benéficas para o paciente.

Contudo, existem doentes terminais para os quais não há nenhuma terapêutica a oferecer que não seja cuidados paliativos de excelência, pretendendo-se que o doente e a sua família obtenham a melhor qualidade de vida possível. Os cuidados paliativos implicam a percepção por parte da sociedade de que o doente terminal tem características próprias, tendo necessidades também distintas de outras camadas da população, e que o papel da família neste contexto é essencial, devendo criar-se as infraestruturas necessárias para que o doente terminal possa ser acompanhado por familiares e amigos. E deve providenciar-se conforto e bem-estar ao doente terminal, recorrendo a meios proporcionados de tratamento por parte de uma equipe de saúde sensibilizada para lidar com este tipo de doente. Importa então extrair algumas ilações sobre o modo como a nossa sociedade pode e deve intervir face à doença terminal (Holman, 2006).

## 4. Conclusão

A sedação é um tratamento médico adequado em doentes terminais, sendo por vezes utilizada mesmo quando os sintomas não são refratários a outras modalidades terapêuticas, quer em adultos quer em crianças (Lindemann, 2008). Mas para encontrar legitimidade no plano ético, o doente deve ter uma doença terminal, e o tempo até à morte pela doença deve ser menor ou igual ao tempo até à morte por desidratação induzida pela sedação paliativa (Berger, 2010). Mais ainda, devem existir sintomas graves e severos para os quais não exista tratamento adequado na perspectiva do doente e deve existir uma ordem de não-reanimar inscrita no processo clínico.

O doente ou o seu representante legal (procurador de cuidados de saúde) devem prestar consentimento válido e eficaz, apercebendo-se o médico de que o doente está em profundo sofrimento existencial, sofrimento para o qual todas as alternativas de tratamento razoável e efetivo são para si inaceitáveis. Pelo que dentro dos limites éticos expostos é razoável sedar um doente até atingir o nível de inconsciência se desta forma não se antecipar intencionalmente a sua morte.

## 5. Palavras-Chave

Cuidados paliativos, distanásia, opiáceos, sedação paliativa.

## 6. Referências

BERGER J: Rethinking guidelines for the use of palliative sedation, Hastings Center Report 40 (3); 2010: 32-38.

BRITISH MEDICAL ASSOCIATION: Withholding and withdrawing life-prolonging medical treatment, London, 3rd edition, 2007.

CHIU T, HU W, LUE B, CHENG S, CHEN C: Sedation for refractory symptoms of terminal cancer patients in taiwan. Journal of Pain Symptom Management 21; 2001: 467-472.

CLAESSENS P, MENTEN J, SCHOTSMANS P, BROECKAERT B: Palliative sedation: A review of the research literature. Journal of Pain and Symptom Management 36 (3); 2008: 310-333.

HARRIS J: The value of life. An introduction to medical ethics. Routledge, London, 1991.

HOLMAN J, BRENDEL D: The ethics of palliative care in psychiatry. The Journal of Clinical Ethics 17 (4); 2006: 333-338.

HOOSE B: Proportionalism. The American debate and its European roots. Georgetown University Press, Washington, 1987.

LINDEMANN H, VERKERK M: Ending the life of a newborn: The Groningen protocol. Hastings Center Report 38 (1); 2008: 42-51.

REGO F, NUNES R: The interface between psychology and spirituality in palliative care, Journal of Health Psychology, 2016 (in press).

ZALENSKI R, RASPA R: Maslow's hierarchy of needs: A Framework for achieving human potential in hospice, Journal of Palliative Medicine 9 (5); 2006: 1120-1127.

# Eutanásia

RUI NUNES

## 1. Introdução

O debate sobre a eutanásia é particularmente intenso nas sociedades modernas, sendo uma fonte importante de controvérsia social. É sabido que, em muitas circunstâncias, a decisão médica contribui para abreviar a morte de um doente terminal e diferentes sociedades têm entendimentos diversos no que respeita ao papel específico do médico neste contexto. Mais ainda, a morte ocorre geralmente no hospital, longe da família e amigos, num ambiente mais favorável à solidão e ao abandono. O desenvolvimento dos cuidados paliativos como uma nova abordagem filosófica no final da vida é um importante sinal da transformação cultural a que se assiste neste domínio. Tal como sugere John Keown, "se a legislação deve permitir ou não a eutanásia voluntária e a assistência médica ao suicídio é uma das questões vitais que confrontam qualquer sociedade contemporânea" (Keown, 2002).

Existiram muitas tentativas para legalizar a eutanásia em diferentes sociedades, mas poucas tiveram sucesso, existindo boas razões para se proceder ou não à sua legalização. Tradicionalmente, na maioria dos países com raízes cristãs, a eutanásia e a assistência médica ao suicídio eram práticas moralmente condenadas devido à santidade atribuída à vida humana. Porém, a emergência de sociedades seculares e pluralistas deu um significado diferente ao conceito de autonomia pessoal, e o direito à autodeterminação passou a ser progressivamente reconhecido e valorizado como um direito básico e inalienável.

## 2. Enquadramento Histórico e Desenvolvimento

Apesar do intenso debate sobre a legalização da eutanásia voluntária e da assistência médica ao suicídio, diferentes correntes filosóficas aceitam esta prática afirmando o direito a morrer com dignidade. Por exemplo, autores libertários defendem que não existe distinção entre matar e deixar morrer desde que o consentimento mútuo entre as partes seja adequadamente obtido. Já na óptica utilitarista, James Rachels (2007) sugere que a eutanásia pode ser moralmente admissível e que o argumento pode ser sintetizado da seguinte forma:

1. A ação moralmente certa, em qualquer ocasião, é aquela que produza maior felicidade sobre infelicidade;
2. Pelo menos nalgumas ocasiões, o maior balanço entre a felicidade e a infelicidade pode ser alcançado pela morte assistida;
3. Logo, pelo menos em algumas ocasiões, a morte assistida pode ser moralmente certa.

Esta evolução sociológica surgiu inicialmente na Europa e em países de tradição anglo-americana. Porém, este debate estendeu-se a todo o mundo civilizado, mesmo aos países mediterrâneos com larga tradição de respeito pela sacralidade da vida. De fato, assistiu-se a uma profunda transformação social e a uma escala global, sobretudo devido ao aumento da esperança de vida, a uma menor influência da Igreja Católica (e de outras confissões religiosas), bem como ao diferente papel que a família vem adotando enquanto cuidador informal. Neste clima social e cultural, era expectável que novas abordagens sobre a morte assistida se viessem a desenvolver, desde logo porque muitos doentes terminais têm pensamentos frequentes sobre a morte e acreditam que a eutanásia voluntária e a assistência médica ao suicídio podem ser práticas aceites pela sociedade.

Entre os diferentes motivos para pedir a eutanásia encontram-se sentimentos de solidão, de exclusão e de abandono, e, portanto, um colapso do projeto existencial. Além disso, a inexistência de objetivos claros de autorrealização pessoal pode originar uma contínua ideação suicida. Também, muitos doentes podem solicitar a eutanásia devido a uma perda de autonomia e de dignidade, nomeadamente devido a uma incapacidade de desenrolar atividades que deem significado à vida. Por exemplo, a lei holandesa sobre eutanásia e assistência médica ao suicídio refere-se ao conceito de "sofrimento insuportável" como o critério major para pedir a eutanásia. Isto é, esta lei sustenta-se numa avaliação subjetiva por parte do doente quando este não encontra soluções alternativas a uma morte com dignidade. Porém, "sofrimento insuportável" não é uma expressão técnica mas antes uma condição subjetiva pessoal que irá determinar a escolha por uma morte misericordiosa (Hudson, 2015).

Diferentes variáveis podem influenciar um pedido específico de eutanásia – que se reporta à prática de administrar, fornecer ou prescrever fármacos com a intenção explícita de abreviar a morte do doente. Se é verdade que algumas dessas variáveis são difíceis de ultrapassar, tal como a morte de um ente querido, outras podem e devem ser dirimidas antes de se implementar e legalizar a eutanásia voluntária e a assistência médica ao suicídio, por exemplo, um programa nacional de cuidados paliativos. No plano ético, a eutanásia e a assistência médica ao suicídio só podem ser uma opção se forem a expressão da autonomia da vontade. Qualquer influência indevida na vontade pessoal, tal como uma depressão ou outra doença afetiva tratável, condiciona definitivamente o conceito de eutanásia voluntária. É também inaceitável que um pedido de eutanásia seja fundamentado em dor insuportável, dado que a medicina dispõe hoje de estratégias adequadas para ultrapassar a dor crônica. Em qualquer caso, "sofrimento insuportável" não deve nunca ser equivalente a "dor insuportável" e os médicos devem estar especialmente preparados para conhecer e detectar esta diferença.

Mais ainda, é frequentemente questionado se um doente terminal com "sofrimento insuportável" acha aceitável perguntar a um médico para lhe terminar a vida. Isto é, se a eutanásia voluntária e a assistência médica ao suicídio devem ser incorporadas na prática da medicina. Isto porque existe uma diferença entre a aceitação moral de uma prática e a sua legalização. A despenalização pela via legislativa implica um desvio social em valores fundamentais da medicina porque qualquer lei dispõe de um conjunto alargado de valores na sua estrutura conceptual. Em todo o caso, as consequências inaceitáveis da legalização da eutanásia voluntária e da assistência médica ao suicídio são também um importante fator a equacionar. Uma análise aprofundada da evidência empírica obtida no estado norte-americano do Oregon (onde a assistência médica ao suicídio foi legalizada através do *Oregon Death with Dignity Act*), do *Northern Territory*, na Austrália (onde a eutanásia voluntária e a assistência médica ao suicídio foram temporariamente legalizadas através do documento "Rights of the Terminally Ill Act of 1995"), e também na Holanda, na Bélgica e no Luxemburgo são essenciais para melhor se enquadrar esta problemática. Um estudo efetuado por van der Heide *et al.* (2007) demonstrou já em 2005 que 1,7% de todas as mortes na Holanda são resultado de eutanásia. Também na Bélgica estima-se que 30% de todas as mortes sejam precedidas de cuidados paliativos e cerca de 2% de eutanásia (Bernheim, 2014).

Em outros países, tal como Portugal ou o Brasil, o debate sobre a eutanásia está a iniciar-se e temas como a morte com dignidade irão originar necessariamente um equilíbrio entre a autonomia do doente e os seus melhores interesses numa perspectiva comunitária (Nunes, 2009). Porém, o debate será mais frutífero se, por um lado, o acesso a cuidados paliativos for universal e equitativo e, por outro, se existir uma formação adequada de profissionais de saúde em tomada de decisão em doentes terminais. A longo prazo, no entanto, a eutanásia e a assistência médica ao suicídio serão progressivamente aceites pela sociedade se o receio da eutanásia não-voluntária (sem o conhecimento do doente) e da eutanásia involuntária (contra a sua vontade) forem totalmente excluídos. Também, condições frequentes como a depressão e a ansiedade devem ser detectadas. Mas, como Linda Ganzini demonstrou em um estudo realizado em doentes que solicitaram a assistência médica ao suicídio no Oregon, a maioria não apresentava qualquer tipo de depressão (Ganzini, 2008).

## 3. Definição e Clarificação Conceptual

Numa perspectiva hipocrática a eutanásia é sempre um ato eticamente condenável porque a natureza fiduciária da relação médico-doente estaria em causa se o paciente não confiasse totalmente no seu médico. Isto é, tanto a eutanásia voluntária como a assistência médica ao suicídio não seriam uma opção para os médicos, dado que a vida humana não se encontra dentro dos limites consentidos à autonomia da pessoa. Note-se que, tradicionalmente, os objetivos da medicina são curar, cuidar e aliviar o sofrimento. Assim, a sua moralidade interna seria questionada na óptica hipocrática se os objetivos centrais da sua prática fossem desvirtuados em um sentido incompatível com a proteção da dignidade humana, tal como terminar a vida de uma pessoa.

Mais ainda, a autonomia profissional deve reconhecer sempre o direito à objeção de consciência e, assim, a ética profissional deve permitir que um médico rejeite a eutanásia, mesmo no caso de esta se encontrar legalizada.

Por exemplo o Código Internacional de Ética Médica da World Medical Association refere expressamente que "Um médico deve ter sempre em consideração a obrigação de respeitar a vida humana", considerando mesmo contrário à ética médica a prática da eutanásia, mesmo a pedido instante do doente (World Medical Association, 2006). De fato, e de acordo com Peter Hudson, pode perguntar-se qual deveria ser o profissional responsável por autorizar e implementar a eutanásia voluntária ou a assistência ao suicídio (Hudson, 2015), e que tipo de treino, formação, supervisão, escrutínio e *accountability* seriam requeridos para aqueles que ensinam médicos e enfermeiros. Ou seja, as consequências para a moralidade interna da medicina devem ser avaliadas em profundidade se esta evolução legislativa se vier a concretizar.

Para ultrapassar o inevitável impacto da eutanásia nos pressupostos éticos essenciais da medicina foi sugerida a criação de um sistema gerido centralmente que retirasse os médicos deste circuito. Prokopetz e Lehmann, a título de exemplo, defendem o desenvolvimento de um mecanismo governamental para confirmar a autenticidade do pedido de eutanásia e dos fármacos dispensados e a elegibilidade dos doentes, sistema centralizado que monitorizasse a sua procura e utilização. Este mecanismo impediria a participação dos médicos na eutanásia, para além dos cuidados de acompanhamento habituais (Prokopetz *et al.*, 2012). Esta visão aproxima-se do modelo suíço, segundo o qual voluntários participam na assistência ao suicídio e não o médico assistente. Porém, a fundamentação ética desta proposta não é totalmente clara, dado que pode ser aduzido que se a eutanásia e a assistência médica ao suicídio forem legalizadas, então os médicos que não tiverem reservas no plano ético não devem ser privados de participar em práticas que estão em consonância com a sua consciência moral.

Apesar deste contexto histórico, existe uma aceitação progressiva da eutanásia voluntária e da assistência médica ao suicídio, nomeadamente em cuidados intensivos, oncologia e mesmo em cuidados paliativos. Existem argumentos éticos válidos a favor e contra a prática da eutanásia, argumentos que podem ser sintetizados da seguinte forma:

1. Principais argumentos contra: caráter sagrado da vida humana, integridade da profissão médica e abuso potencial (*slippery slope*);
2. Principais argumentos a favor: respeito pela autodeterminação da pessoa e alívio da dor e do sofrimento insuportáveis (compaixão).

No debate sobre a legalização da eutanásia voluntária e da assistência médica ao suicídio argumenta-se frequentemente sobre a possibilidade de existir um *"slippery slope"* (rampa deslizante), prevendo a possibilidade de abuso em populações vulneráveis, tal como as crianças, os idosos e os deficientes. Um dos principais receios é, precisamente, a dificuldade de implementar mecanismos de regulação e supervisão suficientemente robustos. John Keown afirma a este propósito que é má política pública a legalização da eutanásia e da assistência ao suicídio, porque não existem mecanismos efetivos de controle social que impeçam a sua prática em doentes que não tenham prestado consentimento livre e esclarecido para o efeito.

Porém, Margaret Battin demonstrou que não existe qualquer evidência de um risco acrescido de eutanásia involuntária em idosos, em mulheres, em pessoas com baixos níveis de literacia ou rendimento, ou mesmo nos deficientes quer no Oregon quer na Holanda, após a despenalização da eutanásia (Battin, 2007). Muitos autores defendem uma política regulatória em que a morte assistida seja eficazmente monitorizada pelas autoridades públicas. Desta forma, a prevenção da eutanásia não-voluntária e da eutanásia involuntária seria mais facilmente concretizável (Quill, 2007). Para o consentimento ser válido deve ser completamente voluntário, devendo o doente agir sem qualquer influência externa ou intrínseca. Seja de terceiros (médicos, enfermeiros, familiares) ou de doenças debilitantes, problemas psiquiátricos ou toxicodependência. No caso das crianças, para o consentimento ser válido (presumindo que já dispõe de capacidade para decidir), o consentimento parental pode não ser necessário, já que pode ser eventualmente disruptivo de um verdadeiro consentimento voluntário.

Para implementar uma supervisão eficaz foi sugerido que a formação médica devesse enfatizar competências específicas para lidar com a morte, principalmente junto dos médicos de família (atenção primária). Estes devem estar capacitados para avaliar se um doente que pede a eutanásia não quer viver mais ou apenas não quer viver naquelas circunstâncias específicas (comportamento apelativo). Também deve ser avaliado o impacto psicológico da eutanásia e assistência médica ao suicídio, agora na óptica dos familiares e amigos próximos. Os resultados preliminares de um estudo realizado na Suíça sugerem uma maior prevalência de distúrbio pós-traumático em familiares que presenciaram e acompanharam a assistência ao suicídio, ainda que a incidência de luto complicado seja semelhante ao da população em geral (Wagner, 2012).

Numa perspectiva médica, e apesar de a eutanásia ser proibida pela ética médica tradicional, os médicos estão mais sensíveis para a sua prática tratando-se de doentes terminais com sofrimento insuportável e intratável, sofrimento que o doente entenda ser tão grave e severo a ponto de ser considerado inaceitável. Sugeriu-se mesmo que a eutanásia pode ser considerada não apenas uma prática aceitável mas, integrada com a medicina paliativa, pode ser considerada mesmo uma verdadeira "eu-eutanásia" (boa eutanásia) (Bernheim, 2014). Deduz-se que na perspectiva de uma ética médica à escala global a eutanásia voluntária e a assistência médica ao suicídio devem ser abordadas apenas no plano da consciência ética de cada médico, podendo este optar pela objeção de consciência (Nunes, 2016).

## 4. Conclusão

A morte assistida representa um dos mais importantes problemas das sociedades contemporâneas ao evocar a questão da finitude da existência humana e das condições de vida dos doentes terminais. Embora diferentes comunidades apresentem diferentes tradições sociais e religiosas, a maioria das países desenvolvidos está presentemente a promover este debate. A rápida evolução deste ambiente sociológico antecipa que a legalização da eutanásia voluntária pode ocorrer brevemente em muitas sociedades.

Porém, a evidência demonstra que a legalização da eutanásia voluntária e da assistência médica ao suicídio promove o desenvolvimento dos cuidados paliativos e de outros aspectos da assistência a doentes terminais. Por exemplo, é hoje sabido que aquilo que se designa pelo modelo belga de "cuidados integrais ao doente terminal" apresenta a eutanásia como uma opção disponível mesmo no final de cuidados paliativos de excelência. Mas, garantir os direitos das populações vulneráveis – especialmente daqueles que não conseguem decidir por si próprios – deve ser a pedra angular do debate sobre a política pública sobre a morte assistida. A distinção entre eutanásia voluntária e involuntária é fundamental de modo a salvaguardar os direitos das pessoas incompetentes.

## 5. Palavras-Chave

Assistência médica ao suicídio, ética médica, eutanásia.

## 6. Referências

Battin M, Van der Heide A, Ganzini L, et al.: Legal physician-assisted dying in Oregon and the Netherlands: Evidence concerning the impact on patients in "vulnerable" groups. Journal of Medical Ethics 33; 2007: 591-597.

Bernheim J, Distelmans W, Mullie A, Ashby M: Questions and answers on the Belgian model of integral end-of-life care: Experiment? Prototype? "Eu-Euthanasia": The close historical, and evidently synergistic, relationship between palliative care and euthanasia in Belgium: An interview with a doctor involved in the early development of both and two of his successors. Bioethical Inquiry 11; 2014: 507-529.

Ganzini L, Goy E, Dobscha S: Prevalence of depression and anxiety in patients requesting physician's aid in dying: Cross sectional survey. British Medical Journal 337; 2008: 1-5.

Hudson P, Hudson R, Philip J, Boughey M, Kelly B, Ertogh C. Legalizing physician-assisted suicide and/or euthanasia: Pragmatic implications. Palliative and Supportive Care 13; 2015: 1399-1409.

Keown J: Euthanasia, ethics and public policy. An argument against legalisation. Cambridge, Cambridge University Press, 2002.

Nunes R, Rego G, Duarte I: Eutanásia e outras questões éticas no fim da vida, Coletânea Bioética Hoje n. 17, Gráfica de Coimbra, Coimbra, 2009.

Nunes R, Rego G: Euthanasia: A challenge to medical ethics. Journal of Clinical Research & Bioethics, 2016, 7:4, DOI: 10.4172/2155-9627.1000282.

Prokopetz J, Lehmann L: Redefining physicians' role in assisted dying. The New England Journal of Medicine 367 (2); 2012: 97-99.

Quill T: Physician-assisted death in vulnerable populations. British Medical Journal 335; 2007: 625-626.

Rachels J: The elements of moral philosophy, 5$^{th}$ edition. New York, McGraw-Hill College, 2007.

Van der Heide A, Onwuteaka-Philipsen B, Rurup M, et al: End-of-life practices in The Netherlands under the euthanasia act. The New England Journal of Medicine 356; 2007: 1957-1965.

Wagner B, Muller J, Maercker A: Death by request in Switzerland: Posttraumatic stress disorder and complicated grief after witnessing assisted suicide. European Psychiatry 27 (7); 2012: 542-546.

World Medical Association. International code of medical ethics. *Adopted by the 57th WMA General Assembly, Pilanesberg, South Africa, October 2006.*

# Geriatria

CLÁUDIA BURLÁ

## 1. Introdução

O aumento da expectativa de vida ao nascer é uma das grandes conquistas do século xx, produto da queda da mortalidade em todas as idades, mas principalmente na infância. Desse modo, tem-se caracterizado o resultado de mudanças no padrão epidemiológico: reduz o número de mortes por doenças infectocontagiosas enquanto aumenta o número por doenças cronicodegenerativas. A redução da mortalidade foi seguida pela queda da fecundidade, que resultou no envelhecimento populacional. O regime demográfico atual, vigente na grande maioria dos países do mundo, é o de baixa fecundidade/baixa mortalidade com o consequente envelhecimento populacional. Este é um fato novo na história (Reher, 2007), apontando para uma série de desafios para as sociedades.

O resultado da queda da mortalidade nas idades avançadas é que, em quase todo o mundo, o contingente que mais cresce é o de pessoas com idade igual ou superior a 60 anos. As projeções apontam para 1,2 bilhão em 2025, podendo chegar aos 2 bilhões em 2050. Pela primeira vez na história da humanidade, as pessoas com 60 anos ou mais superarão as crianças menores de 14 anos (WHO, 2008).

A Medicina Geriátrica mantém um olhar preocupante sobre o número cada vez maior de pessoas idosas no mundo com uma vulnerabilidade na sua saúde trazida pelo avanço dos anos. Este grupo populacional apresenta comorbidades de aspecto crônico, progressivo, evolutivo, involutivo e incurável, carecendo de cuidados especiais. Neste cenário, os cuidados paliativos se apresentam como a modalidade de intervenção mais apropriada, deslocando o foco do tratamento da doença para o processo de atendimento integral da pessoa idosa, privilegiando a qualidade de vida até ao momento da morte.

## 2. Enquadramento Histórico e Desenvolvimento

O aumento da expectativa de vida vem se sustentando em quase todo o mundo desde a Segunda Guerra Mundial e, consequentemente, um número mais expressivo de pessoas irá atingir idades mais avançadas. Esse processo deverá ampliar-se ainda mais em decorrência dos avanços nos conhecimentos da engenharia genética e da biotecnologia, alterando, em um futuro próximo, não apenas indicadores demográficos, como a expectativa de vida, mas principalmente o próprio limite do tempo de vida ou relógio biológico (Camarano, 2014).

O envelhecimento populacional representa o êxito de políticas de saúde pública, por meio da atuação curativa e preventiva e de melhorias das condições de vida em geral. Contudo traz grandes desafios, por exemplo, o enfrentamento eficaz de uma assistência mais onerosa e a capacitação de profissionais qualificados para atender a multidimensionalidade das demandas desta população diferenciada.

As preocupações com o estudo sistematizado do envelhecimento com suas características próprias datam do início do século xx. O acolhimento a pessoas adoecidas cronicamente já acontecia nos *"hospices"* dos séculos anteriores. É curiosa a percepção de que tanto a assistência geriátrica como a paliativa surgem da observação direta de profissionais sensíveis que desvelaram a demanda de um atendimento profissional sistematizado dotado de sensibilidade e sentido humano, algo que privilegiou a pessoa doente na inteireza da sua existência.

Com o avanço da biotecnologia, doenças que levavam à morte sem qualquer possibilidade terapêutica podem, hoje, ser tratadas e controladas. Porém, não são passíveis ainda de serem curadas. Como consequência para a pessoa acometida, surgem sequelas que podem gerar incapacidades, criando graus variáveis de dependência para as suas necessidades básicas, como alimentação, higiene, gerência administrativa e financeira, num sofrido percurso de perdas sucessivas das suas capacidades, até ao final da vida.

Para fazer frente às necessidades dessas pessoas que perdem qualquer possibilidade de tratamento voltado para a cura, surgem os cuidados paliativos articulados à Geriatria com uma proposta de atenção multiprofissional que alcança a pessoa idosa na sua singularidade, envolvendo seus familiares. Cuidados paliativos são uma resposta ativa aos problemas decorrentes da doença prolongada, incurável e progressiva, buscando aliviar o sofrimento e proporcionar a máxima qualidade de vida possível às pessoas idosas. Combina harmonicamente a ciência com o humanismo.

Geriatria e cuidados paliativos se articulam no entrelaçamento de tratamentos e cuidados que honram a dignidade e os valores da pessoa idosa, acolhem os seus familiares com respeito e compreensão e gratificam sensivelmente os profissionais pela boa prática.

## 3. Definição e Clarificação Conceptual

### 3.1. Geriatria

A Geriatria é uma área peculiar do conhecimento científico, inaugurando-se como a especialidade médica que se integra à Gerontologia com o instrumental específico para atender aos objetivos da promoção da saúde dos idosos, da prevenção e do tratamento das suas doenças, da reabilitação funcional e dos cuidados paliativos pertinentes. A Gerontologia é o campo científico e profissional dedicado às questões multidimensionais do envelhecimento e da velhice, tendo por objetivo a descrição e a explicação do processo de envelhecimento nos seus mais variados aspectos. É, por natureza, multi e interdisciplinar. Na área profissional, visa a prevenção e a intervenção para garantir a melhor qualidade de vida possível dos idosos até o momento final da sua vida (SBGG, 2017).

### 3.2. Cuidados Paliativos

A Organização Mundial da Saúde define cuidados paliativos como uma abordagem terapêutica que melhora a qualidade de vida de pacientes que enfrentam problemas decorrentes de uma doença ameaçadora à continuidade da vida e seus familiares. Os cuidados paliativos evitam ou aliviam o sofrimento por meio da identificação precoce, avaliação correta e tratamento adequado da dor e de outros sintomas. Visam a prevenção e o alívio do sofrimento de qualquer natureza – físico, psicológico, social ou espiritual

– vivenciado por pessoas que sofrem com problemas de saúde que limitam a vida. Promovem a dignidade, a qualidade de vida e se ajustam à evolução da doença, usando as melhores evidências disponíveis (WHO, 2016).

Em geral, as pessoas idosas apresentam comorbidades que perduram vários anos, exigem acompanhamento médico constante e uso continuado de medicações. Além disso, as condições de comorbidade dos idosos, por seu caráter pluridimensional, requerem uma abordagem multiprofissional. A tradicional, focada em uma queixa principal, e o hábito médico de reunir as queixas e os sinais em um único diagnóstico podem ser adequados ao adulto jovem, mas não ao idoso. Nos idosos, a trajetória para a morte costuma ser lenta e sofrida física, mental, social e emocionalmente.

Na peculiaridade das doenças cronicodegenerativas dos idosos, para aquelas de curso evolutivo e incapacitante, não passíveis de cura, a paliação deve começar já no momento do diagnóstico, seguem num *continuum, pari passu* com outros tratamentos pertinentes ao caso. À medida que a doença evolui as intervenções paliativas se sobrepõem ao tratamento modificador do curso natural do problema e passam a ser a conduta elegível por excelência.

Os pacientes idosos com doenças cronicodegenerativas em fase avançada são frágeis e estão com as funções em declínio; chegará o dia em que a melhora não será possível. O declínio funcional progressivo, com a queda drástica das reservas orgânicas decorrente do estado de fragilidade, resulta na perda total da capacidade de realizar as tarefas habituais mais simples, culminando na falência orgânica, que nada mais é do que o resultado da perda evolutiva e irreversível das funções, levando à caquexia extrema e à morte (Burlá, 2016).

### 3.3. Cuidados ao Fim da Vida

Os cuidados ao fim da vida são uma parte importante dos cuidados paliativos, referindo-se à assistência que um paciente idoso deve receber durante a última etapa de sua vida, a partir do momento em que fica claro que ele se encontra em um estado de declínio progressivo e inexorável, aproximando-se da morte (Watson, 2009).

Ressalte-se que o diagnóstico do fim da vida nem sempre é uma tarefa simples no paciente geriátrico. Nas doenças cronicodegenerativas esse processo pode ocorrer lentamente, com uma sucessão de eventos levando a múltiplas falências orgânicas, como é o caso das demências.

Dentre as diversas intervenções paliativas de fim de vida, vale destacar a nutrição e a hidratação, pela sua crucial importância na aproximação da morte dos idosos com doenças cronicodegenerativas.

Ao se aproximarem do fim da vida, os idosos costumam perder o apetite, e a maior parte para de comer e beber nos últimos dias. Pessoas gravemente doentes em geral não têm fome, apesar da privação calórica total. A clássica síndrome de anorexia-caquexia ocorre com frequência em pacientes idosos com câncer avançado, insuficiência cardíaca, doença pulmonar obstrutiva crônica e nefropatia terminal.

Não está clara a extensão com a qual a suspensão da hidratação ao fim da vida cria uma sensação desconfortável de sede. Essa sensação é geralmente aliviada com a simples umidificação da boca, não requerendo a instalação de hidratação por via parenteral. É recomendável que, ao fim da vida, os idosos sejam mantidos num estado algo hipohidratado, o que facilita a maior concentração dos medicamentos e evita o edema periférico e suas complicações.

Mesmo sendo comum, o processo da diminuição da ingesta oral e da perda de peso pode ser sofrido para pacientes e familiares, que associam a oferta de alimento a compaixão e amor, e a falta de alimentação a imagens angustiantes de fome e desnutrição.

Pacientes e familiares geralmente perguntam sobre nutrição enteral ou parenteral suplementar. Não há evidências de que a nutrição e a hidratação artificial ofereçam benefícios àqueles idosos que estão ao fim da vida. Por exemplo, apesar de a alimentação por meio de sonda ser geralmente considerada para idosos com demência avançada que broncoaspiram, ela não impede a pneumonia por aspiração, e há discussões sobre se a nutrição artificial prolonga a vida dos pacientes com doença em fase terminal. Além disso, pode provocar náusea, vômitos e diarreia por má absorção.

A nutrição e a hidratação artificiais podem aumentar a secreção oral e das vias respiratórias, e também aumentar o risco de engasgo, broncoaspiração e dispneia.

Cabe a reflexão sobre o direito de pessoas idosas ao fim da vida recusarem alimentação e hidratação. Estas decisões não são simplesmente da esfera biomédica. O seu grande significado social e cultural para pacientes, familiares e os próprios médicos conduz a discussão para uma decisão compartilhada, destacando os objetivos pretendidos, corrigindo os equívocos, debatendo sobre os mitos, para auxiliar pacientes e familiares a tomarem decisões com consciência e autonomia (Rabow, 2017).

A abrangência dos cuidados paliativos em Geriatria deve ser assegurada pela intervenção de caráter interdisciplinar, em que a pessoa idosa e sua família são o centro das decisões de uma equipe multiprofissional. Esta equipe, idealmente, é integrada por médicos, enfermeiros, psicólogos, assistentes sociais, nutricionistas, fisioterapeutas, fonoaudiólogos, terapeutas ocupacionais, musicoterapeutas e também profissionais da área do Direito, da Filosofia, da Teologia e de tantas outras, de acordo com as demandas do paciente. Cada um, cuidando constantemente da sua própria *expertise*, está sendo sempre convocado para atender às necessidades específicas do paciente idoso e de seus familiares.

É frente a essa realidade desafiadora que os cuidados paliativos em Geriatria se apresentam como uma forma inovadora de assistência na área da saúde.

### 3.4. O mito do uso de opioides nas pessoas idosas

Existe um mito em torno do uso de opioides nas pessoas idosos. O conhecimento da farmacodinâmica e da farmacocinética dessa classe medicamentosa é o primeiro quesito para uma correta e segura prescrição.

A morfina, por ser um fármaco bastante conhecido e de uso consagrado, é de administração segura mesmo nos muito idosos. O risco de morte prematura pelo seu uso não tem qualquer base científica. Sabe-se que a morfina pode ser usada com sucesso por anos e que o risco de dependência não é relevante na população geriátrica. O seu uso não deve ser negligenciado nos pacientes idosos com câncer metastático em fase avançada e para qualquer outra enfermidade que cause dor ou desconforto respiratório. Se a dose for corretamente titulada, não há risco de o paciente idoso apresentar deterioração da cognição (Burlá, 2016).

A administração da morfina é facilitada pela possibilidade do uso pela via subcutânea com segurança e eficácia (Azevedo, 2016).

Deve-se lembrar que os opioides induzem constipação e por isso precisam ser sempre associados ao uso de laxativos.

A prescrição de opioides é prerrogativa do médico. Todo enfretamento que ele venha a fazer da "opioidofobia" se constitui num recurso valioso para a legitimação dos cuidados paliativos. Afinal, a paliação tem a sua gênese no controle da dor, progredimento para o alívio possível de todo e qualquer sofrimento.

## 4. Conclusão

O cenário demográfico e epidemiológico atual das sociedades revela o célere e contínuo envelhecimento populacional com as consequências dramáticas que recaem sobre a área da saúde das pessoas idosas.

A prevalência das doenças cronicodegenerativas na população envelhecida encontra na prática geriátrica a integração de recursos clássicos de intervenção médica com um diferencial importante no foco de atenção aos idosos. Em Geriatria, a ênfase é otimizar a funcionalidade dos idosos e maximizar a sua autonomia.

Assim como a Medicina Geriátrica, os cuidados paliativos não rejeitam a biotecnologia: são um tratamento intervencionista que se vale das avançadas propostas da farmacologia para o efetivo controle de sintomas. O bom cuidado ao fim da vida significa mais do que suspender certas medidas de tratamento. Inclui o desenvolvimento de um plano de cuidados individualizados que contemple as demandas da pessoa idosa e os limites impostos pelo processo de adoecimento. Para tanto, é fundamental uma equipe multiprofissional capacitada que alie a competência técnico-científica à competência humanitária.

Os cuidados paliativos em Geriatria constituem hoje uma questão de saúde pública. São uma resposta indispensável ao tratamento das pessoas com problemas crônicos evoluindo até ao final da vida. Em nome da ética, da dignidade e do bem-estar de cada ser humano, é preciso torná-los cada vez mais uma realidade.

## 5. Palavras-Chave

Cuidados ao fim da vida, cuidados paliativos, envelhecimento, geriatria, gerontologia.

## 6. Referências

Azevedo DL: O uso da via subcutânea em geriatria e cuidados paliativos. Rio de Janeiro: SBGG, 2016. Acesso em janeiro de 2017, de: http://sbgg.org.br/espaco-cuidador/guias/.

Burlá C, Azevedo DL, Py L: Cuidados Paliativos. In: Freitas EV, Py L. (org.) Tratado de geriatria e gerontologia. 4ª edição. Rio de Janeiro: Guanabara-Koogan; 2016: 1199-1208.

Camarano AA: Novo regime demográfico: uma nova relação entre população e desenvolvimento? Rio de Janeiro: Ipea, 2014.

Rabow MW, Pantilat SZ: Palliative Care & Pain Management. In McPhee SJ, Papadakis MA (Editors) Current Medical Diagnosis & Treatment, 56$^{th}$ Ed. McGraw Hill, 2017: 72-94.

Reher DS: Towards long-term population decline: a discussion of relevant issues. Eur. j.population, 23 (2); 2007: 189-207. Citado por: Camarano AA. Como a história tratou a relação entre população e desenvolvimento econômico. In-(org.). Novo regime demográfico: uma nova relação entre população e desenvolvimento? Rio de Janeiro: Ipea, 2014: 43-77.

SBGG/Sociedade Brasileira de Geriatria e Gerontologia. Acesso em janeiro de 2017 de http://sbgg.org.br/espaco-cuidador/o-que-e-geriatria-e-gerontologia/

Watson M, Lucas C, Hoy A, Wells J. Oxford handbook of palliative care: 2$^{nd}$ Ed. New York: Oxford University Press, 2009.

World Health Organization: Ageing and life course, 2008. http://www.who.int/ageing/en/

WHO: World Health Organization: Planning and implementing palliative care services: a guide for programme managers, 2016. Acesso em janeiro de 2017, de http://www.who.int/ncds/management/palliative-care/palliative_care_services/en/

# Gestação e Morte Encefálica

JOSÉ FERRARI

## 1. Introdução

Um acidente ou uma doença catastrófica pode trazer como consequência a morte encefálica (ME) da gestante, durante o período que precede o nascimento do bebê, uma fatalidade que pode ocorrer ainda nas primeiras semanas da gravidez ou até o terceiro trimestre da gestação. A idade gestacional terá impacto decisivo para a opção de assegurar ao corpo da mãe condições de estabilidade hemodinâmica necessária e suficiente para levar a cabo a gravidez.

Uma vez constatada a morte encefálica por meio dos procedimentos indicados e adequados, se faz necessário lançar mão de uma série de artifícios para que o corpo da gestante seja mantido em condições clínicas apropriadas para proporcionar a vitalidade do bebê até à maturidade e ao nascimento.

Tais situações, felizmente raras, são carregadas de emotividade e, frequentemente, são alvos de noticiários na mídia ou nas redes sociais de todo o mundo, conforme exemplos abaixo:

- Brasil: jovem com morte cerebral é mantida viva por 44 dias para dar à luz menina.
- EUA: grávida com morte cerebral é mantida viva por dois meses para dar à luz.
- Portugal: bebê nasce depois de quase quatro meses da morte cerebral da mãe.

Do ponto de vista clínico, o que se busca é o adequado manejo de pacientes grávidas com morte cerebral comprovada, e se faz necessário seguir estratégias especiais para permitir que o cadáver da mãe mantenha as condições necessárias para permitir a nutrição e crescimento do feto. O prazo deve ser o mais longo possível, de tal maneira que a resultante seja um bebê viável e saudável.

Concomitantemente, e sempre que possível, deve-se tentar a manutenção da vitalidade daqueles órgãos maternos passíveis de doação.

Na data do nascimento do bebê serão emitidos dois documentos: a certidão de nascimento do bebê e a certidão de óbito da mãe. Trata-se de uma variação extrema e desequilibrada do binômio materno fetal, em que se contrapõe o nascimento de uma pessoa humana gestada no ventre de uma mãe que, tecnicamente, é considerada um cadáver.

A manutenção da homeostase do corpo materno é fundamental para proporcionar um ambiente adequado no interior do útero, onde a vida de um ser humano precisa de ser mantida até ao seu nascimento, que não deverá apresentar sequelas ou consequências decorrentes do infortúnio que acometeu sua progenitora, uma complexa e inusitada situação com inúmeras vertentes. Esta breve revisão pretende discutir a gestão das mães com morte cerebral associada a uma visão geral dos delicados desdobramentos clínicos, éticos e bioéticos, uma vez que, tais casos, felizmente raros, representam enormes desafios para as áreas de Terapia Intensiva, Obstetrícia, Ética e Cuidados Paliativos.

## 2. Enquadramento Histórico e Desenvolvimento

### 2.1. Os cuidados paliativos: definições

Segundo a definição da Organização Mundial de Saúde – OMS, revista em 2002,

> "Cuidado Paliativo é uma abordagem que promove a qualidade de vida de pacientes e seus familiares, que enfrentam doenças que ameacem a continuidade da vida, através da prevenção e alívio do sofrimento. Requer a identificação precoce, avaliação e tratamento da dor e outros problemas de natureza física, psicossocial e espiritual. O Cuidado Paliativo não se baseia em protocolos, mas sim em princípios.
> Não se fala mais em terminalidade, mas em doença que ameaça a vida. Indica-se o cuidado desde o diagnóstico, expandindo nosso campo de atuação.

Não falaremos também em impossibilidade de cura, mas na possibilidade ou não de tratamento modificador da doença, desta forma afastando a ideia de 'não ter mais nada a fazer'. Pela primeira vez, uma abordagem inclui a espiritualidade dentre as dimensões do ser humano. A família é lembrada e portanto assistida também após a morte do paciente, no período de luto" (ANCP, 2012: 26).

Embora pareça antagônico, no caso da gestante com morte encefálica, o objetivo é prolongar um estado vegetativo e irreversível com o objetivo de permitir o nascimento do feto.

O referencial para cuidados paliativos que aqui se promove é, na verdade, para cuidados clínicos direcionados ao corpo da mãe que objetivam proporcionar a vida propriamente dita à pessoa do bebê, que ainda cresce e apresenta reais possibilidades de vir a nascer, pois o corpo da gestante será alvo de cuidados clínicos e não de cuidados paliativos, visto que a morte do encéfalo e do tronco cerebral já ocorreu e deve estar devidamente comprovada por meio dos protocolos recomendados.

Não se avilta a dignidade da pessoa humana, visto que a pessoa humana já não possui vida e o córtex e o tronco cerebral estão definitivamente inutilizados e desativados. O que se busca é perpetuar o patrimônio genético da mãe falecida para que este se perpetue no rebento que apresenta sinais de vitalidade e reais probabilidades de nascer e de se tornar um cidadão atuante.

## 3. Definição e Clarificação Conceptual

A literatura médica é escassa em publicações sobre esta temática que apresenta inúmeras vertentes.

Um trabalho metanalítico oriundo dos registros da Central Cochrane, intitulado "Uma vida acaba, outra vida começa", analisou 30 de gestantes com morte encefálica ocorridos no período entre 1982 e 2010, sendo que a causa da morte cerebral das mães foi de origem traumática em quatro casos e não traumática nos outros 26 casos. A média de idade das mães no momento da morte encefálica foi de 26,5 anos e a idade gestacional no momento da retirada do feto compreendida entre 22 e 29,5 semanas. Do total de 30 gestações, 12 (63%) bebês viáveis sobreviveram, sendo que dentre os nativivos, 10 eram do sexo masculino e um era do sexo feminino. Não havia registro do sexo de um dos bebês. O peso médio ao nascer dos recém-nascidos foi 1,384 g e o Apgar oscilou entre sete e oito a um e cinco minutos respectivamente. O acompanhamento pós-natal foi feito durante 24 meses e seis bebês tiveram desenvolvimento normal a despeito das circunstâncias intrauterinas excepcionais durante o período gestacional (Esmaeilzadeh *et al.*, 2010).

Os casos de morte encefálica em gestantes são raros e pouco relatados. Conforme demonstrado por Suddaby, de 252 pacientes do sexo feminino com morte cerebral confirmada, somente cinco (2,8%) eram gestantes cujas idades variavam entre 15 e 45 anos de idade (Suddaby, 8; 1998).

### 3.1. O corpo morto da mãe enquanto gestante

A manutenção das funções somáticas da gestante com morte encefálica representa um enorme desafio, tanto para a equipe de saúde como para os familiares.

Clinicamente, é possível manter o corpo da mãe em condições somáticas estáveis e satisfatórias por longos períodos.

Uma questão mais importante é estabelecer a partir de qual idade gestacional se deve adotar medidas de suporte para manter a homeostase do corpo materno. De momento, não parece haver um limite inferior nítido para a idade gestacional para a qual os esforços devam ser restringidos. Conforme relatado por Slattery, um feto nascido antes das 24 semanas de gestação tem uma possibilidade limitada de sobrevivência. Às 24, 28 e 32 semanas, um feto tem aproximadamente 20-30%, 80% e 98% de probabilidade de sobrevivência e menos do que 2% de probabilidade de sofrer de uma deficiência grave, respectivamente. Portanto, dependendo da estabilidade do corpo materno e do crescimento fetal, a decisão deverá ser tomada numa base individual (Slattery, 2002) com relação ao término da gestação. Durante a evolução do processo de maturação do bebê, haverá que se decidir o melhor momento para a retirada do bebê em condições satisfatórias de vitalidade.

A idade gestacional e as condições pulmonares do feto são os fatores mais importantes para a determinação do momento do nascimento. É recomendável a monitorização cardíaca diária e a utilização de cardiotacografia e ultrassonografia seriada para avaliar a unidade fetoplacentária, incluindo estudos biométricos e morfológicos semanais da estrutura placentária para dimensionar o crescimento do feto.

O corpo sem vida da mãe deverá receber o melhor suporte ventilatório e a saturação de oxigênio deve permanecer acima de 90%. Não somente nesta, mas outras situações obstétricas podem levar ao chamado sofrimento fetal com queda nas concentrações de oxigênio que chegam ao cérebro do feto, como as circulares de cordão, as apresentações anormais, a placenta prévia, a exaustão da parturiente ou o trabalho de parto prolongado. Nas chamadas "*crash cesarean*", o intervalo de alguns poucos minutos são críticos e decisivos para o bem-estar do feto em sofrimento.

A falta de oxigênio durante três ou quatro minutos causa lesões neuronais irreversíveis e em graus variáveis, cujas manifestações clínicas poderão ser percebidas nos primeiros dias do puerpério ou, então, tardiamente, durante a infância ou até mesmo na adolescência.

As instabilidades hidroeletrolíticas, assim como os distúrbios hormonais decorrentes da falência hipofisária, requerem a reposição de eletrólitos, vasopressina (diabetes insipidus), hormônios tiroidianos, corticosteroides, em conformidade com as oscilações detectadas nos exames laboratoriais de controle.

O suporte nutricional é uma das questões mais importantes para estas pacientes. As necessidades nutricionais da gestante antes e após o estado de coma são bem diferentes. Em uma gestação normal ocorre uma ganho de peso quase sempre superior a 10 kg, enquanto e, por outro lado, o que se verifica é que há uma significativa perda de peso no corpo da mãe comatosa nas primeiras semanas de hospitalização. Assim, uma ingesta de três a quatro mil calorias é recomendada para suprir as demandas que levam em conta as necessidades básicas diárias do corpo inerte da mãe e o consumo requerido pelo feto cujo desenvolvimento depende da estabilidade somática do invólucro materno (Nuutinen, 1989) e que tem necessidades aumentadas à medida que se aproxima do nascimento. Opta-se pela nutrição por meio de sonda enteral, que vai permitir a introdução do alimento até ao tubo digestivo, cuja mobilidade e funcionalidade se encontram comprometidas.

A maioria dos pacientes com morte cerebral desenvolve hipotermia e todas as medidas para manter a estabilidade da temperatura corporal devem ser tomadas, como a utilização de mantas térmicas e a infusão de líquidos previamente aquecidos (Smith, 2004).

Na presença de infecções pode ocorrer hipertermia, que deve ser combatida com antipiréticos. As bactérias que mais acometem estes pacientes são de origem nosocomial, em especial *Staphylococcus aureus, Actinobacter, Pseudomonas, Hemophilus influenza* a e outros fungos hospitalares (Bernstein, 1989).

Existe ainda o risco de desenvolver tromboses, que é significativamente maior em função da imobilidade e da paralisia flácida e é imperativa a ministração de anticoagulantes profiláticos para a segurança da mãe e do feto (Villa-Forte Gomes, 2009).

## 4. Conclusão

A morte encefálica da gestante com feto vivo traz à tona uma situação com algumas variáveis que corroboram uma apaixonada discussão no campo da ética e da bioética. Não seria exagero considerar o corpo morto da mãe uma "incubadora cadavérica" que comporta em seu interior um ser humano vivo em fase de formação com reais probabilidades de se tornar uma pessoa humana portadora de autonomia e dignidade.

O cadáver, não sendo pessoa, deve ser respeitado em homenagem à pessoa que foi e mais ainda porque mesmo depois de receber o atestado de óbito, ainda poderá ser capaz de dar à luz um ser humano em formação.

Se se considerar o corpo da mãe um contentor sem qualquer autonomia, o mesmo não se pode afirmar sobre o feto, cujo direito à vida deve ser legal e moralmente preservado, mesmo porque o feto ainda em formação e maturação é dotado de dignidade.

Haverá que se considerar ainda que o corpo da mãe é portador de órgãos que podem ser doados, caso esta seja a decisão da própria quando em vida ou dos familiares, de acordo com a legislação vigente.

Felizmente, registros de morte cerebral materna são bastante infrequentes na literatura médica mundial e não foram estabelecidos documentos ou regras para preservar o desejo prévio da mãe diante de uma situação de proporções tão devastadoras quanto imprevisíveis. Assim como outras situações exasperantes que ensejam discussões no campo da Bioética, a morte cerebral em gestantes enseja abordagens nas quais a melhor escolha ainda não está condensada em *guidelines*.

Nos casos de morte cerebral de gestantes, não se aplica o princípio da não-maleficência que justificaria a suspensão de tratamentos inúteis ou fúteis, impedindo o encarniçamento terapêutico e a distanásia, se é que com relação aos mortos possamos falar, bem como o prolongamento do sofrimento de familiares e amigos.

Não se aplica também o princípio da justiça que fundamentaria tanto a economia de recursos financeiros, privados ou públicos utilizados para manter o corpo morto na UTI, quanto a disponibilização dos escassos leitos e equipamentos para outros pacientes necessitados.

Contrastante seria se aqui se pudesse deslocar o eixo da Bioética de Princípios de Childress e Beauchamps para a Bioética Utilitarista de Peter Singer, filósofo australiano nascido em 1946, que defende o aborto e a eutanásia e que concebe o feto como um ser ainda não orientado para o futuro, desprovido de planos e projetos um ser que não é autoconsciente.

Diante do comprometimento da autonomia de ambos, mãe e filho, o princípio da beneficência assume papel preponderante ao levar em conta o direito do feto à vida, mesmo que gestado dentro de um cadáver durante o tempo necessário para sua maturação e nascimento, assim como a possibilidade de retirada de órgãos para doação.

Em situação tão adversa, é natural que se questione sobre o modo como a autonomia pessoal dos atores deve ser respeitada.

O conceito de autonomia associa-se ao ideal de que cada ser humano deve ser verdadeiramente livre, dispondo das condições mínimas para se autorrealizar. No caso em tela, esta autonomia pode não se limitar aos atores que ocupam o cenário, mas estender-se a outros elementos da família. Os familiares terão papel fundamental na tomada de decisões e estarão embriagados entre um sentimento de luto pela perda da mãe e a alegria com o nascimento de um bebê que será, na maioria dos casos, muito comemorado e considerado um vitorioso.

A diminuta frequência de casos – felizmente – recomenda que os casos sejam informados e agrupados em banco de dados para estudos futuros pormenorizados e para orientar decisões médicas e éticas ainda um tanto controversas.

## 5. Palavras-Chave

Autonomia pessoal, beneficência, direito reprodutivo, gravidez, homeostase, morte cerebral.

## 6. Referências

Bernstein IM, Watson M, Simmons GM, Catalano PM, Davis G, Collins R: Maternal brain death and prolonged fetal survival. Obstet Gynecol 74; 1989: 434-437. http://bmcmedicine.biomedcentral.com/articles/10.1186/1741-7015-8-74

Nuutinen LS, Alahuhta SM, Heikkinen JE: Nutrition during ten-week life support with successful fetal outcome in a case with fatal maternal brain damage. JPEN J Parenter Enteral Nutr 13 (4); 1989: 432-435.

O Manual de Cuidados Paliativos. Publicação da Academia Nacional de Cuidados Paliativos (ANCP), 2, 2012. Disponível no site: www.paliativo.org.br.

One life ends, another begins: Management of a brain-dead pregnant mother- A systematic review-. Esmaeilzadeh et al, BMC Medicine 8 (74); 2010. DOI: 10.1186/1741-7015-8-74.

Slattery MM, Morrison JJ: Preterm delivery. Lancet 360; 2002: 1489–1497. doi: 10.1016/S0140-6736(02)11476-0.

Smith M: Physiologic changes during brain stem death: lessons for management of the organ donor. J Heart Lung Transplant 23 (9); 2004: S217-S222.

Suddaby EC, Schaeffer MJ, Brigham LE, Shaver TR: Analysis of organ donors in the peripartum period. J Transpl Coord 8; 1998: 35-39.

Villa-Forte Gomes MP: Venous thromboembolism in pregnancy. Curr Treat Options Cardiovasc Med 11; 2009: 104–113. doi: 10.1007/s11936-009-0011.

# História dos Cuidados Paliativos

MARIA AMÉLIA FERRAZ

## 1. Introdução

A institucionalização da Medicina nos hospitais alterou o palco da interação do médico com o doente terminal. Até este momento o doente permaneceu no seio familiar, com ou sem a proximidade do médico de acordo com as convicções pessoais do profissional, embora se registrasse uma sua participação maior desde o século XVII. Passou a ser indiscutível a presença do médico e de cuidados paliativos nesses tempos derradeiros da existência do doente, mas não havia uma posição uniforme da classe na sua abordagem. Uns optavam pela omissão da verdade dos fatos e pela prescrição de tratamentos que prolongavam a vida, outros valorizavam a verdade e o respeito pela vontade do doente. Entre estas duas situações houve um leque de posicionamentos. Surgem os primeiros intentos de codificação ética dos direitos do doente terminal e de toda a intervenção dos profissionais envolvidos nos cuidados paliativos. Com a gênese dos hospitais modernos, a plataforma de intervenção do médico muda-se do seio familiar do doente para um local de elevada sofisticação tecnológica, técnica, assistencial e de ensino, que propiciou um paternalismo autoritário que desencadeou um movimento de promoção e valorização da cultura do processo de morrer que envolveu o doente, os familiares, os profissionais de saúde e a sociedade em geral. Propõe-se relembrar as pessoas e as instituições que mais contribuíram para o desenvolvimento hoje vivenciado neste domínio.

## 2. Enquadramento Histórico e Desenvolvimento

*Sir* Francis Bacon (1561-1626) é considerado um dos fundadores da ciência moderna. Foi o primeiro na História a responsabilizar os médicos pelo dever de oferecer e desenvolver cuidados assistenciais ao doente terminal. A sua obra *Two Books on the Proficiency and Advancement of Learning* (1605) constituiu um marco na reforma do pensamento humano, em que assinala a inoperância do médico face ao doente terminal. Em 1623, publica a *Historia Vitae et Mortis*, obra na qual desenvolve o tema relativo ao prolongamento da vida através do aconselhamento de hábitos de vida saudáveis. Sobre a cura das doenças lamentava o consumo temporal excessivo dos profissionais neste domínio, a rutura com a tradição hipocrática de histórias clínicas cuidadas, a ausência de esforços racionais para a cura das doenças naturais, o abandono do doente incurável e a ausência de ações capazes de mitigar os sintomas. Ao propor os cuidados paliativos serve-se do exemplo de figuras históricas e não médicas para ensinar que morrer em paz é uma fonte de felicidade. Introduziu o termo "eutanásia" no mundo linguístico inglês, sinónimo de boa morte nas dimensões física e psíquica.

Durante o século XVII existem testemunhos da coexistência do médico e de um elemento representante do clero na assistência ao doente terminal. Neste período, confrontámo-nos com o testemunho extraordinário de dois médicos que, pelo seu exemplo, fazem a apologia da assistência médica ao doente incurável, Thomas Browne (1605-1682) e Theophile Bonet (1620-1689). Os grandes romancistas dos séculos XVII e XVIII inspiraram-se na sua humanidade. Browne na obra *Religio Medici* (1643), livro de eleição de *Sir* William Osler (1849-1919), aborda a estrutura e a debilidade do corpo humano, os limites e os erros da prática médica e as formas de ultrapassar o medo da morte. A divulgação da sua vasta experiência junto ao leito do doente terminal contribuiu para criar a ideia generalizada da forma de atingir uma morte pacífica. Theophile Bonet publica o *Mercurius Compitalitius* (1683) que, pelo número de traduções e reproduções, atesta a importância temporal deste escrito. Nele proporciona uma informação detalhada da relação médico-doente, condena o abandono do doente terminal, e assinala o dever do médico de informar o doente sobre a sua saúde.

Em 1769, Samuel Bard (1742-1821) escreve *Discourse on the Duties of a Physician*, o primeiro tratado sobre ética médica nos EUA, que influenciou os médicos americanos de forma decisiva. Evidencia uma profunda humanidade com o doente terminal e advoga a formação dos novos graduados neste domínio. Era um defensor da verdade. No ano imediato, John Gregory (1724-1773) publica *Lectures on the Duties and Qualification of a Physician* (1770), que reflete uma era de mudança da prática médica com a gênese de hospitais novos, muitos associados a escolas médicas, e de sociedades médicas. Para si curar doenças era tão importante como cuidar dos doentes terminais.

Até à década de 70 do século XVIII os médicos desde Francis Bacon evidenciaram uma compaixão pelo sofrimento do doente e introduziram terapêuticas para minimizar a dor e prolongar a vida. Reconheciam os problemas éticos decorrentes da transmissão ou não da verdade e a importância da família. Para Gregory, a quarta dimensão da prática médica era a boa morte, mas deixou inexplorada esta dimensão. No período de 50 anos que lhe sucedeu descobrem-se novos atributos da Medicina Paliativa com os contributos de Benjamim Rush (1746-1813), John Ferriar (1761-1815) e Thomas Percival (1740-1804). Rush considerava a existência de um contrato entre o doente e o médico em que o tema era a vida humana. O seu não-cumprimento devia ser julgado como crime. Aconselhava não pronunciar a incurabilidade da doença e expressar palavras de esperança. Ferriar e Percival fundaram a Sociedade Literária e Filosófica de Manchester e foram pioneiros da Saúde Pública na defesa dos mais desfavorecidos. O primeiro não criticava os médicos pelo abandono dos doentes mas pela falta de formação para compreenderem todo o processo terminal e pela prática de tratamentos estimulantes que prolongavam a vida. Foi autor da obra *Medical Histories and Reflections* (1792-1798). O terceiro dos quatro volumes é um ensaio sobre o tratamento do doente terminal. Descreve as fases sucessivas do processo natural da morte e as iniciativas a desenvolver. Defendia minimizar a dor e promover o repouso absoluto do doente, condenando as práticas contemporâneas cruéis de estimulação. Em 1803, Thomas Percival (1740-1804) publica *Medical Ethics*, um código ético de orientação do comportamento do médico que influenciou os códigos éticos e as associações médicas vindouras. O reverendo Thomas Gisborne (1758-1846) foi um extraordinário eticista médico. Autor de *On Duties of Physicians* (1797) condena todo o paternalismo médico que oculta a verdade e valoriza a presença do médico e de um membro da Igreja na assistência ao doente terminal.

Desde a proclamação dos cuidados paliativos com Francis Bacon caminhou-se para o seu reconhecimento e prosseguiu-se no sentido da sua codificação. Em 1826, o médico Carl F. Marx (1796-1877) publica a sua conferência "Medical Euthanasia" e, em 1854, Hugh Noble apresenta a dissertação ao grau de doutor em Edimburgo intitulada "Euthanasia", ambos os escritos um clássico da literatura sobre os cuidados paliativos. Marx subdivide em quatro partes o seu escrito: (1) formas de aliviar os sintomas e desconfortos pelo uso de medicamentos e pelos cuidados paliativos; (2) o que evitar (3) confortar emocionalmente e, (4) os tópicos especiais (a ilegalidade da interrupção da vida, as abordagens diferentes consoante os temperamentos psicológicos e o grupo etário; o direito aos cuidados paliativos de pobres, estrangeiros ou pessoas de diferentes credos). O ensaio de Hugh Noble reflete o tratamento e o valor atribuído no tempo aos cuidados terminais. Alerta para o esquecimento a que era votada esta parte da prática médica e para o abuso de tratamentos curativos. Em seu entender, a eutanásia requeria um conhecimento prognóstico das doenças fatais. O médico devia respeitar a vontade do doente de minimizar a dor e não aplicar medicina ou cirurgia heroicas.

Os avanços observados na tradição dos cuidados paliativos decorreram do progresso científico que desmistificou o medo associado à morte, bem como da influência dos trabalhos de Christoph Hufeland (1762-1836), da publicação do código de ética da Associação Médica Americana (1847) e da obra de Worthington Hooker (1806-1867). Hufeland no seu *Enchiridion Medicum* (1836) salienta os cuidados paliativos como um dever do médico. Acredita no poder psicossomático da esperança e advoga ocultar a verdade ao doente mas não aos familiares. Influenciou a redação do código de ética da Associação Médica Americana, à semelhança de Thomas Percival. O escrito *Physician and Patient* (1849), de Worthington Hooker, é o contributo mais original do século XIX para a ética médica de um autor americano que foi um acérrimo defensor da verdade e da esperança inteligente.

Na segunda metade do século XIX assiste-se à emergência de uma classe profissional nova no acompanhamento dos doentes terminais. Nos anos 70 e 80 surge o desenvolvimento de diferentes programas de formação de enfermeiras em diferentes cidades. Tornam-se responsáveis pelos cuidados paliativos nos hospitais. Florence Nightingale (1820-1910), no seu escrito *Notes of Nursing* (1859), discute os cuidados a ter com as pessoas hospitalizadas e inclui informações sobre o doente terminal. Instituiu uma importante reforma sanitária e criou um escol de enfermeiras com uma intervenção assistencial fundamental na Guerra da Crimeia.

A literatura em geral, e a médica em particular, alertava para as posições diametralmente opostas assumidas pelos intervenientes neste domínio. Os mais vocacionados apontavam para o esquecimento do tema no ensino, na prática clínica médica e de enfermagem e na literatura.

Coube ao Professor inglês S. D. Williams, no discurso proferido em Birmingham perante o Speculative Club (1870), publicado no *The Spectator*, reverter o significado histórico do termo "eutanásia", a morte medicamente assistida, e iniciar um novo paradigma neste domínio.

William Munk (1816-1898) publica *Medical Treatment in Aid of an Easy Death* (1887), um clássico da literatura médica dirigido a diferentes profissionais da área da saúde, muito citado por médicos e enfermeiras associados aos doentes terminais. Compreende as seguintes partes: (1) alguns dos fenômenos do processo de morrer; (2) sintomas e modos de morrer e (3) o tratamento médico e geral do doente terminal. Apresenta os mecanismos fisiológicos. Valoriza a informação precoce, clara e prudente do doente e a presença de enfermeiras instruídas. Responsabiliza o médico pela dinâmica social do quarto do doente.

Nos finais do século XIX e primórdios do século XX assinala-se um progresso médico exponencial, fruto das inúmeras descobertas científicas e dos avanços no diagnóstico médico que se associam à identificação e reorganização da classificação das doenças e dos novos tratamentos. É o tempo da implementação da ciência sanitária e da afirmação dos componentes fundamentais da cirurgia moderna. Nascem os hospitais modernos, centros de sofisticação tecnológica, técnica, assistencial e de ensino. Esta institucionalização da Medicina vai ter fortes repercussões na relação médico-doente e uma maior autoridade médica. Ao paternalismo médico sucedeu um paternalismo autoritário e a obra *The Natural Right to Natural Death* (1899), de Simeon E. Baldwin (1840-1927), e a *Principia Therapeutica* (1906), de Harrington Sainsbury (1855-1936), são um testemunho e uma clara oposição ao mesmo. O livro *Phantasies of the Dying: Some remarks on the management of Death* (1921), do psiquiatra inglês J. Norman Gaister (1883-1961) aponta, de forma inovadora, para a importância da psicoterapia na resolução do conflito emocional.

Um dos principais cultores do ensino pré-graduado dos cuidados paliativos foi Alfred Worcester (1855-1951), grande defensor da relação médico-doente. A publicação da obra *Care for the Dying* (1952), de Walter C. Alvarez (1884-1978) constituiu um importante marco histórico. Realça o valor dos cuidados paliativos, lamenta a falta de atenção a este domínio na literatura e na prática médica e a excessiva preocupação com a medicina curativa. Apresenta os tratamentos a instituir e as diferentes sedes, a função dos diferentes intervenientes no processo e fá-lo recorrendo à sua vasta experiência exemplificando com inúmeras histórias clínicas.

Na década de 50 do século XX ocorre uma viragem na atenção dos profissionais e do público em geral. Dois fatos contribuíram para esta mudança: o escrito anônimo *A Way of Dying* (1957), que relata a vivência nos hospitais e as respostas esclarecedoras do Papa Pio XII (1876-1958) a um grupo de anestesistas internacionais. A importância temporal do segundo contributo justifica a sua apresentação: (1) é dever do doente com doença grave aceitar o tratamento para preservar a vida e a saúde; 2) o doente deve requerer a utilização de meios ordinários para salvar e prolongar a vida; (3) o doente não está proibido de seguir mais do que os passos estritamente necessários para a preservação da vida e da saúde; (4) o doente decide se quer submeter-se aos tratamentos de sustentação/ressuscitação da vida; (5) os familiares decidem, estando o doente inconsciente segundo a sua pressuposta vontade e (6) a morte ocorre quando as funções vitais da vida humana falham.

Nos últimos anos da década de 50 surge um aumento significativo do número de publicações sobre o tema em que se evidencia a instabilidade intraprofissional e pública. Edward H. Rynearson (1901-1987) na obra *You are Standing at the Bedside of a Patient Dying of Untreatable Cancer* (1959) apresenta os componentes essenciais da assistência ao doente terminal. Desde a década de 60 nascem fundações culturais marcantes no domínio dos cuidados paliativos e importantes transformações no âmbito da inovação da prática médica curativa e das descobertas nos cuidados de suporte dos doentes terminais. A literatura científica e geral apontava para quatro situações que constituíam motivo de preocupação: (1) as tentativas excessivas de prolongamento da vida; (2) a desumanização hospitalar; (3) os resultados das investigações sobre o ressuscitador cardiopulmonar e (4) o nascimento e o desenvolvimento de um movimento multidisciplinar de cultura do processo de morrer, num tempo em que a morte era um tabu nas culturas ocidentais. O trabalho de investigação de autoria dos sociólogos Glaser e Strauss assinalou a importância da formação nas escolas de Medicina e de Enfermagem, a necessidade de definição de níveis de responsabilidade e de reorganização das interrelações entre as prestações de cuidados hospitalares e o domicílio e de promoção de discussões públicas.

No âmbito da reforma hospitalar merece destaque a obra *On Death and Dying* (1967), da psiquiatra Elisabeth Kübler-Ross (1926-2004), pelo esforço desenvolvido na formação dos profissionais e na sensibilização e divulgação das necessidades emocionais dos doentes terminais. Nos anos 60 prevaleceram os cursos dirigidos a enfermeiras e, nos anos 70, esta formação foi incorporada no *curriculum* médico. No domínio da assistência a este tipo de doentes em casas de repouso o nome de Cicely Saunders (1918-2005) constituiu um marco. Fundadora e diretora clínica do St. Christopher's Hospice (1967), foi a primeira médica moderna especializada em Medicina Paliativa, autora de uma vasta literatura científica sobre o tema que aliou os contributos científicos da Medicina aos cuidados paliativos desenvolvidos neste tipo de instituição.

Data dos anos 50, embora se afirme nas décadas seguintes, o contributo dos bioeticistas com o objetivo de encontrar respostas para as questões relativas às práticas e às decisões dos cuidados de saúde e à investigação biomédica em assuntos humanos. É o exemplo de Paul Ramsey e de Robert M. Veatch e as obras de suas autorias, respectivamente *Solidarity in Mortality* (1970) e *Death, Dying and the Biomedical Revolution* (1976).

Nas décadas de 80 e 90 confluem fatores que determinam a progressiva qualificação da Medicina Paliativa: a profissionalização progressiva e a internacionalização dos cuidados paliativos, um contributo multidisciplinar de formação, divulgação e envolvimento público; os esforços continuados de prolongamento da vida que consciencializaram os diferentes profissionais para a necessidade de limitar todos os excessos da prática clínica e adotar contramedidas; a instabilidade criada pelos resultados preocupantes sobre a realidade hospitalar estudada pelo projeto "Support" da Robert Wood Jonhson Foundation (1995) e o aumento exponencial de iniciativas de promoção da Medicina Paliativa.

A Associação Portuguesa de Cuidados Paliativos é fundada em julho de 1995 e, desde então, promove o desenvolvimento, o estudo, a investigação e o ensino dos Cuidados Paliativos. Data de 2001 a legislação sobre os Cuidados Paliativos integrados no Plano Oncológico 2001-2005. Em 2007, surge a revisão do Plano Nacional de Cuidados Paliativos, coordenado pela unidade de Missão para os Cuidados Continuados Integrados. Em 2012, institui-se a Lei de Bases dos Cuidados Paliativos. Em maio de 2015 é criado o Observatório Português de Cuidados Paliativos para uma análise independente da evolução dos cuidados paliativos e para estimular a investigação na área da Saúde. Em julho de 2015, verifica-se a separação das Unidades de Cuidados Paliativos da Rede Nacional de Cuidados Continuados Integrados. Em outubro desse ano, os Cuidados Paliativos voltam a ser integrados na Rede Nacional de Cuidados Continuados Integrados. Segundo a OMS Portugal, encontra-se na categoria 3b (disponibilização de serviços abrangentes, múltiplas fontes de financiamento, possibilidade de formação especializada, existência de associações profissionais, contudo sem integração plena no sistema de saúde).

Prevalecem como desafios do século XXI a comunicação deficiente entre os profissionais e o doente, as disparidades geográficas e a carência de especialistas neste domínio.

## 3. Definição e Clarificação Conceptual

Na introdução ao estudo dos Cuidados Paliativos é fundamental o conhecimento da sua história desde o tempo em que surge a reforma humanizada do pensamento humano sobre a relação do médico com o doente terminal. O nome de *Sir* Francis Bacon inscreve-se na era moderna dos cuidados paliativos pela sua proclamação. A si coube a introdução do termo "eutanásia" no mundo linguístico inglês, sinônimo de arte ou ciência de facilitar o processo de morrer em paz. Como um dos fundadores da Ciência, os seus escritos foram determinantes na atenção que passou a dedicar-se a este tema. A humanidade da prática clínica de dois médicos seiscentistas, Thomas Browne (1605-1682) e Theophile Bonet (1620-1689), serviu de inspiração a grandes romancistas internacionais dos dois séculos seguintes e de veículo de divulgação destes princípios. Foi um período da consciencialização de um dever profissional e um requisito indispensável a uma boa morte. Introduziram-se tratamentos que minimizavam o sofrimento. Reconheciam-se os problemas éticos decorrentes da transmissão ou não da verdade ao doente.

Na viragem do século XVIII e nos primórdios do século XIX efetiva-se o reconhecimento do dever profissional de proteção ao doente terminal e identificam-se os novos atributos dos cuidados paliativos. Reconheceu-se importância à formação e à identificação do momento de interrupção dos esforços de cura. Surgiram as primeiras críticas às práticas sociais ignorantes que visavam o prolongamento da vida e questionou-se o paternalismo médico quanto ao que deve ou não ser comunicado ao doente terminal. Os avanços científicos, nomeadamente no âmbito da Fisiologia Humana, conduziram a uma melhor compreensão e aceitação do processo de morrer e estiveram na base da codificação de todo o saber neste domínio.

Os cuidados paliativos passam a ser encarados como uma ciência e uma arte médica distinta. Valorizou-se a importância da identificação da idade e do temperamento do doente na abordagem clínica. Enalteceu-se o poder psicossomático da esperança no tratamento do doente terminal. Surgem os primeiros códigos médicos que incluem partes exclusivamente dedicadas ao doente terminal. Persistem entre os profissionais as questões éticas da revelação ou omissão da verdade, dos níveis de esperança a oferecer, do porquê e quando os tratamentos curativos devem ser suspensos ou continuados e do abandono do doente terminal.

No início do século XIX alguns dos principais mentores dos cuidados paliativos previram a importância da mulher neste tipo de assistência. As enfermeiras tornam-se as responsáveis pelos cuidados paliativos nos hospitais sob a direção médica. Na segunda metade do século surge uma polaridade de interesses dos profissionais neste domínio. Na literatura científica da época salienta-se o seu esquecimento no ensino e na assistência médica e de enfermagem. O ano de 1870 marca a data do nascimento do conceito moderno do termo "eutanásia".

Desde as últimas décadas do século XIX e o início do século XX assiste-se a um desenvolvimento científico e tecnológico exponencial com paralelo progresso na Medicina que esteve na base da formação das diferentes especialidades médicas e cirúrgicas. O progresso no diagnóstico médico associou-se ao descrédito nas terapêuticas tradicionais e à introdução de recursos novos. É o tempo da institucionalização da Medicina nos hospitais, muitos associados a centros de ensino médico, locais de grande sofisticação tecnológica e de infindáveis recursos diagnósticos e de tratamento onde prevalece a autoridade médica, onde a vida humana podia ser prolongada o máximo possível, com sofrimento para o doente e para a família, numa atitude contrária à natureza e à moralidade humana. Surgem vozes que se opõem a esse imperativo médico novo. A reação foi o nascimento de um movimento multidisciplinar de cultura do processo de morrer associado a uma progressiva profissionalização e internacionalização dos cuidados paliativos.

## 4. Conclusão

Durante séculos os doentes não puderam expressar a sua vontade. Durante séculos o paternalismo médico tomou decisões sem consentimento do doente. Nos últimos séculos, houve profissionais que na sua prática clínica sempre valorizaram a informação e o parecer do doente. A medicina científica, indissociável da hospitalização, trouxe um paternalismo profissional autoritário e uma consequente reação de revolta profissional e pública. A profissionalização, a internacionalização e o desenvolvimento de iniciativas de promoção da Medicina Paliativa ao nível de organizações públicas e privadas associaram-se a uma reforma de mentalidades e da prática assistencial com um maior respeito pelos valores e direitos da pessoa humana.

## 5. Palavras-Chave

Cultura do processo de morrer, direito à verdade, eutanásia, história dos cuidados paliativos, paternalismo médico, prolongamento da vida.

## 6. Referências

BERNARDO A, et al: Desenvolvimento dos Cuidados Paliativos em Portugal: Posição da Associação Portuguesa de Cuidados Paliativos. Porto: Associação Portuguesa de Cuidados Paliativos, 2016.

CARVALHO R, org., PARSONS H, org.: Manual de Cuidados Paliativos ANCP. Brasil: ANCP, 2012.

CASTIGLIONI A: História de la Medicina. Barcelona, Buenos Aires: Salvat Editores, 1941.

NUNES R: A Doença e a Morte, Ação Médica 54 (4); 1990: 13-19.

RICON-FERRAZ A: O estigma da doença através da História, Ação Médica 53 (3); 1989: 289-294.

RICON-FERRAZ A: A Morte na História da Medicina, Arquivos de Medicina 17 (5); 2003: 211-218.

VANDERPOOL H: Palliative Care: The 400-Year Quest for a Good Death. Jefferson: MacFarland & Company, 2015.

# Hospice Movement

FRANCISCA REGO

## 1. Introdução

O *hospice movement* começou por ser um movimento social, fora do âmbito da medicina tradicional, com o objetivo de ajudar os pacientes em fim de vida que morrem sozinhos e com dor intratável nas instituições de saúde convencionais, desde logo em hospitais vocacionados para o tratamento de doenças agudas. O *hospice movement*, iniciado na década de 70, teve assim um importante papel enquanto precursor dos cuidados paliativos e de acompanhamento, sendo mesmo considerado um fator decisivo na promoção da dignidade dos doentes terminais.

Por outro lado, o *hospice movement* foi também percepcionado com um fator impulsionador de outro tipo de movimento social relacionado com o conceito de morte-com-dignidade, bem como ao imperativo ético emergente da necessidade de implementar um processo de tomada de decisão na terminalidade da vida que integre o paciente, a família e a comunidade (Halabi, 2014).

## 2. Enquadramento histórico e desenvolvimento

As palavras *hospice* e hospital são originárias do nome grego *xenodochium*, que significa hospitalidade, datada ao século IV d. C. Nessa época, a palavra *hospis* significava anfitrião e convidados, e o *hospitium* o lugar onde a hospitalidade era oferecida. Posteriormente, diferentes tipos de *hospices* foram criados nas rotas das cruzadas, onde os peregrinos recebiam alimentos e cuidados médicos durante a sua jornada. Nenhum desses *hospices* se preocupava especificamente com os moribundos, autorizando, no entanto, os doentes a permanecerem internados enquanto precisassem de ajuda (Waller *et al.*, 1999).

Durante o século XIX, Jeanne Garnier estabeleceu a primeira instituição para cuidar dos moribundos em Lion, França, utilizando a palavra *hospice*. Em Inglaterra, a palavra *hospice* foi primeiramente usada pelas irmãs irlandesas da caridade em St. Joseph's, em Londres, em 1905, e pelo seu fundador em Dublin em 1879. Em 1893, o Dr. Howard Barrett abriu o St Luke's Home for the Dying Poor, seguindo princípios muito semelhantes ao *hospice* atual (Milicevic, 2002).

O moderno *hospice movement* surgiu no Reino Unido em 1967, no St. Christopher's Hospice, com a *Dame* Cicely Saunders, nascida a 1918, enfermeira, assistente social e médica que, durante o seu trabalho, apercebeu-se das necessidades psicossociais e espirituais dos pacientes em fim de vida, muitas vezes isolados e sozinhos (Milicevic, 2002).

## 3. Definição e clarificação conceptual

O conceito de *hospice* refere-se principalmente ao cuidado e não a um local específico de cuidados, ou seja, a uma filosofia de cuidado ao invés de um tipo de edifício ou serviço. A sua filosofia afirma que há sempre algo a ser feito para ajudar os pacientes (Milicevic, 2002). Exige compromisso humano em vez de intervenções invasivas e dispendiosas, apresentando-se como menos oneroso quando comparado com os cuidados tradicionais (Mor, Teno, 2016). É hoje consensual que este tipo de cuidados deve traduzir-se numa preocupação de todas as sociedades civilizadas, dado quer o aumento da população idosa quer no número de doenças crônicas. Desta forma, o *hospice movement* teve um grande impacto em todo o mundo, promovendo os cuidados paliativos e melhorando os padrões de cuidados (Milicevic, 2002).

### 3.1. O Moderno *Hospice Movement*

O moderno *hospice movement* é um movimento social que abrange um amplo programa de cuidados para pacientes com doenças avançadas e terminais, com o objetivo de oferecer uma "boa morte" num ambiente médico controlado e com práticas de intervenção específicas (Clark, Seymour, 2002). Conceito de "boa morte" obviamente distinto de outro tipo de interpretação possível, desde logo a eutanásia ativa (voluntária ou involuntária).

A data convencional do início do moderno *hospice movement* remonta à abertura do St. Christopher's Hospice em Londres em 1967, embora este seja apenas um marco no desenvolvimento de ideias e práticas que começaram anos antes e que deveriam continuar a desenvolver-se futuramente. Os *hospices* anteriores – casas para os incuráveis – eram instituições de cariz religioso que forneciam cuidados de enfermagem, mas fora do olhar da prática médica ou exame científico (Hoad, 1991).

A inovação dos *hospices* "modernos" foi cuidar dos doentes terminais sob discussão médica aberta e incentivar a avaliação destes doentes pelas várias correntes de saúde (Hoad, 1991). A base ideológica é uma abordagem distinta da medicina aguda e curativa, que visa a humanização dos cuidados, focando-se no indivíduo e nas suas necessidades específicas de fim de vida.

Podem ser identificados seis princípios do *hospice care*, desenvolvidos em St. Christopher (primeiro num ambiente residencial e, posteriormente, em cuidados domiciliários) (*idem*):

1. A interrupção da medicina curativa "agressiva", quando claramente não está a exercer efeito na vida do paciente;
2. O desenvolvimento efetivo do controle de sintomas, mesmo significando o uso de drogas em quantidades que seriam consideradas perigosas ou aditivas;
3. O envolvimento da família tanto na prestação de cuidados como na recepção de apoio, incluindo acompanhamento no luto;
4. O foco na qualidade ao invés do prolongamento da vida;
5. Uma abordagem informal e flexível dos cuidados de enfermagem;
6. A harmonização das funções dos vários grupos de profissionais de saúde e voluntários.

Um dos desafios para aqueles que trabalham em cuidados de fim de vida é o fato de que o ser humano tem a sua própria maneira de manifestar o seu processo de morte (Pattinson, 1977), e esta é uma questão fundamental para o *hospice movement*.

Neste contexto, Cicely Saunders abordou pela primeira vez o termo "dor total" no início da década de 60, com intenção de atribuir aos medicamentos e aos cuidados de saúde um interesse clínico e conceptual duradouro. Nos últimos anos, obteve-se uma imagem clara da evolução da noção de dor total, que certamente surgiu da experiência única, multidisciplinar de Cicely Saunders, a partir da qual ela lançou o *hospice movement*. A dor total encontra-se ligada a um sentido de narrativa e de biografia, enfatizando a importância de ouvir a história do paciente e de compreender a experiência do sofrimento de forma multifacetada. Visa também reconhecer o sofrimento espiritual do paciente e a sua relação com os problemas físicos. Esta abordagem considera a dor como um fator chave para desbloquear outros problemas que possam existir, e exige múltiplas intervenções para a sua resolução. Assim, foi apresentada a ideia da dor total incorporando os elementos físicos, psicológicos/ /emocionais, sociais e espirituais (Clark, 2000).

### 3.2. Hospitalidade e o *Hospice Movement*

A proposta do moderno *hospice movement* representa um desafio central para os profissionais de saúde envolvidos nesta realidade caracterizada pela capacidade de aceitar a perspectiva "*double strangers*": os "anfitriões" que acolhem pessoas estranhas que estão em fim de vida e a morte considerada também um estranho pela natureza desconhecida para aqueles que estão vivos (Floriani, Schramm, 2010). A importância dada pelo significado de *hospice* baseia-se numa compreensão mais profunda da inter-relação entre os cuidados paliativos e a natureza do relacionamento com o paciente. Neste sentido, a hospitalidade é parte dos fundamentos deste movimento e deve ser considerada parte do seu *ethos* – compreendido no sentido homérico, arcaico, como "proteção", "lar", "retiro" ou "abrigo", inicialmente para a proteção de animais e, posteriormente, para proteger os humanos contra ameaças externas, assim aumentando a compreensão das consequências morais que a sua incorporação pode trazer (Schramm, Kottow, 2001).

Cicely Saunders explora a ideia da importância de acolher as pessoas num espírito de receptividade completa e incondicional, sendo particularmente sensível ao estado delicado de rejeição e humilhação em que os pacientes terminais viviam, especialmente no que diz respeito ao seu sofrimento pelo tratamento inadequado da dor. Em reação a isso, Saunders promoveu um ideal de receptividade que deveria abranger todas as ações (Floriani, Schramm, 2010).

Portanto, a hospitalidade pode ser o fundamento de importantes aspectos de acolhimento e suporte do *hospice movement*, como a compaixão, a privacidade, a não-invasão e a proteção. Essas dimensões são partes de um *ethos* que, acima de tudo, exige que o anfitrião seja responsável pelo outro, sem permitir que qualquer interferência de ideias pré-concebidas venha a impedir uma adequada receção do outro (Floriani, Schramm, 2010).

A intenção de Cicely Saunders era que a sua proposta de cuidados não fosse restrita a uma comunidade e que o *hospice movement* fosse difundido em todo o mundo como parte de uma visão não exclusiva, eliminando qualquer tipo de preconceito ou acesso restrito com base em qualquer tipo de diferença, mantendo a identidade do paciente e transmitindo-lhe sentimentos de pertença e inclusão (Floriani, Schramm, 2010).

### 3.3. Disseminação do *Hospice Movement*

O *hospice care* tornou-se um movimento mundial, uma vez que se espalhou por todo o mundo e mostrou que a combinação de princípios básicos derivados de várias fontes podem ser interpretados numa ampla variedade de configurações e culturas (Saunders, 1996). Também mudou radicalmente a abordagem da morte pelos profissionais de saúde, no qual as equipes multidisciplinares se esforçam para oferecer dignidade, paz e calma no fim da vida (Floriani, Schramm, 2010).

Neste sentido, os *hospices* passaram de lugares de atendimento "generalista" para organizações que fornecem cuidados de fim de vida verdadeiramente especializados, como também uma variedade de serviços que melhoram a vida dos pacientes, cuidadores e famílias. De notar que a pesquisa sobre o controle da dor e de sintomas destacou a medicina paliativa como uma parte importante do "cuidado total" de um paciente (Floriani, Schramm, 2010).

Existem diferentes modelos e sistemas de cuidados paliativos para pacientes com câncer e com doença avançada ou terminal, que variam de país para país. Considerando que o *hospice* é principalmente um conceito de cuidado, e não um local específico de cuidados, pode entender-se que vários países escolheram diferentes tipos de cuidados paliativos, de acordo com as suas necessidades e especificidades (Milicevic, 2002).

O principal desafio para os países em desenvolvimento é descobrir a melhor forma de cuidar adequadamente de pacientes gravemente doentes. Logo, é de extrema importância os profissionais de saúde obterem uma boa formação, juntamente com uma boa política nacional no campo dos cuidados paliativos. O tipo de serviços de cuidados paliativos é menos importante, já que alguns sistemas optam por equipes de cuidados domiciliares, outros preferem unidades intra-hospitalares, enquanto outros criam unidades autónomas e especializadas na dependência de grandes hospitais centrais. Neste sentido, a OMS encoraja que a organização de serviços de cuidados paliativos seja ajustada à realidade de cada país podendo coexistir, contudo, diferentes modalidades assistenciais (Milicevic, 2002).

## 4. Conclusão

O *hospice*, enquanto precursor dos cuidados paliativos, é mais apropriado para pessoas que têm diagnóstico incurável, cujas terapias curativas conhecidas falharam e, portanto, o tratamento ativo não está mais garantido. O desafio de lidar com estes pacientes passa da cura para o cuidado, ou seja, manter os pacientes livres de sintomas, permitindo-lhes conservar o controle sobre as suas vidas e ajudá-los e às suas famílias a lidar com a morte iminente, com dignidade e significado (Osterweis, Champagne, 1979).

No momento em que o *hospice movement* se espalhou por todo o mundo transformou-se num meio alternativo de cuidar, cada vez mais presente no sistema de saúde tradicional, tendo em conta as suas bases morais, éticas e conceptuais (Floriani, Schramm, 2010). De fato, os cuidados paliativos são cada vez mais parte integrante do sistema de saúde, sendo no entanto necessário ter em atenção que o moderno *hospice movement*, ao tornar-se uma doutrina, pode levar a um maior controle sobre o processo de morte, devendo garantir-se que as especificidades e a vontade de cada paciente são sempre respeitadas (*idem*).

Em Portugal, mais concretamente, pode-se dizer que os serviços qualificados e devidamente organizados são insuficientes para as necessidades detectadas, com uma clara tendência a aumentar. Desta forma, importa reforçar que os cuidados paliativos são menos dispendiosos que os cuidados em ambiente tradicional, não elevando assim os custos do sistema de saúde, e tendem mesmo a reduzi-los pela melhor racionalização dos meios, para além de serem prestados com base nas necessidades efetivas dos doentes e famílias e não apenas com base no seu diagnóstico (Neto, 2014).

Em suma, o *hospice movement*, baseado em receber o paciente terminal com dignidade e compaixão, apresenta-se como um meio necessário para transformar os cuidados oferecidos a pacientes em fim de vida e às suas famílias, sustentado por práticas de intervenção contínuas e persistentes (Floriani, Schramm, 2010). Desta forma, torna-se fundamental incorporar os princípios subjacentes a este movimento numa verdadeira humanização dos cuidados de saúde, sendo essencial na formação inicial de médicos e enfermeiros e outros profissionais, o que poderia ser facilitado caso fossem ministrados nos principais hospitais de ensino (Hoad, 1991).

## 5. Palavras-Chave

Cicely Saunders, cuidados paliativos, dor total, *hospice movement*, hospitalidade, multidisciplinaridade.

## 6. Referências

CLARK D: Total pain: the work of Cicely Saunders and the hospice Movement, American Pain Society Bulletin 10(4); 2000: 13-15.

CLARK D, SEYMOUR JE: Reflections on Palliative Care, Philadelphia: Open University Press, 2002.

FLORIANI CA, SCHRAMM FR: How might Levinas' concept of the other's priority and Derrida's unconditional hospitality contribute to the philosophy of the modern hospice movement? Palliative and Supportive Care 8; 2010: 215–220, DOI:10.1017/S1478951509990952.

HALABI S: Selling Hospice, The Journal of Law, Medicine and Ethics 42(4); 2014: 442–454, DOI: 10.1111/jlme.12167.

HOAD P: Volunteers in the independent hospice movement, Sociology of Health & Illness 13(2); 1991: 231-248.

MILICEVIC N: The hospice movement: History and current worldwide situation, Archive of Oncology 10(1); 2002: 29-32.

MOR V, TENO JM: Regulating and Paying for Hospice and Palliative Care: Reflections on the Medicare Hospice Benefit, Journal of Health Politics, Policy and Law 41(1); 2016: 697-716

NETO IG: A propósito da criação da competência da medicina paliativa, Cuidados Paliativos 1(1); 2014: 13-16.

OSTERWEIS M, CHAMPAGNE DS: The U.S. Hospice Movement: Issues in Development, American Journal of Public Health, 69(5); 1979: 492-496.

PATTINSON EM: The Experience of Dying, Englewood Cliffs: Prentice-Hall, 1977.

SAUNDERS C: Hospice, Mortality 1 (3); 1996: 317-321.
SCHRAMM FR, KOTTOW M: Principios bioéticos en salud pública: limitaciones y propuestas, Cadernos de Saúde Pública 17; 2001: 949-956.
WALLER A, BERCOVITCH M, ADUNSKY A: Palliative care: Past, Present, Future, Support 12; 1999: 2-4.

# *Layout* e Concepção de Espaços

HELDER MORGADO

## 1. Introdução

As sociedades de todo o mundo estão a envelhecer a um ritmo cada vez maior. Esta tendência atinge uma particular incidência na Europa Ocidental, Japão, Rússia e nos Estados Unidos, tornando-se imperativo uma reflexão e preocupação arquitetônica com os edifícios que se ocupem também do final da vida dos seus habitantes, como os centros ou unidades de cuidados paliativos.

À medida que cresce a necessidade em cuidados paliativos, surge também a necessidade de recriar novos espaços capazes de gerar qualidade de vida, conforto e, neste caso específico, alívio do sofrimento.

A arquitetura tem relevo na vida cotidiana de uma sociedade através do peso das suas atmosferas. As atmosferas, sejam elas naturais ou artificiais, influenciam diariamente a forma como cada um de nós se sente. Vemos que, na origem da absorção de uma atmosfera, estão inerentes fatores que ultrapassam o arquiteto, como é o caso da reinterpretação que cada um faz de cada realidade. O papel do arquiteto passa por perceber para quem está a construir e tentar, através de fatores físicos, erguer estes espaços e condicioná-los como forma de conseguir determinadas atmosferas (Zumthor, 2009).

Como refere Herman Hertzberger (2009), o arquiteto tem, nas suas ações, a responsabilidade de alterar a vida cotidiana das pessoas. Num centro de cuidados paliativos espera-se que o meio envolvente esteja intencionalmente desenhado e que a arquitetura consiga ter uma influência positiva na vida de quem habita este espaço. É necessário que os espaços assumam uma polivalência atmosférica de forma a contribuir para a qualidade de vida de todas as pessoas, com necessidades muito diversas.

Assim, pretende-se compreender o modo como as atmosferas arquitetônicas geram qualidade de vida, conforto e, neste caso específico, alívio do sofrimento.

## 2. Enquadramento Histórico e Desenvolvimento

### 2.1. Uma visão histórica do *hospice*

Até ao século XVIII o termo *hospice* referia-se a uma casa de repouso ou de recuperação para viajantes ou estrangeiros, especialmente membros das ordens religiosas. O termo *hospice* só no final do século XIX recebeu o seu significado atual de local de cuidados para as pessoas em fase terminal de vida.

Até este momento, o alívio dos sintomas consistia no principal objetivo do tratamento clínico. No século XX a principal preocupação da medicina passa a ser a descoberta das causas e a cura das doenças, relegando o controle sintomático para segundo plano (Capelas, Silva, Alvarenga, Coelho, 2014).

Em meados do século XX, Cicely Saunders constatou que a tendência era de ocultar o prognóstico e situação clínica aos pacientes, que o local de morte estava a transferir-se para o hospital e que se verificava uma cada vez maior "repressão" da expressão em público das emoções perante a morte. Foi em resultado destas constatações e da sua permanente inquietude que em 1967 Cicely Saunders abriu o seu próprio instituto, St. Christopher's Hospice, em Londres. Aqui conseguiu ajudas de trabalhadores voluntários, que iam desde médicos e enfermeiros ingleses até à psiquiatra e escritora suíço-americana, Elisabeth Kubler-Ross. Os cuidados paliativos surgiram como alternativa ao isolamento de instituições, através de equipes multidisciplinares que encorajam a família e amigos a fazer parte do processo de cuidados dos pacientes. Mais tarde, em 1969, Cicely Saunders, abre o programa de cuidados paliativos domiciliários. Este movimento teve como imperativo a conjugação das novas competências em controle da dor e outros sintomas, compreensão dos diversos problemas do doente e da família, assim como da formação e investigação.

O primeiro *hospice* construído nos EUA foi o Connecticut Hospice, em New Haven, entre 1972 e 1974, pela mão do arquiteto Lo-Li Chan. Em 1976, Lo-Li Chan foi o primeiro autor a escrever sobre a arquitetura de *hospices*

*LAYOUT* E CONCEPÇÃO DE ESPAÇOS

nos EUA. Este artigo descrevia o trabalho que ele tinha realizado no Connecticut Hospice e destacava alguns dos conceitos fundamentais de projeto, que viriam a servir como ponto de referência para os arquitetos nos 15 anos seguintes. Lo-Li Chan concebeu transições amenas através de alcovas e vestíbulos, criando áreas para as pessoas refletirem, fazerem pausas ou retiros íntimos, áreas estas que eram agora dignificadas arquitetonicamente. Estes princípios estabelecidos na natureza, juntamente com o respeito pela escala humana, diferenciavam o *hospice* dos hospitais típicos da época (Verderber, 2010).

O movimento de arquitetura dos *hospices*, iniciado por Lo-Li Chan, foi seguido por outros arquitetos, como Gregory J. Scott's, no seu projeto do Essa Flory Hospice of Lancaster County (2001), e por J. A. Hackney, primeiro autor a ser publicado por um jornal britânico, defendendo muitas inovações introduzidas já por Lo-Li Chan (Verderber, 2010).

Em 1985 existiam cinco modelos de cuidados paliativos, uma tipologia baseada quase inteiramente no modelo britânico:

1. O edifício autônomo de cuidados paliativos independentes (como o The Connecticut Hospice, Hillhaven Hospice, em Tucson);
2. O edifício autônomo com afiliações com o hospital (como o Riverside Hospice in Boonton, em Nova Jérsia);
3. Unidade especializada de cuidados paliativos (PCU) dentro de instalações de cuidados a longo prazo;
4. Equipes itinerantes de cuidados paliativos dentro de certas instituições (como o St. Luke's Hospital, em Nova Iorque);
5. Programas providenciados exclusivamente em casas particulares (como a primeira fase do Hospice of Marin, na Califórnia, e o Hospice of Orlando, na Florida) (Verderber, 2010).

O movimento britânico conhecido por *hospice movement* desenvolveu-se, a partir da Grã- Bretanha, para o Continente Americano, Europa, China e Japão.

Na América do Sul, na cidade de Santiago do Chile, havia já um outro modelo de *hospice*, a Clínica Família (1997). Os quartos eram divididos em duas áreas, cada uma supervisionada por um núcleo de enfermeiras no sentido de um controle visual para todos os quartos. Todos os quartos eram dotados de uma casa de banho com uma lotação de um a três pacientes. No piso térreo desenvolviam-se os serviços administrativos, áreas educacionais, zonas de refeição, capela e programas de cuidados. Em Jerusalém, o Ina and Jack Kay Hospice, fundado em 1987, foi o primeiro *hospice* autônomo de Israel, afiliado com um hospital.

Inovações específicas e notáveis na arquitetura dos *hospices* foram introduzidas na última década do século XX até aos dias de hoje um pouco por todo o mundo. Podemos referir alguns exemplos como o Hospice Hawaii, em Kailua (1995), o Gilchrist Center for Hospice Care (1996), em Baltimore, Maitri AIDS Hospice (1997), em San Francisco, o Hospital Sun Health, no Arizona (1997), o AHI Hospice (1999), no Japão, Bear House (2001), em Nova Gales do Sul, na Austrália, e George Mark Children's Hospice (2003), perto de São Francisco. Estes exemplos pós-modernos da arquitetura revelam uma ligação particular com uma arquitetura de uma escala mais residencial. Apesar do pouco conhecimento a nível arquitetônico e espacial, muitos diretores de *hospices* eram unânimes em relação à rejeição da ideia de um mega hospital, pois o que pretendiam era a criação de um ambiente em que estivesse patente a relação pessoa-natureza (Verderber, 2010).

A história dos cuidados paliativos em Portugal tem cerca de 20 anos. Contudo, ainda não existe uma preocupação construtiva sobre estes problemas sociais. Portugal é um dos países mais atrasados na Europa, sob o ponto de vista dos cuidados paliativos em geral e em particular no que concerne às questões relacionadas com o espaço físico.

## 3. Definição e Clarificação Conceptual

No livro *Microfísica do Poder*, o autor Michel Foucault descreve a importância da arquitetura nos hospitais, referindo que "A arquitetura hospitalar é um instrumento de cura de mesmo estatuto que um regime alimentar, uma sangria ou um gesto médico" (Foucault, 1979).

Os centros de cuidados paliativos proporcionam a possibilidade de viver a vida com maior qualidade, trazendo também conforto e compreensão aos pacientes e às suas famílias. Para além disto, têm também uma grande preocupação relativamente aos espaços e à sua qualidade arquitetônica.

Alguns estudos têm demonstrado o impacto do ambiente construído sobre os resultados de saúde.

Segundo Ulrich e Zimring (2004), várias opções de projeto podem ajudar a reduzir erros, estresse, melhorar o sono, reduzir a dor e administração de medicamentos, entre outros.

*LAYOUT* E CONCEPÇÃO DE ESPAÇOS

Num estudo realizado por Susanne Siepl-Coates (2008) no Centro de Cuidados Paliativos em Gottingen, que teve como objetivo conhecer a percepção dos pacientes e seus familiares sobre a forma como a arquitetura pode afetar as necessidades físicas, psicossociais e espirituais dos pacientes, das suas famílias e membros da equipe, demonstrou-se que:

i. Pacientes e familiares expressaram sentimentos de alívio por estarem neste centro após terem estado em ambientes hospitalares convencionais;
ii. As principais razões apresentadas pelos pacientes e seus familiares para a sensação de bem-estar foram: a possibilidade de se deslocarem para o exterior do edifício sem ter de passar pela entrada principal do hospital; de terem um jardim adjacente ao quarto, de poderem abrir a porta do quarto e sentirem a brisa ou pisar o seu terraço privado e de terem controle sobre o seu ambiente imediato.
iii. A equipe refere que os contributos arquitetônicos, como por exemplo: a maioria dos espaços interiores oferecerem vista para os espaços exteriores, pátios privados para cada quarto, jardins semiprivados, espaços de circulação concebidos como espaços sociais e não como meros espaços de passagem, a dimensão dos quartos dos pacientes por forma a acomodar os visitantes durante o dia, bem como a existência de uma cama extra são um contributo para a percepção da unidade como um lugar especial.

Marco Gola e colaboradores (2016) realizaram um estudo na área dos cuidados paliativos pediátricos, através de entrevistas a especialistas na área de projeto e de gestão de cuidados paliativos. Aplicaram ainda um questionário aos vários utilizadores (pacientes, familiares e profissionais de saúde). As principais conclusões retiradas do estudo foram:

i) Uma das propostas mais comuns feita pelos profissionais é a integração de um espaço verde no interior do edifício. Como vários autores sustentam, a presença de espaços verdes, tais como jardins terapêuticos, tem um papel chave no processo de humanização do espaço;
ii) O quarto da criança deve estar acima de requisitos padrão, sendo necessário projetar a unidade de internamento como monoapartamentos que consistem em dois quartos semi-autônomos com área total de cerca de 40 m². O quarto deve ter condições para preparar

e comer refeições no seu interior. Deve ter espaços de alojamento e de reuniões para familiares, bem como "ambientes de cura" para as necessárias terapias. Tudo deve garantir um bom nível de privacidade e existe ainda uma discrepância substancial sobre as mesmas questões entre as práticas de arquitetura e as necessidades sentidas pelos utilizadores.

Na Dinamarca, em 2005/2006, iniciou-se a elaboração de um programa que pudesse servir de inspiração para futuros projetos de unidades de cuidados paliativos ou ampliação das já existentes, através de princípios organizadores da estrutura física. O programa foi desenvolvido com base num grande número de entrevistas e visitas a unidades de cuidados paliativos ingleses e dinamarqueses, conversas, entrevistas e *workshops* com familiares, arquitetos, sacerdotes, enfermeiros, médicos e outros profissionais, assim como o estudo da literatura relevante dentro deste campo. Alguns exemplos construídos da aplicação do programa: "The Good Hospice": Hospice Djursland, aberto em 2007; Hospice Søndergård, aberto em 2010; Svanevig Hospice, aberto em 2010; Filadelfia Hospice, aberto em 2010 (SIGNAL architects, 2005/2006).

## 4. Conclusão

A literatura sobre a influência das atmosferas em cuidados paliativos é ainda residual. As lacunas de investigação sobre o impacto das infraestruturas existentes constituem matéria em que o conhecimento científico é particularmente relevante.

Com a evolução do conhecimento no que se refere às necessidades em cuidados paliativos surgem novas oportunidades para a arquitetura poder trabalhar com pacientes, familiares e profissionais da área da saúde com vista a desenvolver um ambiente físico que seja sensível às circunstâncias de sofrimento do paciente e de todos os que nele habitam.

Por fim, parece ficar patente que a arquitetura paliativa é uma arquitetura que aponta para o alívio do sofrimento, estresse e desconforto que o ser humano pode vir a sentir. A maioria dos estudos encontrados evidencia que o bem-estar, o conforto e a qualidade de vida se relacionam com o ambiente e com as atmosferas criadas pela arquitetura.

## 5. Palavras-Chave

Arquitetura, atmosferas, cuidados paliativos, *layout*, qualidade de vida.

## 6. Referências

CAPELAS M, SILVA S, ALVARENGA M, COELHO P: Desenvolvimento Histórico dos Cuidados Paliativos: visão nacional e internacional in Revista Cuidados Paliativos 1 (2); 2014.

FOUCAULT M: Microfísica do Poder. Edições Graal LTDA, 1979.

GOLA M, FRANCALANZA P, GALLONI G, PAGELLA B, CAPOLONGO S: Architectures for pediatric palliative care: how to improve quality of life and environmental well--being in Ann Ist Super Sanità 52 (1); 2016: 48-55.

HERTZBERGER H: Lessons for Students in Architecture. 010 Publishers, 2009.

SIGNAL ARCHITECTS FOR THE REALDANIA FOUNDATION: Programme for The Good Hospice in Denmark. An outline for the hospice as part of palliative care, 2005/2006.

SUSANNE C: User Perceptions on the Architecture of the Palliative Care Center in Göttingen, Germany. Kansas State University, Manhattan, Kansas (USA), 2008.

ULRICH R, ZIMRING C: The Role of the Physical Environment in the Hospital of the 21st Century: A Once-In-Alifetime Opportunity. Concord, CA: The Center for Health Design, 2004.

VERDERBER S, REFUERZO B: Innovations in Hospice Architecture, 2010.

ZUMTHOR P: Atmosferas. Editorial Gustavo Gili, 2009.

# Legislação

STELA BARBAS

## 1. Introdução

Os notáveis avanços científicos ao permitirem antecipar ou adiar o momento do nascimento e da morte suscitaram inúmeras questões.

Com efeito, cada vez mais equacionamos o nascer (*in vitro*) e o morrer (ligado a uma máquina), ou mais concretamente, quando, onde e como nascer e morrer. O aumento da esperança de vida, a eutanásia, a distanásia, a ortotanásia e a mistanásia, entre outros possíveis exemplos, são temáticas que estão na ordem do dia.

É evidente que este "labirinto" de novos caminhos, que se entrecruzam e se multiplicam, nos coloca várias dúvidas.

Nas últimas décadas temos assistido a um incremento do número de doentes que necessitam de cuidados paliativos, consequência, em grande parte, do aumento da esperança de vida bem como da elevada percentagem de doenças crônicas e progressivas. O prolongamento da vida, para o qual muito contribuíram os progressos científicos, fez com que, por sua vez, o processo de "final de vida" possa demorar meses ou mesmo anos.

Concomitantemente, ganha, felizmente, cada vez mais espaço a Medicina Paliativa.

O termo paliativo vem do latim *pallium*, que quer dizer manto ou coberta[1]. Metaforicamente designa tapar, cobrir, amparar, abrigar, trazer conforto, minimizar a dor, o sofrimento. Por outras palavras, procurar e aplicar

---

[1] O verbo latino *palliare* significa tapar com manto.

os procedimentos necessários para "amparar" o sofrimento do doente (e da respectiva família) de modo a proporcionar a melhor qualidade de vida possível. Nesta linha, os cuidados paliativos visam proporcionar conforto, controlando, dentro do possível, os sintomas da enfermidade designadamente a nível físico, psicológico e social.

Nesta linha de orientação, diria que o núcleo precípuo da Medicina Paliativa é precisamente o doente em si mesmo e não propriamente a doença; "amparar" aquele ser humano (e respectiva família) a quem é diagnosticada uma doença grave e/ou para a qual não existe cura, mas em que a Medicina promove todas as diligências para que O doente possa viver com a melhor qualidade possível de modo a assegurar ao máximo a tutela da sua dignidade.

## 2. Enquadramento Histórico e Desenvolvimento

A Organização Mundial de Saúde (OMS), em 1990, definiu cuidados paliativos e posteriormente, em 2002, redefiniu o conceito apresentado como sendo os cuidados que têm como objetivo proporcionar melhor qualidade de vida aos doentes e respectivas famílias[2] que têm doenças incuráveis e/ou graves e com prognóstico limitado, por meio da prevenção e alívio do sofrimento, através de uma "identificação precoce e tratamento rigoroso dos problemas" físicos psicológicos, sociais e espirituais.

Segundo a OMS, os cuidados paliativos têm como objetivos/princípios, designadamente, aceitar a morte como um processo natural, proporcionar alívio da dor, melhorar a qualidade de vida, utilizar uma abordagem de equipe interdisciplinar e oferecer um sistema de apoio à família para que ela possa enfrentar posteriormente o período de luto.

De acordo com o documento elaborado pelo National Consensus Project for Quality Palliative Care[3] e com a nova noção dada pela OMS em 2002, o âmbito dos cuidados paliativos não se circunscreve aos doentes incuráveis em fase terminal. No mesmo sentido, a Associação Portuguesa de Cuidados

---

[2] Por seu turno, a European Association for Palliative Care (EAPC) acentua também, em 2010, a necessidade de estes cuidados terem um abordagem interdisciplinar não se circunscrevendo ao doente mas também à família.

[3] NCP QPC. Clinical Practice Guidelines for Quality Palliative Care, NCP, Pittsburgh, PA, First edition, 2004. Cfr. Second edition, 2009 e Third edition, 2013.

Paliativos[4] sublinha que os Cuidados Paliativos "não podem ser remetidos para uma "ideia de fim de linha", numa dicotomia marcada entre eles e os cuidados curativos, mas sim assumir-se como uma intervenção estruturada e rigorosa nas doenças crônicas e progressivas, nas que provocam grande sofrimento, podendo intervir desde o diagnóstico e assumindo uma dimensão cada vez maior à medida que as necessidades dos doentes assim o justificam. Um doente a receber cuidados paliativos não é inevitavelmente um doente terminal".

Na esteira do preceituado na Declaração Universal dos Direitos do Homem, de 1948, que consagrou, de forma decisiva, a prestação de cuidados de saúde, a OMS insiste na indispensabilidade de os cuidados paliativos serem introduzidos nos sistemas de saúde de todos os países.

Na mesma linha de orientação, são vários os diplomas internacionais[5] que especificamente ressaltam a importância dos cuidados paliativos e consagram a necessidade de desenvolver e implementar todo um conjunto de estratégias de saúde pública que "difundam" e facilitem o acesso equitativo a um número cada vez mais vasto de doentes que deles careçam assim, como a criação de programas de formação em cuidados paliativos para médicos, enfermeiros e outros profissionais de saúde. Destacamos, entre outros exemplos, a Cape Town Declaration, de 2002, Korea Declaration on Hospice and Palliative Care, de 2005, Budapest Commitments, de 2007, Lisbon Challenge, de 2011, The Prague Charter, de 2013, European Declaration on Palliative Care, de 2014.

Todas as legislações nesta temática têm de ter sempre presente o grande princípio da dignidade humana, e, por isso, assiste-se a um esforço em diversas áreas do saber tais como a Medicina, Psicologia, Filosofia, Direito, a nível internacional e nacional, no sentido de encontrar as melhores soluções.

Face à dificuldade em lidar com a finitude do ser humano, há, por vezes, a tentação de gerar um certo distanciamento ou de encarar aquele indivíduo como um objeto e não como um ser humano que necessita de ser amparado. Porém, mesmo nos casos em que já não há hipótese de curar, a ideia

---

[4] APCP, Recomendações para a Organização de Serviços em Cuidados Paliativos, março de 2006, pág. 5.

[5] São várias as reputadas Instituições Internacionais que contribuíram de modo decisivo para a implementação dos cuidados paliativos. Como é o caso da International Association for Hospice and Palliative Care (IAHPC), da European Association for Palliative Care (EAPC), da Worldwide Palliative Care Alliance (WPCA).

norteadora, em sede da medicina paliativa, é a de que ainda há possibilidade de cuidar, de aliviar o sofrimento, proporcionando a melhor qualidade de vida possível.

A efetiva introdução/concretização prática dos cuidados paliativos em Portugal é relativamente recente. Tem lugar somente em 1992, no Hospital do Fundão, graças ao contributo pioneiro e decisivo do Dr. Lourenço Marques que conseguiu criar uma unidade de dor com internamento. A esse marco fundamental (atualmente Serviço de Medicina Paliativa) seguiu-se a criação de mais serviços paliativos, ao mais alto nível, em várias zonas do país.

Em Portugal, a Lei de Bases dos Cuidados Paliativos – Lei nº 52/2012, de 5 de setembro – consagra o direito e disciplina no acesso dos cidadãos aos cuidados paliativos[6]. Nos termos da alínea a) da Base II, entende-se por cuidados paliativos "os cuidados ativos, coordenados e globais, prestados por unidades e equipes específicas, em internamento ou no domicílio, a doentes em situação em sofrimento decorrente de doença incurável ou grave, em fase avançada e progressiva, assim como às suas famílias, com o principal objetivo de promover o seu bem-estar e a sua qualidade de vida, através da prevenção e alívio do sofrimento físico, psicológico, social e espiritual, com base na identificação precoce e do tratamento rigoroso da dor e outros problemas físicos, mas também psicossociais e espirituais". A alínea b) da mesma Base define ações paliativas como sendo "as medidas terapêuticas sem intuito curativo, isoladas e praticadas por profissionais... que visam minorar, em internamento ou no domicílio, as repercussões negativas da doença sobre o bem-estar global do doente, nomeadamente em situação de doença incurável ou grave, em fase avançada e progressiva."[7-8]

Julgo que não seria possível concluir esta abordagem sem uma referência a um diploma legal que reveste grande relevância para o tema em apreço. Para o efeito, chamamos à colação a Lei das Diretivas Antecipadas

---

[6] A Lei nº 52/2012, de 5 de setembro, define, também, a responsabilidade do Estado em matéria de cuidados paliativos e cria a Rede Nacional de Cuidados Paliativos.

[7] Cfr. Portaria nº 340/2015, de 8 de outubro; Portaria nº 165/2016, de 14 de junho.

[8] Cfr. Resolução nº 48/2014, de 14 de maio, da AR; Despacho nº 10429/2014, de 12 de agosto do Gab. do SEA do Ministro da Saúde."

de Vontade (DAV) em matéria de cuidados de saúde – Lei 25/2012, de 16 de julho[9]-[10]-[11].

## 3. Definição e Clarificação Conceptual

O nº 1 do artigo 2º desta lei determina que "uma pessoa maior de idade e capaz, que não se encontre interdita ou inabilitada por anomalia psíquica", pode manifestar previamente a sua vontade consciente, livre e esclarecida, no que diz respeito aos "cuidados de saúde que deseja receber, ou não deseja receber, no caso de, por qualquer razão, se encontrar incapaz de expressar a sua vontade pessoal e autonomamente"[12]. Nas várias possibilidades de manifestação de vontade previstas, destacamos a alínea c) do nº 2 do artigo 2º, que especificamente se reporta aos "cuidados paliativos adequados ao respeito pelo seu direito a uma intervenção global no sofrimento determinado por doença grave ou irreversível, em fase avançada, incluindo uma terapêutica sintomática apropriada".

Consideramos que Portugal deu um passo significativo ao consagrar o direito de cada ser humano declarar antecipadamente a sua vontade no sentido de "não ser submetido a tratamento de suporte artificial das funções vitais", bem como de "não ser submetido a tratamento fútil, inútil ou desproporcionado no seu quadro clínico e de acordo com as boas práticas profissionais, nomeadamente no que concerne às medidas de suporte básico de vida e às medidas de alimentação e hidratação artificiais que apenas visem retardar o processo natural de morte."[13]

---

[9] Este Diploma regula as DAV designadamente sob a forma de testamento vital e de um procurador de cuidados de saúde e cria o Registro Nacional do Testamento Vital.

[10] Cfr. Portaria nº 96/2014, de 5 de maio; Portaria nº 104/2014, de 15 de maio.

[11] EUA, Dinamarca, Estônia, Inglaterra, Islândia, Eslovênia, Alemanha, Áustria, Hungria, Bélgica, Holanda, Finlândia, Chipre, etc são exemplos dos países em que se encontram já previstas as DAV.

[12] A Convenção sobre os Direitos do Homem e a Biomedicina, assinada, em Oviedo, em 4 de abril de 1997 e aprovada para ratificação por Portugal, por Resolução da AR, de 3 de janeiro de 2001, já previa, no art. 9º, o dever de ser tida em consideração a vontade anteriormente manifestada.

[13] Respetivamente as alíneas a) e b) do nº 2 do art. 2º da Lei nº 25/2012, de 16 de julho.

Como ensina Rui Nunes "Em doentes terminais (entendidos em fim de vida e não em agonia terminal, moribundos), o desenvolvimento da medicina, nomeadamente das técnicas de reanimação, colocou desde logo a questão de se determinar se é ou não adequado utilizar todos os recursos médicos existentes ou se, pelo contrário, é legítima a suspensão ou abstenção de tratamentos considerados fúteis, extraordinários, ou desproporcionados (neste contexto utilizam-se como expressões sinónimas 'tratamento desproporcionado', 'tratamento extraordinário', 'tratamento fútil' ou 'tratamento heroico'). Noutra perspectiva, foi a própria ética médica que questionou o imperativo de manter, ou mesmo iniciar, determinados tratamentos em doentes terminais, simplesmente porque estes estão clinicamente disponíveis, independentemente da qualidade de vida remanescente."[14]

Efetivamente, nas situações em que as vantagens de uma terapia não são proporcionais aos incômodos, o princípio da autonomia protege a decisão do doente ou do seu procurador em cuidados de saúde de não consentir no tratamento[15].

Ora, precisamente, a autonomia privada está intimamente ligada à dignidade humana.

Do ponto de vista jurídico, por autonomia privada entende-se o poder de autodeterminação dentro dos limites legais nas relações com as outras pessoas. Com efeito, o livre desenvolvimento da personalidade humana está intrinsecamente associado à ideia de autodeterminação jurídica, pois a liberdade é imprescindível para a concretização dos direitos de personalidade, para a materialização da sua dignidade.

A Constituição da República Portuguesa consagra expressamente a inviolabilidade do direito à vida, encabeçando os direitos, liberdades e garantias pessoais no artigo 24º e a dignidade da pessoa humana como princípio fundamental da República soberana no artigo 1º. A dignidade da pessoa encontra-se expressamente tutelada noutros preceitos constitucionais.[16]

O direito à vida é um direito intransmissível e indisponível, não sendo, portanto, um direito sobre a vida, mas um direito à vida com dignidade.

---

[14] Rui Nunes, Testamento Vital, Nascer e Crescer, Revista de Pediatria do Centro Hospitalar do Porto, XXI (4); 2012: 252-253.

[15] Na mesma orientação, a Recommendation 1418 (1999) of the Parliamentary Assembly of the Council of Europe on Protection of the Human Rights and Dignity of the Terminally Ill and the Dying (nº 5).

[16] Designadamente nos artigos 7º, 13º e 26º.

O direito de morrer com dignidade está, nestes moldes, alicerçado no princípio da autonomia e em vários direitos, tais como o direito à liberdade (artigo 27º), à integridade pessoal (artigo 25º), à liberdade de consciência, de religião e de culto (artigo 41º), à identidade pessoal, ao desenvolvimento da personalidade e à reserva da intimidade da vida privada e familiar (artigo 26º).

Em síntese, a dignidade consubstancia um valor que subjaz a todos os direitos fundamentais e a toda a ordem jurídica.

## 4. Conclusão

Hans Jonas avançou, há uns anos atrás, com um novo imperativo categórico[17]: "É preciso agir de modo a que as nossas ações sejam compatíveis com a permanência de uma existência autenticamente humana na terra."[18] E para essa existência é indispensável a liberdade como capacidade de autodeterminação relativamente às nossas obrigações morais.

A decisão entre a omissão de tratamentos inúteis, fúteis ou desproporcionados, ou, por outro lado, a de preservar uma vida a todo o custo, inclusive com sofrimento, conduz-nos a um conflito de deveres, cuja ponderação nos leva a inclinar pelo valor da dignidade humana que é, aliás, o princípio que fundamenta a República soberana portuguesa e do qual decorrem todos os demais direitos fundamentais.

A dignidade é um valor inerente ao ser humano que se manifesta, desde logo, no anteriormente referido poder de autodeterminação responsável da própria vida. E este poder de autonomia não se circunscreve ao decorrer da nossa existência mas prolonga-se, também, pelos momentos derradeiros da nossa vida.

Cada vez é mais atual a máxima de Heráclito "Imortais mortais, mas também mortais imortais, que morrem a sua vida e vivem dignamente a sua morte".

A medicina paliativa aceita e encara a morte como um processo natural e propõe a adoção de determinadas medidas para "amparar" o doente de modo a promover ao máximo a melhoria da qualidade de vida.

---

[17] Kant considera imperativo categórico que cada um aja de tal forma que a máxima da sua vontade possa valer sempre como princípio de lei universal.
[18] Hans Jonas, *Le Principe Responsabilité*, Ed. du Cerf, Paris, 1990.

Os cuidados paliativos desempenham um papel crucial na promoção da dignidade da pessoa humana.

O direito do doente que opta por uma morte humanizada sem o prolongamento da agonia e recusa um tratamento inútil, fútil, não é inferior ao direito que outro indivíduo tem de escolher o seu tratamento.

O prolongamento artificial do processo de morte consubstancia um atentado à sua dignidade enquanto pessoa e sujeito de direito.

Como escreveu Saint-Exupéry, "Quand nous prendrons conscience de notre rôle, même le plus effacé, alors seulement nous pourrons vivre en paix et mourir en paix, car ce qui donne un sens à la vie donne un sens à la mort."[19]

## 5. Palavras-Chave

Dignidade humana, doente, humanizar, paliativo, qualidade de vida, sofrimento.

## 6. Referências

Barbas S: Direito do Genoma Humano, Almedina, 2ª reimp da ed. 2007, Coimbra, 2016.

Barbas S: Morte e Dignidade Humana numa Perspetiva Jurídica, in "Eutanásia e outras questões éticas no fim da vida", Coord. Rui Nunes, G. Rego, I. Duarte, Serviço de Bioética e Ética Médica, FMUP, Porto; 2009: 81-92.

Gonçalves F: A Boa-Morte. Ética no fim da vida, Coisas de Ler, 2009.

Jonas H: Le Principe Responsabilité, Ed. du Cerf, Paris, 1990.

Marques L: História dos cuidados paliativos em Portugal: raízes. Cuidados Paliativos, Revista Cuidados Paliativos, APCP 1 (2); 2014: 7-16.

Neto I: Cuidados Paliativos, Alêtheia Editores, Lisboa, 2010.

Nunes R: Gene-Ética, Almedina, Coimbra, 2013.

Nunes R: Testamento Vital, Nascer e Crescer, Revista de Pediatria do Centro Hospitalar do Porto, XXI (4); 2012: 250-255.

Woitha K, Garralda E, Martin-Moreno JM, Clark D, Centeno C: Ranking of Palliative Care Development in the Countries of the European Union, Journal of Pain and Symptom Management 52 (3); 2016: 370-377.

---

[19] Antoine de Saint-Exupéry, *Terre des hommes*, VIII.

# Luto

MIGUEL RICOU

## 1. Introdução

O ser humano, tal como os outros animais, vive focado na satisfação das suas necessidades. O que o distingue dos outros é a dimensão social dessas necessidades. Enquanto a maioria dos animais visa a compensação fisiológica e a segurança, o ser humano foca-se, para além disso, na satisfação de necessidades para as quais necessita de terceiros, conhecidas como necessidades sociais. Serão por isso necessidades mais complexas, que exigem a aprendizagem de estratégias elaboradas e continuamente reinventadas com vista à sua satisfação. Quanto mais desafiante for a necessidade, maior será a energia alocada na sua satisfação, e maior será o prazer e a satisfação decorrentes. Do mesmo modo, quando a pessoa se apercebe de que não será possível a satisfação dessa mesma necessidade, o impacto será provavelmente sentido como negativo.

O luto é um processo que decorre da reação da pessoa a essa perda de objetivo, cuja finalidade última será adaptar a pessoa através da construção de outras expectativas desafiantes. O luto aparece muitas vezes associado à morte, sendo ritualizado nas reações que se espera que as pessoas de alguma forma desenvolvam. Contudo, o luto é um processo que ocorrerá em todas as circunstâncias sentidas como frustrantes pelas pessoas.

Os cuidados paliativos visam dar esperança às pessoas na sua capacidade em se adaptarem a uma realidade de vida muito diferente daquela que existia antes do aparecimento da doença ou lesão sofrida pela pessoa. Uma doença incurável e limitadora tem, frequentemente, um impacto brutal na vida da pessoa, bem como naqueles que lhe são próximos. Exige, por isso, enormes mudanças em todas as expectativas que a pessoa tinha para a sua vida, sendo necessária a construção de uma nova mundividência. O luto é, por isso, altamente exigente e difícil de concretizar. O papel dos cuidados paliativos assume aqui a sua máxima expressão. Comunicação e acompanhamento serão as duas dimensões centrais paralelas ao controle sintomático.

## 2. Enquadramento Histórico e Desenvolvimento

### 2.1. O luto

Necessidades fisiológicas, de segurança, sociais, autoestima e autorrealização são os níveis definidos por Maslow (1954/1987) na sua célebre pirâmide das necessidades. Independentemente da atualidade ou não do modelo – como veremos, a classificação em fases está cada vez mais ultrapassada na compreensão humana –, importa compreender que os três níveis superiores correspondem a necessidades que identificam o ser humano e que de algum modo o distinguem dos animais. São necessidades eminentemente sociais, pelo que mais complexas na sua satisfação.

A pessoa tem necessidades que se fazem sentir através de uma tensão psicológica que pode assumir o nome de motivação e que leva o indivíduo a mobilizar-se com vista à satisfação dessa mesma necessidade. A concretização desse processo é acompanhada de prazer. Pelo contrário, a sua não concretização levará ao aparecimento da frustração. Esta poderá levar a pessoa a tentar outras abordagens, na tentativa de satisfazer essa mesma necessidade, ou levar a pessoa a desistir. A desistência, invariavelmente, provoca tristeza, que levará a pessoa a parar. Deste modo, ganha-se espaço de contemplação para, em última análise, se escolher outro objetivo ou outra expectativa que permita focar o indivíduo na satisfação de mais necessidades. O ser humano terá então muitos caminhos por onde se concretizar não existindo, para além das necessidades fisiológicas, necessidades imperiosas quando à sua satisfação.

A este processo de adaptação que visa ultrapassar a frustração – traduzida em tristeza – poderá chamar-se processo de luto. O luto será então um processo de adaptação do indivíduo à perda do objetivo e à necessidade da construção de alternativas que mantenham o indivíduo motivado na sua vida e com todo o potencial de felicidade.

O modelo mais conhecido do processo de luto foi proposto por Kubler-Ross (1969/2000), que ficou conhecido por um modelo de estádios ou fases que a própria pretendeu negar. De fato, e tal como já foi referido, a ideia de fases no funcionamento humano poderá erradamente induzir que todas as pessoas deverão passar por determinadas fases, sob pena de o processo se tornar patológico. Na verdade, a descrição dos processos em termos de fases visa apenas uma descrição mais clara e simples das experiências pelas quais as pessoas podem passar durante o luto. Na verdade, muitas das fases ali descritas – negação, raiva, negociação, depressão e aceitação – podem não acontecer, suceder em simultâneo ou surgirem mesmo outro tipo de reações. Poderá dizer-se que o luto é uma parte da experiência relacionada com a perda, com a frustração mas não o todo da reação.

Na verdade, o luto não deixa de ser um conjunto de reações emocionais que visa, em última análise, promover uma adaptação da pessoa a uma nova realidade que exige uma mudança séria. Ora, a mudança terá maior probabilidade de ser eficaz se for devidamente ponderada e compreendida pelo indivíduo. Nesse sentido, o papel da tristeza, claramente a emoção mais vezes dominante, será precisamente o de fazer a pessoa parar, o de diminuir o seu nível de funcionamento, permitindo uma melhor contemplação da realidade e uma mais eficaz adaptação, porque mais consciente.

O mundo de hoje é um mundo focado na produtividade e no consumo. Os valores sociais vigentes apontam, por isso, para o trabalho e para o sucesso econômico. Quanto mais a pessoa conseguir produzir, mais socialmente valorizada será. A tristeza é por isso muito mal compreendida. As pessoas escondem-se para chorar, sentem que incomodam os outros quando estão tristes e elas próprias se sentem incomodadas pela sua própria tristeza.

Num mundo como este o luto está definido pelo direito de dias de ausência ao trabalho, mas apenas quando morre alguém com quem a pessoa tinha laços familiares próximos. Qualquer outro tipo de perda ou mudança na vida não é valorizada, sendo que a reação pessoal da pessoa à perda é cada vez mais tipificada e normalizada. Neste contexto, a patologização do luto será mais provável. Neste contexto, a capacidade de adaptação da pessoa está diminuída, uma vez que existirão poucas alternativas para as mudanças que a pessoa terá de efetuar.

Os cuidados paliativos terão então de contrabalançar estas dificuldades, contribuindo para a humanização do processo de adaptação que será, no fundo, contribuir para a personalização do processo de luto.

## 3. Definição e Clarificação Conceptual

### 3.1. A comunicação

Não poderá existir verdadeira compreensão sem um bom processo comunicacional que, por sua vez, apenas terá lugar através da estruturação de uma relação de confiança entre pessoas. A relação entre o profissional de saúde e o doente é assimétrica, uma vez que é baseada numa procura de ajuda por parte de alguém que se encontra numa situação de vulnerabilidade. O profissional, sob pena de não corresponder às necessidades da pessoa, fica, pois, sujeito à obrigação de possuir competências que lhe permitam ajudar o doente na sua procura de informação indispensável ao exercício da sua autonomia.

A pessoa que recebe más notícias sobre a sua saúde, ou que se sente mal com o seu estado físico, desenvolve problemas sérios de adaptação que poderão afetar a sua autoimagem e o seu autoconceito. Neste sentido poderá desenvolver uma sensação de impotência e de incapacidade que poderá dificultar o estabelecimento de um processo comunicacional íntegro e funcional.

Caberá, pois, ao profissional a responsabilidade de estar atento e identificar as diferentes variáveis que poderão estar a condicionar o funcionamento do doente e, deste modo, a perturbar a construção de uma relação de confiança que possibilite a melhor comunicação possível. Não deve por isso ser esquecido o grande objetivo de qualquer relação terapêutica: devolver ao sujeito a capacidade de tomar as suas próprias decisões, de conseguir perspectivar a sua realidade de uma forma adaptativa e levar a cabo as suas escolhas. No fundo, passa por lhe devolver a sua autonomia (Ricou, 2014).

A pessoa é um ser natural, pelo que o seu objetivo último de vida é viver o melhor possível. Se é verdade que necessita de segurança para se conseguir sentir minimamente equilibrada e capaz de se motivar com vista à satisfação de um conjunto de necessidades que no fundo caracterizam a espécie humana (Maslow, 1987/1954), também é certo que a sua capacidade de adaptação é enorme, sendo que são inúmeros os exemplos de pessoas que conseguem viver bem em condições que, à partida, poderiam parecer impraticáveis.

Os cuidados paliativos serão um valioso contributo para auxiliar a pessoa neste percurso, ajudando-a a encontrar a melhor forma de se adaptar. Segundo Hennezel e Leloup (1997), existem dois grandes medos que as pessoas sentem antes de morrer: a dor física e a solidão ou o abandono. Serão, pois, estes os dois grandes objetivos dos cuidados paliativos. Claro que ao medo da solidão está associada uma série de outros medos, como sejam o de se ser separado daqueles que se ama, o medo de assistir à sua degradação física e mental, o medo de perder uma certa imagem de si, o tornar-se dependente, o perder o controle das coisas, enfim, a perda da autonomia e da identidade. Poderá então iniciar-se o processo de luto, condição central para promover uma melhor aceitação do problema em questão, abrindo caminho à possibilidade de a pessoa viver os últimos tempos da sua vida de uma forma mais tranquila, mais segura, e de acordo com os seus desejos e vontades. Então, a regra geral, que como todas as regras incluirá algumas excepções, deverá ser o de tentar informar o doente da forma mais clara e objetiva possível, o que implicará, naturalmente, um conhecimento prévio e o mais profundo possível das suas características.

## 4. Conclusão

A cultura ocidental moderna está impregnada pelo individualismo e pela crença numa única vida, o que faz com que as pessoas procurem viver a sua única existência da melhor forma possível e num maior espaço de tempo. Estes fatores dificultam os processos de adaptação e promovem a noção de autodeterminação em todas as suas formas, sendo que a morte não constituirá disso uma excepção (Cohen *et al.*, 2006).

Contudo, sabemos que não é só o fator cultural a influenciar a vivência da dor, do sofrimento e do processo de morrer. Há também uma componente subjetiva, em que o sofrimento é uma experiência única para cada indivíduo, tornando o processo de luto num processo pessoal.

O trabalho a efetuar pelos profissionais terá de passar pela promoção da compreensão e aceitação de todo o processo de sofrimento, ajudando a pessoa a procurar os seus significados e as suas reais alternativas. Será necessário um acompanhamento sério que vise fazer a pessoa sentir a proximidade dos outros, dando resposta às suas necessidades espirituais, que poderão corresponder à satisfação das necessidades relacionais da pessoa.

Só assim será possível auxiliar a pessoa a viver o seu luto e chegar a uma fase de aceitação ou mesmo de resignação, condição essencial para a pessoa se poder descentrar do seu sofrimento e viver o processo de uma forma menos assustadora.

A comunicação honesta representa então um imperativo ético. As pessoas necessitam de planejar e tomar decisões, fazer escolhas, de serem protegidas de intervenções terapêuticas fúteis que só trazem mais sofrimento e falsas esperanças.

## 5. Palavras-Chave

Adaptação, comunicação, cuidados paliativos, luto, psicologia.

## 6. Referências

Cohen J, Marcoux I, Bilsen J, Deboosere P, Van Der Wal G, Deliens L: Trends in acceptance of euthanasia among the general public in 12 European countries (1981–1999). The European Journal of Public Health 16 (6); 2006: 663-669.

Hennezel M, Leloup JY: L'art de mourir. Traditions religieuses et spiritualité humaniste face à la mort aujourd'hui, Éditions Robert Laffont, SA: Paris, 1997.

Kübler-Ross E: Sobre a morte e o morrer. São Paulo: Martins Fontes, 2000. Do original: On Death & Dying, 1969.

Maslow AH: Motivation and Personality, Third Edition, 1987. Revised by Frager R, Fadiman J, McReynolds C, Cox R: Addison-Wesley Educational Publishers Inc. Do original publicado em 1954.

Ricou M: A Ética e a Deontologia no Exercício da Psicologia. Lisboa: Ordem dos Psicólogos Portugueses, 2014.

# Neoplasias da Cabeça e Pescoço

PAULA SILVA

## 1. Introdução

A Organização Mundial de Saúde refere que em 2012 surgiram cerca de 14 milhões de novos casos de câncer em todo o mundo, dos quais 4,9% são de cabeça e pescoço. As mortes por câncer em geral foram, nesse ano, de aproximadamente oito milhões, sendo que 4,58% decorreram de cânceres da cabeça e pescoço. Podemos concluir que 54,7% dos doentes com câncer de cabeça e pescoço morreram devido à sua doença.

Quanto ao panorama nacional, no mesmo ano foram registados pela mesma fonte cerca de 46 174 novos casos de câncer em Portugal, com 2 912 (6,3%) da cabeça e pescoço. Foram registradas 24 112 mortes por câncer no país, das quais 4,64% (1119) resultaram de câncer da cabeça e pescoço – 38,4% dos doentes com este câncer morreram na sua sequência.

Anatomicamente o câncer da cabeça e pescoço engloba tumores da cavidade oral, dos seios paranasais, das glândulas salivares, da faringe e da laringe.

Histologicamente cerca de 90% dos tumores da cabeça e pescoço são carcinomas espinocelulares e aproximadamente 50% dos pacientes com este tipo de tumor apresentam-se à data de diagnóstico em estádio avançado, estádio III ou IV, caracterizado por tumor primário localmente avançado ou metastização ganglionar cervical.

Apesar dos avanços na terapia multimodal destes tumores continua-se a verificar uma elevada incidência de recorrência – mais de 50% dos pacientes apresentam risco para recorrência local e 30% de aparecimento de doença à distância. Mais de 90% das recorrências são observadas nos três anos após o término do tratamento dirigido à doença, sendo que o tratamento das recorrências é, na maior parte das vezes, complexo e deixa frequentemente sequelas importantes que se fazem acompanhar de sintomas de difícil controle.

Em associação aos sintomas físicos estes doentes apresentam frequentemente significativas comorbilidades, incluindo hábitos tabágicos e etílicos, bem como complexas questões psicossociais.

Compreende-se, pois, que uma significativa percentagem destes doentes seja encaminhada para cuidados paliativos, constituindo um importante desafio e exigindo uma intervenção interdisciplinar.

## 2. Enquadramento Histórico e Desenvolvimento

Sendo a abordagem em cuidados paliativos uma abordagem holística, dirige-se aos sintomas físicos e psicológicos, bem como às questões sociais e espirituais.

Os doentes com câncer da cabeça e pescoço em cuidados paliativos apresentam habitualmente complexas questões a todos estes níveis.

Do ponto de vista dos sintomas físicos, poder-se-á dizer que nos doentes em cuidados paliativos são os que apresentam a associação de maior número de sintomas envolvendo diferentes estruturas, órgãos e sistemas.

Na generalidade, os sintomas relacionam-se com a doença oncológica em si ou com sequelas dos tratamentos dirigidos à mesma, sobretudo com a cirurgia e a radioterapia.

A dor nestes doentes apresenta uma elevada prevalência, principalmente na sua fase avançada.

Dada a complexidade anatômica da cabeça e pescoço, várias estruturas podem ser comprimidas ou invadidas pelo tumor, pelo que a dor é frequentemente mista – nociceptiva e neuropática –, exigindo muitas vezes a associação de fármacos em diferentes doses e esquemas e mesmo o uso de outras técnicas analgésicas para o seu controle.

Para além da dor, outros sintomas geram grande desconforto a nível da cavidade oral como a xerostomia ou, em contraponto, a sialorreia e as mucosites.

Feridas tumorais e fístulas são frequentes e podem estar na base do aumento da dor, do aparecimento de infecções, de exsudação e de cheiro fétido, bem como relacionarem-se com um aumento do risco de hemorragia. Estas lesões exigem cuidados complexos e desafiantes.

Os sintomas do foro respiratório como a dispneia, a tosse e as secreções são frequentes e estão habitualmente relacionados com o envolvimento das vias aéreas superiores, seja por obstrução intrínseca ou extrínseca. No entanto, nestes doentes, associam-se muitas vezes outras causas para esta sintomatologia, como a doença pulmonar obstrutiva crônica ou a insuficiência cardíaca.

Ainda de referir a possibilidade de sufocação com todo o potencial sofrimento que esta situação pode gerar.

Dos sintomas do foro digestivo, nos doentes com câncer da cabeça e pescoço destaca-se a disfagia e todos os problemas que lhe são inerentes – a fome, a sede, a desnutrição, o engasgamento e a possibilidade de pneumonia de aspiração.

Quer os sintomas do foro respiratório quer os relacionados com a deglutição exigem muitas vezes importantes tomadas de decisão, tais como a decisão de colocar uma traqueostomia, uma sonda nasogástrica ou uma gastrostomia para alimentação.

De lembrar ainda que a questão da alimentação nestes doentes não se resolve ao se saciar a fome, pois a alimentação tem uma dimensão social, cultural e mesmo emocional que é muito difícil, senão impossível, de ultrapassar.

Estas situações geram quase inevitavelmente sintomas do foro psicoemocional. De forma mais ou menos marcada estão presentes a tristeza, a ansiedade, a irritabilidade, as alterações do padrão do sono, podendo também ser evidentes outros sintomas que se enquadrem nos critérios de diagnóstico de uma depressão ou de uma psicose.

Importante é estar atento e fazer o diagnóstico diferencial com um quadro de *delirium*, que pode ter causas reversíveis com tratamento dirigido, como o caso da hipercalcemia.

Apesar de o exposto não pretender ser mais do que um levantamento dos principais problemas e sintomas em doentes com câncer da cabeça e pescoço em cuidados paliativos, seria inaceitável não mencionar as graves limitações de comunicação que estes doentes apresentam e as alterações da imagem corporal que por si só podem levar ao isolamento e a grande sofrimento.

Todas estas questões pressupõem conhecimento científico, sim, mas também conhecimento bioético e domínio de técnicas de comunicação, pois só dessa forma será possível evitar que o doente sofra mais do que tem de sofrer, cumprindo-se assim o principal objetivo dos cuidados paliativos.

## 3. Definição e Clarificação Conceptual

Abordar-se-ão alguns sintomas e problemas de forma mais pormenorizada não sendo, no entanto, o objetivo explorá-los aprofundadamente, mas salientar as particularidades inerentes a estes doentes.

### 3.1. Dor

Como já referido, a dor nesta patologia apresenta características mistas – nociceptiva e neuropática –, já que envolve numa pequena área anatômica diferentes estruturas, desde mucosas, vísceras, músculos, ossos até vasos e nervos.

A dor pode, assim, surgir por infiltração local; por oclusão de estruturas vasculares e/ou linfáticas, produzindo edema e podendo levar ao aparecimento ou agravamento de dor por isquemia e por compressão de estruturas inervadas; por invasão óssea ou extensão de infecção de tecidos moles, causando um quadro de osteomielite; e ainda por compressão ou invasão de estruturas nervosas.

Pela localização da dor, suas características e irradiação, pode-se muitas vezes perceber quais as estruturas envolvidas, tendo mesmo sido descritos algumas importantes síndromes como a síndrome do forâmen jugular, a síndrome do clivus, a síndrome da fossa craniana média ou ainda a nevralgia do glossofaríngeo.

O tratamento da dor nestes doentes segue as regras gerais preconizadas para o controle da dor oncológica – o analgésico deve ser escolhido pela escada analgésica, de acordo com a intensidade da dor e, se esta apresentar características mistas, deve ser associado precocemente um adjuvante.

Nestes doentes uma das particularidades a ter em conta é a via de administração dos fármacos, uma vez que a via oral, na maior parte dos casos, mais cedo ou mais tarde, fica comprometida.

Numa primeira fase pode estar só comprometida a ingestão de sólidos, o que permite a administração de soluções orais, xaropes ou mesmo comprimidos triturados e cápsulas abertas. Nos doentes com sonda nasogástrica ou gastrostomia de alimentação também se podem utilizar as mesmas formulações. No entanto, sabendo que as formulações de libertação prolongada não podem passar por esses processos, o leque de opções de fármacos diminui, nomeadamente em relação aos opioides.

Na maior parte das situações restam as formulações transdérmicas como o fentanil ou a buprenorfina, que são excelentes opções quando a dor está razoavelmente controlada, mas que não constituem a melhor opção para titulação de dose.

Em relação aos adjuvantes, a escolha tanto pode recair sobre os anticonvulsivantes como sobre os antidepressivos. A opção pode passar pela consideração da presença de comorbilidades ou até por aproveitar outro efeito que não o analgésico que possa ser útil para aquele doente.

Em muitas situações, pelo efeito anti-inflamatório e antiedematoso, a utilização de corticoides pode ser de grande utilidade.

Outros fármacos como a metadona ou a cetamina podem ter indicação no controle da dor, mas necessitam de experiência no seu manuseamento.

Em situações bem selecionadas pode ser ainda de grande utilidade para o controle da dor a realização de radioterapia antálgica.

Uma palavra para a via subcutânea, chamando a atenção para a facilidade e segurança de utilização desta via, para os diversos fármacos possíveis de administrar e ainda para a possibilidade de ser utilizada em contexto domiciliário.

### 3.2. Problemas da cavidade oral

Os problemas da cavidade oral são muito prevalentes, sendo que podem decorrer da própria doença ou dos tratamentos e todos eles são agravados pelos hábitos tabágicos, etílicos e pela má higiene oral.

A secura da boca é frequente e várias podem ser as suas causas – a radioterapia envolvendo as glândulas salivares, a administração de fármacos antimuscarínicos, opioides, antidepressivos, a obstrução nasal ou a desidratação constituem algumas das causas mais comuns. A percepção dessa secura designa-se por xerostomia e em alguns doentes é o principal motivo de desconforto. As suas repercussões vão desde a alteração do paladar até à dificuldade de deglutição e mesmo de comunicação. A secura da boca associada à má higiene oral leva a alterações significativas da flora bacteriana da cavidade oral, facilitando o aparecimento de infecções e cáries.

A gestão da xerostomia passa obrigatória e primariamente por uma boa higiene oral, sendo que esta medida, pela sua importância para o conforto do doente, deve-se manter mesmo no doente em fase de agonia. A hidratação adequada, o uso de colutórios, de salivas sintéticas e de alimentos citrinados constituem medidas gerais importantes. A pilocarpina está indicada, embora possa ter significativos efeitos colaterais que limitem o seu uso. Claro que o adequado tratamento das infecções constitui também medida fundamental.

Se a xerostomia é fonte de grande desconforto a sialorreia também o é. A sialorreia pode estar relacionada com o aumento de produção de saliva ou com a dificuldade em a deglutir por dor ou, sobretudo, pela presença de disfagia. A sua melhoria passa pela administração de fármacos com efeito anticolinérgico como a butilescopulamina.

### 3.3. Feridas e Fístulas

As feridas em doentes com estes tumores em cuidados paliativos são na maior parte dos casos complexas. Trata-se de feridas que se enxertam num tumor em progressão, por vezes numa área que já foi irradiada, na proximidade de vasos e nervos, podendo estar em contato com a cavidade oral e, portanto, exposta à sua flora polimicrobiana.

A dor local pode exigir pré-medicação antes da realização do curativo, pois não é aceitável que o doente sinta dor durante a sua realização.

As infecções podem agravar a dor e promover exsudação e cheiro, pelo que devem ser tratadas. Localmente pode-se utilizar o metronidazol e os pensos com prata ou com carvão ativado, mas frequentemente é necessária antibioterapia sistêmica, escolhendo um antibiótico que tenha ação em anaeróbios.

Nas lesões friáveis pode-se utilizar sucralfato e ácido aminocaproico tópicos. Toda a medicação deve ser revista para evitar o uso de fármacos que aumentem o risco de hemorragia e deve ser equacionada a hipótese de realização de radioterapia hemostática.

Perante a possibilidade de uma hemorragia, devem ser antecipadas medidas que diminuam o seu impacto no doente e nos familiares, como usar lençóis e resguardos verdes, já que a visão de sangue num fundo branco é muito mais assustadora.

Deve estar prevista a maneira de sedar o doente rapidamente o que, em contexto domiciliário, pode ser feito com diazepam retal. Em meio hospitalar o ideal é a administração de midazolam por via endovenosa (1 mg de minuto a minuto até ao encerramento das pálpebras). Se o doente não tiver um acesso venoso disponível administra-se 15 mg de midazolam por via intramuscular.

Depois desta primeira medida tomam-se outras para controlar a hemorragia, realizando compressão, usando adrenalina tópica e se possível clampando o vaso sangrante.

Dentro de todas estas medidas é fundamental lembrar que o mais assustador para o doente é ficar sozinho, pelo que mesmo que não se consiga fazer mais nada devemos permanecer junto dele.

### 3.4. Disfagia

A disfagia tem uma grande prevalência e surge frequentemente ainda numa fase precoce da evolução da doença. Numa fase inicial vão-se realizando ajustes alimentares com o apoio fundamental da nutrição e o doente continua a ser capaz de se alimentar por via oral, não sentindo fome ou sede. Com a progressão da disfagia torna-se necessário equacionar outras medidas como a colocação de sonda nasogástrica ou de gastrostomia de alimentação. Esta medida tem de ser discutida com o doente explicando-lhe de forma clara e sensível quais as vantagens e desvantagens. Na atualidade e sempre que possível opta-se pela gastrostomia, pois para além de mais confortável não é visível, o que é importante para doentes já com tantos outros fatores a afetarem a sua imagem corporal.

Como já foi referido, a colocação de sonda nasogástrica ou de gastrostomia soluciona o aporte nutricional e a hidratação, mas não resolve todas as questões relacionadas com a alimentação. Mesmo a fome nem sempre é saciada, pelas características de uma dieta exclusivamente líquida e por fatores psicoemocionais determinantes neste processo.

### 3.5. Problemas respiratórios

A dispneia define-se como a sensação subjetiva de dificuldade em respirar, desproporcional ao esforço físico. Sendo um sintoma frequente na doença avançada quer oncológica quer não oncológica, constitui um sintoma devastador e muitas vezes difícil de controlar, que leva a grande estresse emocional.

Às causas mais habituais de dispneia em fase de doença avançada, nos doentes com câncer da cabeça e pescoço acresce a obstrução intrínseca ou extrínseca das vias aéreas superiores.

Se a muitos doentes a traqueostomia é colocada precocemente durante a cirurgia dirigida à doença, a outros esta hipótese coloca-se na fase de doença avançada para controle da dispneia com risco de sufocação.

Esta situação deve ser abordada delicadamente com o doente e familiares logo que se perspective essa possibilidade para que o doente possa refletir e ser ajudado na tomada de decisão.

À obstrução tumoral associam-se frequentemente secreções brônquicas que, por serem abundantes ou espessas, por estarem infectadas ou pela debilidade do doente, são difíceis de mobilizar e, consequentemente, levam ao agravamento da dispneia. Se o doente está traqueostomizado, apesar de o quadro obstrutivo ter sido resolvido, as secreções mantêm-se, sendo as infecções mais frequentes e as secreções mais difíceis de expelir, o que pode levar à obstrução da própria cânula.

Todo este conjunto de situações, associado às frequentes comorbilidades, torna o controle da dispneia especialmente difícil nesta patologia.

Se as secreções estão infectadas a antibioterapia tem indicação, mesmo em fases muito avançadas de doença, não na perspectiva de tratar a infecção mas visando o alívio sintomático. Nesses casos, a literatura recomenda a administração de uma toma única de 1 g de ceftriaxona (EV ou SC) e, se se verificar melhoria, prosseguir com o tratamento.

Só se as secreções não estão infectadas é que se deve considerar a utilização de fármacos com efeito anticolinérgico, visando a redução das secreções e, mesmo assim, sabendo que os estudos são controversos em relação a esse efeito.

Em doentes que não aceitem ou em que não seja possível a colocação de traqueostomia e apresentem risco iminente de sufocação deve ser considerada a sedação.

Pelo estresse que a dispneia condiciona em qualquer episódio de agravamento, o mais importante é nunca deixar o doente sozinho.

### 3.6. Problemas de comunicação

Os fatores que podem afetar a comunicação verbal nestes doentes são vários – a localização da neoplasia, as sequelas de cirurgias por vezes altamente mutilantes, as sequelas da radioterapia, a xerostomia ou a sialorreia, a dor, a mucosite e a presença de traqueostomia.

Associado a estes fatores, não é desprezível o fato de muitas vezes se tratar de doentes com história de alcoolismo e com pouca escolaridade, o que limita desde logo o uso de meios de comunicação alternativa como a escrita ou o computador.

Por isso, sempre que possível, o enfoque deve ser dirigido para a terapia da fala. Deve-se privilegiar o uso de cânulas fenestradas ou apostar no ensino da voz esofágica.

No entanto, com a progressão da doença e o agravamento da debilidade geral, o doente vai perdendo a capacidade de usar estes recursos.

Assim, fica na mão de todos os cuidadores o esforço e a paciência para tentar compreender o doente.

### 3.7. Família

Uma palavra para os familiares e cuidadores destes doentes, que devem ser apoiados o mais precocemente possível, uma vez que muitos são os problemas inerentes a esta situação, exigindo preparação, dedicação e abnegação.

Aos familiares, para além do ensino, deve ser dado um reforço positivo e fazê-los sentir que existe uma retaguarda pronta e segura sempre que necessário.

## 4. Conclusão

Ao longo destas páginas alguns problemas e particularidades inerentes aos doentes com câncer avançado da cabeça e pescoço em cuidados paliativos foram levantados.

Pela extensão e complexidade do tema os problemas levantados não foram aprofundadamente explorados. No entanto, espera-se ter atingido o seu propósito essencial – fazer uma reflexão sobre a verdadeira dimensão do sofrimento destes doentes.

## 5. Palavras-chave

Câncer de cabeça e pescoço, cuidados paliativos, dor, disfagia, dispneia.

## 6. Referências

Acesso em junho de 2017, de https://gco.iarc.fr/today/home.

Brockstein, BE: Management of Recurrent Head and Neck Cancer. Drugs 71 (12); 2011: 1551-1559.

Cocks H, Ah-See K, Capel M, Taylor P: Palliative and Supportive Care in Head and Neck Cancer: United Kingdom National Multidisciplinary Guidelines. Journal of Laryngology and Otology 130; 2016: 198-207.

Nilsen ML, Johnson JT: Potential for low-value palliative care of patients with recurrent head and neck cancer. The Lancet Oncology, 2017.

O'Reilly AC, Walshe M: Perspectives on the role of the speech and language therapist in palliative care: An international survey. Palliative Medicine 29 (8); 2015: 756-761.

Schrijvers D, Van Fraeyenhove, F: Emergencies in palliative care. The Cancer Journal 16 (5); 2016: 514-520.

Stewart, S: Palliative care consultations in head and neck cancer. British Journal of cancer 98 (2); 2008: 515.

# Oncologia

**CLEDY ELIANA DOS SANTOS**
Em colaboração com José Manuel Peixoto Caldas, Newton Barros

## 1. Introdução

A prática de cuidados paliativos foi criada principalmente para promover uma atenção integral para pessoas com câncer avançado no final da vida.

Câncer é um conjunto de doenças de múltiplas causas e fatores que vem passando por um processo de transição para uma condição crônica, resultado do diagnóstico precoce e do avanço dos tratamentos instituídos com consequente aumento da sobrevida das pessoas acometidas.

Como outras doenças crônicas não transmissíveis (DCNT), o câncer se caracteriza por etiologia, trajetória e prognóstico incertos, múltiplos fatores de risco, longos períodos de latência, curso prolongado, origem não infecciosa e por estar associado a deficiências, incapacidades funcionais, além de vulnerabilidade social e emocional (World Health Organization, 2005).

Diante dessa complexidade, as pessoas acometidas por câncer necessitam de uma assistência integral, progressiva, interprofissional e multidisciplinar desde o diagnóstico, considerando a gravidade, o padrão de evolução, as diferentes manifestações, as formas de tratamentos e as comorbidades associadas que podem ocasionar intercorrências clínicas ou alterações emocionais e sociais (Bray *et al.*, 2012, Hughes, 2015, Tritter e Calnan, 2002).

## 2. Enquadramento Histórico e Desenvolvimento

A medicina moderna é caracterizada pela centralização do saber médico nos hospitais e nas especialidades médicas, supervalorizando a medicina curativa e o enfoque biomédico. A diminuição do humanismo na relação com o paciente e a predominância do enfoque biológico muitas vezes desconsideram os aspectos sociais e emocionais notadamente envolvidos na origem e na progressão de várias doenças, principalmente o câncer, assim como no agravo de vários tipos de sofrimento, incluindo a dor crônica (Barros *et al.*, 2012).

Assim, devido às características inadequadas desta prática para atender as necessidades de saúde da população e tendo por base a história natural das doenças, surgem os Cuidados Paliativos e a Medicina Paliativa, como reação à ideologia curativa vigente.

Ao enfocar a gravidade, o isolamento e a diversidade das necessidades dos pacientes oncológicos sem possibilidade de tratamento curativo (físicas, emocionais, sociais e espirituais), Cicely Saunders, uma das fundadoras do St. Christopher's Hospice (Reino Unido, 1967), estabelece uma modalidade de assistência – *hospices* – baseada na multidisciplinaridade, incluindo a participação dos familiares na problemática da doença avançada. Este movimento foi o início do que conhecemos hoje por cuidados paliativos.

Essa modalidade de assistência passou a refletir uma mudança de paradigma e de conceitos sobre a atenção às pessoas com doenças avançadas ou em fase final da vida, levando a Organização Mundial da Saúde (OMS) a considerar que o acesso a serviços de cuidados paliativos é uma necessidade e uma prioridade no âmbito das políticas de saúde.

Segundo a OMS, para o ano 2030 são esperados 27 milhões de casos novos de câncer, 17 milhões de mortes (por câncer) e 75 milhões de pessoas vivendo com a doença. O maior efeito desse aumento vai incidir em países de baixa e média renda (World Health Organization, 2002).

A Organização Pan-Americana de Saúde (OPAS) projeta, para o ano de 2020, a ocorrência de 840 mil mortes por câncer na América Latina e no Caribe e chama a atenção para o fato de que um dos aspectos menos valorizados na atenção das pessoas com câncer são os cuidados paliativos, quando deveriam fazer parte do tratamento desde o momento do diagnóstico (Organização Pan-Americana de Saúde, 2005).

No Brasil, foi estimada para o biênio 2016/2017 a ocorrência de aproximadamente 600 mil casos novos de câncer por ano. Portanto, excluindo-se os casos de câncer da pele não melanoma, estima-se um total de 420 mil casos novos de câncer por ano, evidenciando a magnitude do problema do câncer no país (Brasil, 2015).

Considerando que a maioria dos indivíduos com câncer procura a rede pública de serviços com a doença em estágio avançado e com reduzidas possibilidades de tratamento curativo, os cuidados paliativos surgem como uma estratégia de atenção que busca melhorar a qualidade de vida, aliviar o sofrimento físico, psicológico, espiritual e social das pessoas com doenças graves e avançadas e proporcionar apoio aos familiares e cuidadores (Brasil, 2001, Medina *et al.*, 2013, Tritter e Calnan, 2002).

## 3. Definição e Clarificação Conceptual

Os cuidados paliativos são um conjunto de conhecimentos, atitudes e práticas voltados para a assistência de pessoas com doenças graves, avançadas, fora de possibilidades terapêuticas de cura.

Cuidados paliativos podem ajudar as pessoas a viver mais confortavelmente. É uma necessidade humanitária urgente para pessoas com câncer e outras doenças crônicas e fatais em todo o mundo e particularmente necessárias em lugares com uma alta prevalência de pacientes em estágios avançados de câncer onde há poucas hipóteses de cura.

De acordo com o Instituto Australiano de Saúde, inúmeras definições e terminologias diferentes sobre cuidados paliativos são usadas no país e internacionalmente: *hospice*, cuidados no final da vida e 'cuidados paliativos especializados' (Australian Institute of Health and Welfare, 2014).

Inicialmente, a assistência de cuidados paliativos foi considerada exclusivamente para pacientes oncológicos, em fase final de vida. Este conceito foi modificando com a expansão e apropriação da filosofia dessa forma de assistência em diferentes países e, também, seguindo a transição epidemiológica e demográfica de suas populações.

No conceito mais atualizado, os cuidados paliativos são o tratamento para aliviar, ao invés de curar, os sintomas causados pelo câncer e melhorar a qualidade de vida dos pacientes e suas famílias (Chaves *et al.*, 2011, World Health Organization, 2005).

Cuidados paliativos são uma abordagem que melhora a qualidade de vida dos pacientes e suas famílias que enfrentam o problema associado com doenças potencialmente fatais, através da prevenção e alívio do sofrimento por meio da identificação precoce e avaliação impecável e tratamento da dor e outros problemas, físicos, psicossociais e espirituais (World Health Organization, 2005).

## Quadro 1 – Linha do tempo dos cuidados paliativos modernos

| Linha do Tempo dos Cuidados Paliativos Modernos | | | | |
|---|---|---|---|---|
| Década de 60 – Criação do Movimento dos *Hospices* | Década de 70 – difusão dos serviços de Cuidados Paliativos | Década de 80 – Expansão dos Cuidados Paliativos | Década de 90 – Reconhecimento dos Cuidados Paliativos | Novo Milênio – 2002 |
| Reino Unido – 1967: Filosofia dos *hospices* – St. Christopher's Hospice com Cicely Saunders. Estabelecida a modalidade de assistência multidisciplinar para pacientes em fase terminal de câncer | Canadá – 1974: denomina a assistência como cuidados paliativos e – Implanta a primeira unidade de cuidados paliativos no Hospital Geral São Bonifácio (Winnipeg) | França – 1980: Os cuidados paliativos implantados em serviços de gerontologia | OMS – 1990: reconhece a prática de cuidados e recomenda para 90 países e em 15 idiomas o conceito e os princípios de cuidados paliativos | OMS – 2002: revisão e ampliação do conceito de cuidados paliativos, incluindo a assistência a outras doenças como aids, doenças cardíacas e renais, doenças degenerativas e doenças neurológicas |
| | | Austrália – Anos 80: redes comunitárias envolvidas com o movimento *hospice* | | |
| | | Itália –1980 | | |
| | | Alemanha –1983 | Holanda – 1991 | |
| | | Espanha – 1984 | | |
| | | Bélgica – 1985 | | |
| | Estados Unidos – 1974/1975: fundado 1º *hospice* na cidade de Connecticut por Florence Wald | Brasil – 1983: Implantado em Serviço de Dor do Hospital de Clinicas da Universidade Federal do Rio Grande do Sul | Portugal – 1992: Inicia Cuidados Paliativos com Implantação no Serviço de Dor do Hospital do Fundão | |
| | Suécia – 1977 | 1986 – Cuidados Paliativos no Centro de Alívio da Dor do Hospital Nossa Senhora da Conceição – Grupo Hospitalar Conceição – Porto Alegre/RS | | |

QUADRO 2 – Evolução do conceito de cuidados paliativos

| | Evolução do Conceito de Cuidados Paliativos | | |
|---|---|---|---|
| | Década de 80 | Década de 90 | Novo Milênio – 2002 |
| Conceito | Controle dos sintomas físicos (alívio da dor) e do sofrimento psicológico dos pacientes | O cuidado total e ativo de pacientes cuja doença não é mais responsiva ao tratamento curativo. São da maior importância: o controle da dor e outros sintomas, como também os psicológicos, espirituais e sociais | Uma abordagem que melhora a qualidade de vida dos pacientes e suas famílias, que enfrentam os problemas associados com doenças potencialmente fatais, através da prevenção e alívio do sofrimento por meio da identificação precoce e avaliação impecável e tratamento da dor e outros problemas, físicos, problemas psicossociais e espirituais |
| Objetivo | Melhorar o final de vida dos pacientes com câncer | Promoção da melhor qualidade de vida possível para pacientes e suas famílias | Dar prioridade ao alívio do sofrimento humano, valorizando a qualidade de vida dos próprios pacientes |

## 4. Conclusão

A Medicina Paliativa, já reconhecida como especialidade em alguns países, ou área de atuação, como no caso do Brasil, visa tratar pacientes com doença ativa, avançada e prognóstico reservado, desviando o foco de suas atenções da cura para a qualidade de vida.

Tendo em conta a elevada prevalência da dor em pacientes oncológicos, que chega a 80% dos casos, sendo uma das mais frequentes razões de incapacidade e sofrimento para pacientes com câncer em progressão, devemos promover a divulgação de rotinas multidisciplinares para assegurar que o alívio da dor é possível na maioria dos casos.

Portanto, é condição imprescindível que os profissionais de saúde saibam como controlar a dor de pacientes com câncer avançado, que superem e reajam contra mitos e conceitos, principalmente sobre as drogas disponíveis, e que se mantenham atualizados (Brasil, 2001, Silva, 2004).

## 5. Palavras-Chave

Cuidados paliativos, doenças crônicas não transmissíveis, oncologia, prognóstico, qualidade de vida.

## 6. Referências

AUSTRALIAN INSTITUTE OF HEALTH AND WELFARE: Palliative care services in Australia 2014. Canberra: AIHW, 2014.

BARROS N *et al.*: Contribuição para a gestão dos doentes crônicos do Hospital Nossa Senhora da Conceição frente aos desafios da saúde no Brasil, GHC, Porto Alegre, 2012.

BRASIL. Ministério da Saúde. Instituto Nacional de Câncer: Estimativa 2016: incidência de câncer no Brasil, INCA, Rio de Janeiro, 2015.

BRASIL. Ministério da Saúde. Instituto Nacional de Câncer: Cuidados paliativos oncológicos: controle da dor, INCA, Rio de Janeiro, 2001.

BRAY F, JEMAL A, GREY N, FERLAY J, FORMAN D. Global cancer transitions according to the Human Development Index (2008-2030): a population-based study, Lancet Oncol, 13; 2012: 790-801.

CHAVES JHB, MENDONÇA VLGD, PESSINI L, REGO G, NUNES R: Palliative care in medical practice: bioethical context, Revista Dor, 12 (3); 2011: 250-255.

HUGHES T: Many cancers will be downgraded to a "chronic disease" in our lifetime. World Cancer Day (Wednesday, 4 February). 2015 South Australian Health and Medical Research Institute (SAHMRI).

MEDINA AM, LEAL AF, ZAVAGLIA GO, MUNIZ RM, GUIMARÃES SRL, FAES ADR: A consulta de enfermagem como estratégia de cuidado ao cliente oncológico em tratamento radioterápico, Ciênc Cuidado Saúde, 7; 2013.

TRITTER JQ, CALNAN M: Cancer as a chronic illness? Reconsidering categorization and exploring experience, Eur J Cancer Care, 11; 2002: 161-165.

WORLD HEALTH ORGANIZATION. Preventing chronic diseases: a vital investment, WHO, Genebra, 2005. Acesso em março de 2016, de http://www.who.int/chp/chronic_disease_report/part1_port.pdf?ua=1.

# Opioides

PAULO MAIA
Em colaboração com Maria Soares

## 1. Introdução

A acessibilidade a analgésicos opioides é um dos fatores com maior impacto na qualidade dos cuidados de fim de vida, isto é, que mais pode contribuir para que as pessoas possam ter uma vida boa até ao fim; em simultâneo com o desenvolvimento de políticas nacionais de redes de cuidados paliativos com financiamento adequado e com programas de educação abrangentes (quer de todos os potenciais profissionais quer da população), é umas das características que permite atingir uma boa qualidade nos cuidados de fim de vida e portanto uma boa qualidade de morte.

Os opioides devem estar acessíveis sempre que necessários, devem ser de fácil administração, baratos ou gratuitos; o risco de dependência ou de abuso de drogas não deve condicionar o acesso (relevante quando as políticas nacionais de controle de uso de opioides estão mais focadas nesse aspecto do que no fácil e acessível controle sintomático em cuidados paliativos). Se este fato é relevante relativamente a adultos, é-o ainda muito mais em idades pediátricas.

A acessibilidade, limitada desde logo pelo custo, pode ser um fator condicionante de discriminação: preços diferentes para o mesmo produto nestas circunstâncias (como seja o condicionado pelos diferentes subsistemas de saúde) impedem igualdade de acesso – assim se pode justificar que apenas o preço igual (leia-se gratuito) pode garantir efetivamente igualdade no acesso a todos os que podem beneficiar. Surge assim um dilema ético no estabelecimento de prioridades entre intervenções e entre indivíduos que delas necessitam, que é agravado quando as necessidades são grandes e os recursos escassos. De igual modo, o prescritor de opioides tem de encontrar um equilíbrio entre obter um adequado controle sintomático sem expor o doente ao risco de adição, ou outros riscos, como seja o tráfico dos mesmos. A prescrição e consequente disponibilização, assim como a adequada adesão ao correto uso de opioides, segue os mesmos princípios éticos que para outros grupos de fármacos. Existem, no entanto, algumas diferenças que convém realçar, nomeadamente nas circunstâncias de tolerância e de necessidade crescente de dose com o objetivo de controlar eficazmente os sintomas como a dor ou a dispneia. Quando para controlar a dor se aumenta progressivamente a dose total de analgésicos opioides, disso pode resultar como efeito adverso a hipoventilação, que pode vir a condicionar a morte do doente. Sendo a intenção aliviar o sofrimento (aceite como "boa"), o efeito lateral resultante (a morte) não é por si só desejado. Para que nestas circunstâncias de analgesia com efeito paliativo se possa cumprir o princípio ético do duplo efeito, devem ser observados os seguintes pré-requisitos: 1 – a acção deve ser, por si mesma, boa ou, pelo menos, neutra; 2 – o mal (morte) não pode ser o objetivo pretendido; 3 – a consequência considerada boa (suprimento da dor) não pode ser obtida através da má (morte do doente); 4 – deve existir uma proporcionalidade entre o bem atingido e o mal feito ao doente. Compreende-se que nestas circunstâncias o alívio do sofrimento pode prevalecer sobre a preservação da vida, quer legal quer eticamente, desde que prescrito por médico legalmente habilitado.

A utilização de opioides em contexto de cuidados paliativos pode ter como consequência o prolongamento da vida quando, por exemplo, reduzindo a ansiedade e a dor, reduzem também o consumo de oxigênio e o esforço respiratório e cardíaco. Trata-se, portanto, de um grupo de fármacos imprescindível ao tratamento da maioria dos doentes em fim de vida. A compreensão dos mecanismos de ação, ajuste de dose, interações e efeitos adversos, assim como contexto e limites éticos podem exercer elevado impacto na qualidade de vida do doente. A analgesia eficaz não é só uma necessidade humanitária, quer para o doente quer para os seus acompanhantes: tem também consequências fisiológicas positivas.

## 2. Enquadramento Histórico e Desenvolvimento

### 2.1. Opioides – generalidades

Os analgésicos opioides estão indicados no tratamento da dor moderada a severa. Estes fármacos exercem o seu efeito farmacológico através da ligação aos receptores opioides µ, κ e δ, localizados no sistema nervoso central e tecidos periféricos. Os opioides exercem o seu efeito terapêutico em vários locais: no corno posterior da medula, inibem a libertação pré-sináptica de neurotransmissores excitatórios nos neurônios sensitivos e alteram a transmissão da sensação de dor para o encéfalo; no tronco cerebral, modulam a transmissão da nocicepção no corno posterior da medula através da ativação das vias descendentes inibitórias, e no encéfalo, alterando a resposta afectiva à dor. O efeito dos opioides varia dependendo da duração da exposição, sendo que a tolerância aos opioides leva à alteração da resposta a estes fármacos.

O conhecimento farmacológico dos diferentes opioides deve ser aplicado na escolha do opioide a usar num dado doente, num determinado contexto clínico, de forma a potenciar o seu efeito clínico e a minimizar os efeitos adversos associados. Existem disponíveis no mercado vários fármacos, com diferentes formas de administração.

### 2.2. Tratamento com fármacos opioides

Existe uma grande variabilidade na resposta dos doentes aos fármacos opioides e não existem bons preditores de resposta terapêutica. Assim, a utilização de opioides deve ser integrada num plano terapêutico individual tendo em conta a patologia associada do doente, a situação biopsicossocial, as suas preferências e a experiência do médico prescritor.

Existem algumas regras gerais para a utilização de opioides: começar com doses baixas e titular, avaliar regularmente até ao controle da dor, usar um tipo de opioide de cada vez, prevenir efeitos adversos precocemente, começar com opioides de libertação imediata até ao controle da dor, quando a dor estiver controlada usar opioides de libertação prolongada.

a. *Diferentes tipos de opioides e formas de administração*

i. *Opioides fracos*

*Tramadol*
Liga-se ao receptor opioide µ, atuando como agonista. O fato de inibir a recaptação de noradrenalida e serotonina contribui também para o seu efeito analgésico. O metabolismo é hepático e a excreção renal.
É usado para o tratamento da dor moderada.
Tramadol de libertação imediata: 25 mg 6/6 h.
Tramadol de libertação prolongada: 50 mg 12/12 h.

Resgates: tramadol de libertação imediata 25-50 mg repetida após 1 h.
Titulação: aumento da dose 25-50% a cada 48 h se o doente necessita de mais que duas doses de resgate por dia.
Dose máxima diária: 400 mg.
Vias de administração: oral ou endovenosa.

*Codeína*
Opioide natural, agonista fraco dos receptores opioides µ. Cerca de 10% são metabolizados no fígado em morfina pelo citocromo P450. Dez por cento da população apresenta polimorfismos que a tornam metabolizadora fraca da codeína, com pouco alívio da dor com a utilização deste fármaco. A excreção é renal.
Usado no tratamento da dor ligeira a moderada.
Dose: 30-60 mg de 6/6 h ou de 4/4 h.
Dose máxima diária: 240 mg.
Via de administração: oral.

ii. **Opioides fortes**

*Morfina*
Agonista dos receptores opioides a nível do sistema nervoso central, cérebro e medula espinhal e a nível periférico nos órgãos que contêm músculo liso. O metabolismo é hepático e renal. A metabolização da morfina produz metabolitos ativos, um dos quais é 13 vezes mais potente que a morfina. A excreção é renal. As doses devem ser ajustadas em caso de insuficiência renal e hepática grave. É usada para o tratamento da dor severa.
Morfina oral de libertação imediata: 5-10 mg de 4/4 h.
Resgates: 5-10 mg a cada 1 h.
Titulação: em caso de dor não controlada aumentar a dose em 50% a cada 24 h; em caso de dor controlada calcular a dose total diária e dar metade da dose como morfina de libertação prolongada de 12/12 h e ficar com resgates de um sexto da dose total diária de morfina de libertação imediata.
Morfina endovenosa: uso hospitalar. Reduzir a dose a um terço em relação à dose oral.
Morfina subcutânea: uso hospitalar. Reduzir dose para ½ em relação à dose oral.
Não há uma dose máxima diária para a morfina.

*Buprenorfina*
A buprenorfina tem um efeito semelhante ao da morfina, sendo 30 vezes mais potente. O metabolismo é hepático e a sua eliminação feita a nível renal (30%) e intestinal (70%). A dose deve ser ajustada em casos de insuficiência hepática grave. Não necessita de ajustes na insuficiência renal. Os seus efeitos não são totalmente revertidos pelo antagonista dos opioides naloxona.

Buprenorfina transdérmica (TD): iniciar com 35 µg/h (ou menos, os pensos podem ser cortados). A mudança do sistema transdérmico deve ser feita de 96/96 h. A dose máxima recomendada é 140 µg/h.

Buprenorfina sublingual: usada no tratamento de doentes dependentes de opioides. Pode ser usada como resgate: 0,1-0,2 mg SOS a cada hora. No caso de haver mais do que três pedidos SOS por dia aumentar a dose do *patch* transdérmico.

*Fentanil*
O fentanil é um opioide sintético 100 vezes mais potente que a morfina. É metabolizado a nível hepático e tem excreção renal. As doses devem ser reduzidas na insuficiência renal.

Fentanil transdérmico: 12,5-100 µg/h de 72/72h.

Fentanil transmucoso: usado como resgate 200 µg a cada 15 minutos e titular até dose eficaz. No caso de haver necessidade de três doses/dia aumentar a dose de fentanil transdérmico.

Fentanil endovenoso: uso hospitalar.

*Hidromorfona*
Agonista dos receptores opioides µ, sete vezes mais potente que a morfina. A sua metabolização é hepática com a produção de metabolitos inativos que são excretados pelo rim.

Via de administração: oral.

Dose inicial em doentes não previamente medicados com opioides: 4-8 mg/24h.

Titulação: incrementos de 4 a 8 mg/24h.

Em doentes já expostos a opiáceos, o ajuste faz-se por equivalentes de morfina.

Ver Tabela X.

*Oxicodona*

Opioide semissintético agonista dos receptores μ e κ, duas vezes mais potente que a morfina. Em Portugal apenas existe em associação com a naloxona.
Via de administração: oral.
Dose inicial: 5 mg 12/12h. Titular conforme necessidade. As doses habituais vão de 20 mg até 80 mg/dia.
Dose máxima: 80 mg/dia.

*Tapentadol*

Agonista dos receptores opioides μ e inibe a recaptação da noradrenalina. Potência analgésica entre o tramadol e a morfina. Contraindicado na insuficiência hepática grave.
Via de administraçãoo: oral.
Dose inicial: 50 mg de 12 em 12 horas.
Titulação: incrementos de 50 mg/dia, de três em três dias.
Dose diária máxima recomendada: 500 mg.

O tratamento com opioides implica muitas vezes a alteração do opioide e conversão para modalidades de mais fácil gestão.

Quando se calcula uma dose de conversão de opioides, esta deve ter como objetivos a rapidez de ação e a segurança, pelo que é preferível ser-se conservador e reduzir para um terço a dose diária total do novo opioide. Deve-se proceder do seguinte modo:

1. Determinar a dose diária total de opioide utilizado, incluindo os resgates.
2. Consultar uma tabela de conversão de opioides para o cálculo da dose adequada do opioide que pretendemos passar a utilizar e passá-la a um terço (como sugerido na tabela abaixo).
3. Medicação de resgate com um sexto da dose total e administrar quando necessário.
4. Reavaliação periódica para otimização da dose diária.

TABELA: Equianalgesia de opioides

| Fármacos | Doses equianalgésicas de opioides (mg ou µg/h) | | | | | | | | | | |
|---|---|---|---|---|---|---|---|---|---|---|---|
| Tramadol (oral) | 150 | 200 | 300 | 400 | | | | | | | |
| Tramadol (SC, IM, EV) | 100 | | 200 | | 400 | | | | | | |
| Tapentadol (oral) | | 100 | | 200 | | 300 | | 400 | | 500 | |
| Morfina (oral) | 30 | 40 | 60 | 80 | 100 | 120 | 140 | 160 | 180 | 200 | 240 |
| Morfina (EV) | 10 | | 20 | | | 40 | | | 60 | | 80 |
| Morfina (SC) | | 20 | 30 | 40 | 50 | 60 | 70 | 80 | 90 | 100 | |
| Oxicodona (oral) | 15 | 20 | 30 | 40 | 50 | 60 | 70 | 80 | 90 | 100 | |
| Hidromorfona (oral) | 4 | 8 | 12 | 16 | 20 | 24 | 28 | 32 | 36 | 40 | |
| Fentanil TD (µg/h) | 12,5 | | 25 | | | 50 | | | 75 | | 100 |
| Buprenorfina TD (µg/h) | | | 35 | | | 52,5 | | | 70 | | |

Adaptado de: R. Sitll e N. GrieBinger, Serviço de Anestesiologia, Clínica da Dor do Hospital Universitário de Erlangen, Alemanha.

## 2.3. Efeitos adversos

Os efeitos secundários mais frequentes associados aos fármacos opioides são obstipação, náuseas, vómitos, sonolência, prurido e depressão respiratória. Estes sintomas surgem nos primeiros dias após o início da terapêutica, mas tendem a desaparecer, com a excepção da obstipação, que muitas vezes precisa de tratamento adequado.

Outros efeitos secundários menos frequentes são variação do peso corporal, redução da atividade das suprarrenais, disfunção sexual, infertilidade e hiperalgesia.

Os efeitos secundários devem ser prevenidos e tratados ativamente de forma a evitar o abandono da terapêutica com opioides.

O manuseio dos efeitos adversos associados aos opioides deve passar por uma abordagem que envolve diferentes estratégias como a utilização da dose de opioide mínima para o efeito desejado, o tratamento sintomático dos efeitos adversos e a rotação de opioides.

## 3. Definição e Clarificação Conceptual

### 3.1. Estratégias terapêuticas

A seleção de analgésicos a utilizar no tratamento da dor deve ser baseada em vários critérios como a intensidade e tipo de dor, eficácia global do fármaco, perfil global de efeitos adversos, início de ação, interações farmacológicas, comorbilidades, polimedicação, potencial para abuso, disponibilidade e custo do fármaco.

Atualmente defende-se uma abordagem terapêutica multimodal, com associação de fármacos que atuam em diferentes vias para aliviar a dor, com o objetivo de diminuir a dose de opioides e efeitos adversos associados.

Os opioides podem ser administrados por várias vias. A via oral é tipicamente a primeira a ser utilizada pela sua fácil administração, de forma não invasiva, e geralmente associada a menos custos. A via transdérmica é útil quando os pacientes têm dificuldade na deglutição ou deficiente absorção pelo sistema gastrintestinal.

A rotação entre opioides envolve a substituição de um opioide por outro quando é utilizada uma dose máxima tolerável e os seus efeitos analgésicos não são satisfatórios, ou se existem efeitos adversos intoleráveis. Assim que é escolhido o opioide alternativo, deve ser calculada a dose equianalgésica desse opioide, como explicado na secção anterior (2.3). A tolerância ao tratamento parece surgir lentamente, portanto, um aumento súbito da dose de opioide necessária para obter analgesia sugere um agravamento da causa da dor.

Os opioides têm um papel fundamental no tratamento da dor de intensidade moderada a severa de qualquer tipo (aguda, crônica, de causa oncológica ou não oncológica). No entanto, a introdução de estratégias não-opioides deve ser considerada como complemento na abordagem terapêutica da dor. As terapias alternativas, como a acupuntura, têm sido cada vez mais utilizadas, com bons resultados. O uso de terapias complementares deve ser equacionado e valorizado, uma vez que parece contribuir para melhorar a qualidade de vida dos doentes.

## 4. Conclusão

O controle da dor e da dispneia pode permitir aos doentes "regressar à vida": retomam as dimensões social, familiar e espiritual, podem voltar a participar e a interagir. Garantir aos doentes de cuidados paliativos a acessibilidade irrestrita aos opioides na dose e no momento adequados de acordo com as suas necessidades é mais do que uma questão humanitária e de boa prática médica: é recentrar o cuidado no doente, assumindo o seu direito de ter uma vida o melhor possível até ao fim, numa perspectiva ética de dignidade regida pelo paradigma da interação.


## 5. Palavras-Chave

Acessibilidade, cuidados paliativos, duplo efeito, indicadores de qualidade de cuidados, opioides analgésicos.


## 6. Referências

BUTTERWORTH J, MACKEY D, WASNICK J: Morgan & Mikhail's Clinical Anesthesiology, 5$^{th}$ edition, 2013.

COLUZZI F, TAYLOR R, PERGOLIZZI JV, MATTIA C, RAFFA RB: Good clinical practice guide for opioids in pain management: the three Ts – titration (trial), tweaking (tailoring), transition (tapering). Revista Brasileira de Anestesiologia 66(3); 2016: 310-317.

CURTIS JR, RUBENFELD GD: Managing death in the Intensive Care Unit: the transition from cure to comfort. Oxford University Press, 2001.

DIREÇÃO-GERAL DA SAÚDE: Utilização dos medicamentos opioides fortes na dor crônica não oncológica, 2008.

KOTALIK J: Controlling pain and reducing misuse of opioids: ethical considerations. Can Fam Physician 58; 2012: 381-5.

NÚCLEO DE CUIDADOS PALIATIVOS, Associação Portuguesa dos Médicos de Família de Clínica Geral: Recomendações para o tratamento farmacológico da dor. Revista Portuguesa de Clínica Geral 23; 2007: 457-64.

TIMMONS M: Moral Theory: An Introduction. Rowman & Littlefield, 2003.

# Ordens de Não Reanimar

PAULO MAIA

## 1. Introdução

Uma Ordem (ou Decisão) de Não Reanimar (DNR) é escrita pelo médico, por sua iniciativa ou do doente, com ou sem consulta do doente ou seu representante, para indicar que o doente não será submetido a esforços de reanimação no caso de paragem cardíaca e/ou respiratória. Pode ser isolada ou integrada num plano de limitação terapêutica do doente; pode ainda estar incluída numa diretiva antecipada de vontade.

Em Portugal os processos nos hospitais públicos para a implementação das DNR estiveram em avaliação durante vários anos por ser entendimento que, em se tratando de um ato médico, deveria ter a mesma abordagem que um qualquer outro ato médico, sendo portanto as DNR "informais". Por virtude do envolvimento no processo de acreditação "Kings Fund Health Quality System", do Hospital de Santo António, do Porto, e no âmbito da Humanização e Qualidade, foi o procedimento finalmente aprovado no ano 2004, terminando a implementação em 2007. Para esse efeito foi criado um impresso em triplicado (processo clínico do doente, Comissão de Ética para a Saúde e direção clínica) para formalização da DNR, que incluía o âmbito de aplicação, a determinação das responsabilidades enquanto ato médico (quer pelo médico assistente quer por outro médico com o mesmo grau), a imposição de documentação e de registros, o modo de notificação a outros profissionais, a descrição dos potenciais conflitos e o modo de os abordar, as circunstâncias de cessação e de suspensão temporária, bem como o nível de envolvimento eventual do doente e/ou do seu representante. A estratégia de implementação incluiu a apresentação e discussão pública em sessão aberta a todos os profissionais, seguida de apresentação e discussão nos serviços clínicos. A monitorização da utilização do DNR (avaliação das cópias dos formulários) permitiu identificar dificuldades na sua utilização, estabelecimento do padrão e a comparação com outros hospitais e, finalmente, atualização do procedimento. Outro importante passo na implementação e formalização institucional da DNR em Portugal foi a aprovação pelo Conselho Nacional Executivo da Ordem dos Médicos, em 13 de abril de 2012, de documento sobre DNR, por proposta do Hospital Fernando da Fonseca (iniciado em 2007 pela Unidade de Cuidados Intensivos, Comissão de Ética para a Saúde e Comissão de Reanimação).

## 2. Enquadramento Histórico e Desenvolvimento

A Ressuscitação Cardiopulmonar (RCP) envolve diversos procedimentos e tratamentos que são efetuados logo após uma paragem cardiorrespiratória (PCR) com o objetivo de garantir o fluxo sanguíneo arterial até o restabelecimento da circulação espontânea. Desde a primeira descrição em 1960 tem sofrido atualizações regularmente, sendo a responsabilidade dessa atualização partilhada por grupos de peritos [International Liaision Committee on Resuscitation (ILCOR), adequadas na Europa pelo European Resuscitation Council (ERC)].

O resultado da RCP é tanto melhor quanto mais precoce for o seu início e mais efetivo e eficaz for o desempenho dos reanimadores. Inicialmente destinava-se a recuperar para a vida jovens com aparente boa condição física que tivessem sofrido paragem cardíaca súbita e/ou inesperada. O desenvolvimento de técnicas de suporte cardíaco e respiratório, o bom resultado (inúmeras vidas salvas) da sua aplicação precoce no âmbito intra e (essencialmente) extra-hospitalar, a divulgação pelo público de suporte básico de vida e a disseminação de equipamentos de desfibrilação automática criaram na sociedade o mito de que a medicina pode tudo, o que, associado à negação da morte, levou a que os esforços de RCP fossem aplicados a quase todos aqueles que sofreram PCR, independentemente das circunstâncias e da probabilidade de êxito. A cultura da supremacia do "imperativo tecnológico", em que, por defeito, se uma tecnologia está disponível deve ser usada, o fato de ser um procedimento de emergência e, portanto, suportado pelo princípio de beneficência ("dispensando a necessidade de consentimento informado"), associada a tentativas de desresponsabilização dos profissionais pela morte dos doentes ("foi feito tudo que era possível") e interesses econômicos nos casos de seguros de saúde e de pagamentos por ato realizado, levaram a que a RCP fosse tentada em quase todos os doentes em PCR: morrer no hospital equivalia a ter sido alvo de esforço de reanimação! Nas situações em que os profissionais achavam que os esforços de reanimação não seriam benéficos, procediam de forma pouco eficaz (*"slow code"*); noutros casos eram efetuados esforços vigorosos mas por curto período de tempo, para iludir a família e não fazer muito mal ao doente (*"show code"*) – ambos representam formas "simbólicas de reanimação". Tais práticas eram eticamente inaceitáveis e diminuíram a confiança nos profissionais de saúde: em 1974 surgem as primeiras recomendações, elaboradas pela Associação Médica Americana, para a documentação e comunicação formal das decisões da não reanimação: estas ficariam conhecidas como "DNR orders" – Ordens de Não Reanimar. Cerca de dois anos mais tarde, o Massachusetts General Hospital e o Beth Israel Hospital, em Boston, relataram publicamente as suas políticas relativas aos cuidados de fim de vida do doente crítico, que incluíam como primeiras medidas as DNR. Embora o cumprimento de procedimento institucional incluísse o preenchimento de formulários dedicados, alguns hospitais aceitavam o método narrativo de documentação desde que os restantes passos fossem cumpridos.

Os procedimentos para aplicação de DNR a nível institucional basearam-se, nos primeiros anos (final da década de 70), no pressuposto da autodeterminação do doente e, portanto, no seu direito de decidir se aceitava ou se rejeitava ser reanimado, o que exigia o seu consentimento explícito para a não reanimação, dado que se assumia que os doentes preferiram sempre ser reanimados. Tal abordagem promoveu novo debate, porque muitos médicos e outros envolvidos (profissionais de saúde ou não) defendiam que o âmbito da RCP não podia ser a totalidade dos doentes, mas apenas aqueles doentes que poderiam beneficiar dos esforços de RCP. Em 1983, o relatório do Presidente da Comissão para o Estudo dos Problemas Éticos em Medicina defendia que a RCP devia ser tentada quase sempre e que se presumiria o consentimento implícito dos doentes para RCP, que se tornava, assim, o *"standard of care"*. A RCP passava a ser o único tratamento que exigia uma ordem específica para poder ser suspenso (DNR) e as instituições deveriam organizar procedimentos para a sua implementação em todos os departamentos. Em todas as circunstâncias DNR é diferente de DNT (*Do Not Treat*), ficando o médico não só obrigado a prestar todos os cuidados necessários e adequados ao doente como a cumprir a obrigação deontológica de não abandono.

As DNR nos doentes terminais (oncológicos ou outros) parecem fáceis de estabelecer – o mau prognóstico a curto/médio prazo está aceite, o insucesso das medidas terapêuticas e o sofrimento do doente são evidentes; a discussão pública sobre o direito a uma morte digna e o conhecimento das fases seguintes da evolução das doenças facilitam a compreensão, quer pelo doente e seus familiares quer pela equipe médica, da inevitabilidade da morte próxima e ainda da inutilidade de instituir medidas ineficazes de prolongamento da vida (ou do processo de morrer). Mesmo havendo discrepância sobre a prescrição de DNR para grupos de doentes com prognósticos semelhantes conforme a percepção dos médicos sobre a proximidade da morte dos doentes, quando os médicos não tomam a iniciativa para uma DNR num determinado doente, fá-lo o próprio ou a família. Nestes casos a DNR é a limitação terapêutica mais frequente e precede todas as outras limitações terapêuticas. A DNR é, assim, uma decisão que acompanha muitos doentes na transição de cuidados curativos para cuidados de conforto, assim como na admissão em unidades de cuidados paliativos, podendo, ainda que raramente, haver excepções.

No entanto, nem todas as situações são claras e recolhem unanimidade na abordagem: diferentes contextos condicionam diferentes aproximações, resultando em soluções não só diversas como por vezes antagônicas. Como exemplo do anteriormente referido, temos a abordagem feita aos doentes com DNR prévia à admissão no bloco operatório (BO), não importa para que tipo de procedimento. Se nos anos 80 a decisão era deixada ao livre arbítrio dos anestesiologistas e/ou cirurgiões, permitindo assim a sua suspensão sempre que o doente com DNR fosse ao BO, suspendendo também, se fosse o caso, o direito à autonomia e autodeterminação por parte do doente, mas garantindo que no caso de a causa da PCR ser iatrogênica (e não determinada pela evolução natural da doença) o doente seria reanimado, a prática mudou nos anos 90: considerando que a PCR seria sempre condicionada pela doença ou necessidade de tratamento em "doentes terminais ou paliativos", deveria nestes casos prevalecer o princípio da autonomia (DNR por iniciativa ou a pedido do doente ou seu representante legal e não por inequívoca indicação de boa prática clínica) sobre, eventualmente, os princípios da beneficência e da não-maleficência. Resultaram assim três possibilidades de abordagem do doente com DNR no BO: suspensão imediata (entendimento ainda hoje prevalente em muitos hospitais portugueses), manutenção incondicional (entendimento prevalente nos locais onde mais se valoriza a autonomia do doente e a qualidade de vida é mais importante do que o prolongamento incondicional da vida) e, finalmente, regras de acordo com algoritmo próprio.

Enquadramento distinto tem os doentes admitidos ou a admitir numa Unidade de Cuidados Intensivos (UCI): a limitação terapêutica prévia (ainda que seja uma DNR isolada) não é, por si só, motivo para rejeitar a sua admissão na UCI. Efetivamente, a maioria dos doentes que morrem nesse local de alta tecnologia e complexidade tiveram limitação terapêutica na sua fase final do seu internamento, podendo, nalguns casos, essa decisão ter sido tomada previamente à admissão. Historicamente, houve uma modificação de atitude: na década de 80 a maioria dos doentes que morriam nas UCI de Portugal eram submetidos a esforços de RCP e, ainda que DNR não fosse assumida de forma explícita e documentada, a percentagem de doentes em PCR submetidos a esforços de RCP foi diminuindo, sendo efetuados em cerca de 30% no final dos anos 90 e atingindo valores inferiores a 10% nos anos mais recentes. Para tal contribuem vários fatores: em primeiro lugar é assumido pela equipe clínica que o *"ICU trial"* (internamento na UCI com intenção de tratamento sem restrições por um período de tempo limitado – em doentes com muito mau prognóstico, a quem é dada uma oportunidade de tentativa de salvar a vida), quando sem êxito – evolução clínica desastrosa –, é indicação para limitação terapêutica e então decide-se por não manter uma situação que seja considerada distanásia; nestes casos não teria sentido limitar terapêuticas (por ineficazes e desproporcionadas) e depois tentar esforços de RCP aquando da PCR inevitável. Em segundo lugar, a evolução neurológica negativa de alguns doentes permite prever uma qualidade de vida que não está de acordo com a vontade do doente (confirmada por Diretiva Antecipada de Vontade ou pelo representante do doente). Finalmente, a gravidade do estado de alguns doentes, associada a evolução clínica desfavorável, com progressão das disfunções orgânicas até à PCR que não foi possível evitar, apesar de tratamento sem limitação, desaconselha que após esse trajeto para a morte inevitável sejam efetuados esforços de RCP, à partida condenados ao insucesso, mas mesmo assim com forte repercussão negativa nos sobreviventes, não permitindo cuidados de conforto e uma despedida da família, fundamental para um luto menos penoso, dada a agressividade dos procedimentos de RCP.

Se no ambiente de UCI o processo de limitação terapêutica é controlado (conhecimento da história, dados clínicos e evolução do doente por um lado e, dada a comunicação com a família, percepção de qual seria a vontade do doente em circunstância – prognóstico, qualidade de vida, etc.), no serviço de urgência o início de esforços de RCP antecede quase sempre a discussão sobre a oportunidade de limitação terapêutica e DNR, mesmo em doentes aparentemente terminais. A decisão que se impõe de imediato é de RCP e não de DNR. Frequentemente, ao desconhecimento do diagnóstico e do prognóstico, acresce o desconhecimento da vontade prévia do doente: nestas circunstâncias prevalece o princípio da beneficência, sendo exceções os casos em que claramente a situação está ultrapassada ou é apresentada Diretiva Antecipada de Vontade contrária à RCP (que tem sempre de ser contextualizada, o que pode, por si só, implicar o início de RCP!).

Os doentes psiquiátricos, dada a incapacidade (transitória ou permanente) para tomar decisões, colocam também neste contexto questões distintas. Ao, por vezes dificilmente estimável, sofrimento do doente, associa-se a dificuldade em cada momento de avaliar a competência e a capacidade do doente para participar nas decisões. Se tal é evidente nos doentes em regime de internamento, torna-se ainda mais marcante quando os doentes estão em regime de ambulatório, porque uma decisão prévia (sob a forma de Diretiva Antecipada de Vontade ou outra) pode ser um modo de evitar tratamento em tentativas de suicídio. Assim, DNR neste contexto é frequentemente considerada inválida, quer pelas instituições quer pelos profissionais que acorrem a tratar estes doentes. Diferente enquadramento têm os doentes com demência em fase avançada: neste contexto de alterações cognitivas, frequentemente acompanhadas por disfunções orgânicas diversas, a PCR representa muitas vezes o episódio terminal e os esforços de RCP devem ser considerados nesses casos má prática médica.

Em pediatria, as questões colocadas sobre a decisão relativa aos esforços de RCP nos doentes terminais (malformações graves, doenças congênitas sem tratamento conhecido, doenças em tratamento paliativo), e, também, nos que possuem deficiência grave e profunda (congénita ou adquirida nos primeiros meses/anos de vida), são as que exigem maior reflexão, num difícil enquadramento clínico e familiar. A ponderação relativa de "benefício do tratamento", "qualidade de vida", "esperança de vida", perante famílias em "estado de choque", emocionalmente esgotadas, por vezes com inultrapassável sentimento de culpa, num contexto religioso que defende a sacralidade da vida, associados a maior ou menor grau de incerteza médica, exigem mais tempo, mais e melhor comunicação, acompanhamento psicológico (e por vezes religioso), porque a decisão final (seja DNR ou RCP incondicional) marcará os sobreviventes por muito tempo. Os limites de envolvimento dos pais são também muito discutidos, sendo defendido quer a necessidade de consentimento informado pelos pais quer apenas o assentimento. Acresce como dificuldade a volatilidade da tendência das decisões, o que torna todo o processo ainda mais difícil. Em idades mais próximas da idade adulta adiciona-se a possível necessidade de envolvimento do adolescente na tomada de decisão, num contexto em que fatores emocionais (e outros – hormonais) podem dificultar ainda mais o processo de decisão.

Sejam quais forem as circunstâncias, aquando da prescrição da DNR, esta deve ser clara e completa, isto é, não deve ter um caráter parcial para tentar reduzir a ansiedade do doente ou dos seus familiares; deve explicitar os fundamentos e as condicionantes da sua prescrição, como se de qualquer outra prescrição se tratasse.

## 3. Definição e Clarificação Conceptual

### 3.1. A decisão no processo de tratar e no processo de cuidar

A distinção entre tratar (opcional, geralmente de responsabilidade e do âmbito da medicina) e cuidar (obrigatório, geralmente de responsabilidade e âmbito da enfermagem e da família) tem, entre outras justificações, permitir a aceitação moral da suspensão de tratamentos (exemplo desta distinção é a alimentação oral – do âmbito do cuidar, portanto não passível de ser suspensa, em alternativa a nutrição entérica por sonda gástrica, tratamento sob prescrição médica, portanto passível de ser suspenso), o que é frequentemente aplicável em cuidados paliativos. Tais distinções são muitas vezes difíceis e artificiais, o que as torna desnecessárias, conceptualmente dúbias e, na prática, pouco úteis. Acresce que muitas intervenções em cuidados paliativos acumulam o duplo caráter de simultaneamente prolongarem a vida e aliviarem o sofrimento: o antibiótico que cura a infecção também alivia os sintomas ou a incapacidade, o analgésico que melhora o humor e aumenta a mobilidade também, por via disso, melhora o apetite e portanto o estado nutricional, logo, prolonga a vida. Outro perigo desta distinção entre o cuidar e tratar é a divisão da equipe de profissionais. Desde logo, porque é redutor considerar-se que o que é sempre bom não tem riscos e é obrigatório (o cuidar) e pertence à família ou enfermagem e, por outro lado, o que pode ter risco pode fazer mal e é opcional (o tratamento) pertencendo ao âmbito da medicina. Finalmente, deve ser considerado moralmente obrigatório tratar o que tem boa probabilidade de êxito e de aliviar sintomas desagradáveis.

Assim, a questão colocada frequentemente é se uma atividade é adequada ou inadequada.

Os doentes são envolvidos na discussão de tratamentos, no respeito pela sua autonomia. No entanto, o seu envolvimento na discussão do cuidar é limitado. Sendo inequivocamente a RCP um tratamento mas, apesar disso, iniciado frequentemente por quem assiste à PCR (cuidadores, enfermeiros, ou outros), a decisão de iniciar ou não esforços de RCP deve estar tomada previamente nas situações em que previsivelmente possa acontecer. Avaliado o potencial benefício da RCP como diminuto (e como refere Engelhardt, o dever de beneficência é uma variável que depende da probabilidade de êxito e esta da qualidade e quantidade de vida) e no respeito pela não-maleficência e, sempre que possível, pela vontade autónoma do doente, havendo intenção de não iniciar RCP, é obrigação assumir claramente essa decisão.

### 3.2. O papel da autonomia do doente

A autonomia do doente é enfatizada nas decisões no âmbito dos cuidados de saúde e suportada pela legislação em vigor e pelo Código Deontológico dos Médicos. Realça-se a importância de uma comunicação adequada e efetiva entre médico e doente ou seu representante no processo de tomada de decisão, sempre preferível a uma decisão médica unilateral. Casos de discordância quanto a DNR merecem reflexão, dadas as implicações clínicas, éticas e legais.

Em muitas situações a RCP é considerada inapropriada e é decisão unilateral do médico não propor tratamentos sem indicação, agressivos e sem probabilidade de sucesso: não terá sentido limitar intervenções terapêuticas ou transitar para cuidados de conforto e no momento da espectável paragem cardíaca e/ou respiratória proceder a esforços de reanimação.

Ainda que raramente, pode acontecer que o doente ou o seu representante pretendam que sejam efetuados esforços de reanimação, ainda que considerados pelo médico sem indicação. Nestes casos podemos estar perante uma situação de deficiente comunicação ou falta de entendimento quanto ao âmbito, processo e estimativa de êxito dos esforços de RCP, obrigando a clarificar de novo os riscos e potenciais benefícios (ou falta deles) numa situação de PCR e posterior RCP; podemos, no entanto, estar perante uma confrontação de diferentes escalas de valores como, por exemplo, no caso de doentes ou seus representantes que defendam a Sacralidade da Vida (para quem a vida é um valor supremo, não abordável numa perspectiva de qualidade de vida e que deve ser mantida em todas as circunstâncias). Não sendo ultrapassável esse diferendo e após reavaliação da situação, podem ser encontradas diferentes soluções (não se pode com certeza fazer recomendação única para todos estes casos):

- Aceitar o pedido do doente e/ou seu representante e anular a DNR;
- Assumir a total ausência de indicação para o tratamento RCP e manter a DNR, assumindo também a responsabilidade pelas consequências de tal opção (ponderar oportunidade de, além de o fazer por escrito, envolver testemunhas), podendo invocar objeção de consciência e solicitar substituição por outro médico;
- Envolver uma terceira parte (outros médicos, Direção Clínica, Comissão de Ética para a Saúde) para negociar, mediar ou arbitrar em tal situação.

O oposto é também possível: doente em situação estável e com potencial de sobrevida por período de tempo mais ou menos longo e com qualidade de vida aceitável segundo avaliação externa, mas que recusa ser submetido a esforços de RCP no caso de PCR imprevista (receio de sofrimento acrescido ou lesão neurológica sequelar). Neste caso, podem também encontrar-se diferentes soluções:

- No respeito pela autonomia do doente, aceitar o seu pedido desde que se confirme que o mesmo é esclarecido, livre e atual, aplicável no contexto, que houve intervalo de tempo para reflexão do doente e depois de confirmar que o doente tem competência e capacidade para a decisão (ponderar oportunidade de, além de o fazer por escrito, envolver testemunhas);
- Assumir a indicação para um tratamento que pode salvar a vida e, portanto, fazer prevalecer a beneficência sobre a autonomia, assumindo a responsabilidade pelas consequências de tal opção (opção atualmente ética e legalmente difícil de sustentar!) ou invocar objeção de consciência e solicitar substituição por outro médico;
- Envolver uma terceira parte (outros médicos, Direção Clínica, Comissão de Ética para a Saúde) para negociar, mediar ou arbitrar em tal situação.

## 4. Conclusão

A DNR é uma decisão clínica pela qual o médico é responsável: o processo até à decisão (e não apenas o resultado) é importante para a qualidade moral da decisão. A fundamentação clínica e o respeito pela autonomia do doente são a chave para a aceitação da DNR, que pode ser a única limitação terapêutica no doente em causa. Situações específicas devem ter abordagem adequada e enquadrada quer do ponto de vista clínico quer do ponto de vista ético. DNR não significa abandono do doente ou desresponsabilização do médico – os médicos são igualmente responsáveis pelos seus atos e pelas suas omissões. Nas situações de conflito sobre a RCP, devem ser encontradas soluções ética e legalmente aceitáveis, pois sejam quais forem as circunstâncias, o médico não pode ser obrigado a realizar atos contrários à sua vontade. A comunicação efetiva, com disponibilização de informação de forma transparente, melhora a confiança e a relação médico-doente e é fundamental para o respeito pela autonomia do doente.

## 5. Palavras-Chave

Autonomia do doente, DNR, limitação terapêutica, ressuscitação cardiopulmonar (RCP), paragem cardiorrespiratória (PCR).

## 6. Referências

AMERICAN HEART ASSOCIATION STANDARDS and GUIDELINES FOR CARDIOPULMONARY RESUSCITATION (CPR), EMERGENCY CARDIAC CARE (ECC): medicolegal considerations and recommendations. JAMA 227 (suppl); 1974: 864-866.

BURNS JP, EDWARDS J, JOHNSON J, CASSEMM NH, TRUOG RD: Do-not-resuscitate order after 25 years. Crit Care Med 31; 2003: 1543-1550.

CURTIS JR, RUBENFELD GD: Managing death in the Intensive Care Unit: the transition from cure to comfort. Oxford University Press, 2001.

DANBURY C, NEWDICK C, LAWSON A, WALDMANN C: Law and Ethics in Intensive Care. Oxford University Press, 2010.

KOUWENHOVEN WB, JUDE JR, KNICKERBOCKER GG: Closed-chest cardiac massage. JAMA 173; 1960: 1064-7.

RANDALL F, DOWNIE RS: Palliative Care Ethics – a companion for all specialties. Oxford University Press, 1999.

# Ortotanásia

JOSÉ HIRAN DA SILVA GALLO

## 1. Introdução

A morte é um processo natural, irreversível, inexorável do viver e faz parte do processo de viver. Os recursos da ciência moderna e os avanços introduzidos com as pesquisas genéticas sobre o envelhecimento ainda não conseguiram obter uma solução definitiva para o problema da morte, muito embora tenha ocorrido um aumento na longevidade das populações de forma universal, com a melhora das condições de vida por meio de medidas preventivas e saneadoras na área da Saúde Pública.

As novas abordagens da saúde preventiva estabeleceram níveis de prevenção em saúde e medidas relacionadas, tais como:

- A prevenção primária que introduz medidas de prevenção de doenças em indivíduos sadios como as vacinas, por exemplo, que conseguiram extinguir a varíola e a poliomielite;
- A prevenção secundária que busca a detecção precoce de doenças em portadores assintomáticos, o que ocasiona melhores resultados terapêuticos, como o exame de Papanicolau, por exemplo;
- A prevenção terciária que visa à reabilitação de indivíduos para a vida produtiva como os politraumatizados vitimados por cada vez mais frequentes acidentes rodoviários;
- A prevenção quaternária que está associada aos excessos terapêuticos e ao excesso de intervencionismo na abordagem diagnóstica, que acabam por causar malefícios aos indivíduos, em especial aos pacientes internados em UTI, para os quais se direcionam procedimentos fúteis, inúteis, desconfortáveis, sem que se obedeça ao princípio bioético da beneficência.

Há que se destacar também a utilização de medidas medicalizadoras para a prevenção de doenças, cujos resultados proporcionam largas margens de dúvidas quanto a melhoria dos indicadores de saúde, a longo prazo, das populações que, sem critérios confiáveis e sem qualquer controle, passam a fazer uso de drogas para reduzir resultados de exames que demonstram níveis de colesterol e anti-hipertensivos utilizados de forma indiscriminada.

Se ainda são duvidosos os resultados do emprego de medicamentos para a prevenção de doenças, não existe qualquer sombra de dúvida de que os dividendos obtidos pela indústria farmacêutica são incomensuráveis com a estratégia de vender remédios para pessoas saudáveis.

Aqui se estabelece um paralelo com as duvidosas intenções daqueles que pregam a luta contra a morte de pacientes a qualquer custo para pacientes com doenças incuráveis sem que a autonomia dos mesmos seja respeitada.

## 2. Enquadramento Histórico e Desenvolvimento

Os *hospices* surgiram na Europa no século XVII e eram instituições de caridade mantidas por entidades religiosas católicas ou protestantes destinadas a abrigar pobres, órfãos e doentes.

Em 1967, a enfermeira inglesa Cicely Saunders, que depois se graduou em Medicina, fundou o St. Christophers's Hospice, em Londres, com recursos financeiros provenientes de uma herança doada por um dos pacientes do qual cuidara durante vários anos.

O St. Christophers's Hospice que, inicialmente, se destinava a ser um local de assistência, passou a ser um local de ensino e pesquisa e lá foram desenvolvidos importantes e significativos estudos sistematizados para a utilização de analgésicos opiáceos.

Na década de 70, o movimento *Hospice* se desenvolveu nos Estados Unidos da América após o encontro entre Cicely Saunders e Elizabeth Kubler-Ross.

Halina Bortnowska (23 de setembro de 1931), filósofa e escritora polonesa, voluntária num *Hospice*, faz uma reflexão, em seu *blog*, sobre a ética da cura e a ética da atenção. Descreveu ética como "uma constelação de valores sustentados pela pessoa". Dizia que, "na ética da cura, as virtudes militares eram predominantes: não se dar por vencido, perseverar, ser 'duro'. Já na ética da atenção, o valor central é a dignidade humana, enfatizando a solidariedade entre o paciente e o profissional da saúde, em atitude que resulta numa 'compaixão afetiva'. Na ética da cura, o médico 'é o general'; na da atenção, 'o paciente é o soberano'." (Bostonowska, 2016).

Nas últimas décadas tem ocorrido um envelhecimento progressivo da população, o que redunda em aumento dos custos previdenciários e também ocasiona um aumento nos custos com o tratamento do câncer e de outras doenças crônicas que são prevalentes na fase final da vida. Em contrapartida, o avanço da ciência e das novas tecnologias diagnósticas e terapêuticas têm possibilitado prolongar o tempo de vida dos indivíduos e, por consequência, o aumento nas taxas de longevidade das populações em geral.

A despeito de os novos recursos disponibilizados em velocidade crescente e constante estarem associados a uma melhora substancial nos indicadores de saúde, a morte ainda não pode ser evitada e a mortalidade humana continua a ser um desafio para as limitações do homem que busca, muitas vezes, a todo e qualquer custo, combater o inimigo implacável em uma guerra cujos resultados são previsíveis e inevitáveis, pois todas as pessoas vão morrer, inexoravelmente.

A morte continua a ser uma certeza e é, por assim dizer, uma parte da vida que chega ao final. A morte é uma regra para todos os seres humanos.

"Morrer pertence à vida, assim como o nascer. Para andar, primeiro levantamos o pé e depois o baixamos ao chão... Algum dia, saberemos que a morte não rouba nada do que a nossa alma tiver conquistado, porque suas conquistas se identificam com a vida. A morte está incorporada à vida e não pode ser considerada como uma intrusa indesejável." (Tagore, 1991)

A batalha pela vida travada no cenário dos hospitais é, muitas vezes, focada em abordagens exageradas, desnecessárias e invariavelmente insuficientes.

Corações são mantidos artificialmente pulsantes à custa de drogas vasoativas e pulmões são insuflados por respiradores que mantêm os indivíduos "vivos" por períodos prolongados, quando já não existe qualquer esperança de cura ou de reversão da inevitável morte, o prazo de validade já se fez esgotado. Exemplos são os pacientes portadores de sequelas neurológicas que permanecem internados nas Unidades de Terapia Intensiva, para os quais as perspectivas de uma sobrevida digna dependem apenas de tratamentos sintomáticos e de medidas que propiciam alívio e conforto, preferencialmente na proximidade dos familiares e amigos.

As intervenções médicas destinadas a prolongar a vida de pacientes irrecuperáveis, irresgatáveis, pode ocorrer por razões diferentes. A primeira é o despreparo do profissional em lidar com situações que o aproximam da morte e para quem "perder" o paciente causa uma sensação de frustração.

A segunda razão é de ordem puramente econômica, na qual a permanência do paciente no leito da UCI será tanto mais lucrativa quanto mais prolongada for e quanto mais intensiva for a utilização dos diversos procedimentos fúteis e inúteis. Neste segundo caso, o corpo do paciente moribundo é visto como "coisa". Este comportamento, condenável na esfera da ética, foi, em algum momento denominado "ignóbil coisificação da pessoa humana".

"É lícito renunciar a certas intervenções médicas inadequadas a situações reais do doente, porque não proporcionadas aos resultados que se poderiam esperar ou ainda porque demasiado gravosas para ele e sua família. Nessas situações, quando a morte se anuncia iminente e inevitável, pode-se renunciar a tratamentos que dariam somente um prolongamento precário e penoso da vida." (Pessini, 1994)

Prolongar desnecessariamente a vida por meio de um instrumental fútil e inútil sem uma justificativa plausível e sem a possibilidade de melhora do paciente que já perdeu sua autonomia e está impedido de fornecer expressa autorização de forma voluntária e consciente é um notável desrespeito à dignidade da pessoa humana no final de seus dias.

Quando se trata de indivíduos incompetentes e, portanto, incapazes de manifestar suas vontades e desejos, assinala o Professor Rui Nunes:

"Existe uma diferença assinalável entre o doente que, alguma vez, por qualquer meio, exprimiu sua opinião sobre esse assunto, e aquele que nunca o fez. O médico deve tomar em consideração, tanto quanto possível, os valores éticos do doente em causa – compatíveis com a ética médica – apoiando-se em uma conversa franca e aberta com a família e amigos. Deve, sempre que possível, transpor a vontade do doente – julgamento substitutivo – não esquecendo, nunca, qual o tratamento que melhor atende os reais interesses do paciente. Se a decisão couber a um familiar, espera-se que este se ponha no lugar do doente, decidindo de acordo com aquilo que sabe ser a sua vontade. Quando existir desacordo óbvio entre a equipe médica e o representante legal, o melhor curso dos acontecimentos é a consulta a entidades responsáveis intrainstitucionais, muito em particular a um Comitê de Ética" (Nunes, 2016).

## 3. Definição e Clarificação Conceptual

"O processo de ortotanásia significa a morte no momento certo. Nem apressada, como no caso da eutanásia, e nem prolongada, como no caso da distanásia. Seu advento evita prolongamentos irracionais e cruéis da existência do paciente, poupando-o e a sua família de todo o desgaste que essa situação envolve. Mesmo entre as religiões não há sentimento antagônico à ortotanásia. A Igreja Católica, inclusive, tem se manifestado favoravelmente, como foi observado em três bulas papais. Na encíclica *Evangelium Vitae*, de 1995, o papa João Paulo II opõe-se ao 'excesso terapêutico', afirmando ainda que a renúncia a 'meios extraordinários ou desproporcionados' para prolongar a vida não equivale ao suicídio ou à eutanásia. Para ele, essa renúncia exprimiria 'a aceitação da condição humana defronte à morte'. Em questão está o entendimento de que o direito de viver a própria vida e o direito de morrer a própria morte, o primeiro e último dos direitos potestativos (aqueles que independem de terceiros para serem exercidos), devem ser observados à luz da vontade do paciente em fase terminal. Foi o que fez o homem Karol Wotjyla ao recusar sua internação e permanecer em casa, aguardando sua passagem em paz e com dignidade" (Lima, 2010).

Para a Organização Mundial de Saúde (OMS), cuidado paliativo é uma abordagem que aprimora a qualidade de vida de pacientes (adultos e crianças) e suas famílias, que enfrentam problemas associados a doenças ameaçadoras da vida. Previne a alivia o sofrimento por meio da identificação precoce, da avaliação correta e do tratamento da dor e de outros problemas de ordem física, psicossocial e espiritual (WHO, 2016).

O cuidado paliativo resgata a possibilidade da morte como um evento natural e esperado na presença de doença ameaçadora da vida, colocando ênfase na vida que ainda pode ser vivida.

"A doença, principalmente aquela que ameaça a continuidade da vida, costuma trazer uma série de perdas, com as quais o paciente e família são obrigados a conviver, quase sempre sem estarem preparados para isto. As perdas da autonomia, da autoimagem, da segurança, da capacidade física, do respeito, sem falar das perdas concretas, materiais, como de emprego, de poder aquisitivo e consequentemente de status social, podem trazer angústia, depressão e desesperança, interferindo objetivamente na evolução da doença, na intensidade e frequência dos sintomas que podem apresentar maior dificuldade de controle. A abordagem desses aspectos sob a ótica da psicologia se faz fundamental. A novidade é a possibilidade de abordá-los também sob o ponto de vista da espiritualidade, que se confundem e se sobrepõem invariavelmente à questão religiosa." (ANCP, 2012)

## 4. Conclusão

Proporcionar cuidados paliativos ao paciente portador de enfermidade incurável não é o mesmo que praticar a eutanásia.

O conhecimento da história natural da doença associado ao diagnóstico correto e bem embasado são os pilares de sustentação para a tomada de condutas. Na tomada de decisões existe uma linha tênue entre o "fazer e o não fazer".

Uma medida básica e primordial é não utilizar medicações por via intramuscular ou subcutânea por motivos óbvios em um paciente que se encontra sujeito a muitas dores.

As doenças ameaçadoras da vida causam impactos não somente na saúde do corpo físico, mas, sobremaneira, ocasionam uma série de perdas na esfera psicológica, financeira, familiar. A depressão acompanha estes pacientes, que enfrentam a falta de esperança e perspectivas diante da morte inevitável.

Tais pacientes requerem uma abordagem multiprofissional, inclusive na esfera religiosa e ou espiritual de tal forma a estabelecer conexões com o transcendental, com aquilo que dá significado à vida de cada qual. O sujeito em questão é o paciente com suas crenças e seus princípios. Neste aspecto, é preciso ter certo cuidado, pois é muito comum que os familiares e o paciente acreditem em milagres. A frase "o que é impossível para o Homem, é possível para Deus" é ouvida frequentemente e é prudente não cometer qualquer atropelamento ou violência religiosa para não catalisar o sofrimento. Saber ouvir e fazer perguntas convenientes e oportunas é a fórmula para prevenir conflitos entre aqueles que assistem e aqueles que são assistidos.

A resposta para a pergunta sobre "Devemos ou não contar a verdade?" é uma decisão que deve ser tomada com prudência. A mentira piedosa é por vezes tão catastrófica quanto o silêncio com significados dúbios. É necessário identificar o estado emocional do paciente e perceber até onde se pode enveredar naquele momento delicado.

A sinceridade cortês talvez seja a fórmula mais adequada e, muitas vezes, o paciente pode se sentir satisfeito com uma resposta do tipo "não sei".

Dentro do possível, é recomendável que pacientes com doenças terminais vivam o mais ativamente possível e que as decisões sejam compartilhadas com ele próprio, inclusive aquelas relacionadas às atividades profissionais. Caso o impedimento físico não seja limitante, permita-se ao paciente desenvolver as atividades laborais que desenvolveu durante a vida.

É dever dos profissionais envolvidos serem os facilitadores na resolução dos problemas em todo o processo de transição da vida para a morte que, habitualmente, é repleto de sofrimentos e angústias, tanto para o paciente como para os familiares que estarão envolvidos em sentimentos como a tristeza e o sofrimento da perda e do luto.

Resgatar as pendências nas relações entre os pacientes e seus familiares faz parte do instrumental de medidas a serem tomadas. O perdão é uma ferramenta que proporciona extremo conforto para todos os atores desta peça cujo final já é conhecido desde os primeiros capítulos.

A ortotanásia é a morte correta e os cuidados paliativos constituem o cabedal de instrumentos que devem proporcionar o alívio para os sofrimentos e as incertezas do presente e do porvir.

Os cuidados paliativos requerem ações conjugadas e compartilhadas por uma equipe multidisciplinar treinada e capacitada para desenvolver ações pontuais no processo de morrer que, cedo ou tarde, afeta a todos os seres humanos.

Rubem Alves dizia: "Tenho medo do morrer. Medo da morte e medo do morrer são coisas diferentes. O morrer pode ser doloroso, longo, humilhante. Especialmente quando os médicos não permitem que o corpo que deseja morrer, morra" (Alves, 2011).

## 5. Palavras-Chave

Analgesia, cuidados críticos, cuidados paliativos, medicina preventiva, morte, uso excessivo de produtos e serviços de saúde.

## 6. Referências

Bostonowska H: Acesso em dezembro de 2016 de http://halinabortnowska.blox.pl/html.

Lima CVTC: Ortotanásia e Cuidados Paliativos: Instrumentos de Preservação da Dignidade Humana. Rev. Med. Res. 12 (3 e 4); 2010: 134-136.

Manual de Cuidados Paliativos. Associação Brasileira de Cuidados Paliativos. (ANCP). 2; 2012.

Nunes R: Diretrizes antecipadas de vontade. Conselho Federal de Medicina e Faculdade de Medicina do Porto, Brasília, 2016.

Pessini J, Barquifontaine CP: Problemas atuais em Bioética. 2ª Edição, Editora Loyola, São Paulo, 1994.

Tagore, R: Pássaros perdidos. São Paulo, Editora Paulinas, 1991.

Victoria Hospice Society: Palliative Performance Scale (PPSv2) Vol. 2004: Victoria Hospice Society, 2001.

World Health Organization (WHO). Acesso em dezembro de 2016, de http://www.who.int/cancer/palliative/definition/en/.

# Papel do Enfermeiro

MARGARIDA ALVARENGA

## 1. Introdução

Os avanços do conhecimento e da ciência, em geral, e da Medicina, em particular, determinaram, nas últimas décadas, a maior esperança de vida ao nascer; a modificação do padrão de morbilidade e de mortalidade, com maior incidência e prevalência de doenças crônicas de evolução prolongada. Aumenta-se o número de dias vividos, mas nem sempre se consegue garantir a qualidade de vida desses mesmos dias.

A pessoa portadora de doença crônica, avançada e progressiva, necessita de um acompanhamento por profissionais especializados, treinados e formados para dar resposta não só aos problemas físicos, mas também aos problemas emocionais e sociais decorrentes da doença e que condicionam a vida quer do doente quer da sua família/cuidadores.

Os enfermeiros têm dentro dessa equipe multidisciplinar a nobre missão de prestar cuidados contínuos e de qualidade que garantam o alívio do sofrimento decorrente da doença.

## 2. Enquadramento Histórico e Desenvolvimento

Os cuidados paliativos, reconhecidos como cuidados ao doente com doença crônica, avançada e progressiva, com o objetivo major de aliviar o sofrimento decorrente da doença, otimizar a qualidade de vida e o seu bem-estar, tiveram início em 1969 em Inglaterra, com Cicely Saundres, falecida em 2005.

Recuando no tempo, mais concretamente ao século XIX, podemos conhecer religiosos como Jeanne Garnier, Mary Aikenhead, entre outros, que se dedicaram a acolher e cuidar holisticamente de doentes sem perspectiva curativa. A filosofia por si adotada e o seu *modus operandi* influencia outros países e outros religiosos que acabam por criar *Hospices*, "unidades de saúde" com vista ao cuidado ao doente com doença avançada, de que são exemplos, em Dublin, o St. Vicent's Hospital, criado em 1834, e em 1905 o St. Joseph's Hospice, em Londres.

Cicely Saundres, enfermeira, médica e assistente social, com base na sua experiência adquirida em hospitais londrinos, abre em 1969 o St. Cristopher's Hospice, que simboliza o início dos cuidados paliativos como cuidados totais a pessoas com doença avançada, progressiva, sem perspectiva de tratamento curativo.

Em Portugal, o primeiro registro escrito em que se denota uma abordagem paliativa remonta ao século XVI, em que o médico Amato Lusitano tinha como foco nas suas intervenções o alívio do sofrimento físico dos doentes, tendo como objetivo principal o alívio dos sintomas. Todavia, só na década de 90, com a Unidade de Dor Crónica do Hospital do Fundão, o Serviço de Cuidados Paliativos e Radioterapia do IPO Porto e a Equipa de Cuidados Continuados e Paliativos do Centro de Saúde de Odivelas, é que se dá início ao desenvolvimento desta filosofia de cuidar, emergente nos cuidados de saúde.

Nessa mesma década, mais concretamente em 1995, surge a Associação Nacional de Cuidados Paliativos (atualmente Associação Portuguesa de Cuidados Paliativos), cuja missão é "Promover a acessibilidade a cuidados técnicos, científicos, atualizados e competentes de forma a garantir ao doente e sua família um fim de vida com dignidade e qualidade".

Os cuidados paliativos são um direito de todos e não um privilégio de alguns. Com o aumento da esperança de vida e das doenças crônicas e degenerativas, são cada vez em maior número os doentes com necessidades paliativas, com intenso sofrimento e sem respostas de saúde adequadas ao seu alívio. A sua situação fica problematizada pela escassez de serviços específicos, que os pudessem assistir e lhes garantir qualidade assistencial, focada nos seus problemas ativos e objetivada na qualidade de vida e no máximo conforto.

Apesar de em Portugal, nos últimos quatro a cinco anos, o número de equipes e serviços de cuidados paliativos ter aumentado substancialmente, ainda se verifica desigualdade na acessibilidade e falta de recursos na comunidade. Por essa razão, os doentes são, frequentemente, hospitalizados, sujeitos a cuidados desproporcionados, distantes das suas preferências, são objeto de ações obstinadas em terapêuticas sem nenhuma utilidade para o seu estado de saúde, apenas acrescentando maior sofrimento e inapropriada e má gestão dos recursos de saúde.

## 3. Definição e Clarificação Conceptual

### 3.1. Cuidados Paliativos

Em 2010, a European Association for Palliative Care (EAPC) apresentou-os como "cuidados ativos e totais ao doente cuja doença não responde à terapêutica curativa, sendo primordial o controle da dor e de outros sintomas, problemas sociais, psicológicos e espirituais; são cuidados interdisciplinares que envolvem o doente, a família e a comunidade nos objetivos; devem ser prestados onde quer que o doente deseje ser cuidado, seja em casa ou no hospital, afirmam a vida e assumem a morte como um processo natural e, como tal, não antecipam nem adiam intencionalmente a morte assim como procuram preservar a melhor qualidade de vida possível ate à morte".

Os cuidados paliativos são uma necessidade emergente no sistema nacional de saúde, centram-se na prevenção e alívio do sofrimento físico, psicológico, social e espiritual, na melhoria do bem-estar e no apoio aos doentes e às suas famílias, quando associado a doença grave e/ou incurável, em fase avançada e progressiva.

Devem ser iniciados o mais precocemente possível e não só no final da vida. Devem respeitar a autonomia, a vontade, a individualidade, a dignidade da pessoa e a inviolabilidade da vida humana. Correspondem a uma filosofia cujos valores e princípios são:

- Autonomia e autodeterminação: o respeito pela autonomia da pessoa pressupõe preservar e promover a sua independência, evitar imposições ou limitações, minimizar a incapacidade pessoal que impeça ou diminua a sua capacidade de decisão. A autodeterminação pressupõe a liberdade e o poder de tomar decisões sobre si próprio, inclusive a livre escolha de aceitar ou recusar medidas de diagnóstico ou de tratamento; a autodeterminação não é um direito moral absoluto, uma vez que está sempre diretamente relacionado com os tratamentos propostos pela

equipe, mas não com a exigência feita por outros desfasados dos objetivos que a equipe definiu no seu plano terapêutico;
- Dignidade: a fragilidade induzida pela doença representa para muitas pessoas uma ameaça à manutenção da dignidade pela dependência do outro. Sentimentos de impotência, "fardo" para os cuidadores, perda de autonomia e alterações de imagem resultam com frequência da perda do "eu" e da manutenção do interesse pelo seu "eu". Neste sentido, cuidar holisticamente implica ajudar a pessoa, na sua autorrealização e no reconhecimento do seu valor na vida e no legado que será deixado, reduzindo ou eliminando a sensação de inutilidade, de impotência e de vida sem significado;
- Relacionamento doente/profissional de saúde, capaz de criar uma aliança terapêutica, assente na confiança e no compromisso de cuidar em todas as fases, entre todos os intervenientes no processo: doente, família, cuidador e profissional de saúde;
- Qualidade de vida, como o objetivo central dos CP deve ser alcançado até ao máximo limiar possível e mantido, respeitando a perspectiva e a percepção do próprio;
- Posição face à vida e à morte, com respeito inequívoco à inviolabilidade da vida humana, aceitando a morte como natural e esperada;
- Comunicação, como estratégia terapêutica de intervenção nos problemas da pessoa e seus familiares, pilar de todos os cuidados prestados – uma obrigação ética e moral das equipes prestadoras de cuidados. Traduz o respeito pela dignidade da pessoa enquanto ser em si mesmo, permite o acesso ao princípio da autonomia e deve espelhar o reconhecimento do doente como pessoa para além da sua doença.

### 3.2. A Enfermagem em Cuidados Paliativos

Os enfermeiros, enquanto membros da equipe interdisciplinar, assumem um papel de suma importância no compromisso constante de cumprir a missão de prestar cuidados que promovam e preservem a dignidade da pessoa e que garantam a melhor qualidade de vida possível.

A qualidade dos cuidados prestados tem de ter por base conhecimentos técnicos e científicos atualizados, que permitam resolver os problemas ativos e as necessidades dos doentes e suas famílias/cuidadores.

A enfermagem tem como "mister" o cuidar e a promoção da vida. Para Florence Nightingale cuidar é "uma experiência universal que se destina a pessoas doentes e pessoas saudáveis". Quando cuidamos, olhamos inequivocamente para a pessoa e, independentemente do seu estado de saúde, o objetivo dos cuidados é a promoção da adaptação dessa pessoa à situação vivenciada.

Essa adaptação depende da pessoa e dos cuidados que lhe são prestados, e que no *continuum* da vida passam pela prevenção, cura, paliação, readaptação e reabilitação.

Como podemos ver no capítulo anterior, os cuidados paliativos não se destinam apenas a quem vai morrer. Gómez-Batiste *et al.* (2005) apresentam-nos o modelo de intervenção baseado nas necessidades e não no prognóstico – Modelo Cooperativo (fig. 1).

FIGURA 1 – Modelo de intervenção baseado nas necessidades
(e não no prognóstico)

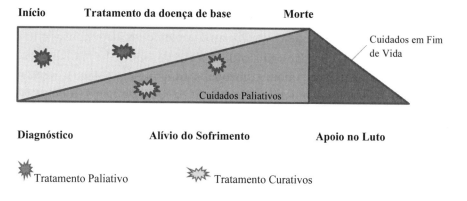

Fonte: Adaptado de Gómez-Batiste *et al.* (2005), "Organización de Servícios y Programas de Cuidados Paliativos".

Neste modelo os cuidados paliativos assumem uma importância ao longo de todo o processo de doença e não apenas no seu final, como se verifica neste momento em Portugal. Sobre esta realidade, Sapeta (2011) refere que "a natureza e os objetivos dos cuidados devem completar-se para aportar a melhor qualidade de vida e o alívio do sofrimento de cada doente e sua família, ao longo de todo o processo de doença e não só na fase final".

A relação terapêutica estabelecida entre os enfermeiros, o doente e seus familiares/cuidadores deve promover a autonomia e proporcionar conforto, devendo ainda ser facilitadora da adaptação às perdas sucessivas e à morte. Para tal é necessário:

a) Identificar necessidades e promover intervenções para pessoa, seus cuidadores e familiares.
b) Envolver os cuidadores para otimizar resultados na satisfação das necessidades.
c) Colaborar com outros membros da equipe de saúde e/ou serviços de apoio.
d) Promover parcerias terapêuticas.
e) Respeitar a singularidade e autonomia individual.
f) Negociar objetivos/metas de cuidados, mutuamente acordados dentro do ambiente terapêutico.
g) Reconhecer os efeitos da natureza do cuidar da pessoa/cuidadores//familiares, sobre si e outros membros da equipe, e respondendo de forma eficaz.

A equipe de enfermagem trabalha em complementaridade com as outras equipes de saúde e com as famílias/cuidadores da pessoa doente. Os enfermeiros, tal como os médicos, psicólogos, assistentes sociais, terapeutas, nutricionistas, capelão e voluntários, têm competências e funções próprias que, no seu todo, contribuem para atingir o objetivo maior que é proporcionar conforto e permitir a melhor qualidade de vida possível.

Os enfermeiros são corresponsáveis pelos resultados do trabalho efetuado pela equipe interdisciplinar. São de fato quem mais tempo permanece junto do doente, quem mais tempo contata com o doente e sua família, seja a nível dos cuidados hospitalares seja dos cuidados de saúde primários. Neste contexto, é premente que a partilha de saberes seja uma premissa constante e diária.

Podemos afirmar que o enfermeiro é privilegiado de entre todos os prestadores de cuidados de saúde, uma vez que é quem melhor conhece o doente e todo o seu contexto familiar, econômico, social e cultural.

Com base nesta realidade, a relação estabelecida entre este, a equipe, o doente e sua família/cuidadores, resulta num clima de confiança e autenticidade entre todos e permite uma abordagem mais rigorosa das necessidades da pessoa.

Pacheco (2002), citando Annes, diz-nos "é o enfermeiro que suporta a responsabilidade da vigilância do doente, observação e dos cuidados médicos. É para o enfermeiro que os doentes se voltam mais vezes para colocar questões...".

O enfermeiro tem a responsabilidade de garantir a concretização e o respeito pelos direitos do doente e deve agir sempre com vista à resposta adequada às necessidades holísticas do doente que está a cuidar, ajudando-o a interiorizar o significado que a doença tem para ele.

De acordo com Sapeta (2011), os cuidados de enfermagem em cuidados paliativos podem ser agregados em cinco domínios:

- Coordenação e construção do plano de cuidados;
- Cuidados diretos;
- Educação ao doente e família;
- Administração – desenvolvimento do programa de CP;
- Investigação.

Relativamente às competências básicas, relacionadas com os cuidados diretos, assentam nas quatro áreas chave dos cuidados paliativos: comunicação, controle de sintomas, trabalho de equipe e apoio à família.

A comunicação, como já foi referido, é a base destas quatro competências, o "cimento" que dá coerência e sentido a todas a outras ações terapêuticas. Para o cuidado acontecer na plenitude, a enfermeira deve demonstrar conhecimentos e experiência técnica, na gestão que faz da informação e educação do doente e da família, conjugando-as com expressões de sensibilidade, interesse, respeito, demonstradas por palavras, gestos, toque, em suma, por uma comunicação eficaz (Sapeta, 2011). Cuidar da pessoa portadora de doença ameaçadora da vida implica refletir e agir em seu favor, o que, sob o ponto de vista ético, significa respeitar e fazer respeitar os princípios da justiça, beneficência, a não-maleficência e a autonomia, sem esquecer a vulnerabilidade da pessoa cuidada. No seu conjunto, configuram o saber dar atenção à singularidade de cada um, manter a atitude de constante interrogação, perseverança, habilidade e paciência, bem como boa capacidade de adaptação às mudanças, previstas ou súbitas (Sapeta, 2011).

De acordo com o Código Deontológico dos Enfermeiros, o seu artigo 108º determina que:

O enfermeiro, ao acompanhar a pessoa nas diferentes etapas da vida, assume o dever de:

a) Defender e promover o direito da pessoa na escolha do local e das pessoas que deseja que o acompanhem em situação de fim de vida.

b) Respeitar e fazer respeitar as manifestações de perda expressas pela pessoa em fim de vida, pela família ou pessoas que lhe são próximas.
c) Respeitar e fazer respeitar o corpo após a sua morte.

No artigo 110º, relativo à humanização dos cuidados, o enfermeiro assume o dever de:

a) Dar, quando presta cuidados, atenção à pessoa como uma totalidade única, inserida numa família ou comunidade.
b) Contribuir para criar o ambiente propício ao desenvolvimento das potencialidades da pessoa.

A humanização dos cuidados implica o respeito pelos direitos da pessoa em todo o seu ciclo vital, sendo que em cada fase do ciclo existem especificidades que obrigam à personalização dos cuidados.

O final da vida deve ser tratado com elevado cuidado e detalhe, tal como o nascer. O doente em fim de vida tem o direito a ser tratado e respeitado até ao momento da sua morte por profissionais competentes e sensíveis, capazes de o ajudar a viver o melhor possível, independentemente do seu estado de saúde. Nesse sentido, a enfermagem assume um papel preponderante no cuidado, em respeito aos princípios básicos para que de fato este cuidado seja individual e personalizado:

a) A avaliação inicial do doente, família e ambiente em que está inserido.
b) Detecção precoce dos problemas quer do doente quer da família.
c) Planejamento dos cuidados, de forma individualizada/personalizada, de acordo com os problemas detectados, cuja agenda de prioridades é a do doente. Este planejamento deve ser efetuado pela equipe prestadora de cuidados, baseado numa comunicação assertiva e beneficiando dos contributos de cada área disciplinar.
d) Execução, avaliação e monitorização contínua dos cuidados prestados para avaliação da sua eficácia.

### 3.3. Cuidados de enfermagem nos últimos dias e horas de vida

Os últimos dias e horas de vida têm forte impacto emocional, no próprio, nos familiares e na equipe; correspondem, frequentemente, à última imagem que os familiares retêm da pessoa que falece. Perante isto, e tendo em conta que todo o processo de acompanhamento teve como objetivos o controle de sintomas, a promoção do bem-estar e o alívio do sofrimento, estes devem ser mantidos.

No entanto, é nesta fase da vida que o doente fica menos comunicativo pela prostração e deterioração progressiva, daí que os cuidados devam intensificar-se ainda mais. A família está a viver um processo de perda, tem receios, tem dúvidas quanto à existência ou não de sofrimento por parte do doente, e é a sua maior preocupação.

A comunicação assume aqui um papel primordial, em que os objetivos são ajudar a expressar medos, angústias e dúvidas. É pela comunicação que devemos tornar claras as tomadas de decisão, debatê-las com o doente (se possível) e com os familiares, fundamentando-as, de que são exemplo:

Porque não alimentamos?
Porque não hidratamos?
Porque não mobilizamos tão frequentemente?
Porque não executamos tão frequentemente curativos às feridas malignas e por pressão?

O princípio básico é a maximização do conforto do doente e o apoio à família/cuidadores. Sendo este *um momento único* da vida da pessoa, devemos:

a) Rever os objetivos dos cuidados e do tratamento.
b) Evitar o sofrimento desnecessário, descontinuando terapêuticas inúteis.
c) Promover o conforto, o bem-estar físico e psicológico.
d) Prestar bons cuidados orais, fundamentais para permitir a comunicação e aumentar o conforto.
e) Ter atenção aos cuidados do nariz e olhos.
f) Ter em atenção às eliminações vesicais e intestinais que, com frequência, são fonte de desconforto/agitação.

Os objetivos dos cuidados passam a ser:

a) Medidas de conforto;
b) Atenção aos aspectos psicológicos;
c) Suporte religioso e espiritual;
d) Comunicação com a família;

e) Comunicação e assessoria aos profissionais de outros contextos cuidadores;
f) Valorização e respeito por manifestações de perda e separação definitiva.

O controle sintomático tem de ser mantido como prioridade máxima, face a novos problemas rever e reajustar as ações a implementar, devendo o acompanhamento do doente e da sua família ser intensivo.

## 4. Conclusão

Os enfermeiros em cuidados paliativos têm a responsabilidade de garantir a concretização dos objetivos delineados desde o início do acompanhamento do doente e de garantir a continuidade dos cuidados prestados.

O conhecimento profundo do doente e da sua família no seu todo permite o planejamento de cuidados de acordo com a situação clínica e também ajudar o doente e sua família/cuidadores a ajustar as expectativas à realidade.

A manutenção da melhor qualidade de vida possível e de uma esperança realista depende da relação estabelecida com o doente e sua família e da capacidade que todos os intervenientes têm neste processo para comunicar entre si de forma assertiva.

A vida deve ser celebrada todos os dias e a atenção, respeito e compaixão pelo doente, capacidade de escuta e assertividade permitem que a vida continue a ter sentido e que valha a pena ser vivida, para se poder *Entrar com Vida na Morte*.

## 5. Palavras-Chave

Controle de sintomas, cuidados paliativos, doença crônica, enfermagem, qualidade de vida.

## 6. Referências

BASE III – Lei nº 52/2012 de 5 de setembro – Lei de Bases dos Cuidados Paliativos, Diário da República, 1ª série – Nº 172 – 5 de setembro de 2012.

Radbruch L, Payne S, Bercovitch M, Caraceni A, Vlieger T De, Firth P, et al.: White paper on standards and norms for hospice and palliative care in Europe: part 1. Eur J Palliat care [Internet]. 16 (6); 2009: 278–89. Available from: http://eprints.lancs.ac.uk/32714/.

Regulamento das Competências Específicas do Enfermeiro Especialista em Pessoa em Situação Crónica e Paliativa, Diário da República 78 (2); 22 de abril de 2015.

Sapeta, P, Cuidar em fim de vida: O processo de interação enfermeiro-doente, Lusociencia, 2011. ISBN: 978-972-8930-69-1.

Segunda alteração ao Estatuto da Ordem dos Enfermeiros, Diário da República, 1ª série – Nº 181 – 16 de setembro de 2015.

# Papel da Família

MARTA MOREIRA GONÇALVES

## 1. Introdução

A família é uma das formas de organização social mais antiga e representa, ainda hoje, um grupo social primário que influencia e é influenciado pelos seus membros. Apesar das alterações na sua estrutura e configuração ao longo dos tempos, as funções que estiveram de base na sua constituição mantêm-se em larga medida inalteradas. A família desempenha um papel fundamental no contexto sociocultural dos seus membros e na maioria das sociedades – a prestação de cuidados. Assim, é fácil compreender que quando um membro da família adoece a família adoece, o ciclo vital é ameaçado e a estrutura familiar é abalada, tendo de encontrar uma nova forma de interação.

Os cuidados paliativos visam uma abordagem holística, muito além do tratamento sintomático, que inclui a identificação precoce, a abordagem compreensiva de problemas físicos, psicossociais e espirituais, não só do doente como da sua família. O doente e a família são a unidade fundamental e base de sustentação do doente. Intervir nos cuidados paliativos é, deste modo, muito mais complexo do que controlar a doença, mas é acima de tudo promover a qualidade de vida através de um cuidar além do doente até à morte, mas também da sua família, que adoece e morre um pouco também.

## 2. Enquadramento Histórico e Desenvolvimento

A representação de um tempo futuro é exclusiva do Homem e assenta em bases anatomofisiológicas e psicológicas. Estas últimas, por sua vez, apoiam-se no desenvolvimento da função simbólica – ou seja, a capacidade de representação por símbolos – e no desenvolvimento da atividade reflexiva – a capacidade de pensar sobre as experiências vividas (Matos, 2004). Essa função simbólica, a níveis profundos, representará sempre, em última análise, os fenômenos de nascimento, vida e morte.

Na Idade Média, o Homem sabia que a morte estava próxima e preparava-se para este acontecimento único da sua vida. Em determinada altura chegou-se mesmo a considerar que morrer de forma abrupta, sem ocorrer preparação e interiorização da morte, era algo assustador. Nesta altura a morte repentina era a menos desejada, porque privava o moribundo da preparação da morte e do afastamento da vida terrena. Era um momento em família e amigos com a presença de crianças que conviviam igualmente com o moribundo. Todos se reuniam, num momento considerado, naquela altura, natural, para se despedirem do seu ente querido, em casa.

Até metade do século xx, cada indivíduo era ele próprio o primeiro a ser avisado da sua morte, sendo este o primeiro de um ritual familiar. Após o anúncio, procedia-se à cerimônia pública das despedidas, à qual o moribundo devia presidir. Ele faria então o testamento, proferia algumas palavras, reparava os seus erros, pedia perdão e exprimia as suas últimas vontades, tendo oportunidade de se despedir de quem lhe era importante (Ariès, 2010).

Só a partir de meados do século xix é que a medicina passou a valorizar a fase agônica do doente como forma de obter conhecimento útil. Assim, os médicos passaram a visitar os doentes que se encontravam nesta situação. Nesta altura a morte só ocorria no hospital se o doente não tivesse meios econômicos para passar esta última fase em casa com o apoio de médicos e enfermeiros e, claro, junto da família e amigos.

Com o passar do tempo e rumo à nossa realidade mais atual, esta visão da morte foi-se alterando, porque a nossa própria cultura também se alterou e os valores considerados anteriormente primordiais foram dando lugar a outros. Nesta realidade não há lugar para a morte. Ao longo do tempo, a morte passou a ser dissimulada, como que se devesse ignorar o fim que se aproxima. A morte foi sendo transferida da casa para o hospital, tornando-se ausente do mundo familiar de cada dia.

O formalismo e cerimônias associados à morte são efetuados mais rapidamente e de modo mais discreto e os sentimentos de sofrimento que a envolvem não são bem tolerados, pois valoriza-se acima de tudo a felicidade. A dor e o sofrimento tendem a ser escondidos do próximo que nos rodeia.

Receia-se a morte, mas muito mais se receia o sofrimento que a ideia de morrer acarreta – do medo da morte repentina, da Idade Média, passou-se a desejá-la como que para evitar o sofrimento que se projeta do processo de morbilidade.

O medo do sofrimento na sociedade contemporânea potencia a ansiedade com que atualmente reagimos face à morte. Da morte partilhada passamos para a morte solitária, com conspirações do silêncio – o medo de falar da morte e do processo de morrer.

Vivemos, deste modo, uma era de mudança no que respeita à forma como a sociedade convive com a morte e consequentemente da vivência do luto (aqui entendido como perdas) pela família. O recalcamento da morte na sociedade contemporânea e a transferência para o hospital onde a morte é escondida conduzem-nos ao processo de camuflagem da morte, à tentativa de extinção do luto (Elias, 2001), mas cima de tudo do processo de morrer.

## 3. Definição e Clarificação Conceptual

### 3.1. Cuidados Paliativos: a arte de cuidar

É estreita a relação entre bem viver e bem morrer.

As alterações ocorridas acerca do conceito da morte surgem de acordo também com o aumento do número de doentes em fase terminal – fase esta cada vez mais prolongada – pois, com o avançar extraordinário da tecnociência cada vez mais se consegue adiar o momento da morte. Muitas doenças terminais conseguem ser controladas por um grande período de tempo, conduzindo à existência de um número cada vez maior de doentes em fase terminal prolongada. Considera-se assim que um dos momentos mais difíceis para a medicina acontece aquando da transição de uma medicina curativa para uma medicina paliativa. É tanto difícil para o médico que tem de transmitir esta informação ao doente como para este que tem de a assimilar e aceitar a incurabilidade da sua doença (Serrão, 1998).

Neste caminho, o hospital da atualidade, mesmo na sua estrutura física, vocacionou-se essencialmente para a evolução tecnológica com a intenção de tratar ativamente a doença. A cura da doença é o principal objetivo dos serviços de saúde. No entanto, quando esta não é possível e o doente se aproxima da morte, este mesmo hospital só muito raramente está preparado para cuidar do seu sofrimento no fim de vida (PNCP, 2008). Mais do que se falar em morte, importa centrar no processo de morrer.

Apesar disso, e certos da evidente tendência de envelhecimento da população mundial, da necessidade de promoção da dignidade humana até à morte como um direito fundamental humano, do aumento da prevalência de doenças crônicas e incapacitantes, fruto do aumento da esperança média de vida e do avanço tecnológico, todas as pessoas são potenciais clientes dos cuidados paliativos. Recorrendo à experiência internacional e às recomendações da Organização Mundial de Saúde, estima-se que cerca de 80% dos doentes com câncer que virão a falecer podem necessitar de cuidados paliativos diferenciados. O documento da OMS de 1990 procura orientar a criação e desenvolvimento de cuidados paliativos nos diversos países por critérios técnicos e científicos que são hoje consensuais.

Para Neto (2006), os cuidados paliativos podem-se definir como uma resposta ativa aos problemas inerentes da doença prolongada, progressiva, sem hipótese de cura, com o intuito de prevenir o sofrimento daí decorrente e de maximizar a qualidade de vida possível a estes doentes e respectivas famílias. Pretendem ajudar os doentes terminais a viver o mais ativamente possível até à sua morte, com uma intervenção baseada em rigor, ciência e criatividade. São cuidados centrados na importância da dignidade da pessoa humana, ainda que doente, vulnerável e limitada. Falar de cuidados paliativos reporta, assim, para o conceito de "cuidar", que é intrínseco à própria natureza humana e que permitiu ao Homem a sua sobrevivência enquanto indivíduo e ser social.

De toda a evidência, a dor total de que sofrem os doentes em fase terminal impõe uma abordagem multidisciplinar que consiga, nomeadamente: (1) tratar a dor com competência técnico-científica e sucesso, (2) acolher o sofrimento emocional com adequada intervenção de psiquiatras e psicólogos clínicos, vocacionados para intervenções mais psicanalíticas do que medicamentosas, (3) reconstruir os vínculos sociais intervindo sobre familiares e amigos, libertando-os do sentimento negativo que muitos ainda têm em relação à morte do outro e (4) pacificar as perturbações espirituais que a pessoa refira e para as quais solicite ajuda. Nas perturbações espirituais incluímos o difícil diálogo religioso com a transcendência, seja esta aceite, negada ou posta em dúvida, no qual pessoas com formação filosófica e/ou teológica podem dar um valioso contributo. Todas estas ações – tratar, acolher, reconstruir, pacificar – deverão ter como objetivo transformar a situação da dor total num estado de bem-estar aceitável para o doente em fase terminal, para os seus familiares e para os seus amigos (Saunders, 1999).

Morrison *et al.* (2008) mostram que os cuidados paliativos permitem uma poupança nos gastos com a saúde. Paralelamente, estudos demonstram que a maioria dos médicos acredita que os cuidados paliativos poderiam evitar pedidos de eutanásia e de suicídio assistido: 12 (8,4%) todos os casos; 102 (71,3%) muitos casos; 19 (13,3%) alguns; 4 (2,8%) não e 6 (4,2%) não tinham opinião formada (Gonçalves, 2006).

Na emergência de uma sociedade sedenta destes cuidados, muito recentemente o Estado Português vem reconhecer a importância dos mesmos através da Lei de Bases de Cuidados Paliativos nº 52/2012, de 5 de setembro.

A presente lei consagra o direito e regula o acesso dos cidadãos aos cuidados paliativos, define a responsabilidade do Estado em matéria de cuidados paliativos e cria a Rede Nacional de Cuidados Paliativos (RNCP), a funcionar sob tutela do Ministério da Saúde. Este constitui-se um passo importante para a proteção dos direitos dos doentes com doença paliativa e das suas famílias. Efetivamente, nesta lei estão explanados como direitos às famílias: *a)* Receber apoio adequado à sua situação e necessidades, incluindo a facilitação do processo do luto; *b)* Participar na escolha do local da prestação de cuidados paliativos e dos profissionais, exceto em casos urgentes, nos termos dos princípios gerais da Lei de Bases da Saúde; *c)* Receber informação sobre o estado clínico do doente, se for essa a vontade do mesmo; *d)* Participar nas decisões sobre cuidados paliativos que serão prestados ao doente e à família, nos termos da presente lei; *e)* Receber informação objetiva e rigorosa sobre condições de internamento.

À luz deste contexto teórico, os cuidados paliativos assentam em quatro pilares essenciais: o controle de sintomas (em que se inclui a dor), a comunicação com o doente, o trabalho em equipe e o apoio à família na doença e no luto. As boas práticas de cuidados paliativos implicam sempre treino nestas quatro áreas, sem se dispensar qualquer uma delas.

### 3.2. A família e os Cuidados Paliativos

No seio da família, os indivíduos podem constituir subsistemas, podendo estes ser formados pela geração, sexo, interesse e/ou função e papéis, havendo diferentes níveis de poder, e em que os comportamentos de um membro afetam e influenciam os outros membros, mas são unidos por múltiplos laços capazes de manter os membros afetivamente, moralmente, materialmente e reciprocamente durante uma vida e durante gerações.

A família desempenha um papel fundamental na prestação de cuidados numa situação de doença, pois na maioria das sociedades a família tem implícita a função de cuidar. Todavia, as próprias famílias sofrem fenômenos de ajustamento às mudanças de organização social, que se podem constituir como fortes constrangimentos ao desempenho dos seus papéis tradicionais enquanto cuidadores. Portanto é importante que no processo de doença, a equipe clínica saiba qual é a sua configuração; é preciso identificar as pessoas com quem podem contar no decurso da doença e cuidados. Entendemos aqui o conceito de cuidados muito além da promoção de medidas de conforto ou acompanhamento clínico. O cuidado engloba aspectos psicológicos, éticos, sociais, clínicos e comunitários.

Segundo a OMS (2002), os cuidados paliativos dizem respeito a todos os cuidados ativos, coordenados e globais, prestados por unidades e equipes específicas, que visam melhorar a qualidade de vida dos doentes e suas famílias, que enfrentam problemas decorrentes de uma doença que ameaça a vida, através da prevenção e alívio do sofrimento, primeiro por meio de identificação e avaliação precoce e tratamento dos problemas não só físicos como a dor, mas também psicossociais e espirituais.

Para além da complexidade do cuidado prestado pelas famílias, a própria família passa por diferentes fases de adaptação ao processo de doença, havendo mesmo quem as descreva da mesma forma que os próprios doentes a vivenciam, reforçando a premissa de que o cuidado paliativo de deve centrar no binómio doente/família.

É sobre a família que se encontra depositada a última reserva e expectativa na prestação de cuidados, frequentemente é na família que o doente procura ajuda para ultrapassar as dificuldades que surgem ao longo do processo de doença. Mas a presença da doença da família provoca rutura com a vida anterior e os membros terão de se ajustar a esta nova (e muitas vezes longa) realidade, com uma nova estrutura, papéis e relações afetivas. A mãe doente assume muitas vezes o papel de receptora de cuidados e o filho o de cuidador principal – os papéis vividos ao longo de toda a vida invertem-se. No seu conjunto as alterações irão influenciar o ajustamento, a dinâmica e a percepção que cada um dos intervenientes tem sobre os acontecimentos.

Apesar do desgaste físico e psicológico, é sabido que a participação dos familiares na prestação de cuidados de conforto aos doentes é fundamental, pois permite-lhes manter o domínio da situação quando impotentes perante o doente e a doença. A comunicação entre os profissionais de saúde e as famílias é assim fundamental pela necessidade de obterem informações reais acerca do diagnóstico, procedimentos e tratamentos, a fim de perceberem os comportamentos dos doentes.

Segundo Neto (2006), as intervenções efetuadas com a família devem incidir na promoção da adaptação emocional individual e coletiva à situação de doença, capacitar a prestação de cuidados ao doente e o autocuidado da família, preparar a perda e prevenir o luto patológico.

Assim, no cuidado integral em cuidados paliativos deve ser integrado o cuidado à família.

## 4. Conclusão

Os cuidados paliativos afirmam a vida e aceitam a morte como um processo natural, pelo que não é objetivo adiantá-la ou atrasá-la. Constituem uma área de saúde de importância fulcral, que se encontra em constante evolução e atualização, mas que deve sempre envolver o doente e a família. Algures entre o nascimento e a morte, mais cedo ou mais tarde, todo o ser humano experiencia o último adeus a alguém que ama, alguém que é o centro do seu universo.

A relação de ajuda à família começa no momento do diagnóstico, pelo que é primordial ter sensibilidade na transmissão de más notícias e estar consciente da importância de não ocultar informação, de modo a que esta se prepare para as etapas que se seguem.

Afinal a família será o maior aliado da equipe clínica neste processo de cuidar do doente. A comunicação clara, simples e rigorosa entre os profissionais de saúde e a família assume-se como uma necessidade vital para a qualidade dos serviços prestados ao doente e percepciona-se como facilitador do ajustamento da família à doença e, por conseguinte, ao doente.

## 5. Palavras-Chave

Cuidados paliativos, doente, família, papéis.

## 6. Referências

Ariès P: Sobre a História da Morte no Ocidente desde a idade média, Teorema, Lisboa, 2010, 4ª Edição.

Barbosa A, Neto I: Manual de Cuidados Paliativos. Centro de Bioética. Faculdade de Medicina Universidade de Lisboa, Lisboa, 2006.

Coimbra de Matos A: Saúde Mental, Climepsi Editores, Lisboa, 2004.

Elias N: Solidão dos Moribundos: seguido de "Envelhecer e morrer", Zahar Editor, Rio de Janeiro, 2001.

Gonçalves J: A Boa Morte: Ética no fim de vida, Dissertação de Mestrado – Faculdade de Medicina da Universidade do Porto, Porto, 2006.

Morrison R, Penrod J, Cassel B, Caust-Ellenbogen M, Litke A, Spragens L, Meier D: Cost Savings Associated With US Hospital Palliative Care Consultation Program. Arch Intern Med. 168(16); 2008: 1783-1790.

Copyright 2008 American Medical Association. All Rights Reserved. Applicable FARS/DFARS Restrictions Apply to Government Use.

Osswald W: Investigação Médica. Em Serrão D, Nunes R: Ética em Cuidados de Saúde, Porto Editora, Porto, 1998.

Programa Nacional de Cuidados Paliativos (PNCP), 2008.

Saunders C: Founder of the Hospice Movement: Selected Letters. Oxford UF, 1999.

# Papel do Médico

ANTÓNIO ROMÃO

## 1. Introdução

A ética médica dos tempos de hoje deve pautar-se por uma abertura e maleabilidade impensáveis há duas ou três décadas.

Com efeito, a abertura para a discussão de opiniões e posturas divergentes terá de constituir uma imagem de marca, se bem que os alicerces consubstanciados nos princípios éticos fundamentais e a dignidade da pessoa como referência não possam ser postos em causa.

A prática profissional do médico deverá ser norteada pelos princípios da beneficência, na sua relação com a medicina baseada na evidência, não-maleficência, autonomia e justiça.

A nova matriz de atuação médica deverá assentar na liberdade ética da pessoa (a pessoa com centro da ética), com direito ao respeito e dignidade e à privacidade. Posições divergentes poderão ser mediadas com o estabelecimento de soluções consensuais, de acordo com a Ética do Consentimento Mútuo estabelecida no Código Deontológico que rege a profissão médica.

O consentimento livre, informado, esclarecido e atual constitui um requisito essencial na atuação do médico, em que a persuasão deverá ter lugar em detrimento da imposição (consentimento presumido de acordo com as *leges artis*).

Traçaríamos como objetivo central a avaliação do enquadramento e capacitação do médico para agir adequadamente em interação com outros profissionais nos cuidados aos doentes paliativos e, em simultâneo, a projeção, numa perspectiva transdisciplinar, do papel do médico como motivador e dinamizador da integração dos cuidados familiares na equipe de apoio.

## 2. Enquadramento Histórico e Desenvolvimento

Numa perspectiva histórica sempre pertinente, destacaríamos Cicely Saunders com a abertura do St. Cristopher's Hospice em Londres, em 1967. A invenção, na altura, consubstanciava-se em três pilares chave:

– Excelência dos cuidados clínicos a doentes em fim de vida;
– Formação dos profissionais envolvidos;
– Investigação.

A expressão "cuidados paliativos" foi proposta por Balfour Mount, visto que o termo "*hospice*" já era usado no Canadá num outro contexto.

### 2.1. O Apoio do Médico aos Doentes em Cuidados Paliativos

Atualmente a European Association for Palliative Care (EAPC) define cuidados paliativos como cuidados ativos e globais do doente, cuja doença não responda ao tratamento curativo.

O controle da dor e outros sintomas, problemas sociais, psicológicos e espirituais constitui a "task-force" dos cuidados paliativos, através de uma abordagem interdisciplinar, em que o médico se insere e englobando também o doente, a família e a comunidade. Esta noção abrangente do cuidar garante o provimento das necessidades do doente, onde quer que seja assistido, no hospital ou em casa.

Os cuidados paliativos afirmam a vida e encaram a morte como um processo normal, não a apressando ou adiando.

O Programa Nacional de Cuidados Paliativos (PNCP) salienta que os cuidados são executados tendo em vista as necessidades e não propriamente subordinados ao diagnóstico ou prognóstico. Deverão ser implementados de forma estruturada em fases mais precoces da doença, quiçá em simultâneo com outras terapêuticas que têm por objetivo prolongar a vida. Para esta nova concepção do cuidar o médico é obviamente determinante.

Os doentes em fim de vida exigem três necessidades básicas:

- Ser cuidados por profissionais que saibam reconhecer o seu sofrimento e lidar com ele, seja físico, emocional ou espiritual;
- Que seja assumida a sua autonomia e o respeito pela opção do local onde desejam ser tratados;
- Saber que os familiares que lhes prestam cuidados vão ser apoiados, orientados e preparados para o que os espera.

Um estudo qualitativo da autoria de Norman e colaboradores, que envolveu doentes com câncer seguidos em cuidados paliativos, descreveu três padrões de cuidados, com envolvimento crescente dos médicos e em particular dos médicos de família, sequencial, paralelo e partilhado:

- Em cuidados sequenciais, os doentes receberam virtualmente todos os cuidados de especialistas após o diagnóstico, logo, a relação com o médico de família tende a escassear;
- Em cuidados paralelos, os médicos de família continuam a seguir os doentes, mas apenas nos problemas relacionados com o câncer; cuidados paliativos e seguimento do câncer são responsabilidade exclusiva dos outros especialistas;
- Em cuidados partilhados, os doentes vêm os médicos de família com papel ativo na discussão das alternativas dos tratamentos, referenciando a novos especialistas e avaliando e tratando os sintomas relacionados com o câncer, assim como outros problemas médicos e emocionais.

Por sua vez, os doentes identificam alguns aspectos importantes na sua relação com o médico:

- Estar acessível, para eventual consulta e/ou contato telefônico;
- Prestar apoio aos doentes e familiares, com manifestações de afeto, encorajamento e estímulo;
- Avaliar novos sintomas e referenciar se necessário, bem como prestar cuidados médicos para problemas não relacionados com o câncer, isto no caso de se tratar do médico de família.

Os participantes consideram a acessibilidade telefônica muito importante, como contributo para a diminuição da ansiedade e facilitação dos cuidados antecipados.

## 2.2. O Apoio do Médico aos Cuidadores Familiares

Vários estudos comprovam o cuidar de doentes terminais em casa como gerador de estresse.

Num estudo qualitativo de Grande e colaboradores, realizado no Reino Unido, os familiares de doentes falecidos referiram a acessibilidade aos médicos e enfermeiros como o aspecto mais importante do apoio estabelecido.

Vários comentários registrados no estudo referiam-se à disponibilidade fora do habitual dos médicos e enfermeiros, através da cedência do contato pessoal, e se necessário, para além do horário de trabalho.

Outro aspecto mencionado favoravelmente refere-se à mobilização de outros recursos e a provisão de equipamentos. A atitude e a disponibilidade do médico para comunicar com o doente foram muito valorizados. Por outro lado, o suporte ao cuidador, a informação e o controle sintomático foram mencionados menos vezes.

Um aspecto que se destacou foi a importância crucial do acesso a serviços de suporte para repouso de familiares.

Em resumo, o principal foco de atenção dos cuidadores foi o suporte básico que lhes permitiu manter os cuidados no domicílio.

## 3. Definição e Clarificação Conceptual

A prestação de cuidados médicos em fim de vida leva-nos a equacionar as áreas ditas centrais dos cuidados paliativos:

– Controle de sintomas;
– Comunicação adequada;
– Apoio à família;
– Trabalho em equipe.

Como fases de intervenção em cuidados paliativos podemos considerar sequencialmente as fases reabilitativas, pré-terminal, terminal e final.

Os benefícios dos cuidados paliativos aumentam caso surjam mais precocemente na vida das pessoas, em complementaridade com os outros cuidados.

É um fato indesmentível o *deficit* comprovado no apoio às necessidades psicológicas/realização pessoal aos doentes seguidos em cuidados paliativos.

Os médicos e os profissionais que cuidam destes doentes deverão interrogar-se permanentemente:
– Estamos a escutar? Estamos a olhar?

A maioria dos doentes terminais, se pudesse optar, preferia que a morte ocorresse em casa. Quem morre no hospital tende a ser pobre, idoso e mulher, a viver isolado, ter doença prolongada, elevado nível de estresse nos cuidadores e menos apoio de serviços de cuidados paliativos.

Os principais motivos de internamento reportados foram a percepção de sofrimento do doente, a exaustão dos cuidadores e a dificuldade de viabilizar cuidados médicos em casa durante a noite.

Nas últimas décadas as mortes em casa estão a diminuir, inclusive onde existem equipes domiciliárias de cuidados paliativos e apoio 24 horas por dia.

Os fatores que determinam o local da morte parecem revestir de igual modo aspectos sociais e médicos.

Doyle relata que muitos dos internamentos em Unidades de Cuidados Paliativos não são para controle de sintomas, mas pela necessidade de cuidados de enfermagem em situações de dependência.

Num estudo retrospectivo realizado por MacWhinney e colaboradores, os fatores associados com a morte em casa foram a preferência do doente aquando da avaliação inicial, a existência de mais que um elemento da família envolvido na prestação de cuidados e o apoio de enfermeiros no domicílio durante parte do dia, nos últimos dias de vida.

Muitos dos internamentos imprevistos nos últimos dias de vida poderão ser evitados se os médicos e enfermeiros prepararem os familiares, visitarem o doente com frequência em casa e se disponibilizarem para as chamadas urgentes.

Há que reconhecer que o local da morte pode ser determinado por outros fatores, para além da preferência do doente. Na fase final da doença o estado clínico pode deteriorar-se, a ponto de justificar o internamento no hospital ou numa unidade especializada em cuidados paliativos.

Um inquérito de MacWhinney e Stewart revelou que 65% dos médicos de família consideram ser preferível cuidar de doentes em fim de vida em casa, embora considerem o local mais apropriado dependente das necessidades e desejos do doente e família.

Os doentes em cuidados paliativos desafiam as capacidades dos médicos de muitas formas, incluindo o tratamento da dor e outros sintomas, a comunicação com as famílias em condições emocionais difíceis, a tomada de decisões éticas delicadas e o cuidar de pessoas muito debilitadas e moribundos no domicílio, muitas vezes com recursos limitados.

Para capacitar as equipes dos cuidados de saúde primários é essencial a formação e apoio de equipes especializadas em cuidados paliativos domiciliários. Para o doente que deseja falecer em casa é importante o acesso do médico de família a serviços de cuidados paliativos para apoio, aconselhamento e referenciação.

As funções do médico nos cuidados em fim de vida, que justifiquem controle sintomático, foram definidas por Molina e colaboradores, através da revisão da bibliografia existente.

Foram valorizadas 12 incumbências, das quais destacamos as seguintes:

- Incumbência 2 – dispor de toda a informação relevante na história clínica e eventual existência de vontades antecipadas do doente, que possam condicionar o tratamento;
- Incumbência 3 – acompanhamento mediante consultas programadas e imprevistas no domicílio, tendo em vista o estado geral do doente, a evolução da doença e o grau de controle sintomático;
- Incumbência 5 – avaliação adequada e pormenorizada de cada sintoma e sinal do doente, que inclua a sua possível causa, a descrição e a intensidade através de escalas validadas;
- Incumbência 7 – disponibilização de linha telefônica de contato com o centro de saúde e destinada ao doente e seus familiares em situações de descontrolo de sintomas ou apoio psicoemocional;
- Incumbência 8 – garantia de consultadoria e apoio por parte do médico de família e de profissionais com formação avançada em cuidados paliativos, caso as situações o justifiquem;
- Incumbência 9 – identificação do médico hospitalar responsável pelo seguimento do doente, a fim de facilitar o contato, em caso de necessidade;
- Incumbência 11 – o médico hospitalar deverá disponibilizar um horário para contato telefônico, assim como garantir a nota de alta e enviá-la por *fax* ao interlocutor dos cuidados de saúde primários e ainda garantir a dispensa de fármacos e material necessário até existir uma alternativa;
- Incumbência 12 – existência de informação escrita no domicílio do doente, esclarecedora da medicação, doses de resgate em caso de des-

controle sintomático e modo de contatar com os profissionais de referência ou serviço de urgência, se justificável.

A intervenção do médico de família deverá depender da complexidade da situação. A articulação com especialistas em cuidados paliativos, tendo em vista um eventual internamento, deverá estar sempre em aberto.
A consultadoria ou referenciação do doente nunca deverá supor a separação definitiva nem a renúncia da responsabilidade continuada do caso.

## 4. Conclusão

"O corpo não se queixa! Apenas a pessoa se queixa!"
Esta frase, da autoria de *Nursing Mirror*, em 1964, (conceito de dor total), consubstancia o grande princípio orientador da atuação do médico em geral e muito em particular nos doentes portadores de doenças complexas de mau prognóstico. Entronca em si o conceito de dignidade como valor absoluto.
Também os cuidados de conforto, tendo em vista a diminuição do sofrimento e ansiedade e o reforço da satisfação, bem-estar, sentimento de segurança e qualidade de vida, deverão ser prioritários, exigindo uma boa comunicação/interação do profissional de saúde com o doente.
Intimamente associada ao significado e essência da vida, a espiritualidade deverá ser valorizada, nos seus aspectos de relação com a força interior da pessoa e transcendência.
Ao modelo biopsicossocial do cuidar, acrescentamos hoje a dimensão espiritual, traduzindo-se então no novo modelo biopsicossocioespiritual.
O crescimento pessoal na doença, atingível desde que o respeito pelo valor da pessoa e o amor reafirmado pela família/cuidadores sejam uma realidade.
As diretivas antecipadas de vontade/testamento vital configuradas em "ordens para não ressuscitação, entre outras", podem também ser parte dos cuidados de conforto, já que são geradoras de uma maior tranquilidade do doente.
O testamento vital, consignado em Lei, e do qual consta como figura determinante o procurador dos cuidados de saúde, constitui um direito inalienável do doente, que só em circunstâncias excepcionais que violem a *leges artis*, poderá não ser respeitado pelo médico.

Também as preocupações antecipadas com o luto deverão ser devidamente ponderadas pelo médico e profissionais da equipe, tendo em atenção o suporte e a preparação dos familiares/cuidadores, de modo a evitar a "conspiração do silêncio".

Uma palavra final para a necessidade premente de redesenhar Medicina Paliativa, reconhecendo-a, porque não, como especialidade médica.

## 5. Palavras-Chave

Conforto, cuidadores, cuidados paliativos, dignidade, médico, pessoa.

## 6. Referências

BURGE F, McINTYRE P, TWOHIG P, CUMMINGS I, KAUFMAN D, FRAGER G, POLLET A: Palliative care by family physicians in the 1990s. Resilience amid reform. Can Fam Physician 47; 2001: 1989-95.

COUNCIL OF EUROPE: Recommendation Rec 24 of the Committee of Ministers to member states on the organization of palliative care. (monografia na Internet) Estrasburgo, 2003.

DOYLE D: Palliative care in the home: an overview. In: Hanks G, Cherny N, Christakis N, Fallon M, Kaasa S, Portnoy R, editors. Oxford text book of palliative Medicine 4; Oxford University Press; 2010: 1529-1542.

GRANDE GE, FARQUHAR MC, BARCLAY SIG, TODD CJ: Valued aspects of primary palliative care: content analysis of bereaved careers descriptions. B J Gen Pract; 2004: 772.

McWHINNEY IR, BASS MJ, ORR V: Factors associated with location of death (home or hospital) of patients referred to a palliative care team. Can Med Assoc J 1; 1995: 152.

McWHINNEY IR, STEWART MA: Home care of dying patients, family physicians experience with a palliative care support team. Can Fam Phisician 40; 1994: 240-6.

MOLINA E, GIL J, PINNA M, MORALO M: Primernivel assistencial en cuidados paliativos: evolucióndelcontenido de la cartera de servicios de atención primaria y critérios de derivación al nível de soporte. Aten Primaria 38 (2); 2006: 85-92.

National Institute for Clinical Excellence (UK): Guidance on Cancer Services. Improving Supportive and Palliative Care for adults with Cancer. The Manual. (Monografiana Internet) Londres, 2004.

Norman A, Sisler, Hack T, Harlos M: Family physicians and cancer care. Palliative care pacients, perspectives. Can Fam Physician 47; 2001: 2009-16.

Nunes R, Melo HP: Testamento Vital, Edições Almedina 6; 2011.

# Papel do Nutricionista

LAURA RIBEIRO

## 1. Introdução

As doenças crônicas e o seu tratamento afetam o estado nutricional dos doentes, alterando as funções metabólicas e reduzindo a sua ingestão alimentar. A diminuição progressiva da ingestão oral, a perda ponderal e a diminuição da força muscular são situações relativamente comuns na doença oncológica e outras doenças crônicas em estado avançado. Estas situações têm sido descritas por vários autores como causa importante de ansiedade na tríade doente/familiares/profissionais de saúde, constituindo até fonte de conflito entre os doentes e os seus familiares (del Rio *et al.*, 2012; Raijmakers *et al.*, 2013).

Neste contexto, a abordagem nutricional revela-se um fator importante (Shaw, Elridge, 2015) e deve ser integrada no plano global de tratamentos, dada a sua contribuição para a qualidade de vida. Deve ser instituída precocemente e os objetivos nutricionais devem ser adaptados às necessidades das diferentes fases e ser consistentes com os objetivos globais dos cuidados paliativos (Prevost, Grach, 2012; Orevall, 2015).

A intervenção nutricional, em contexto multiprofissional e interdisciplinar, deverá ser individualizada e centrada no doente, avaliando criteriosamente a sua situação, desejos e expectativas, sendo fundamental desenvolver uma adequada comunicação entre o nutricionista, a equipe multidisciplinar e o doente/família/cuidadores (del Rio *et al.*, 2012; Prevost, Grach, 2012).

## 2. Enquadramento Histórico e Desenvolvimento

A nutrição tem um papel fundamental na saúde e no bem-estar do ser humano em todos os ciclos da vida, com início na concepção e após, durante as diferentes fases – infância, adolescência, idade adulta e velhice. Considerada essencial para a vida humana, tem um papel preponderante na promoção da saúde e na prevenção da doença. Por outro lado, pode ser utilizada com intuito terapêutico na doença, contribuindo para reverter e/ou recuperar o estado metabólico e nutricional mediante ajustes de macro e micronutrientes e reposição de outros elementos funcionais (Benarroz *et al.*, 2009).

A alimentação tem um papel fulcral na nossa vida, sendo comprovadamente um dos fatores do ambiente que mais afetam a saúde. A alimentação é inequivocamente uma necessidade humana básica (Maslow, 1970, citado por Holmes S, 2011), cujo objetivo primordial é a sobrevivência. No entanto, além da função nutricional, assume também outros significados. O ato de comer e beber está sempre presente ao longo da nossa vida e sendo uma necessidade humana fundamental, influencia o estado fisiológico, mas também as componentes psicológica e emocional (Hamburg *et al.*, 2014). Em suma, pode dizer-se que o alimento nutre não só o corpo, mas também a mente e o espírito.

Todos os aspectos e significados alimentares atrás descritos estão presentes ao longo da nossa vida e mantêm-se em situação de doença, podendo até estar exacerbados. Na realidade, o alimento acaba então por ter mais importância pela sua ausência, o que gera frequentemente situações de ansiedade por parte do doente e de sua família (Carvalho, Taquemori, 2008).

### 2.1. Nutrição em Cuidados Paliativos

As doenças crônicas, nomeadamente as oncológicas e o seu tratamento afetam o estado nutricional dos doentes, alterando as funções metabólicas e reduzindo a ingestão alimentar. Os doentes com doença avançada experimentam diversos sintomas e alterações funcionais que alteram não só a capacidade de se alimentar mas também a capacidade de apreciar e utilizar esses mesmos alimentos (Holmes, 2011). Estes problemas são o resultado não só da doença e do seu percurso evolutivo, mas também dos tratamentos atuais e dos realizados previamente em fase curativa.

Frequentemente, estes doentes perdem o interesse pela alimentação, apresentando redução de apetite, xerostomia, alterações ou até ausência do paladar (disgeusia, hipogeusia ou ageusia), náuseas, vômitos, alterações do funcionamento intestinal (obstipação, diarreia) ou oclusão intestinal, entre outros. Nalgumas situações desenvolve-se perda ponderal e desnutrição conducentes a caquexia pela interação entre a desnutrição e a doença (Shaw, Eldridge, 2015).

A perda de peso é uma fonte de preocupação para os doentes e seus familiares, simbolizando a progressão da doença, a perda de controle do próprio corpo e consequentemente da autonomia, associando-se com fraqueza física e emocional. Simboliza também a proximidade da morte, o que se reflete diretamente na perda de qualidade de vida (Shaw, Eldridge, 2015).

A nutrição adequada é importante em doentes com prognóstico de vida limitado, não apenas para atingir as necessidades físicas mas também pelos benefícios associados nos domínios sociais, culturais e psicológicos. A decisão de fornecer suporte nutricional implica o conhecimento dos desejos do doente, a apreciação das suas expectativas, benefícios e desvantagens de tal suporte.

## 3. Definição e Enquadramento Conceptual

A nutrição é um assunto pertinente e relevante em Medicina Paliativa que deve integrar o cuidado nutricional necessário e individualizado, em todos os estádios da doença crônica e na estratégia terapêutica adequada (Bennarroz et al., 2009; Caccialanza et al., 2016). A intervenção nutricional não deve ser considerada apenas na fase avançada da doença, mas em todas as fases clínicas. Cada doente tem diferentes sintomas e diferentes necessidades em diferentes fases da sua doença. Idealmente, os cuidados nutricionais deveriam ter início no diagnóstico e ser mantidos durante todo o processo da doença, no período terapêutico e após, independentemente do desenlace, até resolução do risco nutricional (Prevost, Grach, 2012). Pode dizer-se que o diagnóstico de uma doença oncológica é por si só indicação para o início da intervenção nutricional (Caro et al., 2007).

Quando se seleciona o tipo de intervenção nutricional, deve ter-se presente o ponto da trajetória em que o doente se encontra. Os seus desejos e os da sua família devem ser tidos em consideração, bem como as suas expectativas (Acreman, 2009; Prevost, Grach, 2012). Os problemas nutricionais devem ser identificados por forma a planejar e a definir a estratégia terapêutica, que por sua vez deve ser apresentada e discutida com o doente e familiares e revista/ajustada periodicamente à medida que a situação evolui (Acreman, 2009; Prevost, Grach, 2012).

É fundamental informar a família de que pressões e medidas alimentares e nutricionais agressivas devem ser evitadas e poderão ser fúteis e desnecessárias, constituindo mais uma fonte de desconforto do que de prazer. Explicar que familiares e amigos poderão expressar o seu afeto de outras formas que não através da alimentação é especialmente importante em fim de vida, quando a relação entre o estado nutricional e a qualidade de vida se torna um ponto crítico (Acreman, 2009).

Apesar dos objetivos da nutrição geralmente serem manter a vida e reduzir o desconforto relacionado com a fome e sede, eles podem diferir no decurso da doença e irão mudar inevitavelmente à medida que a doença progride (Holmes, 2011; Prevost, Grach, 2012). O objetivo fundamental da nutrição é assegurar a ingestão alimentar adequada de acordo com as necessidades e recomendações nutricionais (Benarroz *et al.*, 2009). Numa fase inicial da doença crônica, assegura-se que os doentes recebam nutrição suficiente e adequada para:

- Responder às necessidades metabólicas da doença e dos tratamentos;
- Manter a imunocompetência e reduzir o risco de infecção;
- Promover a cicatrização e reparar os danos;
- Promover o bem-estar e a qualidade de vida.

Durante as fases iniciais da doença, quando a morte não é iminente, o tratamento médico é dirigido para a manutenção da melhor saúde possível e promoção da qualidade de vida. O grande objetivo é manter ou recuperar o estado nutricional e evitar a progressão da doença. À medida que a doença avança ultrapassa-se a fase curativa, os objetivos terapêuticos vão mudando e sendo ajustados e, consequentemente, os nutricionais também, devendo privilegiar-se as medidas de promoção de bem-estar e de conforto conducentes a alívio de sintomas presentes. Tenta-se então obter a melhor qualidade de vida possível (Prevost, Grach, 2012). O suporte nutricional foca-se em manter hidratação adequada, aliviar ou controlar a sintomatologia, preservar o peso e a massa corporal tanto quanto possível e adiar a perda de autonomia (Benarroz *et al.*, 2009; Holmes, 2011). É uma parte importante e valorizada do cuidado total, ajudando a aliviar os sintomas apresentados e a reduzir o risco de complicações (Holmes, 2011).

À medida que a situação do doente se agrava e a ingestão oral vai sendo dificultada, é preciso decidir acerca da tomada de decisões de iniciar a nutrição artificial. Apesar da importância fisiológica e psicossocial dos alimentos, pode ser difícil conjugar o suporte nutricional com os objetivos da paliação (Holmes, 2011; Prevost, Garch, 2012). Na realidade, o sucesso do cuidado nutricional em terapêutica curativa geralmente é medido em termos de ganho ou manutenção do peso, o que não é apropriado para os cuidados paliativos. Devem ser estabelecidos diferentes objetivos, valorizando sempre a qualidade de vida. Assim, os objetivos nutricionais em fim de vida mudam desde a manutenção do estado nutricional e funcional para meramente assegurar o bem-estar e o conforto do doente, com ênfase no alívio do sofrimento (Oberzoer *et al.*, 2011).

Quando o doente consegue e deseja alimentar-se, as bebidas e os alimentos oferecidos deverão ser primordialmente do seu agrado e adaptados às preferências e limitações presentes. Quando a ingestão oral não é suficiente ou possível, a nutrição e hidratação artificiais são estratégias comuns na medicina contemporânea, mas controversas na doença avançada pelas questões éticas, legais e carga emocional associadas (Orevall, 2015).

A decisão de iniciar ou não iniciar, manter ou suspender a terapêutica nutricional, deverá resultar de uma adequada discussão com a equipe multidisciplinar envolvida e o doente/familiares, sendo que as preferências dos doentes são de primordial importância. No entanto, deverá ser sempre considerada a relação benefícios *versus* desvantagens e reconhecida a fase em que o suporte nutricional deixa de ser vantajoso para o doente (Prevost, Garch, 2012).

## 4. Conclusão

É consensual que o impacto nutricional da doença oncológica e outras doenças crônicas interfere significativamente com as capacidades físicas, psicológicas e sociais dos doentes, prejudicando grandemente a sua qualidade de vida. No *continuum* do processo, isto vai assumindo proporções gradativamente mais significativas, culminando na fase avançada e terminal da doença.

A intervenção nutricional demonstra reduzir estes efeitos e tem sido demonstrado que a nutrição adequada, precoce e proativa conduz a melhorias no doente (Richardson, Davidson, 2015). Portanto, a nutrição como parte do plano de tratamento individual pode dar um contributo significativo na qualidade de vida dos doentes. Impõe-se, pois, um conjunto de ações e intervenções nutricionais programadas e individualizadas, instituídas precocemente e direcionadas para objetivos apropriados.

A comunicação é um dos pilares dos cuidados paliativos, ao permitir a construção de relações terapêuticas de confiança, conducentes a uma melhor identificação de necessidades, planejamento de ações interventivas adequadas, tomada de decisões conscientes e compreensão/adesão às terapêuticas consideradas, sempre com o objetivo final de promover o máximo conforto e bem-estar da pessoa em fim de vida.

## 5. Palavras-Chave

Alimentação, cuidados paliativos, doença avançada, intervenção nutricional, nutrição.

## 6. Referências

ACREMAN S: Nutrition in palliative care. British Journal of Community Nursing 14; 2009: 430-431.

BENARROZ M, FAILLACA G *et al.*: Bioética e nutrição em cuidados paliativos oncológicos em adultos. Cadernos de Saúde Pública 25(9); 2009: 1875-1882.

CARVALHO R, TAQUEMORI L: Nutrição em Cuidados Paliativos. Manual de Cuidados Paliativos. Academia Nacional de Cuidados Paliativos 2; 2012.

CACCIALANZA R, PEDRAZZOLI P, *et al.*: Nutritional Support in Cancer Patients: a position paper from the Italian Society of Medical Oncology (AIOM) and the Italian Society of Artificial Nutrition and Metabolism (SINPE). Journal of Cancer 7 (2); 2016: 131-135.

DEL RIO MM *et al.*: Hydration and Nutrition at the end of life: a systematic review of emotional impact, perceptions, and decision making among patients, family and health care staff. Psycho-Oncology 21; 2012: 913-921.

HAMBURG ME, FINKENAUER C *et al.*: Food for love: the role of food offering in empathic emotion regulation. Frontiers in Psichology 5 (32); 2014:1-9.

HOLMES S: Principles of nutrition in the palliation of long terms conditions. International Journal of Palliative Nursing 17 (5); 2011: 217-222.

OBERZOER R *et al.*: Psychosocial effects of cancer cachexia: a systematic literature search and qualitative analysis. Journal of pain and Symptom Management 46 (1); 2013: 77-95.

OREVAL I: Nutritional support in end of life. Nutrition 31; 2015: 615-616.

PREVOST V, GRACH M: Nutritional support and quality of life in cancer patients undergoing palliative care. European Journal of Cancer Care 21: 2012, 581-590.

RAJMAKERS N, CLARK J *et al.*: Bereaved relatives' perspectives of the patient's oral intake towards the end of life: a qualitative study. Palliative Medicine 27 (7); 2013: 665-672.

RICHARDSON R, DAVIDSON I: The contribution of the dietitian and nutritionist to palliative medicine. Oxford text of Palliative Medicine. Oxford University Press 5; 2015.

SHAW C, ELRIDGE L: Nutritional considerations for the palliative care patient. International Journal of Palliative Nursing 21 (1); 2015: 7-1.

# Papel do Psicólogo

TIAGO PAREDES

## 1. Introdução

Os avanços científicos e tecnológicos da medicina, assim como os progressos sociais, têm contribuído para um aumento da longevidade e para uma mudança nas doenças predominantes no mundo ocidentalizado, de infecciosas a crônicas (Neto, 2006). Embora para muitas doenças crônicas a recuperação e cura seja possível, existem situações em que não se consegue travar a progressão, atingindo esta um estádio avançado e culminando na morte do doente. Nos dias de hoje, e em muitos casos, a morte passa, portanto, a acontecer no final de uma doença prolongada, evolutiva e progressiva, por vezes com grande sofrimento associado e inexistência de intervenções que promovam um final de vida condigno (*idem*). Os cuidados paliativos, enquanto cuidados rigorosos, científicos e específicos, procuram precisamente contrariar esta tendência desumanizante da medicina moderna, pelo que são essencialmente prestados a doentes com doenças incuráveis, progressivas e avançadas (Gagliardi, 2004). Privilegiando uma abordagem holística e multidisciplinar e procurando o conforto físico, emocional, social e espiritual do doente, estes cuidados são prestados por equipes de profissionais de diferentes especialidades e que começam cada vez mais a integrar o psicólogo como um elemento essencial, dado o reconhecimento crescente do seu importante papel num contexto paliativo.

## 2. Enquadramento Histórico e Desenvolvimento

A evolução da doença crônica ameaçadora da vida é habitualmente acompanhada de diversas implicações e sintomatologia intensa e múltipla, particularmente evidentes numa fase avançada e terminal, requerendo cuidados que tenham na sua base uma visão global do sofrimento do doente e dirigidos às suas necessidades individuais (Gagliardi, 2004). O período terminal, pelo conjunto de problemas que lhe estão associados, caracteriza-se, de fato, por um intenso sofrimento. A perda de autonomia e dependência de terceiros, sintomas mal controlados, alterações da imagem corporal, perda de sentido da vida, perda da dignidade, perda de papéis sociais e estatuto, alterações nas relações interpessoais e o abandono são algumas das principais fontes de sofrimento no final da vida, podendo resultar num *distress* significativo (Powis *et al.*, 2004). Os cuidados a prestar nesta fase da doença deverão focar-se, por conseguinte, no doente como um todo, procurando um cuidadoso controle sintomático mas, também, uma atenção aos aspectos psicológicos, sociais, espirituais e familiares, tendo em vista a melhoria da qualidade de vida. Esta é precisamente a filosofia dos cuidados paliativos, que enfatiza, igualmente, a boa comunicação entre doente, família e equipe médica, bem como a preocupação com as necessidades de familiares e cuidadores (Gagliardi, 2004; Neto, 2006).

A abordagem global e holística do sofrimento do doente promovida pelos cuidados paliativos requer uma formação adequada nas diferentes áreas em que se manifestam as dificuldades e a intervenção de diferentes disciplinas. A medicina, enfermagem e serviço social revelam-se fundamentais na organização deste tipo de cuidados (Neto, 2006), sendo as disciplinas que tradicionalmente têm estado envolvidas na sua prestação (APA, 2005). Contudo, o reconhecimento de que a fase incurável, avançada e terminal da doença é, talvez, o período emocional e psicológico mais intenso, bem como a constatação de que os cuidados prestados à pessoa seriamente doente não são, muitas vezes, verdadeiramente centrados no paciente, não atendendo às suas necessidades e preferências, tem contribuído para que o papel da psicologia venha a ser, cada vez mais, considerado fundamental (Kleespies, 2004; Jünger, Payne, 2011). A atenção aos aspectos psicossociais e o prestar de suporte psicológico ao doente e sua família são, na verdade, entendidos como um elemento essencial em cuidados paliativos, conforme expresso nas definições mais recentes adotadas pela Organização Mundial de Saúde (OMS, 2002) e pela Associação Europeia de Cuidados Paliativos (EAPC,

2016). Efetivamente, e apesar de nem sempre os psicólogos serem considerados membros "centrais" da equipe multidisciplinar de cuidados paliativos, é cada vez mais aceite que a sua integração nestas equipes se revela uma mais-valia para os cuidados prestados ao doente e para uma compreensão psicológica no seio das mesmas (Kalus *et al.*, 2008).

De salientar que as concepções mais atuais de cuidados paliativos consideram que estes podem ser prestados ao longo de todo o curso da doença ameaçadora da vida e não apenas numa fase de incurabilidade, avançada e terminal. Com efeito, este tipo de cuidados pode ser usado precocemente, no diagnóstico, simultaneamente aos tratamentos curativos e mesmo durante a sobrevivência ou *follow-up* (Gagliardi, 2004). Os cuidados paliativos não devem ser entendidos, portanto, como cuidados terminais ou de "fim de linha", mas sim como uma forma de intervenção benéfica, flexível, não exclusiva nem dicotômica, nas doenças crônicas e progressivas que provocam grande sofrimento, podendo atuar desde o diagnóstico e ganhando uma relevância maior à medida que a doença vai progredindo e as necessidades do doente aumentando (APCP, 2006). A prestação de cuidados paliativos deverá basear-se, assim, nas necessidades do doente e não no diagnóstico e prognóstico, pelo que a presença de uma doença grave, mesmo que curável, pode justificar a intervenção de cuidados paliativos em virtude de elevadas necessidades de saúde (APCP, 2006).

Recentemente os cuidados paliativos têm vindo, assim, a ser reconhecidos como uma forma de intervenção não apenas de fim de vida mas, também, de suporte, podendo acompanhar todo o curso da doença crônica ameaçadora da vida segundo um modelo de transição progressiva dos tratamentos curativos para os tratamentos paliativos. Desta forma, a psicologia, enquanto área essencial integrante dos cuidados paliativos, poderá também ter um papel relevante noutras fases da trajetória da doença, intervindo nas dificuldades psicossociais que se possam manifestar, e não apenas numa fase avançada, incurável e terminal.

## 3. Definição e Clarificação Conceptual

### 3.1. Aspectos Psicossociais e Intervenção Psicológica em Cuidados Paliativos

A doença avançada e terminal, pelas alterações e perdas que acarreta, tem habitualmente associado um considerável sofrimento psicológico e existencial e sentimentos de impotência, futilidade, perda de sentido, desilusão, remorso, medo da morte e de disrupção da identidade pessoal. Vários são os fatores de estresse presentes nesta fase da doença, quer de ordem física quer psicológica, que aumentam a vulnerabilidade a este sofrimento e a morbilidade psiquiátrica (Leão, Albuquerque, 2015).

O declínio físico caracteriza normalmente a fase terminal, tendo os doentes de lidar com uma intrusão crescente de sintomas e tornando-se progressivamente mais fatigados, incapacitados e dependentes de terceiros. Esta deterioração física, por sua vez, pode ter repercussões a nível psicológico, afetando, por exemplo, a identidade, autoconceito e autoestima, bem como a nível social, podendo conduzir a desinvestimento dos papéis e relações sociais e aumentando o sentimento de isolamento (Doka, 1993).

Várias são as respostas emocionais negativas que acompanham a doença avançada e terminal, sendo a ansiedade, tristeza, depressão e culpa as mais comuns (Doka, 1993). A ansiedade pode resultar da constatação do aumento, por vezes abrupto, do sofrimento e da incerteza do momento final, bem como do medo do desconhecido, solidão, perda da família e amigos, perda do controle, dor e acréscimo de sofrimento na fase final da vida (*idem*). Preocupações sobre o processo de morrer, incerteza sobre os tratamentos, a sobrevivência, o futuro, o que acontece após a morte e o medo de perder a dignidade, de eventuais mutilações, efeitos secundários, abandono e sobrecarga para os cuidadores poderão estar também subjacentes à ansiedade manifestada pelo doente (Bernardo, Leal & Barbosa, 2006). Atendendo a que a ansiedade pode conduzir a uma qualidade de vida diminuída, níveis aumentados de insônia, menor confiança nos profissionais de saúde, pobre adesão terapêutica, pior recuperação após os procedimentos médicos e mesmo menor tempo de sobrevida, a sua adequada avaliação e tratamento revelam-se essenciais no contexto dos cuidados paliativos.

A tristeza é também habitual em doentes em fase avançada e terminal, sendo que, em alguns casos, uma tristeza intensa e mantida, acompanhada de desativação comportamental, perda de interesse, insônia, reatividade aumentada, culpabilização e ideação suicida poderá indicar a presença de um quadro depressivo. Quer a tristeza quer a depressão poderão ser reativas, em resposta às perdas já vivenciadas, ou preparatórias, perante as perdas antecipadas que virão a ocorrer (Doka, 1993). Estas perdas podem incluir, entre outras, perda da autonomia que ainda restava, da dignidade, da continência ou da coordenação motora, bem como as relacionadas com o que era valorizado pelo doente, por exemplo perda da família, amigos, alguns objetos e locais como a casa, para além da perda da própria vida (Doka, 1993). A identificação da depressão em cuidados paliativos é de crucial importância, considerando as consequências que lhe poderão estar associadas, designadamente uma diminuição da qualidade de vida, maiores níveis de dor, sobrecarga emocional e física para a família, fraca adesão ao tratamento, maior permanência hospitalar, menor esperança de vida e risco de suicídio (Bernardo et al., 2006). Deste modo, o diagnóstico deste quadro clínico deverá ser uma preocupação em doentes com doença avançada e terminal, não só porque normalmente existe uma boa resposta ao tratamento convencional de antidepressivos mas, também, porque uma intervenção psicológica adequada possibilitará a melhoria da qualidade de vida e um atenuar de muitas das suas implicações negativas.

A literatura tem evidenciado que com o avançar da doença e da debilidade física parece aumentar a prevalência de ansiedade, depressão e também de *delirium* (Leão, Albuquerque, 2015). Cerca de 20% dos doentes em cuidados paliativos irão desenvolver distúrbios psiquiátricos que requerem tratamento específico, sendo que as estimativas da incidência de depressão, embora variem, têm rondado os 20-40%. Em relação à ansiedade, e apesar de os dados também variarem entre os estudos em doentes a receberem cuidados paliativos, tem sido encontrada uma prevalência de cerca de 13% de distúrbios ansiosos (Cambridgeshire Palliative Care Guidelines Group, 2016). Já em relação ao *delirium* na fase paliativa as evidências indicam que 34% a 83% dos doentes podem ser afetados por esta perturbação (Nunez, 2000).

Muitas outras dificuldades psicossociais podem ser experienciadas na doença avançada e terminal. Por exemplo, uma reação de choque e negação, cólera, culpa, estados paranoides, alterações de papéis pessoais e sociais, perda de autonomia, problemas familiares e dificuldades sexuais poderão estar presentes (Twycross, 2003). Um afastamento dos outros, familiares e amigos, pode igualmente ocorrer em doentes paliativos, sendo motivado por razões físicas (pouca energia, efeito de sedativos, perda momentânea da consciência ou dor), emocionais/espirituais (depressão, medo de entristecer a família e amigos perante a morte iminente, preocupação com o impacto das mudanças físicas ou mentais nos outros, necessidades espirituais à medida que se aproxima a morte e desejo de ter um espaço próprio para refletir sobre a situação) ou mesmo sociais (afastamento e isolamento da parte dos outros). Este desinvestimento comportamental/social, quer motivado pelo próprio doente quer pelos outros (fenômeno que foi designado por Sudnow, em 1967, de morte social), resulta numa diminuição da interação social e consequente redução do suporte social recebido, fundamental nesta fase da doença (Doka, 1993).

Todas as implicações psicossociais que acompanham a doença avançada e terminal, juntamente com as sequelas físicas que habitualmente estão presentes nesta fase da doença, acarretam uma diminuição significativa da qualidade de vida. Com efeito, a sua melhoria é um objetivo fundamental dos cuidados paliativos e a sua avaliação tem-se tornado central na prática clínica.

### 3.2. O Papel do Psicólogo no Âmbito da Equipe Multidisciplinar de Cuidados Paliativos

A doença crônica ameaçadora da vida, numa fase paliativa, tem associadas várias consequências emocionais e sociais com impacto significativo na qualidade de vida, conforme anteriormente mencionado. A intervenção psicológica nesta fase da doença, e no contexto da equipe multidisciplinar de cuidados paliativos, poderá ajudar o doente a lidar quer com as reações esperadas de *distress* emocional quer com os problemas psicossociais clinicamente significativos que requerem uma abordagem terapêutica mais específica e estruturada.

A prestação de apoio psicológico em cuidados paliativos não se restringe unicamente aos psicólogos. De fato, é esperado que todos os profissionais que trabalham em cuidados paliativos possuam conhecimentos básicos sobre os aspectos psicossociais envolvidos na doença avançada e terminal, assim como competências de comunicação que possibilitem uma primeira linha de suporte emocional ao doente e competências para a avaliação do risco psicológico (Jünger, Payne, 2011). Ainda neste contexto, tem sido sugerido também que todos os profissionais de cuidados paliativos devem fazer uso de competências psicológicas básicas na sua prática diária para uma resposta às necessidades psicológicas dos doentes, assim como dos seus familiares, e que apenas nos casos em que tais necessidades se revelam complexas e clinicamente significativas deverá ocorrer o encaminhamento para profissionais de saúde mental (Jünger, Payne, 2011). Um modelo de avaliação e intervenção psicológica em cuidados paliativos foi proposto pelo National Institute for Health and Clinical Excellence (NICE, 2004), que reflete precisamente estas recomendações a respeito da resposta às necessidades psicológicas dos doentes (Figura 1). Este modelo piramidal propõe quatro níveis de avaliação e intervenção psicológica para todos os profissionais de cuidados paliativos, sendo que as intervenções psicológicas mais específicas e especializadas se encontram no topo da pirâmide (Jünger, Payne, 2011).

FIGURA 1 – Recommended model of professional psychological assessment and support

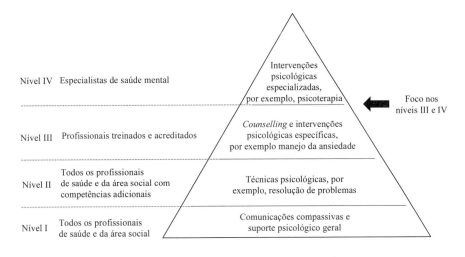

(Adaptado de NICE, 2004)

O papel do psicólogo em cuidados paliativos revela-se, portanto, essencial, designadamente perante a manifestação de dificuldades psicossociais significativas e complexas (Jünger, Payne, 2011). Contudo, embora se recomende que a intervenção do psicólogo se foque num nível mais especializado, poderá também, e caso a disponibilidade de recursos assim o permita, ocorrer a outros níveis, dando resposta às implicações e reações emocionais comuns nesta fase da doença e ajudando o doente a lidar de forma adaptativa com os desafios que nela se colocam.

Em contextos de cuidados paliativos e de fim de vida, as competências centrais do psicólogo passam pela avaliação, formulação, intervenção, investigação e comunicação, sendo aplicadas nas situações em que uma pessoa recebeu o diagnóstico de doença avançada e terminal, é um familiar ou amigo chegado dessa pessoa ou se encontra num processo de luto em virtude da morte dessa pessoa (Kalus *et al.*, 2008). De um modo geral, a prática do psicólogo no âmbito deste tipo de cuidados foca-se nas seguintes situações:

- Reações de luto complexas, tais como luto prolongado e intenso;
- Suporte à família e amigos chegados;
- Dificuldades de ajustamento tais como lidar com alterações na imagem corporal, alterações no funcionamento cognitivo ou perda de papéis no seio da família;
- Situações de dependência, por exemplo medo de deixar o hospital;
- Ansiedade e depressão resultantes do diagnóstico/prognóstico;
- Dificuldades relacionais e de comunicação;
- Gestão/controle da dor;
- Controle geral de sintomas onde existe uma forte componente psicológica;
- Intervenções de gestão da ansiedade/estresse;
- Avaliação/triagem do *distress* psicológico.

Por sua vez, têm sido definidos como objetivos das intervenções psicossociais numa fase paliativa a melhoria da qualidade de vida tanto quanto possível, a regulação emocional, o aumento do controle sobre os efeitos secundários da progressão da doença, o facilitar o processo de luto e o desintoxicar a morte. Alguns aspectos a que o psicólogo deverá ainda dar atenção durante a sua intervenção prendem-se com o adequar as expectativas do doente e dos familiares, ajudar a aceitar a realidade do prognóstico, conversar sobre sentimentos, medos, esperanças e desejos, ajudar a explorar o significado pessoal que dá ao fim da vida, planejar o futuro com o doente, cumprir os seus últimos desejos, auxiliar a resolver assuntos pendentes, encorajar a realizar algumas atividades, avaliar as necessidades do cuidador primário e avaliar a necessidade e vontade de informação do doente e a sua preparação para lidar com alguma informação sobre o seu prognóstico e terapêuticas a implementar (Bishop, 1994). Para além da avaliação e intervenção psicológica com doentes e familiares, os psicólogos poderão também fornecer suporte aos profissionais de saúde e contribuir para o desenvolvimento e avaliação de programas de intervenção e formação. Os serviços de psicologia poderão, portanto, ser úteis para as pessoas diagnosticadas com doenças limitadoras da vida, familiares com dificuldades na prestação de cuidados de fim de vida, indivíduos em luto e profissionais de saúde em situações de *burnout* e tensão emocional (Haley *et al.*, 2003).

A American Psychological Association (2005) procurou sintetizar e categorizar o papel que o psicólogo poderá ter no âmbito dos cuidados paliativos e de fim de vida, identificando os seguintes papéis principais:

- Papel clínico: tratamento da depressão e de outros distúrbios psicológicos associados à fase avançada e final de vida; facilitar da expressão emocional em cuidadores e familiares e ajuda aos mesmos na escuta ativa do doente; apoio em situações de luto e perda, estresse traumático e enquanto *advocates* para a melhoria dos cuidados médicos prestados.
- Papel educacional e de treino/formação: treino na compreensão de aspectos relacionados com a perda e luto e na compreensão da diferença entre reações normais e esperadas, como a tristeza, e reações clinicamente significativas, como a depressão; educação sobre planificação de cuidados avançados e decisões em final de vida, incluindo sobre as diretivas antecipadas de vontade;
- Papel ao nível da investigação: realização de pesquisa em aspectos relevantes para a doença avançada e terminal, tais como ansiedade perante a morte, tomada de decisão no final da vida, cuidados informais, aspectos psicológicos da dor e do controle de sintomas, tristeza perante a perda e luto.
- Papel político: articulação com outros profissionais de saúde enquanto *patient advocates*, nomeadamente nos esforços para: i) desenvolvimento de políticas que assegurem que as pessoas conheçam o tipo de intervenções e serviços que estão disponíveis para os casos de doença avançada e de final de vida; ii) mudanças sistémicas ao nível de obstáculos legais e organizacionais à qualidade dos cuidados; iii) discussão contínua na temática da morte e do morrer nos média, comunidade e encontros científicos de modo a ultrapassar a relutância da sociedade em abordar estes temas e iv) existência de equidade nos cuidados especializados, avançados e de fim de vida para pessoas com deficiência.

## 4. Conclusão

A integração do psicólogo na equipe multidisciplinar de cuidados paliativos tem recebido uma aceitação crescente e a sua importância tem sido cada vez mais reconhecida. Embora existam recomendações no sentido de que a intervenção do psicólogo seja essencialmente dirigida às dificuldades psicossociais clinicamente significativas, também se admite que essa intervenção não se esgota nesse tipo de situações. Deste modo, o psicólogo poderá também intervir a um nível não tão especializado, direcionado às necessidades psicossociais menos complexas e habituais numa fase de doença avançada, ajudando o doente a desenvolver estratégias de *coping* adaptativas que facilitem o processo de ajustamento e prestando apoio emocional e cuidados compassivos, contribuindo dessa forma para uma prevenção dos "casos psicológicos" (APA, 2005). Dentro deste papel mais clínico, importa igualmente salvaguardar o apoio à família, incluindo durante o luto, bem como o apoio aos restantes elementos da equipe de cuidados paliativos, designadamente perante situações de *burnout* (Kalus *et al.*, 2008). Adicionalmente, o papel do psicólogo poderá também passar pelo treino e supervisão dos profissionais de saúde, de modo a que estes possam representar uma primeira linha de resposta às necessidades psicossociais dos doentes e familiares e uma primeira fonte de apoio emocional, para além de um papel também ao nível da investigação e ao nível político (APA, 2005; Kalus *et al.*, 2008).

Conforme mencionado anteriormente, cada vez mais os cuidados paliativos têm vindo a deixar de ser encarados apenas como cuidados terminais ou de "fim de linha", mas sim como uma forma de intervenção benéfica em qualquer fase da doença crônica grave e progressiva, podendo atuar desde o diagnóstico, passando pelos tratamentos de intuito curativo e pela sobrevivência, até uma fase avançada, incurável e terminal (Gagliardi, 2004; APCP, 2006). Sendo o psicólogo um dos elementos constituintes da equipe multidisciplinar de cuidados paliativos, também a sua intervenção e papel poderão iniciar-se precocemente e acompanhar todo o curso da doença ameaçadora da vida, procurando proporcionar um conforto emocional ao doente e sua família e podendo também atuar ao nível da formação e investigação e enquanto *patient advocate*. A American Psychological Association (2005) salienta mesmo que os psicólogos poderão contribuir para os cuidados de fim de vida antes de surgir a doença, após o diagnóstico e o início dos tratamentos, durante a doença avançada e o processo de morrer e após a morte do doente, junto dos familiares em luto.

O psicólogo nem sempre é considerado um dos elementos "centrais" em cuidados paliativos. Contudo, cada vez mais se aceita que o seu papel é essencial para uma prestação de cuidados holísticos ao doente, recomendando-se amplamente a sua integração nas equipes multidisciplinares de cuidados paliativos.

## 5. Palavras-Chave

Abordagem holística, cuidados multidisciplinares, doença avançada e incurável, intervenção psicológica, necessidades psicossociais, papel do psicólogo.

## 6. Referências

AMERICAN PSYCHOLOGICAL ASSOCIATION: End-of-Life issues and care: The role of psychology in end-of-life decisions and quality of care issues, 2005. Retirado de http://www.apa.org/research/action/end.aspx.

ASSOCIAÇÃO PORTUGUESA DE CUIDADOS PALIATIVOS: Organização de serviços em cuidados paliativos. Recomendações da APCP, 2006. Retirado de http://www.apcp.com.pt/uploads/recomendaesorganizaodeservios-apcp.pdf.

BERNARDO A, LEAL F, BARBOSA A: Ansiedade, In A Barbosa, IG Neto (Eds), Manual de Cuidados Paliativos: 231-239. Núcleo de Cuidados Paliativos, Centro de Bioética, Faculdade de Medicina de Lisboa, Lisboa, 2006.

BISHOP GD: Health Psychology: Integrating mind and body, Allyn and Bacon, Boston, 1994.

CAMBRIDGESHIRE PALLIATIVE CARE GUIDELINES GROUP: Factsheet 15 on palliative care: Anxiety and depression, 2016. Retirado de http://www.arhc.org.uk/pro--information-resources.asp.

DOKA KJ: Living with life-threatening illness: A guide for patients, their families, & caregivers, MacMillan, Inc, New York, 1993.

GAGLIARDI AE: Palliative care and hospice, In TA Stern, MA Sekeres (Eds.), Facing cancer: A complete guide for people with cancer, their families, and caregivers: 357-366, McGraw-Hill, New York, 2004.

HALEY WE, LARSON DG, KASL-GODLEY J, NEIMEYER RA, KWILOSZ DM: Roles for psychologists in end-of-life care: Emerging models of practice, Professional Psychology: Research and Practice 34(6); 2003: 626-633.

JÜNGER S, PAYNE SA: Guidance on postgraduate education for psychologists involved in palliative care, European Journal of Palliative Care 18(5); 2011: 238-252.

KALUS C, BELOFF H, BRENNAN J et al: The role of psychology in end of life care. A report published by the Professional Practice Board of the British Psychological Society, The British Psychological Society, Leicester, 2008.

KLEESPIES P: Life and death decisions: Psychological and ethical considerations in end-of-life care, American Psychological Association, Washington, DC, 2004.

Leão MP, Albuquerque E: Cuidados paliativos em oncologia, In E Albuquerque, AS Cabral (Eds), Psico-Oncologia: Temas fundamentais: 73-84, Lidel – Edições Técnicas, Lda, Lisboa, 2015.

National Institute for Health and Clinical Excellence: Improving supportive and palliative care for adults with cancer, NICE, London, 2004. Retirado de https://www.nice.org.uk/guidance/csg4/resources/improving-supportive-and-palliative-care-for-adults-with-cancer-773375005.

Neto IG: Princípios e filosofia dos cuidados paliativos, In A Barbosa, IG Neto (Eds), Manual de Cuidados Paliativos (p. 17-52), Núcleo de Cuidados Paliativos, Centro de Bioética, Faculdade de Medicina de Lisboa, Lisboa, 2006.

Nunez O: Sintomas neuropsicológicos en el paciente en fase terminal, In L Imedio, Enfermaria en cuidados paliativos, Panamericana Ed. Médica, Madrid, 2000.

Powis J, Etchels E, Martin DK, MacRae SK, Singer, PA: Can a good death be made better? A preliminary evaluation of a patient-centred quality improvement strategy for severely ill in-patients. BMC Palliative Care 3(2); 2004.

Twycross R: Cuidados Paliativos, Climepsi Editores, Lisboa, 2003.

# Papel do Terapeuta da Fala

CLÁUDIA BARRIGUINHA

## 1. Introdução

O terapeuta da fala é o profissional responsável pela prevenção, avaliação, intervenção, gestão e estudo científico das perturbações da comunicação humana e deglutição (Guimarães, 2013).

Numa equipe de cuidados paliativos, o terapeuta da fala deverá: desenvolver estratégias de comunicação que permitam facilitar a tomada de decisões por parte dos doentes, auxiliando no âmbito da proximidade social e assistindo no cumprimento dos objetivos de fim de vida; maximizar a comunicação com a equipe de cuidados paliativos, doentes e familiares, no fornecimento, recepção e divulgação de informações relacionadas com os cuidados gerais do doente e ainda otimizar a deglutição, melhorando o conforto do doente e aumentando a sua satisfação em se alimentar, promovendo interações positivas entre o doente e a família, enfermeiros e assistentes operacionais, durante as refeições (Pollens, 2004).

A presença deste profissional na equipe de cuidados paliativos poderá, igualmente, contribuir para o aumento dos parâmetros de qualidade do serviço, proporcionar (in)formação à equipe e aconselhamento aos familiares, de forma a otimizar as funções comunicativas e/ou da deglutição. O terapeuta da fala necessita de planejar metas realistas e flexíveis para os doentes, antecipando as suas necessidades e intervir no sentido de manter a função e, consequentemente, a autonomia (Rodrigues, 2014). Deverá promover as potencialidades do doente, de forma humanizada, com respeito pelas suas expectativas e limites da doença (Calheiros, Albuquerque, 2012).

## 2. Enquadramento Histórico e Desenvolvimento

A dicotomia entre uma formação de terapia da fala médica ou educacional espoletou, nos anos 30 do século XX, em Inglaterra, o aparecimento de duas associações profissionais de terapia da fala e somente em 1975 a profissão foi unificada pelo Serviço Nacional de Saúde (Malmkjaer, 2002).

Nos anos 50 surgiu, em Portugal, o nome "terapêutica da fala", a par da construção de uma unidade hospitalar de reabilitação projetada pela Santa Casa da Misericórdia de Lisboa. Nestas instalações, formaram-se os primeiros técnicos de reabilitação em Portugal – terapeutas da fala, fisioterapeutas e terapeutas ocupacionais. No ano de 1965, os três primeiros terapeutas da fala portugueses concluíram o curso e 10 anos depois começaram a constituir-se turmas com um número superior a 10 alunos (Guimarães, 2013).

Em 2013, eram 10 as escolas superiores de saúde do ensino politécnico que formavam terapeutas da fala. A oferta de formação contínua e pós-graduada também aumentou exponencialmente, quer nas escolas quer em empresas do setor privado que passaram a atuar no mercado português (Guimarães, 2013).

Uma quantidade crescente de estudos tem evidenciado que a reabilitação vai ao encontro de muitas das necessidades dos doentes em cuidados paliativos. Estas investigações vêm demonstrar que, embora a reabilitação em cuidados paliativos não elimine os danos causados pelas doenças, pode atenuá-los. Além disso, parece unir os doentes e as suas famílias em torno de um objetivo comum e atuar contra o declínio funcional, de maneira a que não seja experimentado de forma solitária e isolada. De fato, existem cada vez mais evidências de que a reabilitação melhora o estado funcional, a qualidade de vida e sintomas como a dor e a ansiedade nesta população. Possuir um nível de conhecimento adequado sobre a reabilitação é essencial para a provisão de cuidados paliativos de maior qualidade (Santiago-Palma, Payne, 2001).

Em 2014, eram 22 os profissionais de saúde que atuavam nos cuidados paliativos e que tinham como formação de base a reabilitação (Costa, Othero, 2014). "Em média, cada equipe é composta por um profissional de reabilitação, dos quais 0,32 dizem respeito a enfermeiros de reabilitação; 0,41 a fisioterapeutas; e 0,03 são fisiatras, terapeutas da fala e terapeutas ocupacionais" (Costa, Othero, 2014: 83). Acrescente-se que 86,4% destas equipes não possuíam nem recorriam a fisiatras nem a terapeutas da fala (Costa, Othero, 2014).

A presença do terapeuta da fala nas equipes de cuidados paliativos em Portugal é ainda, timidamente, encarada por este técnico e pelos demais profissionais (Cardoso *et al.*, 2010). A reduzida formação pré-profissional dos terapeutas da fala sobre cuidados paliativos, o escasso investimento em investigações e publicações que promovam a sua atuação, assim como a diminuta informação que os outros profissionais têm acerca do seu papel e das suas funções no contexto dos cuidados paliativos poderão ser fatores justificativos desta situação (Calheiros, Albuquerque, 2012; Roe, Leslie, 2010).

## 3. Definição e Clarificação Conceptual

### 3.1. Papel do terapeuta da fala perante os doentes com alterações da comunicação

Os processos de informação e comunicação em saúde têm importância crítica e estratégica, influenciando significativamente a avaliação que os doentes fazem da qualidade dos cuidados de saúde, a adaptação psicológica à doença e os comportamentos de adesão medicamentosa. O aproximar da morte apresenta-se como uma experiência única para qualquer ser humano. O medo do desconhecido, a preocupação com os familiares e o receio de sofrer são muito comuns. Mesmo quando é incapaz de verbalizar os seus temores, o doente demonstra, de forma não verbal, os seus sentimentos. Deste modo, é importante que o profissional compreenda e empregue a comunicação verbal e não verbal (Faull *et al.*, 2012).

Segundo Pinto (2009), o terapeuta da fala pode estabelecer alternativas de comunicação oral (tabelas de comunicação, gestos ou atribuição de significado a determinadas manifestações corporais do doente), com o objetivo de comunicar mais eficazmente com todos os interlocutores.

Pollens (2004) atenta à importância do terapeuta da fala em pessoas com doenças neurodegenerativas e no impacto que a sua intervenção pode ter na redução do seu isolamento social. Uma das opções do terapeuta da fala poderá ser a introdução da Comunicação Aumentativa e Alternativa (CAA), que pode ser indicada para as pessoas que apresentam uma perturbação severa de comunicação oral, com um discurso ininteligível. A CAA pretende aumentar, complementar ou substituir a fala e tem como objetivos: maximizar a função, auxiliar na tomada de decisões, manter as relações sociais, diminuir a ansiedade e frustração e melhorar a qualidade de vida (Brownlee, Palovcak, 2007).

Para Calheiros e Albuquerque (2012), o terapeuta da fala deve restabelecer ou adaptar a comunicação, auxiliando o doente na sua integração social e familiar. As funções de solicitar, questionar, explicar, compartilhar e expressar estados de espírito contribuem para aumentar a comunicação entre todos os interlocutores. Perante os distúrbios de comunicação que podem surgir, o terapeuta da fala pode empregar algumas estratégias comunicativas, de acordo com as especificidades de cada doente. O emprego adequado das técnicas e das estratégias que serão utilizadas pelos profissionais de saúde e pela família na comunicação com o doente é uma medida terapêutica eficaz, que contribui para a diminuição do estresse psicológico a que estão expostos.

### 3.2. Papel do terapeuta da fala perante os doentes com alterações da deglutição

A reabilitação da disfagia tem a finalidade de maximizar o potencial funcional ou compensatório da deglutição de acordo com as limitações da doença ou incapacidades por ela provocada. Diante dos sintomas apresentados, o terapeuta da fala deve propor estratégias para promover uma adequada nutrição, hidratação e promover o prazer alimentar, eliminando os riscos de aspiração laringotraqueal e consequentes complicações associadas. A eficácia da reabilitação da disfagia depende das estratégias terapêuticas utilizadas, capazes de beneficiar a dinâmica da deglutição (Silva, 2007). Além disso, o terapeuta da fala poderá promover interações entre os doentes e os elementos da família durante o momento das refeições, bem como orientar e apoiar os doentes e os familiares, a fim de proporcionar prazer, satisfação e conforto durante a alimentação (Pollens, 2004; Pinto, 2009).

Ao contrário dos objetivos tradicionais que prezam a segurança da alimentação, em cuidados paliativos o conforto e o prazer do doente, os seus desejos e os da sua família assumem particular relevância (Rodrigues, 2014). De fato, a vontade do doente deve ser sempre considerada e respeitada, independentemente das suas crenças sociais, culturais ou religiosas (Pollens, 2004). Embora não exista um amplo consenso sobre a alimentação e hidratação artificiais e ambas possam parecer incoerentes no final da vida, podem fornecer pouco ou nenhum benefício para a qualidade de vida do doente. Poderão contribuir para o surgimento de sintomas desagradáveis e tornar o período que se aproxima da morte mais desconfortável (Gonçalves, 2006). Nalgumas pessoas com doenças, como o câncer de cabeça e pescoço, a hidratação pode desempenhar um papel importante na fase inicial da doença, mas quando a pessoa de aproxima do fim da vida pode causar edemas, náuseas, vômitos e congestão pulmonar (Goldstein, Genden, Morrison, 2008).

## 4. Conclusão

Acreditar que ainda é possível fazer algo pelas pessoas com doenças que ameaçam a continuidade da vida, independentemente do estádio em que se encontram, é um desafio que passa pela mudança de mentalidade acerca do que pode oferecer um terapeuta da fala. Seria pertinente apostar na formação das equipes de cuidados paliativos e dotá-las de maiores conhecimentos sobre a área da terapia da fala e do papel do terapeuta da fala. Para além disso, poder-se-ia apostar na estruturação de unidades curriculares ou de pequenos módulos relativos ao tema, de modo a poderem ser abordados na formação base destes profissionais, nos cursos de pós-graduação que estão em efetiva expansão e nas formações realizadas pelas próprias instituições de saúde.

Seria crucial que os terapeutas da fala dessem a conhecer, no seu contexto de trabalho, aquilo que podem oferecer e de que modo podem ser úteis nas mais variadas situações. Provavelmente com esta experiência de trabalho em equipe, o terapeuta da fala começaria a ser contatado mais vezes e recrutado com maior frequência perante alterações da comunicação e da deglutição. Por fim, refira-se que a criação de um documento que espoletasse estas sinalizações poderia ser um interessante ponto de partida para que o terapeuta da fala fosse parte da equipe de cuidados paliativos.

## 5. Palavras-Chave

Comunicação, cuidados paliativos, deglutição, terapia da fala.

## 6. Referências

BROWNLEE A, PALOVCAK M: The role of augmentative communication devices in the medical management of ALS. NeuroRehabilitation 22; 2007: 445-450.

CALHEIROS A, ALBUQUERQUE C: A vivência da Fonoaudiologia na Equipe de Cuidados Paliativos de um Hospital Universitário do Rio de Janeiro. HUPE 11(2); 2012: 94-8.

CARDOSO A, BERNARDO A, CARVALHO C, FRADIQUE E, GONÇALVES F, PIRES M, VILÃO Ó: Programa Nacional de Cuidados Paliativos; 2010: 1-49.

COSTA A, OTHERO M: Reabilitação em Cuidados Paliativos. Loures, Lusodidacta, 2014.

FAULL C, CAESTECKER S, NICHOLSON A, BLACK F: Handbook of Palliative Care. New Jersey, John Wiley & Sons, 2012.

GOLDSTEIN NE, GENDEN E, MORRISON RS: Palliative care for patients with head and neck cancer: "I would like a quick return to a normal lifestyle". JAMA 299 (15); 2008: 1818-1825.

GONÇALVES JASF: A boa morte: Ética no fim da vida. Tese de mestrado, Faculdade de Medicina da Universidade do Porto, 2006.

GUIMARÃES I: Terapia da Fala – Cinco décadas de história em Portugal. Escola superior de saúde de Alcoitão – Santa Casa da Misericórdia de Lisboa; 2013: 15-143.

MALMKJAER K: The Linguistics Encyclopedia. London, Routledge, 2002.

PINTO A C: O papel do fonoaudiólogo na equipe de cuidados paliativos, In Academia Nacional de Cuidados Paliativos (ANPC) ed. Manual de Cuidados Paliativos, Rio de Janeiro, 2009.

POLLENS RD: Role of the speech-language pathologist in palliative hospice care. J Palliat Med 7 (5); 2004: 694-702.

RODRIGUES I: O papel do Terapeuta da Fala numa Unidade de Cuidados Paliativos em Portugal. In: Costa A, Othero M, editors. Reabilitação em Cuidados Paliativos. Loures: Lusodidacta; 2014: 143-8.

ROE JWG, LESLIE P: Beginning of the end? Ending the therapeutic relationship in palliative care. International Journal of Speech-Language Pathology 12 (4); 2010: 304-308.

SANTIAGO-PALMA J, PAYNE R: Palliative care and rehabilitation. Cancer; 2001: 1049-1052.

SILVA RG: A eficácia da reabilitação em disfagia orofaríngea. Pró-Fono 19 (1); 2007: 123-130.

# Perturbações do Sono

JULLIANA MORGADO

## 1. Introdução

Diante dos avanços tecnológicos e do desenvolvimento das terapêuticas médicas muitas doenças mortais transformaram-se em doenças crônicas, levando à longevidade dos portadores dessas enfermidades.

Neste contexto, os cuidados paliativos surgem para garantir uma assistência de qualidade a pacientes – comunicação adequada, controle de sintomas/alívio dos sofrimentos físicos, psicossocial e espiritual – e o apoio à família e cuidadores. O controle de sintomas em cuidados paliativos é um dos objetivos mais importantes para o bem-estar dos doentes e uma das maiores preocupações da equipe multiprofissional.

São comuns em pacientes com doenças crônicas em fase avançada manifestações de sintomas físicos e psicológicos angustiantes, como fadiga, dor, dispneia, tosse, perda de apetite, tristeza e perturbações do sono, portanto, aperfeiçoar e revisar em todo o momento a medicação prescrita e condutas profissionais, avaliando, sempre, o benefício para o paciente, é extremamente indispensável.

Neste capítulo nos deteremos a falar sobre as perturbações do sono, que, segundo o Manual Diagnóstico e Estatístico de Transtornos Mental – V (2014), envolvem insatisfação quanto à qualidade, ao tempo e à quantidade de sono.

## 2. Enquadramento Histórico e Desenvolvimento

De acordo com a OMS (2002), cuidado paliativo é uma abordagem que promove a qualidade de vida de pacientes que enfrentam doenças que ameaçam a continuidade da vida e seus familiares através da prevenção e alívio do sofrimento. Requer a identificação precoce, avaliação e tratamento da dor e outros problemas de natureza física, psicossocial e espiritual.

O caráter múltiplo dos sintomas destes doentes, em cuidados paliativos, requer uma avaliação sistemática e um monitoramento diário da sua evolução, incluindo a intensidade, o impacto nas atividades da vida cotidiana, o impacto emocional e a probabilidade de controle dos diferentes sintomas. Quando falamos em controlar sintomas, estamos nos referindo a reduzir o sofrimento do doente e a aumentar a sua qualidade de vida.

Um dos principais sintomas presentes em pacientes em cuidados paliativos é a perturbação/distúrbio/transtorno do sono. O DSM-V (2014) destaca a existência de 10 transtornos ou grupos de transtornos relacionados ao sono: transtorno de insônia, transtorno de hipersonolência, narcolepsia, transtornos do sono relacionados à respiração, transtorno do sono-vigília do ritmo circadiano, transtornos de despertar do sono não REM (*Rapid Eye Movement* – movimentos rápidos dos olhos), transtorno do pesadelo, transtorno comportamental do sono REM, síndrome das pernas inquietas e transtorno do sono induzido por substância/medicamento.

O sofrimento e prejuízo em curto ou em longo prazo nas atividades diárias do paciente, causando adversidades sociais, somáticas, psicológicas ou cognitivas, são queixas compartilhadas por doentes que vivenciam algum desses transtornos supracitados.

Os pacientes em cuidados paliativos apresentam vários sintomas ao mesmo tempo e em intensidade diferentes. A frequência e o tipo de sintomas variam de acordo com o tipo de população estudada e os métodos de avaliação. Apesar da população-alvo dos cuidados paliativos ser muito vasta e diferenciada, sabe-se que ainda hoje os doentes oncológicos são os que mais beneficiam das práticas e princípios desta filosofia.

Conforme o INCA (2002), de 29% a 59% dos pacientes com câncer avançado apresentam insônia. Já em enfermos nas últimas semanas de vida, por exemplo, é comum a hipersonolência.

Apesar de o controle de sintomas não ser o único aspecto que deve ser avaliado em um paciente em cuidados paliativos, é uma grande preocupação da equipe profissional, tal como da família e/ou cuidador. Deste modo, a equipe multiprofissional, adequadamente treinada e experiente no controle de sintomas biológicos, psicológicos e sociais, intervém proporcionando alívio e prevenindo comorbidades.

Sendo assim, a intervenção multiprofissional parte de uma visão holística do paciente, envolvido em seu contexto biopsicossocial. Conforme o INCA (2002), condutas que identifiquem causas basais como dor, náusea, dispneia, medo ou ansiedade, medicação (corticoide, teofilina, diuréticos, propranolol e metildopa) sedação diurna e uso de álcool, cafeína e cigarro nos distúrbios do sono são indispensáveis para estabelecer as condutas terapêuticas – não farmacológica ou farmacológica – adotadas pela equipe.

## 3. Definição e Clarificação Conceptual

O diagnóstico diferencial de queixas relacionadas com as perturbações do sono exige o uso de abordagens multidisciplinares. A equipe em cuidados paliativos precisa de estar muito bem integrada para identificar quais as causas dessas perturbações e qual a melhor conduta a ser tomada.

Elencamos a insônia e a hipersonolência, dentre os transtornos de sono, visto que são os mais citados em diversos trabalhos académicos sobre cuidados paliativos.

### 3.1. Insônia

O DSM-V nos afirma que a característica essencial do transtorno de insônia é a insatisfação com a quantidade ou a qualidade do sono e queixas de dificuldade para iniciar ou manter o sono. As queixas de sono são acompanhadas de sofrimento clinicamente significativo ou prejuízo no funcionamento social, profissional ou em outras áreas importantes da vida do indivíduo.

O paciente pode ter *episódios de insônia* – os sintomas duram pelo menos um mês, porém, menos que três meses; *insônia persistente* – os sintomas duram três meses ou mais; ou *insônia recorrente* – dois (ou mais) episódios dentro do espaço de um ano.

Segundo Kira, a insônia é um dos sintomas mais presentes em pacientes oncológicos em cuidados paliativos. Sua causa pode estar relacionada à dor noturna, depressão/ansiedade, maior inatividade de dia, pequenas sestas diurnas, efeito colateral de medicações e uso de álcool e cafeína.

Quanto ao tratamento, podemos destacar o não farmacológico: técnicas de relaxamento, ouvir os medos do paciente, diminuir as sestas, incentivar exercícios e atividades moderadas durante o dia e evitar álcool e cafeína. No caso do farmacológico: tratar eficazmente a dor, benzodiazepínicos, como lorazepam 1 a 2 mg, uma a duas vezes/dia ou midazolam 15-30 mg, clorpromazina em doses baixas, levomepromazina 4-6 gota/noite, rever horário de administração de esteroides, se delírio associado: haloperidol 2,5-5 mg à noite.

### 3.2. Hipersonolência

Outro transtorno muito comum em pacientes em fim de vida e que estão em cuidados paliativos é a hipersonolência ou sonolência. O doente geralmente comunica-se precariamente, abre os olhos com muita dificuldade e retoma o sono a seguir. Na medida em que a morte se aproxima, a sonolência é um dos sinais para o qual a equipe de saúde deve estar atenta para informar aos familiares.

O DSM-V afirma que o transtorno de hipersonolência pode estar relacionado com períodos recorrentes de sono ou de cair no sono no mesmo dia, episódio de sono prolongado de mais de nove horas por dia que não é reparador e dificuldade de estar totalmente acordado depois de um despertar.

Américo reconhece que este sintoma é esperado nas últimas horas e não justifica redução ou suspensão das doses de sedativos, por exemplo. Entretanto, a avaliação dos medicamentos deve ser considerada se a sonolência surgir concomitante ao início do uso dos medicamentos. Não podemos esquecer que os cuidados dirigidos aos últimos momentos de vida requerem trabalho em equipe, de forma sincronizada e detalhada, respeitando a racionalidade terapêutica e as singularidades de cada paciente e sua família.

## 4. Conclusão

A filosofia dos cuidados paliativos ainda é um assunto relativamente novo na área da saúde e são poucos os profissionais capacitados para trabalhar com pacientes em iminência de morte e que demandam disponibilidade, empatia e compaixão.

A atenção individualizada ao doente e à sua família, oferecida por uma equipe multiprofissional, comunicação adequada e busca pelo controle de todos os sintomas fazem da abordagem em cuidados paliativos o suporte para uma qualidade de vida diante da finitude.

É importante que se tenha em mente que apesar de o controle de sintomas não ser o único aspecto que deve ser avaliado em um paciente em cuidados paliativos, o mesmo é fundamental.

Ao falarmos das perturbações do sono em cuidados paliativos, encontramos muitas literaturas voltadas para pacientes oncológicos, restringindo bastante o público-alvo da filosofia. Porém, podemos afirmar que um diagnóstico correto, avaliado e discutido pela equipe multiprofissional, verificando qual a melhor conduta, pode diminuir o sofrimento e prejuízo nas atividades diárias do paciente, promovendo qualidade de vida, seja ele um portador de qualquer doença crônica sem terapêutica modificadora da doença.

## 5. Palavras-Chave

Controle de sintomas, cuidados paliativos, insônia, perturbação do sono, sonolência.

## 6. Referências

AMERICAN PSYCHIATRIC ASSOCIATION. Manual diagnóstico e Estatístico de Transtornos Mentais: DSM-5. Artmed Editora, 2014.

AMÉRICO AFQ: As últimas Quarenta e Oito Horas de Vida. Manual de cuidados paliativos ANCP, 2012.

KIRA CM: Controle de Outros Sintomas Não-Dor. In: Cremesp. Cuidado Paliativo. São Paulo: Conselho Regional de Medicina do Estado de São Paulo; 2008.

MATSUMOTO DY: Cuidados paliativos: conceito, fundamentos e princípios. Manual de cuidados paliativos ANCP, 2012.

INSTITUTO NACIONAL DO CÂNCER (INCa): Cuidados Paliativos Oncológicos – Controle de Sintomas. Revista Brasileira de Cancerologia, 2002.

RIBEIRO ASS: Controle de sintomas em cuidados paliativos num serviço de medicina. Lisboa, 2012.

SOUSA ADA: Sintomas em Cuidados Paliativos: da Avaliação ao Controle. Lisboa, 2012.

Who Definition of Palliative Care. Acesso em dezembro 2016, de: http://www.who.int/cancer/palliative/definition/en/.

# Prescrição Não Médica

FILIPA SICKMÜLLER NUNES

## 1. Introdução

No decorrer dos últimos anos, e a par do desenvolvimento científico e tecnológico experimentado, em particular na área da medicina, tem se assistido, entre outras alterações demográficas, a um aumento significativo da esperança média de vida.

Na Europa, como em outros pontos do mundo, a maioria da população padece atualmente de doenças crônicas, progressivas, complexas e por vezes incuráveis, originando novas necessidades sociais e de saúde, que requerem respostas interdisciplinares e diversificadas.

Os cuidados paliativos assumem-se enquanto cuidados globais e ativos prestados a pessoas com doenças progressivas e irreversíveis e suas pessoas significativas como uma dessas respostas.

Estes cuidados preconizam, através de uma avaliação e intervenção interdisciplinar/multidimensional, a prevenção e alívio do sofrimento físico, psíquico, espiritual e social nestas pessoas, melhorando a sua qualidade de vida.

Esta intervenção interdisciplinar e multidimensional prima, por consequência, pela complementação de saberes, partilha de responsabilidades, tarefas e cuidados, reconhecendo que o cuidado adequado requer o entendimento do Homem como um ser integral, com necessidades múltiplas, específicas, complexas e diferenciadas, que podem e devem ser abordadas conjuntamente, pelas diversas áreas do saber.

## 2. Enquadramento Histórico e Desenvolvimento

De fato, mesmo sintomas físicos como a dor são integrados por componentes/dimensões psicológicas, sociais e espirituais, pelo que a sua correta avaliação e consequente implementação da abordagem terapêutica só é concretizável através da atuação de uma equipe interdisciplinar.

A intervenção realizada por esta equipe fundamenta-se na compreensão de que a pessoa doente sofre globalmente. Neste sentido, cada elemento da mesma aborda o sofrimento desde a perspectiva que o seu saber lhe autoriza, garantindo que as necessidades distintas da pessoa doente, das pessoas significativas e da equipe possam ser reconhecidas e atendidas pela articulação de ações de diferentes naturezas.

## 3. Definição e Clarificação Conceptual

### 3.1. Intervenção e o declínio físico funcional em situação de doença

O progressivo declínio funcional acompanha a trajetória da maioria das doenças que ameaçam a continuidade da vida, causando repercussões e interferências nos diferentes aspectos de vida diária da pessoa doente.

Embora este declínio seja gradual e heterogêneo, visto variar de acordo com a patologia e a sua progressão, idade, presença de comorbidades, terapêutica utilizada e condição biopsicossocial de cada pessoa, é expectável, pelo que confere à área da reabilitação e profissionais nela inseridos, um papel primordial na equipe interdisciplinar.

A área da reabilitação, em especial da reabilitação paliativa, tem então como principal objetivo o da manutenção da independência funcional da pessoa doente para as atividades básicas da vida pelo máximo período de tempo possível. Deste modo, são estabelecidos objetivos individuais e realistas, que vão ao encontro das necessidades da mesma, tendo em consideração o prognóstico geral da doença, o potencial de recuperação da função, o seu desejo e expectativas para participar na reabilitação e as suas prioridades de vida.

Técnicas como a termoterapia, a eletroterapia, a cinesiterapia e a massagem são, consoante a evolução da doença, selecionadas com o intuito de aliviar ou complementar o alívio dos sintomas vivenciados, e de prevenir complicações osteomioarticulares, linfáticas e cardiopulmonares que causem danos físicos e funcionais à pessoa doente.

Ainda no âmbito da reabilitação, e aquando da presença de distúrbios da comunicação e disfagia, cabe aos profissionais desta área o desenvolvimento e aplicação de estratégias que promovam/assegurem uma adequada nutrição/hidratação e facilitem a comunicação por parte da pessoa doente.

O uso de exercícios de força e mobilidade de estruturas que participam no processo de deglutição; o ajuste da consistência e volume de alimentos; o correto posicionamento da cabeça e do pescoço para um menor cansaço e maior funcionalidade geral; a estimulação sensoriomotora oral são algumas das estratégias desenvolvidas por estes profissionais, com o intuito não só de promover a correta nutrição/hidratação, mas também de melhorar o conforto da pessoa doente e aumentar a sua satisfação em alimentar-se, eliminando os riscos de aspiração laringotraqueal e consequentes complicações associadas.

A nutrição/hidratação da pessoa portadora de doença avançada é ainda foco de intervenção por parte de outros profissionais presentes na equipe interdisciplinar, visto que, para além de problemas como a disfagia, é comum a pessoa doente apresentar inapetência, desinteresse pelos alimentos e mesmo recusa àqueles de maior preferência, o que, por conseguinte, pode levar a uma baixa ingestão alimentar, perda ponderal, depleção de tecido magro e adiposo e caquexia.

Embora a via oral seja por norma a via de ingestão preferencial, desde que o trato digestivo esteja íntegro e a pessoa apresente condições clínicas para realizá-la, é essencial que, independentemente da conduta dietética a ser realizada, se respeite a vontade do indivíduo. A prescrição dietética, além de fornecer as necessidades nutricionais da pessoa doente, deve, acima de tudo, oferecer prazer e conforto emocional, auxiliando na diminuição da ansiedade e aumento da independência e autoestima. Somente dessa forma, e juntamente com outras medidas intervencionais, contribuirá para a manutenção da qualidade de vida da pessoa doente.

No que concerne à comunicação, e visto a possibilidade de existência de fatores condicionantes que impossibilitem o uso da fala e/ou linguagem escrita para comunicar, os profissionais da área da reabilitação intervêm na aquisição ou reabilitação da linguagem oral, avaliando as componentes afetadas e áreas linguísticas comprometidas e adequando/instalando, se necessário, um sistema aumentativo e/ou alternativo à comunicação, de forma a possibilitar a mesma e consequentemente facilitar a expressão da tomada de decisão.

### 3.2. Intervenção no ajustamento psicossociológico em situação de doença

Com a evolução de uma doença sem possibilidades curativas e consequente aumento das limitações físicas, são várias as perdas vivenciadas pela pessoa doente, decorrentes não só da evolução da doença, mas também dos efeitos colaterais dos diversos tratamentos efetuados. Toda esta situação é geradora de desconfortos, medos e frustrações, que podem não só afetar o humor da pessoa doente e a sua funcionalidade/capacidade de lidar adequadamente com a situação vivenciada, mas também os seus contextos relacionais (díade conjugal/relações de amizade).

Neste contexto, é imperativa a atuação de profissionais de saúde que trabalhem em conjunto com a pessoa doente e suas pessoas significativas, de forma a facilitar a compreensão sobre a atual condição de vida, confortando as suas angústias, incertezas e medos e respeitando o seu tempo diante da aceitação da finitude da vida.

Estes profissionais procuram, através de diversas técnicas, criar um espaço seguro e favorecedor para a expressão de sentimentos, pensamentos, preocupações e experiências por parte da pessoa doente e das suas pessoas significativas, estimulando o pensamento e diálogo livre sobre a situação de saúde, legitimando o sofrimento sofrido e contribuindo, desta forma, para a elaboração de experiências de adoecimento, processo de morte e luto.

De fato, explorar com a pessoa doente a intensidade das suas reações emocionais, escutando-a ativamente, facilita o ajustamento à situação vivenciada, na medida em que possibilita a tomada de consciência/auto-observação e, desta forma, o desenvolvimento de estratégias de *coping* eficazes, que se traduzem na redução dos níveis de estresse e aumento da percepção de bem-estar.

Este processo de adaptação/ajustamento só é concretizável através de uma troca de informação, de um diálogo realista sobre a trajetória da doença e de um aconselhamento por parte destes e outros profissionais que compõem a equipe multidisciplinar.

Com efeito, só através de uma comunicação eficaz é possível gerar conhecimento e consequentemente uma tomada de decisão informada. A qualidade e a quantidade de informação partilhada têm, portanto, um impacto significativo na adaptação psicossocial de todas as pessoas envolvidas no processo de doença, sendo que para que as mesmas possam, de forma concertada e construtiva, compreender, aceitar e colaborar nos ajustamentos que a doença determina, necessitam de receber apoio, informação e educação.

Simultaneamente com todas as medidas anteriormente referidas, é ainda imprescindível a colheita de informações socioeconômicas da pessoa portadora de doença avançada, da sua composição familiar e da sua rede de apoio, de forma a proceder a uma correta avaliação e condução do processo de cuidado da mesma, providenciando informação e orientação legal e burocrática no decorrer de todo o processo.

### 3.3. Intervenção na exploração existencial em situação de doença

Com a evolução do curso da doença, tanto a pessoa doente quanto as suas pessoas significativas enfrentam questões de natureza existencial (percepção do sentido, da paz, da esperança e do propósito da vida), nas quais as suas crenças e os seus valores exercem uma forte influência no que toca ao vivenciar de todo o processo de doença e o seu desfecho. Neste sentido, a equipe interdisciplinar engloba profissionais que atentam às necessidades espirituais das pessoas envolvidas.

Muito embora existam diversas definições de espiritualidade, nenhuma delas esgota a riqueza deste conceito, que é tão abrangente e profundo. De fato, a espiritualidade diz respeito a tudo o que envolve a existência da pessoa como pessoa, com tudo o que isso implica em termos de capacidade de nós como seres humanos. Capacidade de construir relacionamentos, de amar, de desejar e criar, de altruísmo, de sacrifício, de fé e crença. É a dinâmica de integração da pessoa em relação à sua identidade única e original.

A partir desta perspectiva, é consequentemente expectável que as necessidades e preocupações espirituais adquiram uma enorme importância quando as pessoas têm de enfrentar a própria morte.

De fato, e diante da consciência da própria mortalidade, a pessoa desperta para uma profunda revisão da vida e dos momentos-chave que deram significado à mesma. Este processo de descoberta pessoal, de exploração e de procura de significado é auxiliado pela equipe através de uma escuta paciente, respeitosa e cálida, que permite não só a partilha da história de vida da pessoa doente como favorece a adequação da esperança, a regulação de expectativas e a articulação de pensamentos da mesma.

### 3.4. Intervenção através da arte

A comunicação/expressão de sentimentos numa situação de doença é algo complexa, uma vez que, como anteriormente referido, envolve, na sua abordagem terapêutica, a articulação de diversos profissionais de saúde presentes na equipe interdisciplinar.

A utilização da arte como alternativa à língua falada e forma de representação/comunicação em situação de doença afirma-se atualmente como uma alternativa e/ou complemento às demais intervenções enunciadas, no sentido em que através do uso de material artístico e consequente criação da imagem/som/artefato para autoexpressão, é possível, por parte do profissional treinado, descodificar a experiência vivenciada pela pessoa doente, mesmo quando a comunicação oral se encontra impossibilitada.

Os objetivos terapêuticos mantêm-se os mesmos das demais intervenções até agora identificados – o aumento da autonomia, da percepção de bem-estar e da qualidade de vida da pessoa doente.

## 4. Conclusão

Os cuidados paliativos constituem-se enquanto cuidados globais e ativos prestados a pessoas com doenças avançadas, progressivas e que ameaçam a continuidade da vida, e suas pessoas significativas, como uma resposta às necessidades atuais de saúde.

A sua abordagem interdisciplinar/multidimensional proporciona um cuidado integral e uniforme, centrado na pessoa doente e suas pessoas significativas, norteado pelos princípios éticos dos direitos humanos e pautado pela valorização da vida e pelo entendimento da morte como condição natural, no sentido de controlar e aliviar, não somente o sofrimento físico, mas o psicossocial e espiritual das pessoas envolvidas na situação de doença.

A correta avaliação e implementação da abordagem terapêutica sustenta-se numa intervenção flexível e partilhada, baseada na complexidade, pedido e necessidade das pessoas em situação de doença, e na incorporação da mesma e suas pessoas significativas em todo o processo de cuidar.

Em suma, o processo de atuação em cuidados paliativos é planejado de forma integral e individual, visando maximizar o conforto e qualidade de vida durante todo o processo de doença, morte e luto, respeitando os desejos de todas as pessoas envolvidas, de forma tranquila, segura e consensual, juntamente com a equipe interdisciplinar.

## 5. Palavras-Chave

Autonomia, cuidados paliativos, equipe interdisciplinar, intervenção multidimensional, pessoa doente, qualidade de vida.

## 6. Referências

Barbosa A, Neto IG: Manual de Cuidados Paliativos, 2ª ed., Faculdade de Medicina da Universidade de Lisboa, Lisboa.

Direção-Geral de Saúde: Programa Nacional de Cuidados Paliativos, Lisboa, 2005.

Melo AC, Valero FF, Menezes M: A intervenção psicológica em cuidados paliativos. Psicologia, Saúde & Doenças 14 (3); 2013: 452-469.

Minosso JSM, Souza LJ, Oliveira MAC: Reabilitação em Cuidados Paliativos. Texto & Contexto – Enfermagem 25 (3); 2016: e1470015. https://dx.doi.org/10.1590/0104-07072016001470015.

Porta J, et al.: Control de Síntomas em Pacientes com Cáncer Avanzado e Terminal, Arán, Madrid, 2004.

Saunders C: Hospice and palliative care: An interdisciplinary approach. Edward Arnold, London, 1991.

# Procurador de Cuidados de Saúde

HELENA PEREIRA DE MELO

## 1. Introdução

As diretivas antecipadas de vontade são instruções que uma pessoa dá relativamente a tratamentos a que deseja ou não ser submetida, em caso de se encontrar temporária ou definitivamente incapaz de expressar de forma livre e autônoma a sua vontade. Revestem duas formas fundamentais a que a pessoa pode recorrer alternada ou cumulativamente: a de testamento de paciente e a da nomeação de procurador de cuidados de saúde. Neste texto, aludiremos apenas à segunda destas formas, ou seja, à nomeação de um ou mais procuradores de cuidados de saúde.

## 2. Enquadramento Histórico e Desenvolvimento

Este instituto foi introduzido no Direito Português por influência, sobretudo, do Direito Anglo-saxônico, em que é designado por *durable power of attorney* ou *health care proxy*. Em 1976 foi adotado no Estado da Califórnia o *Natural Death Act* e, entretanto, vários Estados Norte-Americanos e diversos países europeus já adotaram legislação na matéria.

A nível regional, do Conselho da Europa, o primeiro instrumento vinculativo que se aplicou na matéria foi a Convenção para a Proteção dos Direitos do Homem e da Dignidade do Ser Humano face às Aplicações da Biologia e da Medicina: Convenção dos Direitos do Homem e a Biomedicina, aberta à assinatura em 4 de abril de 1997, e aprovada para ratificação pela Resolução da Assembleia da República nº 1/2001, de 3 de janeiro. Este tratado internacional determina, no seu artigo 9º, que: "a vontade anteriormente manifestada no tocante a uma intervenção médica por um paciente que, no momento da intervenção, não se encontra em condições de expressar a sua vontade, será tomada em conta". A interpretação desta norma feita pelo Comité Directeur pour la Bioéthique no "Relatório Explicativo" da Convenção (que, não tendo valor de interpretação autêntica, é um texto importante para explicitar o seu conteúdo) é no sentido de a vontade expressa pelo paciente na diretiva antecipada de vontade não prevalecer sobre a do profissional de saúde que lhe presta cuidados, sendo apenas um elemento indicativo que este deve tomar em conta, na sua decisão terapêutica.

Em Portugal a matéria encontra-se fundamentalmente regulada pela Lei nº 25/2012, de 16 de julho, que regula as diretivas antecipadas de vontade, designadamente sob a forma de testamento vital, e a nomeação de procurador de cuidados de saúde e cria o Registo Nacional do Testamento Vital (RENTEV). Este diploma foi regulamentado pela Portaria nº 96/2014, de 5 de maio, que regulamenta a organização e o funcionamento do RENTEV e pela Portaria nº 104/2014, de 15 de maio, que aprova um modelo facultativo de diretiva antecipada de vontade. É de referir ainda, na matéria, a Resolução da Assembleia da República nº 1/2017, de 2 de janeiro de 2017, que recomenda ao Governo que promova nos meios de comunicação social e nos serviços públicos com atendimento ao público, uma campanha informativa de divulgação e incentivo ao registro do testamento vital.

## 3. Definição e Clarificação Conceptual

A nomeação de um procurador de cuidados de saúde é feita através de um documento pelo qual a pessoa atribui poderes a um "procurador" para tomar decisões em matéria de saúde em seu nome, quando e se deixar de conseguir expressar a sua vontade de forma pessoal e autônoma. Reveste, à luz da lei vigente em Portugal, a forma escrita, consistindo num documento voluntariamente assinado perante um notário ou um funcionário do RENTEV, pelo qual se atribuem a uma pessoa poderes representativos em matéria de cuidados de saúde, que serão exercidos a título gratuito. A procuração deve conter a identificação do outorgante e a da pessoa nomeada, o lugar, data e hora da sua assinatura e as situações clínicas em que a representação ocorre.

Podem outorgar um documento de nomeação de procurador de cuidados de saúde as pessoas que sejam maiores de idade (tenham mais de 18 anos), que não tenham sido judicialmente declaradas interditas ou inabilitadas por anomalia psíquica e que tenham capacidade para prestar o seu consentimento sério, livre e esclarecido.

Podem ser nomeadas procuradoras de cuidados de saúde as pessoas que preencham os requisitos aludidos, exigindo, no entanto, a Lei, o preenchimento de dois requisitos adicionais para o efeito: que não sejam funcionários do RENTEV ou do cartório notarial que intervém na elaboração do aludido documento nem proprietários ou gestores de entidades prestadoras de cuidados sanitários (a menos que, neste último caso, sejam familiares do outorgante).

A pessoa que tenha aludida capacidade para assinar um documento deste tipo pode optar por nomear um ou dois procuradores, destinando-se o segundo a representá-la em caso de impedimento do primeiro para o fazer.

Uma vez elaborada, a procuração pode ser registrada no RENTEV pelo outorgante, quer entregando-a presencialmente quer enviando-a pelo correio, caso em que a sua assinatura terá de ser reconhecida. O registro não tem valor constitutivo nem pressupõe requisito de eficácia da procuração. Tem valor apenas declarativo.

Uma vez concluído o processo de registro da procuração o RENTEV envia ao outorgante e ao procurador cópia da informação relativa à conclusão do processo e à procuração registada. O outorgante ou o seu procurador podem, em qualquer momento, solicitar ao RENTEV a possibilidade de aceder à procuração ou de lhes ser entregue uma cópia desta.

Quando a pessoa se encontrar nesta situação, o médico responsável pelos cuidados que lhe são prestados deve verificar se existe uma procuração de cuidados de saúde registada no RENTEV e, em caso afirmativo, anexá-la ao processo clínico e respeitar, em princípio, o seu conteúdo.

A procuração não pode, no entanto, ser um "cheque em branco", conferindo poderes representativos ilimitados em matéria de saúde do outorgante ao procurador. Este apenas pode decidir no âmbito dos poderes representativos bem delimitados que lhe são conferidos, devendo estas decisões ser, em princípio, respeitadas pelos profissionais de saúde. Não o serão, no entanto, se forem contrárias à Lei, à ordem pública ou se o seu cumprimento implicar uma atuação contrária às *leges artis*, ou se se traduzir na prática dos crimes de homicídio a pedido da vítima ou de incitamento ou ajuda ao suicídio. Serão também consideradas juridicamente inexistentes as procurações em que o outorgante não tenha expressado a sua vontade de forma clara e inequívoca.

O profissional de saúde que presta cuidados ao outorgante da procuração pode invocar o seu direito à objeção de consciência quando solicitado pelo procurador para prestar ou não prestar um determinado cuidado de saúde. Se todos os profissionais de saúde que trabalham no estabelecimento de saúde onde o outorgante se encontra a receber cuidados invocarem o aludido direito, inviabilizando que a sua vontade seja respeitada, a administração do estabelecimento deve assegurar que tal não suceda, através da cooperação de profissionais de outros estabelecimentos de saúde ou que se encontrem legalmente habilitados para a prestação desses cuidados.

Em caso de conflito entre o conteúdo da procuração e o do testamento vital, se o outorgante tiver recorrido a ambas formas de diretivas antecipadas de vontade simultaneamente, prevalece a vontade expressa no segundo. Atenta a impossibilidade de o outorgante expressar de forma eficaz o seu consentimento no momento em que é necessário prestar-lhe cuidados sanitários, o legislador entendeu que a sua autodeterminação se encontraria mais bem expressa num documento escrito, por si assinado, do que a que é veiculada por interposta pessoa: o procurador. Ou seja, na impossibilidade de averiguar se a vontade do outorgante no momento em que se encontra incapaz de comunicar de forma livre e esclarecida com os profissionais de saúde se mantém ou não inalterada em relação ao contido na diretiva antecipada de vontade, opta-se pela vontade expressa no testamento vital, uma vez que a nomeação de procurador em matéria de cuidados de saúde significa admitir-se a representação legal em matéria de direitos de personalidade, com todos os problemas inerentes a este tipo de representação.

A modificação da procuração está sujeita à forma exigida para a sua elaboração. A sua revogação, no entanto, pode ser feita a qualquer momento e através de simples declaração oral ao médico responsável pela prestação de cuidados de saúde.

Ninguém pode ser negativamente discriminado no acesso a cuidados de saúde ou na celebração de um contrato de seguro de vida ou de saúde, por ter nomeado ou não ter nomeado um procurador de cuidados de saúde, por essa discriminação ser contrária à dignidade da pessoa humana, valor fundamental em que assenta o ordenamento jurídico português.

O dever de sigilo dos profissionais de saúde abrange todos os dados pessoais (e não apenas os dados de saúde) constantes da procuração de cuidados de saúde, podendo constituir a violação deste dever um ilícito penal, civil e/ou disciplinar.

O prazo de eficácia da procuração é, na lei vigente em Portugal, de cinco anos a contar da data da sua assinatura, prazo que pode ser sucessivamente renovado. A lei prevê, ainda, a possibilidade de a diretiva se manter eficaz em caso de incapacidade superveniente do outorgante, satisfazendo, assim, uma das principais reivindicações dos portadores de doenças neurológicas degenerativas, como a Doença de Alzheimer.

A procuração pode, no entanto, ser livremente revogada, a qualquer momento, pelo seu outorgante e extingue-se por renúncia do procurador, a qual deverá ser por este comunicada ao outorgante, por escrito.

## 4. Conclusão

A consagração na lei portuguesa da possibilidade de se nomear um procurador de cuidados de saúde constitui expressão do direito à liberdade e à autodeterminação em matéria de cuidados de saúde de cada cidadão, numa sociedade plural e democrática em que cada um é livre de desenvolver a sua personalidade de acordo com o projeto de vida que para si escolheu, dentro dos limites do tolerável.

Permite, deste modo, a cada um de nós, consentir ou recusar a realização de tratamentos como uma transfusão sanguínea, quimioterapia, uma cesariana, no exercício de uma liberdade perante a Medicina cujo reconhecimento radica no respeito que nos é devido enquanto seres portadores de eminente dignidade de pessoa humana.

A sua consagração expressa permitiu também ultrapassar um problema durante décadas discutido pela doutrina nacional: o da determinação do significado do requisito da "atualidade" do consentimento para que este fosse considerado eficaz à luz do Direito Penal. Como não é possível obter, no momento da prestação dos cuidados ao outorgante da procuração, aquele consentimento, presume-se que a sua vontade é a expressa pelo procurador, prescindindo-se do aludido requisito para que o consentimento seja considerado eficaz.

Na medida em que permite a cada cidadão organizar a sua vida em caso de ocorrência de doença e, no limite, a sua morte, de acordo com aquilo que lhe é existencialmente essencial (nomeadamente no plano religioso), a consagração deste instituto no ordenamento jurídico português, se este for devidamente utilizado, é de saudar enquanto expressão da autonomia das pessoas, sobretudo na fase terminal das suas vidas.

## 5. Palavras-Chave

Autodeterminação, diretiva antecipada de vontade, procuração.

## 6. Referências

Loureiro JC: Metáfora do Vegetal ou Metáfora do Pessoal? Considerações Jurídicas e Torno do Estado Vegetativo Crônico, Cadernos de Bioética 8; 1994: 27-65.

Nunes R: Ensaios em Bioética, Brasília: Conselho Federal de Medicina, 2017.

Nunes R, Melo HP: Testamento Vital, Coimbra: Edições Almedina, 2011.

Pereira AD: Declarações Antecipadas de Vontade: Meramente Indicativas ou Vinculativas?" in Estudos em Homenagem ao Professor Doutor Jorge de Figueiredo Dias (coordenação: Manuel da Costa Andrade, Maria João Antunes e Susana Aires de Carvalho), Coimbra: Coimbra Editora, 2009: 823-831.

Raposo VL: No Dia em que a Morte Chegar (Decifrando o Regime Jurídico das Diretivas Antecipadas de Vontade), Revista Portuguesa do Dano Corporal 24; 2013: 79-109.

# Quimioterapia em Cuidados Paliativos

MARTA PEIXOTO

## 1. Introdução

Quimioterapia paliativa é uma quimioterapia utilizada no câncer avançado que permite a melhoria de sintomas angustiantes experienciados pelo doente e que pode levar a um aumento da esperança média de vida.

No sentido de melhorar a qualidade de vida e estender a sobrevida, a integração precoce dos cuidados paliativos em pacientes com neoplasias malignas incuráveis tem ganho atenção como uma abordagem complementar à quimioterapia.

O benefício de sobrevivência poder-se-á dever ao fato de o cuidado paliativo precoce permitir o controle dos efeitos adversos e complicações do tratamento, o que leva a que os pacientes recebam mais regimes de quimioterapia. Direcionando os sintomas e auxiliando nas decisões de tratamento, os cuidados paliativos podem também melhorar a qualidade do cuidado prestado no final da vida. Além disso, podem facilitar a interrupção precoce da quimioterapia paliativa e minimizar os efeitos adversos resultantes de um tratamento mais agressivo.

A referenciação atempada para os serviços de cuidados paliativos permite a prestação de cuidados abrangentes que abordam as necessidades de apoio físico e emocional dos pacientes e respectivas famílias. Tais serviços estão associados a uma maior satisfação com o cuidado, a uma melhor qualidade da morte e a resultados superiores de saúde física e mental nos membros da família.

Assim, com o crescente acumular de evidências relativamente aos benefícios do encaminhamento precoce para os serviços de cuidados paliativos, surgiram diretrizes para a qualidade dos cuidados de fim de vida. A Sociedade Americana de Oncologia determina que são considerados tratamentos de qualidade perto da morte: a não realização de quimioterapia nas últimas duas semanas de vida e o encaminhamento precoce para as unidades de cuidados paliativos mais de uma semana antes da morte. Os clínicos que pertencem à equipe de cuidados paliativos estão habituados a trabalhar dentro de uma equipe multidisciplinar e são considerados mais capazes de apoiar o oncologista, os pacientes e as suas famílias na discussão e no planejamento do tratamento no fim de vida.

## 2. Enquadramento Histórico e Desenvolvimento

Desde a década de 80 tem havido maior interesse em avaliar o efeito do câncer e seu tratamento sobre a qualidade de vida do paciente, tipicamente definida em termos de funcionamento físico, psicológico e de bem-estar social.

A qualidade de vida do paciente foi classificada numa pesquisa de 1990, com mais de 500 profissionais de saúde, como o resultado mais importante na avaliação do efeito da quimioterapia paliativa no câncer avançado, seguida pela toxicidade do tratamento e a resposta tumoral. Os fatores associados à qualidade de vida são frequentemente citados como sendo de grande importância na medicina paliativa. A quimioterapia paliativa, por exemplo, pode aliviar os sintomas relacionados com o tumor, tais como dor ou dispneia, e assim promover uma melhoria da qualidade de vida. Contudo, a quimioterapia também pode acarretar efeitos secundários físicos e psicológicos substanciais que a afetam negativamente. Os benefícios e o peso associado ao tratamento paliativo precisam de ser continuamente monitorizados para que a decisão de continuar, modificar ou descontinuar o tratamento seja sempre colocada em cima da mesa.

Em 1998, a ASCO declarou: "O papel do oncologista e da equipe de cuidados não é simplesmente tratar o câncer, mas oferecer uma terapia abrangente paliativa e anticancerígena ao longo da doença". A dicotomia entre terapia dirigida para a neoplasia e cuidados paliativos dificulta a assistência integral aos pacientes e suas famílias. É essencial a prestação desses serviços ao doente de uma forma mais atempada ao longo do curso da doença, e não apenas na fase terminal.

Uma das principais barreiras à realização do objetivo declarado pela ASCO é a falta de evidência de que cuidados paliativos e oncológicos possam ser coordenados desde o início do diagnóstico de câncer. Porém, um estudo piloto mostra que a integração de cuidados paliativos e oncológicos é possível em doentes recentemente diagnosticados com câncer avançado.

Estatísticas apontam para que quase 50% dos pacientes com câncer desenvolvam doença metastática (Dutch Cancer Foundation, 1999). Ainda assim, tomar decisões de tratamento do câncer em contexto paliativo é uma tarefa complexa tanto para pacientes como para médicos. Estudos prospectivos que relatam a escolha que os pacientes têm de fazer entre quimioterapia paliativa e os melhores cuidados de suporte mostram que ainda existe uma escolha pela quimioterapia paliativa e que esta pode ser benéfica para alguns doentes em particular.

As necessidades do doente tornam-se mais importantes, uma vez que não existe consenso quanto às vantagens da quimioterapia paliativa sobre o aumento da sobrevivência e são contraditórios os efeitos sobre a qualidade de vida. É fulcral conhecer as preferências do paciente e os fatores que levaram à escolha do tratamento para o orientar através do processo de tomada de decisão.

## 3. Definição e Clarificação Conceptual

A quimioterapia paliativa visa o alívio dos sintomas ou o seu adiamento, mantendo ou melhorando a qualidade de vida. De forma a avaliar a resposta à quimioterapia são utilizados quatro métodos de avaliação tradicionais: resposta tumoral; toxicidade ao tratamento; nível de atividade física do doente (estado de desempenho) e duração da sobrevida. Este último item é avaliado de forma retrospectiva, pelo que as decisões sobre a continuação ou modificação da terapêutica são geralmente baseadas na avaliação progressiva dos três primeiros critérios de resposta tumoral que deverão ser observados durante três meses de terapêutica.

O impacto do tratamento sobre o tempo de vida é muitas vezes modesto ou incerto e a ocorrência de eventos adversos pode afetar negativamente a qualidade de vida. Para um doente individual, é incerto se o alívio dos sintomas ou o ganho de sobrevivência podem ser alcançados enquanto os efeitos secundários são suscetíveis de ocorrer. Portanto, a decisão de iniciar a quimioterapia paliativa envolve uma reflexão entre os benefícios potenciais e os riscos do tratamento. O melhor cuidado de suporte é a opção alternativa e visa melhorar a qualidade de vida pelo alívio dos sintomas uma vez que ocorrem. Ao mesmo tempo, alguns meses de ganho de sobrevivência podem ser importantes do ponto de vista do paciente que parece estar disposto a aceitar grandes limitações na sua qualidade de vida em detrimento de um pequeno aumento da sobrevivência. Pode mesmo apresentar expectativas irrealistas do efeito do tratamento na sobrevida, podendo levar à conspiração de silêncio por parte do doente e dos profissionais de saúde. Porém, Slevin afirma que a esperança sentida pelo doente e o aumento do apoio social resultante de uma supervisão médica mais apertada poderá levar a benefícios na qualidade de vida sentida pelo doente.

A preferência do doente pelo tratamento foi fortemente explicada pelo esforço para aumentar a sobrevida. Agarrados à esperança que este tratamento tenha impacto na sobrevida, os pacientes parecem optar por acreditar nos resultados da quimioterapia. Contudo, comparando estes com os resultados dos melhores cuidados de suporte na maioria dos tipos de tumores, o impacto na sobrevida difere pouco (Glimelius *et al.*, 2001; Ragnhammer *et al.*, 2001).

Na prática clínica diária, alcançar o equilíbrio entre os dois tratamentos pode ser muito difícil. Estudos sugerem que muitos pacientes sob tratamento paliativo desejam receber informações detalhadas relacionadas com o tratamento. A informação prestada ao doente sobre esta opção de tratamento precisa de ser equilibrada para atender ao consentimento informado, sem fornecer qualquer informação indesejada. Contudo, pouco se sabe sobre a capacidade de o médico julgar o desejo de informação dos pacientes. Os médicos parecem apresentar alguma dificuldade em prever as preferências declaradas dos doentes quanto à informação sobre a sobrevida esperada. Estudos sobre a tomada de decisão do tratamento revelam uma má concordância entre as preferências dos pacientes e as percepções dos médicos sobre essas mesmas preferências.

Além do tratamento de primeira linha para a doença avançada, os benefícios das linhas subsequentes de quimioterapia são reduzidos e também muitas vezes menos claros, enfatizando a natureza sensível dessa decisão.

Além disso, uma revisão sistemática demonstra que a comunicação do prognóstico é caracterizada pela falta de clareza, falta de estimativa da sobrevivência esperada e evasão deste tópico, focando apenas nas opções de tratamento ativo.

Estudos mostram que mais de dois terços dos pacientes que iniciam a quimioterapia paliativa de primeira linha não entendem que o objetivo do tratamento não era a cura. Apenas 49% dos pacientes com câncer avançado estão plenamente conscientes do seu prognóstico. Os oncologistas parecem temer o impacto negativo da transmissão de informações sobre a sobrevivência. Porém, tal medo parece não ser justificado. Em pacientes com câncer avançado sabe-se que a discussão prognóstica completa está associada a níveis mais baixos de depressão, não afetando a ansiedade.

Da mesma forma, a informação prognóstica pode ser fornecida aos pacientes sem tirar a esperança, discutindo o fim de vida sem infligir sofrimento psicológico. Pelo contrário, não discutir o prognóstico pode causar angústia, impedindo o doente de reorganizar e adaptar a sua vida. Verifica-se também que os doentes que não discutem o fim de vida recebem cuidados médicos mais agressivos perto da morte, resultando em pior qualidade de vida. Muitos pacientes com câncer avançado desejam receber informações detalhadas sobre os benefícios e riscos das opções de tratamento paliativo. Uma possível abordagem de discussão deste tópico com o doente pode ser estruturada em três etapas: dar ao paciente uma antevisão do tipo de informação disponível até ao momento, perguntar de forma aberta se a informação é desejada e seguir o desejo do doente. Esta abordagem gradual é consistente com as recomendações sobre a comunicação do prognóstico a doentes com doença avançada.

## 4. Conclusão

Existe um crescente corpo de evidências que apoia a utilidade da integração dos primeiros cuidados paliativos com os cuidados oncológicos, em pacientes com câncer metastático, em contexto de ambulatório. Este modelo de atendimento oferece uma abordagem inovadora que pretende melhorar os resultados de múltiplos pacientes e a prática oncológica em conformidade com metas articuladas para o tratamento com alta qualidade do câncer.

O modelo inovador de cuidados paliativos integrado após o diagnóstico de câncer terminal fornece uma abordagem complementar e eficaz durante a terapia anticancerígena, conciliando o apoio psicossocial com as necessidades do paciente no tratamento dos sintomas.

Muitas vezes, o tratamento médico oferecido na última fase da vida é focado no aumento da sobrevida. A discussão e o esclarecimento das diferentes terapias com o paciente tende a levar este a favorecer a qualidade de vida em detrimento da duração da mesma. Pesquisas adicionais são necessárias para explorar as expectativas dos pacientes e a compreensão do objetivo do tratamento médico no final da vida. Uma atitude proativa dos oncologistas e outros médicos para discutir as perspectivas do doente sobre a tomada de decisões pode contribuir para o tratamento centrado no paciente em fim de vida.

## 5. Palavras-Chave

Cuidados paliativos, cuidados de suporte, impacto na sobrevida, qualidade de vida, quimioterapia paliativa.

## 6. Referências

Detmar SB, Muller MJ, Schornagel JH, Wever LDV, Aaronson NK: Role of Health-Related Quality of Life in Palliative Chemotherapy Treatment Decisions, J Clin Oncol 20; 2002: 1056-1062.

Ghandourh WA: Palliative care in Cancer: managing patients' expectations, J Med Radiat Sci 63; 2016: 242-257.

Gough IR, Dalgleish LI: What Value Is Given to Quality of Life Assessment by Health Professionals Considering Response to Palliative Chemotherapy for Advanced Cancer?, Cancer 68; 1991: 220-225.

Greer JA, Pirl WF, Jackson VA, Muuzikansky A, Lennes IT, Heist RS, Gallagher ER, Temel JS: Effect of Early Palliative Care on Chemotherapy Use and End-of-Life Care in Patients With Metastatic Non-Small-Cell Lung Cancer, J Clin Oncol 30; 2011: 394-400.

Koedoot CG, de Haan RJ, Stiggelbout AM, Stalmeier PFM, de Graeff A, Bakker PJM, de Haes JCJM: Palliative chemotherapy or best supportive care? A prospective study explaining patients' treatment preference and choice, British Journal of Cancer 89; 2003: 2219-2226.

Oostendorp LJM, Ottevanger PB, van de Wouw AJ, Honkoop AH, Los M, van der Graaf WTA, Stalmeier PFM: Patients' Preferences for Information About the Benefits and Risks of Second-Line Palliative Chemotherapy and Their Oncologist's Awareness of These Preferences, J Canc Educ 31; 2016: 443-448.

SLEVIN ML: Quality of life: Philosophical question or clinical reality? BMJ 305; 1992: 466-469.

TEMEL JS, JACKSON VA, BILLINGS JA, DAHLIN C, BLOCK SD, BUSS MK, OSTLER P, FIDIAS P, MUZIKANSKY A, GREER JA, PIRL WF, LYNCH TJ: Phase II Study: Integrated Palliative Care in Newly Diagnosed Advanced Non- Small-Cell Lung Cancer Patients, J Clin Oncol 25; 2007: 2377-2382.

VOOGT E, VAN DER HEIDE A, RIETJENS JAC, VAN LEEUWEN AF, VISSER AP, VAN DER RIJT CCD, VAN DER MAAS PJ: Attitudes of Patients With Incurable Cancer Toward Medical Treatment in the Last Phase of Life, J Clin Oncol 23; 2005: 2012-2019.

# Reabilitação em Doentes Oncológicos

PAULA SILVA

## 1. Introdução

Ao afirmar que os Cuidados Paliativos (CP) pretendem melhorar a qualidade de vida, oferecendo um sistema de apoio para ajudar os doentes a viver tão ativamente quanto possível até ao momento da sua morte e que a Medicina Física e de Reabilitação (MFR) tem como objetivo final permitir ao doente atingir o seu estado de melhor funcionalidade, autonomia e qualidade de vida possíveis, torna-se pertinente refletir sobre os possíveis pontos de interseção entre estas duas áreas.

Globalmente considera-se positivo o papel da Medicina Física e de Reabilitação nos doentes oncológicos em cuidados paliativos mas, tratando-se de uma intervenção relativamente recente, muitas são as questões que permanecem em aberto carecendo de mais investigação.

Por essa escassez de investigação, e à semelhança do que acontece com outras intervenções em cuidados paliativos, muitos dos procedimentos e técnicas da MFR foram adotados nestes doentes, por analogia com outras áreas da especialidade, sobretudo da reabilitação oncológica.

Usando essa analogia e a experiência clínica, percebe-se que esta especialidade pode contribuir para o controle de alguns sintomas nos doentes oncológicos em cuidados paliativos, como sejam a dor, a fadiga, a dispneia e o linfedema. Pode potencializar a capacidade funcional e promover o conforto geral utilizando diferentes tipos de técnicas cinesiológicas.

## 2. Enquadramento Histórico e Desenvolvimento

Apesar do tratamento com modalidades físicas ser tão antigo quanto a história do Homem, a sua aceitação e estruturação dentro de uma área da medicina convencional tem apenas algumas décadas, registrando-se um significativo aumento do seu papel depois da Segunda Guerra Mundial.

A Medicina Física e de Reabilitação constitui, na atualidade, uma especialidade médica que intervém no processo de avaliação, diagnóstico e tratamento de diferentes sintomas e patologias.

A sua atuação caracteriza-se pela aplicação de diferentes estratégias que previnem ou reduzem múltiplas consequências clínicas das doenças agudas e crônicas no âmbito das deficiências, das incapacidades e das desvantagens. Tem como objetivo final permitir ao doente atingir o seu estado de melhor funcionalidade e, consequentemente, a autonomia e qualidade de vida possíveis.

Atingir esse objetivo passa pela utilização, de forma isolada ou em associação, de diferentes agentes físicos e pelo uso de várias técnicas cinesiológicas.

O seu âmbito de intervenção foi-se alargando, surgindo mesmo a necessidade de criar subunidades dentro da especialidade como a reabilitação cardíaca, pulmonar, neurológica, pediátrica, musculoesquelética, geriátrica e oncológica.

Destaca-se, pela importância do tema em pauta, a reabilitação oncológica que dirige a sua atenção para sinais e sintomas com implicações funcionais relacionados com a doença oncológica. A dor, a fadiga, a dispneia, as plexopatias, as neuropatias, as contraturas, a espasticidade, o linfedema, as disfunções articulares, o descondicionamento e as alterações da marcha constituem motivos frequentes para a sua intervenção.

Alguns destes sinais ou sintomas podem surgir numa fase precoce da doença, outros surgem, caracteristicamente, durante os tratamentos e podem, todos eles, surgir numa fase de doença avançada e em progressão.

Felizmente, cada vez mais se reconhece que, na fase de doença avançada, embora não se conseguindo atuar na própria doença, continua-se a necessitar de cuidados de saúde, sendo eventualmente, nesta altura, que deles mais necessitam.

Este reconhecimento estará, com certeza, na base da propagação dos cuidados paliativos, que têm por objetivo melhorar a qualidade de vida dos doentes e de suas famílias que encaram uma doença ameaçadora da vida, proporcionando alívio da dor e de outros sintomas, suporte espiritual e psicossocial desde o diagnóstico até ao fim da vida e no luto.

Ora, tendo em conta que a melhoria da qualidade de vida passa frequentemente pela melhoria da capacidade funcional e sendo a Medicina Física e de Reabilitação a especialidade mais dirigida a esse objetivo, percebe-se a sua possibilidade em contribuir para o bem-estar do doente oncológico em Cuidados Paliativos e os autores dos artigos encontrados sobre o assunto corroboram com afirmação.

Sublinham, no entanto, que esta intervenção é ainda recente e por vezes difícil – a maior parte das equipes de reabilitação não tem experiência com estes doentes nem os membros das equipes de cuidados paliativos têm experiência em abordagens de reabilitação. Assim, uns desmotivam-se pelo não atingimento de estados de funcionalidade semelhantes aos anteriores ao agravamento da doença, outros ainda persistem na ideia de que a intervenção da reabilitação nestes doentes é fútil ou mesmo inapropriada, defendendo que esta pode criar falsas expectativas.

Para além destas dificuldades mais genéricas, outras se colocam não menos pertinentes. Tendo em conta que em cuidados paliativos a terapêutica não deve condicionar maior sofrimento ou desconforto ao doente do que o próprio sintoma, a ponderação entre um possível benefício usando uma intervenção de reabilitação *versus* o cansaço ou o desconforto a que a sua realização possa levar é frequentemente difícil. Na tomada de decisão o envolvimento da equipe centrada no doente e a experiência clínica são essenciais.

Decorrente dessa experiência clínica surgiu um novo conceito de reabilitação – reabilitação em sentido invertido. Se num processo habitual de reabilitação é expectável uma melhoria progressiva e com ela um ganho de funcionalidade e de autonomia, nos doentes em cuidados paliativos o agravamento progressivo é inevitável, tal como a perda de funcionalidade e de autonomia. Assim, o programa de reabilitação tem de ser estruturado antevendo essas perdas e, assim, trabalhar estratégias que as possam minimizar, nunca esquecendo que nestes doentes o fator tempo é muito importante, pelo que os objetivos a atingir em termos de funcionalidade devem ser muito concretos e específicos, bem definidos com o doente, ajustados à realidade e com possibilidade de serem atingidos a curto prazo, pois de outra forma perdem o sentido. Quando este cuidado não é tido em conta, corre-se o risco de esperar resultados inatingíveis, aumentando a sensação de impotência, quer por parte do doente e da família quer mesmo por parte da equipe.

## 3. Definição e Clarificação Conceptual

Depois de uma reflexão mais generalizada, analisar-se-á de forma mais pormenorizada o papel da Medicina Física e de Reabilitação no controle da dor, da fadiga, da dispneia e do linfedema.

A opção destes sintomas relacionou-se com a elevada prevalência da dor e da fadiga em doentes oncológicos em cuidados paliativos, com o fato de a dispneia ser um sintoma difícil de suportar e de controlar e o linfedema por o seu tratamento passar fundamentalmente pela MFR.

### 3.1. Dor

A prevalência da dor na patologia oncológica é significativa, atingindo os 75% na fase avançada de doença, sendo que as suas causas podem estar relacionadas com a própria doença, com os tratamentos (cirurgia e/ou quimioterapia e/ou radioterapia) ou ainda não terem relação com a doença oncológica.

Apesar de na maior parte dos casos de dor oncológica ser necessário recorrer a fármacos com efeito analgésico em doses e esquemas variáveis, a MFR pode constituir um importante complemento no controle deste sintoma.

A intervenção da MFR na patologia do ombro doloroso relacionado com o câncer da mama é disso um bom exemplo. A omalgia, nestes casos, pode ser somática, neuropática ou mista. Pode surgir na sequência da cirurgia, ser atribuída a sequelas da radioterapia, estar relacionada com metastização óssea ou decorrer de uma patologia músculo-esquelética degenerativa ou inflamatória. Em qualquer das situações está bem documentado o benefício da MFR.

Usou-se como exemplo o ombro doloroso no câncer da mama, mas poderiam ser dados outros exemplos em que também está provado o seu papel enquanto terapêutica complementar da dor relacionada com a própria doença oncológica ou com os tratamentos realizados.

O efeito analgésico pode ser obtido através da aplicação de diferentes agentes físicos e de diferentes técnicas cinesiológicas.

De uma forma geral e muito genérica, os agentes físicos atuam através da diminuição da sensibilidade do fuso neuromuscular, determinando a redução do tônus e o controle do processo de contratura, através da priorização da via rápida induzindo bloqueio medular da dor através da redução dos mediadores alogênicos e aumento da libertação de endorfinas.

Por sua vez, as técnicas cinesiológicas mais utilizadas são a massagem e as técnicas de facilitação neuromusculares. Atuam pela estimulação específica dos mecanoreceptores cutâneos, articulares e musculares, priorizando as fibras rápidas com informação proprioceptiva em detrimento da integração da informação nociceptiva periférica.

A prescrição de próteses, ortóteses e outras ajudas técnicas fazem parte do âmbito desta especialidade e podem auxiliar no controle da dor – a carga ou descarga, a imobilização, a contenção, a suspensão ou o apoio podem ter um efeito indireto analgésico não desprezível.

Do exposto, pode-se concluir que estas técnicas podem ser utilizadas com benefício também nos doentes com doença oncológica avançada em cuidados paliativos, embora, como já mencionado, sejam necessários mais estudos.

### 3.2. Fadiga

A fadiga relacionada com a doença oncológica é definida como uma sensação subjetiva e persistente de cansaço ou exaustão física, emocional e/ou cognitiva relacionada com o câncer ou com o seu tratamento, que não é proporcional à atividade desenvolvida e que interfere significativamente no funcionamento normal do doente. Constitui um problema extremamente comum nos doentes oncológicos em todas as fases de evolução de doença e afeta profundamente a qualidade de vida. A sua prevalência encontra-se entre os 40% e 90%.

A fadiga pode ser primária, quando resulta do estado inflamatório inerente ao próprio câncer, ou secundária, quando resulta de outros fatores como anemia, hipotiroidismo, caquexia, infecção, alterações metabólicas, descondicionamento, estresse psicológico, efeitos colaterais da terapêutica. Na maior parte das vezes não é possível determinar uma causa já que, habitualmente, a causa é multifatorial.

O tratamento da fadiga pode ser farmacológico, não farmacológico ou incluir ambas as possibilidades. A Medicina Física e de Reabilitação desempenha um papel importante no tratamento não farmacológico deste sintoma e passa pela prescrição de exercício.

O exercício físico tem por finalidade principal atuar sobre a função como atividade voluntária criadora de autonomia e passa pela execução de movimentos que resultam da interação coordenada de vários sistemas acionados pela vontade, como sejam o sistema músculo-esquelético (sistema efetor), o sistema nervoso (sistema coordenador) e o sistema energético (sistema de alimentação das estruturas efetoras). Portanto, o exercício depende de um conjunto de sistemas mas, ao mesmo tempo, vai desencadear efeitos sobre esses mesmos sistemas designados como efeitos centrais e periféricos do exercício. No que respeita aos efeitos periféricos procura-se a força, a resistência, a velocidade, a flexibilidade e a coordenação. Em relação aos efeitos centrais é, sobretudo, a resistência que se pretende melhorar. Da combinação destes efeitos resulta o aumento da tolerância ao exercício e, consequentemente, melhoria de funcionalidade.

Nos doentes oncológicos parece existir consenso entre os autores de diversos artigos quanto ao efeito benéfico da realização de exercício aeróbico de baixa a moderada intensidade para a melhoria da fadiga. No entanto, os mesmos artigos salientam a necessidade de avaliar os programas de exercício e os resultados da sua aplicação em todas as fases de doença, uma vez que a maior parte dos trabalhos não são baseados na evidência.

Na fase de doença oncológica avançada e em progressão, a estas dificuldades acrescem outras não menos importantes. A astenia, quase inevitável, vai sendo cada vez mais intensa, o que leva a maior fadiga em resposta a qualquer esforço. Gera-se, portanto, uma situação paradoxal – o exercício pode melhorar a fadiga, mas, por outro lado, a fadiga constitui a principal limitação à sua realização. Para além disso, o doente deve consumir a energia que possui em atividades que para ele sejam importantes. Na tentativa de conciliar estes fatores, o exercício deve ser orientado para pequenos ganhos com implicação funcional na realização dos desejos do doente e tendo em conta a inevitabilidade da progressão da doença, constituindo o já mencionado processo de reabilitação em sentido invertido.

Apesar das dificuldades descritas, esta parece ser uma intervenção que pode contribuir para o bem-estar do doente em cuidados paliativos, necessitando de mais estudos para serem estabelecidos programas de exercício comprovadamente adequados a esta fase.

### 3.3. Dispneia

A dispneia é uma sensação subjetiva de dificuldade em respirar, desproporcionada em relação ao esforço físico. Os estudos em doentes com câncer avançado em cuidados paliativos mostram uma grande variação na prevalência deste sintoma, mas também mostram que a sua frequência aumenta à medida que a morte se aproxima, constituindo um dos sintomas mais importantes e dos mais difíceis de controlar.

Nestes doentes, as causas de dispneia podem ser muitas e estarem relacionadas com o efeito direto do câncer, com os tratamentos ou com outras doenças não oncológicas que cursem com dispneia.

O diagnóstico etiológico é fundamental, dele dependendo as opções terapêuticas. Sempre que possível o tratamento deve ser dirigido à causa, até porque algumas das situações são reversíveis. Quando tal não é possível, o tratamento será sintomático, visando o bem-estar e conforto do doente.

A reeducação funcional respiratória (RFR) é bem conhecida, constituindo uma técnica terapêutica baseada no movimento, atuando principalmente sobre os fenômenos mecânicos da respiração, ou seja, sobre a ventilação externa e, através desta, beneficiando a ventilação alveolar e a relação ventilação-perfusão, resultando na melhoria da difusão dos gases respiratórios.

Os seus efeitos estão bem definidos e as técnicas utilizadas para a obtenção desses resultados estão também bem estudadas, pelo que se verificou nas últimas décadas um crescente interesse por esta área decorrente da comprovação dos seus efeitos benéficos com bases científicas através da aplicação de ensaios clínicos bem desenhados.

A RFR é largamente utilizada em doentes oncológicos, nomeadamente com envolvimento primário ou secundário do pulmão. Ela pode atuar na prevenção e correção das alterações músculo-esqueléticas, na redução da tensão psíquica e muscular, na melhoria da permeabilidade das vias aéreas, facilitando a eliminação das secreções, na prevenção e correção dos defeitos ventilatórios e na melhoria da *performance* dos músculos respiratórios.

Nos doentes com sintomas respiratórios com câncer avançado em tratamento sintomático, a literatura não só faz referência ao benefício desta terapêutica como destaca o seu importante papel no ensino e consciencialização dos movimentos respiratórios e sua adequada utilização, nomeadamente em situações de crise de dispneia e no ensino de técnicas de facilitação de drenagem de secreções.

Do descrito, também em relação à reeducação funcional respiratória em doentes com câncer avançado com sintomas respiratórios em cuidados paliativos, fica a impressão de que é benéfica, embora seja importante mais investigação dirigida a esta fase de doença.

### 3.4. Linfedema

O linfedema apresenta uma elevada prevalência nos doentes oncológicos, podendo estar relacionado com a própria doença, com sequelas do tratamento cirúrgico ou da radioterapia. O linfedema pode ser definido como uma acumulação de líquido no espaço intersticial, rico em proteínas, que surge devido a uma inadequada drenagem linfática e que se caracteriza pelo aparecimento progressivo de edema, inflamação crônica e fibrose.

O linfedema na patologia oncológica surge, na maior parte das vezes, na sequência de compressão tumoral, por insuficiência mecânica pós cirurgia, pós radioterapia, pós-trauma ou pós-infecção, ou seja, tem predominantemente uma causa mecânica.

No entanto, nos doentes com câncer avançado, para além da causa mecânica, é frequente a associação de outros fatores do foro dinâmico que contribuem de forma significativa para o aparecimento do linfedema, como sejam alterações hidroeletrolíticas, metabólicas, hipoalbuminemia, entre outras.

O tratamento do linfedema é essencialmente do âmbito da Medicina Física e de Reabilitação.

Algumas recomendações de caráter mais geral como os cuidados de pele, os posicionamentos, a mobilização e o exercício estão indicados em todos os estádios do linfedema e em todas as fases da doença, salvo em relação à mobilização e ao exercício, que podem estar contraindicados em algumas complicações agudas como a trombose venosa profunda ou a celulite.

A contenção elástica, a pressoterapia, a massagem de drenagem linfática e o enfaixamento multicamadas deverão ser prescritos de forma rigorosa tendo em conta o estádio do linfedema, a fase da doença e a presença ou não de complicações. Sobre a eficácia destas terapêuticas há estudos baseados na evidência que comprovam o seu efeito, embora haja algumas controvérsias em relação ao efeito isolado da pressoterapia em qualquer uma das fases.

Nos doentes com câncer avançado continua a ter indicação o tratamento do linfedema por técnicas de Medicina Física e de Reabilitação. A massagem de drenagem linfática e a pressoterapia são as técnicas referidas, não se encontrando qualquer referência em relação ao enfaixamento multicamadas, embora também não seja dito que está contraindicado. Provavelmente o fato de não ser sequer abordado estará relacionado com o fato de ser uma técnica desconfortável e prolongada para propor a doentes para os quais o tempo é tão importante. Nesta, como em todas as outras situações em cuidados paliativos, o conforto e a vontade do doente são determinantes.

## 4. Conclusão

Da reflexão realizada ao longo destas páginas, baseada nos artigos existentes e na experiência clínica, parece lícito afirmar que a MFR tem um papel positivo nos doentes oncológicos em cuidados paliativos.

Ressalta, porém, a necessidade de maior investigação nesta área, ficando o desafio para a sua concretização.

## 5. Palavras-Chave

Cuidados paliativos, dispneia, doença oncológica, dor, fadiga, linfedema, medicina física e de reabilitação.

## 6. Referências

BARROS P, SILVA P, MARQUES A et al.: O exercício. In: Resende Barbosa. Aulas de Fisiatria. Porto. ICBAS HGSA, 2001: 15-108.

CHEVILLE AL: Cancer-related fatigue. Phys Med Rehabil 20 (2); 2009: 405-16.

CLEMENS KE: Evaluation of the clinical effectiveness of physiotherapeutic management of lymphedema in palliative care patients. J Clin Oncol 40 (11); 2010: 1068-1072.

GONÇALVES JF: Astenia. In: Controle de Sintomas no Câncer Avançado. Lisboa: Coisas de Ler Edições 7; 2011: 99-102.

LINDSAY J, GLDTEIN R: Management of dyspnoea. Rehabilitation and exercise. In: Sam H.A, Martin F M, editors. Supportive Care in respiratory disease. Oxford. University press 3 (11); 2005: 189-215.

JUAN SP, RICHARD P: Palliative Care and Rehabilitation. Cancer supplement 4; 2001: 1049-1052.

JUTHIT AP, FERRELL B: The management of cancer pain. Ca Cancer J Clin 61; 2011: 157-182.

KUMAR SP, JIM A: Physical therapy in palliative care: from symptom control to quality of life: a critical review. J of Palliative Care 16 (3); 2010: 138-46.

ROBIN CG, KENT NT: Rehabilitation in palliative care: physiotherapy and occupational therapy. In Doyle D, Hanks G, Macdonald N, editors. Oxford textbook of palliative medicine. Oxford University Press 8 (2); 1998: 530-542.

SCHLEINICH MA, WARREN S, NEKOLAICHUK et al: Palliative care rehabilitation survey: a pilot study of patients' priorities for rehabilitation goals. Palliat med 22 (7); 2008: 822-30.

SHANNON VR: Role of pulmonary rehabilitation in the management of patients with lung cancer. Curr Opin Pulm Med 16 (4); 2010: 334-339.

SIBEL E, MD: Physical Activity and Rehabilitation Programs Should Be Recommended on Palliative Care for Patients with Cancer. Journal of Palliative Medicine 13 (10); 2010: 1183.

STUBBLEFIELD MD: Cancer Rehabilitation. Seminars in Oncology 38; 2011: 386-393.

# Redes de Suporte Social

HELOÍSA CRISTINA FIGUEIREDO FRIZZO

## 1. Introdução

Os cuidados paliativos constituem modalidade de assistência de cuidados integrais às pessoas com diagnóstico de doenças crônicas, evolutivas e degenerativas, não responsivas a tratamentos curativos e que potencialmente ameaçam a vida.

Frente à terminalidade e iminência de morte, observa-se que a vida e o cotidiano da pessoa que adoece e seus familiares sofrem modificações significativas. Para a pessoa que adoece observam-se alterações na capacidade funcional e relacional, com perdas gradativas físicas, cognitivas e psicossociais. Para os familiares essa situação pode gerar mudanças nos estilos de vida, papéis sociais e sobrecarga de trabalho.

Trata-se de um novo contexto e cenário de vida que necessita de apoio e suporte para o enfrentamento, apoio este advindo não somente da equipe de assistência, mas também do meio ao qual a pessoa esta inserida. A construção de redes sociais no processo de enfrentamento de uma doença incurável e a possibilidade de que as redes sociais se configurem como suporte para a pessoa que adoece e seus familiares é essencial para o cuidado qualificado e um processo de vida e morte com menos sofrimento e doloroso.

## 2. Enquadramento Histórico e Desenvolvimento

Os diversos padrões de formação de redes de indivíduos e grupos sociais começaram a ser estudados a partir da década de 40, sobretudo por sociólogos, antropólogos e psicólogos sociais dos EUA, Inglaterra e Alemanha, utilizando diferentes metáforas (malha, trama, árvore, teia) para descrever os padrões de conexão e de fluxo de informações entre os nós, até chegar à complexidade de um rizoma (Deleuze, Guattari, 1996, citado por Aguiar, 2007).

"Redes sociais são, antes de tudo, relações entre pessoas, estejam elas interagindo em causa própria, em defesa de outrem ou em nome de uma organização, mediadas ou não por sistemas informatizados; são métodos de interação que sempre visam algum tipo de mudança concreta na vida das pessoas, no coletivo e/ou nas organizações participantes. As interações de indivíduos em suas relações cotidianas – familiares, comunitárias, em círculos de amizades, trabalho, estudo, militância etc – caracterizam as redes sociais informais, que surgem espontaneamente, sob as demandas das subjetividades, das necessidades e das identidades. Mas redes sociais também podem ser constituídas de forma intencional, como indica o verbo *to network* (de difícil tradução para o português). Ou seja, podem ser fomentadas por indivíduos ou grupos com poder de liderança, que articulam pessoas em torno de interesses, projetos e/ou objetivos comuns." (Aguiar 2007)

## 3. Definição e Clarificação Conceptual

A rede social tendo sido apresentada por diferentes autores como sendo o grupo de pessoas no qual o indivíduo tem algum vínculo, incluindo os relacionamentos mais próximos (família e amigos íntimos) e relacionamentos formais (outros grupos) (Griep, Chor, Faerstein, Lopes, 2003; Dessen, Braz, 2000).

O conceito de rede social compreende o número de pessoas com quem se mantém contato social (parentes amigos íntimos); a frequência dessas interações; a condição de ter ou não um(a) companheiro(a); a composição da família e a participação de atividades sociais em grupo (associação, religião, voluntariado). *Rede social* é um sistema composto por "...vários objetos sociais (pessoas), funções (atividades dessas pessoas) e situações (contexto) que oferece apoio instrumental e emocional à pessoa, em suas diferentes necessidades (Dessen, Braz, 2000). Os autores apresentam como sendo ajuda financeira, divisão de responsabilidades e atribuições, assim como ajuda em relação às informações prestada ao indivíduo. Em relação ao apoio emocional, este é referido como sendo a afeição, aprovação, simpatia e preocupação com o outro, considerando-se também às ações que levam a um sentimento de pertencer ao grupo. Para Griep e Cols (2003), "a rede social pode ser concebida como a estrutura social através da qual o apoio é fornecido" (Griep, Chor, Faerstein, Lopes, 2003: 14), relação esta que consolida o suporte social.

Para os autores Antunes e Fontaine (2005), uma pessoa pode ter uma rede social e não receber necessariamente apoio desta rede. Berkman (1984) citado por Griep (2003) refere que o apoio social diz respeito ao aspecto funcional ou qualitativo da rede social, portanto, refere-se a ter alguém com quem contar para receber auxílio material, emocional ou afetivo, percebendo-se valorizado no grupo. Outros autores como Valla (1999) reafirmam a ideia de correlacionar apoio social como o fornecimento de informações, auxílio material por grupos e/ou pessoas que estabelecem contatos sistemáticos com um indivíduo, resultando em efeitos emocionais e comportamentais positivos, sendo, portanto, uma troca nas quais ambas as partes são beneficiadas.

Para Simionato e Marcon (2006), as redes podem ser entendidas como um sistema composto por vários objetos sociais, ou seja, pessoas, funções e situações que oferecem apoio instrumental e emocional à pessoa, em suas diferentes necessidades. Os suportes sociais recebidos e percebidos pelas pessoas são fundamentais para a manutenção da saúde mental, para o enfrentamento de situações estressantes – como cuidar de alguém doente por muito tempo, ou ser acolhido, escutado na dor da perda e luto, sendo essencial para o alívio do estresse físico e mental e para a promoção da saúde e do bem-estar.

Pedro (2008) amplia o conceito de rede social referenciando-a como um emaranhado de relações interligadas por vínculos sociais dos diversos membros, havendo um fluxo dos recursos de apoio por meio desses vínculos. Este autor aponta que, apesar de os conceitos rede e apoio social serem semelhantes e interligados, é necessário saber diferenciá-los. Para ele, enquanto a rede social se refere à dimensão estrutural ou institucional, ligada a um indivíduo, o apoio social encontra-se na dimensão pessoal, sendo constituído por membros desta rede social efetivamente importante para as famílias. "Rede social é uma teia de relações que liga os diversos indivíduos que possuem vínculos sociais, propiciando que os recursos de apoio fluam através desses vínculos" (Pedro, 2008).

Para Tomaél, Alcará, Di Chiara (2005), nas redes sociais cada indivíduo tem sua função e identidade cultural. Sua relação com outros indivíduos vai formando um todo coeso que representa a rede.

Marteleto e Silva (2004) afirmam que só nas últimas décadas o trabalho pessoal em redes de conexões passou a ser percebido como um instrumento organizacional, apesar de o envolvimento das pessoas com redes existir desde a história da Humanidade. Assim, é possível compreender que as redes sociais representam um conjunto de participantes autônomos, unindo ideias e recursos em torno de valores e interesses compartilhados. Tomaél, Alcará, Di Chiara (2005) referem que muitos estudos nesta área têm adotado esta compreensão de que a rede é uma estrutura não-linear, descentralizada, flexível, dinâmica, sem limites definidos e auto-organizável, que se estabelece por relações horizontais de cooperação. A noção de rede remete primitivamente à noção de capturar a caça. Assim, para estes autores, "a rede é um instrumento de captura de informações".

Aguiar (2007) faz uma revisão sobre os muitos conceitos de "redes" que têm sido formulados em diferentes disciplinas a partir de metáforas que remetem a inter-relações, associações encadeadas, interações, vínculos não-hierarquizados, todos envolvendo relações de comunicação e/ou intercâmbio de informação e trocas culturais ou interculturais.

A capacidade de interação dos indivíduos, seu potencial para interagir com os que estão à sua volta, com seus parentes, amigos, colegas de trabalho, tem sido investigada por diversos autores das ciências sociais, desde a década de 90, sendo conceituada empiricamente como capital social (Costa, 2005). Capital social significa aqui a capacidade de os indivíduos produzirem suas próprias redes, suas comunidades pessoais, mesmo que estas estejam distantes e que possam ser acessadas remotamente, incluindo aqui as tecnologias de comunicação. Costa, (2005) ao citar James Coleman (1990) e Robert Putnam (1993), define capital social como a coerência cultural e social interna de uma sociedade, as normas e valores que governam as interações entre as pessoas e as instituições com as quais estão envolvidas. O que interessa na análise do capital social é a compreensão de variáveis sociabilidade, cooperação, reciprocidade, pró-atividade, confiança, o respeito, as simpatias, ou seja, um olhar para as relações microssociológicas. Neste sentido, ao se investigar o capital social agregado faz-se necessário um levantamento de uma série de informações sobre o cotidiano das pessoas como, por exemplo, saber se elas conversam com seus vizinhos, recebem telefonemas, mas também se frequentam clubes, igrejas, escolas, hospitais etc. É necessário compreender a implicação dos indivíduos em associações locais e redes (capital social estrutural), avaliar a confiança e aderência às normas (capital social cognitivo) e, igualmente, analisar a ocorrência de ações coletivas (coesão social).

Para Costa (2005) estes seriam alguns indicadores básicos do capital social de uma comunidade.

Para Costa (2005), um dos conceitos de capital social refere-se aos recursos – como, por exemplo, informações, ideias, apoios – que os indivíduos são capazes de procurar em virtude de suas relações com outras pessoas. Esses recursos ("capital") são "sociais", na medida em que são acessíveis somente dentro e por meio dessas relações, contrariamente ao capital físico (ferramentas, tecnologia) e humano (educação, habilidades), por exemplo, que são, essencialmente, propriedades dos indivíduos. A estrutura de uma determinada rede – quem se relaciona com quem, com que frequência, e em que termos, possui um papel fundamental no fluxo de recursos através daquela rede.

## 4. Conclusão

À equipe de atenção em cuidados paliativos cabe oferecer suporte adequado e criar condições para que as pessoas em processo de terminalidade e seus familiares possam estar conectados em prol de interesses comuns, em busca da interação social e cooperação, encorajando-os e dando subsídios para superarem os desafios e encontrarem benefícios em comum mediante uma doença incurável, que levará à finitude da vida.

## 5. Palavras-Chave

Apoio social, capital social, cuidados paliativos, família, rede social.

## 6. Referências

AGUIAR S: Redes sociais na internet: desafios à pesquisa. Intercom – Sociedade Brasileira de Estudos Interdisciplinares de Comunicação. XXX Congresso Brasileiro de Ciências da Comunicação. Santos. 29 de agosto a 02 de setembro de 2007. Acesso em 20 de janeiro de 2011.

ANTUNES C, FONTAINE AM: Percepção de apoio social na adolescência: análise fatorial confirmatória da escala Social Support Appraisals 15 (32); 2005: 355-366.

Costa R: Por um novo conceito de comunidade: redes sociais, comunidades pessoais, inteligência coletiva 9 (17); 2005.

Dessen MA, Braz MP: Rede social de apoio durante transições familiares decorrentes do nascimento de filhos. Psicologia: Teoria e Pesquisa 16 (3); 2000: 221-231. DF, 33.3. Acesso em 20 de janeiro de 2011.

Griep RH: Confiabilidade e validade de instrumentos de medida de rede social e de apoio social utilizados no Estudo Pró-Saúde. Tese de doutorado não-publicada, Fundação Oswaldo Cruz, Escola Nacional de Saúde Pública, Rio de Janeiro, R. J., 2003.

Marteleto R M, Silva ABO: Redes e capital social: o enfoque da informação para o desenvolvimento local. Ciência da Informação, Brasília 33 (3); 2004: 41-49.

Pedro C, Rocha SMS, Nascimento LC: Apoio e rede social em enfermagem familiar: revendo conceitos. Rev Lat Am Enfermagem 16 (2); 2008: 324-7.

Simionato MAW, Marcon SS: A construção de sentidos no cotidiano de universitários com deficiência: As dimensões da rede social e do cuidado mental. Psicol. Am. Lat. [online], 7; 2006. Acesso em 20 de janeiro de 2011.

Tomaél MI, Alacará AR, Di Chiara IG: Das redes sociais à inovação. CI. Inf. Brasília 34 (2); 93-104. Acesso em 20 de janeiro de 2011.

Valla VV: Educação popular, saúde comunitária e apoio social numa conjuntura de globalização. Cadernos de Saúde Pública, Rio de Janeiro 15 (2); 1999: 7-14.

# Saúde Oral

OTÍLIA LOPES

## 1. Introdução

Em todo o mundo, o crescimento demográfico e o envelhecimento da população levaram a uma necessidade crescente de cuidados de saúde oral (Glick *et al.*, 2012).

Os cuidados de saúde oral prestados ao paciente durante o período da sua vida em que padece de doença são considerados parte dos cuidados paliativos. A medicina dentária pode e deve estar em estreita colaboração com as unidades de saúde especializadas (paliativas e outras), os cuidados de saúde primários, a escola e os recursos da comunidade.

Segundo a Associação Portuguesa de Cuidados Paliativos (APCP), os cuidados paliativos destinam-se a todas as pessoas que enfrentam uma doença grave ou incurável. Esta abordagem médica ajuda a melhorar a qualidade de vida de pacientes adultos ou crianças, mas apresenta diferenças consoante a idade do paciente e o tipo de patologia (APCP, 2011; Alves *et al.*, 2014).

Os objetivos dos cuidados paliativos são essencialmente procurar combater os sintomas causadores de ansiedade e angústia nos pacientes que enfrentam doenças terminais, e seus familiares, e, assim, proporcionar meios para que essas pessoas se sintam mais dignas e confortáveis (Floriani *et al.*, 2008; Silva *et al.*, 2006).

Coordenar os cuidados paliativos com os cuidados clínicos em saúde oral durante toda a trajetória da doença contribui para um exercício mais digno e competente da profissão de paliativista.

## 2. Enquadramento Histórico e Desenvolvimento

Segundo a APCP, o movimento moderno dos cuidados paliativos teve a sua origem na década de 60, na Inglaterra, e expandiu-se ao Canadá, Estados Unidos, até atingir a restante da Europa, no final do século xx (APCP, 2011).

Em 2002, a OMS definiu os cuidados paliativos como uma abordagem ou tratamento que melhora a qualidade de vida de pacientes e familiares diante de doenças que ameacem a continuidade da vida. Nesse sentido, é necessário avaliar e controlar de forma impecável não apenas a dor, mas todos os sintomas de natureza física, social, emocional e espiritual (WHO, 2011).

A OMS, também no ano de 2002, reorientou o Programa Global de Saúde Oral de forma a integrar a prevenção de doenças crônicas e a promoção da saúde geral, face à crescente percepção da associação entre a doença oral e as principais doenças não transmissíveis (doença cardiovascular, doença respiratória crônica, câncer, diabetes e problemas de saúde mental). Ambas partilham fatores de risco comuns, existindo indicadores que apontam para o fato de a primeira representar um fator de risco para a segunda. Concomitantemente, foram identificadas relações entre as doenças sistêmicas e as manifestações orais em mais de 100 doenças, como por exemplo diabetes, doenças cardiovasculares, infecções respiratórias, câncer ou problemas nutricionais (Glick, 2012).

A Federação Dentária Internacional (FDI) defende um modelo de cuidados de saúde oral em que o médico dentista qualificado assume a responsabilidade total pelo diagnóstico, plano de tratamento e prescrições nesse âmbito, pode dar formação aos profissionais de cuidados de saúde e delegar tarefas específicas que considere adequadas, desde que por si supervisionadas (WHO, 2011).

## 3. Definição e Clarificação Conceptual

A saúde oral é reconhecida como uma componente crucial da saúde geral e da qualidade de vida. Assim sendo, os cuidados de saúde orais devem integrar o sistema global de cuidados paliativos.

A OMS e a ONU têm lançado apelos para uma intervenção integrada da doença, especialmente no que diz respeito às doenças não transmissíveis, e o médico dentista é capaz de assumir um papel no seu acompanhamento.

O médico dentista tem competências clínicas para o diagnóstico e prevenção das doenças orais e de manifestações orais de doenças sistêmicas. O aumento do número de pacientes com mais idade e com doenças crônicas exige ao médico dentista conhecimentos sobre as mesmas e formação ao longo da vida.

A avaliação cuidadosa de um paciente com uma doença crônica e a determinação do risco de aquele paciente tolerar o procedimento dentário planejado é essencial. Importantes fatores são considerados na avaliação desse risco, como: severidade, estabilidade e controle da doença sistêmica; capacidade funcional; estado emocional; grau de invasão do procedimento dentário, duração do mesmo, hemorragia, uso de vasoconstritor e outros.

Os cuidados de saúde orais nos cuidados paliativos devem assentar no diagnóstico das doenças orais, na correlação das manifestações orais com as doenças crônicas subjacentes, na prevenção de potenciais problemas associados a procedimentos dentários, em modificações ao plano de tratamento médico-dentário de forma a adequar-se às necessidades e benefícios do paciente, no enquadramento do estado de saúde oral na doença crônica e no acompanhamento do paciente.

## 4. Conclusão

Refletir sobre um modelo de cuidados de saúde oral que cumpra, segundo a OMS, os objetivos dos cuidados paliativos e se baseie numa abordagem colaborativa e em equipe, apresenta-se como um desafio.

## 5. Palavras-Chave

Cuidados de saúde oral, doença oral, saúde oral.

## 6. Referências

Alves RF, Melo M, Andrade S, Sousa V: Saberes e práticas sobre cuidados paliativos segundo psicólogos atuantes em hospitais públicos. Psicologia, Saúde & Doenças 15 (1); 2014: 78-96. EISSN – 2182-8407. Sociedade Portuguesa de Psicologia da Saúde – SPPS – www.sp-ps.com – DOI: http://dx.doi.org/10.15309/14psd150108.

Associação Portuguesa de Cuidados Paliativos, 2011. Acesso em 2011, de http://www.apcp.com.pt/index.php?n=cuidados-paliativos&cod=79&subCat=79.

Floriani CA, Schramm, FR: Cuidados paliativos: interfaces, conflitos e necessidades. Ciência & Saúde Coletiva 13; 2008: 2123-2132. doi: 10.1590/S1413-81232008000900017.

Glick M, Silva OMS, Seeberger GK, Xu T, Pucca G, Williams DM, Kess S, Eiselé JL, Séverin T: FDI Visão 2020: Uma reflexão sobre o futuro da saúde oral; 2012.

Silva RF, Hortale VA: Cuidados paliativos oncológicos: elementos para o debate de diretrizes nesta área. Cadernos de Saúde Pública 22; 2006: 2055-2066. DOI: 10.1590/S0102-311X2006001000011.

World Health Organization, 2011. Acesso em http://www.who.int/cancer/palliative/definition/en/.

# Serviço Social em Saúde nos Cuidados Paliativos

MÁRCIA CORREIA

## 1. Introdução

A seguinte reflexão relativa ao serviço social em saúde pretende salientar a origem do serviço social enquanto profissão reconhecida, mas, sobretudo, o contributo na prestação de serviços de cuidados paliativos de excelência.

Pretende-se que esta reflexão seja um contributo para todos os alunos e profissionais de saúde que desencadeiam interesse pelo serviço social e, sobretudo, esclarecê-los quanto à sua finalidade em saúde e fundamentalmente na prestação em cuidados paliativos, aludindo ao modelo biopsicossocial no processo de cuidar, mais que curar.

O Serviço Social contribui ativamente na saúde, fruto de empenho profissional, que visa comprometer-se com o presente, perspectivando o futuro, tratando cada situação como única, com todas as suas características que as distingue e a torna irrepetível.

Cada profissional de serviço social pretende contribuir para a sistematização de conhecimentos da área do serviço social em saúde, cujas tradições históricas ao longo do percurso desta profissão têm como propósito expandir a *reflexão*, *crítica*, constante *adaptação* circunstancial e *defender* a *equidade social*.

Em cuidados paliativos o serviço social pretende desencadear um processo de "libertação" de conhecimentos relativos, ao mesmo de forma concreta, na área da saúde.

Quando falamos em Serviço Social em Cuidados Paliativos, não podemos ignorar que estamos a referir-nos a intervenções preventivas e paliativas, em que a articulação com o exercício da cidadania deve ser um atributo ativo, percebendo que o acesso igualitário aos cuidados de saúde disponíveis pelo SNS não é um mero privilégio, mas sim um direito.

## 2. Enquadramento Histórico e Desenvolvimento

A filosofia de cuidados paliativos emerge associada a um movimento social que teve início em Inglaterra, na década de 60 do século XX, sendo nesta ocasião oficialmente reconhecido com a fundação St. Christopher's Hospice em 1967 por Cicely Saunders (Floriani, 2009).

Cicely Sauders cunhou o termo "dor total" para designar a dor ocasionada pelo câncer. Esta terminologia engloba a noção de dor oncológica proveniente de múltiplos fatores que tem impacto em diversos domínios da vida do doente, designadamente com a deterioração da qualidade de vida no que toca ao domínio físico, emocional, social e psicológico (Pimenta, Ferreira, 2006).

Conforme Menezes (2004), o projeto *Hospice* tem como principal objetivo minorar o máximo possível a dor e outros sintomas dos doentes e, concomitantemente, favorecer a maior autonomia e independência dos mesmos.

Esta nova modalidade de gestão do processo de morrer vem se contrapor ao modelo de morte moderna, eminentemente curativo, já que valoriza os desejos do doente e procura devolver o seu direito de voz e desejos. Portanto, o diálogo entre os atores sociais envolvidos no processo de morrer passa a ser elemento primordial nos cuidados paliativos.

Esta nova filosofia de cuidados vem dar resposta ao sofrimento dos doentes que se aproximam da morte. Se em Inglaterra o movimento moderno dos cuidados paliativos teve início em 1967 com Cicely Saunders, rapidamente se desenvolveu e implementou no sistema de saúde deste país, sobretudo em *hospices*, denominados por *Nursing Home*, isto é, em serviços pertencentes a estruturas da comunidade (Forman *et al.*, 2003; Seymour, 2004).

Os cuidados paliativos assumem-se como uma das fronteiras do desenvolvimento futuro. Correspondem a uma filosofia que se centra na pessoa doente e não na doença propriamente, e, sobretudo, que aceita a morte como etapa da vida, sempre que o tratamento curativo falha os seus objetivos.

Todos os países da Europa Ocidental encontram-se integrados no que toca à prestação de cuidados paliativos. Portugal tem, portanto, urgência em conhecer as necessidades paliativas das suas crianças, jovens, adultos e idosos, em desenvolver serviços que as apoiem.

É exigido a estes profissionais uma assunção crescente de responsabilidades e implicação pessoal, é imperativo a aquisição de um corpo de competências, habilidades e conhecimentos pessoais e profissionais para cada situação complexa (Mompart Garcia, 1998).

Temos assistido à construção de um modelo de intervenção baseado nas necessidades e não no prognóstico do doente, procurando que o mesmo mantenha qualidade de vida até ao último momento da sua existência.

É um erro pensar que qualquer intervenção apenas se destina ao doente que está a morrer, quando deve ter início desde a fase inicial do diagnóstico. O modelo de organização centrado no doente e nas suas necessidades preconiza a natureza e os objetivos de vida, o alívio do sofrimento de cada doente e sua família, ao longo do processo de doença e não somente na fase terminal. Toda a prática clínica passa, deste modo, a espelhar a ideia expressa no século XVI de "curar às vezes, aliviar frequentemente e cuidar sempre"!

Segundo a OMS os cuidados paliativos (CP) são "uma abordagem que visa melhorar a qualidade de vida dos doentes das suas famílias – que enfrentam problemas decorrentes de uma doença incurável e com prognóstico limitado, através da prevenção e alívio do sofrimento, com recurso à identificação precoce e tratamento rigoroso dos problemas não só físicos, como a dor, mas também dos psicossociais e espirituais" (WHO, 2002).

De acordo com este conceito, os cuidados paliativos devem ser integrados o mais precocemente possível e em articulação com os outros serviços e níveis de assistência. A perspectiva curativa e a perspectiva paliativa devem ser sincrônicas e de complementaridade ao longo do processo de doença crônica, e não apenas nos últimos dias ou semanas de vida.

Em Portugal a atividade paliativista é recente, pois as primeiras iniciativas surgem apenas nos anos 90 (Marques *et al.*, 2009). Apenas em 2004 foi publicado pelo Ministério da Saúde o Programa Nacional de Cuidados Paliativos, em que "estão reconhecidos como um elemento essencial dos cuidados de saúde (...) como um imperativo ético que promove os direitos fundamentais e como uma obrigação social" (DGS, 2004: 4).

Apesar deste reconhecimento, o número de serviços e programas tem atualmente uma expansão limitada; não existem, por exemplo, ainda serviços ou equipes especializadas em cuidados paliativos pediátricos.

Em 6 de junho de 2006 foi publicado o Decreto-Lei nº 101 que criou a Rede Nacional de Cuidados Continuados Integrados (RNCCI), instituindo assim a obrigação na prestação de cuidados de saúde às pessoas com doença crônica incapacitante e ainda com doença incurável em fase avançada. Esta legislação, de grande importância, veio assim reconhecer o direito inalienável à prestação de cuidados paliativos.

## 3. Definição e Clarificação Conceptual

"A principal missão do serviço social da saúde reside na mudança dos modelos de saúde e cuidados médicos" (Auslander, 2001: 221).

Ainda segundo o autor, este grande desígnio reporta-se à influência do serviço social no *"mainstream"* dos cuidados de saúde, no sentido de ser adotada uma concepção ampla de saúde e doença, bem como a consciência da importância da influência da dimensão interpessoal, intrapessoal e ambiente na saúde, influenciando paulatinamente e permanentemente a árdua passagem de um paradigma biomédico para um paradigma holístico e biopsicossocial.

Na realidade, tal como ocorre em outras ciências sociais e humanas, o conhecimento constrói-se na relação dos sujeitos com a sociedade, em rede. As respostas produzem-se em rede, com organizações, com as próprias famílias, com todos os profissionais envolvidos e a evolução da tecnológica.

Assim como os profissionais de saúde têm como finalidade promover a saúde, o mesmo ocorre com o serviço social. Porém, destaca-se a rede de relações envolventes, bem como as perspectivas de todos os profissionais.

No âmbito do sistema de saúde, os profissionais de serviço social desencadeiam atividades em cuidados de saúde primários, em unidades de saúde familiar, em unidades hospitalares, em cuidados continuados integrados e paliativos, em saúde mental e comunitária, intervêm numa perspectiva integrada, por vezes adotando uma postura desafiadora por relação ao SNS, procurando ter um papel ativo na promoção da saúde, mas, sobretudo, no acesso e eficácia das respostas.

A institucionalização do serviço social em contexto hospitalar surge historicamente associada ao que se designa *Medical Social Work*, com destaque para o papel do médico Richard Cabot, responsável pela criação do serviço social no Massachussetts General Hospital, em meados de 1905. Deste modo, a institucionalização do serviço social nos serviços de saúde encontra-se associada a uma abordagem precursora do conceito de medicina social, salientando a compreensão das condições sociais que influenciam o estado de saúde e de doença.

A doença é um fenômeno social que consiste "na soma total de reações do organismo, ou de parte dele a estímulos anormais" (Sigerist, 1990, in Martinez: 23).

O impacto da doença pode ter efeitos variados, não podendo ser visto numa perspectiva uniforme, dada a diversidade de fatores envolvidos, desde as características psicossociais da criança aos aspectos relacionados com a patologia (Willis, Col, 1982).

A doença tem uma dimensão psicossocial, isto é, a sua importância como construção social, até certo ponto, influencia o desenvolvimento social na criança e nos restantes indivíduos (Parmelee, 1990, citado por Martinez).

A inadaptação à doença acarreta problemas comportamentais e emocionais: na perspectiva do modelo sistémico, a família constitui um sistema aberto em que os seus elementos interagem entre si e com o meio.

As dinâmicas internas e interpessoais e os vários aspectos do ambiente modelam o funcionamento da família. Segundo Gameiro, a família é uma "rede complexa de relações e emoções que não são passíveis de ser pensadas com os instrumentos criados para os indivíduos isolados" (Gameiro, 1992: 187).

A família é constituída por uma riqueza de complexidade relacional, em que o comportamento de um membro afeta os outros membros da família enquanto sistema, reciprocamente, isto é, as mudanças verificadas no sistema familiar afetam o comportamento individual de cada um dos membros. Cada família é vista como um todo, como emergência dos elementos que a compõem, "é definitivamente indivisível e única (...) enquanto sistema é um todo mas é também parte do sistema, de contextos mais vastos nos quais integra (comunidade e sociedade)" (Relvas, 1996: 11).

A pressão emocional e sociofamiliar pode tornar incompreensível a informação mais simples. Tal é evidente em agregados sociofamiliares desfavorecidos, que depositam total confiança nos profissionais, delegando o papel protetor nos profissionais, passando a aceitar pacificamente as decisões por estes tomadas. Perante isto, é indispensável a disponibilidade de um profissional de saúde que seja "interlocutor" e "mediador" neste processo.

No nosso sistema de saúde, por excelência, o assistente social trata-se, ou deveria, de uma classe profissional cuja principal função, em cuidados paliativos, é conciliar as necessidades do doente, da família e da restante equipe prestadora de cuidados de saúde, bem como a comunidade.

A disponibilidade do assistente social é fundamental, para ouvir as questões colocadas, reformuladas, para que o doente e a família se possam reorganizar perante a nova situação e novo contexto em que se encontram.

## 4. Conclusão

Com a complexidade social e humana constatada em saúde, a abordagem interdisciplinar procura conjugar saberes de diversas fontes. Na realidade, a análise e reflexão sobre o fenômeno humano, no processo de adoecer, reclama olhares diferenciados, para evitar cair na tentação simplista de olhar redutor, impeditivo de alcançar os reais contornos de que se reveste a realidade paliativista.

Os profissionais de Serviço Social integram-se em equipes multi e interdisciplinares. O Serviço Social é definido como uma disciplina das ciências sociais e humanas, para as relações humanas em que a relação de ajuda se destaca.

Neste processo estão presentes várias teorias, metodologias, organizações empregadoras, problemas, capacidades e necessidades de determinado grupo, profissionais, orientações políticas, bem como princípios e valores. Por estas razões, é complexo construir teorias acerca do Serviço Social, pois trata-se de um processo que visa a orientar a prática, integrando perspectivas (teorias, metodologias, princípios, valores e cultura), objetivos e ações com uma determinada finalidade (Payne, 2005).

Na atualidade, os profissionais de Serviço Social procuram adotar um método de intervenção de caráter generalista, fundamentado segundo o pensamento mais estruturalista (da sociedade para o sujeito) ou mais centrado nos sujeitos como sistema (do sujeito para a sociedade). O assistente social tendencialmente avalia a dimensão sociedade e sujeito e como esta se influencia mutuamente.

São estes os procedimentos utilizados na intervenção dos assistentes sociais, independentemente do tipo de problema, organização, isto é, estando a trabalhar na área da saúde ou não, o mais importante é enquadrar-se com maior ou menor sinergia no meio.

Os assistentes sociais dominam questões de proteção pública, seja área da saúde, social, justiça, habitação, adição, proteção de vítimas e outras.

Neste processo orientado para a *advocacy*, o profissional assume o papel de conselheiro e de consultor, mas também de gestor de caso, responsável pela mobilização de recursos ao nível da saúde, reabilitação, entre outros.

Surge como agente social, que implementa um conjunto de legislação decorrente do problema em questão, tal como o caso das vítimas delinquentes, negligência, acesso a recursos econômicos, entre outros. A sua função é proteger os utentes, providenciar necessidades básicas, apoio psicossocial e promover o bem-estar dentro do quadro de referências políticas públicas.

A avaliação da sua intervenção é, portanto, um processo contínuo, que deve estar presente ao longo da mesma.

No que toca à prática do Serviço Social na área da saúde, atua na dimensão psicossocial da doença para promover a saúde. A DGS considera que, em termos gerais, o Serviço Social na saúde atua: "na avaliação dos fatores psicossociais que interferem na saúde das pessoas, grupos e comunidade com especial atenção para situações identificadas como de risco e vulnerabilidade; na avaliação dos fatores psicossociais envolvidos no tratamento da doença e reabilitação; na intervenção em situações de crise por motivos médicos e sociais; na promoção da prestação de serviços de qualidade centrados no doente e baseados em parcerias com o doente, a família e cuidadores informais, na advocacia social em favor do doente e família; na avaliação e criação de programas de prevenção e promoção da saúde e de intervenção comunitária; na educação e informação em saúde; na mobilização, organização e coordenação das entidades e atores sociais relevantes para a prestação de cuidados de saúde e sociais" (DGS, 2006: 5).

Tendo em conta a especificidade que se coloca da RNCCI, e das questões problema relacionadas com o campo de intervenção de Serviço Social, foram delineadas algumas *guidelines* para a intervenção em equipes e unidades de cuidados.

Este manual de boas práticas considera a importância de uma nova estruturação das políticas para a criação de uma cultura profissional de integração – Teoria e Prática.

Os profissionais de Serviço Social que integram a RNCCI estão presentes na gestão de altas hospitalares; nos cuidados continuados na comunidade; nas equipes de apoio às unidades de convalescença, média duração e longa duração e unidades de cuidados paliativos, bem como na gestão de unidades, sobretudo de longa duração e de cuidados paliativos.

Este documento de boas práticas do Serviço Social, criado pela DGS, em 2006, indica com pormenor as funções destes profissionais em cada uma das unidades, integrados em equipe.

Torna-se pertinente enumerar algumas das responsabilidades destes profissionais: valorização da dimensão psicossocial; informação e advocacia; gestão de recursos; planejamento da continuidade dos cuidados; planejamento de altas; intervenção psicossocial de aconselhamento e adaptação à doença; intervenção na crise, em episódios agudos e agudização da doença; trabalho de grupo e multidisciplinar; organização comunitária, com vista a prestação dos cuidados e de serviços de proximidade necessários ao maior bem-estar, autonomia e inserção social ou socioprofissional dos doentes crônicos.

Ao longo da exposição deste trabalho, é de salientar a importância de formação em saúde destes profissionais, tratando-se de uma formação altamente diferenciada no que toca aos cuidados paliativos, especificamente na área do apoio ao doente em fim de vida e à família durante o processo de doença e luto.

O momento derradeiro da vida é nada mais do que uma fonte inesgotável de lições, aprendizagens e oportunidades de crescimento. De repente, quando é diagnosticada uma doença, seja crônica, grave, terminal, e com poucas esperanças de cura, o indivíduo fica "despido" perante todos, mais principalmente perante si próprio.

Os mecanismos que resguardam a sua integridade física, psíquica, social, emocional e espiritual desvanecem-se e dão lugar a um vazio profundo. O controle do tempo, os desejos mais íntimos, as necessidades mais básicas, os planos quanto ao futuro dissipam-se e dão espaço a sensações que nunca experimentaram.

Quando o mundo "surdo" do interior do corpo passa a se fazer ouvir através dos sons que não traduzem mais o som da vida, mas os sinais da finitude do tempo, da falência da técnica, da dor e do sofrimento sentido, questionamo-nos acerca do que a ciência tem para nos oferecer.

## 5. Palavras-Chave

Cuidados paliativos, doença terminal, serviço social.

## 6. Referências

Almeida A, Colaço C, Sanchas L: Opinião dos familiares face ao acompanhamento e participação nos cuidados ao doente durante o período de hospitalização. Enfermagem em foco 28; 1997: 36-42.

Cancante JV, Valencia MMA: Tocar los corazones en busca de apoyo: el caso de las familias de los niños con cáncera. Invest Educ Enferm 27(2); 2009: 170-80.

Carapinheiro G: [1993 (1998)], Saberes e Poderes do Hospital, Porto, Edições Afrontamento.

Carvalho A, Diogo F: Projecto educativo, 3ª ed. Porto. Afrontamento, 1999.

Castro LB et al.: A família na intervenção precoce: da filosofia que/Humaniste. Montreal, Gaetan Morin Editeur, 1995.

Cowles LAF: Social work in the health field – A case prespective. Nova Iorque: The Haworth social Work Pratice Press, 2003.

Die-Trill M, Stuber M: Psychological Problems of curative cancer treatment. In J Holland (Ed), Psycho-oncology. New York: Oxford University Press; 1998: 897-906.

Gameiro J: Voando sobre a psiquiatria. Porto, Afrontamento, 1992.

Gauthier B (Dir.): "Investigação Social: da problemática à colheita de dados." 3ª edição, Loures, Lusociência, 2003.

Matias: Génese e emergência do Serviço Social na saúde pública em Portugal. Intervenção social 20; 2001: 91-116.

Mondragón J, Trigueiros I: Manual de Practicas de trabajo social en el campo de la salud. Madrid: siglo Veintiuno de España Editores, 1999.

National Association of Social Workers (NASW) Certified Advanced Social Work Statement of Principles. IFSW General Meeting; 2002 July 10-12; Genebra, Switzerland.

Northen H, Serviço Social Clínico: Um Modelo de Prática. Tradução de Helena Salgado e Maria Luisa Viegas; Revisão Helena Farah Rerez. Rio de Janeiro: Agir, 1984.

Pedro ICS, Rocha SMM, Nascimento LC: Apoio e Rede social: revendo conceitos, Rev Lat Am 6 (2); 2008: 324-7.

# Sintomas Psiquiátricos

FILIPA MARTINS DA SILVA

## 1. Introdução

A intervenção paliativa não se esgota nos sintomas físicos, devendo incluir uma abordagem holística, patente no conceito de *total pain* proposto por Cicely Saunders, dos vários domínios do sofrimento: físico, emocional, social e espiritual. Os doentes em cuidados paliativos (CP) percorrem tipicamente um caminho de investigação, diagnóstico e tratamento, ao longo do qual acumulam importantes consequências psicológicas. A transição para CP impõe também desafios particulares: medo de dor e outros sintomas não controlados, perda da integridade física, deterioração das capacidades mentais e cognitivas, mudanças nos papéis sociais/familiares e receio da morte em si. A resposta emocional ao longo de todo processo é determinada, até certo ponto, pela perspectiva do doente acerca do diagnóstico, controle percepcionado sobre a doença e prognóstico. Em geral, os doentes adotam uma série de estratégias de *coping*, que variam desde negação até aceitação estoica. Estratégias mais ativas (procura de apoio social e de informação, resolução construtiva dos problemas, focalização nos aspectos positivos e expressão emocional) parecem proporcionar melhor adaptação a longo prazo comparativamente a estratégias passivo-agressivas (evicção social, pensamentos ruminantes e desinvestimento mental). Contudo, períodos de ansiedade, tristeza, fatalismo e luto são considerados normais no processo de adaptação à doença.

Este texto pretende explorar alguns dos aspectos do sofrimento dos doentes paliativos que podem justificar a intervenção psiquiátrica, bem como proceder a uma breve descrição das patologias mais prevalentes neste contexto.

## 2. Enquadramento Histórico e Desenvolvimento

A intervenção psiquiátrica pode ser necessária em reações de adaptação extremas que prejudiquem significativamente a qualidade de vida. Ao avaliar o impacto da doença no comportamento, cognição e afeto e compreender os fatores individuais que contribuem para o significado pessoal de doença, o psiquiatra pode promover a comunicação doente-cuidadores, facilitar o tratamento médico e modelar as qualidades que podem ser úteis ao doente. Nas perturbações de personalidade (por exemplo, narcísica ou *borderline*), pela especial dificuldade em aceitar ajuda e confiar nos cuidadores, esta intervenção é particularmente útil.

Embora prevalecentes e com impacto negativo nos doentes e famílias, síndromes psiquiátricas como depressão, ansiedade e *delirium* são frequentemente subdiagnosticadas e subtratadas. Assim, a psiquiatria de ligação assume um papel importante no ensino sobre sintomas e tratamento destas patologias; em particular, na desconstrução do mito de que os sintomas emocionais são reações inevitáveis à doença e na sua distinção das adaptações normais ao processo de morte. Uma boa gestão das questões psicossociais e psiquiátricas geralmente proporciona um melhor controle da doença primária.

Tendo em conta os vários domínios em que a Psiquiatria pode ser útil em CP (*Tabela 1*), é surpreendente o parco envolvimento nestes cuidados (a *Tabela 2* descreve possíveis barreiras).

## 3. Definição e Clarificação Conceptual

### 3.1. Depressão

A depressão é um dos problemas psicossociais mais comuns em CP, com prevalência média, ao longo dos estudos, de 15% (variando entre 3% e mais de 40%). Esta grande variabilidade pode dever-se à dimensão amostral reduzida da maioria dos estudos e ao uso de diferentes métodos de avaliação.

A depressão tem um impacto considerável em vários domínios: aumento da percepção do sofrimento físico e redução da capacidade funcional; diminuição da qualidade de vida; diminuição da capacidade de lidar com a doença e da adesão terapêutica; redução da capacidade de tomar decisões e de interagir com os cuidadores/familiares; aumento da angústia e *burnout* nos cuidadores. Além disso, incapacitando os doentes na busca de sentido, no alcance de objetivos finais de vida e na despedida, é fator de risco major para suicídio e desejo de morte antecipada. Desejos de morte antecipada não devem ser interpretados como uma resposta "compreensível" à doença terminal, mas como uma condição que carece de investigação e tratamento imediatos, incluindo rastreio de depressão. Muitos destes doentes estão a comunicar sofrimento e não necessariamente a planejar matar-se, sendo a opção do suicídio uma forma de terminar esse sofrimento e de recuperar o controle. Efetivamente, o tratamento da depressão e de outros problemas psiquiátricos ou físicos subjacentes pode reduzir significativamente o desejo de morrer.

Assim, por acarretar um aumento da morbilidade, mortalidade e suicídio, o devido reconhecimento da depressão em CP e o seu tratamento são fundamentais. No entanto, é ainda uma doença subdiagnosticada e subtratada.

Há várias causas encontradas para esse subdiagnóstico:

- Assunção que os sintomas depressivos são uma reação natural à doença. Efetivamente, tristeza pode ser uma resposta apropriada à doença grave e/ou tratamento debilitante. No entanto, a depressão não é uma parte "normal" do processo de morte. A maior probabilidade de depressão *major* quanto mais grave for a doença também favorece a ideia errada de que o sofrimento emocional é inevitável e intratável.
- Em doentes terminais, os sintomas somáticos caracteristicamente usados no diagnóstico de perturbações depressivas podem ser uma consequência esperada da doença/tratamento. Coloca-se, assim, a questão: sintomas físicos da progressão da doença *versus* sintomas vegetativos do quadro depressivo; por esta razão, outros indicadores clínicos possuem maior valor preditivo, como sentimentos de desesperança, desamparo, inutilidade, culpa e ideação suicida.
- Doente e família estão muitas vezes relutantes em verbalizar o sofrimento emocional.
- Os médicos frequentemente não conseguem estimar o sofrimento psicológico dos doentes e evitam explorá-lo (por receio de ser intrusivo e por desconforto do próprio), recorrendo a estratégias de distanciamento para conter a expressão de sofrimento emocional (por exemplo, dar falsas esperanças ou atender seletivamente às queixas físicas).

Uma abordagem recomendada para minimizar o subdiagnóstico de depressão em CP é proceder a uma avaliação inicial, com escuta ativa do doente e família, recolha dos antecedentes pessoais e familiares, identificação de fatores de risco *(Tabela 3)* e de sinais e sintomas típicos de depressão *(Tabela 4)*, no sentido de identificar possíveis casos aos quais deve ser aplicado rastreio. Diversos instrumentos têm sido propostos para rastreio, sendo o mais utilizado a *Hospital Anxiety and Depression Scale* – HADS (uma escala de autopreenchimento que exclui *items* de doença física, inserindo apenas *items* relativos a sintomas psíquicos).

O diagnóstico de depressão na doença médica avançada pode usar uma abordagem *categorial* (baseada em critérios; encara a depressão como uma doença) ou *dimensional* (baseada em medidas de *self-report*, que olham a depressão como um conjunto de sintomas depressivos que podem não constituir doença como uma entidade rígida). Na *divisão categorial*, o DSM-V *(Tabela 5)* é considerado o *gold standard* para identificação e avaliação da gravidade da depressão. Este foi desenvolvido em populações sem comorbilidade médica, colocando-se o problema da sobreposição de sintomas das doenças física e psiquiátrica. O DSM recomenda que estes sintomas sejam excluídos se forem causados diretamente por uma condição médica, o que, na prática, é difícil de distinguir. Além disso, excluindo esses sintomas, o preenchimento dos critérios de diagnóstico torna-se mais estrito, identificando-se apenas os casos mais graves. Na realidade, os riscos de não tratar a depressão devido a falsos negativos parecem ser maiores do que os de iniciar terapêutica desnecessária com base num falso positivo. Assim, há autores que sugerem incluir sintomas somáticos nas avaliações diagnósticas dos doentes com patologia médica, apesar da possibilidade de sobrestimar a prevalência de perturbações depressivas. Por esta razão, na *perspectiva dimensional*, foram desenvolvidos instrumentos (como os critérios de Endicott e HADS) para populações com doença avançada que excluem os sintomas depressivos somáticos, substituindo-os por outros não somáticos *(Tabela 6)*. No entanto, muitos casos definidos como "depressão" nesta perspectiva podem ser apenas tristeza ou reações normais perante a perda. Assim, embora não seja consensual, os instrumentos *dimensionais* devem ser usados como rastreio, guardando-se o DSM para identificar necessidade de tratamento. A HADS também parece ser adequada para seguimento/monitorização da depressão.

Além da depressão *major*, há outros diagnósticos contemplados no DSM-V e que importa identificar, que têm como característica de apresentação central o humor deprimido *(Tabela 7)*.

## 3.2. Ansiedade

A ansiedade é uma causa comum de sofrimento em CP, com prevalência superior a 70%. Os níveis de ansiedade variam no decurso da doença, aumentando habitualmente no momento do diagnóstico, aquando de intervenções terapêuticas e quando os doentes se apercebem da ineficácia dos tratamentos e, consequentemente, da expectativa de vida diminuída. À medida que a doença avança, a prevalência de ansiedade parece aumentar e os fatores demográficos (como sexo feminino, idade mais nova e *status* socioeconômico baixo, habitualmente associados a ansiedade na população geral) parecem tornar-se menos importantes.

É fundamental diagnosticar e tratar adequadamente estas perturbações de ansiedade, uma vez que, tal como a depressão, estão associadas a sofrimento extremo, aumento da percepção dos sintomas físicos e diminuição da qualidade de vida, podendo interferir com a abordagem médica doente. A morte iminente pode também gerar ansiedade na família, amigos e cuidadores.

As perturbações de ansiedade (como fobias, perturbação de pânico (PP) e Síndrome de *Stress* Pós-Traumático (SSPT)) podem surgir pela primeira vez em contexto paliativo ou ser, na verdade, doenças prévias não diagnosticadas, detectadas pela intensificação com a morte iminente. A característica comum a todas as fobias é ansiedade extrema com a exposição ao objeto//situação temidos e com a antecipação dessas situações. Várias fobias podem ser exacerbadas no fim de vida, como medo de adormecer por receio de não acordar; agorafobia e claustrofobia podem parecer surgir de novo em doentes desprovidos dos suportes habituais para controle dos sintomas. A PP apresenta-se como um episódio repentino e imprevisível de desconforto e medo intensos, acompanhados de polipneia, diaforese, taquicardia, sensação de asfixia e morte iminente, sem situação/objeto claramente definidos. Sintomas de PP pré-existente podem intensificar-se quando os doentes são confrontados com o aumento dos sintomas e com a sua própria mortalidade. Os doentes paliativos podem desenvolver SSPT, semelhante ao reportado por indivíduos submetidos a outros tipos de trauma, experienciando repetidamente eventos assustadores associados ao diagnóstico e tratamento, com resposta crônica de sobressalto exagerado, pesadelos e hiperatividade autonômica.

A ansiedade pode advir de uma complicação orgânica ou de efeitos laterais da medicação. Dor mal controlada é uma causa comum de ansiedade em CP, daí a importância de compreender e tratar a dor. Se, após esse controle, o doente permanecer ansioso, outras causas médicas ou psicológicas de ansiedade devem ser consideradas. A ansiedade pode também ser parte de outra síndrome psiquiátrica, como perturbação depressiva ou *delirium*. Os sintomas ansiosos parecem surgir mais frequentemente em combinação com depressivos, sendo depressão e ansiedade vistas, cada vez mais, como um contínuo *(Imagem 1)*. Preocupações sociais e espirituais têm comumente um papel na ansiedade e pode ser necessário abordá-las.

O diagnóstico de ansiedade em CP é geralmente determinado por entrevista clínica, técnica preferencial em doentes física e/ou cognitivamente debilitados. A ansiedade manifesta-se por sintomas somáticos (taquicardia, dispneia, diaforese, alterações gastrintestinais, náuseas, perda de apetite, da líbido, insônia, hiperatividade e irritabilidade) e cognitivos (pensamentos desagradáveis recorrentes sobre a doença, caracterizados por generalização e pessimismo). Com a aproximação da morte, muitos doentes podem não ser capazes de verbalizar os seus medos, expressando-os como raiva, isolamento ou preocupação. Além disso, as manifestações somáticas são habitualmente mais proeminentes que as psicológicas, dificultando a distinção dos sintomas físicos da doença. Muitos doentes e famílias hesitam em reportar os sintomas de ansiedade. Acresce às dificuldades diagnósticas que a maioria dos doentes paliativos tem preocupações e medos que resultam em sintomas de ansiedade, mas não necessariamente em perturbação.

### 3.3. Delirium

O *delirium* é uma das doenças mentais mais prevalecentes na prática médica geral. Fatores de risco como idade avançada, *status* pós-operatório e diagnóstico oncológico tornam-no comum em CP (prevalência superior a 80%), sobretudo com a progressão da doença.

O *delirium* é habitualmente sinal de perturbação fisiológica, como infecção, falência orgânica, efeitos laterais da medicação ou síndromes paraneoplásicas. É muitas vezes reversível; contudo, nas últimas 24-48h deve-se geralmente a processos irreversíveis como falência multiorgânica – geralmente denominado *delirium terminal*, que ocorre em cerca de 30% dos doentes.

São habitualmente descritos dois subtipos clínicos de *delirium*, diferenciados pelo nível de vigília e de atividade psicomotora: 1) hiperativo (alucinações, ilusões, agitação e desorientação) e 2) hipoativo (confusão e sedação).

Estes subtipos parecem ter etiologias específicas, podendo, por isso, requerer abordagens terapêuticas distintas; por exemplo, as formas hiperativas são típicas de síndromes de abstinência e as formas hipoativas de encefalopatias hepáticas/metabólicas, intoxicações agudas com sedativos ou hipóxia.

O *delirium* pode impedir o reconhecimento e controle de outros sintomas físicos e psicológicos, ao interferir com a própria percepção e/ou com a capacidade de reportar. Está associado a morbilidade e mortalidade significativas, pelo que a equipe de CP deve ser capaz de o diagnosticar com acuidade (*Tabela 8*), fazer uma avaliação etiológica apropriada e compreender a relação risco/benefício de intervir (farmacologicamente ou não). Infelizmente, é frequentemente sub-reconhecido ou mal diagnosticado e tratado inapropriadamente ou não tratado. Falta de consistência na terminologia e classificação, diversidade de sinais/sintomas e sobreposição com outras doenças psiquiátricas *(Imagem 1)* podem justificar o subdiagnóstico.

A avaliação etiológica do *delirium* em doentes paliativos está habitualmente limitada por constrangimentos práticos, como o ambiente (por exemplo domicílio), conforto do doente e o prognóstico. Assim, de forma a estabelecer objetivos apropriados, importa diferenciar clinicamente *delirium terminal* (etiologia habitualmente multifatorial ou indeterminada e, consequentemente, irreversível) de estádios da doença mais precoces (em que com informação diagnóstica disponível, terapêuticas específicas podem reverter o *delirium*). A correção da causa subjacente e o controle das alterações no afeto, comportamento e cognição visam deixar o doente vígil, calmo, não psicótico e com comunicação, melhorando a qualidade do tempo passado com a família e amigos. Por outro lado, o *delirium terminal*, além de irreversível e integral do processo de morte, pode, na verdade, consistir em alucinações e ideias delirantes agradáveis e reconfortantes para o doente.

### 3.4. Tratamento das Patologias Psiquiátricas em Cuidados Paliativos

As patologias psiquiátricas em CP requerem habitualmente uma combinação de psicoterapia e psicofarmacologia. Os doentes paliativos tipicamente respondem aos psicofármacos habituais, destacando-se algumas dificuldades: esperança de vida limitada, não havendo, por vezes, tempo para os antidepressivos padrão atuarem; múltiplas comorbilidades e polimedicação a condicionar maior potencial de reações adversas e de farmacodinâmica alterada, devido ao compromisso das funções hepática e renal.

Tendo em conta a complexidade destas situações, é geralmente necessário conhecimento e experiência da Psiquiatria para prescrição atípica e *off-label* dos psicofármacos. Medicação sem contato contínuo concomitante é geralmente percepcionada como abandono. Psicoterapia sensível e atempada é fundamental, mas requer treino especializado e pode não funcionar rápido o suficiente para ter valor terapêutico primário.

## 4. Conclusão

O sofrimento dos doentes paliativos implica uma atenção interdisciplinar. Embora a Psiquiatria tenha estado afastada da prestação destes cuidados, importa combater esta tendência, de forma a melhor atender ao sofrimento psicossocial destes doentes, que inclui, comumente, o desenvolvimento de patologia psiquiátrica. Pelo seu impacto substancial em termos de morbimortalidade, as equipes de cuidados paliativos devem estar preparadas para reconhecer e orientar estas patologias, referenciando-as quando for necessária *expertise* psiquiátrica, nomeadamente em questões de diagnóstico diferencial ou manuseio de terapêuticas específicas, como psicofármacos ou suporte psicoterapêutico.

## 5. Palavras-Chave

Ansiedade, cuidados paliativos, *delirium*, depressão, patologias psiquiátricas, psiquiatria.

## 6. Referências

Association AP: Diagnostic and Statistical Manual of Mental Disorders, Fifth Edition. 5th ed. Washington, DC, 2013.

Breitbart W, Lawlor P and Friedlander M: Delirium in the Terminally Ill. In: Chochinov HM and Breitbart W, (eds.). Handbook of Psychiatry in Palliative Medicine. 2nd ed.: Oxford University Press; 2009: 81-100.

Dein S: Psychiatric liaison in palliative care. Advances in Psychiatric Treatment 2003; July 2003: 241-8.

Fairman N, Irwin SA: Palliative care psychiatry: update on an emerging dimension of psychiatric practice. Current psychiatry reports 15; 2013: 374.

Guy Maytal LAEH, Ned H: Cassem and Rebecca Weintraub Brendel Psychiatric and Ethical Aspects of Care at the End of Life In: Inc E, (ed.). Massachusetts General Hospital Comprehensive Clinical Psychiatry. Second Edition ed. 2016: 652-7.

Irwin SA, Ferris FD: The opportunity for psychiatry in palliative care. Canadian journal of psychiatry Revue canadienne de psychiatrie 53; 2008: 713-24.

Julião M, Barbosa A: [Depression in palliative care: prevalence and assessment]. Acta medica portuguesa 24 (4); 2011: 807-18.

Roth A, Massie MJ. Anxiety in Palliative Care. In: Chochinov HM and Breitbart W, (eds.). Handbook of Psychiatry in Palliative Medicine. 2nd ed.: Oxford University Press; 2009: 69-80.

Wilson K, Lander M, Chochinov H: Diagnosis and Management of Depression in Palliative Care. In: Chochinov HM and Breitbart W, (eds.). Handbook of Psychiatry in Palliative Medicine. 2nd ed.: Oxford University Press; 2009: 39-68.

# ANEXOS

Tabela 1.

| Papel da Psiquiatria em Cuidados Paliativos [2,3,5] |
|---|
| Comunicação de más notícias |
| Ajuda no *coping* com a doença |
| Tratamento de doenças psiquiátricas |
| Manuseio de sintomas físicos resistentes à terapêutica |
| Formação das equipas para melhor reconhecer e tratar patologia psiquiátrica |

Tabela 2.

| Barreiras ao envolvimento da Psiquiatria em Cuidados Paliativos |
|---|
| Fatores pessoais como desinteresse ou incerteza dos psiquiatras sobre a sua utilidade nesta área[3] |
| Área desafiante (doentes com mau prognóstico e suas famílias e dilemas éticos particulares)[2] |
| Emergência dos CP coincidiu com uma psiquiatria quase exclusivamente psicofarmacológica, que se afastava da psicoterapia[3] |
| Convicção das equipas de CP que são capazes de controlar adequadamente o sofrimento psicológico, mesmo as situações mais complexas[3] |

## Tabela 3.

| Fatores de Risco para Depressão em Cuidados Paliativos | |
|---|---|
| Idade | Indivíduos mais novos (< 45 anos) apresentam maior prevalência de depressão[1,4,7]. Alguns motivos: sentimento de vida "encurtada" e ambições não realizadas, mais preocupações sobre o bem estar dos dependentes e geralmente mais recetivos a reconhecer sintomas psicológicos[4]. |
| História anterior de depressão | A doença grave/incurável é um desencadeante importante de depressão recorrente[1,4]. Apesar desta associação, contudo, há evidência que a maioria dos episódios depressivos são, na verdade, ocorrências primárias em pessoas sem história prévia[4]. |
| Descontrolo sintomático | Particularmente dor, mas também outros como insónia, fraqueza, fadiga, mau estar geral e sonolência[1,4,7]. A associação dor/depressão parece ser bidirecional: a depressão em si pode também levar a amplificação da dor[4]. |
| Perturbação da Imagem Corporal | A doença física avançada tem muitas vezes um efeito significativo na imagem corporal, quer pela doença em si (p.ex. ascite massiva), quer pelos tratamentos como mastectomia, colostomia e quimioterapia (p.ex. alopécia). A distorção da imagem corporal pode interferir com as atividades diárias e relações (a diminuição da sensação de atratividade torna os problemas sexuais comuns nesta população), aumentando o risco de perturbação do humor[2]. |
| Declínio Funcional | Como o declínio funcional aumenta com a progressão de doença, na fase avançada há maior risco de depressão[1,7]. |
| Tipo de doença e o tratamento | Os tumores podem causar sintomas depressivos por envolvimento neurológico direto (tumores do SNC), mas também o podem fazer indiretamente, por secreção de toxinas, reações autoimunes, infeções virais, défices nutricionais e disfunção neuroendócrina. Determinados tipos de cancro parecem estar mais associados a depressão, como os da orofaringe, mama, pulmão e pâncreas[4]. Vários tratamentos podem ter como efeito lateral sintomas depressivos (ex: corticoesteroides, quimio e radioterapia)[4]. |
| Fatores Psicossociais | **Relações inseguras**[1,4,7]: o apoio social tem, por si, um impacto positivo na saúde mental e também parece tamponar o efeito da exposição a eventos stressores, como a doença médica grave. Contudo, há evidência de que relações sociais de suporte deixam de ter um efeito protetor quando um certo nível de incapacidade é atingido. Em geral, as pessoas sentem-se confortáveis em relações com relativa reciprocidade. A sensação de "ser um fardo" é comum em doentes terminais e está associada a depressão[4]. **Sensação de isolamento**, por várias causas nomeadamente diminuição do apoio por familiares por estarem também eles próprios sob grande sofrimento, afastamento de outros indivíduos pelo estigma social de algumas doenças (ex: cancro) e evicção da discussão, pelo doente, do seu estado emocional para não acrescentar ainda mais sofrimento à família[4]. **Baixa autoestima**[1,4,7]. **Preocupações existenciais**: ambições não cumpridas, ausência de sentido de vida e perda de dignidade e autocontrolo. Uma autorreflexão sobre estes assuntos é praticamente universal em CP, mas nem sempre leva a depressão. Problemas prévios com preocupações existenciais parecem aumentar o risco[1,4,7]. Alguns estudos mostram que os doentes com desconhecimento da natureza da sua doença (diferente de serem informados e estarem em negação, que na verdade aumenta o risco de depressão) têm menor morbilidade psiquiátrica, comparados com os que possuem total conhecimento da sua circunstância patológica[1,4]. |

Nota: quanto ao género, embora na população geral a depressão seja duas vezes mais frequente em mulheres do que em homens, nesta população isso não se parece verificar[1,4].

*Tabela 4.*

| Sinais e sintomas indicadores de Depressão em doentes paliativos[1] |
|---|
| Disforia |
| Humor deprimido |
| Tristeza |
| Choro fácil |
| Anedonia |
| Desesperança |
| Desamparo |
| Inutilidade |
| Isolamento social |
| Culpa |
| Ideação Suicida |
| Dor ou outros sintomas não controlados |
| Somatização excessiva |
| Incapacidade desproporcionada |
| Má adesão e colaboração terapêuticas |

## Tabela 5.

### Critérios Diagnósticos Depressão Major DSM – V [8]

A. Cinco (ou mais) dos seguintes sintomas devem estar presentes durante o mesmo período de duas semanas e representam uma mudança em relação ao funcionamento anterior; pelo menos um dos sintomas é (1) humor deprimido ou (2) perda de interesse ou prazer.
*Nota: Não incluir sintomas nitidamente devidos a outra condição médica.*

1. **Humor deprimido** na maior parte do dia, quase todos os dias, evidenciado em relatos subjetivos (p. ex. sente-se triste, vazio, sem esperança) ou por observação(p. ex. parece choroso).

2. Acentuada **diminuição do interesse ou prazer** em todas ou quase todas as atividades na maior parte do dia, quase todos os dias (indicada por relato subjetivo ou por observação).

*NOTA: Em contexto de CP, este critério merece alguma discussão. Eventualmente, a doença avançada condiciona declínio funcional e restrição da capacidade de participar nessas atividades. Além disso, os indivíduos reorganizam as suas prioridades, procurando investir o tempo em áreas de maior significado, em detrimento de outras que consideram secundárias. Se, no entanto, a anedonia for persistente e se estender a quase todas as atividades, incluindo o conforto social da interação com família e amigos, pode considerar-se um critério válido[4]*

3. Perda ou ganho significativo de peso não intencional (p. ex., uma alteração >5% do peso corporal num mês), ou redução ou aumento do apetite quase todos os dias.

4. Insónia ou hipersónia quase todos os dias

5. Agitação ou lentificação psicomotora quase todos os dias (observáveis por outras pessoas, não apenas sensações subjetivas de inquietação ou de estar mais lentificado).

6. Fadiga ou diminuição de energia quase todos os dias.

7. Sentimentos de inutilidade ou culpa excessiva/inapropriada (que podem ser delirantes) quase todos os dias (não apenas autorrecriminação ou culpa por estar doente).

8. Capacidade de concentração ou pensamento diminuída, ou indecisão, quase todos os dias (por relato subjetivo ou observação).

9. Pensamentos recorrentes de morte (não apenas medo de morrer), ideação suicida recorrente sem um plano específico, uma tentativa de suicídio ou plano específico para cometer suicídio.

B. Os sintomas causam sofrimento clinicamente significativo ou prejuízo no funcionamento social, profissional ou noutras áreas importantes da vida do indivíduo.

C. O episódio não é atribuível aos efeitos fisiológicos de uma substância ou a outra condição médica

D. A ocorrência do episódio depressivo major não é mais bem explicada por perturbação esquizoafetiva, esquizofrenia, perturbação esquizofreniforme, perturbação delirante, outra perturbação do espectro da esquizofrenia ou outra perturbação psicótica.

E. Nunca houve um episódio maníaco ou um episódio hipomaníaco.
*Nota: Essa exclusão não se aplica a episódios induzidos por substâncias ou atribuíveis a outra condição médica.*

## Tabela 6.

**Sintomas substitutos ao DSM-V recomendados pelos Critérios de Endicott[4]**

| DSM - V | Substituto |
|---|---|
| 1. Humor deprimido | |
| 2. Acentuada **diminuição do interesse ou prazer** | |
| 3. Perda /ganho significativo de peso ou redução/aumento do apetite | Aparência deprimida |
| 4. Insónia ou hipersónia | Evicção social ou diminuição da interação |
| 5. Agitação ou lentificação psicomotora | |
| 6. Fadiga ou diminuição de energia | Ruminação, autocomiseração ou pessimismo |
| 7. Sentimentos de inutilidade ou culpa excessiva/inapropriada | |
| 8. Capacidade de concentração ou pensamento diminuída, ou indecisão | Falta de reatividade, não consegue ser animado |
| 9. Pensamentos recorrentes de morte, ideação ou plano de suicídio, ou tentativa prévia | |

## Tabela 7.

**Outros diagnósticos que cursam com humor deprimido[5]**

| | |
|---|---|
| **Depressão** *minor* | Semelhante à Depressão *major*, mas exige menos sintomas para diagnóstico (2 a 4 sintomas no total). Tal como a Depressão *major*, também a Depressão *minor* é considerada uma doença episódica. |
| **Distimia** | Definida como uma condição crónica caracterizada por sintomas depressivos de baixo grau que persistem por, pelo menos, 2 anos. |
| **Perturbação de adaptação** com humor deprimido | Descreve uma reação maladaptativa ao *stress*, de relativa curta duração. Por requerer o julgamento subjetivo sobre o que é "uma resposta normal e expectável" em circunstâncias médicas graves, este diagnóstico é controverso em CP. Se aplicado de uma forma mais flexível, há risco de colocar um rótulo psiquiátrico em reações de luto normal. |

## Tabela 8.

| Critérios Diagnósticos Delirium DSM – V [8] |
|---|
| A. Perturbação da atenção (i.e., capacidade reduzida para direcionar, focalizar, manter e mudar a atenção) e da consciência (menor orientação para o ambiente). |
| B. A perturbação desenvolve-se num período breve de tempo (normalmente de horas a poucos dias), representa uma mudança da atenção e da consciência basais e tende a oscilar quanto à gravidade ao longo de um dia. |
| C. Perturbação adicional da cognição (p. ex. défice de memória, desorientação, linguagem, capacidade visuoespacial ou perceção). |
| D. As perturbações dos Critérios A e C não são mais bem explicadas por outra perturbação neurocognitiva preexistente, estabelecida ou em desenvolvimento e não ocorrem no contexto de um nível gravemente diminuído de estimulação, como no coma. |
| E. Há evidências a partir da história, do exame físico ou de achados laboratoriais de que a perturbação é uma consequência fisiológica direta de outra condição médica, intoxicação ou abstinência de uma substância (i.e., devido a uma droga de abuso ou a um medicamento), de exposição a uma toxina ou de que se deve a múltiplas etiologias. |

*Imagem 1: Diagnóstico Diferencial das Patologias Psiquiátricas em Cuidados Paliativos, DSM – V*

*Depressão vs Ansiedade:*
Na Depressão há predomínio de desesperança, anedonia, sentimento de inutilidade e ideação suicida[7]

*Delirium hipoativo vs Depressão:*
Delirium tem grau de *impairment* cognitivo mais grave e profundo, início temporal mais abrupto e perturbação característica no estado de vigília e consciência (habitualmente ausente na depressão) [8]

*vs Demência:*
Ambos envolvem uma perturbação cognitiva com perturbação da memória e pensamento e desorientação. Mas na demência não há a perturbação do estado de consciência/vigília característica do delirium, sendo mais subaguda e cronicamente progressiva[8]

*Ansiedade vs Delirium*
Sintomas de ansiedade, como inquietação e agitação, são frequentes no Delirium, mas resolvem geralmente com a correção dos problemas médicos subjacentes[7]

*vs Doenças Psicóticas:*
os sintomas psicóticos no Delirium ocorrem no contexto de uma perturbação do estado de consciência ou vigília, acompanhados de perturbação da memória e desorientação (não ocorre nas outras doenças psicóticas); ideias delirantes pouco organizadas, de início abrupto; alucinações predominantemente visuais ou táteis, mais do que auditivas, o que é típico da esquizofrenia. O contexto de doença médica avançada torna o Delirium mais provável. [8]

# Sofrimento e Qualidade de Vida

MIGUEL RICOU

## 1. Introdução

Sofrimento e qualidade de vida são duas dimensões que, aplicadas aos cuidados paliativos, surgem intrinsecamente ligadas. Os cuidados paliativos visam promover a qualidade de vida das pessoas doentes. O reconhecimento de um estado de doença implicará a entrada num processo de luto que visa adaptar a pessoa à sua nova realidade. Este processo é pautado pelo sofrimento que pretende funcionar como uma energia motivadora no sentido da mudança e da adaptação.

Uma das características fundamentais do ser humano é a sua capacidade de adaptação. Poderá afirmar-se que não existem situações às quais seja impossível uma pessoa adaptar-se. Todos conhecem situações reais de pessoas que vivem em condições que para outras seriam impensáveis de tolerar. Aliás, considerando a natureza racional do ser humano que o transforma num ser único, compreende-se que essa qualidade proporciona uma ilimitada capacidade de ser diferente, pelo que adaptado a diferentes contextos e realidades. Com base nessa diferença se compreende que a adaptação de alguém a determinada circunstância depende muito mais da pessoa do que da circunstância. Não negando que existirão circunstâncias na vida de mais difícil adaptação do que outras, a ênfase deverá ser colocada na pessoa com o objetivo de melhor a compreender e potenciar a sua capacidade de adaptação às novas circunstâncias da sua vida.

A definição de cuidados paliativos proposta pela OMS (2002) corrobora esta visão integrada da intervenção – "uma abordagem que visa melhorar a qualidade de vida dos doentes, e das suas famílias, que enfrentam problemas decorrentes de uma doença incurável e com prognóstico limitado, através da prevenção e alívio do sofrimento, com recurso à identificação precoce e tratamento rigoroso nos problemas não só físicos, como a dor, mas também nos psicossociais e espirituais". Então, a boa prática dos cuidados paliativos, embora não dispensando nunca o rigoroso controle dos sintomas, não se pode limitar a este, sob o risco de se negligenciar o sofrimento da pessoa (Neto, 2004).

Pretende-se promover uma pequena reflexão sobre o significado pessoal da crise e do sofrimento, visando um melhor e mais rico conhecimento da pessoa, abordando os temas decorrentes desse objetivo, inerentes às múltiplas opções que se colocam e que desaguam no significado do sofrimento e na promoção da qualidade de vida.

## 2. Enquadramento Histórico e Desenvolvimento

### 2.1. A crise e o sofrimento

A crise pode ser definida como uma mudança decisiva, um momento agudo de desequilíbrio (Jalley, 2001). No fundo constitui-se como um ponto de viragem. Quando surge um diagnóstico e prognóstico graves a pessoa confronta-se com a necessidade de mudança. Uma mudança no que diz respeito à sua forma de viver, às suas expectativas, aos seus desejos, às suas limitações, enfim, à sua forma de se olhar e de olhar o mundo. Toda a mudança implica sofrimento, sendo que este será causa e consequência da mesma. A pessoa tem necessidade de mudar porque está a sofrer e sofre com o processo de mudança.

O sofrimento exige duas dimensões centrais. A pessoa necessita de uma explicação para o mesmo e procura o alívio. Na verdade, o sofrimento surge muitas vezes associado à dor e à perda, à frustração. Mas é baseado na percepção, pelo que envolve um julgamento cognitivo.

A compreensão contemporânea da dor implica três componentes: uma sensação; um julgamento cognitivo sobre o significado da sensação e um julgamento sobre o perigo desse significado do ponto de vista da integridade pessoal ou física. Investigações recentes também mostram que a experiência de dor não é diretamente proporcional com a condição física do corpo (Moseley, 2007), pelo que não providencia uma medida objetiva do estado dos tecidos, sendo que essa medida será cada vez menos clara com a continuidade do processo doloroso.

Enquanto a dor é sentida, o sofrimento humano tem em causa a localização, a severidade, a razão e a antecipação do resultado da dor (Cassel, 1995). Ou seja, quanto mais a localização da dor for vista como perigosa, quanto mais intensa, quanto mais a causa for interpretada como ameaçadora da integridade física ou psicológica e quanto mais difícil de mitigar ou percepcionada como prolongada no tempo, maior será o sofrimento provocado.

O sofrimento será, por isso, algo de subjetivo, e eminentemente cognitivo, ao contrário da dor, que poderá ser, apesar de tudo, mais facilmente objetivável, sobretudo numa fase inicial. Depende do significado atribuído pela pessoa, pelo que necessita de consciência. Só sofre quem está consciente, sendo que esse sofrimento poderá significar uma energia de mudança. Se interpretado de uma forma negativa, ou caso a pessoa não possua as competências para de adaptar às mudanças necessárias, terá maior dificuldade em mitigá-lo, pelo que o sofrimento poderá ser sentido como destrutivo e não passível de alívio.

O sofrimento está muito mais ligado ao medo de não deixar de ter dor. Não existe, pois, sofrimento sem perspectivar o futuro. A verdade é que a pessoa vive de expectativas, sejam elas boas ou más. É uma perturbação induzida pelo medo da perda de integridade pessoal ou por uma ameaça percebida da perda dessa integridade.

A pessoa sofre em função da sua história pessoal, em função das suas competências de adaptação às mudanças exigidas, em função da forma como interpreta a sua vida. O sofrimento é uma experiência solitária; a sensação vivida que ninguém consegue compreender o que o próprio estará a sentir.

## 3. Definição e Clarificação Conceptual

### 3.1. Qualidade de vida e respeito pela autonomia

Os profissionais de saúde orientam a sua prática por valores que se podem considerar universais dentro dos cuidados de saúde, independentemente de transcritos em princípios com denominações que podem ser diversas (Ricou, 2017). No conjunto destes valores incluem-se aqueles que poderão ser considerados como mais assistenciais, que abrangem a dimensão clínica ou técnica da profissão e o respeito pela autonomia da pessoa doente.

Muitas vezes se confunde o respeito pela autonomia com a ditadura da mesma. Na verdade, cada vez mais se fala, erradamente, em neopaternalismo quando um profissional de saúde coloca em causa a decisão da pessoa. Contudo, não o fazer será assumir que o profissional é um instrumento técnico nas mãos do doente e não um profissional de fato. O respeito pela autonomia visa essencialmente incluir a perspectiva do doente na definição do melhor interesse do mesmo. Ou seja, ao profissional de saúde compete tomar decisões que contribuam para o melhor interesse da pessoa doente, sendo que nessa decisão terão de ser incluídas as dimensões técnicas do exercício da profissão, a dimensão pessoal proveniente do conhecimento do doente por parte do profissional e, finalmente, uma visão integrada da sociedade, em que se reconheça o impacto das decisões profissionais no equilíbrio da mesma.

A noção de qualidade de vida é o reconhecimento da importância desta dimensão pessoal na definição do melhor interesse da pessoa. De fato, cada vez mais, e sobretudo a partir dos anos 80, o conceito de qualidade de vida tem aumentado de importância nos cuidados de saúde, sobretudo no âmbito da doença crônica (Canavarro, Pereira, Moreira, Paredes, 2010), o que evidencia a ligação ao conceito do sofrimento.

Não fará, pois, sentido, hoje, qualquer intervenção que não considere a perspectiva do doente na avaliação do custo-benefício das intervenções, bem como no impacto global da sua vida, medida por este constructo da qualidade de vida.

## 4. Conclusão

A cultura ocidental moderna está impregnada pelo individualismo e pela crença numa única vida, o que faz com que as pessoas procurem viver a sua única existência da melhor forma possível e num maior espaço de tempo. Estes fatores fazem com que as pessoas tenham medo de adoecer e mais ainda de morrer, o que é visto como algo inesperado e indesejável que vem para arrancar o indivíduo da sua vida, dos seus familiares e dos seus prazeres.

Contudo, sabemos que não é só o fator cultural a influenciar a vivência da dor e do sofrimento. Há também uma componente subjetiva, em que o sofrimento é uma experiência única para cada indivíduo. Portanto, cada um tem uma representação própria e única a cada momento.

O trabalho a efetuar pelos profissionais de saúde terá de passar pela promoção da compreensão e aceitação de todo o processo de sofrimento, ajudando a pessoa a procurar os seus significados e as suas reais alternativas.

Viver é fazer escolhas, é conseguir optar dentro da realidade existente, é conseguir ser feliz com as expectativas realizáveis. Viver com qualidade será ter expectativas desafiantes para o próprio, sentidas como passíveis de serem concretizadas.

## 5. Palavras-Chave

Melhor interesse do doente, profissão, qualidade de vida, sofrimento.

## 6. Referências

Canavarro MC, Pereira M, Moreira H, Paredes T: Qualidade de vida e saúde: Aplicações do WHOQOL. Alicerces, 3; 2010: 243-268.

Cassell EJ: Pain and suffering. In Warren Thomas Reich (Editor in Chief), Encyclopedia of Bioethics. Revised Edition, 1995: 1897-1905, Georgetown University. New York: Macmillan Library Reference.

Jalley E: La psychologie, une science fondée sur l'éthique. Le Journal des psychologues: le mensuel des professionnels 188; 2001.

Moseley GL: Reconceptualising Pain According to Modern Pain Science. Physical Therapy Reviews 12; 2017: 169-178.

Neto IG: Para além dos sintomas: A dignidade e o sentido da vida na prática dos cuidados paliativos. In Neto IG, Aitken HH, Paldrön T (Eds.), A dignidade e o sentido da vida: Uma reflexão sobre a nossa existência. Cascais: Pergaminho, 2004.

Organização Mundial de Saúde: National cancer control programmes: policies and managerial guidelines. Genebra, 2002.

Ricou M, Sá E, Nunes R: The Ethical Principles of the Portuguese Psychologists: A Universal Dimension. Journal of Medicine and Philosophy 2; 2017: 199-213, doi:10.1093/jmp/jhw066.

# Sofrimento Psicológico

CRISTIANA ALVES

## 1. Introdução

A doença grave e incurável acarreta muitas preocupações, sofrimento e sentimentos de abandono e desesperança, espoletando, muitas vezes, uma crise situacional da pessoa no seu ciclo de vida (Barbosa, 2006).

Neste contexto, os cuidados paliativos apresentam-se como uma mais--valia nos cuidados a doentes terminais, exigindo a elaboração de um plano terapêutico rigoroso e ponderado, de acordo com a avaliação da complexidade sintomática e das necessidades integrais do doente e da família.

Assim, o sofrimento e a esperança, bem como a prevenção e o alívio do sofrimento nas suas múltiplas dimensões (física, psicológica, socio relacional e existencial), assumem-se como componentes essenciais do cuidar, com especial importância no contexto da doença terminal, constituindo-se como um imperativo ético.

De modo a dar resposta a novas realidades do ponto de vista biomédico, torna-se essencial construir novas formas de compreensão da pessoa doente e das suas necessidades, bem como das necessidades dos seus cuidadores.

## 2. Enquadramento Histórico e Desenvolvimento

A esperança média de vida tem vindo a aumentar e a natalidade é cada vez mais reduzida, assistindo-se a uma inversão da pirâmide demográfica. Como consequência surge uma maior necessidade de cuidados humanizados em fim de vida, respeitando os valores e princípios, padrões morais e culturais de cada ser humano.

Com o nascimento da Medicina Hipocrática na Grécia (460-370 a. C.), os cuidados focam-se na cura. Hipócrates aconselha os médicos a não esgotarem a sua arte junto dos moribundos e não tentarem vencer um mal incurável (SFAP, 2000). Durante a Idade Média a morte era um fenômeno comum que causava uma dor tolerável, em que estar junto do moribundo era considerado um ritual religioso. Na primeira metade do século XX, surge a chamada Medicina Moderna, levando a uma procura do conhecimento e, em consequência, ao prolongamento da vida, incluindo a dos que já estão a morrer. Surge um deslumbramento pela "medicina de ponta, elemento solene de um ritual que celebra e consolida o mito segundo o qual a medicina trava uma luta heroica contra a morte" (Illich como citado em SFAP, 2000). Como resultado, o fenômeno da cura foi ganhando cada vez mais relevância, na qual a morte passa a ser ocultada do dia a dia e tratada com aparente indiferença.

Surge, então, a necessidade de se falar em cuidados paliativos.

Embora os cuidados paliativos modernos tenham tido início nos anos 60, com Cicely Saunders, existia já um movimento que começou a surgir cerca de um século antes (Marques, 2014).

Em 2002, a Organização Mundial de Saúde destaca os cuidados paliativos como uma prioridade na política de saúde, definindo-os como uma abordagem que visa melhorar a qualidade de vida dos doentes e das suas famílias, que enfrentam problemas decorrentes de uma doença grave e incurável, através da prevenção e alívio do sofrimento, com recurso à identificação precoce e tratamento rigoroso da dor e outros sintomas físicos e resolução de questões psicossociais e espirituais. São cuidados de saúde ativos, rigorosos, que combinam ciência e humanismo, pretendem ser modestamente invasivos e agressivos sem derraparem para a eutanásia ou para a obstinação terapêutica (Twycross, 2001).

Com base na definição da OMS, adaptada em Portugal pelo Programa Nacional de Cuidados Paliativos (PNCP), os Cuidados Paliativos centram-se na dignidade da pessoa, ainda que doente e limitada, afirmam a vida e aceitam a morte como um processo natural, não pretendendo apressar ou adiar a morte. Têm como objetivo o bem-estar e a qualidade de vida do doente, disponibilizando toda a ciência que vá ao encontro dessa finalidade. Os cuidados paliativos promovem, ainda, uma abordagem global do sofrimento em função da relação doente-família e uma prestação de cuidados verdadeiramente interdisciplinar, que se prolonga pelo período de luto. Os cuidados oferecidos podem ser introduzidos nas fases mais precoces das doenças, de acordo com as necessidades do doente, trazendo o sentido da esperança, pois quando pouco há já a esperar, continua a ser realista ter esperança de não morrer sozinho e de ter uma morte serena (Twycross, 2001).

## 3. Definição e Clarificação Conceptual

O diagnóstico de câncer constitui uma situação de ameaça para o doente, causador de sofrimento e de insegurança face ao futuro, com implicações na sua esperança. O câncer ameaça, muitas vezes, o sentido de integridade da pessoa, afetando-a em todas as dimensões da sua vida (Querido, 2005). À medida que a doença evolui, o seu impacto negativo é maior.

É na fase terminal da doença, em que há exacerbação do sofrimento, que surge o confronto com a mortalidade gerando repercussões importantes nas expectativas de vida dos doentes, modificando o conceito de esperança. Perante a fase final da doença oncológica, é frequente os doentes interrogarem-se sobre a sua morte e finitude, dúvidas geradas pela incerteza do futuro e profundamente marcadas pela esperança (Querido, 2005). É um momento único e dinâmico (Crespo, 2009), caracterizado por uma vivência multifacetada muito forte e importante, pois muitas são as questões e os sentimentos vivenciados nesta fase crítica e decisiva.

Segundo diversos autores, os doentes terminais mencionam, principalmente, o sofrimento de natureza psicológica, social e existencial, talvez por persistir uma maior preocupação com a componente física, em detrimento das restantes dimensões (Neto, 2006).

O sofrimento, de acordo com Cassel (1982), é um estado de angústia severa, associada a acontecimentos que ameaçam a integridade da pessoa, afetando-a na sua totalidade e nunca apenas numa parte. É uma experiência única e vivida de forma individual na dimensão física, emocional, mental, espiritual e social.

O conceito de sofrimento encerra uma multiplicidade de dimensões, não sendo apenas um sintoma ou um diagnóstico, mas sim uma experiência humana muito complexa (Barbosa, 2006; Cassel, 1982). É facilmente associado à dor. No entanto, importa estabelecer uma distinção entre estes dois conceitos, sendo que, de um modo geral, reconhecemos que a dor física nunca é somente física, pois atinge o físico através do psíquico – somatização.

Barbosa (2006) divide o sofrimento psicológico em mental e emocional. O sofrimento mental reporta-se a sentimentos relacionados com a perda ou ameaça da "unidade pessoal" e aos esforços para encontrar sentido e manter o controle, de modo a reconstruir essa unidade. Diz respeito às dificuldades na concentração e memória, descontrolo cognitivo e na resolução de problemas decorrentes das várias perdas. Ou seja, é caracterizado por sentimentos associados a perdas, défices ou ameaças à pessoa.

O sofrimento emocional é parte importante do sofrimento do paciente oncológico em cuidados paliativos, tendo em vista a menor perspectiva de vida, bem como os efeitos da própria doença e tratamento.

Considera-se, ainda, que o sofrimento psicológico tem um impacto tão grande sobre a pessoa que a faz sentir-se completamente impotente e confusa, incapaz de viver e saborear o presente e de perspectivar o futuro.

São consensualmente identificadas na literatura as principais fontes de sofrimento relacionadas com a vivência de uma situação terminal, nomeadamente a perda de autonomia e dependência de terceiros, os sintomas mal controlados, as alterações da imagem corporal, perda de sentido da vida, perda de papéis sociais e estatuto, perda de regalias económicas, alterações nas relações sociais e nas expectativas futuras e abandono (Neto, 2006).

Nessa circunstância, tanto os pacientes como seus familiares podem manifestar a necessidade de atendimento psicológico.

A dor é igualmente uma complicação frequente nos doentes oncológicos, manifestando-se em sofrimento quando não controlada eficazmente.

O cuidado da dor e do sofrimento nas suas várias dimensões, aliado ao humanismo e competência são a base do cuidar sensível em contexto hospitalar, de forma a propiciar uma vida digna, com respeito pelos valores humanos do doente em fim de vida (Pessini, 2002).

É reconhecido que cuidadores familiares que prestam assistência a situações de doença avançada podem desenvolver complicações na resolução do luto, após a perda da pessoa de que cuidou. Os cuidadores que não estão preparados para a morte apresentam mais sintomas de depressão, ansiedade e sintomas de luto complicado (Hebert *et al.*, 2006).

A Organização Mundial da Saúde (OMS) definiu, então, cuidados paliativos como uma abordagem que visa melhorar a qualidade de vida dos doentes que enfrentam problemas decorrentes de uma doença grave (que ameaça a vida) e a sua família, através da prevenção e alívio do sofrimento, com recurso à identificação precoce, avaliação adequada e tratamento rigoroso da dor e outros problemas físicos, psicossociais e espirituais.

Os cuidados paliativos apresentam-se como uma mais-valia nos cuidados a doentes terminais e agónicos, é o que evidencia um recente estudo comparativo dos cuidados prestados a doentes nos últimos dias de vida num serviço de medicina interna e numa unidade de cuidados paliativos.

Compreender a causa e o significado do sofrimento ultrapassa os aspectos físicos da doença. Cassel (1982) afirma que a falha dos médicos para entender a natureza do sofrimento pode resultar em intervenções médicas (embora tecnicamente adequadas para aliviar determinado sofrimento) que se tornam numa fonte de sofrimento. Estratégias de intervenção inapropriadas no final de vida podem levar ao sofrimento desnecessário.

Assim, o papel da comunicação empática com o doente sobre o sofrimento contribui para que não se sinta só, mas também para perceber qual a origem do sofrimento, a aceitação incondicional e o respeito pelo sofrimento. A partilha de experiências, pensamentos, emoções e sentimentos vai permitir o alívio do sofrimento, assim como o desenvolvimento pessoal. A este respeito, Chochinov (2002) refere que, numa fase terminal, o doente tem necessidade de expressar o seu sofrimento.

## 4. Conclusão

Como expresso no Programa Nacional de Cuidados Paliativos (2004), em relação aos doentes com doença avançada progressiva, a complexidade do sofrimento e a combinação de fatores físicos, psicológicos e existenciais na fase final de vida obrigam a que sua abordagem seja, sempre, multidisciplinar, integrando, além da família do paciente, profissionais de saúde com formação e treino diferenciados, voluntários preparados e dedicados e a própria comunidade. O cuidado ao paciente com doença em fase terminal é holístico, sempre com o objetivo final de proporcionar bem-estar e conforto.

Sendo o sofrimento uma experiência humana complexa, que encerra uma multiplicidade de dimensões, revela-se particularmente importante no contexto de doença oncológica avançada, acarretando níveis elevados, transversal às suas dimensões física, relacional, psicológica e espiritual.

A intervenção paliativa não se esgota no controle sintomático – dor, dispneia, entre outros sinais e sintomas físicos –, intervindo ativamente noutras áreas como a depressão, a ansiedade, a qualidade de vida ou o sofrimento existencial associado à fase terminal (Block, 2000).

Por vezes, o foco indispensável na situação física e médica do paciente desvia a atenção da dimensão psicológica do doente, a qual, para este, é tão ou mais significativa.

O apoio emocional tem como objetivo o encorajamento à exteriorização das emoções do paciente por meio da escuta ativa. Para que surta o efeito desejável, é necessário uma disponibilidade total de "estar com", uma predisposição para compreender o outro e saber entrar no seu mundo, perceber o seu comportamento, de forma a compreender as necessidades individuais na sua singularidade única e humana.

## 5. Palavras-Chave

Alívio, cuidar, dor, qualidade de vida, sofrimento.

## 6. Referências

BLOCK SD: Assessing and managing depression in the terminally ill patient. ACP-ASIM End-of-Life Care Consensus Panel. American College of Physicians – American Society of Internal Medicine. Ann Intern Med 132 (3); 2000: 209-18.

BARBOSA A: Sofrimento. In A. Barbosa & I. G. Neto (Eds.), Manual de Cuidados Paliativos: 397-417, Centro de Bioética da Faculdade de Medicina de Lisboa, Lisboa, 2006.

CASSEL EJ: The nature of suffering and the goals of medicine. The New England Journal of Medicine 306 (11); 1982: 639-645.

CHOCHINOV, HARVEY M: Dignity – Conserving Care – A New Model for Palliative care. JAMA 287 (17); 2002: 2253-2260.

CRESPO S: Histórias de Vida e a Doença Oncológica Terminal, Mestrado em Oncologia, Universidade do Porto, Porto, 2009.

HEBERT, RANDY et al.: Preparedness for the death of a loved one and mental health in bereaved caregivers of patients with dementia: findings from the REACH Study. Journal of Palliative Medicine 9 (3); 2006: 683-693.

MARQUES A: História dos Cuidados Paliativos em Portugal: Raízes. Cuidados Paliativos 1 (01); 2014: 7-12.

NETO IG: Princípios e filosofia dos cuidados paliativos. In M. Barbosa & I. G. Neto (Eds.), Manual de Cuidados Paliativos, Centro de Bioética da Faculdade de Medicina de Lisboa, Lisboa, 2006.

PESSINI L: Humanização da dor e sofrimento humanos no contexto hospitalar. Bioética 10 (2); 2002: 51-72.

Programa Nacional de Cuidados Paliativos, Circular Normativa nº14/DGS de 13/07/04 C.F.R., 2004.

Querido AI: A Esperança em Cuidados Paliativos. Mestrado, Universidade de Lisboa, Lisboa, 2005.

SFAP: Desafios da Enfermagem em Cuidados Paliativos – Cuidar: éticas e práticas (1ª ed.). Lusociência, Loures, 2000.

Twycross R: Cuidados Paliativos, Climepsi, Lisboa, 2001.

# Suspensão e Abstenção de Tratamento

RUI NUNES

## 1. Introdução

A fase final da vida de uma pessoa suscita desde há largos anos inúmeras questões éticas e dúvidas de natureza existencial, sobretudo quando existe a possibilidade de intervir medicamente para aliviar a dor e o sofrimento. De fato, a evolução da medicina originou a possibilidade de prolongar a existência humana para além daquilo que é adequado, pelo que importa desde logo estabelecer critérios claros para a boa prática clínica nesta fase da vida humana, definindo normas de orientação ético/clínica que ajudem os médicos a lidar com este problema, cada vez mais recorrente na sua atividade profissional.

O estabelecimento destes critérios deve ser o mais consensual possível, para impedir disparidades eticamente inaceitáveis na suspensão ou abstenção de tratamento em doentes terminais. É com frequência que os clínicos se deparam com situações de difícil interpretação no plano ético, pelo que é fundamental proceder a uma distinção conceitual, nomeadamente entre eutanásia, *stricto sensu* (Nunes, 2016a), e suspensão de meios extraordinários, fúteis ou desproporcionados de tratamento (Nunes, 2009). Ainda que nem sempre seja fácil traçar uma linha divisória entre ambas as situações, a utilização desproporcionada de intervenções médicas suscita dilemas éticos de enorme impacto nas sociedades ocidentais, sendo hoje universalmente considerado como má prática médica, ou seja, obstinação terapêutica, também designada por distanásia.

## 2. Enquadramento Histórico e Desenvolvimento

Existem diferenças clínicas importantes entre a suspensão (*withdraw*) e a abstenção (*withhold*) de tratamento, particularmente em doentes terminais, embora do ponto de vista ético estas diferenças tendam a esbater-se consideravelmente. Em Espanha, a título de exemplo, para ultrapassar a questão da suspensão *versus* abstenção de tratamento recorre-se à expressão *limitación del esfuerzo terapéutico*, que abarca simultaneamente ambos os conceitos (Abizanda Campos, 2003), pelo que as correntes mais representativas do pensamento nesta matéria não traçam nenhuma distinção eticamente sustentável entre suspender ou não iniciar um determinado tipo de tratamento ou de suporte avançado de vida. Assim, pode estar em causa, verdadeiramente, uma adequação do esforço terapêutico às reais necessidades do doente.

Por outro lado, tem-se progressivamente reafirmado a noção de que a vontade previamente manifestada do doente deve ser respeitada e, quando tal não for possível por falta de informação fidedigna, deve prevalecer o *standard* de "melhor interesse" do doente, de acordo com critérios universais de razoabilidade. A Convenção sobre Direitos Humanos e Biomedicina (Conselho da Europa, 1997) e a Declaração Universal sobre Bioética e Direitos Humanos (UNESCO, 2005) reforçam largamente este ideal.

A política legislativa, nomeadamente no que respeita ao reforço da autonomia dos doentes, pode ajudar a minorar o impacto da distanásia. Recorde-se que já em 1976 o *California Natural Death Act* legalizou o testamento vital (*living will*) na Califórnia, ao que se seguiu legislação nos restantes Estados norte-americanos e em muitos outros países desenvolvidos. Também em Portugal e no Brasil a legalização das Diretivas Antecipadas de Vontade é presumivelmente um importante vetor de afirmação dos direitos individuais, designadamente dos doentes terminais, reforçando o sentimento de autodeterminação e de independência face a intervenções médicas não desejadas. Em Portugal existe hoje legislação moderna sobre esta temática (Nunes, 2016b) e no Brasil o Conselho Federal de Medicina (CFM) também já validou a sua existência e utilização.

O debate em torno da assistência médica a doentes em estado vegetativo persistente (ou mesmo permanente) reforça o ideal de que em uma sociedade livre, ainda que exista uma aparente impossibilidade de concretizar a vida de relação, a pessoa deve poder exercer algum controle sobre a fase final da sua vida. Ainda em matéria legislativa, importa definir rapidamente um quadro regulatório de práticas tal como a suspensão ou a abstenção de meios desproporcionados de tratamento, de modo a não serem administrados tratamentos considerados "fúteis" ou "heroicos". Isto é, intervenções claramente invasivas, tratamentos médicos ou cirúrgicos que visem promover a vida sem qualidade, ou mesmo a reanimação cardiopulmonar. Em particular, no quadro de uma doença irreversível e terminal, as ordens de não-reanimar são eticamente legítimas se as manobras de reanimação propostas forem interpretadas como uma intervenção desproporcionada.

Pelo exposto, torna-se claro que é urgente definir normas de orientação (*guidelines*) que ajudem os profissionais a lidar com este problema, cada vez mais recorrente na sua atividade profissional. Para efeito desta reflexão utiliza-se a expressão *"guidelines"* não em um sentido estrito, mas em uma visão abrangente, usual, aliás, nas ciências sociais. Note-se, também, que para efeito da elaboração destas *guidelines* não se procedeu a nenhuma distinção conceitual entre "tratamento", "suporte de vida" ou "suporte avançado de vida". Estas *guidelines* não propõem também nenhuma definição específica de doente terminal. Trata-se de doentes em fim de vida, sendo que a determinação da fase final da vida de um doente é sempre casuística. Na acepção generalizada, "doente terminal" refere-se àquele paciente em que a doença não responde a nenhuma terapêutica conhecida e, consequentemente, entrou num processo que conduz irreversivelmente à morte. Doença terminal deve, contudo, ser distinguida de agonia terminal (doente moribundo). Porém, deve entender-se por doente terminal aquele que tem, em média, três a seis meses de vida, sendo que esta avaliação deve estar alicerçada em critérios de objetivação de prognóstico.

No Brasil, o Conselho Federal de Medicina (CFM) determinou – por meio da Resolução CFM 1.805/2006, publicada no Diário Oficial da União (DOU) em 28 de novembro 2006 – que na fase terminal de enfermidades graves e incuráveis é permitido ao médico limitar ou suspender procedimentos e tratamentos que prolonguem a vida do doente, garantindo-lhe os cuidados necessários para aliviar os sintomas que levam ao sofrimento, na perspectiva de uma assistência integral, respeitada a vontade do paciente ou de seu representante legal. O debate subsiste, porém, quando o tratamento que prolonga artificialmente a vida não é considerado desproporcionado, tal como a alimentação e a hidratação artificiais (ainda que esta posição não seja consensual). A reflexão ética incide então na distinção entre "tratar" e "cuidar", sendo que, alegadamente, trata-se de uma exigência ética universal prover cuidados a quem deles necessite. A existência de doentes em estado vegetativo persistente alimenta este debate e contamina outras discussões igualmente importantes, mas de cariz diferente, como a da eutanásia ativa voluntária.

Em seguida transcreve-se uma sugestão de *guidelines* sobre suspensão e abstenção de tratamento em doentes terminais, já na versão que contou com a participação de dezenas de entidades que contribuíram decisivamente para este projeto. Pretende-se que estas normas de orientação venham a ser incorporadas no sistema de saúde, seja pela via legislativa seja por intermédio da sua adoção pelas autoridades administrativas competentes (Stanley, 1989).

## 3. Definição e Clarificação Conceptual

### 3.1. Decisões a respeito de doentes competentes

a) A decisão de suspensão ou de abstenção de tratamento num doente competente deve ser efetuada envolvendo ativamente o paciente no processo de decisão (se for a sua vontade), nomeadamente por meio da obtenção de consentimento informado, livre e esclarecido. O conceito de "competência" refere-se à capacidade para decidir autonomamente. Isto é competência decisional (Nunes, 2017). Pressupõe que o doente não apenas compreende a informação transmitida, mas é também capaz de efetuar um juízo independente de acordo com o seu sistema de valores.

b) Se um doente competente recusa um tratamento que, após ponderar os riscos e os benefícios, o médico entende ser no seu melhor interesse, este deve informar o paciente das consequências dessa escolha, respeitando, entretanto, a sua decisão informada. Nenhum tratamento deve ser imposto coercivamente. É hoje universalmente considerado que o direito à recusa de tratamento é expressão concreta da inviolabilidade da integridade física pessoal.

c) Quando um doente competente solicita expressamente um determinado tratamento e esta modalidade terapêutica presumivelmente não só salva a vida como mantém uma qualidade de vida aceitável, esse pedido deve ser respeitado (exceto se não existem condições objetivas que permitam a satisfação desse pedido).

d) A equipe de saúde deve abster-se de efetuar tratamentos desproporcionados (neste contexto utilizam-se como expressões sinónimas

"tratamento desproporcionado", "tratamento extraordinário", "tratamento fútil" ou "tratamento heroico").
e) Os médicos não são obrigados a providenciar tratamentos que contrariem as *leges artis*, sobretudo se a intervenção, mesmo que por solicitação do doente, possa causar dor, sofrimento desproporcionado ou perda de função.
f) Os médicos têm o direito a recusar a realização de tratamentos que contrariem a sua consciência moral ou profissional, designadamente no âmbito do legítimo direito à objeção de consciência (ainda que sobre eles impenda o dever de assegurar a continuidade de cuidados).
g) Qualquer decisão de suspensão ou de abstenção de tratamento em doentes terminais deve ser efetuada no respeito pelos valores básicos da justiça e da equidade. Não obstante, é igualmente exigida uma adequada ponderação no modo como se utilizam os recursos materiais neste grupo de doentes.

### 3.2. Decisões a respeito de doentes incompetentes

h) Os médicos devem assegurar os valores e as preferências dos doentes no que respeita a um determinado tratamento.
i) Quando o doente se encontra incompetente e, portanto, incapaz de decidir livremente, a informação clinicamente relevante deve ser partilhada com a família, entendendo-se por "família" aqueles que se encontram em maior proximidade com o paciente, independentemente da relação parental existente. Em todo o caso, a intimidade da pessoa doente deve ser respeitada e protegida.
j) Existindo uma diretiva antecipada de vontade na forma de testamento vital (*living will*), a vontade expressa deste modo deve ser respeitada pelos médicos e equipe de saúde. Em muitos países as diretivas antecipadas de vontade podem revestir a forma de testamento vital ou de um procurador de cuidados de saúde (o testamento vital pode também ser designado por testamento de vida, testamento em vida, testamento biológico, testamento de paciente ou simplesmente cláusulas testamentárias sobre a vida, dado que os seus efeitos se produzem ainda em vida, imediatamente antes da ocorrência da morte).
k) Quando existe um representante legal este deve ser envolvido no processo de decisão, devendo aplicar-se, sempre que possível, a doutrina

do julgamento substitutivo. Ou seja, as decisões terapêuticas devem enquadrar-se nos valores do paciente e naquela que seria provavelmente a sua decisão na situação clínica concreta. Se for legalizada a figura jurídica do procurador de cuidados de saúde, aplica-se a este a doutrina do julgamento substitutivo.

l) Se não for possível determinar, à luz da melhor evidência existente, qual seria a vontade do doente em um determinado contexto clínico, o médico e equipe de saúde, em estreita colaboração com a família, devem determinar o curso de atuação mais adequado de acordo com o melhor interesse do paciente. Isto é, em consonância com o princípio ético da beneficência.

m) Quando existe razoável probabilidade de que o doente incompetente possa recuperar a competência decisional, devem envidar-se todos os esforços para restituir a autonomia, dando a oportunidade ao paciente para consentir ou recusar uma determinada estratégia terapêutica.

n) Se persistir desacordo entre a equipe de saúde e os familiares do paciente e não existir uma diretiva antecipada de vontade, deve tentar-se, até ao limite, uma estratégia consensual. Após envidados todos os esforços, se não for possível a obtenção de um consenso, então deve recorrer-se a meios formais de resolução, designadamente mecanismos intrainstitucionais – tal como o Comitê de Ética – ou extrainstitucionais, como o poder judicial.

o) Tratando-se de doentes que nunca foram competentes – recém-nascidos, anencéfalos, crianças, deficientes mentais severos etc. –, deve adotar-se a doutrina do melhor interesse do paciente. Porém, existe um consenso generalizado de que a criança, e sobretudo o adolescente, deve ser envolvido no processo de decisão de acordo com o seu grau de maturidade. Podem surgir dilemas éticos complexos quando não é claro qual é esse melhor interesse, nomeadamente face a um juízo complexo da qualidade de vida previsível.

p) Nestes casos, quando o doente dispõe de legítimos representantes (por exemplo, os pais no caso das crianças), seus interesses e expectativas devem ser igualmente considerados. Deve ser providenciada informação adequada à família para que esta possa participar no processo de decisão.

q) Nestas circunstâncias, os médicos podem legitimamente proceder à suspensão ou abstenção de tratamento quando a razão entre os riscos e os benefícios parece impor riscos desproporcionados a pacientes que, pela sua própria condição, apresentam uma especial vulnerabilidade.

### 3.3. Decisões a respeito de doentes competentes e incompetentes

r) Quando a reanimação cardiopulmonar é considerada uma intervenção desproporcionada; por exemplo, porque é possível ou previsível que o doente entre em paragem cardiorrespiratória, podendo-se enquadrar num grupo de risco bem definido, é eticamente adequada a emissão de uma Ordem de Não Reanimar (*Do Not Resuscitate Order* – DNR, em língua inglesa, ainda que alguns autores prefiram utilizar a expressão de "Instrução de Não-Reanimar" ou mesmo "Decisão de Não Tentar Reanimar").

s) Pressupõe-se que, independentemente da patologia de base, o doente se encontra irreversivelmente terminal e a morte é iminente. A título exemplificativo, determinados casos de neoplasia metastática em fase terminal, de *sepsis* generalizada ou mesmo algumas pneumonias nas quais a reanimação cardiopulmonar é considerada desproporcionada no sentido previamente exposto. Em todo o caso, existem outras situações clínicas em que é eticamente adequado ponderar a não reanimação cardiopulmonar, desde que esta instrução seja emitida por mais de um médico, de preferência por consenso entre toda a equipe de saúde.

t) Deve existir em todos os hospitais um modelo estandardizado por meio do qual se possa redigir uma Ordem de Não-Reanimar. A existência deste modelo permite a melhor implementação da Ordem de Não-Reanimar e agiliza o processo que, por si só, já se reveste de elevada complexidade clínica.

u) Qualquer restrição económica na provisão de cuidados assistenciais deve ser do conhecimento do doente e da família previamente à hospitalização. Os profissionais de saúde devem tomar as precauções necessárias para que nenhum doente seja injustamente discriminado e práticas de seleção adversa e de desnatagem devem ser prevenidas.

## 4. Conclusão

A situação ideal seria, assim, uma prática profissional digna, adequada e diligente, que é aquilo que se designa por ortotanásia. Em síntese, a suspensão ou abstenção de meios desproporcionados de tratamento – incluindo a reanimação cardiopulmonar e as ordens de não-reanimar – são hoje prática corrente em todo o mundo ocidental, cristalizando a noção de que vida humana merece ser sempre respeitada na sua dignidade, sobretudo no final da existência (British Medical Association, 2007). Ao serem consideradas intervenções fúteis ou desproporcionadas não carecem, em princípio, de consentimento informado do doente, dado que estão para além dos limites da autonomia individual (Dubler, 2005). Porém, tem-se generalizado a noção de que mesmo nestes casos se deve envolver o paciente no processo de decisão, de modo a esclarecê-lo devidamente sobre as circunstâncias envolvidas na terminalidade da sua vida.

## 5. Palavras-Chave

Abstenção de tratamento, distanásia, doente terminal, ortotanásia, suspensão de tratamento.

## 6. Referências

ABIZANDA CAMPOS: Limitación del Esfuerzo Terapéutico (LET). No Instauración o Retirada de Medidas de Soporte. *In* Decisiones Terapêuticas al Final de la Vida, Colección Medicina Crítica Práctica (Editor: Cabré Pericas), EdikaMed, Barcelona, 2003.

BRITISH MEDICAL ASSOCIATION: Withholding and Withdrawing Life-prolonging Medical Treatment, London, 3rd edition, 2007.

CONSELHO DA EUROPA: Convenção sobre Direitos Humanos e Biomedicina, adotada a 4 de abril de 1997 e ratificada pela Resolução da Assembleia da República nº 1/2001, de 3 de janeiro.

DUBLER N: Conflict and Consensus at the End Life. The Hastings Center Report 35 (6) (special report); 2005: 19-25.

NUNES R: Proposta sobre Suspensão e Abstenção de Tratamento em Doentes Terminais, Revista Bioética 17 (1); 2009: 29-39.

NUNES R: Euthanasia: A Challenge to Medical Ethics, Nunes, R; Rego, G, Journal of Clinical Research & Bioethics, 2016, 7:4, DOI: 10.4172/2155-9627.1000282. 2016a.

Nunes R: Diretivas Antecipadas de Vontade, Conselho Federal de Medicina, Brasília, 2016b.
Nunes R: Ensaios em Bioética, Conselho Federal de Medicina, Brasília, 2017.
Stanley J: The Appleton Consensus: Suggested International Guidelines for Decisions to Forego Medical Treatment. Journal of Medical Ethics, 15; 1989: 129-136.
UNESCO: Declaração Universal de Bioética e Direitos Humanos, Paris, 2005.

# Terapêutica em Cuidados Paliativos

FRANCISCO LUIS PIMENTEL

## 1. Introdução

O conceito de cuidados paliativos surge em 1960 na Inglaterra por Cicely Saunders que, ao fundar em Londres o St. Chirstopher's Hospice, promoveu o cuidar dos indivíduos terminais com diagnóstico de doença incurável.

Em 1999, o Conselho da Europa estipulou que a "obrigação de respeitar e preservar a dignidade da pessoa com doença terminal ou em agonia advém da inviolabilidade da dignidade humana em todo o percurso de vida. Este respeito e proteção encontra a sua expressão na criação de um adequado ambiente que proporcione ao doente morrer com dignidade.". Em 2004, através da resolução COQ 144/153, apresentou as recomendações sobre a organização de cuidados paliativos.

A procura de uma solução de cura para todas as situações de ausência de saúde ganha uma expressão crescente com o advento científico e tecnológico dos séculos XIX e XX. O mito de que a ciência vence a morte instala-se. Assim, o uso de todos os meios tecnológicos para prolongar a vida foi ganhando uma dimensão crescente. A morte passou a ser vista como derrota e surgiram sentimentos de frustração e falhanço nos profissionais. Paralelamente, a reflexão sobre os resultados obtidos neste esforço de prolongar a vida origina a tomada de consciência da futilidade, isto é, os recursos utilizados são desproporcionados em relação ao benefício que se obtém (ou mesmo ausência deste) para o doente.

Os cuidados paliativos têm como prioridade não a doença mas o doente e os seus problemas (físicos, sociais ou espirituais), na medida em que estes impactam na qualidade de vida. Desta forma, pretendem promover o bem-estar e a qualidade de vida do doente (e das suas famílias) com doença incurável e/ou grave, e com prognóstico limitado, através da prevenção e atenuação do sofrimento, identificando precocemente e tratando rigorosamente os problemas. Deve ser privilegiada a visão global e holística da pessoa doente, sendo essencial a prestação de cuidados de forma interdisciplinar, que respondam às necessidades do doente e sua família.

O exercício dos cuidados paliativos alicerça-se num conjunto de princípios que podemos sumariar da seguinte forma:

- Defender a vida e aceitar a morte como um processo normal que não se antecipa nem se atrasa, repudiando a eutanásia, o suicídio assistido e a futilidade diagnóstica e terapêutica;
- Aliviar a dor e outros sintomas angustiantes; encarar a doença como causa de sofrimento a minorar;
- Integrar os aspectos físicos, psicológicos, espirituais e sociais no tratamento do doente;
- Ajudar o doente a viver tão intensa e ativamente quanto possível até à morte;
- Ajudar a família a superar a doença e a morte.

## 2. Terapêutica em Cuidados Paliativos

A decisão em Medicina é a essência do "saber ser" de um profissional de saúde; integrar conhecimentos técnicos e incorporar os valores do doente, num processo que visa maximizar o benefício do doente. Acresce que este processo assenta frequentemente em incertezas quanto aos resultados e à segurança dos procedimentos, para além de terem de ser integrados no ambiente socioeconômico (entenda-se no uso dos recursos disponíveis e não nos desejáveis).

Qualquer estratégia terapêutica em cuidados paliativos é um processo de decisão que não difere na sua essência de qualquer outro em Medicina. Assim, um correto diagnóstico dos problemas existentes, uma partilha com o doente, a implementação das ações e a monitorização dos resultados são passos essenciais para que se institua uma terapêutica correta.

Para ser adequada a terapêutica em cuidados paliativos, tem de se basear no uso de meios proporcionados aos objetivos propostos, isto é, que proporcionem qualidade de vida, suspender as estratégias que não se revelem benéficas, e neste contexto é aceitável suspender ou mesmo não iniciar terapêuticas, que podendo resultar em algum ganho de sobrevivência, se traduzam numa pior qualidade de vida.

## 3. Bases da terapêutica em Cuidados Paliativos

De uma forma concisa podemos dizer que as bases terapêuticas dos cuidados paliativos são:

1. Atenção integral (aspectos físicos, emocionais, sociais e espirituais do doente, atenção individualizada e continuada);
2. Doente e família são a unidade a tratar (a "família" é o núcleo fundamental de apoio; ajuda no luto);
3. Promoção da autonomia e dignidade do doente (definir metas ou objetivos a atingir; participação do doente nas decisões terapêuticas; sentido ou razão de viver);
4. Terapêutica ativa e intensiva, não agressiva;
5. Importância do ambiente (atmosfera de conforto, suporte e comunicação).

1. Atenção integral:
- Aspectos físicos, emocionais, sociais e espirituais do doente. Deve imperar uma visão holística quer no processo de diagnóstico quer no processo de decisão de estratégia terapêutica.
- Atenção individualizada e continuada. Cada doente é único, a aplicação das diretrizes e normas terapêuticas deve ser contextualizada com a situação biológica, espiritual e social do doente. A continuidade de atenção tem de ser assegurada, com momentos programados e oferecendo-se acessos a apoios presenciais ou à distância, que permitam ao doente sentir-se seguro e permanentemente acompanhado. A continuidade é igualmente fundamental para a monitorização e reajustamento das estratégias terapêuticas.

2. Doente e família são a unidade a tratar:
- A "família" é o núcleo fundamental de apoio. A família não só sofre, e como tal deve ser ajudada. No processo de cuidar é um elemento fundamental, permitindo essencialmente que o doente se mantenha a maior

parte do tempo no seu ambiente. Entre outras situações deve haver uma atenção constante às situações de *burnout* familiar, e se necessário promover o internamento do doente durante alguns dias para "deixar descansar a família" com o diagnóstico de "exaustão familiar".
- Se o envolvimento do doente não for possível no processo de decisão, esta deverá ser feita pelo médico, devendo ser baseada no conhecimento que o médico tem do doente e da sua doença, e na opinião da família, com a qual o médico deve ter uma relação de apoio e diálogo.
- De referir que os cuidados paliativos só devem ser prestados quando o doente e a família aceitam.
- Ajuda no luto. O processo de luta inicia-se antes de a morte do doente ocorrer. Apoio psicológico, psiquiátrico ou de assistência social. O acompanhamento deve prolongar-se após a morte de acordo com as necessidades identificadas para cada família. O suporte no luto deverá ter uma atenção redobrada quando no agregado familiar há crianças.

3. Promoção da autonomia e dignidade do doente:
- A autonomia confere ao doente o direito e empoderamento no seu processo de doença. O respeito pela autonomia traduz-se no reconhecimento da capacidade e do direito de cada cidadão decidir por si próprio, de forma livre, informada e consciente, sobre o seu estado de saúde, mas também sobre os cuidados que pretende ou não receber. O conceito e a prática do consentimento informado assentam nestes direitos, para além de uma obrigação de boa prática, são uma obrigação legal expressa na legislação portuguesa.
- A Lei de Bases da Saúde reconhece o direito dos doentes a "ser informados sobre a sua situação, as alternativas possíveis de tratamento e a evolução provável do seu estado" e a "decidir receber ou recusar a prestação de cuidados que lhes é proposta, salvo disposição especial da lei". O próprio Código Penal sanciona as intervenções e tratamentos médico-cirúrgicos realizados sem o consentimento do doente.
- Para que a autonomia se verifique é necessário que o doente seja competente para expressar a sua vontade, sendo necessário que tenha capacidade para compreender a informação relevante, para entender a situação clínica e as possíveis consequências, para comunicar as suas escolhas e para decidir de acordo com os seus valores, em relação às opções que lhe foram propostas.

- Quando não é possível determinar qual seria a vontade do doente num determinado contexto clínico, os cuidadores formais, juntamente com a família, devem tomar as decisões que considerem mais benéficas para o doente. Os cuidadores formais devem ser proativos junto da família na argumentação dos benefícios e malefícios das possíveis estratégias terapêuticas, incluindo a discussão da futilidade quando aplicada, pois são eles que detêm as competências técnicas. Este papel revela-se importante para o conforto da família numa situação de suspensão ou abstenção de tratamentos.
- A autonomia do doente é, no entanto, constantemente questionada pela condição de doença e limitada e condicionada pelas perdas, riscos e ameaças à integridade e dignidade do doente. É este o conceito de vulnerabilidade. Os cuidadores formais devem colocar-se imaginariamente na lugar do outro e, nesse exercício, definir uma estratégia que contribua para o seu bem. Porém, a autonomia não é um valor absoluto, mas antes um valor entre outros, já que pode haver outros aspectos a considerar, que façam com que os desejos dos doentes não possam ser atendidos porque colidem com outros princípios a ter em conta.
- No contexto do respeito da autonomia e autodeterminação do doente e tendo em conta as situações em que, por doença, a pessoa perde a capacidade de expressar autonomamente a sua vontade, deixando de poder participar no processo de tomada de decisão, vários países aprovaram legislação que garante o respeito pela declaração antecipada de vontade. Em Portugal a regulamentação das diretivas antecipadas de vontade está consagrada na Lei nº 25/2012, de 16 de julho, que regula essas mesmas diretivas, nomeadamente sob a forma de testamento vital.
- Definir metas ou objetivos a atingir. Devem estabelecer-se objetivos realistas, por exemplo, planejar a presença num evento familiar, ler e discutir um livro no fim do mês ou assistir um filme ao final do dia. É contraproducente estabelecer objetivos irrealistas.
- Participação do doente nas decisões terapêuticas. O respeito pela autonomia do doente, no esforço por uma decisão partilhada que combine critérios médicos e critérios do doente, deve fazer parte da deliberação ética em cada situação. Mesmo gestos simples, como proceder a uma colheita de sangue, alterar uma prescrição ou tomar uma decisão sobre o internamento, devem ser partilhados com o doente e ter a sua anuência. No caso dos doentes sem capacidade para manifestar a sua vontade, deve recorrer-se às diretivas antecipadas de vontade do doente.

– Sentido ou razão de viver. Em cada momento as expectativas de cada doente devem ser percebidas, e dentro do possível o processo ativo deve levar a modelá-las às suas reais condições, sendo só assim possível alcançar uma melhoria ou manutenção da qualidade de vida.

4. Terapêutica ativa e intensiva, não agressiva:
– Os sintomas em situações paliativas são muitas vezes intensos e com mudanças nas suas características muito rápidas, podendo haver necessidade ao longo de um dia de alterar as ordens médicas relativas a um determinado problema.
– Tem de se basear no uso de meios proporcionados aos objetivos propostos, isto é, que disponibilizem qualidade de vida, e suspender as estratégias que não se revelem benéficas.
– Não existe o direito nem o dever de se prescrever uma morte prolongada, não se colocando a questão de "tratar ou não tratar", mas sim de prescrever o tratamento adequado de acordo com o contexto biológico do doente e os seus valores. A utilização de medidas como a entubação nasogástrica, as perfusões intravenosas, os antibióticos, a reanimação cardíaca ou a respiração artificial, em doentes em que a morte é previsível a curto prazo, é habitualmente inadequada (devendo ser considerada má prática), porque os malefícios nestas circunstâncias excedem os potenciais benefícios. Define que no processo de tomada de decisão da terapêutica se tem de ponderar o contexto biológico do doente, o objetivo terapêutico e os benefícios de cada tratamento, os efeitos adversos do tratamento e a necessidade de não prescrever uma morte prolongada.
– Podemos afirmar que é legítimo e eticamente aceitável administrar fármacos, para aliviar ou suprimir sintomas que condicionam sofrimento intolerável, mesmo sabendo que esses medicamentos podem causar a morte. Este é um princípio sem o qual a prática da medicina não seria possível, já que resulta do fato de todos os tratamentos terem um risco inerente. Assim, se as medidas tomadas para aliviar o sofrimento físico ou mental provocarem a morte do doente, estas tornam-se moral e legalmente aceitáveis, desde que a intenção seja aliviar e não matar o doente. Este é o "princípio do duplo efeito", conceito que caracteriza as situações em que uma determinada ação provoca simultaneamente pelo menos duas consequências, das quais uma é positiva e outra negativa.

- A abstenção ou suspensão de tratamentos pode ser feita a pedido do doente, ou sem pedido do doente, se estes forem entendidos como futilidade terapêutica, quando tais intervenções não alteram o prognóstico, não têm qualquer benefício no controle sintomático e prolongam o sofrimento de uma situação clinicamente irreversível. Exemplos destas intervenções são ventilação mecânica, hidratação e alimentação artificial, suporte circulatório farmacológico, suporte transfusional, suporte defunção renal, análises de rotina, monitorização contínua de sinais vitais.
- A obstinação terapêutica, que prolonga de forma inadequada a vida do doente, não cabe no âmbito dos cuidados paliativos, em que aquilo que se pretende é efetivamente não encurtar ou aumentar a vida. A omissão ou interrupção de determinados tratamentos faz assim sentido quando o objetivo é permitir um fim de vida digno e significativo.
- O controle dos sintomas é um dos instrumentos de que dispomos em cuidados paliativos (para além da comunicação, equipe multidisciplinar e da organização dos cuidados).
- A abordagem de qualquer sintoma deve ser feita com base nos métodos usados em qualquer processo de decisão em Medicina, depreendendo-se que tem de haver um conhecimento técnico por parte da equipe sobre fisiopatologia, diagnóstico e terapêutica.
- Pela sua frequência e impacto negativo sobre o doente, entre outros, apresentamos, a título exemplificativo:
  - Dor
  - Emagrecimento, anorexia, caquexia
  - Dispneia, tosse
  - Náuseas, vômitos, alterações do trânsito intestinal
  - Depressão, agitação, delírio.
  - Perante um sintoma é necessário:
    a) Avaliar antes de tratar
    b) Explicar ao doente os procedimentos
    c) Instituir terapêutica farmacológica e não farmacológica
    d) Monitorizar regularmente os resultados e efeitos adversos
    e) Prestar atenção aos detalhes.
- A equipe cuidadora não deve ser influenciada em todas as decisões clínicas, qualquer que seja o contexto, nomeadamente os econômicos, devendo prevalecer o melhor interesse do doente e a evidência científica. A equipe deve tomar as precauções necessárias para que nenhum

doente seja injustamente discriminado e para prevenir práticas de seleção adversa e de desvantagem.

5. Importância do ambiente e da comunicação:
   - A atmosfera de conforto no local onde são prestados os cuidados é muito importante. Os cuidados paliativos devem respeitar o direito do doente escolher o local onde deseja viver e ser acompanhado no final da vida.
   - Preferencialmente, e sempre que que estejam reunidas as condições necessárias, os cuidados devem ser prestados em ambiente familiar.
   - Quando existe necessidade de internamento, proporcionar elementos de referência pessoal (por exemplo, um símbolo do clube de futebol) e familiar (por exemplo, fotografias) é positivo. A existência de relógio no espaço de internamento e visível pelo doente ajuda a promover uma boa situação de orientação temporal. Todas as mudanças de local de internamento, ainda que dentro de uma mesma enfermaria, devem ser partilhadas e justificadas ao doente. A possibilidade do acompanhamento familiar deverá ser facilitada sempre que o doente estiver internado.
   - Deve ser tomada atenção particular nas situações de institucionalização de um doente, independentemente de ser numa unidade de agudos ou crônicos, a mudança de ambiente por si só pode desencadear um quadro de *delirium*, que acompanha sofrimento para o doente e família, e que para a equipe cuidadora se reveste de grande dificuldade de manuseamento.
   - Considerar que o sofrimento e o medo perante a morte são realidades humanas que podem ser médica e humanamente apoiadas, sendo a comunicação o instrumento mais relevante para o fazer.
   - O fim de vida ou em particular os últimos dias ou horas de vida (agonia) podem ser momentos de reconciliação e de concretização pessoal e familiar, e necessitam de um ambiente adequado.
   - A comunicação permite levar à prática o exercício dos cuidados paliativos. Caracterizar a situação junto do doente e da família, discutir as situações e negociar uma tomada de decisão – e não menos importante, a arte de transmitir más e boas notícias – tudo assenta em saber comunicar. Não nos esqueçamos que a comunicação é muito mais do que a simples comunicação oral, atitudes, gestos ou a expressão facial; tudo se reveste de significado para o doente e para a família. A iatrogenia

da comunicação não é desprezível, todas as palavras devem ser ponderadas. Um princípio fundamental é nada dizer ao doente que não seja verdade, ainda que toda a informação não seja transmitida num determinado momento. Tentar perceber o que o doente quer saber e porque quer saber, antes de dar uma resposta, torna a comunicação mais efetiva e minimiza o risco de iatrogenia. A comunicação é um instrumento crítico para a consubstanciação da autonomia.

## 4. Conclusão

Podemos dizer que a terapêutica em cuidados paliativos se reveste de princípios gerais e de processos de decisão comuns a qualquer área da Medicina, aos quais têm de ser adicionadas as especificidades dos cuidados paliativos. Par que tal aconteça, visando alcançar o maior benefício possível para os doentes e família, o exercício dos cuidados paliativos necessita de um processo contínuo de formação, que se deveria iniciar na vida académica, continuando ao longo de toda a vida profissional.

## 5. Palavras-Chave

Atenção integral, autonomia, comunicação, decisão, terapêutica.

## 6. Referências

BARBOSA, A. (2010). Processo de deliberação medica. In Barbosa, A., Neto, I. (Eds.) (2010). Manual de cuidados paliativos (2ª ed.), (693-722). Lisboa: Faculdade de Medicina da Universidade de Lisboa.

BEAUCHAMP, T.L., CHILDRESS J.F. (1994). Principles of biomedical ethics (4.ª edição). New York: Oxford University Press.

DIREÇÃO-GERAL DA SAÚDE. Divisão de Doenças Genéticas, Crônicas e Geriátricas. Programa nacional de cuidados paliativos. – Lisboa: DGS, 2005. – 20 p. ISBN 972-675-124-1.

GONÇALVES, JF – Controle dos sintomas no câncer avançado. (2ª ed.). Lisboa: Coisas de Ler, (2011), 231p.; ISBN 978-989-8118-50-6.

Harvey Max Chochinov, Dying, Dignity, and New Horizons in Palliative End-of-Life Care. CA Cancer J Clin 2006;56;84-103. DOI: 10.3322/canjclin.56.2.84.

Jenny Way, Anthony L Back, J Randall Curtis, Withdrawing life support and resolution of conflict with Families. BMJ 2002;325:1342-5.

Neto, I. (2010). Princípio e filosofia dos Cuidados Paliativos. In Barbosa, A. & Neto, I. (Eds.). Manual de cuidados paliativos (2ª ed.), (1-42). Lisboa: Secção Editorial da Associação de Estudantes da Faculdade de Medicina da Universidade de Lisboa.

Nunes, R. (2008). Guidelines sobre Suspensão e Abstenção de Tratamento em Doentes Terminais. Porto: Serviço de Bioética e Ética Médica da Faculdade de Medicina do Porto.

Robert Twycross, Cuidados Paliativos (2ª edição) (2005) Climepsi ISBN: 972-796-093-6 Páginas: 208.

Schildmann, J. & Vollmann, J. (2011). Chemotherapy in terminal cancer: Treatment decisions in end stage cancer. British Medical Journal, 342:d2720, p. 1.

Spielthenner, G. (2008). The principle of double effect as a guide for medical decision-making. Medicine, Health Care and Philosophy, 11, p. 465-473.

# Terapia da Dignidade

MIGUEL JULIÃO

## 1. Introdução

Desenvolvida por Chochinov *et al.* (2005), a Terapia da Dignidade (TD) é uma nova intervenção psicoterapêutica projetada para responder à angústia psicossocial e existencial de doentes em fim de vida. Esta abordagem breve e individualizada convida os doentes a relatar e discutir questões de vida que lhes são mais importantes, articulando-as para que sejam lembradas após a morte que se aproxima, através de um documento de legado final que, normalmente, é entregue a familiares ou outros entes queridos, segundo indicação do doente.

A evidência mostra que a TD é eficaz na redução de diversas variáveis patológicas da experiência psicossocial em fim de vida, nomeadamente a depressão, ansiedade, desmoralização, desejo de antecipação de morte, sofrimento relacionado com a dignidade, assim como no aumento da satisfação dos familiares das pessoas padecendo em fim de vida (Chochinov *et al.*, 2011; Julião *et al.*, 2013, 2014, 2017; Oh, Shin, 2014).

## 2. Enquadramento Histórico e Desenvolvimento

### 2.1. Dignidade Humana – um breve texto de síntese

Tem sido proposto que a evolução histórica do conceito de dignidade humana se baseia em três polos fundamentais: entre a Humanidade e Deus; entre o indivíduo e a sociedade e entre o determinismo e a liberdade. Da atenta leitura histórica acerca de dignidade entende-se que o conceito assumiu conotações diversas ao longo do tempo: Antiguidade Clássica (século II a. C. – século V d. C.); Cristianismo da Idade Média (séculos IV--XIII d. C.); Humanismo do Renascimento (séculos XIV-XV); Iluminismo e Filosofia da razão (1648-1789); final século XVIII – meados do século XX.

Através da revisão sistemática da literatura levada a cabo por Julião & Barbosa (2012), tornou-se claro que o conceito de dignidade deve ser entendido segundo um modelo de integração dinâmico que engloba diversas dimensões da dignidade humana. Uma primeira polaridade é dirigida à dignidade universal, intrínseca, inalienável, incondicional e absoluta, herança comum a todos os homens. Numa outra polaridade a dignidade relacional (da pessoa individual ou mesmo coletiva mais restrita). Este tipo de dignidade está ancorado na dignidade universal e desenvolve-se a partir desta através do reconhecimento e da relação (do eu consigo mesmo e do eu com o outro). A dignidade relacional assume, assim, características concretas, dinâmicas, mutáveis, contingentes e contextuais. A dignidade relacional está dividida em duas dimensões (interior e exterior) compostas por áreas específicas que representam temas fundamentais de cada dimensão. Áreas como o mérito, a privacidade e a qualidade da relação, por exemplo, podem pertencer a ambas dimensões, transitando de forma dinâmica entre a componente interior ou exterior. Cada uma destas áreas assume as características de ubiquidade e transição, de acordo com a interação humana estabelecida.

A investigação sobre a dignidade da pessoa doente (não em fim de vida) tem sofrido um investimento variável. Os estudos iniciais basearam-se em amostras reduzidas e focaram a análise em aspectos particulares da dignidade (na sua maioria a dignidade social), não considerando a perspectiva dos doentes e suas famílias. Diversos autores descreveram a sua natureza multifatorial, ancorada na privacidade, confidencialidade, necessidade de informação, escolha, envolvimento nos cuidados, independência, forma de abordagem individualizada, decência, controle, respeito, comunicação e empatia. Mais recentemente, outros autores têm analisado outros fatores capazes de interferir na dignidade, nomeadamente a depressão, a desesperança, a sensação de ser um fardo e a sobrecarga sobre os cuidadores (Wilson *et al.*, 2005).

### 2.2. Dignidade no doente em fim de vida

Para os profissionais de cuidados paliativos, a dignidade é entendida como um dos objetivos primordiais nos cuidados ao doente e à sua família.

Apesar dos desenvolvimentos acerca deste tema, tornou-se necessário compreender quais os domínios fundamentais da dignidade do doente em fim de vida. Uma das abordagens mais bem descritas e desenvolvidas na literatura é o Modelo da Dignidade nos doentes em fim de vida de Chochinov et al. (2002). Após cerca de uma década de investigação, Chochinov et al. publicaram, em 2002, um trabalho cujo objetivo era identificar as diferentes percepções que os doentes oncológicos terminais possuíam sobre a sua dignidade. Após a análise comparativa e de conteúdo, foi realizada, por consenso, uma classificação taxonômica que permitiu criar o Modelo da Dignidade, dividido em três categorias principais: 1) Preocupações Relacionadas com a Doença (*Illness-related Concerns*), 2) Recursos Pessoais de Dignidade (*Dignity Conserving Repertoire*) e 3) Recursos de Dignidade Social (*Social Dignity Inventory*). Este modelo operacionaliza a dignidade, tornando-a mais concreta e aplicável à prática clínica, fornecendo um enquadramento simples, flexível e categorial dos conceitos que a compõem. O modelo engloba uma variedade de núcleos, como o físico, psicológico, social e existencial, permitindo a sua avaliação junto dos doentes e o estabelecimento de objetivos e estratégias terapêuticas específicas.

### 3. Definição e Clarificação Conceptual

O Modelo da Dignidade constitui uma base clinicamente perceptível para atingir o propósito terapêutico de melhorar a dignidade em fim de vida e, seguindo os elementos constituintes desse modelo – nomeadamente os temas da Criação de um Legado e da Tonalidade do Cuidar –, Chochinov e o seu grupo criaram uma nova psicoterapia existencial/suporte, denominada Terapia da Dignidade (2005).

De uma forma sucinta, a TD é uma nova intervenção psicoterapêutica projetada para responder à angústia psicossocial e existencial de doentes em fim de vida. Esta abordagem breve e individualizada convida os doentes a relatar e discutir questões de vida que lhes são mais importantes, articulando-as para que sejam lembradas após a morte que se aproxima. Estas discussões e lembranças são gravadas em registro áudio, transcritas e editadas num documento de legado final que, normalmente, é entregue a familiares ou outros entes queridos, segundo indicação do doente.

A realização da TD na prática clínica segue um conjunto de passos orientadores definidos e manualizados (Chochinov, 2011), sem os quais pode certamente não alcançar alguns dos objetivos principais e norteadores.

A execução da TD desenvolve-se em três momentos principais: Preparação da Terapia, Execução da Terapia, Elaboração do Documento de Legado.

### 3.1. Momento: Preparação da Terapia

*Seleção de participantes (elegibilidade e exclusão)*
Chochinov (2011: 57) preconiza atualmente que a TD seja oferecida a todos aqueles que, no confronto com a doença incurável, expressem qualquer tipo de sofrimento. A regra basilar da seleção é a de oferecer esta abordagem a qualquer pessoa que queira, no confronto com o sofrimento resultante da doença, aumentar o sentido, o propósito e o bem-estar nos seus últimos momentos de vida. A oferta da TD não implica a identificação de sofrimento psicológico e/ou existencial significativo e alguma evidência recente mostra que, em amostras de doentes em fim de vida com elevado sofrimento psicológico, a TD apresenta eficácia na sua redução face ao grupo controle de intervenção paliativa multidisciplinar (Julião *et al.*, 2013, 2014, 2017). Neste sentido, a existência de sintomas depressivos ou ansiosos clinicamente significativos não é critério de exclusão. Os únicos critérios de exclusão serão a existência de um prognóstico inferior a duas semanas e a diminuição da acuidade cognitiva.

*Apresentação formal da terapia ao doente e família*
A apresentação formal da TD implica a escolha acertada das palavras de acordo com o grau de *insight*, abertura e aceitação da condição médica por parte da pessoa doente. Na apresentação, os terapeutas nunca devem perder de vista a importância das boas técnicas de comunicação. O terapeuta não deve assumir no seu diálogo uma consciência falada do prognóstico e, por isso, deve evitar tais palavras. Afirmar que a TD é uma intervenção para aqueles que se encontram no fim de vida ou em fase terminal é uma forma pobre, escusada e derrotista de a iniciar.

*Fornecimento prévio do protocolo de perguntas orientadoras da terapia*
A entrega do protocolo de perguntas da TD (Tabela I) serve vários propósitos. Em primeiro lugar, desmistifica a sessão psicoterapêutica em si, já que torna visíveis e claras as perguntas utilizadas pelo terapeuta. O doente sabe que conteúdo irá ser utilizado apenas para orientar a terapia. Por outro lado, permite à pessoa doente uma reflexão prévia sobre as questões,

delineando um guião "interno" a ser expresso durante a sessão. Desta forma, o doente é entendido como sujeito ativo, participante, autônomo e capaz. Esta atitude prévia estimula o *empowerment*, atitude essencial e relevante para quem, confrontado com a doença, perdeu uma considerável quantidade de capacidades. De fato, assumir o co-controle da terapia deve ser sempre encorajado pelo terapeuta. Estas perguntas devem ser entendidas como um guião flexível, maleável e orientador. Não devem ser formuladas de forma estéril e desajustada nem utilizadas unidirecionalmente, limitando o potencial alargado da TD e de cada pessoa individual.

Tabela I. Protocolo de perguntas orientadoras da Terapia da Dignidade.

| |
|---|
| 1. Fale-me um pouco da sua história de vida, particularmente as partes que recorda ou pensa serem as mais importantes. |
| 2. Quando é que se sentiu mais vivo? |
| 3. Existem coisas específicas que quisesse que a sua família soubesse sobre si; existem coisas particulares que quisesse que a sua família recordasse? |
| 4. Quais são os papéis mais importantes que desempenhou na vida? (familiares, profissionais, etc.) |
| 5  Porque é que estes papéis são tão importantes para si e o que pensa ter atingido com eles? |
| 6. Quais são os seus maiores feitos e de quais se sente mais orgulhoso? |
| 7. Existem coisas específicas que quisesse dizer aos seus entes queridos? |
| 8. Qual é o seu desejo para o futuro relativamente aos seus entes queridos? |
| 9. O que é que aprendeu com a vida que gostasse de passar aos outros? |
| 10. Que conselho ou palavras gostaria de deixar para (filho, esposa, filha, marido, amigos, outros)? |
| 11. Existem palavras ou instruções que gostasse de deixar à sua família para os ajudar a preparar o futuro? |
| 12. Na criação deste documento, gostaria de deixar outras coisas ditas? |

Adaptado de Chochinov *et al.* (2005) por Julião & Barbosa (2012).

### 3.2. Momento: Execução da Terapia

A execução fluida, consistente e eficaz da TD alarga-se em muito para além da simples leitura monótona e encadeada das perguntas constituintes do protocolo e da passiva espera pelas respostas dos doentes. Assim, o papel do terapeuta é crucial e muito mais dinâmico e exigente do que apenas o sujeito que liga o gravador, ouve e toma apontamentos para criar um documento de legado num futuro próximo. O papel do terapeuta é crítico e inclui diversos requisitos, divididos em três grupos principais: atitude, conteúdo e estrutura.

*Atitude*
– A cada momento da terapia, o terapeuta deve estar totalmente sintónico com o doente, numa atitude de escuta ativa.
– Para todos os doentes e em todas as circunstâncias, o terapeuta deve assumir uma atitude de afirmação e conservação da dignidade do outro.
– O doente deve ser lembrado que aquele momento é único e que é o seu. O terapeuta deve mostrar-se inteiramente disponível e na sua atitude deve transparecer essa mesma verdade, assim como capacidade de aceitação e possibilidade de mudança, sem transtorno ou juízos de valor.

*Conteúdo*
O terapeuta deve utilizar a metáfora do álbum de fotografias. Deve sentar-se lado a lado com o doente, observando atentamente um álbum de fotografias metafórico e imaginário, perguntando-lhe qual seria a primeira e mais importante fotografia a ser encontrada após a abertura conjunta do seu álbum fotográfico. Ao fazê-lo, o doente deve ser estimulado a fornecer informação detalhada e clara sobre as suas histórias e as sensações que estas lhe trazem.

A TD encerra em si o objetivo de cuidar e tratar dos doentes, mas também deve zelar pelo bem-estar daqueles que irão receber os documentos de legado. Desta forma, não é permitido ao sujeito da terapia deixar escritas todas as palavras ou histórias que pretender, incluindo aquelas cujo conteúdo é negativo, desconcertante ou gerador de sofrimento a outrem. Perante as histórias negativas e potencialmente dolorosas e nefastas para terceiros, o terapeuta deve recordar o doente que as suas palavras estão a ser gravadas e, caso entregues por escrito, poderão ser prejudiciais futuramente.

*Estrutura*
– Durante a TD, as ideias, pensamentos e histórias do doente devem ser orientadas de forma coerente e linear, utilizando a imagem dos desenhos infantis de ligação dos pontos numerados – *placing the dots game* (Chochinov, 2011: 80). Na intensidade do relato de uma história de vida, o doente poderá perder o encadeamento lógico entre fatos ou datas, cabendo ao terapeuta a função de ordenação e orientação. De forma metafórica, utilizando a imagem dos desenhos infantis de ligação encadeada de pontos numerados, uma linha une o ponto 1 ao 2 e ao 3, seguindo para o ponto 4 e não para o 10.

– Deve ser tentado um equilíbrio entre as perguntas de resposta aberta e os momentos de maior concisão e descrição focada de acontecimentos relevantes de vida.

– Deve ser dada sempre uma última oportunidade para deixar dito o que o doente achar essencial e imprescindível. A TD termina apenas depois deste momento de devolução de total autonomia e *empowerment* ao doente.

### 3.3. Momento: Elaboração do Documento de Legado

Após a execução da TD, a elaboração do documento de legado engloba quatro fases distintas, mas interligadas: transcrição *verbatim*; edição; aprovação final do doente.

*Transcrição* verbatim

Após gravada a sessão psicoterapêutica em registro áudio cabe a um transcritor (ou ao terapeuta) ouvir a gravação e realizar a sua transcrição fiel e sem alterações, ou seja, *verbatim*. Neste documento inicial de trabalho devem constar todas as histórias, todas as expressões utilizadas, todas as palavras ditas, assim como uma referência explícita aos sentimentos observados (choro, sorriso, gargalhada, por exemplo).

*Edição*

Uma vez completo o documento de transcrição *verbatim*, o processo de edição deve ser iniciado. Nesta tarefa, todas as palavras de legado proferidas pelo doente estão à disponibilidade do editor. Este é o momento em que é pedido ao editor o maior nível de concentração e responsabilidade possível. Editar implica reformular, reposicionar momentos de descrição, encadeando-os logicamente, colocando as expressões e os sentimentos essenciais no documento final. No processo de edição é pedido que se conjuguem logicamente frases, expressões ou histórias dispersas que possam surgir desconectadas de uma linha condutora comum, fruto de distrações externas, do entusiasmo da narração ou do cansaço decorrente da doença. Nestes casos, é dada total liberdade ao editor para "transplantar" conteúdos do documento *verbatim* inicial para junto de outros, para que seja mantida clareza ou coerência cronológica.

*Aprovação final*

Após ter sido escrito, editado e revisto pelo terapeuta, o documento de legado deve ser entregue ao doente para a sua aprovação final. Este processo de verificação permite a realização de últimas alterações de estilo ou mesmo de conteúdo. Por vezes, após a leitura do documento final encadeado, alguns doentes poderão encetar um momento de breve *insight* acerca de uma pessoa, de um acontecimento. Poderão, por exemplo, aperceber-se de que gostariam de falar mais sobre um determinado ente querido. Por um lado, e apesar da dúvida, o terapeuta deve estar certo de que a edição está correta e fiel às palavras do doente, por outro, o doente pretende ler e sentir um documento final satisfatório.

## 4. Conclusão

A dignidade é, hoje, um conceito mais inteligível, concretizável, perceptível e alcançável. Perante a atual medicina tecnologicamente avançada, a dignidade necessita, cada vez mais, de um lugar a ser lembrado na prática clínica diária da relação face a face.

A TD é uma intervenção psicoterapêutica breve com o objetivo de aumentar o bem-estar, o sentido de dignidade e propósito de vida de doentes em fim de vida com angústia psicossocial e existencial. A investigação científica mais recente mostra inúmeros benefícios da TD na patologia psicossocial e existencial de pessoas em fim de vida.

A TD parece ganhar cada vez mais relevo no conjunto de intervenções especializadas à disposição dos profissionais de saúde de cuidados paliativos no seguimento dos seus doentes. Esta intervenção não se destina a todas as pessoas em fim de vida nem deve ser praticada por todos os profissionais de saúde, sendo necessária uma formação específica.

Em última análise, a TD é um produto resultante da criatividade, unicidade vivencial e dinâmica narrativa do doente, sendo o terapeuta apenas um veículo facilitador.

## 5. Palavras-Chave

Cuidados paliativos, dignidade humana e em medicina, terapia da dignidade.

## 6. Referências

Chochinov HM, Hack T, McClement S, Kristjanson L, Harlos M: Dignity in the terminally ill: a developing empirical model. Soc Sci Med 54 (3); 2002: 433-43.

Chochinov HM, Hack T, Hassard T, Kristjanson LJ, McClement S, Harlos M: Dignity therapy: a novel psychotherapeutic intervention for patients near the end of life. J Clin Oncol 23 (24); 2005: 5520-5.

Chochinov HM, Kristjanson LJ, Breitbart W, McClement S, Hack TF, Hassard T, Harlos M: Effect of dignity therapy on distress and end-of-life experience in terminally ill patients: a randomised controlled trial. Lancet Oncol 12 (8); 2011: 753-62.

Chochinov HM: Dignity Therapy: Final Words for Final Days. Oxford University Press, 2011.

Julião M, Barbosa A: O conceito de dignidade em Medicina. In: Barbosa A. ed. Investigação Qualitativa em Cuidados Paliativos. Lisboa: Núcleo de Cuidados Paliativos/Centro de Bioética/Faculdade de Medicina da Universidade de Lisboa; 2012: 239-269.

Julião M, Barbosa A, Oliveira F, Nunes B, Carneiro AV: Efficacy of dignity therapy for depression and anxiety in terminally ill patients: Early results of a randomized controlled trial. Palliat Support Care 19; 2013: 1-10.

Julião M, Oliveira F, Nunes B, Vaz Carneiro A, Barbosa A: Efficacy of dignity therapy on depression and anxiety in Portuguese terminally ill patients: a phase II randomized controlled trial. J Palliat Med 17 (6); 2014: 688-95.

Julião M, Oliveira F, Nunes B, Carneiro AV, Barbosa A: Effect of dignity therapy on end-of-life psychological distress in terminally ill Portuguese patients: A randomized controlled trial. Palliat Support Care 7; 2017: 1-10.

Oh PJ, Shin SR. Effects of Dignity Interventions on Psychosocial and Existential Distress in Terminally ill Patients: A Meta-analysis. J Korean Acad Nurs 44 (5); 2014: 471-483.

Wilson KG, Curran D, McPherson CJ: A burden to others: a common source of distress for the terminally ill. Cogn Behav Ther 34(2); 2005: 115-23.

# Terapia Ocupacional

MILENA SOLVEIRA RIBEIRO
Em colaboração com Marília Bense Othero

## 1. Introdução

Segundo definição da Universidade de São Paulo, a Terapia Ocupacional é um campo de conhecimento e de intervenção em saúde, em educação e na esfera social, que reúne tecnologias orientadas para a emancipação e autonomia de pessoas que, por diversas razões ligadas a problemáticas específicas (físicas, mentais, sensoriais, sociais), apresentam – temporária ou definitivamente – limitações funcionais e/ou dificuldades na inserção e participação da vida social. A Associação Portuguesa de Terapeutas Ocupacionais (APTO) complementa que a Terapia Ocupacional promove a capacidade de indivíduos, grupos, organizações e da própria comunidade de escolher, organizar e desempenhar, de forma satisfatória, ocupações que estes considerem significativas.

De acordo com a APTO, entende-se por ocupação tudo aquilo que a pessoa realiza com o intuito de cuidar de si própria (autocuidados), desfrutar da vida (lazer) ou contribuir para o desenvolvimento da sua comunidade (produtividade). Estas ocupações podem ser tão elementares como alimentar--se ou vestir-se ou tão elaboradas como conduzir um carro ou desempenhar uma atividade laboral.

## 2. Enquadramento Histórico e Desenvolvimento

O terapeuta ocupacional é um profissional de nível universitário, que cursou a graduação em Terapia Ocupacional, e pode atuar em diferentes instituições: hospitais, centros de reabilitação, unidades básicas de saúde, entre outros serviços de saúde; há terapeutas ocupacionais trabalhando em escolas e creches, bem como equipamentos da rede social (casas de cultura, centros de convivência, etc.), além de organizações não governamentais e projetos sociais diversos.

A demanda por Terapia Ocupacional se dá quando há uma quebra do cotidiano, ligada às questões da doença e do tratamento, e há a necessidade de (re)organizá-lo. Os clientes chegam ao terapeuta ocupacional quando precisam de ação profissional e terapêutica a fim de maior independência, maior autonomia e também melhoria de uma problemática física específica, relacionada à doença – fatores que permitam ao cliente sua ação total e completa no mundo que o cerca. As intervenções em Terapia Ocupacional dimensionam-se pelo uso das atividades humanas, sejam elas as artes, o trabalho, o lazer, a cultura, o autocuidado e a participação na vida social, propondo o desenvolvimento de informações, condições e oportunidades para uma vida criativa, autônoma e integrada, sempre com um objetivo principal de melhoria da qualidade de vida das pessoas a que atende.

A intervenção terapêutica ocupacional no campo dos Cuidados Paliativos é de fundamental importância, pois permite ampliar a vida, enriquecer o cotidiano, abrir espaços de criação e experiência, estabelecer trocas (de saberes, de afetos, de histórias) e encontros, além de integrar o sujeito no seu meio sociocultural; parte-se da perspectiva que a qualidade de vida está diretamente relacionada com a possibilidade de agir sobre o mundo e de ter projetos para o futuro (seja ele próximo ou distante).

A trajetória de uma doença grave e a assistência a ser oferecida ao cliente e aos seus familiares envolvem diversos momentos: diagnóstico, tratamentos, procedimentos e os seus efeitos colaterais, cronicidade da doença, remissão, recidivas, interrupções, declínio funcional progressivo, fase final de vida, morte, após a morte, além de mudanças de serviço/equipe e diferentes locais de assistência. Com isso, o objetivo da atuação em Terapia Ocupacional é intervir nas diferentes fases, considerando as suas especificidades e os diferentes contextos onde as pessoas estão inseridas, auxiliando o cliente a se manter no máximo condições físicas e emocionais de executar tarefas significativas e de valor para si mesmo. Cabe ao terapeuta ocupacional estar atento às adaptações necessárias voltadas à manutenção das funções físicas e sensoriais do cliente, bem como ao mobiliário e ambiente, além do conforto físico e do controle da dor e fadiga.

Como aspectos iniciais, é imprescindível ressaltar que a assistência ao familiar é parte da assistência em Terapia Ocupacional, oferecendo-se acolhimento e escuta, orientações sobre lidar/auxiliar o cliente no cotidiano e estimular sua independência, além de estimular a autonomia e a independência do próprio familiar.

"O terapeuta ocupacional possibilita que o cliente maximize sua independência nas áreas de cuidado pessoal, trabalho e lazer, mantendo o controle sobre si mesmo, sobre a situação e sobre o ambiente, assistindo o cliente no estabelecimento e priorização de novas metas de vida, para que mantenha o *status* de 'ser produtivo e ativo', competente no desempenho funcional e na participação de tomada de decisões" (Queiroz, 2012).

O Modelo da Ocupação Humana pode ser um importante referencial norteador para a clínica do terapeuta ocupacional em cuidados paliativos, como proposto por Costa e Othero (2012). Tal estudo constatou que este modelo está intrinsecamente ligado aos cuidados paliativos, pois vê cada pessoa como um indivíduo único cujas características determinam as razões para e a natureza dos objetivos e estratégias terapêuticas. Vê também o que o cliente, como mecanismo central de mudança, faz, pensa e sente. Assim, o terapeuta consegue perceber a perspectiva e situação do mesmo.

## 3. Definição e Clarificação Conceptual

A avaliação é composta pelos componentes básicos de uma avaliação de Terapia Ocupacional (desempenho ocupacional, nível de dependência/funcionalidade, aspectos físicos, cognitivos e emocionais, família/cuidador, cotidiano); entretanto, também deve ser feita uma investigação minuciosa da biografia, do repertório de atividades, das habilidades e capacidades remanescentes, bem como dos interesses, gostos e desejos do cliente. Além disso, é parte da avaliação a observação dos sintomas presentes, dos possíveis sintomas futuros advindos da evolução da doença, para o melhor controle possível.

Outros aspectos específicos que devem ser avaliados pelo terapeuta ocupacional em cuidados paliativos são: presença de úlceras por pressão; posicionamento na cama, na cadeira de rodas, na poltrona, na cadeira de banho; rotina (seja hospitalar, domiciliar, etc.); adequação, acessibilidade e segurança do ambiente.

Tal avaliação pode ser feita através de perguntas livres, instrumentos específicos (validados ou desenvolvidos no próprio serviço), entrevistas breves; lembrando-se sempre que isto é um processo desenvolvido na construção da relação terapeuta-cliente.

Os atendimentos da Terapia Ocupacional em cuidados paliativos podem ser individuais (no leito, em sala de TO, em domicílio, etc.) ou em grupo (grupos específicos, oficinas, atividades coletivas, atividades comemorativas, etc.). Os atendimentos também são realizados com familiares e cuidadores, individualmente, em grupos de apoio e orientação, e também em conferências familiares.

O plano terapêutico é desenvolvido como um projeto – absolutamente singular, uma vez que para cada momento do adoecimento as necessidades de cuidado são diferentes e cada sujeito é único – que é composto pelos objetivos do terapeuta, elencados a partir de sua avaliação técnica, e também pelos objetivos do cliente, estabelecendo-se um contrato terapêutico. Este processo é dinâmico e o terapeuta ocupacional deve começá-lo com propósito, sem medo de resistências por parte do cliente. Muitas vezes, estas resistências emergem porque com o adoecimento desaparece o desejo, a volição do cliente; cabe ao terapeuta construir o vínculo com a pessoa, emprestando também seu desejo para o outro, escutando-o em sua singularidade.

Este projeto vai constituindo-se conforme a relação do cuidado acontece, observando-se as respostas frente às propostas e incluindo as novas exigências que possam aparecer. Tal plano, portanto, além de dinâmico, deve ser revisto pelo terapeuta ocupacional a todo momento, numa revisão crítica da postura profissional, inclusive. Para que tal possa acontecer satisfatoriamente, sugerimos o estabelecimento de etapas, das simples para as mais complexas, respeitando os limites e momentos do cliente, bem como seu ritmo próprio. O quadro 01, a seguir, lista os principais objetivos da intervenção.

Destaca-se que, através da história de vida, gostos e desejos do paciente, cabe ao terapeuta ocupacional resgatar atividades que foram interrompidas pelo adoecimento, ou ainda, ajudá-lo a descobrir novas atividades significativas. Com isso, potencialidades e capacidades remanescentes podem ressurgir, devolvendo-se o senso de autoestima e dignidade ao sujeito. Pintura, música, artesanato, atividades expressivas, entre tantas outras são exemplos de possibilidades a serem usadas pelo profissional com o cliente.

O treino de atividades de vida diária, as adaptações de utensílios, as adaptações do ambiente são algumas das estratégias para recuperação ou manutenção da capacidade funcional do indivíduo, ao longo do processo de evolução da doença. Entretanto, o olhar do profissional deve estar centrado na autonomia, para que mesmo aquele sujeito com sequelas irreversíveis possa exercer sua capacidade de escolha. Mais do que a busca por ganhos de função neurológica, a estimulação sensorial pode – por exemplo – ser usada para possibilitar ao cliente experiências prazerosas, enriquecimento do cotidiano, manutenção da identidade e preservação da história de vida. Cabe ainda ao terapeuta ocupacional ajudar o cliente a exercer sua criatividade em espaços despersonalizantes, ajudar nos fechamentos e despedidas, além de facilitar a comunicação entre cliente-família.

Quadro 01 – Objetivos da assistência terapêutica ocupacional em cuidados paliativos

| |
|---|
| Manutenção das atividades significativas para o cliente e sua família |
| Promoção de estímulos sensoriais e cognitivos para o enriquecimento do cotidiano |
| Orientação e realização de medidas de conforto e manejo de sintomas |
| Adaptação e treino de atividades de vida diária para autonomia e independência |
| Criação de possibilidades de comunicação, expressão e exercício da criatividade |
| Criação de espaços de convivência e interação, pautados nas potencialidades dos sujeitos |
| Apoio, escuta e orientação ao familiar e/ou cuidador |

Fonte: Othero MB: O papel do terapeuta ocupacional na equipe. In: Carvalho RT, Parsons HA (orgs.): Manual de Cuidados Paliativos ANCP. Porto Alegre: Sulina 2; 2012: 361-363.

Na intervenção não-farmacológica para manejo de sintomas, o terapeuta ocupacional tem uma atuação central: é papel do terapeuta ocupacional auxiliar na prevenção de deformidades e de úlceras por pressão, através de orientações e adaptações para o posicionamento adequado (em leito, poltrona, cadeira de rodas, cadeira de banho, etc.). A confecção de órteses também está relacionada com este campo, em todos os estágios do processo de adoecimento.

Para os doentes em terminalidade, todas as intervenções devem ser ponderadas quanto à relação de custo/benefício para o doente, exigindo do terapeuta uma avaliação minuciosa, devendo ter a intervenção proposta objetivos muito bem definidos (mesmo que estes mudem com o decorrer da evolução da doença), no exercício constante do raciocínio clínico. São episódios comuns: doentes graves e acamados; deformidades já instaladas; pouca possibilidade de mobilização no leito; metástases ósseas; condições ruins de pele (edema, anasarca, ressecamento, feridas); poucos recursos financeiros, especialmente na realidade brasileira.

Assim, a utilização de órteses deve ser avaliada com o máximo critério; seus principais objetivos devem ser: prevenir deformidades ou piora daquelas já instaladas, promoção de conforto e controle de sintomas. Propõe-se a prescrição de órteses em espuma de alta densidade, confeccionada com os seguintes materiais: espuma de alta densidade, tecido, velcro, EVA, cola quente, estilete ou faca elétrica. Caso o doente tenha um grau importante de espasticidade, atadura gessada ou placas de madeira podem ser adicionadas na base da órtese.

Outras técnicas para manejo de sintomas são parte da intervenção do terapeuta ocupacional: abordagens corporais (como massagem e relaxamento, por exemplo), técnicas para conservação de energia, organização da rotina, e ocupações significativas (que auxiliam na distração, isto é, que o cliente consiga desfocar sua atenção do sintoma).

As técnicas de conservação de energia referem-se à realização de atividades de forma energeticamente eficiente, de modo que o indivíduo possa manter seu desempenho ocupacional no contexto da vida diária nas áreas de autocuidado, produtividade e lazer, evitando e controlando a fadiga através de princípios da mecânica corporal, ritmo de trabalho, métodos de trabalho e organização da rotina diária. São orientações básicas: evitar "levanta – senta", realizar atividades com os braços perto do corpo, manter postura adequada, planejar as atividades antes de realizá-las, manter objetos ao alcance (Cox, 2005).

É fundamental ressaltarmos ainda que na fase final de vida o terapeuta ocupacional também terá sua atuação específica: organização da rotina, adequação dos estímulos, manutenção da identidade do cliente, comunicação e despedidas, orientação aos familiares são alguns tópicos. O apoio e suporte no óbito e no momento do luto também podem ser áreas de atuação do terapeuta ocupacional (Ribeiro, Othero, 2015).

Nos cuidados paliativos pediátricos, há especificidades que devem ser respeitadas, pois envolvem desde o atendimento a neonatos até adolescentes/jovens. O brincar – como a atividade humana primordial da infância – é campo de atuação do terapeuta ocupacional. Garcia-Schinzari *et al.* citam objetivos gerais e específicos da atuação do terapeuta ocupacional nos cuidados paliativos pediátricos: favorecer o desempenho ocupacional (com maior qualidade, autonomia e independência); estimular as habilidades de desempenho; fortalecer o vínculo entre os envolvidos no processo (terapeutas, cuidadores e cliente); auxiliar no enfrentar da hospitalização, do agravamento da doença e da morte.

## 4. Conclusão

O terapeuta ocupacional é fundamental na assistência em cuidados paliativos, tendo seu foco na dimensão do fazer humano e todas as implicações nele trazidas. Os serviços de cuidados paliativos que detêm terapeuta ocupacional afirmam a diferença que este profissional faz. Não basta efetivamente estar sensibilizado para a realização de ocupações e desejos dos clientes em fim de vida; é necessária a formação profissional técnica, de graduação em Terapia Ocupacional.

O terapeuta ocupacional está inserido numa equipe interdisciplinar e deve sempre trocar impressões e informações com outros membros, construindo-se um plano de ação realmente conjunto, com decisões terapêuticas compartilhadas, mesmo que o conflito seja parte do processo.

A intervenção específica deste profissional possibilita conforto, dignidade, autonomia e um viver ativo e criativo, independentemente do tempo de vida ou do grau de sequela. Concretiza-se o direito de este sujeito SER humano e se resgata possibilidades de existir no mundo (Othero, Ayres, 2014).

## 5. Palavras-chave

Autonomia, controle de sintomas (não farmacológico), cuidados paliativos, ocupação humana, terapia ocupacional.

## 6. Referências

Associação Portuguesa de Terapeutas Ocupacionais. Terapia Ocupacional. Portugal, 2016. Acesso em maio de 2017 de http://www.ap-to.pt/index.php/terapia-ocupacional-1.

Costa APP, Othero MB: Palliative Care, Terminal Illness, and the Model of Human Occupation. Physical & Occupational Therapy in Geriatrics 30 (4); 2012: 316-327.

Cox DL: Terapia Ocupacional e Síndrome da Fadiga Crônica. Trad.: Silvia M. Spada. São Paulo: Santos Editora; 2005: 183.

Garcia-Schinzari NR, Sposito AMP, Pfeifer LI: Cuidados Paliativos junto a Crianças e Adolescentes Hospitalizados com Câncer: o Papel da Terapia Ocupacional. Revista Brasileira de Cancerologia 59 (2); 2013: 239-247.

Othero MB: O papel do terapeuta ocupacional na equipe. In: Carvalho RT, Parsons HA: Manual de Cuidados Paliativos ANCP, Porto Alegre: Sulina 2; 2012: 361-363.

Othero MB, Ayres JRCM: Resgate biográfico como estratégia de assistência a clientes com condições neurológicas muito graves. Rev Ter Ocup Univ São Paulo 25 (1); 2014: 80-7.

Queiroz MEG: Atenção em Cuidados Paliativos. Cad.Ter.Ocup.UFSCar, São Carlos, 20 (2); 2012: 203-205.

Ribeiro MS, Othero MB: Projeto de Intervenção em Terapia Ocupacional com Pessoas Enlutadas. In: ABRALE. Caderno Terapia Ocupacional em Oncologia. SP: Associação Brasileira de Linfoma e Leucemia; 2015: 152 (ebook).

Universidade de São Paulo: Definição de Terapia Ocupacional. Acesso em abril de 2017 de http://www.fmrp.usp.br/site-graduacao/graduacao/cursos-oferecidos-pela-fmrp/terapia-ocupacional/.

# Terapias Complementares

DIOGO NUNO DA CRUZ AMORIM
Em colaboração com Cristina Raquel Batista Costeira, Nelson Jacinto Pais, José Carlos Amado Martins

## 1. Introdução

No momento em que os objetivos de tratamento deixam de estar centrados na cura da pessoa, as necessidades redefinem-se, sendo o foco dos cuidados centrado no conforto, bem-estar e, consequentemente, na qualidade de vida. Neste sentido, têm vindo a ser reconhecidos os contributos das terapias complementares e da medicina integrativa na prestação de cuidados da pessoa em final de vida, como adjuvantes dos cuidados convencionais no controle sintomático, promovendo, desta forma, o conforto e a qualidade de vida.

O interesse pelas terapêuticas complementares tem vindo a aumentar, quer pelos doentes quer pelos profissionais de saúde. No entanto, a informação sobre estas terapias e a sua integração nos cuidados paliativos é ainda muito escassa.

Os doentes necessitam de obter, por parte dos profissionais de saúde, informações baseadas na evidência científica sobre o benefício que estas terapias possam ter na sua doença, no seu bem-estar e na redução do sofrimento, mas se não houver abertura por parte da equipe médica para os informar, estes poderão ocultar que estão a usar terapias complementares e algumas modalidades terapêuticas, havendo o risco de poderem mesmo estar contraindicadas em determinadas situações.

A maioria dos doentes que procura as terapias complementares não está insatisfeita com a medicina convencional, mas quer fazer tudo o que for possível para melhorar o seu estado de saúde e a qualidade de vida.

O conhecimento limitado sobre as terapias complementares, por parte do profissional de saúde, faz com que o doente não tenha oportunidade de discutir benefícios e contraindicações da sua inclusão no processo de tratamento. Esta lacuna na comunicação profissional de saúde/doente pode resultar numa percepção errada de que o profissional de saúde é indiferente ou vê de forma negativa o uso de terapias complementares. Assim sendo, os profissionais que trabalham em cuidados paliativos devem conhecer as indicações terapêuticas, benefícios e contraindicações das terapias complementares nos cuidados paliativos para poderem informar corretamente os seus doentes.

O presente capítulo tem como objetivo central apresentar as estratégias mais indicadas para algumas situações comuns em cuidados paliativos, sobre as quais existe já suporte científico.

## 2. Enquadramento Histórico e Desenvolvimento

Atualmente, o uso dos termos terapia "alternativa", "complementar" e "integrativa" como sinônimos é incorreto.

Quando se fala de terapias "alternativas" referimo-nos a uma prática não convencional que é usada, substituindo a medicina convencional. Por isso, a verdadeira terapia "alternativa" não se aplica isoladamente nos cuidados paliativos, uma vez que os pacientes mantêm o tratamento convencional. Deixar um tratamento convencional, centrado em evidência científica, em prol de qualquer outro não convencional não é aconselhável, sendo um grande risco para o paciente. Por outro lado, quando nos referimos a terapias "complementares", consideramos as terapias não convencionais que são usadas como complemento ao tratamento de medicina convencional.

A medicina "integrativa" consiste numa abordagem médica que alia técnicas terapêuticas não convencionais, que demonstram evidência científica, com a medicina convencional. Trata-se de um novo modelo de saúde que se foca no bem-estar do paciente e não na sua doença. O paciente é visto em toda a sua totalidade, incluindo fatores biológicos, psicológicos, sociais e espirituais. É dada grande importância à relação médico/paciente e às necessidades de cada pessoa, beneficiando assim, o processo de cura.

Em Portugal, a Lei nº 45/2003, de 22 de agosto, e a Lei nº 71/2013, de 2 de setembro, vieram regulamentar as terapias não convencionais como aquelas que partem de uma base filosófica diferente da medicina convencional e aplicam processos específicos de diagnóstico e terapêuticas próprias, em que se legisla e reconhece, sendo definidas como tal: acupuntura; fitoterapia; homeopatia; medicina tradicional chinesa; naturopatia; osteopatia; quiropráxia, designadas por "terapêuticas não convencionais".

## 3. Definição e Clarificação Conceptual

Os doentes paliativos são confrontados com diferentes dilemas e sintomatologias que lhes impregnam níveis de sofrimento e perda de qualidade de vida de uma forma intensa, como sejam: dor, náuseas, dispneia, obstipação, diarreia, estridor, hemorragias, alterações oftálmicas e dérmicas, vômitos, ansiedade, estresse, medo, depressão, entre outros.

O recurso às terapias complementares poderá ser uma opção eficaz segundo a evidência científica mais recente, tendo a sua procura aumentado gradualmente e a sua aceitação também, quer pelos doentes paliativos quer também pelos profissionais de saúde. Reconhece-se que a inclusão das terapias complementares nos cuidados paliativos é tratar de forma mais eficaz o sofrimento humano.

O vasto leque de terapias que têm vindo a contribuir para uma melhor qualidade de vida dos pacientes com doença terminal são: acupuntura, eletroacupuntura, massagem terapêutica, *shiatsu*, reflexologia, aromaterapia, terapia de grupo, terapia com animais, arte terapia, dança terapia, musicoterapia, hipnoterapia, imagética orientada, relaxamento muscular progressivo, meditação, toque terapêutico (método Krieger-Kunz), *reiki*, ioga, *qi gong, tai chi*, entre outras, como a fitoterapia, dieta e suplementos.

Os doentes podem usar as terapias complementares com o intuito de reduzir os efeitos secundários e a toxicidade do tratamento convencional, para reforçar o sistema imunitário e como tratamento preventivo.

### 3.1. Dor

A dor foi conceptualizada pela Associação Internacional para Estudos da Dor (IASP) como:

> "Uma experiência sensorial e emocional desagradável associada a um dano real ou potencial dos tecidos, ou descrita em termos de tais lesões" (IASP, 2012).

Dor é uma experiência subjetiva e pessoal, envolve aspectos sensitivos e culturais que podem ser alterados pelas variáveis socioculturais e psíquicas do indivíduo e do meio.

A dor associada às neoplasias é o sintoma mais temido e determinante de sofrimento em fim de vida, existindo mesmo referências que dos 50-70% dos doentes oncológicos que apresentam dor não controlada referem ter mais medo desta do que da morte (Singh, Chaturvedi, 2015).

A evidência científica mais recente tem demonstrado benefícios da aplicação da acupuntura, massagem terapêutica, musicoterapia, *reiki*, hipnoterapia e técnicas de relaxamento no controle sintomático da dor em paliativos (Olson *et al.*, 2003; Kumar, Saha, 2011; Desai *et al.*, 2011; Caires, *et al.*, 2014; Field, 2014).

### 3.2. Sintomas Digestivos: obstipação, mucosite, xerostomia, náusea e vômitos

Os doentes paliativos são muitas vezes acometidos de problemas de obstipação, náuseas e vômitos associados aos tratamentos convencionais, o que lhes confere perda de qualidade de vida.

A utilização da acupuntura tem evidenciado eficácia no controle destes sintomas pelos doentes oncológicos/paliativos, sendo cada vez mais utilizado e reconhecido o ponto pericárdio 6 – *Neiguan (Pe6)* no controle da náusea e do vômito. Este ponto tem vindo a ser representado em manuais de fisiologia ocidentais. Atualmente, nas farmácias portuguesas, existem já pulseiras com ponto de pressão no *Pe6* à venda para redução de náuseas e vômitos.

O método Krieger-Kunz, conhecido por toque terapêutico, tem evidenciado resultados positivos no controle de náuseas e vômitos (Vanaki *et al.*, 2016).

### 3.3. Dispneia

A dispneia é referida como uma sensação subjetiva que retrata o sofrimento, angústia e medo pessoal do doente, personalizado nas frequentes expressões como falta de ar, sufoco, respiração pesada, fadiga em respirar e asfixia. A sua intensidade depende de múltiplos fatores como comportamentais, psicológicos, físicos e até sociais.

No controle deste sintoma, os estudos clínicos atuais têm evidenciado benefícios obtidos através da aplicação da reflexologia (Wyatt *et al.*, 2012) e da acupuntura quando utilizadas em doentes paliativos (Romeu *et al.*, 2015), sendo caracterizadas como terapias seguras e eficazes.

### 3.4. Qualidade de vida, fadiga, ansiedade, estresse e depressão

A qualidade de vida é uma variável que avalia várias dimensões: física, psíquica, social e espiritual, e deverá ser uma exigência dos cuidados de saúde na pessoa e em fim de vida. Contribuir para sensações de alegria, felicidade, bem-estar, relaxamento, mudança de rotina, entretenimento, redução de sintomas deverão ser uma premissa de ação. Quando aplicadas a musicoterapia, técnicas de ioga e terapia de dança (método Lebed) em doentes paliativos e familiares, esta exigência é alcançada (Selman, Williams, Simms, 2012; Silva, 2012; Oliveira, 2014; Karst, 2015).

A qualidade de vida pode ser influenciada pela fadiga, depressão, estresse e ansiedade, que são sintomas deletérios que provocam sofrimento, limitação funcional e condicionam a sobrevivência global e qualidade de vida do doente. Estudos recentes apontam como adjuvante no controle sintomático a aplicação da aromaterapia, *reiki*, massagem terapêutica, terapia com animais, técnicas de relaxamento ou musicoterapia (Graner *et al.*, 2010; Hubner, 2013; Caires *et al.*, 2014; Diniz, 2015; Barati *et al.*, 2016).

## 4. Conclusão

O recurso das terapias complementares e medicina integrativa em unidades de cuidados paliativos é cada vez mais uma realidade mundial.

Em Portugal, desde 2005, na unidade de dor do Instituto Português de Oncologia de Coimbra, existe um grupo de enfermeiros que aplica terapias não farmacológicas a doentes oncológicos com dor crônica não controlada, visando reduzir intensidade álgica, ansiedade e aumentar o bem-estar e a qualidade de vida. Neste instituto oferecem-se terapias integradas nos cuidados de enfermagem com recurso a técnicas de massagem terapêutica, relaxamentos diversos, reflexologia, aromaterapia, *reiki*, aplicação de calor e aplicação de frio.

Desde 2011 que o Instituto Português de Oncologia do Porto disponibiliza consultas de acupuntura médica para o controle da dor crônica, xerostomia, estresse e ansiedade.

Na Austrália o serviço de paliativos Southern Adelaide (SAPS), desde 1995, oferece aos seus doentes terapias complementares (massagem terapêutica, reflexologia, meditação e *reiki*) em concomitância com os tratamentos médicos convencionais.

A oferta de terapias complementares quer em meio hospitalar quer em centros específicos não hospitalares tem vindo a crescer de forma gradual um pouco por todo o mundo. As terapias complementares possuem características específicas, pelo que o conhecimento das mesmas é imprescindível para que a escolha da terapia seja a mais segura e eficaz. Para isso é necessário conhecer o que cada uma oferece, quais os seus métodos e técnicas de ação e qual a evidência científica que as sustenta.

A legislação e a produção científica nestas áreas deverão ser uma prioridade de intervenção nas políticas de saúde, pois o aumento da oferta e da procura destes cuidados de saúde exige monitorização e auditoria, de forma a garantir elevada qualidade para os que delas necessitam.

## 5. Palavras-Chave

Controle sintomático, cuidados paliativos, medicina integrativa, terapias complementares.

## 6. Referências

Barati F, *et al.*: The Effect of Aromatherapy on Anxiety in Patients. Nephrourol Mon, 2016.

Caires J, *et al.*: The use of Complementary Therapies in palliative care: benefits. Cogitare Enferm; 2014: 471-477.

Desai G, *et al.*: Hypnotherapy: Fact or Fiction: A Review in Palliative. Indian Journal of Palliative Care; 2011: 146-149.

Diniz A: Terapias Complementares em Cuidados Paliativos Pediátricos . Universidade Atlantida: Projeto final de Licenciatura, 2015.

Field T: Massage therapy research review. Complementary Therapies in Clinical Practice. Elsevier; 2014: 224-229.

GRANER K, *et al.*: Dor em oncologia: intervenções complementares e alternativas ao tratamento medicamentoso. Temas em Psicologia; 2010: 34-35.

HUBNER J: Sport against cancer-related fatigue. Dtsch med Wochenschr; 2013: 353.

INTERNATIONAL ASSOCIATION FOR THE STUDY OF PAIN: IASP Taxonomy. Acesso em maio de 2012 de http://www.iasp-pain.org/Taxonomy.

KARST L: Universidade federal de Goiás escola de música e artes cênicas programa de pós-graduação em música. Universidade federal de Góias: Programa de pós--graduação em Música, 2015.

KUMAR S, SAHA S: Mechanism-based classification of pain for physical therapy management in palliative care: A clinical commentary. IJPC; 2011: 80-86.

OLSON K, *et al.*: A phase II trial of Reiki for the management of pain in advanced cancer patients. JPSM; 2003: 990-997.

ROMEO M, *et al.*: Acupuncture to Treat the Symptoms of Patients in a Palliative Care Setting. EXplore: The Journal of Science and Healing; 2015: 357–362.

SAMUELI INSTITUTE, HEALTH FORUM: Complemetary and Alternative medicine survey of hospitals. EUA: Samueli Institute, 2010.

SELMAN L, WILLIAMS J, SIMMS V: A mixed-methods evaluation of complementary therapy services in palliative care: yoga and dance therapy. European Journal of Cancer Care; 2012: 87-97.

SILVA T: Estudo randomizado testando musicoterapia na redução da fadiga relacionada ao cancer em mulheres com neoplasia maligna ou ginécologica em curso de radioterapia goiânia. Tese de Doutorado apresentada ao Programa de Pós-Graduação em Ciências da Saúde da Universidade Federal de Goiás para obtenção do Título Doutor em Ciências da Saúde, 2012.

SINGH P, CHATURVEDI A: Complementary and alternative medicine in cancer pain management: A systematic review. IJPC; 2015: 105-115.

VANAKI Z, *et al.*: Therapeutic touch for nausea in breast cancer patients receiving chemotherapy: Composing a treatment. Complementary Therapies in Clinical Practice. Elsevier; 2016: 64-68.

WYATT G, *et al.*: Health-Related Quality-of-Life Outcomes: A Reflexology Trial With Patients With Advanced-Stage Breast Cancer. Oncology Nursing Forum; 2012: 568-577.

# Testamento Vital

RUI NUNES

## 1. Introdução

Em doentes terminais, a determinação de limites à intervenção médica é cada vez mais o paradigma da atuação médica, impondo-se então a existência de normas no ordenamento jurídico que permitam uma interpretação adequada da vontade das pessoas. Ou seja, está em causa o exercício do direito à liberdade ética, sendo este considerado o valor fundamental das sociedades contemporâneas. Em matéria de cuidados de saúde a questão central é saber se o doente deve ou não poder ser livre para se autodeterminar e fazer escolhas livres, informadas e esclarecidas, nomeadamente quando se trata de doentes terminais.

Também em Portugal já se efetuou este debate e a legalização das diretivas antecipadas de vontade (DAV), incluindo o testamento vital, que reforça a possibilidade de uma pessoa manifestar a sua vontade sobre os tratamentos que deseja ou não para si própria numa fase de incapacidade decisional. A expressão *"living will"* – da qual surgiu a tradução em língua portuguesa "testamento vital" – parece ter sido utilizada pela primeira vez em 1969 por Luis Kutner, um ativista de direitos civis. Apesar da generalização desta expressão, têm sido propostas outras construções linguísticas, nomeadamente "testamento de vida", "testamento em vida", "testamento biológico", "testamento de paciente" ou simplesmente "cláusulas testamentárias sobre a vida".

Em Portugal a Associação Portuguesa de Bioética efetuou uma proposta à Assembleia da República em 2006 de legalização do testamento vital, tendo sido suscitado, então, um intenso debate nacional sobre a sua importância e legitimidade (Associação Portuguesa de Bioética, 2006). Tendo em consideração a evolução verificada na relação médico/doente, assim como as circunstâncias ético-sociais da sociedade portuguesa, foi sem surpresa que o testamento vital foi legalizado através da Lei nº 25/2012, de 16 de julho. Lei que regula as diretivas antecipadas de vontade, designadamente sob a forma de testamento vital, e a nomeação de procurador de cuidados de saúde e cria o Registo Nacional do Testamento Vital (RENTEV) (Nunes, 2016). Também no Brasil a resolução do Conselho Federal de Medicina sobre o testamento vital de 21 de fevereiro de 2013 foi determinante para a sua implementação, sendo hoje a base de inspiração de médicos, juristas e do público brasileiro em geral nesta matéria (Lippmann, 2013).

## 2. Enquadramento Histórico e Desenvolvimento

A notável evolução da medicina verificada nas últimas décadas – tal como o desenvolvimento da ventilação assistida, da transplantação de órgãos, da reanimação cardiopulmonar ou da diálise renal – permitiu a sobrevivência de doentes com uma variedade de doenças agudas ou crônicas previamente letais. Em doentes terminais o desenvolvimento da medicina, nomeadamente das técnicas de reanimação, colocou desde logo a questão de se determinar se é ou não adequado utilizar todos os recursos médicos existentes ou se, pelo contrário, é legítima a suspensão ou abstenção de tratamentos considerados fúteis, extraordinários ou desproporcionados. Trata-se de doentes em fim de vida, sendo que a determinação da fase final da vida de um doente é sempre casuística. Na acepção generalizada "doente terminal" refere-se àquele paciente em que a doença não responde a nenhuma terapêutica conhecida e consequentemente entrou num processo que conduz irreversivelmente à morte (doença terminal deve contudo ser distinguida de agonia terminal – doente moribundo). Porém, deve entender-se por "doente terminal" aquele doente que tem, em média, três a seis meses de vida, sendo que esta avaliação deve estar alicerçada em conjuntos de critérios de objetivação de prognóstico.

Noutra perspectiva, foi a própria ética médica que questionou o imperativo de manter, ou mesmo iniciar, determinados tratamentos em doentes terminais, simplesmente porque estes estão clinicamente disponíveis, independentemente da qualidade de vida remanescente. Assim, surgiram diversas propostas no sentido de estabelecer um padrão consensual de boas práticas, tendo em atenção os valores predominantes das sociedades pluralistas. Também em Portugal se verificou esta tendência, tendo mesmo sido proposto um conjunto de *guidelines* de aplicação universal no sistema de saúde português no atinente à suspensão ou abstenção de tratamento em doentes terminais.

Porém, o debate social, e também no seio da classe médica, sobre a licitude da suspensão ou abstenção de meios desproporcionados de tratamento – que tem como objetivo essencial evitar a obstinação terapêutica ou distanásia –, é facilmente contaminado por outro debate, também importante, mas de ordem diferente. Ou seja, a prática da eutanásia. Note-se que existe hoje uma clarificação conceptual sobre o que se entende por eutanásia. Expressões arcaicas, tal como eutanásia passiva, que incluíam um conjunto de práticas muito variadas devem ser abandonadas, desde logo porque são hoje prática corrente na medicina. A título de exemplo, a sedação é hoje uma prática rotineira na doença terminal, ainda que por vezes possa antecipar o momento da morte do doente.

Conceptualmente distinto é o conceito de eutanásia – ativa e voluntária –, em que a questão central é determinar-se se o doente pode ou não diretamente dispor da sua vida, recorrendo, nomeadamente, a um médico ou outro profissional de saúde que executa o ato solicitado. Conceito com alguma conexão conceptual, mas materialmente distinto, é o da assistência ao suicídio, assistência prestada também por um profissional de saúde. Trata-se de duas variantes da morte medicamente assistida, que apresentam semelhanças e distinções nos planos ético e jurídico. Esta problemática vê-se agravada pelo fato de existir uma profunda alteração sociológica do fenômeno da morte, sendo que grande parte das pessoas já não morre em casa com a família e amigos, mas sim em hospitais de agudos e, também, em lares e residências de terceira idade.

De toda a evidência, eutanásia e suspensão ou abstenção de meios desproporcionados de tratamento são conceitos diferentes, pelo que devem ser tratados de forma diferenciada pelo ordenamento jurídico português. Recorde-se que apesar de se assistir a alguma evolução nessa matéria, a ética médica coloca tradicionalmente sérias reticências à prática da eutanásia e a outras formas de morte medicamente assistida. Quer se trate de doentes terminais ou de doentes crônicos não terminais – nomeadamente no estado vegetativo persistente –, a oposição à prática da eutanásia tem sido uma constante na profissão médica, talvez com a excepção da Holanda, Bélgica, Luxemburgo e do estado norte-americano do Orégão. Os códigos de ética mais representativos da classe médica refletem esta tendência de rejeição de uma prática condenada desde os tempos hipocráticos (World Medical Association, 2006).

## 3. Definição e Clarificação Conceptual

O testamento vital – que surgiu há quatro décadas atrás com o objetivo de permitir a uma pessoa, devidamente esclarecida, recusar determinado tipo de tratamentos, que no seu quadro de valores são claramente inaceitáveis – é conceptualmente considerado distinto da eutanásia. De fato, a degradação evidente da qualidade de vida de alguns doentes terminais reforça a possibilidade do exercício da sua liberdade de autodeterminação, possibilidade que a sociedade vem concedendo progressivamente aos cidadãos. De acordo com Henry Perkins (2007), existem duas qualidades essenciais do testamento vital:

1. Contribuição para o *empowerment* dos doentes, reforçando o exercício do seu legítimo direito à autodeterminação em matéria de cuidados de saúde, nomeadamente no que respeita à recusa de tratamentos desproporcionados; e
2. Facilitação do *advance care planning*, ou seja, do planejamento do momento da morte, dado que esta, por diversas ordens de razões, é pura e simplesmente ignorada pela maioria das pessoas e por muitos profissionais de saúde.

A utilização do testamento vital como elemento estrutural da decisão médica – e não apenas com valor indiciário – implica que alguns requisitos básicos do consentimento sejam adequados a esta nova modalidade de decisão (QUADRO I). Porém, os requisitos fundamentais do consentimento devem verificar-se quando se opta pelo consentimento prospectivo através da elaboração de uma diretiva antecipada de vontade na forma de testamento vital.

Como já se referiu, sugere-se geralmente que, para ser válido, o consentimento deve ser atual. Ora, a criação *on-line* de um Registo Nacional de Testamento Vital permitiria que só documentos recentes, com um período de validade predefinido, fossem considerados válidos. Mais ainda, a existência deste registro permite também que o consentimento seja livremente revogado até à prática do ato concreto, na medida em que, enquanto existir competência, o doente pode revogar a orientação expressa no testamento vital. Findo este prazo de validade, e no caso de o doente ficar incapaz de decidir, o testamento vital manteria o seu valor, dado que representa a vontade previamente manifestada do doente, desde que não existam dados que permitam supor que o doente alteraria a sua decisão.

Quadro I – Princípios para a Legalização do Testamento Vital (Nunes, 2011)

| |
|---|
| 1 – Limitação a pessoas capazes, competentes e não inibidas por anomalia psíquica; |
| 2 – Informação e esclarecimento adequados, por intermédio de um médico com formação técnica apropriada; |
| 3 – Efeito compulsivo na decisão médica e não meramente indiciário; |
| 4 – Existência de um formulário-tipo (facultativo) com o objetivo de padronizar procedimentos; |
| 5 – Possibilidade de revogação a qualquer momento e sem qualquer formalidade; |
| 6 – Renovação periódica da manifestação de vontade (5 anos); |
| 7 – Criação no âmbito do sistema de saúde de um Registo Nacional de Testamento Vital (RENTEV) para agilizar o acesso ao testamento vital em tempo real por parte dos profissionais de saúde. |
| 8 – Certificação perante um notário ou funcionário do RENTEV para garantir a autenticidade e evitar influências indevidas na esfera da decisão pessoal. |

Por outro lado, e apesar de existir um consenso generalizado de que a criança, e sobretudo o adolescente, deve ser envolvido no processo de decisão de acordo com o seu grau de maturidade, tal como se pode, aliás, apreciar no nº 2 do Artigo 6º da Convenção sobre Direitos Humanos e Biomedicina ("A opinião do menor é tomada em consideração como um fator cada vez mais determinante, em função da sua idade e do seu grau de maturidade"), o testamento vital deve, pelo menos nesta fase, ser reservado a pessoas com clara capacidade decisional. Ainda que o Código Penal afirme expressamente no nº 3 do Artigo 38º que "o consentimento só é eficaz se for prestado por quem tiver mais de 16 anos e possuir o discernimento necessário para avaliar o seu sentido e alcance no momento em que o presta". O testamento vital, que deve ser reservado apenas a pessoas com clara capacidade decisional, pode e deve ser estendido a menores de idade, desde que estes disponham de capacidade para o efeito, ou seja, se o menor possuir o discernimento necessário para avaliar o sentido e alcance no momento em que efetua este testamento.

Em matéria de aplicação do testamento vital, deve preponderar o princípio da precaução, pelo que defendemos que essa possibilidade deva ser reservada a pessoas não inibidas por anomalia psíquica.

Apesar de o testamento vital ser o corolário natural de uma trajetória de reforço do direito à autodeterminação da pessoa, convém referir também alguns dos seus limites e insuficiências (Miller, 2009). Desde logo a dificuldade em traduzir a complexidade de muitas situações clínicas em palavras, que posteriormente serão plasmadas em um documento com valor jurídico. Daí que, apesar de surgirem inúmeras tentativas de discriminar os atos médicos passíveis de consentimento ou dissentimento prospectivo – através da elaboração de diretivas médicas circunstanciadas –, a generalidade das legislações aprovadas neste domínio opta por formulários simples, com expressões genéricas, em que, mais do que caracterizar os atos médicos específicos, se dá uma indicação clara dos valores éticos a respeitar, nomeadamente no que respeita à suspensão ou abstenção de meios desproporcionados de tratamento.

Em muitos países ocidentais as diretivas antecipadas de vontade podem revestir a forma de testamento vital ou de nomeação de um procurador de cuidados de saúde. A figura do procurador enquadra-se numa trajetória de reforço da autonomia da pessoa, sendo outro instrumento de defesa dos direitos inalienáveis dos doentes. Ao procurador de cuidados de saúde, tendo sido nomeado pelo paciente atempadamente, aplica-se a doutrina do "julgamento substitutivo". Ou seja, espera-se que a decisão seja tomada com base no quadro de valores da pessoa doente, e só quando este referencial axiológico é desconhecido é que se aplica o critério genérico do melhor interesse do paciente.

Mais ainda, e dadas as limitações das diretivas antecipadas de vontade em interpretar cabalmente a vontade do doente, existe espaço para uma intervenção médica que respeite a autonomia pessoal. De fato, e ainda que existam limites ético-sociais à prática da medicina paternalista, a medicina irá sempre desempenhar um importante papel, nomeadamente quando a autonomia pessoal não puder ser cabalmente exercida.

## 4. Conclusão

O testamento vital está legalizado há várias décadas em muitos estados norte-americanos e, mais recentemente, muitos países europeus aprovaram também legislação específica na matéria. Também à escala internacional se assistiu a esta mesma trajetória (Dadalto, 2015). A Califórnia foi o primeiro estado a legalizar o testamento vital (1976) através do *California Natural Death Act* e a legalizar a figura do procurador de cuidados de saúde através do *California Durable Power of Attorney for Health Care Decisions Act* (1984). Porém, se a legalização do testamento vital não esgota a complexidade do fenômeno da morte, identifica um caminho. O caminho da mudança no sentido da construção de uma sociedade atenta aos mais desfavorecidos, aos mais vulneráveis, principalmente no que se refere aos doentes na terminalidade da vida (Burlá, 2014).

Contudo, deve igualmente salientar-se que os direitos dos doentes, principalmente, não se limitam à legalização das diretivas antecipadas de vontade. Medidas como a generalização dos cuidados paliativos, o combate à dor crônica (hoje passível de tratamento na maioria dos casos), à solidão e à exclusão social e familiar, o apoio espiritual e a humanização dos serviços de saúde são fatores igualmente relevantes para uma adequada prestação de cuidados aos doentes terminais ou a outros doentes com doenças crônicas incapacitantes, que por alguma razão não estão em condições de se exprimir, medidas que implicam importantes reformas no sistema de saúde, na segurança social, na política legislativa e de práticas ancestrais de médicos e de outros profissionais de saúde que se cristalizaram ao longo das últimas décadas.

Em síntese, a legalização do testamento vital não é apenas um importante passo no sentido da afirmação do direito inalienável à autodeterminação das pessoas. É uma vitória das sociedades democráticas e plurais que defendem o ideal de que a cidadania se exerce com um profundo sentido ético de responsabilidade. É, portanto, uma conquista civilizacional.

## 5. Palavras-Chave

Diretivas antecipadas de vontade, distanásia, ortotanásia, procurador de cuidados de saúde, testamento vital.

## 6. Referências

Associação Portuguesa de Bioética: Projeto de Diploma Nº P/06/APB/06 que Regula o Exercício do Direito a Formular Diretivas Antecipadas de Vontade no

Âmbito da Prestação de Cuidados de Saúde e Cria o Correspondente Registro Nacional (Relatores: Helena Melo e Rui Nunes), Associação Portuguesa de Bioética, Porto, 2006 (www.apbioetica.org).

Burlá C, Rego G, Nunes R: Alzheimer, dementia and the living will: a proposal. Medicine, Healthcare and Philosophy 17 (13); 2014: 389-95.

Dadalto L: Testamento vital. São Paulo, Atlas, 2015.

Lippmann E: Testamento vital: o direito à dignidade. São Paulo, Matrix, 2013.

Nunes R, Melo H: Testamento vital, Almedina, Coimbra, 2011.

Nunes R: Diretivas antecipadas de vontade, Conselho Federal de Medicina, Brasília, 2016

Perkins H: Controlling death: The false promise of advance directives. Annals of Internal Medicine 147 (1); 2007: 51-57.

Miller R: Physician orders to supplement advance directives: Rescuing patient autonomy. The Journal of Clinical Ethics 20 (3); 2009: 212-219.

World Medical Association. International code of medical ethics. *Adopted by the 57th WMA General Assembly, Pilanesberg, South Africa, October 2006.*

# Transição para Cuidados Paliativos

FRANCISCA REGO

## 1. Introdução

Durante o processo de vida existe uma necessidade de transição constante. Da mesma forma, o tratamento de muitas doenças pode requerer uma mudança dos objetivos de cuidados de saúde – uma mudança da abordagem curativa para paliativa. O recomendado é que as abordagens de tratamento curativo e paliativo sejam adotadas em simultâneo. Contudo, é necessário ter em conta que esta transição pode ser preenchida com incertezas para os pacientes, suas famílias e profissionais de saúde (Kaur, Mohanti, 2011).

Definir o conceito de transição para cuidados paliativos continua a ser um desafio. Nos cuidados de saúde, as transições podem incluir mudanças no local de atendimento, do cuidador ou dos objetivos do cuidado. No entanto, a transição para cuidados paliativos é um processo mais profundo e elaborado, relacionando-se também com o significado pessoal da vida, mudanças de vida e de papel social, percepções do fim de tratamento e probabilidade de morte. Neste sentido, é necessário compreender o que esta transição implica para facilitar o cuidado no fim da vida (O'Leary *et al.*, 2009).

## 2. Enquadramento histórico e desenvolvimento

No início dos anos 70 e 80, os cuidados paliativos eram encarados como destinados aos doentes sem perspetiva de tratamento curativo e em fim de vida, o que ainda acontece frequentemente na prática clínica. No entanto, para além de existerem doenças curáveis graves que despoletam muito sofrimento no doente e família, justificando assim a intervenção dos cuidados paliativos (ANCP, 2006; Davies, 2004), uma intervenção estruturada desde o diagnóstico, assumindo uma dimensão cada vez maior, proporciona uma melhor qualidade de vida, qualidade de cuidados, e igual ou maior sobrevivência.

Segundo a Organização Mundial de Saúde (WHO, 2012) os cuidados paliativos visam melhorar a qualidade de vida dos doentes e suas famílias, que enfrentam problemas decorrentes de uma doença incurável e/ou grave e com prognóstico limitado, através da prevenção e alívio do sofrimento não só físicos, nomeadamente a dor, mas também dos psicológicos, sociais e espirituais. A sua atuação poderá ocorrer desde o diagnóstico ou desde cedo no decurso das doenças (em conjunção com outras terapêuticas que pretendem prolongar a vida), até ao fim da vida e no luto.

Modelo Tradicional de Transição para os Cuidados Paliativos

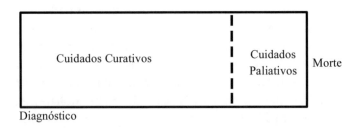

Modelo de Transição Progressiva para os Cuidados Paliativos

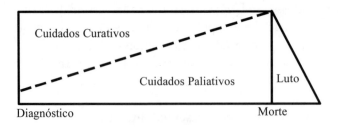

A transição/intervenção dos cuidados paliativos faz-se com base nas necessidades do doente, e não apenas no diagnóstico, uma vez que os objetivos dos cuidados paliativos refletem uma mudança no estado funcional e melhoria na qualidade de vida. De realçar que as necessidades dos diagnósticos oncológicos e não oncológicos são diferentes, uma vez que na doença oncológica a evolução é relativamente mais rápida e nas doenças não oncológicas essa fase pode ser mais prolongada (ANCP, 2006).

Neste sentido, é importante considerar as fases da doença, os níveis de complexidade dos doentes, as necessicades socio-familiares, emocionais e espirituais dos doentes, e as questões éticas problemáticas, de forma a facilitar a previsão dos custos e dos recursos a alocar (*idem*).

Contudo, os profissionais de saúde geralmente asseguram uma transição apropriada para os cuidados paliativos quando identificam que o paciente está a entrar no último ano de vida. A literatura diverge em relação aos indicadores adequados para esta transição (Department of Health, 2010). Neste sentido, o *National End of Life Care Programme* (2010) publicou normas específicas para a realização do processo de transição e otimização da prestação de cuidados paliativos em contexto hospitalar, nomeadamente uma comunicação clara e honesta, a elaboração atempada de uma diretiva antecipada de vontade e o planejamento e acesso a informação personalizada. Foram também identificados passos fundamentais para alcançar uma transição bem orientada: reconhecer quando o paciente se encontra nos últimos 12 meses de vida; compreender que o paciente tem necessidade de cuidados paliativos e articular com a equipe clínica como estes serão abordados; comunicar de forma eficaz o consentimento mútuo entre a equipe de saúde, o paciente e a respectiva família, e assegurar que são apresentadas oportunidades para o paciente se pronunciar sobre as suas preferências no fim de vida (General Medical Council, 2010).

## 3. Definição e clarificação conceptual

### 3.1. A transição para Cuidados Paliativos

A transição para cuidados paliativos pode ser interpretada como confusa e traumática, tanto para os pacientes como para as suas famílias, podendo desencadear sentimentos de desamparo e abandono (Baile *et al.*, 1999). Vários estudos observaram que, maioritariamente, os pacientes e seus familiares experienciam medo e incerteza na transição para os cuidados paliativos, devido a uma deficiente comunicação (sobre qual o motivo da transição, falta de envolvimento na tomada de decisão, etc.) e a um sentimento de esperar que algo aconteça após a transição (Jarret, 2009; Larkin *et al.*, 2007;

O'Leary *et al.*, 2009). Neste âmbito, é necessário ter em atenção três fatores que podem complicar um processo adequado de transição, nomeadamente: o significado que esta tem para o paciente; a falta de tempo para preparar o doente e a família para a transição, e a falta de informação sobre os objetivos dos cuidados paliativos (Marsella, 2009).

### 3.2. A identificação da fase de transição

A identificação da fase de transição para cuidados paliativos, por parte dos profissionais de saúde, é reconhecida como um fator importante e facilitador de um cuidado de excelência, garantindo desta forma que as questões de fim de vida são abordadas devidamente (O'Leary *et al.*, 2009). Neste sentido, o reconhecimento e encaminhamento tardios para cuidados paliativos podem ter um impacto negativo nos doentes e respectivos familiares durante o luto (Bestall *et al.*, 2004).

Uma transição clara para cuidados paliativos é pouco frequente, pois existem desafios particulares ao identificar a transição em condições não--cancerígenas (Bestall *et al.*, 2004). Como critérios de identificação da fase de transição para cuidados paliativos, quer em doenças oncológicas e não oncológicas, destaca-se a existência de sintomas complexos, de importantes efeitos colaterais de medicação, de problemas sociais complexos e também *burnout* do cuidador com significativo sofrimento emocional (Bestall *et al.*,2004; Larkin *et al.*, 2007; O'Leary *et al.*, 2009). Especificamente na insuficiência cardíaca, são considerados fatores como a deterioração física e mental apesar de suporte e apoio adequados, o aumento da fadiga ou da dependência funcional, hospitalizações recorrentes, sofrimento emocional e fadiga do cuidador (O'Leary *et al.*, 2009). Em contexto oncológico, uma rápida deterioração, resultando em perda de independência, é considerada uma das principais razões para uma transição para cuidados paliativos (Larkin *et al.*, 2007).

### 3.3. A Continuidade dos Cuidados

A evidência sugere que a continuidade dos cuidados é crucial para se conseguir uma transição sensível e apropriada (Patrick *et al.*, 2007). No entanto, existe escassa literatura sobre a proposta de recomendações específicas ou de diretrizes para melhorar a transição para cuidados paliativos (O'Leary *et al.*, 2009; Patrick *et al.*, 2007). O'Leary *et al.* (2009) defendem que a transição ideal deve privilegiar a informação e preferências do paciente, assim como a renegociação das metas de cuidado. O reconhecimento do momento de transição é considerado crucial para que um plano de assistência colaborativa possa ser estabelecido, assegurando assim um nível de cuidado mais adequado. Melhorias nos serviços, como o repouso e cuidados fora de horas, também foram identificados como um requisito para uma transição ótima (Patrick *et al.*, 2007).

Têm sido descritos pela literatura resultados positivos provenientes da transição para cuidados paliativos, como resiliência, reconstrução, coerência, propósito de vida, sentido de si mesmo, transcendência, e transformação. No entanto, o conceito de transição necessita de investigação mais aprofundada (Larkin *et al.*, 2007). Um dos principais desafios é gerir a mudança com sensibilidade, mudança muitas vezes abrupta, tendo em consideração o prestador de cuidados, o local de atendimento e o cuidado que tradicionalmente acompanhou o encaminhamento para os serviços de cuidados paliativos. As recomendações enfatizam a necessidade de trabalho colaborativo e continuidade dos cuidados durante a transição (Patrick *et al.*, 2007; O'Leary *et al.*, 2009).

### 3.4. A Integração Precoce em Cuidados Paliativos

A integração precoce em cuidados paliativos também tem sido destacada pelos seus benefícios para os doentes (Carmo *et al.*, 2015). Num estudo de Temel *et al.* (2010) foi evidente uma melhoria nos resultados da qualidade de vida e uma diminuição nos sintomas depressivos 12 semanas após a integração precoce de pacientes com câncer do pulmão em cuidados paliativos. Verificaram também que os pacientes que receberam cuidados paliativos precoces foram submetidos a tratamentos menos agressivos nos estágios finais da vida. Uma análise *post hoc* demonstrou, inclusivamente, um aumento de 2,7 meses na taxa de sobrevivência global dos pacientes que receberam estes cuidados.

Contudo, apesar da evidência do impacto positivo dos cuidados paliativos precoces, estes cuidados são frequentemente fornecidos a pacientes em estágios posteriores (Carmo *et al.*, 2015). A compreensão inadequada e a estigmatização associada aos cuidados paliativos, que são ainda percebidos nalguns contextos como apenas um lugar para morrer, são barreiras que complicam o encaminhamento precoce de pacientes para este tipo de cuidados. Logo, os elevados níveis de ansiedade dos pacientes que são encaminhados para cuidados paliativos provocam uma alta taxa de absentismo na primeira consulta (Paiva *et al.*, 2012). Neste sentido, a psicoeducação tem sido uma das ferramentas chave usada. Estudos que avaliaram a introdução precoce de um programa psicoeducativo no tratamento de pacientes com câncer observaram uma melhoria na qualidade de vida e das taxas de consciencialização da doença, uma redução dos sintomas de depressão ao longo do tempo, níveis mais baixos de isolamento e culpa, uma maior preparação para lidar com problemas e sentimento de pertença ao grupo (Carmo *et al.*, 2015).

## 4. Conclusão

Os modelos mais recentes têm vindo a demonstrar os benefícios de uma transição gradual para cuidados paliativos, enfatizando os valores da qualidade de vida do paciente e dos familiares durante a fase ativa. Esta transição gradual reconhece que os objetivos dos tratamentos vão evoluindo e que cuidados curativos e paliativos concomitantes podem ser a estratégia mais apropriada (Ahmedzai, Walsh, 2000).

A continuidade dos cuidados também foi destacada como um fator crucial para melhorar a experiência de transição para cuidados paliativos e a satisfação com os cuidados e serviços (Patrick *et al.*, 2007). No entanto, é evidente que podem ocorrer complicações e, assim, a continuidade de cuidados pode ter de ser interrompida, principalmente quando muitos profissionais estão envolvidos na sua prestação.

Identificar as razões pelos quais os pacientes são encaminhados para serviços de cuidados paliativos é essencial, dados os benefícios dos cuidados paliativos precoces em pacientes com câncer avançado e noutros tipos de doença terminal (Zimmermann *et al.*, 2014). Os cuidados paliativos precoces estão associados a níveis mais baixos de sintomas de depressão, em comparação com o tratamento oncológico padrão, e a maiores níveis de qualidade de vida (Temel *et al.*, 2010). No entanto, certos estigmas têm sido associados aos cuidados paliativos, o que complica a sua aceitação e encaminhamento precoce para estes cuidados, sendo que a atribuição de significado é importante para a detecção de comportamentos desajustados, que são modificáveis através de intervenções específicas (Carmo *et al.*, 2015).

Neste sentido, adotar uma abordagem proativa na gestão da transição para cuidados paliativos pode resultar em benefícios diversos tanto para os pacientes como para o Sistema Nacional de Saúde (SNS). Estas incluem a facilitação do envolvimento do paciente na elaboração de uma diretiva antecipada de vontade, quando desejada, permitindo o desenvolvimento de um plano de assistência proativo. De notar que cada vez mais as pessoas morrem nos hospitais, podendo indicar que não têm o acompanhamento que desejariam. Tal evidência acarreta custos financeiros desnecessários para o SNS, dadas as altas taxas de hospitalização nos últimos anos de vida (Perfis Regionais de Cuidados Paliativos, 2017).

Em suma, uma transição bem orientada e atempada pode aumentar a qualidade de vida tanto dos pacientes como dos seus cuidadores. É importante o foco no controle de sintomas e nas questões psicossociais e espirituais. De realçar que esta decisão deve ser iniciada no momento apropriado, pois se tomada tardiamente, o tratamento perde o sentido e pode resultar em sofrimento para o paciente (Kaur, Mohanti, 2011).

## 5. Palavras-Chave

Continuidade dos cuidados, cuidados paliativos, encaminhamento precoce, transição de cuidados.

## 6. Referências

AHMEDZAI SH, WALSH D: Palliative medicine and modern cancer care. Semin Oncol 2000; 27: 1-6.

ASSOCIAÇÃO NACIONAL DE CUIDADOS PALIATIVOS. Recomendações para a Organização de Serviços em Cuidados Paliativos. Portugal: ANCP, 2006.

BAILE WF, GLOBER GA, LENZI R, BEALE EA, KUDELKA AP: Discussing disease progression and end-of-life decisions. Oncology 1999;13:1021–31.

BESTALL JC, AHMED N, AHMEDZAI SH, PAYNE SA, NOBLE B, CLARK D: Access and referral to specialist palliative care: patients' and professionals' experiences. Int J Palliat Nurs 2004; 10: 381-9.

CARMO TM, PAIVA BS, SIQUEIRA MR, ROSA LT, OLIVEIRA CZ, NASCIMENTO MS, *et al.*: A phase II study in advanced cancer patients to evaluate the early transition to palliative care (the PREPArE trial): protocol study for a randomized controlled trial. Trials 16; 2015: 160. DOI 10.1186/s13063-015-0655-8.

DAVIS E, HIGGINSON I, ed. Palliative Care: the solid facts. Europe: OMS, 2004.

DEPARTMENT OF HEALTH: The route to success in end of life care – achieving quality in acute hospitals. Leicester: National End of Life Care Programme; 2010.

GENERAL MEDICAL COUNCIL. Treatment and care towards the end of life: good practice in decisionmaking. London: GMC; 2010. URL: www.gmc-uk.org/guidance/ethical_guidance.6858.asp.

KAUR J, MOHANTI BK: Transition from Curative to Palliative Care in Cancer. Indian J Palliat Care 17(1); 2011: 1-5. DOI: 10.4103/0973-1075.78442.

LARKIN PJ, DIERCKX DE CASTERLÉ B, SCHOTSMANS P: Transition towards end of life in palliative care: an exploration of its meaning for advanced cancer patients in Europe. J Palliat Care 23; 2007: 69-79.

MARSELLA A: Exploring the literature surrounding the transition into palliative care: a scoping review. Int J Palliat Nurs 15; 2009: 186-9.

O'LEARY N, MURRAY NF, O'LOUGHLIN C, TIERNAN E, MCDONALD K: A comparative study of the palliative care needs of heart failure and cancer patients. Eur J Heart Fail 11; 2009: 406-12. DOI: 10.1093/eurjhf/hfp007.

PAIVA CE, FARIA CB, NASCIMENTO MSDA, DOS SANTOS R, SCAPULATEMPO HHLRC, COSTA E, et al. Effectiveness of a palliative care outpatient programme in improving cancer-related symptoms among ambulatory Brazilian patients. Eur J Cancer Care (Engl). 21; 2012: 124-30.

PATRICK H, TAYLOR F, SCHWENKE M, JONES E: Consultation with users, carers and staff in order to improve local palliative care services – how to do it and views on current services. Prog Palliat Care 15; 2007: 177-81. DOI: 10.1179/096992607X196114.

PERFIS REGIONAIS DE CUIDADOS PALIATIVOS. Portugal; 2017. URL https://www.arcgis.com/apps/MapJournal/index.html?appid=9ca34025ed2e4f23abb9cb9098985320.

TEMEL JS, GREER JA, MUZIKANSKY A, GALLAGHER ER, ADMANE S, JACKSON VA, et al.: Early palliative care for patients with metastatic non-small-cell lung cancer. N Engl J Med 363; 2010: 733-42.

ZIMMERMANN C, SWAMI N, KRZYZANOWSKA M, HANNON B, LEIGHL N, OZA A, et al.: Early palliative care for patients with advanced cancer: a cluster-randomised controlled trial. Lancet. 383; 2014: 1721-30.

WORLD HEALTH ORGANIZATION (WHO): National Cancer Control Programmes: policies and managerial guidelines, Geneva, 2012.

# Urgências em Cuidados Paliativos

EMÍLIA MIQUIDADE PINTO

## 1. Introdução

Os cuidados paliativos resgatam a possibilidade da morte como um evento natural e esperado na presença de doença ameaçadora de vida, colocando ênfase na vida que ainda pode ser vivida.

Com incidência crescente de câncer na população e melhoria da sobrevivência de pacientes com patologia crônica, urgências serão cada vez mais frequentes, podendo evoluir em meses ou horas, causando paralisia e/ou morte imediata.

A abordagem terapêutica é multidisciplinar e é necessário que os serviços de atenção primária e emergência médica entendam e sejam capazes de tratá-las em estratégias de tratamento em ambulatório.

É preciso ter em conta não só a falta de tratamento curativo e as expectativas de vida como também o estado funcional e nutricional, presença e grau de deterioração cognitiva, velocidade de progressão da doença, reversibilidade da situação e implicações da mesma na qualidade de vida do paciente, hospitalizações prévias, complicações posteriores, comorbidades, desejos do paciente, familiares e cuidadores. O conhecimento de todos estes fatores irá ajudar na decisão do melhor lugar de intervenção.

Na verdade, é o morrer em condições desumanas que constitui uma verdadeira urgência em cuidados paliativos.

## 2. Enquadramento Histórico e Desenvolvimento

Urgências em cuidados paliativos são situações que ocorrem em pacientes com uma doença incurável que pode levar à morte ou à diminuição da qualidade de vida, ou que ameaçam a curto prazo o equilíbrio que o doente e seus familiares vinham mantendo.

As urgências oncológicas são as mais frequentes e podem ser amplamente classificadas como resultantes da doença e/ou de um tratamento oncológico. Neste capítulo, serão classificadas de acordo com o sistema afetado, para facilitar sua abordagem clínica.

Podem ser metabólicas (hipercalcemia maligna, síndrome de secreção inapropriada de hormônio antidiurético, síndrome de lise tumoral), neurológicas (síndrome de compressão medular, metastização cerebral e aumento da pressão intracraneana, *status* epiléptico), hematológicas (neutropenia febril e síndrome de hiperviscosidade) cardiovasculares síndrome de compressão da veia cava superior, derrame pericárdico maligno) e as relacionadas com súbita exacerbação grave dos sintomas.

## 3. Definição e Clarificação Conceptual

### 3.1. Emergências Metabólicas

*Hipercalcemia Tumoral*
A hipercalcemia é a complicação metabólica mais frequente e potencialmente mais grave em câncer avançado (10-30%), mais frequente no câncer da mama, pulmão e no mieloma múltiplo.

*Diagnóstico e Apresentação Clínica*
O diagnóstico é feito com a medição do cálcio sérico ionizado. As manifestações clínicas são múltiplas mas não específicas: letargia, confusão, anorexia, náuseas, debilidade progressiva, poliúria, polidipsia, alterações cardiovasculares que podem progredir para paragem cardíaca quando o cálcio sérico ultrapassa 15 mg/dl.

*Tratamento e Prognóstico*
Recomendam-se medidas de conforto, hidratação endovenosa com solução salina se severa, evitar diuréticos até restabelecer o estado euvolémico e bifosfatos para metástases ósseas. Geralmente tem mau prognóstico.

*Síndrome de Lise Tumoral*
É uma emergência metabólica caracterizada por lise celular aguda pós--quimioterapia ou radioterapia que ocorre em tumores de proliferação rápida, grande volume e hematológicos, resultando na libertação de produtos intracelulares com anormalidades eletrolíticas importantes.

*Manifestações Clínicas e Diagnóstico*
Os pacientes apresentam-se com náuseas, astenia, letargia, obnubilação, arritmias cardíacas, irritabilidade, olig úria acidose, hiperfosfatemia, hipercalemia, hipocalcemia e insuficiência renal aguda entre o 1º e 5º dias pós--terapia citotóxica.

*Tratamento*
Seu tratamento inclui monitorização, soro glicosado hipertônico e insulina de acção rápida, correção dos electrólitos, furosemida, alcalinização da urina e se necessário hemodiálise.

*Síndrome de Secreção do Hormônio Antidiurético*
É frequente no carcinoma broncogênico e alguns agentes usados em quimioterapia. Os pacientes apresentam-se com anorexia nervosa, náuseas, mialgias, cefaleias, tonturas e coma. Há suspeita clínica quando o paciente se apresenta com papiledema, reflexos patológicos, hiponatremia normovolêmica, osmolaridade baixa, urina concentrada. O tratamento inclui restrição hídrica, diuréticos e correção lenta do sódio.

### 3.2. Emergências Neurológicas

*Síndrome de Compressão Medular*
É a terceira complicação neurológica mais frequente (2,5-6%), depois das metástases cerebrais e das encefalopatias toxicometabólicas, ocorre particularmente nos cancros da mama, próstata e pulmão.

*Diagnóstico e Apresentação Clínica*
O diagnóstico é feito em ambulatório (80%), pela história clínica e confirmada pela ressonância magnética ou TAC, a radiografia simples da coluna pode mostrar alterações ósseas em 70% dos casos.

A localização mais frequente é coluna torácica (60-78%), seguida da lombar (15-33%), cervical (5-15%) e sagrada (5-10%). A compressão pode ocorrer em mais de um nível e seu quadro pode ser agudo e evoluir rapidamente em menos de 48 horas ou subagudo ao longo de dias ou semanas.

Os principais sinais e sintomas são dor na coluna (95%) quando o paciente se inclina ou à percursão dos corpos vertebrais, debilidade nas extremidades (85%) alterações sensitivas, da marcha e equilíbrio, alterações esfinterianas e retenção indolor da urina.

*Tratamento e Prognóstico*

O objetivo do tratamento é aliviar a dor, preservar a função neurológica e manter qualidade de vida, requer reconhecimento imediato e tratamento de emergência, pois uma vez instaurada sua evolução pode ser muito rápida e levar a uma paralisia e/ou paraplegia em horas. As opções terapêuticas podem ser isoladas ou combinadas. Usam-se os corticosteroides se a invasão for massiva ou em presença de *deficit* motor. A radioterapia e cirurgia descompressiva para casos específicos, os analgésicos e outros antiinflamatórios podem aliviar a dor, mas balançar seus efeitos secundários. O prognóstico é reservado.

*Hipertensão Intracraneana e Metástases Cerebrais*

As metástases intracraneanas ocorrem em cerca de um quarto dos pacientes oncológicos, 90% na região supratentorial. Os cancros do pulmão, mama e melanoma são os que facilmente disseminam para o cérebro. A hipertensão intracraneana é resultante do edema cerebral e da expansão tumoral.

*Diagnóstico e Manifestações Clínicas*

Os sintomas podem ser focais ou generalizados, dependendo da localização do tumor cerebral. Cefaleias (50%), debilidade, convulsões, vômitos em jato, alteração das funções superiores e da marcha são as mais frequentes.

A ressonância magnética com contraste é específica e sensível para o seu diagnóstico.

*Tratamento e Prognóstico*

O tratamento depende da extensão do tumor, situação neurológica e geral do paciente, número e localização das metástases e seu objetivo visa aliviar os sintomas do aumento da pressão intracraneana. A elevação da cabeceira do paciente a 30º, hiperventilação (se colaborar), corticoides, benzodiazepinas e anticonvulsivantes apenas em pacientes sintomáticos, a radiação do cérebro inteiro é o mais indicado e a radiocirurgia esteriotipada recomendada apenas para pacientes selecionados.

A sobrevivência pode variar de um mês sem tratamento a seis meses com tratamento.

### Status *Epilético*

*Status* epilético é definido como uma crise que dure mais de cinco minutos ou duas ou mais crises que ocorram sem recuperação completa de consciência entre elas.

### Tratamento e Prognóstico

A prioridade do tratamento dirige-se ao apoio cardiocirculatório e respiratório. Recomenda-se evitar hipoxia e avaliar existência ou não de hipoglicemia. Se iniciado dentro de 30 minutos tem melhores resultados. Os anticonvulsivantes e benzoadiazepinas estão indicados, mas pode-se avançar com barbitúricos e propofol, sendo este último recomedado apenas em regime hospitalar.

### 3.3. Emergências Cardiovasculares

### Síndrome de Compressão da Veia Cava Superior

É causada por compressão gradual da veia cava superior, restringindo o retorno de sangue ao coração. As principais causas são tumores malignos (75-85%), os mais envolvidos são o câncer de pulmão e linfoma; outras causas incluem o trombo intraluminal e cateteres venosos. Esta síndrome só se torna uma verdadeira emergência médica quando os sintomas neurológicos estão presentes.

### Manifestações Clínicas e Diagnóstico

Seu início é geralmente insidioso, os sinais e sintomas incluem cefaleia, visão borrosa, acufenos, edema da face, extremidades superiores, distenção da veias do pescoço e parede torácica, ingurgitação jugular, cianose, dispneia, tosse, dor torácica, disfagia, hemoptises, rouquidão, estridor e síncope. O diagnóstico é clínico e confirmado pela TAC com venografia.

### Tratamento e Prognóstico

Para pacientes sem diagnóstico confirmativo de malignidade deve-se fazer biópsia para instituição terapêutica. Decúbito dorsal, oxigenoterapia, corticoides e diuréticos oferecem algum alívio e conforto. A colocação de *stent* intraluminal também é possível, além de radioterapia e quimioterapia para tumores sensíveis.

O carcinoma pulmonar microcítico é de mau prognóstico.

*Derrame Pericárdico Maligno*
Pode ocorrer em câncer avançado por metásteases do câncer do pulmão e mama principalmente, e em outros como leucemia, linfoma, melanoma, invasão pericárdica ou mesmo pela terapia.

*Diagnóstico e Manifestações Clínicas*
É assintomático quando em pequenas quantidades. Caso contrário, manifesta-se por dispneia, tosse, dor toráxica, disfagia, soluços, rouquidão, náuseas, vômitos, desconforto abdominal, taquicardia, sons cardíacos apagados, distensão venosa jugular fixa, edema das extremidades, pulso paradoxal, sinal de Kussmaul, hepatomegália, hipotensão e choque se tamponamento.

O diagnóstico é confirmado pela ecocardiografia.

*Tratamento e Prognóstico*
Inicia-se tratamento apenas se sintomático com oxigenoterapia, fluidoterapia, inotropos e pericardiocentese (altas taxas de recidivas) ou cirurgia paliativa. Quimioterapia e radioterapia são preventivos. Os diuréticos e vasodilatadores estão contraindicados.

O prognóstico é pobre, a morte ocorre em menos um ano.

*Hemorragia Massiva*
A incidência de hemorragia em pacientes com câncer avançado é de aproximadamente 6-10%. Pode ser resultante do tumor *per si*, tratamento (radioterapia) ou fatores sistêmicos (desiquilíbrio entre o sistema de coagulação, anormalidades de contagem plaquetária, defeitos vasculares ou funcionais, ou combinação de vários fatores).

*Manifestaçoes Clínicas*
Os sintomas irão depender da extensão da desordem sanguínea, podem se apresentar como petéquias, epistáxis, hematúria, sangramento gastrintestinal, hemorragia cerebral e distúrbios visuais.

*Tratamento e Prognóstico*
Recomendam-se medidas de suporte, toalhas escuras de cor verde ou azul para evitar o impacto visual de sangue de uma hemorragia massiva e aborda-se a família da necessidade de sedação. Se dispneia presente acrescenta-se morfina, deve-se manter a calma o máximo possível e não abandonar o paciente, uma vez que a hemorragia irá diminuir gradualmente o nível de consciência.

A radioterapia hemostática pode ser usada em caso de hemorragia genital ou pulmonar. Outras medidas como infiltração local com vasoconstritores, coagulação com laser, embolização arterial e raramente intervenção cirúrgica. Não se recomenda volume para pacientes em estádio terminal.

Se hematúria presente, deve-se descartar patologia infecciosa, fazer lavagem vesical e em caso de não responder ao tratamento, recomenda-se internamento. Pode-se apresentar também na forma de hemoptise e manifesta-se por insuficiência respiratória e instabilidade hemodinâmica, posiciona-se em decúbito lateral sobre o lado do pulmão afetado para evitar aspiração, suspensão de anti-inflamatórios não esteroides, agregação de antitússico e aerossóis de adrenalina se necessário. A sedação é a última alternativa.

### 3.4. Emergências Hematológicas

*Síndrome de Hiperviscosidade*
A hiperviscosidade é mais comum em pacientes com macroglobulinemia de Waldenström (nem todos doentes com esta macroglobulinemia manifestam esta síndrome), leucemia ou mieloma múltiplo.

*Manifestações clínicas e diagnóstico*
As principais manifestações·incluem sangramento espontâneo, defeitos neurológicos, hemorragia da retina, papiledema, veias retinianas engurgitadas e púrpura. Também ocorrem alterações de estado mental e alterações visuais. O diagnóstico é feito na presença da gamopatia monoclonal.

*Tratamento*
O método mais rápido para diminuir a viscosidade é a plasmaferese seguida de quimioterapia – e deve-se ter atenção com transfusões porque o aumento do hematócrito pode aumentar a viscosidade sanguínea e agravar o quadro.

*Neutropenia febril*
É uma das complicações mais comuns relacionadas com o tratamento, particularmente a quimioterapia. Contribui em cerca de 50% de mortes associadas a leucemias, linfomas e tumores sólidos.

*Apresentação Clínica e Diagnóstico*
A principal manifestação é febre ≥ a 38 ºC (geralmente pouco relacionada com uma infecção), neutropenia e dispneia. Podem existir infecções atípicas devido à falta de neutrófilos, erupções cutâneas ou eritema e úlceras na mucosa oral. A rigidez da nuca e infecções do trato urinário podem ser assintomáticas.

*Tratamento*
A leucoferese é o recomendado, o uso de antibióticos vai depender do risco do paciente contrair infecção, os antifúngicos estão indicados se depois do terceiro dia não apresentar melhorias.

### 3.5. Insuficiencia Respiratória Aguda (IRA)

*Manifestações clínicas e diagnóstico*
Os sinais mais relevantes são: aumento da frequência respiratória, uso da musculatura acessória, tiragem intercostal, estridor, cianose, diminuição do nível de consciência. A gravidade do quadro é avaliada pela gasometria arterial.

*Tratamento*
Não é possível realizar um tratamento etiológico na maioria dos casos. Se existe broncospamo ou obstrução parcial da via aérea pode-se usar um corticosteroide. Oxigenoterapia para manter saturações maiores que 90% na IRA parcial e 85-90% na IRA global. Nos pacientes com hipercapnia, a administração de oxigênio a fluxos elevados pode deprimir o centro respiratório.

### 3.6. Situações Especiais Urgentes

*Claudicação familiar*
É um quadro de descompensação que a família tem de não poder manter atendimento ao paciente quando chega a um esgotamento psíquico ou físico

dos cuidados, resultante do impacto ou agravamento do problema. Manifesta-se por bloqueios emocionais, hostilidade ou agressividade por parte dos cuidadores para os enfermos e a equipe. O diagnóstico é feito pela história clínica e recomenda-se assistência hospitalar.

*Ansiedade*
É um estado emocional desconfortável vivenciado como sentimento difuso de medo e apreensão e, em cuidados paliativos, pode ser desencadeado pelo diagnóstico de uma doença grave sem proposta curativa ou mesmo percepção de refratariedade ao tratamento, tem função de sobrevivência, mas pode ser patológica. Manifesta-se de forma global por pensamentos irracionais, hiperactividade, irritabilidade, insônia e falta de concentração. O seu tratamento depende da generalização ou não do transtorno e pode se fazer psicoterapia, benzodiazepínicos e/ou antidepressivos.

*Agitação Psicomotora*
É um transtorno de conduta caracterizado por um aumento significativo ou inadequado da atividade motora com alterações da esfera emocional. Pode ser de causa orgânica (síndrome confusional agudo ou delírio), psíquica ou derivado de fármacos.

A história clínica é importante para o diagnóstico e se apoia em explorações complementares básicas. O tratamento é feito com neurolépticos e benzodiazepinas.

### 3.7. Exacerbação de sintomas

*Dor*
A dor é um sintoma frequente e parece aumentar com o avanço da doença e com a intensidade da dor basal. Apresenta-se com uma intensidade severa em cerca de 64% a 93% dos pacientes. É incidental, ocorre em situações de mudança de posição ou movimentação e apesar de ser pouco tolerada por parte dos pacientes, continua sendo subavaliada e pode estar ligada diretamente ao tumor ou seu tratamento.

Sua abordagem é multimodal, seu alívio é feito pela escala analgésica da OMS, em que para dor moderada-severa recomendam-se opioides e é importante sentar-se com o paciente e cuidadores para explicar todos os mitos com eles relacionados, particularmente a morfina. Náuseas, vômitos e obstipação são os efeitos secundários mais frequentes que devem ser sempre prevenidos.

*Náuseas e Vômitos*
Cerca de um terço dos pacientes com câncer avançado têm vômitos e até 60% deles náuseas. São frequentes em tumores gástricos, ginecológicos e intestinais e contribuem para o desenvolvimento da síndrome de anorexia--caquéxia, provocando desequilíbrios hidroeletrolíticos, comprometendo sua qualidade de vida.

Os vômitos podem ser de causa metabólica, relacionados com a doença, tratamento, toxinas ou com sentimentos angustiantes. Seu tratamento pode ser feito com metoclorpramida, haloperidol ou ondansetrona na falência de ambos.

## 4. Conclusão

Durante a última fase de vida, a condição do paciente pode mudar subitamente e requerer avaliação urgente. Apesar de maior parte delas se apresentar na forma de emergências, sua abordagem assume caráter de urgência porque seu objetivo não é tratar a doença, estando, sim, focado no alívio dos sintomas, diminuição do sofrimento, conforto do paciente, família e cuidadores o máximo possível.

É preciso evitar agressividade terapêutica sempre que possível, sem cair no erro de que para os doentes em fim de vida nada é urgente, mas uma abordagem e tratamento adequado individualizado podem fazer uma grande diferença na forma como o paciente, família e cuidadores lidam com a urgência e a antecipação de potenciais problemas. Os profissionais de saúde devem ser capazes de reconhecer estas condições e instituir terapia apropriada, mesmo antes de consultar uma subespecialidade.

## 5. Palavras-Chave

Compressão medular, cuidados paliativos, emergências, hipercalcemia, urgências.

## 6. Referências

Astudillo W, Orbegozo A, Díaz- Albo E, Bilbao Pedro: Los Cuidados Paliativos, una labor de todos. 1ª Edición. San Sebastian: Sociedade Vasca de Cuidados paliativos; 2007: 87- 99.

Cebrián EA at al. Manual SEOM de Cuidados Contínuos, 1ª edição; 2004: 207-210, 239-241, 319-328, 355-364, 367-373, 393-404, 69-702.

De Carvalho RT, Parsons HA: Manual de Cuidados Paliativos ANCP ampliado e actualizado 27 (2); 2012: 169-173, 191-199.

Glover DJ, Glick JH: Managing Oncologic Emergencies Involving Srutural Diysfunction, CA Cancer J Clin [internet] 35(4); 1985: 238-51. Availably from:htt// onlinelibrary.wiley.com.laneproxy.stanf. Version of Record online: 31 Dec 2008.

Halfdanarson TR, Hogan WJ, Moynihan TJ: Oncologic Emergencies: Diagnosis and Treatment. Mayo Clin Proc 81 (6); 2006: 835-848 doi: http://dx.doi.org/10.4065/81.6.835.

Higdon ML, Higdon JA, D.O.: Treatment of Oncologic Emergencies. Am Fam Phisition 74(11); 2006: 1873-80.

Newton HB: Neurologic complications of systemic cancer [Published correction appears in Am Fam Physician. 1999; 59:2435]. Am Fam Physician 59; 1999: 878-86.

Schrijvers D, van Fraeyenhove F: Emergencies in Palliative Care. Cancer J 16(5); 2010: 514-20. doi: 10.1097/PPO.0b013e3181f28a8d. Review. PubMed PMID: 20890149.

Zojer N, Ludwig H: Hematological emergencies. Ann Oncol 18 (1); 2007: 45-48.

## AFILIAÇÕES

**Alexandra Pereira** – Enfermeira; UCC Lousada (ACeS Tâmega III – Vale do Sousa Norte – ARS Norte).
**Amélia Ferreira** – Enfermeira; Unidade de Cuidados à Comunidade de Lousada (ACeS Tâmega III Vale do Sousa Norte – ARS Norte).
**Ana Branco** – Médica Nefrologista; Hospital Pedro Hispano/ULSM (Unidade Local de Saúde de Matosinhos).
**António Romão** – Médico especialista em Medicina Geral e Familiar; ACeS Oeste Norte, USF Marés em Peniche; Doutorando em Cuidados Paliativos da Faculdade de Medicina da Universidade do Porto.
**Carla Serrão** – Psicóloga Clínica; Escola Superior de Educação do Instituto Politécnico do Porto.
**Carlos Vital Tavares Corrêa Lima** – Médico; Presidente do Conselho Federal de Medicina, Brasil.
**Carolina Garrett** – Neurologista; Faculdade de Medicina da Universidade do Porto/Centro Hospitalar de São João.
**Cláudia Barriguinha** – Terapeuta da Fala; Hospital Pedro Hispano/ ULSM (Unidade Local de Saúde de Matosinhos).
**Cláudia Burlá** – Médica especialista em Geriatria; Conselho Federal de Medicina, Brasil.
**Cledy Eliana dos Santos** – Serviço de Saúde Comunitária e Serviço de Dor e Cuidados Paliativos, Hospital Nossa Senhora da Conceição – Grupo Hospitalar Conceição, Porto Alegre/RS, Brasil.
**Cristiana Alves** – Psicóloga Clínica; Doutoranda em Cuidados Paliativos da Faculdade de Medicina da Universidade do Porto.
**Cristina Prudêncio** – Médica, Bioquímica; Professora Coordenadora da Escola Superior de Saúde do Porto.
**Cristina Raquel Batista Costeira** – Enfermeira; Instituto Português de Oncologia – Coimbra.

**Diogo Nuno da Cruz Amorim** – Médico; Diretor Clínico do Instituto de Medicina Integrativa – Coimbra.

**Eduardo Carqueja** – Psicólogo Clínico; Centro Hospitalar de São João, Porto.

**Elaine Aires** – Médica especialista em Geriatria; Mestranda em Cuidados Paliativos da Faculdade de Medicina da Universidade do Porto.

**Elisabete Silva** – Gerontologista Social; Mestre em Cuidados Paliativos pela Faculdade de Medicina da Universidade do Porto.

**Emília Miquidade Pinto** – Médica Anestesiologista; Unidade da Dor – Hospital Central de Maputo, Moçambique; Doutoranda em Cuidados Paliativos da Faculdade de Medicina da Universidade do Porto.

**Fernando Cunha Osório** – Médico especialista em Cirurgia Geral; Coordenador do Grupo Oncológico de Mama no Centro Hospitalar São João.

**Fernando Rosas Vieira** – Médico de Medicina Interna; Responsável Unidade de Doenças Infeciosas do Centro Hospitalar Gaia /Espinho.

**Filipa Martins da Silva** – Médica interna de Psiquiatria da Infância e Adolescência; Doutoranda em Cuidados Paliativos da Faculdade de Medicina da Universidade do Porto.

**Filipa Sickmüller Nunes** – Enfermeira; Klinikum der Johann Wolfgang Goethe--Universität Frankfurt am Main; Doutoranda em Cuidados Paliativos da Faculdade de Medicina da Universidade do Porto.

**Francisco Luis Pimentel** – Médico, Blueclinical Research Physician, Grupo Trofa Saúde Oncologia Médica, Centro de Estudos de Investigação em Saúde da Universidade de Coimbra.

**Francisca Rego** – Psicóloga Clínica; Doutoranda em Cuidados Paliativos da Faculdade de Medicina da Universidade do Porto.

**Guilhermina Rego** – Gestora; Professora auxiliar da Faculdade de Medicina da Universidade do Porto.

**Helder Morgado** – Arquiteto; Doutorando em Cuidados Paliativos da Faculdade de Medicina da Universidade do Porto.

**Helena Pereira de Melo** – Jurista; Professora Associada da Faculdade de Direito da Universidade Nova de Lisboa.

**Heloísa Cristina Figueiredo Frizzo** – Terapeuta Ocupacional; Instituto Ciências da Saúde/Universidade Federal do Triângulo Mineiro/Minas Gerais, Brasil.

**Isabel Neto** – Médica; Diretora da Unidade de Cuidados Paliativos do Hospital da Luz – Lisboa; Presidente da Competência de Medicina Paliativa da Ordem dos Médicos.

**Ivone Duarte** – Psicóloga Clínica; Professora auxiliar da Faculdade de Medicina da Universidade do Porto.

**José António Cordero** – Médico; Professor do Curso de Medicina da Faculdade Metropolitana da Amazônia, Brasil.
**José Carlos Amado Martins** – Professor Coordenador; Escola Superior de Enfermagem de Coimbra.
**José Ferrari** – Médico; Universidade Federal de Rondônia, Brasil.
**José Hiran da Silva Gallo** – Médico; Diretor do Conselho Federal de Medicina, Brasil.
**José Manuel Peixoto Caldas** – Professor; Programa de Pós-Graduação de Saúde Coletiva da Universidade de Fortaleza, Brasil.
**José Nuno Silva** – Professor Convidado da Faculdade de Medicina da Universidade do Porto.
**Julliana Morgado** – Psicóloga Clínica; Mestranda em Cuidados Paliativos da Faculdade de Medicina da Universidade do Porto.
**Laura Ribeiro** – Nutricionista; Serviço de Cuidados Paliativos do Instituto Português de Oncologia – Porto.
**Manuela Cerqueira** – Professora adjunta; Escola Superior de Saúde do Instituto Politécnico de Viana do Castelo.
**Márcia Correia** – Assistente Social; Centro Hospitalar do Porto; Doutoranda em Cuidados Paliativos da Faculdade de Medicina da Universidade do Porto.
**Margarida Alvarenga** – Enfermeira; Serviço de Cuidados Paliativos Instituto Português de Oncologia – Porto.
**Maria Amélia Ferraz** – Médica; Professora Associada da Faculdade de Medicina da Universidade do Porto.
**Maria Soares** – Médica, Serviço de Anestesiologia, Centro Hospitalar do Porto
**Marília Bense Othero** – Terapeuta Ocupacional; Coordenadora do Comitê de Terapia Ocupacional da Associação Brasileira de Linfoma e Leucemia.
**Marta Moreira Gonçalves** – Psicóloga Clínica; Diretora Técnica da Unidade de Deficiência do Centro Social e Paroquial de Alfena; Doutoranda em Cuidados Paliativos da Faculdade de Medicina da Universidade do Porto.
**Marta Peixoto** – Médica; Instituto Português de Oncologia – Coimbra; Mestranda em Cuidados Paliativos da Faculdade de Medicina da Universidade do Porto.
**Miguel Julião** – Médico Paliativista; Professor Auxiliar da Escola de Medicina da Universidade do Minho.
**Miguel Ricou** – Psicólogo Clínico; Professor auxiliar da Faculdade de Medicina da Universidade do Porto.
**Milena Solveira Ribeiro** – Terapeuta ocupacional; Cuidados Paliativos – Instituto Paliar São Paulo, Brasil.

**Nelson Jacinto Pais** – Serviço Unidade de Dor; Instituto Português de Oncologia – Coimbra.

**Newton Barros** – Médico; Serviço da Dor Cuidados Paliativos do Hospital Nossa Senhora da Conceição – Grupo Hospitalar Conceição. Porto Alegre/RS, Brasil.

**Otília Lopes** – Médica dentista; Professora Auxiliar Convidada da Faculdade de Medicina Dentária da Universidade do Porto.

**Paula Silva** – Médica; Instituto Português de Oncologia – Porto; Doutoranda em Cuidados Paliativos da Faculdade de Medicina da Universidade do Porto.

**Paulo Maia** – Anestesiologista, Assistente Graduado Sénior de Medicina Intensiva, Centro Hospitalar do Porto, Professor Catedrático Convidado de Bioética e Deontologia Médica, Instituto de Ciências Biomédicas Abel Salazar da Universidade do Porto

**Rui Nunes** – Professor Catedrático e Diretor do Progama Doutoral em Cuidados Paliativos da Faculdade de Medicina da Universidade do Porto; Head of the Research Department of the UNESCO Chair in Bioethics – Haifa.

**Sara Pinto** – Enfermeira; Professora Adjunta da Escola Superior de Saúde de Santa Maria – Porto.

**Sílvia Caldeira** – Enfermeira; Professora da Escola de Saúde da Universidade Católica Portuguesa de Lisboa.

**Sofia Raquel Nunes** – Enfermeira; Técnica Superior de Regulação da Entidade Reguladora da Saúde.

**Stela Barbas** – Jurista; Professora associada na Universidade Autónoma de Lisboa.

**Tiago Paredes** – Psicólogo Clínico; Núcleo Regional do Centro da Liga Portuguesa Contra o Cancro.

# ÍNDICE

Prefácio de Maria Amélia Ferreira . . . . . . . . . . . . . . . . . . . . . . . . . . . . . . . . . . . . . 7
Prefácio de Carlos Vital Tavares Corrêa Lima . . . . . . . . . . . . . . . . . . . . . . . . . . . . 9
Nota Introdutória dos coordenadores . . . . . . . . . . . . . . . . . . . . . . . . . . . . . . . . 11
Acompanhamento Espiritual e Religioso . . . . . . . . . . . . . . . . . . . . . . . . . . . . . . 13
Alimentação e Hidratação Artificiais . . . . . . . . . . . . . . . . . . . . . . . . . . . . . . . . . 23
Autocuidado dos Profissionais de Saúde . . . . . . . . . . . . . . . . . . . . . . . . . . . . . . 31
Autonomia e Dignidade Humana . . . . . . . . . . . . . . . . . . . . . . . . . . . . . . . . . . . 39
*Burnout* e os Profissionais de Saúde . . . . . . . . . . . . . . . . . . . . . . . . . . . . . . . . . . 49
Caquexia, Anorexia e Fadiga . . . . . . . . . . . . . . . . . . . . . . . . . . . . . . . . . . . . . . . . 57
Complicações Endócrinas e Metabólicas . . . . . . . . . . . . . . . . . . . . . . . . . . . . . . 65
Comunicação . . . . . . . . . . . . . . . . . . . . . . . . . . . . . . . . . . . . . . . . . . . . . . . . . . . . 73
Comunicação do Diagnóstico em Oncologia . . . . . . . . . . . . . . . . . . . . . . . . . . 83
Conforto . . . . . . . . . . . . . . . . . . . . . . . . . . . . . . . . . . . . . . . . . . . . . . . . . . . . . . . . 91
Consentimento Informado . . . . . . . . . . . . . . . . . . . . . . . . . . . . . . . . . . . . . . . . . 99
Contexto e Princípios . . . . . . . . . . . . . . . . . . . . . . . . . . . . . . . . . . . . . . . . . . . . . 109
Controle de Sintomas . . . . . . . . . . . . . . . . . . . . . . . . . . . . . . . . . . . . . . . . . . . . . 119
Crioética . . . . . . . . . . . . . . . . . . . . . . . . . . . . . . . . . . . . . . . . . . . . . . . . . . . . . . . . 127
Cuidadores Informais . . . . . . . . . . . . . . . . . . . . . . . . . . . . . . . . . . . . . . . . . . . . . 135
Cuidados Paliativos Domiciliários . . . . . . . . . . . . . . . . . . . . . . . . . . . . . . . . . . . 143
Cuidados Paliativos na Adolescência . . . . . . . . . . . . . . . . . . . . . . . . . . . . . . . . . 151
Cuidados Paliativos na Comunidade . . . . . . . . . . . . . . . . . . . . . . . . . . . . . . . . . 161
Cuidados Paliativos na Terceira Idade . . . . . . . . . . . . . . . . . . . . . . . . . . . . . . . . 167
Cuidados Paliativos Pediátricos . . . . . . . . . . . . . . . . . . . . . . . . . . . . . . . . . . . . . 177
*Delirium* . . . . . . . . . . . . . . . . . . . . . . . . . . . . . . . . . . . . . . . . . . . . . . . . . . . . . . . . 185
Demência . . . . . . . . . . . . . . . . . . . . . . . . . . . . . . . . . . . . . . . . . . . . . . . . . . . . . . . 193
Desenvolvimento de Competências em Saúde . . . . . . . . . . . . . . . . . . . . . . . . . 201
Dispneia . . . . . . . . . . . . . . . . . . . . . . . . . . . . . . . . . . . . . . . . . . . . . . . . . . . . . . . . 209
Distanásia . . . . . . . . . . . . . . . . . . . . . . . . . . . . . . . . . . . . . . . . . . . . . . . . . . . . . . . 217

Doença Cardiovascular.................................................. 225
Doenças Infecciosas ................................................... 235
Doenças Neurológicas ................................................. 247
Doenças Renais ....................................................... 255
Doenças Respiratórias ................................................ 265
Ensino em Cuidados Paliativos........................................ 275
Equipes Interdisciplinares............................................ 285
Espiritualidade........................................................ 293
Ética e Sedação Paliativa ............................................. 301
Eutanásia ............................................................. 309
Geriatria.............................................................. 317
Gestação e Morte Encefálica........................................... 325
História dos Cuidados Paliativos ..................................... 333
*Hospice Movement*..................................................... 343
*Layout* e Concepção de Espaços....................................... 351
Legislação ............................................................ 359
Luto................................................................... 367
Neoplasias da Cabeça e Pescoço........................................ 373
Oncologia ............................................................. 383
Opioides............................................................... 389
Ordens de Não Reanimar ............................................... 399
Ortotanásia ........................................................... 409
Papel do Enfermeiro ................................................... 417
Papel da Família...................................................... 429
Papel do Médico....................................................... 437
Papel do Nutricionista ................................................ 447
Papel do Psicólogo.................................................... 455
Papel do Terapeuta da Fala ........................................... 467
Perturbações do Sono.................................................. 473
Prescrição Não Médica................................................. 479
Procurador de Cuidados de Saúde...................................... 487
Quimioterapia em Cuidados Paliativos................................. 493
Reabilitação em Doentes Oncológicos.................................. 501
Redes de Suporte Social............................................... 511
Saúde Oral............................................................ 517
Serviço Social em Saúde nos Cuidados Paliativos ..................... 521
Sintomas Psiquiátricos................................................ 531
Sofrimento e Qualidade de Vida ....................................... 545

Sofrimento Psicológico. . . . . . . . . . . . . . . . . . . . . . . . . . . . . . . . . . . . . . . . . . . . 551
Suspensão e Abstenção de Tratamento . . . . . . . . . . . . . . . . . . . . . . . . . . . . . 559
Terapêutica em Cuidados Paliativos . . . . . . . . . . . . . . . . . . . . . . . . . . . . . . . 569
Terapia da Dignidade . . . . . . . . . . . . . . . . . . . . . . . . . . . . . . . . . . . . . . . . . . . 579
Terapia Ocupacional. . . . . . . . . . . . . . . . . . . . . . . . . . . . . . . . . . . . . . . . . . . . 589
Terapias Complementares. . . . . . . . . . . . . . . . . . . . . . . . . . . . . . . . . . . . . . . 597
Testamento Vital . . . . . . . . . . . . . . . . . . . . . . . . . . . . . . . . . . . . . . . . . . . . . . . 605
Transição para Cuidados Paliativos . . . . . . . . . . . . . . . . . . . . . . . . . . . . . . . 613
Urgências em Cuidados Paliativos. . . . . . . . . . . . . . . . . . . . . . . . . . . . . . . . 621
Afiliações . . . . . . . . . . . . . . . . . . . . . . . . . . . . . . . . . . . . . . . . . . . . . . . . . . . . . 633